语言生活皮书

义务教育常用词表
（草 案）

教育部语言文字信息管理司　组编

苏新春　主编

2019年·北京

组　　编	教育部语言文字信息管理司
主　　编	苏新春
学术顾问	傅永和　李行健　陆俭明　李宇明　申继亮
	顾之川　王铁琨　王　岱
审　　读	王立军　吴格明
研 制 人	苏新春　李行健　孙园园　张永伟　侯瑞芬
	白　冰　吴格明　卢丹丹　顾之川　杨书松
	郑泽芝　李　磊　王玉刚　龙东华　吕　峡
	郑维宇　李　安　杜晶晶　周美玲　田　静
	周东杰　银　晴

"语言生活皮书"说明

"语言生活皮书"由国家语言文字工作委员会组织编写,旨在贯彻落实《国家通用语言文字法》,提倡"语言服务"理念,贯彻"大语言文字工作"发展新思路,为语言文字事业更好服务国家发展需求做贡献。

"语言生活皮书"分A、B、C、D、E五个系列,各自连续编号发布出版。其中,A系列为《中国语言文字事业发展报告》("白皮书"),B系列为《中国语言生活状况报告》("绿皮书"),C系列为《中国语言政策研究报告》("蓝皮书"),D系列为《世界语言生活状况报告》("黄皮书"),E系列为语言文字规范标准丛书("规范类")。

《中国语言生活状况报告》("绿皮书")2004年筹编,2006年出版,是国家语委最早组编的语言生活皮书,目前还出版了英文版、韩文版和日文版,并附带编纂了具有资政功能的《中国语言生活要况》。2016年,《中国语言文字政策研究发展报告》(后更名为《中国语言政策研究报告》,"蓝皮书")出版。2016年,《世界语言生活状况》和《世界语言生活报告》(后合并更名为《世界语言生活状况报告》,"黄皮书")出版。2017年,《中国语言文字事业发展报告》("白皮书")的出版,标志着国家语委的"白、绿、蓝、黄"皮书系列最终形成。

这些皮书各有侧重,相互配合,相得益彰。"绿皮书"主要反映我国语言生活的重大事件、热点问题及各种调查报告和实态数据,为语言研究和语言决策提供参考和服务。它还是其他皮书的"底盘",在人才、资源、观念等方面为其他皮书提供支撑。"白皮书"主要宣传国家语言文字方针政策,以数据为支撑,记录、展示国家语言文字事业的发展成就。"蓝皮书"主要反映中国语言规划及相关学术研究的实际状况,并对该领域的研究进行评论和引导。"黄皮书"主要介绍世界各国和国际组织的语言生活状况,为我国的语言文字治理和语言政策研究提供参考借鉴,并努力在国际语言生活中发出中国声音。

"语言生活皮书"是开放的,发布的内容不仅局限于工作层面,也吸纳社会优秀成果。许嘉璐先生为"语言生活绿皮书"题字。国家语委历任领导都很关心"语言生活皮书"的编辑出版工作。相关课题组为皮书做出了贡献,一些出版单位和社会人士也给予了支持与关心。在此特致谢忱!

国家语言文字工作委员会

目　　录

《义务教育常用词表（草案）》说明……………………………………1

音序表……………………………………………………………………1

义类表…………………………………………………………………229

义类表索引……………………………………………………………332

《义务教育常用词表（草案）》研制报告……………………………338

《义务教育常用词表(草案)》说明

1 范围

《义务教育常用词表(草案)》(以下称"本词表")根据我国义务教育阶段语文学习的要求,列出了比较稳定、使用频率较高的普通话常用词语,给出了词语的字形、拼音、分级、词性、语义类等信息。

本词表可供中小学语文教学、继续教育、汉语国际教育、辞书编纂及相关语言应用领域参考和采用。

本词表的主表为"音序表"。"音序表"中词语按汉语拼音音序排列,不同读音分别排列,共有15 114个词条。辅表为"义类表"。"义类表"中的多义词按义项归入不同的语义类,共有17 092个义项。语义编排大体参照《现代汉语分类词典》(苏新春主编,商务印书馆,2013年)的语义类。

2 术语和定义

2.1 常用词

指现代汉语普通话中比较稳定、使用频率较高、适用范围较广、适合中小学生学习需要的常用度较高的语文词语。

2.2 常用词表

指根据《义务教育语文课程标准(2011年版)》(北京师范大学出版社,2012年)规定的词汇学习目标与能力培养要求而制订,供中小学校语文教学、测试使用的词表。

2.3 学段

小学1—2年级为第一学段,3—4年级为第二学段,5—6年级为第三学段,初中1—3年级为第四学段。

2.4 词级

所有词语分为四级,分别对应于小学与初中的第一至第四学段。词语分级的主要依据是《义务教育语文课程标准》关于词汇学习的使用要求、中小学生的学习需要与学习特点,尽可能体现出由易到难、由浅到深、由指物写事到描情状景、由字及词的词汇学习规律。多义词的多个义项如有明显难易差异的则分别标级。

2.5 词形

指词语的表达形式，与词义相对，包括词的语音形式、语法形式、书写形式。本词表指词的读音、词性和汉字字形。

2.6 词频

指一个词语在一定范围语料中出现的频率，即该词语出现的总次数占所有词语总次数的比例。词频愈高的词常用度愈高。本词表的词频主要来自中小学语文等课程的教材语料库、课外读物语料库、当代通用语料库等。词频是本词表词语调查的重要后台数据之一。

2.7 频级

在同一个语料调查范围中词频相同者为一个频级。频级是本词表词语调查的重要后台数据之一。

2.8 文本

词语在语料调查范围中存在的语篇单位。出现文本愈多的词语普遍性愈强。文本是本词表词语调查的重要后台数据之一。

2.9 相对词频

指同一语义类中所有词语的词频存在状况。相对词频比绝对词频能更好地区分同一语义类中的词语差异。绝对词频是指在一个大的语料统计范围内所有词语获得的具体词频数。

2.10 位序

指某个词在一套教材中首次出现的位置。依教材的年级、册次、课文中的先后顺序来确定。位序在一定程度上能反映出词语的难易及学习者认知的先后顺序。位序法是呈现教材语言分布状况的一种经验性的统计方法。

2.11 拼音

"音序表"中词语后标有拼音。拼音参照《汉语拼音正词法基本规则》。具体拼音一般参照《现代汉语词典》第7版（中国社会科学院语言研究所词典编辑室编，商务印书馆，2016年）。如为《现代汉语词典》未收词语，也依照《现代汉语词典》的注音原则标注拼音。

2.12 词性

"音序表"中词语后标有词性。成语不标词性。词性依义项而定，义类考虑更多的是概念上的语义联系，二者没有形成严格的对应关系。

2.13 语义分类

本词表使用的语义分类大体依据《现代汉语分类词典》的分类体系，分为上下五级语义层。因考虑到本词表的收词量、功能与使用者的不同，语义类略有调整。本词表有一级类9个，二级类65个，三级类550个，四级类1908个，五级类5525个。前四个语义层级分别用汉字数字的大写形式、汉字数字的小写形式、英文大写字母、英文小写字母表示（如"壹一Aa"）。四级类下的每个自然段为一个五级类。一至三级义类目录附于义类表之后，以方便查找。

2.14 义项

本词表所收词语有的是多义词，"音序表"中的多义词在义项后皆带有义类编码；"义类表"中多义词的不同义项分别归入相应的语义类。

2.15 音序

指按词语的汉语拼音排列得到的顺序。读音相同的按笔画多少排列，笔画数相同的按汉字起笔笔形一（横）、丨（竖）、丿（撇）、丶（点）、𠃋（折）顺序排列。同形词根据读音的不同排在相应的位置，如"大意"一词的"主要的意思"义读"dàyì"，与"疏忽"义的"dà·yi"分别排序。

2.16 义类码

指按词语在语义分类体系中的排列顺序而获得的编码。义类码共四位，由数目字和字母组成，依次表示第一、二、三、四级语义类。如"历历在目"的义类码为"伍五Xc"，表示该词归属于以下义类：第五个一级类"生物活动"，第五个二级类"心理活动"，第X个三级类"回忆 忘记"，第c个四级类"牢记"。多义词按义项归入不同的语义类，故一个多义词会对应多个义类码。如"问题"一词的"变故"义、"疑问"义、"关键"义、"题目"义，分别归入不同的语义类。义类码出现在"音序表"中每个词语的最后一档。"义类表"中则在页眉中显示本页的义类码的起止范围。

2.17 同音同形词

词形、读音相同而词义不同的词互为同音同形词。

2.18 音序表

"音序表"是本词表的主表，所有词语按音序编排。每个词条带有以下信息：（1）词语，（2）拼音，（3）词级，（4）词性，（5）义类码。可以通过义类码查到该词在"义类表"中的位置。

2.19 义类表

"义类表"是本词表的辅表。"义类表"大体沿用了《现代汉语分类词典》的语义分类体系。同一个五级类的词语按词级排序，词级低的排前，词级高的排后；词级相同的按音节数的多少排序。"义类表"的编排在词表研制中是一个新的尝试，其主要作用是将词义相同、相近或相关的词就近排列，努力做到"以类显义""就近关联"，以方便词汇的教学与拓展。

3 研制原则

3.1 以书面词语为主

收录有正式书面语语体色彩的规范性词语，帮助提高普通话词汇的使用能力。

3.2 在通用性的基础上突出学习性的功能

收录通用性高、稳定性强、符合中小学生学习需要与特点的词语。难僻罕用的词和词义不收。注重收录有助于提高学生词语运用能力、提高传情表意效果的同义词、近义词及反义词。

3.3 注重与《义务教育语文课程常用字表》[①]相呼应

注重与《义务教育语文课程常用字表》的收字及分级的呼应。依据"以字带词""词不限字""以词促字"原则适当加以调整。

3.4 以词为主，注重成语的收录

收录对象为能独立使用的词。以单音节、双音节词为主，注重成语的收录。

4 收词说明

4.1 本词表所收词语都属现代汉语通用的书面语词汇，广泛存在于《现代汉语常用词表》《汉语国际教育用词汇等级划分》《现代汉语词典》《现代汉语规范词典》《新华词典》等词表与词典。大都见于国内现行使用面较广、使用时间较长、影响较大的中小学语文教材，以及国家语言资源监测与研究中心研制的大规模词汇统计表、厦门大学的"现代汉语通用词语库""新词语库"等。

4.2 本词表所收词语在"中小学语文教材语料库"（500万字）、"中小学学科教材语料库"（800万字）、"现当代文学作品语料库"（7000万字）、"现代汉语通用语料库"（4500万字）、"国家语言资源语料库"（120亿字）等多种语料库中做了使用状况的检测，拥有较高的使用度，处在累加覆盖频率较高的范围。

4.3 本词表所收词语，按"音序表"统计，共有15 114个，包括单音词目1651个，双音词目10 498个，三音词目387个，四音词目2578个。按"义类表"统计，共有17 092个。其中，一级词目2001个，二级词目5503个，三级词目5975个，四级词目3613个。若一组同形词按一个词种统计，则"音序表"收词15 004个，包括单字词目1576个，双字词目10 432个，三字词目418个，四字词目2578个。

4.4 收词的具体原则

  4.4.1 收录普通话的通用词。

  4.4.2 主要收语文词，一般不收专名。

  4.4.3 注重收录词的原形，不收重叠、变换语素的变形词。

  4.4.4 一般不收组合叠加词。

  4.4.5 适当收入当代产生、稳定性强、已进入普通话的词。

  4.4.6 收录单音词、双音节以上的词，也收常用的语素义。

  4.4.7 注重收录有较强表现力、较高稳定性、较广使用范围的成语。

  4.4.8 有多种词形的词语，只收规定词形。没有规定的，则参考权威辞书选择推荐词形。

[①] 见《义务教育语文课程标准（2011年版）》"附录5"。

音 序 表

a

阿姨 āyí	1	名	壹一 Bb
啊 ā	1	叹	玖四 Ca
	1	叹	玖五 Ba

ai

哎 āi	2	叹	玖五 Ba
哀兵必胜 āibīng-bìshèng	4		伍八 Ca
哀悼 āidào	4	动	伍五 Xb
哀鸣 āimíng	4	动	伍六 Ab
哀求 āiqiú	3	动	陆九 Kc
哀伤 āishāng	3	形	伍五 Ba
哀思 āisī	4	名	叁三 Bc
哀叹 āitàn	4	动	伍五 Bg
哀痛 āitòng	3	形	伍五 Ba
挨 āi	2	动	柒二 Fb
	3	介	玖二 Eb
挨家挨户 āijiā-āihù	2		玖一 Cd
唉声叹气 āishēng-tànqì	2		伍五 Bg
挨 ái	2	动	伍八 Ja
癌 ái	3	名	叁九 Ea
矮 ǎi	1	形	捌一 Bb
矮小 ǎixiǎo	2	形	捌一 Bb
艾滋病 àizībìng	4	名	叁九 Ea
爱 ài	1	动	伍五 Ga
	1	动	伍五 Ka
爱不释手 àibùshìshǒu	2		伍五 Ga
爱财如命 àicái-rúmìng	2		捌五 Lb
爱戴 àidài	3	动	伍五 Qe
爱抚 àifǔ	3	动	伍五 Ga
爱好 àihào	2	名	叁三 Eb
	2	动	伍五 Ga
爱护 àihù	1	动	伍五 Ka
爱莫能助 àimònéngzhù	4		伍五 Be
爱慕 àimù	4	动	伍五 Ga
爱情 àiqíng	2	名	叁三 Bb
爱人 ài·ren	2	名	壹一 Dc
爱屋及乌 àiwū-jíwū	3		伍五 Ga
爱惜 àixī	1	动	伍五 Ka
爱心 àixīn	1	名	叁三 Ac
隘口 àikǒu	4	名	肆二 Dc
碍事 ài//shì	3	形	捌四 Fd
碍手碍脚 àishǒu-àijiǎo	3		捌四 Fd

an

安 ān	2	动	陆三 Ab
安定 āndìng	3	形	捌六 Ba
安顿 āndùn	4	动	陆一 Gb
安放 ānfàng	3	动	伍一 Ea
安分 ānfèn	3	形	捌五 Ed
安分守己 ānfèn-shǒujǐ	3		捌五 Ed
安抚 ānfǔ	3	动	陆九 Hd
安好 ānhǎo	3	形	捌六 Aa
安家 ān//jiā	2	动	伍七 Ab
	2	动	伍七 Ld
安家立业 ānjiā-lìyè	3		陆一 Ma
安家落户 ānjiā-luòhù	2		伍七 Ab
安检 ānjiǎn	2	动	陆一 Ia
安静 ānjìng	1	形	捌六 Db
安居乐业 ānjū-lèyè	3		捌六 Ba
安康 ānkāng	3	形	捌六 Aa
安乐 ānlè	2	形	捌六 Ba
安眠 ānmián	3	动	伍四 Fa
安眠药 ānmiányào	3	名	贰十 Aa
安宁 ānníng	3	形	捌六 Ba
安排 ānpái	2	动	陆一 Gb
安贫乐道 ānpín-lèdào	4		捌五 Ee

词条	页码1	页码2
安全 ānquán	1 形	捌六 Aa
安然无恙 ānrán-wúyàng	4	捌六 Aa
安身立命 ānshēn-lìmìng	4	伍七 Aa
安适 ānshì	3 形	捌六 Ja
安慰 ānwèi	2 动	陆九 Hd
安稳 ānwěn	3 形	捌四 Ee
安息 ānxī	3 动	伍四 Cb
	3 动	伍四 Fa
安闲 ānxián	3 形	捌六 Eb
安详 ānxiáng	3 形	捌五 Ge
安心 ānxīn	2 动	伍五 Fa
安逸 ānyì	4 形	捌六 Ja
安营扎寨 ānyíng-zhāzhài	3	陆六 Da
安葬 ānzàng	4 动	伍七 Mb
安之若素 ānzhī-ruòsù	4	伍五 Fb
安置 ānzhì	3 动	陆一 Gb
安装 ānzhuāng	2 动	陆三 Ab
俺 ǎn	2 代	壹一 Ab
按 àn	1 动	伍一 Af
	1 介	玖二 Ea
按兵不动 ànbīng-bùdòng	3	伍五 Fb
按部就班 ànbù-jiùbān	3	捌五 Pb
按键 ànjiàn	2 名	贰八 Cb
按理 ànlǐ	3 副	玖一 Gj
按摩 ànmó	3 动	陆五 Kc
按时 ànshí	1 副	玖一 Ef
按说 ànshuō	3 副	玖一 Gj
按图索骥 àntú-suǒjì	4	伍七 Jc
	4	捌五 Ub
按照 ànzhào	1 介	玖二 Ea
案件 ànjiàn	3 名	叁一 Ae
案例 ànlì	4 名	叁一 Ad
暗 àn	1 形	捌二 Db
暗淡 àndàn	3 形	捌二 Db
暗号 ànhào	2 名	叁八 Ch
暗红 ànhóng	2 形	捌二 Aa
暗杀 ànshā	3 动	陆七 Fc
暗示 ànshì	4 动	陆九 Fa
暗算 ànsuàn	3 动	陆十一 Hg
暗无天日 ànwú-tiānrì	3	捌四 Pb
暗想 ànxiǎng	3 动	伍五 Ra
暗中 ànzhōng	3 副	玖一 Ch
暗自 ànzì	3 副	玖一 Ch
黯淡 àndàn	4 形	捌二 Db
黯然失色 ànrán-shīsè	4	柒六 Fe

ang

词条	页码1	页码2
肮脏 āngzāng	3 形	捌五 Qb
	3 形	捌六 Gb
昂贵 ángguì	3 形	捌四 Qa
昂首阔步 ángshǒu-kuòbù	3	伍八 Ma

ao

词条	页码1	页码2
凹 āo	2 形	捌一 La
凹陷 āoxiàn	4 动	柒二 Bb
遨游 áoyóu	4 动	伍七 Kd
嗷嗷 áo'áo	3 拟声	玖六 Aa
熬 áo	3 动	伍七 Ac
	3 动	伍七 Cb
熬夜 áo//yè	3 动	伍七 Db
翱翔 áoxiáng	4 动	伍三 Ba
鏖战 áozhàn	4 动	陆六 Ca
傲 ào	2 形	捌五 Hb
傲慢 àomàn	3 形	捌五 Hb
傲气 àoqì	3 名	叁二 Fa
	3 形	捌五 Hb
傲然 àorán	4 形	捌五 Hb
奥秘 àomì	2 名	叁一 Aa
奥妙 àomiào	2 形	捌四 Kc
澳 Ào	3 名	叁五 Ae
懊悔 àohuǐ	4 动	伍五 Jb
懊恼 àonǎo	4 形	伍五 Ca

ba

词条	页码1	页码2
八 bā	1 数	叁十 Be
八方 bāfāng	2 名	肆二 Ah
巴结 bā·jie	3 动	陆十一 Fa
巴掌 bā·zhang	2 名	壹五 Af
扒 bā	2 动	伍一 Ai
	2 动	伍一 Bd
叭 bā	3 拟声	玖六 Ca

芭蕾 bālěi	3	名	叁九 Ad	白日做梦 báirì-zuòmèng	3		伍五 Rb
捌 bā	4	数	叁十 Be	白色 báisè	1	名	贰三 Jb
拔 bá	1	动	伍一 Ba	白手起家 báishǒu-qǐjiā	3		陆一 Ma
拔地而起 bádì'érqǐ	3		柒二 Ac	白天 báitiān	1	名	肆一 Fa
拔河 bá//hé	1	动	陆五 Ha	白头偕老 báitóu-xiélǎo	4		捌四 Ra
拔尖儿 bá//jiānr	3	形	捌四 Cc	白皙 báixī	4	形	捌二 Ag
跋山涉水 báshān-shèshuǐ	4		陆四 Ba	白纸黑字 báizhǐ-hēizì	3		叁一 Bb
跋涉 báshè	4	动	陆四 Ba	白昼 báizhòu	4	名	肆一 Fa
把 bǎ	1	介	玖二 Ca	百 bǎi	1	数	叁十 Be
把柄 bǎbǐng	4	名	叁一 Bb	百步穿杨 bǎibù-chuānyáng			
把持 bǎchí	4	动	伍五 Lc		4		捌四 Ea
	4	动	陆一 Db	百发百中 bǎifā-bǎizhòng	2		捌四 Ea
把关 bǎ//guān	3	动	陆一 Ia	百废待兴 bǎifèi-dàixīng	4		柒四 Fd
把手 bǎ·shou	2	名	贰二 Fe	百感交集 bǎigǎn-jiāojí	4		伍五 Db
把握 bǎwò	2	动	陆一 Da	百花齐放 bǎihuā-qífàng	2		捌六 Ca
把戏 bǎxì	4	名	叁三 Dc	百家争鸣 bǎijiā-zhēngmíng			
坝 bà	2	名	贰六 Dc		3		捌六 Ca
爸爸 bà·ba	1	名	壹一 Db	百科全书 bǎikē quánshū	3		叁八 Eb
罢黜 bàchù	4	动	陆一 Je	百里挑一 bǎilǐ-tiāoyī	2		伍七 Ha
罢工 bà//gōng	3	动	陆六 Bc	百炼成钢 bǎiliàn-chénggāng			
罢免 bàmiǎn	4	动	陆一 Je		3		捌五 Da
霸道 bàdào	2	形	捌五 Pb	百年大计 bǎinián-dàjì	3		叁三 Db
霸占 bàzhàn	2	动	陆一 Db	百无禁忌 bǎiwú-jìnjì	4		捌五 Ef
吧 ·ba	1	助	玖四 Ca	百无聊赖 bǎiwú-liáolài	4		捌四 Jd
				百姓 bǎixìng	2	名	壹一 Aa
				百战百胜 bǎizhàn-bǎishèng			
bai					2		捌四 Na
掰 bāi	3	动	伍一 Bb	百折不挠 bǎizhé-bùnáo	4		捌五 Da
白 bái	2	形	伍二 Da	佰 bǎi	4	数	叁十 Be
	1	形	捌二 Ag	柏树 bǎishù	2	名	壹三 Bb
	2	副	捌四 Fb	摆 bǎi	1	动	伍一 Hc
白痴 báichī	4	名	壹一 Ib		2	动	柒二 Dc
白费 báifèi	2	动	捌四 Fb	摆动 bǎidòng	1	动	伍一 Hc
白净 bái·jing	2	形	捌二 Ag	摆放 bǎifàng	2	动	伍一 Ea
白酒 báijiǔ	3	名	贰九 Aj	摆弄 bǎinòng	3	动	伍一 Ha
白驹过隙 báijū-guòxì	4		捌三 Pa	摆脱 bǎituō	3	动	伍七 Ef
白领 báilǐng	4	名	壹一 Jb	败笔 bàibǐ	4	名	叁八 Ge
白鹭 báilù	4	名	壹二 Dc	败绩 bàijì	4	名	叁一 Ed
白露 báilù	2	名	肆一 Gc	败诉 bàisù	4	动	陆七 Aa
白茫茫 báimángmáng	1	形	捌二 Ag	败仗 bàizhàng	3	名	叁六 Bc
白人 Báirén	2	名	叁四 Ac				

拜 bài		2 动	伍三 Gb		办公室 bàngōngshì		1 名	贰六 Af
拜访 bàifǎng		3 动	陆九 Ac		办理 bànlǐ		2 动	陆一 Ba
拜会 bàihuì		4 动	陆九 Ac		办事 bàn//shì		2 动	陆一 Qa
拜见 bàijiàn		3 动	陆九 Ac		半 bàn		1 数	叁十 Bg
拜年 bài//nián		2 动	陆九 Hb				1 副	玖一 Bc
拜托 bàituō		4 动	陆九 Kd		半斤八两 bànjīn-bāliǎng		2	柒六 Eb
拜谢 bàixiè		4 动	伍三 Ga		半径 bànjìng		3 名	叁二 Aa
		4 动	陆九 Ia		半空 bànkōng		2 名	肆二 Ba
拜谒 bàiyè		4 动	陆九 Ac		半路 bànlù		2 名	叁一 Bd
							2 名	肆二 Cg
ban					半路出家 bànlù-chūjiā		3	捌五 Wb
扳 bān		4 动	伍一 Ai		半山腰 bànshānyāo		2 名	贰三 Ba
班 bān		1 名	叁八 Bd		半死不活 bànsǐ-bùhuó		2	伍四 Ce
		1 量	叁十 Ca		半途而废 bàntú'érfèi		3	柒三 Bg
		1 量	叁十 Ca		半推半就 bàntuī-bànjiù		4	陆九 Ah
班车 bānchē		1 名	贰五 Ea		半信半疑 bànxìn-bànyí		2	伍五 Pb
班级 bānjí		1 名	叁八 Bd		半夜三更 bànyè-sāngēng		2	肆一 Fb
班门弄斧 bānmén-nòngfǔ		3	伍七 Gc		扮 bàn		2 动	陆五 Fa
班长 bānzhǎng		1 名	壹一 Ja				2 动	陆五 Fb
颁布 bānbù		4 动	陆一 Fa		扮演 bànyǎn		3 动	陆五 Fa
颁发 bānfā		4 动	陆一 Fa		伴 bàn		1 名	壹一 La
颁奖 bān//jiǎng		3 动	陆一 Pa		伴侣 bànlǚ		3 名	壹一 La
斑白 bānbái		2 形	捌二 Ag		伴随 bànsuí		3 动	陆九 Ag
斑驳 bānbó		4 形	捌二 Ca		伴奏 bànzòu		3 动	陆五 Fe
斑驳陆离 bānbó-lùlí		4	捌二 Ca		拌 bàn		3 动	伍一 He
斑点 bāndiǎn		2 名	壹五 Ba					
斑马 bānmǎ		2 名	壹二 Bh		**bang**			
斑马线 bānmǎxiàn		2 名	贰六 Ca		帮 bāng		1 量	叁十 Ca
搬 bān		1 动	伍一 Hd				1 动	陆十 Ca
		1 动	陆四 Db		帮扶 bāngfú		4 动	陆十 Ca
搬弄是非 bānnòng-shìfēi		3	陆十一 Gb		帮工 bānggōng		3 名	壹一 Jn
搬迁 bānqiān		3 动	伍七 Ae				3 动	伍七 Db
搬运 bānyùn		2 动	陆四 Db		帮忙 bāng//máng		2 动	陆十 Ca
板凳 bǎndèng		1 名	贰七 Aa		帮腔 bāng//qiāng		4 动	陆十 Cc
板子 bǎn·zi		1 名	贰四 Da		帮手 bāng·shou		2 名	壹一 Ld
版本 bǎnběn		3 名	叁八 Gf		帮助 bāngzhù		1 动	陆十 Ca
版面 bǎnmiàn		4 名	叁八 Gg		绑 bǎng		3 动	伍一 Fb
办 bàn		1 动	陆一 Ba		绑架 bǎngjià		4 动	陆七 Fb
办法 bànfǎ		1 名	叁一 Cb		榜首 bǎngshǒu		4 名	叁二 Ce
办公 bàn//gōng		2 动	陆一 Qa		榜样 bǎngyàng		2 名	壹一 Ia

		2名	叁二 Ea			3形	捌三 Da
棒 bàng		1名	贰二 Ee	宝 bǎo		1名	贰二 Ce
		1形	捌四 Ba	宝贝 bǎo·bèi		1名	壹一 Ca
棒子 bàng·zi		1名	贰五 Cg			2名	贰二 Ce
傍晚 bàngwǎn		2名	肆一 Fb	宝贵 bǎoguì		2形	捌四 Qa
谤议 bàngyì		4动	陆九 Gc	宝库 bǎokù		2名	贰二 Ce
bao				宝石 bǎoshí		2名	贰四 Ea
				宝物 bǎowù		2名	贰二 Ce
包 bāo		1名	贰七 Be			2名	叁一 Ha
		1名	叁九 Ec	宝藏 bǎozàng		3名	贰二 Ce
		1量	叁十 Ca	保安 bǎo'ān		2名	壹一 Jp
		1动	伍一 Fa	保持 bǎochí		2动	柒六 Ke
包袱 bāo·fu		3名	贰二 Ca	保存 bǎocún		2动	伍七 Hd
		3名	叁五 Cb	保管 bǎoguǎn		3动	伍七 Hd
包裹 bāoguǒ		3名	贰二 Ca	保护 bǎohù		1动	陆十 Ea
		3动	伍一 Fa	保健 bǎojiàn		3动	伍七 Bd
包含 bāohán		2动	柒六 Ma	保留 bǎoliú		2动	柒六 Kd
包括 bāokuò		2动	柒六 Mc	保姆 bǎomǔ		2名	壹一 Jp
包揽 bāolǎn		4动	伍七 Ed	保暖 bǎo//nuǎn		2动	伍七 Bj
包罗万象 bāoluó-wànxiàng				保守 bǎoshǒu		4形	捌五 Pb
		3	捌四 Gc			3动	陆一 Rb
包容 bāoróng		3动	伍五 Kc	保卫 bǎowèi		2动	陆六 Da
		3动	柒六 Mb	保险 bǎoxiǎn		3动	伍七 Ed
包围 bāowéi		2动	陆六 Ca			3形	捌四 Ee
包蕴 bāoyùn		4动	柒六 Ma	保修 bǎoxiū		3动	伍七 Ed
包扎 bāozā		2动	伍一 Fb	保养 bǎoyǎng		3动	伍七 Bd
包装 bāozhuāng		2名	叁二 Ab	保佑 bǎoyòu		3动	陆八 Da
		2动	伍一 Fa	保障 bǎozhàng		3动	陆十 Ea
包子 bāo·zi		1名	贰九 Ac	保证 bǎozhèng		2动	伍七 Ed
剥 bāo		2动	伍一 Bd	堡垒 bǎolěi		4名	贰六 Fa
褒贬 bāobiǎn		4动	陆一 Ic	报仇 bào//chóu		2动	陆十一 Gd
褒义 bāoyì		3名	叁八 Cb	报酬 bào·chou		3名	叁七 Fa
薄 báo		2形	捌一 Eb	报答 bàodá		3动	陆九 Ia
饱 bǎo		1形	伍四 Ga	报到 bào//dào		1动	陆一 Lc
饱含 bǎohán		3动	柒六 Me	报道 bàodào		3名	叁八 Df
饱和 bǎohé		4形	捌三 Ae			3动	陆五 Ea
饱经沧桑 bǎojīng-cāngsāng				报废 bào//fèi		3动	柒五 Cd
		3	捌五 Ya	报复 bào·fù		3动	陆十一 Gd
饱览 bǎolǎn		3动	伍二 Da	报告 bàogào		2名	叁八 Ef
饱满 bǎomǎn		3形	伍六 Ea			2动	陆一 Lc

报警 bào//jǐng	2动	陆一 Lc	爆竹 bàozhú	2名	贰八 Db
报刊 bàokān	3名	叁八 Fa			
报考 bàokǎo	2动	陆一 Lc		bei	
报名 bào//míng	2动	陆一 Lc	杯弓蛇影 bēigōng-shéyǐng	4	伍五 Ea
报时 bào//shí	2动	陆九 Fa	杯盘狼藉 bēipán-lángjí	4	捌六 Hb
报销 bàoxiāo	4动	陆二 Ea	杯水车薪 bēishuǐ-chēxīn	4	捌四 Fb
报纸 bàozhǐ	2名	叁八 Fa	杯子 bēi·zi	1名	贰七 Bb
刨 bào	4动	伍一 Jb	卑鄙 bēibǐ	3形	捌五 Qb
刨子 bào·zi	4名	贰五 Cc	卑躬屈膝 bēigōng-qūxī	4	捌四 Qd
抱 bào	1动	伍一 Cc	卑贱 bēijiàn	4形	捌五 Qb
抱残守缺 bàocán-shǒuquē	4	捌五 Pb	卑劣 bēiliè	4形	捌五 Qb
抱负 bàofù	3名	叁三 Ea	卑微 bēiwēi	4形	捌四 Qd
抱歉 bàoqiàn	3形	伍五 Ee	背 bēi	1动	伍一 Db
	3形	陆九 Ib	背包 bēibāo	2名	贰七 Be
抱拳 bào//quán	4动	伍三 Ga	悲哀 bēi'āi	3形	伍五 Ba
抱头鼠窜 bàotóu-shǔcuàn	4	伍七 Ja	悲惨 bēicǎn	2形	捌六 Ib
抱薪救火 bàoxīn-jiùhuǒ	4	伍八 Bf	悲怆 bēichuàng	4形	伍五 Ba
抱怨 bào·yuàn	3动	伍五 Hb	悲愤 bēifèn	3形	伍五 Ca
豹 bào	2名	壹二 Bb	悲观 bēiguān	3形	捌五 Fb
暴动 bàodòng	4名	叁一 Ac	悲欢离合 bēihuān-líhé	4	叁一 Ea
暴风 bàofēng	2名	贰三 Ca	悲剧 bēijù	3名	叁九 Bb
暴风雨 bàofēngyǔ	2名	贰三 Cc	悲凉 bēiliáng	3形	捌六 Ib
暴风骤雨 bàofēng-zhòuyǔ	3	贰三 Ca	悲伤 bēishāng	2形	伍五 Ba
	4	叁一 Ac	悲天悯人 bēitiān-mǐnrén	4	伍五 Kb
暴力 bàolì	3名	叁二 Ga	悲痛 bēitòng	3形	伍五 Ba
暴烈 bàoliè	4形	捌五 Ca	悲壮 bēizhuàng	4形	伍五 Ba
暴露 bàolù	3动	伍八 De	碑 bēi	2名	贰六 Ha
暴乱 bàoluàn	4名	叁一 Ac	北 běi	1名	肆二 Ac
暴怒 bàonù	4动	伍五 Ca	北斗星 běidǒuxīng	1名	贰三 Ab
暴虐 bàonüè	4形	捌五 Ab	北方 běifāng	1名	肆二 Ac
暴殄天物 bàotiǎn-tiānwù	4	捌五 Nb	北风 běifēng	1名	贰三 Ca
暴跳 bàotiào	3动	伍五 Ca	北极 běijí	2名	贰三 Ad
暴跳如雷 bàotiào-rúléi	3	伍五 Ca	北京 Běijīng	1名	叁五 Ae
暴雨 bàoyǔ	2名	贰三 Cc	贝壳 bèiké	2名	壹五 Bc
暴躁 bàozào	3形	捌五 Ca	备战 bèi//zhàn	3动	陆六 Aa
曝光 bào//guāng	4动	陆五 Ga	背 bèi	1名	壹五 Ae
爆发 bàofā	2动	柒三 Fb	背道而驰 bèidào'érchí	4	柒六 Fb
爆破 bàopò	4动	陆六 Fb	背地 bèidì	2名	肆二 Ae
爆炸 bàozhà	2动	陆六 Fb	背后 bèihòu	2名	肆二 Ae
			背井离乡 bèijǐng-líxiāng	3	伍八 Nc

背景 bèijǐng		2 名	贰八 Ab		本人 běnrén		3 代	壹一 Ab
		2 名	叁一 Fb				3 代	壹一 Ab
背叛 bèipàn		3 动	陆六 Hb		本色 běnsè		4 名	叁二 Dc
背水一战 bèishuǐ-yīzhàn		3	陆六 Ca		本身 běnshēn		3 代	壹一 Ab
背诵 bèisòng		2 动	陆五 Cb		本事 běn·shi		2 名	叁二 Ie
背心 bèixīn		2 名	贰七 Cb		本土 běntǔ		2 名	捌四 Ub
背信弃义 bèixìn-qìyì		4	陆九 Ab				3 名	肆二 Cd
背影 bèiyǐng		2 名	贰三 Fb		本质 běnzhì		3 名	叁二 Dc
倍 bèi		2 量	叁十 Bg		本子 běn·zi		1 名	贰八 Ca
被 bèi		1 介	玖二 Cb				4 名	叁八 Db
被动 bèidòng		2 形	捌五 Fb		笨 bèn		1 形	捌二 Ld
被告 bèigào		4 名	壹一 Lf				1 形	捌五 Td
被迫 bèipò		3 动	伍五 Be		笨蛋 bèndàn		1 名	壹一 Ib
被褥 bèirù		3 名	贰七 Bj		笨鸟先飞 bènniǎo-xiānfēi		3	捌五 Va
被子 bèi·zi		1 名	贰七 Bj		笨手笨脚 bènshǒu-bènjiǎo		2	捌五 Td
辈 bèi		2 名	叁四 Ba		笨重 bènzhòng		2 形	捌二 Ld
					笨拙 bènzhuō		3 形	捌五 Td

ben

奔 bēn		2 动	伍一 Kb			beng		
		2 动	伍七 Ja		崩溃 bēngkuì		4 动	伍八 Da
奔波 bēnbō		3 动	伍七 Ac				4 动	柒二 Ke
奔驰 bēnchí		3 动	伍一 Kb		崩塌 bēngtā		3 动	柒二 Bf
奔放 bēnfàng		3 形	捌五 Ee		绷 bēng		4 动	伍一 Ba
奔赴 bēnfù		4 动	伍七 Ia		迸发 bèngfā		4 动	柒二 Ob
奔跑 bēnpǎo		2 动	伍一 Kb		迸溅 bèngjiàn		4 动	柒二 Ob
奔丧 bēn//sāng		4 动	伍七 Ma		迸裂 bèngliè		4 动	柒二 Ke
奔腾 bēnténg		3 动	伍一 Kb		迸射 bèngshè		4 动	柒二 Ob
奔走 bēnzǒu		3 动	伍七 Ac		蹦 bèng		3 动	伍一 La
奔走相告 bēnzǒu-xiānggào		4	陆九 Fa			bi		
本 běn		1 名	贰八 Ca		逼 bī		2 动	陆十一 Hf
		1 量	叁十 Ca		逼近 bījìn		3 动	柒二 Fc
本分 běnfèn		3 形	捌五 Ed		逼迫 bīpò		4 动	陆十一 Hf
本家 běnjiā		4 名	壹一 Da		逼上梁山 bīshàng-liángshān		4	伍五 Be
本科 běnkē		4 名	叁四 Cc		逼真 bīzhēn		3 形	捌四 Ja
本来 běnlái		2 形	捌四 Ta		鼻孔 bíkǒng		1 名	壹五 Ad
		2 副	玖一 Dc		鼻涕 bítì		2 名	壹五 Aq
本领 běnlǐng		2 名	叁二 Ie		鼻子 bí·zi		1 名	壹五 Ad
本能 běnnéng		3 名	叁二 Ba		鼻祖 bízǔ		4 名	壹一 Ae
本钱 běnqián		3 名	叁七 Db					

匕首 bǐshǒu		3 名	贰五 Fg		2 副	玖一 Db
比 bǐ		1 动	伍七 Hf	必修 bìxiū	3 动	陆五 Ba
		1 动	陆五 Ja	必须 bìxū	2 动	伍五 Zb
		1 介	玖二 Da		2 副	玖一 Db
比比皆是 bǐbǐ-jiēshì		3	捌三 Aa	必需 bìxū	2 动	柒六 Ia
比方 bǐ·fang		2 动	柒六 Ac	必要 bìyào	2 形	捌四 Lc
比分 bǐfēn		2 名	叁十 Bc	毕恭毕敬 bìgōng-bìjìng	4	伍五 Qd
比画 bǐ·hua		2 动	伍一 Hb	毕竟 bìjìng	3 副	玖一 Df
比较 bǐjiào		1 动	伍七 Hf	毕生 bìshēng	3 名	肆一 Ia
		1 副	玖一 Ab	毕业 bì//yè	2 动	柒三 Bb
比例 bǐlì		2 名	叁十 Bg	毕业生 bìyèshēng	3 名	壹一 Jr
比拟 bǐnǐ		3 动	伍七 Hf	闭 bì	1 动	伍二 Bb
比如 bǐrú		1 动	柒六 Ee		2 动	伍一 Aj
比赛 bǐsài		1 名	叁九 Db	闭关锁国 bìguān-suǒguó	4	陆一 Rb
		1 动	陆五 Ja	闭关自守 bìguān-zìshǒu	4	陆一 Rb
比喻 bǐyù		2 名	叁八 Ce		4	捌五 Pb
		2 动	柒六 Ac	闭门思过 bìmén-sīguò	3	伍五 Jc
比重 bǐzhòng		3 名	叁十 Bg	闭门造车 bìmén-zàochē	3	伍五 Nb
比作 bǐzuò		2 动	柒六 Ac	闭目塞听 bìmù-sètīng	4	伍五 Nb
彼此 bǐcǐ		3 代	叁二 Cb	闭幕 bì//mù	2 动	柒三 Bb
笔 bǐ		1 名	贰八 Ca	闭幕式 bìmùshì	2 名	叁四 Db
笔耕 bǐgēng		4 动	陆五 Ea	闭塞 bìsè	3 动	柒二 Qa
笔画 bǐhuà		1 名	叁八 Ca	陛下 bìxià	4 名	壹一 Lj
笔记 bǐjì		2 名	叁八 Ec	碧波 bìbō	3 名	贰三 Da
		4 动	陆五 Eb	碧空 bìkōng	3 名	肆二 Ba
笔记本 bǐjìběn		2 名	贰八 Ca	碧蓝 bìlán	2 形	捌二 Ac
		2 名	贰八 Cb	碧绿 bìlǜ	2 形	捌二 Ae
笔墨 bǐmò		3 名	叁二 Ie	弊端 bìduān	4 名	叁二 Bc
笔试 bǐshì		2 动	陆五 Ad	避 bì	2 动	伍七 Ja
笔顺 bǐshùn		1 名	叁八 Ca	避讳 bì·hui	4 动	柒三 Ic
笔挺 bǐtǐng		3 形	捌一 Ka	避免 bìmiǎn	2 动	柒三 Ic
笔直 bǐzhí		2 形	捌一 Ja	避让 bìràng	3 动	柒三 Ic
鄙薄 bǐbó		4 形	伍五 Nc	避暑 bì//shǔ	3 动	伍七 Ab
鄙人 bǐrén		4 名	壹一 Ab	避重就轻 bìzhòng-jiùqīng	3	柒三 Ic
鄙视 bǐshì		3 动	伍五 Nc	臂膀 bìbǎng	3 名	壹五 Af
鄙夷 bǐyí		4 动	伍五 Nc			
必 bì		1 副	玖一 Db	**bian**		
必定 bìdìng		2 副	玖一 Db	边 biān	1 名	贰二 Fb
必将 bìjiāng		3 副	玖一 Db	边陲 biānchuí	4 名	肆二 Ce
必然 bìrán		4 名	叁一 Ca	边际 biānjì	3 名	叁二 Eb

边疆 biānjiāng		2名	肆二 Ce	
边界 biānjiè		2名	叁二 Eb	
边境 biānjìng		2名	肆二 Ce	
边缘 biānyuán		3名	肆二 Ag	
边远 biānyuǎn		2形	捌三 Ra	
编 biān		2动	陆三 Ea	
		2动	陆五 Ea	
编辑 biān·jí		3名	壹一 Jj	
编辑 biānjí		3动	陆五 Ec	
编剧 biānjù		3名	壹一 Jl	
编剧 biān//jù		3动	陆五 Ea	
编写 biānxiě		3动	陆五 Ea	
		2动	陆五 Ec	
编造 biānzào		3动	伍七 Gd	
编织 biānzhī		3动	陆三 Ea	
编制 biānzhì		4名	叁二 Cc	
		4动	陆一 Kb	
编纂 biānzuǎn		4动	陆五 Ec	
蝙蝠 biānfú		2名	壹二 Bh	
鞭策 biāncè		4动	陆一 Ib	
鞭长莫及 biāncháng-mòjí		4	伍五 Be	
鞭炮 biānpào		2名	贰八 Db	
鞭辟入里 biānpì-rùlǐ		4	捌四 Mb	
鞭子 biān·zi		2名	贰五 Fi	
贬低 biǎndī		3动	陆九 Gc	
贬损 biǎnsǔn		4动	陆九 Gc	
贬义 biǎnyì		3名	叁八 Cb	
贬值 biǎn//zhí		4动	柒五 Bb	
扁 biǎn		2形	捌一 Eb	
扁担 biǎn·dan		2名	贰五 Cg	
变 biàn		1动	柒四 Aa	
		1动	柒四 Ab	
		1动	柒四 Ac	
变本加厉 biànběn-jiālì		3	柒五 Ae	
变动 biàndòng		3名	叁一 Ab	
		2动	柒四 Ac	
变革 biàngé		3动	陆六 Bb	
变更 biàngēng		3动	柒四 Ac	
变故 biàngù		3名	叁一 Ab	
变化 biànhuà		3名	叁一 Ab	
		1动	柒四 Aa	
变化多端 biànhuà-duōduān				
		3	柒四 Aa	
变幻 biànhuàn		3动	柒四 Aa	
变幻莫测 biànhuàn-mòcè		3	柒四 Aa	
变换 biànhuàn		3动	柒四 Ad	
变卖 biànmài		4动	陆二 Ba	
变迁 biànqiān		4动	柒四 Aa	
变色 biànsè		2动	柒四 Ac	
变通 biàntōng		3动	捌五 Uc	
变异 biànyì		4动	柒四 Aa	
变质 biàn//zhì		3动	柒四 Ca	
便 biàn		1副	玖一 Ee	
便饭 biànfàn		2名	叁一 Db	
便捷 biànjié		3形	捌四 Fc	
便利 biànlì		3形	捌四 Fc	
便秘 biànmì		3动	伍四 If	
便条 biàntiáo		2名	叁八 Ef	
便衣 biànyī		3名	壹一 Jf	
		3名	贰七 Cb	
便装 biànzhuāng		3名	贰七 Cb	
遍 biàn		1量	叁十 Cb	
		1形	捌三 Ba	
遍布 biànbù		3动	柒二 Dc	
遍地 biàndì		2名	肆二 Ah	
遍体鳞伤 biàntǐ-línshāng		4	伍四 Ha	
辨别 biànbié		3动	伍七 Hg	
辨认 biànrèn		3动	伍七 Hg	
辩 biàn		2动	陆十一 Ab	
辩护 biànhù		3动	陆十一 Ab	
辩解 biànjiě		4动	陆十一 Ab	
辩论 biànlùn		2动	陆十一 Ab	
辩说 biànshuō		3动	陆十一 Ab	
辫子 biàn·zi		3名	壹五 Ah	

biao

标 biāo		2动	柒六 Bd	
标榜 biāobǎng		4动	陆九 Eg	
标本 biāoběn		4名	贰二 Cc	
标兵 biāobīng		3名	壹一 Ia	
标记 biāojì		2名	叁八 Ch	

		2 动	柒六 Bd	憋屈 biē·qū	4 形	伍五 Bb
标签 biāoqiān		3 名	叁八 Ef	鳖 biē	4 名	壹二 Eb
标识 biāoshí		3 名	贰八 Ce	别 bié	1 动	伍一 Ga
标题 biāotí		2 名	叁二 Ha		1 副	玖一 Hb
标新立异 biāoxīn-lìyì		3	捌四 Cb	别出心裁 biéchū-xīncái	4	捌四 Cb
标语 biāoyǔ		2 名	叁八 Cg	别处 biéchù	2 名	肆二 Ah
标志 biāozhì		2 名	贰八 Ce	别具一格 biéjù-yīgé	3	捌四 Cb
		2 名	叁八 Ch	别开生面 biékāi-shēngmiàn		
		2 动	柒六 Bd		4	捌四 Cb
标致 biāo·zhì		4 形	捌三 La	别人 bié·rén	1 代	壹一 Ad
标注 biāozhù		3 名	叁八 Gd	别墅 biéshù	4 名	贰六 Ac
		3 动	柒六 Bd	别有用心 biéyǒu-yòngxīn	2	捌五 Ab
标准 biāozhǔn		2 名	叁二 Ea	别致 biézhì	3 形	捌三 Kc
		2 形	捌四 Ea	蹩脚 biéjiǎo	4 形	捌四 Bb
表 biǎo		1 名	贰五 Dd	别扭 biè·niu	3 形	捌四 Ef
		1 名	贰七 Bh		3 形	捌四 Rd
		2 形	捌四 Me			
		2 形	捌四 Yb	**bin**		
表达 biǎodá		3 动	陆九 Fe	宾馆 bīnguǎn	2 名	叁七 Gb
表决 biǎojué		3 动	陆一 Kb	宾客 bīnkè	2 名	壹一 Le
表里不一 biǎolǐ-bùyī		3	捌五 Bc	宾至如归 bīnzhì-rúguī	4	捌五 Ia
表里如一 biǎolǐ-rúyī		3	捌五 Ba	彬彬有礼 bīnbīn-yǒulǐ	3	捌五 Gg
表露 biǎolù		3 动	陆九 Fe	缤纷 bīnfēn	3 形	捌三 Ac
表面 biǎomiàn		2 名	叁二 Db	濒临 bīnlín	4 动	伍八 Ja
表明 biǎomíng		3 动	陆九 Fe		4 动	柒二 Fb
表浅 biǎoqiǎn		3 形	捌四 Me	濒危 bīnwēi	4 动	伍四 Ce
表情 biǎoqíng		2 名	叁二 Fc	**bing**		
表示 biǎoshì		2 动	陆九 Fe			
		2 动	柒六 Ba	冰 bīng	1 名	贰三 Cc
表率 biǎoshuài		4 名	壹一 Ia		1 动	柒一 Da
表态 biǎo//tài		3 动	陆九 Fe	冰川 bīngchuān	2 名	贰三 Ba
表现 biǎoxiàn		2 名	叁四 Fa	冰冻 bīngdòng	3 动	柒一 Da
		2 动	伍七 Gc	冰棍儿 bīnggùnr	2 名	贰九 Ag
		2 动	柒六 Bc	冰激凌 bīngjīlíng	2 名	贰九 Ag
表象 biǎoxiàng		4 名	叁二 Db	冰冷 bīnglěng	2 形	捌二 Na
表演 biǎoyǎn		2 动	陆五 Fa		2 形	捌五 Ib
表扬 biǎoyáng		1 动	陆一 Pa	冰凉 bīngliáng	2 形	捌二 Na
表彰 biǎozhāng		4 动	陆一 Pa	冰清玉洁 bīngqīng-yùjié	3	捌五 Ra
				冰天雪地 bīngtiān-xuědì	2	捌二 Na
bie				冰箱 bīngxiāng	1 名	贰七 Ad
憋 biē		4 动	伍五 Lc	冰雪 bīngxuě	2 名	贰三 Cc

兵 bīng		2 名	壹一 Jq	拨打 bōdǎ		2 动	陆九 Da
兵不血刃 bīngbùxuèrèn		4	捌四 Na	拨款 bōkuǎn		4 名	叁七 Eb
兵不厌诈 bīngbùyànzhà		4	陆十一 Cd	拨款 bō//kuǎn		4 动	陆一 Ha
兵荒马乱 bīnghuāng-mǎluàn				拨乱反正 bōluàn-fǎnzhèng		4	伍七 Fa
		3	捌六 Bb	拨弄 bō·nòng		3 动	伍一 Ha
兵力 bīnglì		3 名	叁六 Aa	波及 bōjí		3 动	柒六 Nc
兵临城下 bīnglínchéngxià		3	捌六 Fb	波澜 bōlán		4 名	贰三 Da
兵强马壮 bīngqiáng-mǎzhuàng				波澜壮阔 bōlán-zhuàngkuò			
		3	捌四 Na			4	捌四 Nb
丙 bǐng		4 名	肆一 Ab	波浪 bōlàng		2 名	贰三 Da
秉持 bǐngchí		4 动	伍一 Ca	波涛 bōtāo		2 名	贰三 Da
秉性 bǐngxìng		4 名	叁二 Ia	波折 bōzhé		4 名	叁一 Ab
柄 bǐng		2 名	贰二 Fe	玻璃 bō·li		2 名	贰四 Ec
饼 bǐng		1 名	贰九 Ac	剥夺 bōduó		4 动	陆七 Db
饼干 bǐnggān		1 名	贰九 Ag	剥落 bōluò		4 动	柒二 Be
饼子 bǐng·zi		1 名	贰九 Ac	剥削 bōxuē		3 动	陆十一 He
禀赋 bǐngfù		4 名	叁二 Ie	播 bō		2 动	伍一 Ec
并 bìng		2 连	玖三 Aa	播放 bōfàng		2 动	柒三 Ka
并非 bìngfēi		3 动	柒六 Dc	播音 bō//yīn		2 动	柒三 Ka
并驾齐驱 bìngjià-qíqū		4	柒六 Eb	播种 bōzhǒng		2 动	陆三 Jc
并肩 bìngjiān		3 动	玖一 Ca	伯伯 bó·bo		1 名	壹一 Df
并列 bìngliè		2 动	柒六 Eb	伯乐 Bólè		3 名	壹一 Ia
并排 bìngpái		2 动	柒二 Db	驳杂 bózá		4 形	捌六 Hb
并且 bìngqiě		2 连	玖三 Aa	勃然大怒 bórán-dànù		3	伍五 Ca
并未 bìngwèi		3 副	玖一 Ha	脖子 bó·zi		1 名	壹五 Ae
并行不悖 bìngxíng-bùbèi		4	柒六 Eb	博采众长 bócǎi-zhòngcháng			
病 bìng		1 名	叁九 Ea			3	柒三 Be
		1 动	伍四 Ia	博大精深 bódà-jīngshēn		4	捌五 Za
病床 bìngchuáng		2 名	叁九 Ee	博古通今 bógǔ-tōngjīn		4	捌五 Za
病毒 bìngdú		3 名	壹四 Ba	博客 bókè		3 名	叁八 Fd
病房 bìngfáng		2 名	贰六 Af	博览群书 bólǎn-qúnshū		3	捌五 Za
病故 bìnggù		3 动	伍四 Cb	博士 bóshì		4 名	叁四 Cc
病菌 bìngjūn		4 名	壹四 Ba	博闻强记 bówén-qiángjì		4	捌五 Za
病魔 bìngmó		3 名	叁九 Ea	博物馆 bówùguǎn		3 名	叁七 Gb
病情 bìngqíng		3 名	叁一 Fb	博学 bóxué		3 形	捌五 Za
病人 bìngrén		1 名	壹一 Fa	搏斗 bódòu		2 动	陆十一 Eb
病症 bìngzhèng		4 名	叁九 Ea	搏击 bójī		3 动	陆十一 Eb
bo				薄弱 bóruò		3 形	捌四 Nd
				薄雾 bówù		3 名	贰三 Cd
拨 bō		2 动	伍一 Ai	跛 bǒ		4 动	伍四 Hc
		4 动	陆一 Ha	跛子 bǒ·zi		4 名	壹一 Fb

薄荷 bò·he	3 名	壹三 Cc	

bu

补 bǔ	2 动	伍七 Bd	
	2 动	伍七 Bh	
补偿 bǔcháng	3 动	柒五 Ab	
补充 bǔchōng	2 动	柒五 Ab	
补给 bǔjǐ	3 动	柒五 Ab	
补救 bǔjiù	3 动	伍七 Fa	
补考 bǔkǎo	2 动	陆五 Ad	
补贴 bǔtiē	3 名	叁七 Fa	
补习 bǔxí	2 动	陆五 Ba	
补助 bǔzhù	2 动	陆十 Cd	
捕风捉影 bǔfēng-zhuōyǐng	4	捌四 Ab	
捕获 bǔhuò	3 动	陆七 Ba	
捕捞 bǔlāo	3 动	陆三 Kb	
捕食 bǔshí	2 动	伍七 Ca	
捕捉 bǔzhuō	2 动	陆七 Ba	
哺乳 bǔrǔ	4 动	伍七 Cd	
哺育 bǔyù	3 动	陆三 La	
不 bù	1 副	玖一 Ha	
不安 bù'ān	2 形	伍五 Ea	
不白之冤 bùbáizhīyuān	4	叁一 Ed	
不卑不亢 bùbēi-bùkàng	4	捌四 Ee	
不必 bùbì	2 副	玖一 Ha	
不便 bùbiàn	2 形	捌四 Fd	
	2 形	捌四 Ka	
不曾 bùcéng	3 副	玖一 Eh	
不成体统 bù chéng tǐtǒng	4	捌四 Bb	
不耻下问 bùchǐ-xiàwèn	4	捌五 Ha	
不辞而别 bùcí'érbié	3	陆九 Aj	
不错 bùcuò	1 形	捌四 Ca	
不但 bùdàn	2 连	玖三 Ba	
不得 bùdé	2	陆九 Ah	
不得不 bùdébù	2	伍五 Zb	
不得了 bùdéliǎo	2 形	捌四 Ma	
不得已 bùdéyǐ	4 形	伍五 Be	
不动声色 bùdòng-shēngsè	3	伍五 Fb	
	3	捌五 Sd	
不断 bùduàn	1 副	玖一 Eg	
不凡 bùfán	3 形	捌四 Cc	
不妨 bùfáng	3 副	玖一 Ga	
不敢当 bùgǎndāng	4 动	捌五 Ha	
不公 bùgōng	3 形	捌五 Jb	
不共戴天 bùgòngdàitiān	4	捌四 Rd	
不苟言笑 bùgǒu-yánxiào	4	捌五 Ea	
不顾 bùgù	2 动	伍五 Ma	
不管 bùguǎn	1 连	玖三 Eb	
不过 bùguò	1 连	玖三 Da	
不寒而栗 bùhán'érlì	4	伍五 Ea	
不和 bùhé	2 形	捌四 Rd	
不慌不忙 bùhuāng-bùmáng	2	伍五 Fb	
不羁 bùjī	4 形	捌五 Ee	
不计其数 bùjì-qíshù	3	捌三 Aa	
不假思索 bùjiǎ-sīsuǒ	3	捌三 Pa	
不见得 bùjiàn·dé	3 副	玖一 Da	
不见经传 bùjiàn-jīngzhuàn	3	捌四 Qf	
不解之缘 bùjiězhīyuán	3	叁四 Bb	
不禁 bùjīn	2 动	伍五 Ld	
不仅 bùjǐn	2 副	玖一 Be	
	2 连	玖三 Ba	
不近人情 bùjìn-rénqíng	3	捌四 Ce	
不经意 bù jīngyì	3	伍五 Na	
不胫而走 bùjìng'érzǒu	4	柒三 Kc	
不久 bùjiǔ	1 形	捌三 Qb	
不拘小节 bùjū-xiǎojié	3	捌五 Ee	
不拘一格 bùjū-yīgé	4	捌四 Cb	
不觉 bùjué	3 副	玖一 Da	
不绝如缕 bùjué-rúlǚ	4	捌二 Gb	
	4	捌六 Ab	
不绝于耳 bùjuéyú'ěr	3	柒二 Nb	
不堪回首 bùkān-huíshǒu	4	伍五 Ba	
不堪设想 bùkān-shèxiǎng	4	捌四 Bb	
不可告人 bùkě-gàorén	2	捌四 Sd	
不可救药 bùkě-jiùyào	3	捌五 Xd	
不可开交 bùkě-kāijiāo	3	柒二 Ib	
不可理喻 bùkě-lǐyù	3	捌五 Pb	
不可名状 bùkě-míngzhuàng	4	陆九 Ea	

不可收拾 bùkě-shōu·shi	3		捌四 Ma	
不可思议 bùkě-sīyì	2		捌四 Ce	
不可一世 bùkě-yīshì	4		捌五 Hb	
不可终日 bùkě-zhōngrì	4		伍五 Ea	
不愧 bùkuì	3	副	玖一 Db	
不劳而获 bùláo'érhuò	2		伍八 Ib	
不离不弃 bùlí-bùqì	3		陆九 Ag	
不良 bùliáng	2	形	捌四 Bb	
不了了之 bùliǎo-liǎozhī	3		伍五 Nb	
不料 bùliào	2	连	玖三 Da	
不露声色 bùlù-shēngsè	3		捌四 Sd	
不伦不类 bùlún-bùlèi	3		捌四 Ce	
不论 bùlùn	2	连	玖三 Eb	
不满 bùmǎn	2	形	伍五 Bd	
不毛之地 bùmáozhīdì	3		肆二 Bb	
不免 bùmiǎn	2	副	玖一 Gd	
不谋而合 bùmóu'érhé	3		柒六 Ea	
不偏不倚 bùpiān-bùyǐ	4		捌五 Ja	
不平 bùpíng	3	动	伍五 Cb	
	3	形	捌五 Jb	
不平则鸣 bùpíngzémíng	4		伍五 Cb	
不期而遇 bùqī'éryù	3		柒二 Gc	
不求甚解 bùqiú-shènjiě	4		捌五 Zb	
不屈不挠 bùqū-bùnáo	4		捌五 Da	
不忍 bùrěn	3	动	伍五 La	
不容置疑 bùróng-zhìyí	3		捌四 Aa	
不如 bùrú	2	动	柒六 Fe	
不辱使命 bùrǔ-shǐmìng	4		伍五 Ab	
不三不四 bùsān-bùsì	3		捌五 Qb	
不声不响 bùshēng-bùxiǎng				
	2		伍六 Ba	
	2		捌四 Sd	
不胜其烦 bùshèng-qífán	4		捌四 Ib	
不时 bùshí	2	副	玖一 Fb	
不速之客 bùsùzhīkè	4		壹一 Le	
不同凡响 bùtóng-fánxiǎng	3		捌四 Cc	
不闻不问 bùwén-bùwèn	2		伍五 Nb	
不惜 bùxī	3	动	伍五 Ld	
不相上下 bùxiāng-shàngxià				
	2		柒六 Eb	
不像话 bùxiànghuà	2	形	捌四 Ed	
不屑 bùxiè	3	动	伍五 Nb	
不屑一顾 bùxiè-yīgù	3		伍五 Nc	
不懈 bùxiè	4	形	捌五 Db	
不省人事 bùxǐng-rénshì	3		伍四 Ib	
不幸 bùxìng	2	名	叁一 Ec	
	2	形	伍八 Ba	
不修边幅 bùxiū-biānfú	3		捌五 Ee	
不朽 bùxiǔ	3	动	伍八 Gc	
不许 bùxǔ	2	动	陆九 Ah	
不学无术 bùxué-wúshù	4		捌五 Zb	
不言而喻 bùyán'éryù	3		捌四 Sa	
不厌其烦 bùyànqífán	2		捌五 Ga	
不一而足 bùyī'érzú	4		捌三 Aa	
不依不饶 bùyī-bùráo	4		陆十一 Da	
不宜 bùyí	3	形	捌四 Ef	
不遗余力 bùyí-yúlì	4		伍七 Ac	
不以为然 bùyǐwéirán	3		伍五 Qa	
不义之财 bùyìzhīcái	3		叁七 Da	
不翼而飞 bùyì'érfēi	2		伍八 Kc	
不由得 bùyóu·de	2	动	伍五 Ld	
不由分说 bùyóufēnshuō	4		捌五 Pb	
不由自主 bùyóuzìzhǔ	2		伍五 Ld	
不约而同 bùyuē'értóng	2		柒六 Ea	
不再 bùzài	1	副	玖一 Ha	
不在乎 bù zài·hu	2		伍五 Na	
	2		伍五 Nb	
不在话下 bùzài-huàxià	3		伍五 Ac	
不择手段 bùzé-shǒuduàn	3		伍五 Ra	
不折不扣 bùzhé-bùkòu	3		捌四 Aa	
不正之风 bùzhèngzhīfēng	3		叁四 Da	
不知不觉 bùzhī-bùjué	2		玖一 De	
不知所措 bùzhī-suǒcuò	3		伍五 Ed	
不止 bùzhǐ	2	动	柒三 Cd	
	2	动	柒六 Fc	
	2	副	玖一 Be	
不只 bùzhǐ	2	副	玖一 Be	
	2	连	玖三 Ba	
不至于 bùzhìyú	2	副	玖一 Gc	
不治之症 bùzhìzhīzhèng	3		叁九 Ea	

词条	拼音			
不置可否	bùzhì-kěfǒu	4	伍五	Nb
不着边际	bùzhuó-biānjì	3	捌四	Hd
不自量力	bùzìliànglì	3	捌五	Hb
不足	bùzú	2 名	叁二	Bc
		2 形	捌三	Af
不足挂齿	bùzúguàchǐ	4	捌四	Lb
不足为奇	bùzúwéiqí	3	捌四	Ca
不足为训	bùzúwéixùn	4	捌四	Ef
布	bù	1 名	贰七	Ca
布告	bùgào	3 名	叁八	Ef
布景	bùjǐng	4 名	贰八	Ab
布局	bùjú	3 动	陆一	Ga
布满	bùmǎn	2 动	柒六	Md
布匹	bùpǐ	2 名	贰七	Ca
布施	bùshī	4 动	陆八	Ca
布置	bùzhì	2 动	柒二	Dc
步	bù	1 动	伍一	Ka
步步为营	bùbù-wéiyíng	4	捌五	Gc
步伐	bùfá	3 名	叁二	Fb
步履	bùlǚ	4 名	叁二	Fb
步枪	bùqiāng	2 名	贰五	Fb
步人后尘	bùrénhòuchén	4	柒六	Ed
步行	bùxíng	2 动	伍一	Ka
步骤	bùzhòu	2 名	叁一	Cb
步子	bù·zi	2 名	叁二	Fb
部	bù	4 名	叁五	Ac
		2 量	叁十	Ca
部队	bùduì	2 名	叁六	Aa
部分	bù·fen	2 名	叁二	Da
		2 形	捌三	Bb
部件	bùjiàn	3 名	贰二	Cc
部落	bùluò	4 名	叁四	Ac
部门	bùmén	4 名	叁五	Ac
部首	bùshǒu	2 名	叁八	Ca
部署	bùshǔ	4 动	陆一	Ga
部位	bùwèi	2 名	肆二	Aa

ca

| 擦 | cā | 1 动 | 伍一 | Fc |
| | | 1 动 | 伍一 | Ib |

cai

猜	cāi	2 动	伍五	Sc
猜测	cāicè	3 动	伍五	Sc
猜忌	cāijì	4 动	伍五	Pb
猜想	cāixiǎng	2 动	伍五	Sc
才	cái	2 名	叁二	Ie
		1 副	玖一	Ba
		1 副	玖一	Ea
才干	cáigàn	3 名	叁二	Ie
才华	cáihuá	3 名	叁二	Ie
才华横溢	cáihuá-héngyì	3	捌五	Xa
才能	cáinéng	2 名	叁二	Ie
才气	cáiqì	4 名	叁二	Ie
才疏学浅	cáishū-xuéqiǎn	4	捌五	Zb
才艺	cáiyì	4 名	叁二	Ie
才智	cáizhì	4 名	叁二	Ie
材料	cáiliào	2 名	贰二	Ba
		2 名	叁八	Ef
财产	cáichǎn	3 名	叁七	Da
财大气粗	cáidà-qìcū	4	捌六	Kb
财富	cáifù	2 名	叁七	Da
财经	cáijīng	4 名	叁四	Eb
财物	cáiwù	2 名	叁七	Da
财政	cáizhèng	4 名	叁一	Aa
财主	cái·zhu	2 名	壹一	Lh
裁	cái	2 动	伍一	Jc
裁缝	cái·feng	3 名	壹一	Jn
裁决	cáijué	4 动	陆一	Kb
裁判	cáipàn	2 名	壹一	Ji
		4 动	陆七	Cb
裁员	cáiyuán	4 动	柒五	Ba
采	cǎi	1 动	伍一	Bc
采伐	cǎifá	3 动	伍一	Jd
采访	cǎifǎng	2 动	陆九	Ac
采购	cǎigòu	3 动	陆二	Ba
采集	cǎijí	2 动	伍七	Hb
采纳	cǎinà	3 动	伍七	Hh
采取	cǎiqǔ	2 动	伍七	Hh
采用	cǎiyòng	2 动	伍七	Hh

采摘 cǎizhāi	2 动	伍一 Bc	残疾人 cánjírén	2 名	壹一 Fb
彩虹 cǎihóng	2 名	贰三 Cb	残酷 cánkù	3 形	捌五 Ab
彩绘 cǎihuì	3 名	叁九 Ca	残留 cánliú	3 动	柒六 Kd
彩票 cǎipiào	2 名	贰八 Cd	残破 cánpò	3 形	捌三 Bd
彩色 cǎisè	1 名	贰三 Ja	残缺 cánquē	3 动	伍八 Fa
彩霞 cǎixiá	2 名	贰三 Cb		3 形	捌三 Bd
踩 cǎi	1 动	伍一 Ma	残忍 cánrěn	3 形	捌五 Ab
菜 cài	1 名	壹三 Fa	残阳 cányáng	4 名	贰三 Ac
	1 名	贰九 Ad	残余 cányú	4 动	柒六 Kd
菜单 càidān	2 名	贰八 Cb	残垣断壁 cányuán-duànbì	4	贰六 Ia
菜市场 càishìchǎng	2 名	叁七 Gb	蚕 cán	2 名	壹二 Fd
菜肴 càiyáo	3 名	贰九 Ad	惭愧 cánkuì	2 形	伍五 Ee
菜园 càiyuán	1 名	贰六 Da	惨 cǎn	2 形	捌六 Ib
			惨白 cǎnbái	3 形	捌二 Ag
can			惨不忍睹 cǎnbùrěndǔ	3	捌六 Ib
参观 cānguān	1 动	伍七 He	惨淡 cǎndàn	4 形	捌六 Ib
参加 cānjiā	1 动	伍七 Ee	惨烈 cǎnliè	4 形	捌六 Ib
参军 cān//jūn	2 动	伍七 Dc	惨痛 cǎntòng	4 形	伍五 Ba
参考 cānkǎo	2 动	陆五 De	惨无人道 cǎnwúréndào	3	捌五 Ab
参谋 cānmóu	3 名	壹一 Ld	惨重 cǎnzhòng	4 形	捌四 Ma
	3 动	陆十 Ca	灿烂 cànlàn	2 形	捌二 Da
参赛 cānsài	2 动	伍七 Ee			
参数 cānshù	4 名	叁十 Bc	**cang**		
参天 cāntiān	3 动	柒二 Ac	仓促 cāngcù	4 形	捌六 Ea
参与 cānyù	2 动	伍七 Ee	仓皇 cānghuáng	4 形	捌六 Ea
参照 cānzhào	3 动	陆五 De	仓库 cāngkù	2 名	贰六 Ea
餐 cān	1 量	叁十 Ca	苍白 cāngbái	2 形	捌二 Ag
餐刀 cāndāo	2 名	贰七 Bb	苍翠 cāngcuì	3 形	捌二 Ae
餐馆 cānguǎn	2 名	叁七 Gb	苍劲 cāngjìng	4 形	捌四 Nb
餐厅 cāntīng	2 名	贰六 Af	苍老 cānglǎo	2 形	捌三 Ia
	2 名	叁七 Gb	苍凉 cāngliáng	3 形	捌六 Dc
餐桌 cānzhuō	2 名	贰七 Aa	苍茫 cāngmáng	3 形	捌一 Ca
残 cán	3 动	伍四 Ha	苍穹 cāngqióng	4 名	肆二 Ba
	3 形	捌三 Bd	苍天 cāngtiān	3 名	肆二 Ba
残败 cánbài	4 形	捌六 Cb	苍蝇 cāng·ying	2 名	壹二 Fe
残暴 cánbào	4 形	捌五 Ab	苍郁 cāngyù	4 形	捌三 Dc
残存 cáncún	4 动	柒六 Kd	沧海桑田 cānghǎi-sāngtián		
残废 cánfèi	3 名	壹一 Fb		4	柒四 Aa
	3 动	伍四 Ha	沧海一粟 cānghǎi-yīsù	3	捌四 Od
残害 cánhài	3 动	柒六 Qa	沧桑 cāngsāng	4 名	叁一 Ab

舱 cāng		3 名	贰五	Ec
藏 cáng		2 动	伍七	Ja
藏龙卧虎 cánglóng-wòhǔ		4	伍七	Ja
藏品 cángpǐn		3 名	贰二	Ce
藏书 cángshū		3 名	叁八	Eb
藏污纳垢 cángwū-nàgòu		4	陆十一	Fb

cao

操场 cāochǎng		1 名	叁九	Dc
操控 cāokòng		3 动	陆一	Da
		3 动	陆三	Bc
操劳 cāoláo		3 动	伍七	Ac
操练 cāoliàn		3 动	伍五	Be
操心 cāo//xīn		2 动	陆一	Bb
操之过急 cāozhī-guòjí		3	捌五	Gf
操纵 cāozòng		3 动	陆一	Da
操作 cāozuò		2 动	陆三	Bc
嘈杂 cáozá		4 形	捌六	Da
槽 cáo		3 名	贰六	Dd
草 cǎo		1 名	壹三	Ca
草案 cǎo'àn		4 名	叁八	Ef
草地 cǎodì		1 名	贰三	Bb
草菅人命 cǎojiān-rénmìng		4	捌五	Ab
草莓 cǎoméi		3 名	壹三	Fb
草木 cǎomù		2 名	壹三	Aa
草木皆兵 cǎomù-jiēbīng		4	伍五	Ea
草坪 cǎopíng		2 名	贰三	Bb
草书 cǎoshū		3 名	叁八	Ca
草滩 cǎotān		3 名	贰三	Bb
草原 cǎoyuán		1 名	贰三	Bb

ce

册 cè		1 名	贰八	Cc
		1 量	叁十	Ca
册子 cè·zi		1 名	贰八	Cc
厕所 cèsuǒ		1 名	贰六	Af
侧 cè		2 名	贰二	Fc
		2 动	伍三	Ea
侧面 cèmiàn		2 名	贰二	Fc
侧重 cèzhòng		2 动	伍五	Mc
测 cè		3 动	陆三	Ha
测定 cèdìng		4 动	陆三	Ha
测量 cèliáng		3 动	陆三	Ha
测评 cèpíng		3 动	陆一	Ic
测试 cèshì		2 动	陆五	Ad
测算 cèsuàn		3 动	伍七	Hi
测验 cèyàn		2 动	陆五	Ad
策划 cèhuà		4 动	伍五	Wa
策略 cèlüè		3 名	叁三	Db

cen

参差 cēncī		4 形	捌六	Hb
参差不齐 cēncī-bùqí		4	捌六	Hb

ceng

层 céng		1 量	叁十	Ca
层出不穷 céngchū-bùqióng		3	柒三	Fa
层次 céngcì		3 名	叁二	Ce
层叠 céngdié		3 动	柒三	Ce
层面 céngmiàn		3 名	叁二	Ca
曾经 céngjīng		2 副	玖一	Eb

cha

叉 chā		2 名	贰七	Bb
叉子 chā·zi		2 名	贰七	Bb
差别 chābié		2 名	叁二	Bb
差错 chācuò		2 名	叁一	Ab
		2 名	叁一	Gc
差距 chājù		2 名	叁二	Bb
差强人意 chāqiáng-rényì		4	伍五	Ab
差异 chāyì		3 名	叁二	Bb
插 chā		1 动	伍一	Ef
插话 chā//huà		2 动	陆九	Eh
插图 chātú		2 名	叁九	Ca
插秧 chā//yāng		4 动	陆三	Jc
插嘴 chā//zuǐ		2 动	陆九	Eh
插座 chāzuò		2 名	贰五	Dc
茬 chá		4 名	壹五	Cb
茶 chá		1 名	贰九	Ai
茶余饭后 cháyú-fànhòu		3	肆一	Db
查 chá		2 动	陆一	Ia

		1 动	陆一 Ia
		1 动	陆五 Ca
查处 cháchǔ		4 动	陆七 Da
查获 cháhuò		4 动	陆七 Ba
查看 chákàn		2 动	陆一 Ia
		2 动	陆五 Ca
查明 chámíng		3 动	陆一 Ia
查询 cháxún		3 动	陆一 Ia
		3 动	陆九 Fd
查找 cházhǎo		2 动	伍七 Jc
察觉 chájué		3 动	伍五 Tb
察看 chákàn		3 动	伍七 He
察言观色 cháyán-guānsè	3		伍七 He
岔 chà		4 动	伍七 Hj
诧异 chàyì		4 形	伍五 Eb
差 chà		2 动	柒六 Ib
		1 形	捌四 Bb
差不多 chà·buduō		2 形	柒六 Ec
差点儿 chàdiǎnr		2 副	玖一 Af
姹紫嫣红 chàzǐ-yānhóng	4		捌三 La

chai

拆 chāi		2 动	伍七 Hj
拆除 chāichú		3 动	柒五 Cb
拆迁 chāiqiān		3 动	伍七 Ae
拆散 chāisàn		3 动	伍七 Hj
柴 chái		2 名	贰四 Ba
柴草 cháicǎo		3 名	贰四 Ba

chan

掺杂 chānzá		4 动	柒二 Ic
搀 chān		4 动	伍一 Cb
搀扶 chānfú		4 动	伍一 Cb
婵娟 chánjuān		4 名	贰三 Ac
馋 chán		2 形	伍四 Gd
孱弱 chánruò		4 形	捌三 Jb
缠 chán		3 动	伍一 Fb
		3 动	柒二 Ib
缠绕 chánrào		3 动	柒二 Ib
蝉 chán		2 名	壹二 Fb

蟾蜍 chánchú		4 名	壹二 Ef
产 chǎn		2 动	陆三 Ad
产品 chǎnpǐn		2 名	贰二 Cc
产生 chǎnshēng		2 动	柒三 Fb
产物 chǎnwù		2 名	叁一 Be
产业 chǎnyè		3 名	叁四 Eb
产值 chǎnzhí		3 名	叁七 Ab
谄媚 chǎnmèi		4 动	陆十一 Fa
铲 chǎn		3 动	伍一 Jb
铲除 chǎnchú		4 动	柒五 Ca
铲子 chǎn·zi		3 名	贰五 Cb
阐明 chǎnmíng		4 动	陆九 Fg
阐释 chǎnshì		4 动	陆五 Dc
阐述 chǎnshù		4 动	陆九 Fg
忏悔 chànhuǐ		4 动	伍五 Jb
颤动 chàndòng		3 动	柒二 La
颤抖 chàndǒu		3 动	伍三 Dc
颤巍巍 chànwēiwēi		4 形	柒二 Md
颤悠 chàn·you		4 动	柒二 Md

chang

昌盛 chāngshèng		3 形	捌六 Ca
猖獗 chāngjué		4 形	捌五 Ef
猖狂 chāngkuáng		4 形	捌五 Ef
长 cháng		1 形	捌一 Aa
长城 Chángchéng		1 名	贰六 Fa
长处 chángchù		2 名	叁二 Bc
长度 chángdù		3 名	叁十 Af
长短 chángduǎn		2 名	叁十 Af
长方形 chángfāngxíng		2 名	叁二 Aa
长话短说 chánghuà-duǎnshuō		2	陆九 Fg
长久 chángjiǔ		2 形	捌三 Qa
长空 chángkōng		3 名	肆二 Ba
长眠 chángmián		4 动	伍四 Cb
长年 chángnián		2 副	玖一 Eg
长年累月 chángnián-lěiyuè	3		捌三 Qa
长期 chángqī		2 名	肆一 Bb
		2 名	肆一 Bb
		2 形	捌三 Qa

长驱直入 chángqū-zhírù	4	陆六 Ca
长寿 chángshòu	2 形	捌三 Ia
长途 chángtú	2 形	捌三 Ra
长啸 chángxiào	4 动	伍二 Hb
长袖善舞 chángxiù-shànwǔ	4	捌五 Xa
长吁短叹 chángxū-duǎntàn	4	伍五 Bg
长夜 chángyè	3 名	肆一 Fb
长远 chángyuǎn	3 形	捌三 Qa
长征 chángzhēng	2 名	叁一 Bf
	2 动	陆四 Ba
长治久安 chángzhì-jiǔ'ān	3	捌六 Ba
肠 cháng	2 名	壹五 Ak
肠胃 chángwèi	2 名	壹五 Ak
尝 cháng	2 动	伍七 Cc
尝试 chángshì	2 动	伍七 Ea
常 cháng	1 副	玖一 Fb
常常 chángcháng	1 副	玖一 Fb
常规 chángguī	3 名	叁一 Ad
	3 形	捌四 Ca
常见 chángjiàn	2 动	捌四 Ca
常年 chángnián	2 副	玖一 Eg
常人 chángrén	2 名	壹一 Hb
常识 chángshí	2 名	叁八 Ab
偿还 chánghuán	4 动	陆二 Fb
徜徉 chángyáng	4 动	伍一 Ka
嫦娥 Cháng'é	3 名	贰三 Ac
厂家 chǎngjiā	2 名	叁七 Ga
厂商 chǎngshāng	2 名	叁七 Ga
场 chǎng	1 名	肆二 Cb
场地 chǎngdì	2 名	肆二 Cb
场馆 chǎngguǎn	3 名	肆二 Cb
场合 chǎnghé	2 名	叁一 Fb
场景 chǎngjǐng	2 名	叁二 Ac
	3 名	贰八 Ab
场面 chǎngmiàn	3 名	叁二 Ac
	3 名	叁二 Ic
场所 chǎngsuǒ	2 名	肆二 Cb
敞开 chǎngkāi	3 动	伍一 Aj
敞亮 chǎngliàng	4 形	捌二 Da
畅所欲言 chàngsuǒyùyán	3	陆九 Eh
畅谈 chàngtán	3 动	陆九 Eh
畅通 chàngtōng	3 形	柒二 Pa
畅通无阻 chàngtōng-wúzǔ	3	柒二 Pa
畅销 chàngxiāo	3 动	陆二 Ba
畅游 chàngyóu	4 动	伍七 Kd
倡导 chàngdǎo	3 动	陆一 Ob
倡议 chàngyì	3 动	陆一 Ob
唱 chàng	1 动	陆五 Fc
唱歌 chànggē	1 动	陆五 Fc
唱和 chànghè	4 动	陆五 Cb
唱片 chàngpiàn	3 名	贰八 Ad

chao

抄 chāo	2 动	陆五 Eb
抄袭 chāoxí	3 动	陆五 Bc
抄写 chāoxiě	2 动	陆五 Eb
钞票 chāopiào	3 名	叁七 Ba
超 chāo	2 动	陆四 Cb
超标 chāo//biāo	3 动	柒六 Fc
超常 chāocháng	3 动	柒六 Fc
超车 chāo//chē	2 动	陆四 Aa
超过 chāoguò	2 动	柒六 Fc
超级 chāojí	2 形	捌四 Da
超前 chāoqián	2 动	柒三 Db
	2 形	捌五 Oa
超市 chāoshì	2 名	叁七 Gb
超速 chāosù	2 动	柒六 Fc
巢穴 cháoxué	3 名	肆二 Dd
朝 cháo	1 介	玖二 Ba
朝拜 cháobài	4 动	伍三 Gb
	4 动	陆八 Aa
朝代 cháodài	3 名	肆一 Ba
朝廷 cháotíng	4 名	叁五 Ac
嘲讽 cháofěng	4 动	陆九 Gc
嘲弄 cháonòng	4 动	陆十一 Cb
嘲笑 cháoxiào	2 动	陆九 Gc
潮 cháo	2 形	捌二 Ob
潮流 cháoliú	3 名	叁一 Fa

潮湿 cháoshī	2 形	捌二 Ob		沉寂 chénjì	4 形	捌六 Db
潮水 cháoshuǐ	2 名	贰三 Cf		沉浸 chénjìn	3 动	柒六 La
潮头 cháotóu	3 名	贰三 Cf		沉静 chénjìng	2 形	捌六 Db
潮汛 cháoxùn	4 名	贰三 Cf		沉闷 chénmèn	3 形	伍五 Bb
吵 chǎo	1 动	陆十一 Ac		沉迷 chénmí	3 动	伍五 Ia
	1 形	捌六 Da		沉没 chénmò	4 动	柒二 Bc
吵架 chǎo//jià	2 动	陆十一 Ac		沉默 chénmò	3 动	伍六 Ba
吵闹 chǎonào	2 动	陆十一 Ac		沉睡 chénshuì	3 动	伍四 Fa
	2 形	捌六 Da		沉思 chénsī	3 动	伍五 Ra
吵嚷 chǎorǎng	3 动	伍二 Hb		沉痛 chéntòng	3 形	伍五 Ba
炒 chǎo	1 动	伍七 Cb		沉稳 chénwěn	3 形	捌五 Ge
炒作 chǎozuò	3 动	陆一 Oa		沉吟 chényín	4 动	陆九 Ec
				沉鱼落雁 chényú-luòyàn	4	捌三 La
che				沉重 chénzhòng	2 形	捌二 Lb
车 chē	1 名	贰五 Ea		沉着 chénzhuó	3 形	伍五 Fb
车祸 chēhuò	2 名	叁一 Ec		沉醉 chénzuì	3 动	伍五 Ia
车辆 chēliàng	2 名	贰五 Ea		陈陈相因 chénchén-xiāngyīn		
车水马龙 chēshuǐ-mǎlóng	3	捌六 Da			4	捌五 Pb
车位 chēwèi	2 名	肆二 Ab		陈词滥调 chéncí-làndiào	4	叁八 Ed
车厢 chēxiāng	2 名	贰五 Ea		陈规陋习 chénguī-lòuxí	4	叁五 Bb
车载斗量 chēzài-dǒuliáng	4	捌三 Aa		陈旧 chénjiù	2 形	捌三 Kb
车站 chēzhàn	1 名	贰六 Cc		陈列 chénliè	2 动	柒二 Db
扯 chě	2 动	伍一 Ba		陈设 chénshè	3 名	贰二 Ca
彻底 chèdǐ	3 形	捌四 Mb			3 动	柒二 Dc
彻头彻尾 chètóu-chèwěi	4	捌四 Aa		陈述 chénshù	3 动	陆九 Fg
彻夜 chèyè	4 副	玖一 Eg		晨光 chénguāng	2 名	贰三 Fa
撤 chè	3 动	陆六 Gc		晨曦 chénxī	4 名	贰三 Fa
撤离 chèlí	3 动	柒二 Ff		衬衫 chènshān	2 名	贰七 Cb
撤退 chètuì	3 动	陆六 Gc		衬托 chèntuō	3 动	柒六 Ge
撤销 chèxiāo	4 动	陆一 Nb		称职 chènzhí	3 形	捌四 Ee
撤职 chè//zhí	3 动	陆一 Je		趁 chèn	2 介	玖二 Da
				趁火打劫 chènhuǒ-dǎjié	4	陆七 Fh
chen				趁机 chènjī	2 副	玖一 Cc
尘埃 chén'āi	3 名	贰三 Ha		趁热打铁 chènrè-dǎtiě	3	柒五 Af
尘土 chéntǔ	2 名	贰三 Ha		趁早 chènzǎo	2 动	柒五 Af
辰 chén	4 名	肆一 Ab			2 副	玖一 Dd
沉 chén	2 动	柒二 Bc				
	1 形	捌二 Lb		**cheng**		
沉甸甸 chéndiàndiàn	2 形	捌二 Lb		称 chēng	1 动	伍七 Hi
沉淀 chéndiàn	3 动	柒二 Eb			1 动	柒六 Ad

称号 chēnghào	2 名	叁二 Ha		呈现 chéngxiàn	3 动	柒三 Fd
称呼 chēng·hu	2 名	叁二 Ha		诚惶诚恐 chénghuáng-chéngkǒng		
	2 动	柒六 Ad			4	伍五 Ea
称颂 chēngsòng	4 动	陆九 Ha		诚恳 chéngkěn	3 形	捌五 Ba
称为 chēngwéi	2 动	柒六 Ad		诚然 chéngrán	3 副	玖一 Gc
称赞 chēngzàn	3 动	陆九 Ha		诚实 chéng·shí	1 形	捌五 Ba
撑 chēng	3 动	伍一 Dc		诚心 chéngxīn	2 名	叁三 Ac
成 chéng	1 动	柒四 Ab			2 形	捌五 Ba
成本 chéngběn	3 名	叁七 Db		诚信 chéngxìn	3 名	叁三 Ac
成分 chéngfèn	2 名	叁二 Da			3 形	捌五 Ba
成功 chénggōng	1 名	叁一 Gb		诚挚 chéngzhì	4 形	捌五 Ba
	1 动	伍八 Ca		承办 chéngbàn	3 动	陆一 Ba
	2 形	捌四 Ba		承包 chéngbāo	3 动	伍七 Ed
成果 chéngguǒ	3 名	叁一 Gb		承担 chéngdān	2 动	伍七 Ed
成绩 chéngjì	2 名	叁一 Gb		承诺 chéngnuò	3 动	陆九 Ah
成家立业 chéngjiā-lìyè	3	陆一 Ma		承前启后 chéngqián-qǐhòu		
成见 chéngjiàn	3 名	叁三 Da			4	柒三 Cd
成交 chéng//jiāo	3 动	陆二 Ba		承认 chéngrèn	2 动	陆九 Ff
成就 chéngjiù	3 名	叁一 Gb		承上启下 chéngshàng-qǐxià		
	3 动	柒三 Bd			2	柒六 Jb
成立 chénglì	2 动	陆一 Ma		承受 chéngshòu	2 动	伍七 Ed
	2 动	柒六 Gc		承载 chéngzài	3 动	伍七 Ed
成名 chéngmíng	3 动	伍八 Gc		城 chéng	2 名	肆二 Cc
成年 chéngnián	3 动	伍四 Ab		城堡 chéngbǎo	3 名	贰六 Gc
成年累月 chéngnián-lěiyuè				城门 chéngmén	2 名	贰六 Ba
	3	捌三 Qa		城市 chéngshì	1 名	叁五 Ae
成品 chéngpǐn	3 名	贰二 Cc		城下之盟 chéngxiàzhīméng		
成千上万 chéngqiān-shàngwàn					4	叁五 Bb
	2	捌三 Aa		城乡 chéngxiāng	3 名	肆二 Cc
成群结队 chéngqún-jiéduì	2	伍八 Nb		城镇 chéngzhèn	3 名	肆二 Cc
成人 chéngrén	3 动	伍四 Ab		乘 chéng	2 动	陆四 Bc
成人之美 chéngrénzhīměi	4	陆十 Cb			2 介	玖二 Da
成色 chéngsè	4 名	叁二 Ec		乘法 chéngfǎ	2 名	叁一 Cb
成熟 chéngshú	2 动	伍四 Ac		乘风破浪 chéngfēng-pòlàng		
	2 形	捌五 Ya			4	伍七 Ic
成为 chéngwéi	1 动	柒四 Ab		乘机 chéngjī	3 副	玖一 Cc
成效 chéngxiào	3 名	叁一 Fd		乘积 chéngjī	2 名	叁十 Bc
成语 chéngyǔ	2 名	叁八 Cb		乘客 chéngkè	2 名	壹一 Le
成员 chéngyuán	1 名	壹一 Ld		乘凉 chéng//liáng	2 动	伍七 Bc
成长 chéngzhǎng	1 动	伍四 Ab		乘人之危 chéngrénzhīwēi	3	陆十一 Hf

乘虚而入 chéngxū'érrù		4		陆六 Ca
乘坐 chéngzuò	2	动		陆四 Bc
盛 chéng	2	动		伍一 Fa
	2	动		柒六 Mb
程度 chéngdù	2	名		叁一 Fb
	2	名		叁二 Ec
程序 chéngxù	3	名		叁二 Ce
惩处 chéngchǔ	4	动		陆七 Da
惩罚 chéngfá	3	动		陆七 Da
惩前毖后 chéngqián-bìhòu		4		陆七 Da
惩治 chéngzhì	3	动		陆七 Da
澄澈 chéngchè	4	形		捌二 Fa
澄清 chéngqīng	4	动		伍七 Fb
橙色 chéngsè	2	名		贰三 Jb
逞能 chěng//néng	4	动		伍七 Gb
秤 chèng	2	名		贰五 De

chi

吃 chī	1	动		伍二 Ea
吃饭 chī//fàn	1	动		伍七 Cc
吃惊 chī//jīng	2	动		伍五 Eb
吃苦 chī//kǔ	2	动		伍八 Ja
吃苦耐劳 chīkǔ-nàiláo		2		捌五 Va
吃亏 chī//kuī	2	动		伍八 Fa
吃里爬外 chīlǐ-páwài		4		陆六 Hb
吃力 chīlì	2	形		捌四 Ka
痴呆 chīdāi	4	形		捌五 Td
痴迷 chīmí	3	动		伍五 Ia
痴情 chīqíng	4	名		叁三 Bb
	4	形		捌五 Sa
痴人说梦 chīrén-shuōmèng		4		伍五 Rb
痴心 chīxīn	4	名		叁三 Bb
	4	形		捌五 Sa
痴心妄想 chīxīn-wàngxiǎng		4		叁三 Cd
池 chí	1	名		贰三 Bh
池塘 chítáng	2	名		贰三 Bh
驰骋 chíchěng	4	动		伍一 Kb
驰名 chímíng	3	动		伍八 Gc
驰名中外 chímíng-zhōngwài		3		捌四 Qe
迟 chí	2	形		捌三 Ob
迟到 chídào	2	动		柒三 Jb
迟钝 chídùn	3	形		捌五 Td
迟缓 chíhuǎn	4	形		捌三 Pb
迟疑 chíyí	3	动		伍五 Oa
迟早 chízǎo	2	副		玖一 Db
持 chí	2	动		伍一 Ca
持久 chíjiǔ	3	形		捌三 Qa
持续 chíxù	3	动		柒三 Cd
持之以恒 chízhī-yǐhéng		3		柒三 Cd
尺寸 chǐ·cùn	3	名		叁二 Eb
	2	名		叁十 Af
尺度 chǐdù	4	名		叁二 Ea
尺子 chǐ·zi	1	名		贰五 De
耻辱 chǐrǔ	3	名		叁一 Ge
耻笑 chǐxiào	4	动		陆九 Gc
斥责 chìzé	4	动		陆九 Gb
赤膊 chìbó	4	动		柒三 Fc
赤胆忠心 chìdǎn-zhōngxīn		3		叁三 Ac
	3			捌五 Bb
赤道 chìdào	3	名		贰三 Ad
赤裸 chìluǒ	4	动		柒三 Fc
赤裸裸 chìluǒluǒ	4	形		捌五 Ce
赤手空拳 chìshǒu-kōngquán		3		捌四 Nd
炽烈 chìliè	4	形		捌四 Ma
炽热 chìrè	4	形		捌二 Nb
翅膀 chìbǎng	2	名		壹五 Bf

chong

冲 chōng	1	动		伍一 Ia
	1	动		柒二 Ga
冲刺 chōngcì	3	动		陆五 Ja
冲动 chōngdòng	3	动		伍五 Da
	3	形		捌五 Gd
冲锋 chōngfēng	3	动		陆六 Ca
冲锋陷阵 chōngfēng-xiànzhèn		3		陆六 Ca

冲击 chōngjī	3动	柒二 Ga			3	贰三 Ba	
冲击力 chōngjīlì	3名	叁二 Gb		崇尚 chóngshàng	3动	伍五 Qd	
冲刷 chōngshuā	3动	伍一 Ia		宠 chǒng	3动	伍五 Ga	
冲突 chōngtū	2名	叁一 Ee		宠爱 chǒng'ài	3动	伍五 Ga	
冲洗 chōngxǐ	3动	陆五 Ga		宠辱不惊 chǒngrǔ-bùjīng	4	伍五 Fb	
充当 chōngdāng	3动	伍七 Dd		宠物 chǒngwù	3名	壹二 Aa	
充电 chōng//diàn	3动	陆五 Ba		冲 chòng	3形	捌四 Ma	
	2动	柒五 Ab					
充电器 chōngdiànqì	2名	贰五 Da		**chou**			
充耳不闻 chōng'ěr-bùwén	3	伍五 Nb		抽 chōu	2动	伍一 Ab	
充分 chōngfèn	2形	捌三 Ae			2动	伍一 Ba	
充饥 chōng//jī	3动	伍七 Cc		抽搐 chōuchù	4动	伍四 Ib	
充满 chōngmǎn	2动	柒六 Md		抽空 chōu//kòng	2动	伍七 Ac	
充沛 chōngpèi	3形	捌三 Ae		抽泣 chōuqì	4动	伍六 Ab	
充实 chōngshí	3动	柒五 Aa		抽签 chōu//qiān	3动	伍七 Kb	
	3形	捌三 Ae		抽屉 chōu·ti	2名	贰七 Aa	
充数 chōng//shù	3动	伍七 Gd		抽象 chōuxiàng	4形	捌四 Hd	
充溢 chōngyì	4动	柒六 Md		抽噎 chōuyē	4动	伍六 Ab	
充裕 chōngyù	3形	捌三 Ae		仇 chóu	2名	叁一 Ee	
充足 chōngzú	2形	捌三 Ae		仇敌 chóudí	3名	壹一 Lb	
憧憬 chōngjǐng	4动	伍五 Ua		仇恨 chóuhèn	3名	叁一 Ee	
虫 chóng	1名	壹二 Fa			3动	伍五 Hd	
重 chóng	1动	柒三 Ce		仇人 chóurén	2名	壹一 Lb	
	1副	玖一 Fa		惆怅 chóuchàng	4形	伍五 Ba	
重蹈覆辙 chóngdǎo-fùzhé	4	柒四 Gc		绸缎 chóuduàn	4名	贰七 Ca	
重叠 chóngdié	2动	柒三 Ce		酬唱 chóuchàng	4动	陆五 Cb	
重返 chóngfǎn	3动	陆四 Cd		酬谢 chóuxiè	4动	陆九 Ia	
重复 chóngfù	2动	柒三 Ce		稠 chóu	2形	捌三 Ca	
重见天日 chóngjiàn-tiānrì	3	柒四 Fa			2形	捌三 Fa	
重庆 Chóngqìng	2名	叁五 Ae		稠密 chóumì	4形	捌三 Ca	
重申 chóngshēn	4动	陆九 Fe		愁 chóu	2动	伍五 Bb	
重霄 chóngxiāo	4名	肆二 Ba		愁眉苦脸 chóuméi-kǔliǎn	3	伍五 Bb	
重新 chóngxīn	1副	玖一 Fa		愁闷 chóumèn	3形	伍五 Bb	
重阳 Chóngyáng	2名	肆一 Ha		愁容 chóuróng	3名	叁二 Fc	
重整旗鼓 chóngzhěng-qígǔ				筹办 chóubàn	4动	陆一 Ba	
	4	柒三 Gb		筹备 chóubèi	4动	伍五 Wa	
崇拜 chóngbài	2动	伍五 Qd		筹划 chóuhuà	4动	伍五 Wa	
崇高 chónggāo	3形	捌五 Qa			3动	陆一 Ba	
崇敬 chóngjìng	3动	伍五 Qd		筹集 chóují	4动	伍七 Hb	
崇山峻岭 chóngshān-jùnlǐng				筹建 chóujiàn	4动	陆一 Ba	

筹码 chóumǎ		4 名	叁一 Bb			3 动	陆二 Aa
踌躇 chóuchú		4 动	伍五 Oa	出口成章 chūkǒu-chéngzhāng			
踌躇满志 chóuchú-mǎnzhì		4	伍五 Ac			2	陆九 Eg
丑 chǒu		4 名	肆一 Ab	出类拔萃 chūlèi-bácuì		4	捌四 Cc
		1 形	捌三 Lb	出力 chū//lì		3 动	伍七 Ec
丑恶 chǒu'è		2 形	捌四 Bb	出路 chūlù		3 名	叁一 Bg
丑陋 chǒulòu		3 形	捌三 Lb			3 名	肆二 Cg
丑闻 chǒuwén		3 名	叁一 Dc	出卖 chūmài		3 动	陆六 Hb
瞅 chǒu		3 动	伍二 Da	出门 chū//mén		1 动	伍七 Ie
臭 chòu		1 形	捌二 Ib	出面 chū//miàn		2 动	陆九 Fc
臭名远扬 chòumíng-yuǎnyáng				出名 chū//míng		2 动	伍八 Gc
		3	伍八 Hb	出没 chūmò		3 动	柒三 Fa
臭名昭著 chòumíng-zhāozhù				出谋划策 chūmóu-huàcè		3	陆十 Ca
		4	捌四 Ob	出其不意 chūqíbùyì		3	捌四 Ce
臭味相投 chòuwèi-xiāngtóu				出奇 chūqí		3 形	捌四 Cb
		3	陆十一 Fc	出奇制胜 chūqí-zhìshèng	3		伍八 Ca
chu				出去 chū//·qu		1 动	伍七 Id
				出人头地 chūréntóudì		4	捌四 Cc
出 chū		1 动	伍七 Id	出任 chūrèn		3 动	伍七 Dd
		2 动	陆三 Ad	出入 chūrù		2 动	伍七 Id
出版 chūbǎn		2 动	陆三 Fb	出色 chūsè		2 形	捌四 Ba
出版社 chūbǎnshè		3 名	叁八 Fb	出山 chū//shān		4 动	伍七 Dd
出差 chū//chāi		2 动	陆一 Qc	出身 chūshēn		2 名	叁四 Ba
出产 chūchǎn		2 动	陆三 Ad	出神 chū//shén		3 动	伍六 Bb
出场 chū//chǎng		2 动	陆五 Fa	出神入化 chūshén-rùhuà		4	捌四 Ba
出丑 chū//chǒu		2 动	伍八 Hb	出生 chūshēng		2 动	伍四 Aa
出道 chū//dào		4 动	伍七 Dd	出生入死 chūshēng-rùsǐ		4	捌五 Dc
出动 chūdòng		3 动	陆一 Ha	出使 chūshǐ		4 动	陆九 Ac
出尔反尔 chū'ěr-fǎn'ěr		4	柒四 Aa	出世 chūshì		2 动	伍四 Aa
出发 chūfā		1 动	陆四 Ca	出事 chū//shì		3 动	伍八 Be
出发点 chūfādiǎn		3 名	叁一 Ba	出手 chūshǒu		4 动	陆二 Ba
出访 chūfǎng		3 动	陆九 Ac	出售 chūshòu		3 动	陆二 Ba
出风头 chū fēng·tou		2	伍七 Gc	出台 chū//tái		4 动	陆一 Fa
出海 chū//hǎi		2 动	陆四 Ab	出头露面 chūtóu-lòumiàn		3	柒三 Fa
出乎意料 chūhūyìliào		3	捌四 Ce	出土 chū//tǔ		3 动	伍一 Je
出家 chū//jiā		3 动	陆八 Ba	出息 chū·xi		3 名	叁一 Bg
出将入相 chūjiàng-rùxiàng	4		捌四 Qc	出席 chūxí		2 动	伍七 Ee
		4	捌五 Xa	出现 chūxiàn		1 动	柒三 Fa
出局 chū//jú		3 动	伍八 Da	出行 chūxíng		2 动	陆四 Ba
出口 chūkǒu		2 名	肆二 Dc	出征 chūzhēng		3 动	陆六 Ca

出众 chūzhòng	2 形	捌四 Cc	
出走 chūzǒu	3 动	伍七 Ie	
出租 chūzū	2 动	陆二 Fc	
出租车 chūzūchē	2 名	贰五 Ea	
初 chū	2 名	叁一 Bc	
	2 形	捌三 Oa	
初步 chūbù	3 形	捌三 Oa	
初出茅庐 chūchū-máolú	4	捌五 Yb	
初级 chūjí	2 形	捌四 Dc	
初中 chūzhōng	2 名	叁八 Bd	
初衷 chūzhōng	4 名	叁三 Cc	
除 chú	2 动	柒五 Cb	
除暴安良 chúbào-ānliáng	4	陆六 Bb	
除恶务尽 chú'è-wùjìn	4	柒五 Ca	
除法 chúfǎ	2 名	叁一 Cb	
除非 chúfēi	2 连	玖三 Ea	
除了 chú·le	2 介	玖二 De	
除夕 chúxī	1 名	肆一 Ha	
厨房 chúfáng	1 名	贰六 Af	
厨具 chújù	2 名	贰七 Ba	
厨师 chúshī	2 名	壹一 Jp	
厨艺 chúyì	3 名	叁二 Ie	
锄 chú	3 动	陆三 Jb	
锄头 chú·tou	3 名	贰五 Ba	
橱窗 chúchuāng	3 名	贰六 Ba	
处罚 chǔfá	3 名	叁五 Be	
	3 动	陆一 Pb	
处方 chǔfāng	3 名	叁八 Ef	
处分 chǔfèn	2 名	叁五 Be	
	2 动	陆一 Pb	
处境 chǔjìng	4 名	叁一 Fb	
处理 chǔlǐ	2 动	陆一 Bb	
处世 chǔshì	4 动	陆九 Aa	
处暑 chǔshǔ	2 名	肆一 Gc	
处心积虑 chǔxīn-jīlǜ	4	伍五 Ra	
处于 chǔyú	2 动	柒六 La	
处置 chǔzhì	3 动	陆一 Bb	
	3 动	陆七 Da	
储备 chǔbèi	3 动	伍七 Hd	
储藏 chǔcáng	3 动	伍七 Hd	

储存 chǔcún	2 动	伍七 Hd	
储蓄 chǔxù	3 名	叁七 Eb	
	3 动	伍七 Hd	
楚楚动人 chǔchǔ-dòngrén	4	捌三 Jb	
处处 chùchù	1 副	玖一 Bd	
畜生 chù·sheng	3 名	壹一 Gb	
	2 名	壹二 Ca	
触动 chùdòng	3 动	伍一 Aa	
	3 动	陆十一 Bc	
	3 动	柒六 Oc	
触犯 chùfàn	4 动	陆十一 Bc	
触角 chùjiǎo	2 名	壹五 Bd	
触景生情 chùjǐng-shēngqíng	3	伍五 Db	
触觉 chùjué	2 名	叁三 Ba	
触类旁通 chùlèi-pángtōng	4	陆五 Db	
触摸 chùmō	3 动	伍一 Aa	
	3 动	柒二 Gb	
触目惊心 chùmù-jīngxīn	3	捌四 Bb	
矗立 chùlì	3 动	柒二 Ac	

chuai

揣摩 chuǎimó	4 动	伍五 Ra	

chuan

川 Chuān	3 名	叁五 Ae	
川流不息 chuānliú-bùxī	3	捌六 Da	
穿 chuān	1 动	伍一 Ga	
穿戴 chuāndài	2 名	贰七 Cb	
	2 动	伍一 Ga	
穿梭 chuānsuō	4 动	伍七 Ia	
穿行 chuānxíng	2 动	陆四 Cb	
穿越 chuānyuè	3 动	陆四 Cb	
穿凿附会 chuānzáo-fùhuì	4	捌四 Ef	
穿针引线 chuānzhēn-yǐnxiàn	3	陆九 Ba	
穿着 chuānzhuó	2 名	贰七 Cb	
传 chuán	2 动	柒三 Ka	
	2 动	柒三 Kb	
传播 chuánbō	3 动	柒三 Ka	

传承 chuánchéng		4 动	陆五 Aa	串通 chuàntōng		3 动	陆十一 Fc
		4 动	柒三 Ka	串通一气 chuàntōng-yīqì		3	陆十一 Fc
传达 chuándá		3 动	陆九 Fa				
		3 动	陆十 Bb	**chuang**			
传递 chuándì		3 动	陆十 Bb	创伤 chuāngshāng		3 名	叁九 Eb
传媒 chuánméi		4 名	叁八 Fa	窗户 chuāng·hu		1 名	贰六 Ba
传奇 chuánqí		2 名	叁八 Db	窗口 chuāngkǒu		1 名	肆二 Dc
传情 chuán//qíng		3 动	伍六 Da	窗帘 chuānglián		2 名	贰七 Bo
传染 chuánrǎn		2 动	柒六 Oa	窗台 chuāngtái		1 名	贰六 Ba
传染病 chuánrǎnbìng		2 名	叁九 Ea	床 chuáng		1 名	贰七 Ac
传人 chuánrén		3 名	壹一 Af	床单 chuángdān		2 名	贰七 Bj
传神 chuánshén		3 形	捌四 Ja	床头 chuángtóu		2 名	贰七 Ac
传授 chuánshòu		3 动	陆五 Aa	床位 chuángwèi		2 名	肆二 Ab
传输 chuánshū		3 动	柒三 Kb	闯 chuǎng		2 动	柒二 Ga
传说 chuánshuō		2 动	柒三 Ka	创 chuàng		2 动	陆一 Mb
传送 chuánsòng		2 动	陆十 Bb	创办 chuàngbàn		3 动	陆一 Mb
		2 动	柒三 Kb	创建 chuàngjiàn		3 动	陆一 Mb
传颂 chuánsòng		2 动	陆九 Ha	创举 chuàngjǔ		3 名	叁四 Fa
传统 chuántǒng		2 名	叁四 Da	创立 chuànglì		2 动	陆一 Mb
		3 形	捌五 Pb	创设 chuàngshè		4 动	陆一 Mb
传闻 chuánwén		3 名	叁一 Dc	创始 chuàngshǐ		3 动	陆一 Mb
传言 chuányán		3 名	叁一 Dc	创始人 chuàngshǐrén		3 名	壹一 Ae
传真 chuánzhēn		3 名	叁八 Ee	创新 chuàngxīn		2 名	叁一 Gb
传宗接代 chuánzōng-jiēdài						2 动	柒四 Fc
		4	伍四 Ad	创业 chuàngyè		3 动	伍七 Aa
船 chuán		1 名	贰五 Eb	创意 chuàngyì		3 名	叁三 Da
船舶 chuánbó		4 名	贰五 Eb	创造 chuàngzào		2 名	叁一 Gb
船舱 chuáncāng		3 名	贰五 Eb			2 动	陆一 Mb
船夫 chuánfū		2 名	壹一 Jd	创作 chuàngzuò		2 名	叁八 Ea
船桨 chuánjiǎng		3 名	贰五 Eb			3 动	陆五 Ea
船桅 chuánwéi		4 名	贰五 Eb				
船舷 chuánxián		4 名	贰五 Eb	**chui**			
船员 chuányuán		2 名	壹一 Jd	吹 chuī		1 动	伍二 Ga
船长 chuánzhǎng		1 名	壹一 Ja	吹拂 chuīfú		3 动	柒一 Bc
船只 chuánzhī		2 名	贰五 Eb	吹毛求疵 chuīmáo-qiúcī		4	陆十一 Cc
喘 chuǎn		3 动	伍二 Gb	吹牛 chuī//niú		2 动	陆九 Eg
喘气 chuǎn//qì		2 动	伍七 Bc	吹捧 chuīpěng		3 动	陆九 Eg
喘息 chuǎnxī		4 动	伍二 Gb	吹嘘 chuīxū		4 动	陆九 Eg
		4 动	伍七 Bc	吹奏 chuīzòu		2 动	陆五 Fe
串 chuàn		1 量	叁十 Ca	炊烟 chuīyān		3 名	贰三 Eb

垂 chuí		2 动	柒二 Ba			4 副	玖一 Ad
垂钓 chuídiào		3 动	陆三 Kb	纯洁 chúnjié		2 形	捌五 Ra
垂帘听政 chuílián-tīngzhèng				纯净 chúnjìng		2 形	捌二 Fa
		4	陆一 Eb			3 形	捌四 Ia
垂柳 chuíliǔ		2 名	壹三 Bb	纯净水 chúnjìngshuǐ		2 名	贰九 Ai
垂青 chuíqīng		4 动	伍五 Mc	纯朴 chúnpǔ		3 形	捌五 Ac
垂死 chuísǐ		4 动	伍四 Ce	纯熟 chúnshú		4 形	捌五 Wa
垂头丧气 chuítóu-sàngqì		3	伍五 Bc	纯真 chúnzhēn		2 形	捌五 Ba
垂危 chuíwēi		4 动	伍四 Ce	纯正 chúnzhèng		3 形	捌四 Ea
垂涎欲滴 chuíxián-yùdī		4	伍四 Gd			4 形	捌四 Ia
垂直 chuízhí		2 动	捌一 Ja	唇齿相依 chúnchǐ-xiāngyī		4	捌四 Ra
捶 chuí		4 动	伍一 Ab	唇枪舌剑 chúnqiāng-shéjiàn			
捶胸顿足 chuíxiōng-dùnzú		4	伍五 Jb			3	陆十一 Ab
锤炼 chuíliàn		4 动	陆五 Be	唇舌 chúnshé		4 名	叁八 Cg
		4 动	陆五 Da	唇亡齿寒 chúnwáng-chǐhán			
锤子 chuí·zi		3 名	贰五 Cb			4	捌四 Ra
chun				淳朴 chúnpǔ		4 形	捌五 Ac
春蚕 chūncán		3 名	壹二 Fd	醇厚 chúnhòu		4 形	捌二 Jb
春潮 chūncháo		3 名	贰三 Cf	醇美 chúnměi		4 形	捌二 Jb
春分 chūnfēn		2 名	肆一 Gc	醇香 chúnxiāng		4 形	捌二 Jb
春风 chūnfēng		1 名	贰三 Ca	蠢 chǔn		4 形	捌五 Td
春风得意 chūnfēng-déyì		3	伍八 Ga	蠢蠢欲动 chǔnchǔn-yùdòng			
春风化雨 chūnfēng-huàyǔ		4	陆五 Aa			4	伍七 Ga
春光 chūnguāng		2 名	叁二 Ac	蠢事 chǔnshì		4 名	叁一 Aa
春光明媚 chūnguāng-míngmèi				**chuo**			
		3	柒一 Ba	戳 chuō		4 动	伍一 Jf
春寒料峭 chūnhán-liàoqiào				戳穿 chuōchuān		4 动	伍一 Jf
		4	捌二 Na			4 动	柒三 Fe
春季 chūnjì		2 名	肆一 Ga	啜泣 chuòqì		4 动	伍六 Ab
春节 Chūnjié		1 名	肆一 Ha	绰绰有余 chuòchuò-yǒuyú		3	捌六 Kb
春联 chūnlián		2 名	叁八 De	绰号 chuòhào		3 名	叁二 Hb
春暖花开 chūnnuǎn-huākāi		2	捌二 Nd	**ci**			
春秋 Chūnqiū		4 名	肆一 Ba				
春色 chūnsè		2 名	叁二 Ac	词 cí		1 名	叁八 Cb
春天 chūntiān		1 名	肆一 Ga			3 名	叁八 Dd
春意盎然 chūnyì-àngrán		4	捌六 Ca	词典 cídiǎn		1 名	叁八 Eb
春游 chūnyóu		2 动	伍七 Kd	词汇 cíhuì		2 名	叁八 Cb
纯 chún		2 副	玖一 Ad	词句 cíjù		2 名	叁八 Cb
纯粹 chúncuì		4 形	捌四 Ia	词语 cíyǔ		2 名	叁八 Cb

祠堂 cítáng		4 名	贰六	Hb
瓷器 cíqì		3 名	贰二	Ca
辞 cí		3 动	伍七	De
		3 动	陆九	Aj
辞别 cíbié		4 动	陆九	Aj
辞典 cídiǎn		2 名	叁八	Eb
辞退 cítuì		4 动	陆一	Je
辞行 cí//xíng		4 动	陆九	Aj
辞职 cí//zhí		3 动	伍七	De
慈爱 cí'ài		3 形	捌五	Aa
慈悲 cíbēi		4 形	捌五	Aa
慈眉善目 címéi-shànmù		4	捌五	Aa
慈母 címǔ		3 名	壹一	Db
慈善 císhàn		3 形	捌五	Aa
慈祥 cíxiáng		2 形	捌五	Aa
磁卡 cíkǎ		3 名	贰八	Cd
磁铁 cítiě		2 名	贰四	Ac
磁性 cíxìng		3 名	叁二	Ba
雌 cí		2 形	捌三	Hb
雌性 cíxìng		2 名	叁二	Ba
此 cǐ		2 代	贰二	Da
此刻 cǐkè		2 名	肆一	Fd
此时 cǐshí		2 名	肆一	Fd
此外 cǐwài		2 连	玖三	Ed
此致 cǐzhì		2 动	陆九	Ja
次 cì		1 量	叁十	Cb
		3 形	捌四	Bb
次日 cìrì		3 名	肆一	Ed
次序 cìxù		2 名	叁二	Ce
次要 cìyào		2 形	捌四	Lb
伺候 cì·hou		4 动	陆十	Db
刺 cì		2 动	伍一	Jf
刺刀 cìdāo		3 名	贰五	Fg
刺耳 cì'ěr		2 形	捌二	Hb
刺骨 cìgǔ		3 形	捌二	Na
刺激 cìjī		3 动	柒三	Ca
刺猬 cì·wei		2 名	壹二	Bh
赐 cì		4 动	陆十	Aa
赐教 cìjiào		4 动	陆九	Kb
赐予 cìyǔ		4 动	柒六	Ob

cong

匆匆 cōngcōng		2 形	捌六	Ea
匆忙 cōngmáng		2 形	捌六	Ea
葱 cōng		2 名	壹三	Fa
葱翠 cōngcuì		3 形	捌三	Dc
葱茏 cōnglóng		4 形	捌三	Dc
葱绿 cōnglǜ		3 形	捌二	Ae
葱郁 cōngyù		4 形	捌三	Dc
聪慧 cōnghuì		3 形	捌五	Ta
聪明 cōng·míng		1 形	捌五	Ta
聪颖 cōngyǐng		4 形	捌五	Ta
从 cóng		1 介	玖二	Aa
从不 cóngbù		2 副	玖一	Ha
从此 cóngcǐ		2 副	玖一	Ea
从而 cóng'ér		3 连	玖三	Gb
从军 cóngjūn		3 动	伍七	Dc
从来 cónglái		1 副	玖一	Dc
从前 cóngqián		1 名	肆一	Dc
从容 cóngróng		3 形	伍五	Fb
从容不迫 cóngróng-bùpò		3	伍五	Fb
从善如流 cóngshàn-rúliú		4	捌五	Ha
从事 cóngshì		3 动	伍七	Eb
从天而降 cóngtiān'érjiàng		3	柒三	Fb
从头 cóngtóu		1 副	玖一	Ea
从小 cóngxiǎo		2 副	玖一	Ea
从业 cóngyè		4 动	伍七	Eb
从早到晚 cóngzǎo-dàowǎn		2	柒三	Cf
从中 cóngzhōng		2 副	玖一	Cb
丛林 cónglín		2 名	壹三	Bd
丛书 cóngshū		2 名	叁八	Eb

cou

凑 còu		3 动	柒二	Jb
凑合 còu·he		3 动	陆九	Af
凑近 còujìn		3 动	柒二	Fb
凑巧 còuqiǎo		3 副	玖一	Ge

cu

粗 cū		1 形	捌一	Fa
		3 形	捌三	Mb

粗暴 cūbào		3形	捌五 Ca		脆 cuì	2形	捌二 Kc
粗鄙 cūbǐ		4形	捌五 Qb		脆弱 cuìruò	3形	捌五 Dd
粗糙 cūcāo		3形	捌二 Pb		翠绿 cuìlǜ	2形	捌二 Ae
		3形	捌三 Mb		翠竹 cuìzhú	2名	壹三 Bc
粗大 cūdà		2形	捌一 Fa		**cun**		
粗犷 cūguǎng		4形	捌五 Ee				
粗陋 cūlòu		4形	捌三 Mb		村 cūn	2名	肆二 Cc
粗鲁 cū·lǔ		3形	捌五 Gh		村落 cūnluò	3名	肆二 Cc
粗略 cūlüè		3形	捌四 Hb		村庄 cūnzhuāng	2名	肆二 Cc
粗疏 cūshū		4形	捌三 Mb		存 cún	2动	伍七 Hd
		4形	捌四 Hb			2动	柒二 Da
		4形	捌五 Gb			3动	柒六 Me
粗俗 cūsú		4形	捌五 Qb		存储 cúnchǔ	3动	伍七 Hd
粗细 cūxì		2名	叁十 Ag		存放 cúnfàng	2动	柒二 Da
粗心 cūxīn		2形	捌五 Gb		存活 cúnhuó	3动	伍四 Aa
粗心大意 cūxīn-dàyì		2	捌五 Gb		存款 cúnkuǎn	2名	叁七 Eb
粗野 cūyě		3形	捌五 Gh			2动	伍七 Hd
粗枝大叶 cūzhī-dàyè		3	捌五 Gb		存亡 cúnwáng	3名	叁一 Da
粗制滥造 cūzhì-lànzào		4	伍七 Gd		存在 cúnzài	2名	叁一 Aa
粗重 cūzhòng		3形	捌二 Ld			2动	柒六 Ka
粗壮 cūzhuàng		2形	捌一 Fa		存折 cúnzhé	3名	贰八 Cd
促成 cùchéng		3动	柒三 Ca		寸 cùn	3量	叁十 Cc
促进 cùjìn		2动	柒三 Ca		寸步不离 cùnbù-bùlí	3	捌四 Ra
促使 cùshǐ		3动	柒三 Ca		寸步不让 cùnbù-bùràng	3	伍五 Vc
促销 cùxiāo		3动	陆二 Ba		寸步难行 cùnbù-nánxíng	2	捌四 Ka
猝然 cùrán		4副	玖一 Ec		寸草不生 cùncǎo-bùshēng	2	捌三 Dd
醋 cù		2名	贰九 Af		**cuo**		
簇拥 cùyōng		4动	柒二 Fg				
cuan					搓 cuō	4动	伍一 Ah
					磋商 cuōshāng	4动	陆九 Ca
窜 cuàn		4动	伍七 Ja		撮 cuō	4量	叁十 Ca
篡夺 cuànduó		4动	陆六 Bd			4动	伍一 Ca
cui					挫败 cuòbài	4动	伍八 Da
					挫折 cuòzhé	3名	叁一 Ed
催 cuī		2动	陆九 Fb			3动	伍八 Da
催促 cuīcù		3动	陆九 Fb		措施 cuòshī	3名	叁一 Cb
催人泪下 cuīrénlèixià		3	捌四 Ja		措手不及 cuòshǒu-bùjí	3	捌四 Ce
摧残 cuīcán		4动	柒六 Qa		锉 cuò	4名	贰五 Cc
摧毁 cuīhuǐ		4动	陆六 Gc		错 cuò	1名	叁一 Gc
璀璨 cuǐcàn		4形	捌二 Da			1形	捌四 Eb

词条	编码		
错别字 cuòbiézì	1 名	叁八 Ca	
错怪 cuòguài	3 动	伍七 Gg	
错过 cuòguò	2 动	柒二 Ff	
错觉 cuòjué	3 名	叁三 Ba	
错落有致 cuòluò-yǒuzhì	3	捌六 Ha	
错误 cuòwù	1 名	叁一 Gc	
	1 形	捌四 Eb	

da

词条	编码		
耷拉 dā·la	4 动	柒二 Ba	
搭 dā	2 动	陆四 Bc	
	2 动	柒二 Hc	
搭乘 dāchéng	3 动	陆四 Bc	
搭档 dādàng	4 名	壹一 La	
	3 动	伍七 Ea	
搭建 dājiàn	3 动	陆三 Aa	
搭救 dājiù	3 动	陆十 Ce	
搭配 dāpèi	2 动	柒六 Gb	
答应 dā·yìng	2 动	陆九 Ah	
达标 dábiāo	3 动	柒三 Bd	
达到 dá//dào	2 动	柒三 Bd	
答 dá	1 动	陆九 Fd	
答案 dá'àn	1 名	叁八 Bc	
答辩 dábiàn	3 动	陆十一 Ab	
答非所问 dáfēisuǒwèn	2	捌四 Ef	
答复 dá·fù	3 动	陆九 Fd	
答谢 dáxiè	4 动	陆九 Ia	
打 dǎ	1 动	伍一 Ab	
	1 介	玖二 Aa	
打败 dǎ//bài	2 动	伍八 Da	
打扮 dǎ·ban	2 动	伍七 Be	
打抱不平 dǎbàobùpíng	2	伍五 Cb	
打草惊蛇 dǎcǎo-jīngshé	3	陆十一 Db	
打倒 dǎ//dǎo	2 动	陆六 Bb	
打动 dǎdòng	2 动	柒六 Oc	
打断 dǎduàn	2 动	陆九 Eh	
打盹儿 dǎ//dǔnr	3 动	伍四 Fb	
打发 dǎ·fa	2 动	伍七 Ac	
打工 dǎ//gōng	2 动	伍七 Db	
打官司 dǎ guān·si	3	陆七 Aa	
打滚儿 dǎgǔnr	2 动	伍三 Db	
打寒噤 dǎ hánjìn	4	伍三 Dc	
打击 dǎjī	2 动	伍一 Ab	
	2 动	陆六 Ca	
打家劫舍 dǎjiā-jiéshè	4	陆七 Fh	
打架 dǎ//jià	2 动	陆十一 Eb	
打交道 dǎ jiāo·dao	3	陆九 Aa	
打搅 dǎjiǎo	3 动	陆九 Ib	
打开 dǎ//kāi	1 动	伍一 Aj	
打捞 dǎlāo	3 动	伍一 If	
打雷 dǎ//léi	2 动	柒一 Be	
打量 dǎ·liang	3 动	伍五 Sb	
打猎 dǎ//liè	2 动	陆三 Ka	
打闹 dǎnào	2 动	陆十一 Ac	
打扰 dǎrǎo	2 动	陆九 Ib	
	2 动	陆十一 Db	
打扫 dǎsǎo	1 动	伍一 Ib	
打算 dǎ·suàn	2 名	叁三 Db	
	2 动	伍五 Wa	
打探 dǎtàn	3 动	陆九 Fc	
打听 dǎ·tīng	2 动	陆九 Fc	
打消 dǎxiāo	3 动	柒五 Cb	
打印 dǎyìn	2 动	陆三 Fa	
打造 dǎzào	4 动	陆三 Ac	
打仗 dǎ//zhàng	2 动	陆六 Ca	
打招呼 dǎ zhāo·hu	2	陆九 Fa	
打折 dǎ//zhé	2 动	陆二 Bb	
打针 dǎ//zhēn	2 动	陆五 Kc	
打主意 dǎ zhǔ·yi	2	伍五 Ra	
打转 dǎzhuàn	3 动	柒二 Na	
大 dà	1 形	捌一 Ha	
大半 dàbàn	2 副	玖一 Bc	
大饱眼福 dàbǎoyǎnfú	3	伍八 Ia	
大便 dàbiàn	2 动	伍四 Dc	
大步流星 dàbù-liúxīng	4	伍一 Ka	
大材小用 dàcái-xiǎoyòng	2	捌四 Ef	
大潮 dàcháo	3 名	贰三 Cf	
	4 名	叁一 Fa	
大臣 dàchén	2 名	壹一 Lj	
大吃大喝 dàchī-dàhē	3	伍二 Ea	

		3		捌五 Nb	大名鼎鼎 dàmíng-dǐngdǐng		
大吃一惊 dàchī-yījīng		2		伍五 Eb		4	捌四 Qe
大胆 dàdǎn		1 形		捌五 Dc	大模大样 dàmú-dàyàng	2	捌五 Hb
大刀阔斧 dàdāo-kuòfǔ		3		捌五 Db	大难临头 dànàn-líntóu	3	伍八 Ba
大道 dàdào		4 名		叁一 Bf	大脑 dànǎo	2 名	壹五 Ab
		2 名		肆二 Cg	大逆不道 dànì-bùdào	4	捌五 Bd
大道理 dàdào·lǐ		3 名		叁一 Cc	大炮 dàpào	2 名	贰五 Fb
大抵 dàdǐ		4 副		玖一 Bc	大棚 dàpéng	3 名	贰六 Da
大地 dàdì		1 名		肆二 Ba	大批 dàpī	2 形	捌三 Aa
大动干戈 dàdòng-gāngē		4		陆六 Ca	大起大落 dàqǐ-dàluò	3	柒四 Aa
大都 dàdū		2 副		玖一 Bc	大气 dàqì	3 名	贰三 Db
大多 dàduō		2 副		玖一 Bc	大气 dà·qì	3 形	捌五 Mc
大多数 dàduōshù		2 名		叁十 Bg	大器晚成 dàqì-wǎnchéng	4	捌五 Xc
大而无当 dà'érwúdàng		4		捌四 Fb	大千世界 dàqiān-shìjiè	3	叁四 Ab
大方 dà·fang		1 形		捌五 Mc	大人 dàrén	1 名	壹一 Db
大腹便便 dàfù-piánpián		3		捌一 Ga	大人 dà·ren	1 名	壹一 Cc
大概 dàgài		2 名		叁一 Fb	大厦 dàshà	2 名	贰六 Ae
		2 副		玖一 Da	大失所望 dàshī-suǒwàng	3	伍五 Bd
大公无私 dàgōng-wúsī		3		捌五 Ka	大师 dàshī	3 名	壹一 Ia
大功告成 dàgōng-gàochéng					大使 dàshǐ	3 名	壹一 Ja
		3		柒三 Bd	大事 dàshì	2 名	叁一 Aa
大规模 dàguīmó		3 形		捌三 Aa	大是大非 dàshì-dàfēi	3	叁一 Ga
大海捞针 dàhǎi-lāozhēn		2		捌四 Ka	大手大脚 dàshǒu-dàjiǎo	2	捌五 Nb
大寒 dàhán		2 名		肆一 Gc	大暑 dàshǔ	2 名	肆一 Gc
大红 dàhóng		1 形		捌二 Aa	大肆 dàsì	4 副	玖一 Ce
大会 dàhuì		2 名		叁四 Fb	大体 dàtǐ	4 名	叁一 Cc
大伙儿 dàhuǒr		1 代		壹一 Aa		3 副	玖一 Da
大家 dàjiā		1 代		壹一 Aa	大厅 dàtīng	2 名	贰六 Af
大江南北 dàjiāng-nánběi		2		叁五 Ad	大庭广众 dàtíng-guǎngzhòng		
大街 dàjiē		2 名		贰六 Ca		3	肆二 Cb
大街小巷 dàjiē-xiǎoxiàng		2		贰六 Ca	大同小异 dàtóng-xiǎoyì	3	柒六 Ec
大惊失色 dàjīng-shīsè		3		伍五 Ea	大无畏 dàwúwèi	4 形	捌五 Dc
大惊小怪 dàjīng-xiǎoguài		2		伍五 Eb	大喜过望 dàxǐ-guòwàng	4	伍五 Aa
大局 dàjú		4 名		叁一 Fa	大显身手 dàxiǎn-shēnshǒu	3	伍七 Ea
大快人心 dàkuài-rénxīn		3		伍五 Aa	大相径庭 dàxiāng-jìngtíng	4	柒六 Fa
大款 dàkuǎn		3 名		壹一 Lh	大象 dàxiàng	1 名	壹二 Bh
大理石 dàlǐshí		3 名		贰四 Cb	大小 dàxiǎo	2 名	叁二 Eb
大力 dàlì		3 副		玖一 Dd	大兴土木 dàxīng-tǔmù	4	陆三 Aa
大量 dàliàng		2 形		捌三 Aa	大型 dàxíng	3 形	捌一 Ha
大陆 dàlù		2 名		贰三 Ba	大选 dàxuǎn	3 动	陆一 Ja

大学 dàxué	2 名	叁八 Bd		代言人 dàiyánrén	4 名	壹一 Ld
大雪 dàxuě	2 名	肆一 Gc		带 dài	1 动	伍七 If
大言不惭 dàyán-bùcán	4	陆九 Eg			2 动	柒六 Od
大雁 dàyàn	2 名	壹二 Db		带动 dàidòng	3 动	柒六 Od
大摇大摆 dàyáo-dàbǎi	2	伍一 Ka		带领 dàilǐng	2 动	陆一 Ea
大衣 dàyī	1 名	贰七 Cb			2 动	陆四 Bb
大义凛然 dàyì-lǐnrán	4	捌五 Da		带路 dài//lù	2 动	陆四 Bb
大义灭亲 dàyì-mièqīn	4	捌五 Ka		带头 dài//tóu	2 动	伍八 Mc
大意 dàyì	3 名	叁八 Ga		贷款 dàikuǎn	4 名	叁七 Eb
大意 dà·yi	3 形	捌五 Gb			4 动	陆二 Fa
大有作为 dàyǒu-zuòwéi	3	捌五 Xc		待 dài	2 动	陆九 Ad
大约 dàyuē	2 副	玖一 Da			2 动	陆九 Ae
大张旗鼓 dàzhāng-qígǔ	3	捌四 Nb		待价而沽 dàijià'érgū	4	陆二 Ba
大致 dàzhì	3 副	玖一 Da		待命 dàimìng	4 动	陆九 Ad
大智若愚 dàzhì-ruòyú	4	捌五 Ta		待遇 dàiyù	4 名	叁七 Fa
大众 dàzhòng	2 名	壹一 Aa		怠工 dài//gōng	4 动	伍七 Db
大自然 dàzìrán	1 名	贰三 Aa		怠慢 dàimàn	4 动	陆九 Ib
大作 dàzuò	3 名	叁八 Ea		袋 dài	2 名	贰七 Be
				逮捕 dàibǔ	3 动	陆七 Ba
dai				戴 dài	1 动	伍一 Ga
呆 dāi	2 形	捌五 Td		**dan**		
呆板 dāibǎn	2 形	捌四 Jc		担 dān	1 动	伍一 Db
呆若木鸡 dāiruòmùjī	3	伍六 Bb		担保 dānbǎo	4 动	伍七 Ed
呆头呆脑 dāitóu-dāinǎo	2	捌五 Td		担当 dāndāng	3 动	伍七 Ed
呆滞 dāizhì	4 形	捌四 Jc		担负 dānfù	3 动	伍七 Ed
歹毒 dǎidú	4 形	捌五 Ab		担任 dānrèn	3 动	伍七 Dd
歹徒 dǎitú	3 名	壹一 Gb		担心 dān//xīn	1 动	伍五 Bb
歹心 dǎixīn	4 名	叁三 Ad		担忧 dānyōu	3 动	伍五 Bb
歹意 dǎiyì	4 名	叁三 Ad		单 dān	3 副	玖一 Ba
大夫 dài·fu	1 名	壹一 Jh		单薄 dānbó	3 形	捌三 Jb
大王 dài·wang	1 名	壹一 Ja			3 形	捌四 Nd
代 dài	2 名	叁四 Ba		单纯 dānchún	2 形	捌四 Ia
代表 dàibiǎo	1 名	壹一 Ld		单刀直入 dāndāo-zhírù	4	捌五 Ce
	1 动	柒六 Ba		单调 dāndiào	2 形	捌四 Jd
代词 dàicí	3 名	叁八 Cb		单独 dāndú	1 副	玖一 Ca
代价 dàijià	3 名	叁一 Dd		单枪匹马 dānqiāng-pǐmǎ	3	捌六 Dd
代理 dàilǐ	3 动	陆一 Jg		单身 dānshēn	4 名	壹一 Li
代理人 dàilǐrén	4 名	壹一 Ld			4 动	伍七 Lb
代替 dàitì	2 动	柒六 Ba		单身汉 dānshēnhàn	3 名	壹一 Li
代谢 dàixiè	3 动	伍四 Dd				

单位 dānwèi	2 名	叁四 Ad	蛋 dàn	1 名	贰九 Ae
	3 名	叁十 Al	蛋白质 dànbáizhì	3 名	贰三 Gb
单向 dānxiàng	3 形	捌三 Ab	蛋糕 dàngāo	2 名	贰九 Ag
单元 dānyuán	2 名	叁十 Al	蛋壳 dànké	2 名	壹五 Bc
耽搁 dān·ge	4 动	柒三 Ec			
耽误 dān·wu	3 动	柒三 Ec	**dang**		
胆 dǎn	2 名	壹五 Ak	当场 dāngchǎng	3 副	玖一 Ee
胆大包天 dǎndà-bāotiān	2	捌五 Ef	当初 dāngchū	3 名	肆一 Fd
胆大妄为 dǎndà-wàngwéi	4	捌五 Ef	当代 dāngdài	3 名	肆一 Ba
胆敢 dǎngǎn	3 动	伍五 Yc	当地 dāngdì	2 名	肆二 Cd
胆量 dǎnliàng	3 名	叁二 Id	当机立断 dāngjī-lìduàn	4	陆一 Kb
胆怯 dǎnqiè	4 形	捌五 De	当即 dāngjí	4 副	玖一 Ee
胆小 dǎnxiǎo	1 形	捌五 De	当家 dāngjiā	2 动	伍七 Ac
胆小如鼠 dǎnxiǎorúshǔ	2	捌五 De	当街 dāngjiē	3 名	肆二 Ag
胆战心惊 dǎnzhàn-xīnjīng	3	伍五 Bb	当今 dāngjīn	3 名	肆一 Dd
胆子 dǎn·zi	2 名	叁二 Id	当局 dāngjú	4 名	叁五 Ac
但 dàn	3 副	玖一 Ba	当面 dāng//miàn	2 副	玖一 Cb
	1 连	玖三 Da	当年 dāngnián	2 名	肆一 Fd
但凡 dànfán	4 副	玖一 Bb	当前 dāngqián	2 名	肆一 Dd
但是 dànshì	1 连	玖三 Da	当然 dāngrán	1 副	玖一 Gb
但愿 dànyuàn	3 动	伍五 Yb	当仁不让 dāngrén-bùràng	4	捌四 Wb
担子 dàn·zi	3 名	叁五 Cb	当时 dāngshí	1 名	肆一 Fd
诞辰 dànchén	4 名	肆一 Hb	当事人 dāngshìrén	4 名	壹一 Lf
诞生 dànshēng	3 动	伍四 Aa	当头棒喝 dāngtóu-bànghè	4	陆九 Gd
淡 dàn	1 形	捌二 Bb	当务之急 dāngwùzhījí	3	叁一 Aa
	1 形	捌二 Jb	当下 dāngxià	3 名	肆一 Dd
	1 形	捌三 Fb	当心 dāngxīn	2 动	伍五 Mb
淡泊 dànbó	4 形	捌五 Ee	当选 dāngxuǎn	2 动	陆一 Ja
淡薄 dànbó	4 形	捌三 Fb	当之无愧 dāngzhīwúkuì	4	伍五 Fc
淡定 dàndìng	4 形	伍五 Fb	当众 dāngzhòng	3 副	玖一 Cb
淡化 dànhuà	3 动	柒五 Bc	铛 dāng	3 拟声	玖六 Ca
淡季 dànjì	3 名	肆一 Gb	挡 dǎng	3 动	陆十一 Dc
淡漠 dànmò	4 形	捌五 Ib		2 动	柒二 Bd
淡然 dànrán	3 形	捌五 Ee	党 dǎng	2 名	叁五 Af
淡忘 dànwàng	3 动	伍五 Xd	党同伐异 dǎngtóng-fáyì	4	陆十一 Ga
淡雅 dànyǎ	4 形	捌二 Cb	当年 dàngnián	2 名	肆一 Ea
弹 dàn	2 名	贰五 Ff	当铺 dàngpù	4 名	叁七 Gb
弹弓 dàngōng	2 名	贰八 Bd	当天 dàngtiān	2 名	肆一 Ed
弹尽粮绝 dànjìn-liángjué	4	伍八 Bc	当晚 dàngwǎn	2 名	肆一 Fb
弹药 dànyào	3 名	贰五 Ff	当真 dàngzhēn	2 动	伍五 Pa

当作 dàngzuò	2 动	柒六 Ab	到来 dàolái	2 动	伍七 Ia
荡气回肠 dàngqì-huícháng			到期 dàoqī	3 动	柒三 Ja
	4	捌四 Ja	到手 dào//shǒu	2 动	柒三 Be
荡然无存 dàngrán-wúcún	4	柒三 Ga	到位 dào//wèi	3 动	柒三 Bd
荡漾 dàngyàng	3 动	柒二 Oh	倒 dào	1 动	伍一 Id
档案 dàng'àn	4 名	叁八 Ef		2 副	玖一 Gf
档次 dàngcì	3 名	叁二 Ec	倒背如流 dàobèi-rúliú	3	捌五 Wa

dao

刀 dāo	1 名	贰五 Ca	倒车 dàochē	2 动	陆四 Aa
刀叉 dāochā	2 名	贰七 Bb	倒挂 dàoguà	3 动	柒二 De
刀耕火种 dāogēng-huǒzhòng			倒计时 dàojìshí	2 动	伍七 Hi
	4	陆三 Jb	倒是 dàoshì	3 副	玖一 Gd
刀光剑影 dāoguāng-jiànyǐng			倒数 dàoshù	2 名	叁十 Bc
	4	捌六 Ab	倒贴 dàotiē	4 动	陆二 Bd
刀子 dāo·zi	1 名	贰五 Ca	倒退 dàotuì	2 动	伍八 Mb
导弹 dǎodàn	3 名	贰五 Fe	倒行逆施 dàoxíng-nìshī	4	捌五 Ef
导航 dǎoháng	3 动	陆四 Bb	倒悬 dàoxuán	4 动	柒二 De
导师 dǎoshī	3 名	壹一 Jg	倒影 dàoyǐng	2 名	贰三 Fb
导向 dǎoxiàng	3 名	叁一 Fa	倒映 dàoyìng	3 动	柒一 Ca
导演 dǎoyǎn	3 名	壹一 Jl	倒置 dàozhì	4 动	柒二 De
导引 dǎoyǐn	4 动	陆四 Bb	盗 dào	3 动	陆七 Fh
导游 dǎoyóu	2 名	壹一 Jp	盗版 dàobǎn	3 名	叁八 Gf
	2 动	陆四 Bb	盗窃 dàoqiè	3 动	陆七 Fh
导致 dǎozhì	3 动	柒六 Of	盗贼 dàozéi	3 名	壹一 Gb
岛 dǎo	2 名	贰三 Bd	悼词 dàocí	4 名	叁八 Ec
岛屿 dǎoyǔ	3 名	贰三 Bd	悼念 dàoniàn	4 动	伍五 Xb
捣 dǎo	3 动	伍一 Ab	道 dào	2 名	贰六 Ca
捣乱 dǎo//luàn	3 动	陆十一 Db		2 量	叁十 Cb
倒 dǎo	1 动	伍一 Hc	道别 dào//bié	2 动	陆九 Aj
倒闭 dǎobì	3 动	伍八 Da	道不拾遗 dàobùshíyí	4	捌六 Ba
倒卖 dǎomài	3 动	陆二 Ba	道德 dàodé	2 名	叁二 Ib
倒霉 dǎo//méi	2 动	伍八 Ba	道家 Dàojiā	3 名	叁八 Ac
倒塌 dǎotā	3 动	柒二 Bf	道教 Dàojiào	4 名	叁三 Fa
倒台 dǎo//tái	3 动	伍八 Da	道具 dàojù	3 名	贰二 Ca
祷告 dǎogào	4 动	陆八 Aa	道理 dào·lǐ	2 名	叁一 Cc
到 dào	1 动	陆四 Cc	道路 dàolù	2 名	贰六 Ca
到处 dàochù	3 副	玖一 Bd		2 名	肆二 Cg
到达 dàodá	2 动	陆四 Cc	道貌岸然 dàomào-ànrán	4	捌四 Ab
到底 dàodǐ	2 副	玖一 Gg	道歉 dào//qiàn	2 动	陆九 Ib
			道听途说 dàotīng-túshuō	4	伍二 Db
			道谢 dào//xiè	3 动	陆九 Ia

稻草 dàocǎo		2 名	壹五 Cb		登场 dēng//chǎng		3 动	陆五 Fa
稻谷 dàogǔ		2 名	壹三 Ea		登峰造极 dēngfēng-zàojí		4	捌四 Cc
稻穗 dàosuì		3 名	壹五 Ce		登机 dēngjī		2 动	陆四 Bc
稻田 dàotián		1 名	贰三 Bj		登记 dēng//jì		2 动	陆一 Lc
稻子 dào·zi		2 名	壹三 Ea		登临 dēnglín		4 动	伍七 Kd
					登录 dēnglù		3 动	陆一 Lc
de					登台 dēng//tái		3 动	陆一 Jf
得 dé		1 动	柒三 Be				3 动	陆五 Fa
得不偿失 débùchángshī		3	伍八 Fc		登堂入室 dēngtáng-rùshì		3	伍八 Ma
得逞 déchěng		4 动	伍八 Ca		蹬 dēng		4 动	伍一 Ma
得寸进尺 décùn-jìnchǐ		3	捌五 La		等 děng		1 动	陆九 Ad
得到 dé//dào		1 动	柒三 Be		等待 děngdài		2 动	陆九 Ad
得过且过 déguò-qiěguò		4	陆九 Af		等候 děnghòu		2 动	陆九 Ad
得救 déjiù		2 动	伍八 La		等级 děngjí		2 名	叁四 Cb
得力 délì		3 形	捌五 Xa		等量齐观 děngliàng-qíguān			
得陇望蜀 délǒng-wàngshǔ		4	捌五 La				4	伍五 Mc
得失 déshī		4 名	叁二 Bc		等于 děngyú		2 动	柒六 Eb
得体 détǐ		3 形	捌四 Ee		凳子 dèng·zi		1 名	贰七 Aa
得天独厚 détiāndúhòu		4	捌四 Ba		瞪 dèng		2 动	伍二 Da
得心应手 déxīn-yìngshǒu		3	捌五 Wa					
得意 déyì		2 形	伍五 Ac		**di**			
得意忘形 déyì-wàngxíng		3	捌五 Hb		低 dī		1 形	捌一 Bb
得意扬扬 déyì-yángyáng		2	伍五 Ac				1 形	捌四 Qb
得知 dézhī		3 动	伍五 Tb				2 形	捌四 Qd
得志 dé//zhì		4 动	伍八 Ga		低矮 dī'ǎi		2 形	捌一 Bb
得罪 dézuì		2 动	陆十一 Bc		低沉 dīchén		3 形	伍五 Bc
德高望重 dégāo-wàngzhòng							3 形	捌二 Gc
		4	捌四 Qe		低调 dīdiào		4 形	捌五 Ha
德行 dé·xing		4 名	叁二 Ib		低估 dīgū		3 动	伍五 Sb
地 ·de		1 助	玖四 Aa		低谷 dīgǔ		3 名	叁一 Fa
的 ·de		1 助	玖四 Aa		低级 dījí		2 形	捌四 Dc
得 ·de		1 助	玖四 Aa		低贱 dījiàn		4 形	捌四 Qd
					低廉 dīlián		4 形	捌四 Qb
deng					低劣 dīliè		4 形	捌四 Bb
灯 dēng		1 名	贰七 Bf		低迷 dīmí		4 形	捌六 Cb
灯光 dēngguāng		1 名	贰三 Fa		低三下四 dīsān-xiàsì		2	捌四 Qd
灯红酒绿 dēnghóng-jiǔlǜ		3	捌五 Nb		低声细语 dīshēng-xìyǔ		3	陆九 Ec
灯火 dēnghuǒ		2 名	贰三 Ea		低声下气 dīshēng-xiàqì		2	捌四 Qd
灯笼 dēng·long		2 名	贰七 Bf		低俗 dīsú		3 形	捌五 Qb
登 dēng		1 动	伍三 Ab		低头 dī//tóu		1 动	伍二 Ab

低微 dīwēi		3 形	捌二 Gb			1 名	肆二 Ba	
		4 形	捌四 Qd	地板 dìbǎn		1 名	贰六 Bb	
低下 dīxià		2 形	捌四 Qd	地步 dìbù		3 名	叁一 Fb	
低吟 dīyín		3 动	陆五 Fc	地大物博 dìdà-wùbó		2	捌三 Ae	
低语 dīyǔ		3 动	陆九 Ec	地带 dìdài		3 名	肆二 Ca	
堤 dī		2 名	贰六 Dc	地道 dìdào		2 名	肆二 Dd	
堤坝 dībà		3 名	贰六 Dc	地道 dì·dao		3 形	捌四 Aa	
提防 dī·fang		3 动	柒三 Ib	地点 dìdiǎn		1 名	肆二 Da	
嘀 dī		2 拟声	玖六 Ca	地方 dìfāng		2 名	肆二 Ca	
滴 dī		1 量	叁十 Ca	地方 dì·fang		1 名	肆二 Da	
		1 动	柒二 Od	地广人稀 dìguǎng-rénxī		3	捌六 Dc	
滴答 dīdā		2 拟声	玖六 Ca	地理 dìlǐ		3 名	叁八 Bb	
滴水不漏 dīshuǐ-bùlòu		3	捌四 Gc	地面 dìmiàn		1 名	贰六 Bb	
滴水成冰 dīshuǐ-chéngbīng				地平线 dìpíngxiàn		2 名	叁二 Eb	
		2	捌二 Na	地球 dìqiú		1 名	贰三 Ad	
的确 díquè		2 副	玖一 Db	地区 dìqū		2 名	肆二 Ca	
敌对 díduì		2 形	捌四 Rd	地毯 dìtǎn		2 名	贰七 Bo	
敌人 dírén		1 名	壹一 Lb	地铁 dìtiě		1 名	贰六 Ca	
笛 dí		2 名	贰八 Aa	地图 dìtú		2 名	叁八 Eb	
嘀咕 dí·gu		4 动	伍五 Pb	地位 dìwèi		2 名	叁四 Ca	
		4 动	陆九 Ec	地下 dìxià		2 形	捌四 Sd	
嫡 dí		4	捌四 Ya	地下 dì·xia		1 名	肆二 Ad	
诋毁 dǐhuǐ		4 动	陆九 Gc	地形 dìxíng		3 名	叁二 Aa	
抵偿 dǐcháng		4 动	柒五 Ab	地狱 dìyù		3 名	叁一 Fb	
抵触 dǐchù		3 动	柒六 Hb			2 名	叁三 Fe	
抵达 dǐdá		3 动	陆四 Cc	地域 dìyù		3 名	肆二 Ca	
抵挡 dǐdǎng		3 动	陆六 Ea	地震 dìzhèn		2 名	叁一 Ec	
抵抗 dǐkàng		3 动	陆六 Ea	地址 dìzhǐ		2 名	肆二 Da	
抵牾 dǐwǔ		4 动	柒六 Hb	弟弟 dì·di		1 名	壹一 Dg	
抵押 dǐyā		4 动	陆二 Fb	弟兄 dì·xiong		2 名	壹一 Dg	
抵御 dǐyù		4 动	陆六 Ea	弟子 dìzǐ		2 名	壹一 Lc	
抵制 dǐzhì		3 动	陆十一 Bb	递 dì		2 动	伍一 Ce	
底 dǐ		1 名	贰二 Fa			3 动	陆十 Bb	
底细 dǐxì		4 名	叁一 Fb	递交 dìjiāo		3 动	陆十 Bb	
底下 dǐ·xia		1 名	肆二 Ad	第一 dì-yī		1 数	叁十 Bf	
底线 dǐxiàn		3 名	叁二 Eb			1 数	捌四 La	
底蕴 dǐyùn		4 名	叁二 Dc	缔造 dìzào		4 动	陆一 Mb	
砥砺 dǐlì		4 动	陆五 Be					
		4 动	陆九 Hc	**dian**				
地 dì		1 名	贰三 Bj	掂 diān		4 动	伍七 Hi	

掂量 diān·liang	4动	伍五 Ra	电脑 diànnǎo	1名	贰八 Cb
滇 Diān	3名	叁五 Ae	电能 diànnéng	3名	贰四 Bd
颠簸 diānbǒ	4动	柒二 Lb	电器 diànqì	2名	贰七 Ad
颠倒 diāndǎo	4动	柒二 De	电视 diànshì	1名	贰七 Ad
颠倒黑白 diāndǎo-hēibái	3	伍七 Gf		1名	叁八 Fc
颠倒是非 diāndǎo-shìfēi	3	伍七 Gf	电视剧 diànshìjù	1名	叁九 Ba
颠覆 diānfù	4动	陆六 Bd	电视台 diànshìtái	2名	叁八 Fc
颠沛流离 diānpèi-liúlí	4	伍七 Ae	电台 diàntái	2名	叁八 Fc
颠扑不破 diānpū-bùpò	4	捌四 Ea	电梯 diàntī	1名	贰六 Bg
颠三倒四 diānsān-dǎosì	3	捌四 Ce	电线 diànxiàn	2名	贰五 Db
癫狂 diānkuáng	4形	捌五 Rb	电信 diànxìn	2名	叁四 Eb
典当 diǎndàng	4动	陆二 Fb	电影 diànyǐng	2名	叁九 Ba
典范 diǎnfàn	3名	叁二 Ea	电影院 diànyǐngyuàn	2名	叁九 Bc
典礼 diǎnlǐ	2名	叁四 Db	电邮 diànyóu	2名	叁八 Ee
典型 diǎnxíng	3名	叁二 Bb	电源 diànyuán	3名	贰二 Ab
	3形	捌四 Cc	电子 diànzǐ	4名	贰三 Gb
典押 diǎnyā	4动	陆二 Fb	电子版 diànzǐbǎn	3名	叁八 Gf
典雅 diǎnyǎ	3形	捌三 La	店 diàn	1名	叁七 Gb
点 diǎn	1名	贰二 Ec	店面 diànmiàn	2名	叁七 Gb
	1名	叁二 Aa	店铺 diànpù	2名	叁七 Gb
	2名	叁八 Ca	玷污 diànwū	4动	伍七 Ge
	1动	伍一 Hb	垫子 diàn·zi	2名	贰七 Bj
	1动	伍七 Ce	淀粉 diànfěn	3名	贰三 Gb
点拨 diǎn·bō	4动	陆五 Ab	惦记 diàn·jì	4动	伍五 Xb
点名 diǎn//míng	2动	陆一 Ia	惦念 diànniàn	4动	伍五 Xb
点评 diǎnpíng	3动	陆五 Dd	奠定 diàndìng	4动	陆一 Mb
点燃 diǎnrán	2动	伍七 Bj	奠基 diànjī	4动	陆一 Mb
点头 diǎn//tóu	1动	伍二 Ac		4动	陆三 Aa
点头哈腰 diǎntóu-hāyāo	3	陆十一 Fa	殿堂 diàntáng	3名	贰六 Gc
点心 diǎn·xin	2名	贰九 Ag			

diao

点缀 diǎnzhuì	3动	柒六 Ge			
点子 diǎn·zi	2名	叁一 Cb	刁 diāo	4形	捌五 Bg
电报 diànbào	2名	叁八 Ee	刁滑 diāohuá	4形	捌五 Bg
电车 diànchē	2名	贰五 Ea	刁难 diāonàn	4动	陆十一 Cc
电池 diànchí	2名	贰五 Dc	刁钻 diāozuān	4形	捌五 Bg
电灯 diàndēng	1名	贰七 Bf	叼 diāo	3动	伍二 Eb
电动车 diàndòngchē	2名	贰五 Ea	凋敝 diāobì	4形	捌六 Cb
电饭锅 diànfànguō	2名	贰七 Ba	凋零 diāolíng	4动	伍四 Ba
电话 diànhuà	1名	贰五 Da	凋落 diāoluò	3动	伍四 Ba
	1名	叁一 Dc	凋谢 diāoxiè	4动	伍四 Ba

雕 diāo		3 动	陆五 Ib		叠 dié		2 量	叁十 Ca
雕虫小技 diāochóng-xiǎojì		4	叁二 Ie				2 动	伍一 Ea
雕刻 diāokè		3 名	叁九 Cb		叠床架屋 diéchuáng-jiàwū		4	柒三 Ce
		3 动	陆五 Ib		碟片 diépiàn		3 名	贰八 Ad
雕梁画栋 diāoliáng-huàdòng					碟子 dié·zi		2 名	贰七 Bb
		4	贰六 Bd					
雕塑 diāosù		4 名	叁九 Cb		**die**			
		4 动	陆五 Ib		丁 dīng		4 名	肆一 Ab
雕像 diāoxiàng		3 名	叁九 Cb		叮咚 dīngdōng		2 拟声	玖六 Ca
雕琢 diāozhuó		4 动	陆五 Ib				2 拟声	玖六 Ca
吊 diào		2 动	柒二 Dd		叮咛 dīngníng		4 动	陆九 Fb
吊儿郎当 diào·erlángdāng					叮嘱 dīngzhǔ		3 动	陆九 Fb
		3	伍五 Na		钉子 dīng·zi		2 名	贰五 Ab
吊销 diàoxiāo		4 动	陆一 Nb		顶尖 dǐngjiān		3 名	叁二 Cd
吊唁 diàoyàn		4 动	伍七 Ma				3 形	捌四 Ba
调 diào		2 名	叁八 Cd		顶礼膜拜 dǐnglǐ-móbài		4	伍三 Gb
		3 动	陆一 Ha		顶楼 dǐnglóu		2 名	贰六 Ae
调查 diàochá		2 动	陆一 Ia		顶天立地 dǐngtiān-lìdì		3	捌一 Ba
调动 diàodòng		3 动	陆一 Ha		鼎盛 dǐngshèng		4 形	捌六 Ca
调度 diàodù		4 动	陆一 Ga		订 dìng		2 动	陆三 Fa
调虎离山 diàohǔ-líshān		4	陆一 Ha		订购 dìnggòu		3 动	陆二 Ba
调换 diàohuàn		3 动	陆十 Ba		订婚 dìng//hūn		3 动	伍七 Lc
		3 动	柒四 Ad		订立 dìnglì		2 动	陆九 Ca
调集 diàojí		3 动	陆一 Ha		钉 dìng		2 动	伍一 Ab
调配 diàopèi		4 动	陆一 Ha		定 dìng		1 动	伍七 Hg
调遣 diàoqiǎn		4 动	陆一 Ha				1 动	陆九 Ab
调研 diàoyán		4 动	陆五 Da				1 副	玖一 Db
调子 diào·zi		2 名	叁八 Cd		定点 dìngdiǎn		3 动	陆一 Ha
		4 名	叁八 Ge				3 形	捌六 La
掉 diào		1 动	伍八 Kc		定夺 dìngduó		4 动	陆一 Kb
		1 动	柒二 Be		定价 dìngjià		3 名	叁七 Ac
掉头 diào//tóu		3 动	柒二 Nd				2 动	陆二 Bb
掉以轻心 diàoyǐqīngxīn		3	伍五 Na		定居 dìng//jū		3 动	伍七 Ab
掉转 diàozhuǎn		3 动	柒二 Nd		定期 dìngqī		3 形	捌六 La
					定神 dìng//shén		3 动	伍五 Mb
die					定位 dìng//wèi		3 动	伍七 Hg
爹 diē		2 名	壹一 Db				3 动	陆三 Ha
跌 diē		2 动	柒二 Be		定义 dìngyì		2 名	叁一 Cc
		2 动	柒五 Bb				3 动	陆五 Dc
跌倒 diēdǎo		2 动	伍三 Db		定罪 dìng//zuì		3 动	陆七 Cb

diu

丢 diū	1动	伍一 Ec	
	1动	伍八 Kc	
丢掉 diūdiào	2动	伍八 Kc	
	2动	柒五 Cd	
丢盔弃甲 diūkuī-qìjiǎ	3	伍八 Da	
丢脸 diū//liǎn	2动	伍八 Hb	
丢人 diū//rén	2动	伍八 Hb	
丢人现眼 diūrén-xiànyǎn	3	伍八 Hb	
丢三落四 diūsān-làsì	2	捌五 Gb	
丢失 diūshī	2动	伍八 Kc	

dong

东 dōng	1名	肆二 Ac	
东窗事发 dōngchuāng-shìfā	4	伍八 De	
东倒西歪 dōngdǎo-xīwāi	2	捌一 Ib	
东道主 dōngdàozhǔ	4名	壹一 Le	
东方 dōngfāng	1名	肆二 Ac	
东风 dōngfēng	2名	贰三 Ca	
东山再起 dōngshān-zàiqǐ	3	柒三 Gb	
东施效颦 dōngshī-xiàopín	4	柒六 Ed	
东西 dōng·xi	1名	贰二 Aa	
东张西望 dōngzhāng-xīwàng	2	伍二 Da	
冬瓜 dōng·guā	1名	壹三 Fa	
冬季 dōngjì	2名	肆一 Ga	
冬眠 dōngmián	2动	伍四 Fa	
冬天 dōngtiān	1名	肆一 Ga	
冬至 dōngzhì	2名	肆一 Gc	
咚 dōng	3拟声	玖六 Ca	
懂 dǒng	1动	伍五 Ta	
懂事 dǒng//shì	2形	伍五 Ja	
动 dòng	1动	伍一 Aa	
	1动	柒二 Ma	
动不动 dòng·budòng	2副	玖一 Fb	
动车 dòngchē	2名	贰五 Ea	
动词 dòngcí	3名	叁八 Cb	
动荡 dòngdàng	4形	捌六 Bb	
动感 dònggǎn	4名	叁三 Ba	
动工 dòng//gōng	3动	柒三 Aa	
动画 dònghuà	1名	叁九 Ca	
动画片 dònghuàpiàn	1名	叁九 Ba	
动机 dòngjī	3名	叁三 Da	
动静 dòng·jing	3名	贰三 La	
	3名	叁一 Fb	
动力 dònglì	2名	叁二 Gb	
动乱 dòngluàn	4动	陆六 Be	
动脉 dòngmài	3名	壹五 Al	
动漫 dòngmàn	3名	叁九 Ca	
动怒 dòng//nù	4动	伍五 Ca	
动气 dòng//qì	4动	伍五 Ca	
动情 dòng//qíng	3动	伍五 Ga	
动人 dòngrén	2形	捌四 Ja	
动人心弦 dòngrénxīnxián	3	捌四 Ja	
动容 dòngróng	3动	伍五 Db	
动身 dòng//shēn	2动	陆四 Ca	
动手 dòng//shǒu	2动	伍七 Ea	
	2动	陆十一 Ea	
动手动脚 dòngshǒu-dòngjiǎo	2	陆十一 Ea	
动态 dòngtài	3名	叁二 Ab	
动弹 dòng·tan	3动	柒二 Ma	
动听 dòngtīng	1形	捌二 Ha	
动武 dòngwǔ	3动	陆十一 Ea	
动物 dòngwù	1名	壹二 Aa	
动物园 dòngwùyuán	1名	贰六 Ga	
动向 dòngxiàng	3名	叁一 Fa	
动心 dòng//xīn	3动	伍五 Ga	
动摇 dòngyáo	2动	伍五 Oa	
动因 dòngyīn	4名	叁一 Bb	
动用 dòngyòng	4动	伍七 Hh	
动员 dòngyuán	2动	陆一 Oa	
动作 dòngzuò	1名	叁四 Fa	
	1动	柒二 Ma	
冻 dòng	1动	柒一 Da	
冻疮 dòngchuāng	3名	叁九 Ec	
冻结 dòngjié	3动	柒一 Da	
栋 dòng	3名	贰六 Bd	

		2 量	叁十	Ca
栋梁 dòngliáng		3 名	壹一	Ia
洞 dòng		1 名	肆二	Dd
洞察 dòngchá		4 动	伍五	Tb
洞若观火 dòngruòguānhuǒ		4	伍五	Tb
洞天福地 dòngtiān-fúdì		4	肆二	Bc
洞悉 dòngxī		4 动	伍五	Tb
洞穴 dòngxué		2 名	肆二	Dd
恫吓 dònghè		4 动	陆十一	Hb

dou

都 dōu		1 副	玖一	Bd
		1 副	玖一	Eb
兜 dōu		3 名	贰七	Be
		3 名	贰七	Cc
斗 dǒu		2 名	贰五	De
斗笠 dǒulì		4 名	贰七	Cd
斗转星移 dǒuzhuǎn-xīngyí	4		柒三	Bf
抖 dǒu		2 动	伍一	Hc
		2 动	伍三	Dc
抖动 dǒudòng		2 动	伍一	Hc
		2 动	柒二	La
抖擞 dǒusǒu		4 动	伍六	Ea
陡 dǒu		3 形	捌一	Mb
陡峭 dǒuqiào		3 形	捌一	Mb
陡然 dǒurán		4 副	玖一	Ec
陡直 dǒuzhí		3 形	捌一	Mb
斗 dòu		2 动	陆六	Ba
斗争 dòuzhēng		2 动	陆六	Ba
斗志 dòuzhì		3 名	叁三	Ea
豆腐 dòu·fu		2 名	贰九	Ae
豆荚 dòujiá		4 名	壹五	Ce
豆浆 dòujiāng		2 名	贰九	Ai
豆蔻年华 dòukòu-niánhuá	4		肆一	Ia
逗 dòu		2 动	柒六	Oe
		2 形	捌四	Jb
逗号 dòuhào		2 名	叁八	Ci
逗留 dòuliú		3 动	伍七	Ab
逗趣 dòu//qù		4 动	陆十一	Cb
逗笑儿 dòuxiàor		3 动	伍六	Aa

du

都会 dūhuì		3 名	肆二	Cc
都市 dūshì		2 名	肆二	Cc
督促 dūcù		3 动	陆一	Ib
嘟囔 dū·nang		4 动	陆九	Ec
嘟哝 dū·nong		4 动	陆九	Ec
毒 dú		2 名	贰十一	Aa
		3 形	捌五	Ab
毒品 dúpǐn		3 名	贰十一	Ab
毒蛇 dúshé		2 名	壹二	Bg
毒药 dúyào		2 名	贰十一	Aa
独 dú		2 副	玖一	Ba
		2 副	玖一	Ca
独白 dúbái		2 名	叁八	Cg
独裁 dúcái		4 动	陆一	Eb
独唱 dúchàng		2 动	陆五	Fc
独当一面 dúdāng-yīmiàn	3		伍七	Ed
独家 dújiā		4 形	捌三	Ab
独具匠心 dújù-jiàngxīn	4		捌四	Cb
独立 dúlì		2 动	伍七	Ac
独辟蹊径 dúpì-xījìng	4		捌四	Cb
独善其身 dúshàn-qíshēn	4		捌五	Kb
独身 dúshēn		4 动	伍七	Lb
		3 副	玖一	Ca
独树一帜 dúshù-yīzhì	3		捌四	Cb
独特 dútè		2 形	捌四	Cb
独一无二 dúyī-wú'èr	2		捌四	Cb
独占鳌头 dúzhàn-áotóu	4		捌四	Cc
独自 dúzì		2 副	玖一	Ca
读 dú		1 动	陆五	Ca
读书 dú//shū		1 动	陆五	Ba
读物 dúwù		2 名	叁八	Eb
读者 dúzhě		2 名	壹一	Le
堵 dǔ		2 动	柒二	Qa
		3 形	伍五	Bb
堵车 dǔ//chē		2 动	柒二	Qa
堵塞 dǔsè		3 动	柒二	Qa
赌 dǔ		3 动	伍七	Ka

赌博 dǔbó		3 动	伍七 Ka			1 动	柒五 Cc
赌气 dǔ//qì		3 动	伍五 Ca	断案 duàn//àn		4 动	陆七 Cb
杜鹃 dùjuān		3 名	壹二 Db	断定 duàndìng		3 动	伍七 Hg
		3 名	壹三 Cb	断断续续 duànduànxùxù		2	柒三 Bg
杜绝 dùjué		4 动	柒五 Ca	断绝 duànjué		3 动	柒二 Kb
肚皮 dùpí		1 名	壹五 Ae	断裂 duànliè		3 动	柒四 Bb
肚子 dù·zi		1 名	壹五 Ae	断然 duànrán		4 副	玖一 Cf
妒忌 dùjì		3 动	伍五 Gb	断言 duànyán		3 名	叁八 Ed
度 dù		2 动	伍七 Ac			3 动	伍七 Hg
度过 dùguò		2 动	伍七 Ac	断章取义 duànzhāng-qǔyì		4	捌四 Gd
度假 dùjià		2 动	陆一 Qb	锻炼 duànliàn		4 动	陆五 Be
度量 dùliàng		3 名	叁二 Id			2 动	陆五 Hb
度日如年 dùrì-rúnián		3	伍八 Bd				
渡 dù		2 动	陆四 Cb	**dui**			
镀 dù		4 动	陆三 Bd	堆 duī		1 名	贰二 Ed
						1 量	叁十 Ca
duan						1 动	伍一 Ea
端 duān		2 名	贰二 Fa			2 动	柒二 Ea
		2 动	伍一 Da	堆放 duīfàng		3 动	伍一 Ea
端午 Duānwǔ		2 名	肆一 Ha	堆积 duījī		2 动	柒二 Ea
端详 duān·xiang		4 动	伍二 Da	堆砌 duīqì		4 动	陆五 Ea
端正 duānzhèng		2 形	捌一 Ia	队 duì		1 名	叁二 Ce
端庄 duānzhuāng		3 形	捌五 Ge			1 量	叁十 Ca
短 duǎn		1 形	捌一 Ab	队列 duìliè		2 名	叁二 Ce
短兵相接 duǎnbīng-xiāngjiē				队伍 duì·wu		2 名	壹一 Ld
		4	陆六 Ca			2 名	叁六 Aa
短处 duǎnchù		2 名	叁二 Bc	队员 duìyuán		1 名	壹一 Ld
短促 duǎncù		3 形	捌三 Qb	队长 duìzhǎng		1 名	壹一 Ja
短期 duǎnqī		2 名	肆一 Bb	对 duì		1 量	叁十 Ca
		2 形	捌三 Qb			1 动	陆九 Ae
短缺 duǎnquē		4 动	陆二 Bd			1 形	捌四 Ea
短视 duǎnshì		3 形	捌五 Zb			1 介	玖二 Ba
短途 duǎntú		2 形	捌三 Rb	对比 duìbǐ		1 动	伍七 Hf
短信 duǎnxìn		2 名	叁八 Ee	对不起 duì·buqǐ		1 动	陆九 Ib
短暂 duǎnzàn		3 形	捌三 Qb	对策 duìcè		3 名	叁三 Db
段 duàn		1 量	叁十 Ca	对称 duìchèn		2 形	捌一 Ia
		1 量	叁十 Ca	对答如流 duìdá-rúliú		2	陆九 Eg
段落 duànluò		2 名	叁八 Cc	对待 duìdài		2 动	陆九 Ae
断 duàn		1 动	柒二 Kb	对方 duìfāng		2 名	叁二 Cb
		2 动	柒四 Bb	对付 duì·fu		3 动	陆九 Af

		3 形	柒六 Gd	多此一举 duōcǐyījǔ		3	捌四 Ld
对话 duìhuà		2 动	陆九 Eh	多多益善 duōduō-yìshàn		4	柒五 Aa
对劲 duìjìn		3 形	柒六 Gd	多亏 duōkuī		2 副	玖一 Ge
对抗 duìkàng		2 动	陆六 Ea	多么 duō·me		1 副	玖一 Ac
对立 duìlì		2 动	柒六 Ha	多媒体 duōméitǐ		3 名	叁八 Fd
对立面 duìlìmiàn		3 名	叁二 Cb	多情 duōqíng		2 形	捌五 Sa
对联 duìlián		2 名	叁八 De	多少 duōshǎo		2 副	玖一 Aa
对面 duìmiàn		1 名	肆二 Ag	多少 duō·shao		2 代	叁十 Ba
对牛弹琴 duìniú-tánqín		2	捌四 Fb	多数 duōshù		2 名	叁十 Bg
对手 duìshǒu		2 名	壹一 Lb	多余 duōyú		2 形	捌四 Ld
对头 duì·tou		3 名	壹一 Lb	多灾多难 duōzāi-duōnàn		3	伍八 Ba
对象 duìxiàng		2 名	叁一 Ba	多种多样 duōzhǒng-duōyàng			
对应 duìyìng		2 动	柒六 Ja			2	捌三 Ac
对于 duìyú		1 介	玖二 Dd	多姿多彩 duōzī-duōcǎi		2	捌三 Ac
对照 duìzhào		2 动	伍七 Hf	多嘴 duō//zuǐ		2 动	陆九 Eh
对症下药 duìzhèng-xiàyào		3	柒六 Gc	咄咄逼人 duōduō-bīrén		4	捌五 Hb
对峙 duìzhì		4 动	柒六 Ha	哆嗦 duō·suo		4 动	伍三 Dc
兑换 duìhuàn		3 动	陆二 Eb	夺 duó		2 动	陆七 Fh
兑现 duìxiàn		4 动	柒三 Bd			2 动	柒三 Be
				夺冠 duó//guàn		3 动	陆五 Ja
dun				夺眶而出 duókuàng'érchū		3	伍六 Ab
吨 dūn		2 量	叁十 Cc	夺魁 duó//kuí		4 动	陆五 Ja
敦促 dūncù		4 动	陆九 Fb	夺目 duómù		3 形	捌二 Da
敦厚 dūnhòu		4 形	捌五 Ac	夺取 duóqǔ		2 动	陆六 Bd
蹲 dūn		2 动	伍一 Nb			2 动	陆六 Ga
蹲伏 dūnfú		4 动	陆六 Ca	朵 duǒ		1 量	叁十 Ca
钝 dùn		3 形	捌二 Mb	躲 duǒ		1 动	伍七 Ja
顿 dùn		2 量	叁十 Ca			2 动	伍七 Ja
顿号 dùnhào		2 名	叁八 Ci	躲避 duǒbì		3 动	伍七 Ja
顿时 dùnshí		2 副	玖一 Ee	躲藏 duǒcáng		3 动	伍七 Ld
				躲闪 duǒshǎn		3 动	伍七 Ja
duo				舵 duò		4 名	贰五 Eb
多 duō		1 形	捌三 Aa	堕落 duòluò		4 动	伍八 Mb
		1 副	玖一 Ac	跺 duò		4 动	伍一 Ma
		1 副	玖一 Bc				
多半 duōbàn		2 数	叁十 Bg	**e**			
		2 副	玖一 Bc	鹅 é		1 名	壹二 Dd
多才多艺 duōcái-duōyì		1	捌五 Xa	鹅黄 éhuáng		2 形	捌二 Ab
多愁善感 duōchóu-shàngǎn				鹅卵石 éluǎnshí		2 名	贰四 Cb
		3	捌五 Dd	蛾子 é·zi		2 名	壹二 Fd

额角	éjiǎo	3 名	壹五 Ab		儿童	értóng	1 名	壹一 Ca
额头	é·tóu	2 名	壹五 Ab		儿子	ér·zi	1 名	壹一 Dd
额外	éwài	2 形	捌四 Wa		而	ér	1 连	玖三 Aa
恶心	ě·xin	2 动	伍四 If				1 连	玖三 Da
		2 动	伍五 Ha		而后	érhòu	3 连	玖一 Ea
厄运	èyùn	4 名	叁一 Eb		而且	érqiě	1 连	玖三 Aa
扼杀	èshā	4 动	陆十一 Dd		尔虞我诈	ěryú-wǒzhà	4	陆十一 Cd
恶	è	2 形	捌四 Bb		耳聪目明	ěrcōng-mùmíng	3	捌五 Ta
		2 形	捌五 Ab		耳朵	ěr·duo	1 名	壹五 Ad
恶臭	èchòu	2 名	贰三 Ka		耳机	ěrjī	2 名	贰五 Da
恶毒	èdú	3 形	捌五 Ab		耳际	ěrjì	3 名	肆二 Ag
恶贯满盈	èguàn-mǎnyíng	4	捌五 Ab		耳目一新	ěrmù-yīxīn	3	柒四 Fc
恶狠狠	èhěnhěn	2 形	捌五 Ab		耳濡目染	ěrrú-mùrǎn	4	柒六 Oa
恶化	èhuà	3 动	柒四 Ga		耳熟能详	ěrshú-néngxiáng	4	捌五 Wa
恶劣	èliè	3 形	捌四 Bb		耳提面命	ěrtí-miànmìng	4	陆五 Aa
恶魔	èmó	3 名	壹一 Gb		耳闻目睹	ěrwén-mùdǔ	3	伍二 Da
恶意	èyì	3 名	叁三 Ad		耳语	ěryǔ	2 动	陆九 Ec
恶作剧	èzuòjù	3 名	叁三 Db		饵	ěr	3 名	贰九 Ab
		3 动	陆十一 Cb		二	èr	1 数	叁十 Be
饿	è	1 动	伍四 Gb		二手	èrshǒu	2 形	捌三 Kb
鄂	È	3 名	叁五 Ae		贰	èr	4 数	叁十 Be
遏制	èzhì	4 动	陆十一 Dd					
愕然	èrán	4 形	伍五 Eb		**fa**			
噩耗	èhào	4 名	叁一 Dc		发	fā	1 动	陆一 Ha
噩梦	èmèng	3 名	叁三 Cd				1 动	柒三 Fb
					发表	fābiǎo	2 动	陆一 Fa
en					发病	fā//bìng	2 动	伍四 Ia
恩赐	ēncì	4 动	陆十 Aa		发布	fābù	3 动	陆一 Fa
恩德	ēndé	4 名	叁一 Ee		发财	fā//cái	3 动	伍八 Ea
恩惠	ēnhuì	4 名	叁一 Ee		发愁	fā//chóu	2 动	伍五 Bb
恩将仇报	ēnjiāngchóubào	4	捌五 Sb		发出	fāchū	1 动	柒三 Fb
恩情	ēnqíng	3 名	叁一 Ee		发达	fādá	2 形	捌六 Ca
恩人	ēnrén	2 名	壹一 La		发呆	fā//dāi	2 动	伍六 Bb
恩泽	ēnzé	4 名	叁一 Ee		发动	fādòng	3 动	陆一 Oa
恩重如山	ēnzhòngrúshān	4	捌四 Mc		发抖	fādǒu	2 动	伍三 Dc
					发放	fāfàng	2 动	陆一 Ha
er					发愤	fāfèn	3 动	伍五 Ob
儿女	érnǚ	2 名	壹一 Dd		发愤图强	fāfèn-túqiáng	3	伍五 Ob
儿时	érshí	2 名	肆一 Ia		发疯	fā//fēng	2 动	伍四 Ib
儿孙	érsūn	2 名	壹一 Da		发光	fā//guāng	2 动	柒一 Cb

发号施令 fāhào-shīlìng	3		陆一 Fb
发挥 fāhuī	2 动		柒三 Fd
发火 fā//huǒ	2 动		伍五 Ca
发酵 fā//jiào	4 动		陆三 Ba
发觉 fājué	3 动		伍五 Tb
发掘 fājué	3 动		伍一 Je
发狂 fā//kuáng	3 动		伍四 Ib
发愣 fā//lèng	3 动		伍六 Bb
发亮 fā//liàng	2 动		柒一 Cb
发落 fāluò	4 动		陆七 Da
发霉 fā//méi	3 动		柒四 Cb
发明 fāmíng	1 名		叁一 Gb
	1 动		陆一 Mb
发怒 fā//nù	3 动		伍五 Ca
发脾气 fā pí·qi	2		伍五 Ca
发起 fāqǐ	3 动		陆一 Ob
发起人 fāqǐrén	3 名		壹一 Lf
发热 fā//rè	2 动		伍四 Ic
发人深省 fārénshēnxǐng	3		伍五 Ra
发烧 fā//shāo	1 动		伍四 Ic
发射 fāshè	2 动		陆六 Fa
发生 fāshēng	1 动		柒三 Fb
发声 fā//shēng	3 动		伍二 Ha
发送 fāsòng	2 动		柒三 Fb
发问 fāwèn	3 动		陆九 Fd
发现 fāxiàn	1 动		伍五 Tb
发笑 fāxiào	2 动		伍六 Aa
发泄 fāxiè	3 动		伍七 Ka
发行 fāxíng	3 动		陆三 Fb
发芽 fā//yá	1 动		伍四 Ab
发言 fāyán	3 名		叁八 Ed
	2 动		陆九 Ea
发言人 fāyánrén	3 名		壹一 Ld
发炎 fāyán	2 动		伍四 Id
发扬 fāyáng	2 动		伍八 Ic
发扬光大 fāyáng-guāngdà	2		伍八 Ic
发育 fāyù	2 动		伍四 Ab
发展 fāzhǎn	1 动		伍八 Ma
发怔 fāzhèng	4 动		伍六 Bb
发作 fāzuò	3 动		伍五 Ca
	3 动		柒三 Fb
乏力 fálì	3 动		伍六 Fa
乏味 fáwèi	3 形		捌四 Jd
罚 fá	2 动		陆一 Pb
法 fǎ	2 名		叁五 Ba
法官 fǎguān	2 名		壹一 Je
法规 fǎguī	3 名		叁五 Ba
法律 fǎlǜ	2 名		叁五 Ba
法庭 fǎtíng	3 名		叁五 Bg
法则 fǎzé	4 名		叁一 Ca
法制 fǎzhì	3 名		叁五 Ba
法治 fǎzhì	3 动		陆一 Ab
发髻 fàjì	4 名		壹五 Ah

fan

帆 fān	2 名		贰五 Eb
帆布 fānbù	3 名		贰七 Ca
帆船 fānchuán	2 名		贰五 Eb
番 fān	3 量		叁十 Ca
	3 量		叁十 Cb
番茄 fānqié	2 名		壹三 Fa
翻 fān	2 动		伍一 Hc
	2 动		伍一 Lb
	2 动		陆五 Ca
翻滚 fāngǔn	3 动		伍三 Db
	3 动		柒二 Og
翻江倒海 fānjiāng-dǎohǎi	4		捌四 Nb
翻来覆去 fānlái-fùqù	3		伍三 Da
	3		柒三 Ce
翻山越岭 fānshān-yuèlǐng	3		陆四 Ba
翻身 fān//shēn	2 动		伍三 Da
	3 动		陆六 Ge
翻腾 fānténg	4 动		柒二 Og
翻天覆地 fāntiān-fùdì	2		捌四 Ma
翻箱倒柜 fānxiāng-dǎoguì	3		伍一 Hc
翻译 fānyì	2 名		壹一 Jk
	3 动		陆五 Ea
翻阅 fānyuè	2 动		陆五 Ca
翻越 fānyuè	2 动		伍一 Lb
翻云覆雨 fānyún-fùyǔ	4		柒四 Aa

凡 fán		2 副	玖一 Bb	反躬自问 fǎngōng-zìwèn		4	伍五 Jc
凡是 fánshì		2 副	玖一 Bb	反悔 fǎnhuǐ		3 动	伍五 Jb
烦 fán		2 形	伍五 Bb	反击 fǎnjī		2 动	陆六 Eb
		2 动	陆十一 Db	反抗 fǎnkàng		2 动	陆六 Eb
烦闷 fánmèn		3 形	伍五 Bb	反客为主 fǎnkèwéizhǔ		3	伍七 Gf
烦恼 fánnǎo		2 形	伍五 Bb	反恐 fǎnkǒng		3 动	陆六 Ea
烦琐 fánsuǒ		4 形	捌四 Ib	反馈 fǎnkuì		3 动	陆一 Lc
烦躁 fánzào		3 形	伍五 Bb	反面 fǎnmiàn		2 名	贰二 Fc
繁多 fánduō		3 形	捌三 Ac			3 形	叁二 Cb
繁花似锦 fánhuā-sìjǐn		4	捌三 La			3 形	捌五 Ob
繁华 fánhuá		2 形	捌六 Ca	反叛 fǎnpàn		3 动	陆六 Be
繁忙 fánmáng		2 形	捌六 Ea	反射 fǎnshè		3 动	柒一 Ca
繁茂 fánmào		3 形	捌三 Dc	反思 fǎnsī		3 动	伍五 Jc
繁密 fánmì		4 形	捌三 Ca	反弹 fǎntán		4 动	柒二 Mb
繁荣 fánróng		2 形	捌六 Ca	反响 fǎnxiǎng		3 名	叁一 Fd
繁荣昌盛 fánróng-chāngshèng				反省 fǎnxǐng		2 动	伍五 Jc
		3	捌六 Ca	反应 fǎnyìng		2 名	叁一 Fd
繁盛 fánshèng		3 形	捌六 Ca			2 动	柒六 Oe
繁体 fántǐ		2 名	叁八 Ca	反映 fǎnyìng		2 动	陆一 Lc
繁体字 fántǐzì		2 名	叁八 Ca			2 动	柒六 Bc
繁衍 fányǎn		3 动	柒五 Aa	反正 fǎn·zhèng		3 副	玖一 Db
繁育 fányù		4 动	陆三 La	返程 fǎnchéng		3 名	叁十 Af
繁殖 fánzhí		3 动	伍四 Ad	返工 fǎn//gōng		3 动	伍七 Db
繁重 fánzhòng		3 形	捌四 Ka	返还 fǎnhuán		2 动	陆十 Bd
反 fǎn		2 动	陆六 Be	返回 fǎnhuí		2 动	陆四 Cd
		1 动	柒四 Aa	返老还童 fǎnlǎo-huántóng		3	捌三 Ja
		1 副	玖一 Gd	返璞归真 fǎnpú-guīzhēn		4	柒三 Gb
反驳 fǎnbó		3 动	陆十一 Ab	返青 fǎn//qīng		4 动	柒四 Fa
反差 fǎnchā		4 名	叁二 Bb	犯 fàn		2 动	陆十一 Bc
反常 fǎncháng		2 形	捌四 Ce			2 动	陆十一 Hd
反唇相讥 fǎnchún-xiāngjī		3	陆九 Gc	犯规 fàn//guī		2 动	伍七 Gg
反倒 fǎndào		3 副	玖一 Gd	犯人 fànrén		2 名	壹一 Gb
反动 fǎndòng		3 形	捌五 Ob	犯罪 fàn//zuì		2 动	陆七 Fa
反对 fǎnduì		1 动	伍五 Qa	饭 fàn		1 名	贰九 Ac
反而 fǎn'ér		2 副	玖一 Gd	饭菜 fàncài		2 名	贰九 Ac
反复 fǎnfù		1 动	柒三 Ce	泛滥 fànlàn		3 动	柒二 Oc
		1 副	玖一 Fa			3 动	柒三 Ka
反感 fǎngǎn		3 名	叁三 Ba	泛舟 fànzhōu		4 动	陆四 Ab
		3 动	伍五 Ha	范畴 fànchóu		4 名	叁二 Ca
反攻 fǎngōng		3 动	陆六 Eb	范围 fànwéi		2 名	叁二 Ca

fang

方 fāng	1	形	捌一	Na
	4	副	玖一	Ea
方案 fāng'àn	3	名	叁八	Ef
方便 fāngbiàn	1	形	捌四	Ee
	1	形	捌四	Fc
方才 fāngcái	4	副	玖一	Ea
方法 fāngfǎ	1	名	叁一	Cb
方块字 fāngkuàizì	2	名	叁八	Ca
方略 fānglüè	4	名	叁三	Db
方面 fāngmiàn	2	名	叁二	Cb
方式 fāngshì	2	名	叁一	Cb
方位 fāngwèi	3	名	肆二	Aa
方向 fāngxiàng	2	名	叁一	Fa
	1	名	肆二	Aa
方向盘 fāngxiàngpán	2	名	贰五	Ea
方兴未艾 fāngxīng-wèi'ài	4		捌六	Ca
方言 fāngyán	2	名	叁八	Cf
方圆 fāngyuán	3	名	肆二	Ag
方针 fāngzhēn	3	名	叁一	Ba
芳香 fāngxiāng	2	形	捌二	Ia
防 fáng	2	动	柒三	Ib
防备 fángbèi	2	动	柒三	Ib
防不胜防 fángbùshèngfáng	3		陆六	Ca
防盗 fángdào	3	动	柒三	Ib
防毒面具 fángdú miànjù	3		贰五	Df
防范 fángfàn	3	动	柒三	Ib
防护 fánghù	2	动	柒三	Ib
防患未然 fánghuàn-wèirán	4		柒三	Ib
防守 fángshǒu	2	动	陆六	Da
防微杜渐 fángwēi-dùjiàn	4		柒三	Ib
防卫 fángwèi	2	动	陆六	Da
防线 fángxiàn	3	名	叁二	Eb
防疫 fángyì	4	动	陆五	Ke
防御 fángyù	3	动	陆六	Da
防止 fángzhǐ	2	动	柒三	Ib
防治 fángzhì	3	动	陆五	Ke
妨碍 fáng'ài	3	动	陆十一	Dc
房顶 fángdǐng	2	名	贰六	Bc
房间 fángjiān	2	名	贰六	Af
房梁 fángliáng	3	名	贰六	Bd
房屋 fángwū	1	名	贰六	Aa
房子 fáng·zi	1	名	贰六	Aa
房租 fángzū	2	名	叁七	Fb
仿 fǎng	2	动	柒六	Ed
仿佛 fǎngfú	2	副	玖一	Da
仿效 fǎngxiào	4	动	柒六	Ed
仿造 fǎngzào	3	动	陆三	Ac
仿照 fǎngzhào	3	动	柒六	Ed
仿真 fǎngzhēn	4	动	柒六	Ed
访谈 fǎngtán	3	动	陆九	Ac
访问 fǎngwèn	2	动	陆九	Ac
纺织 fǎngzhī	2	动	陆三	Ea
纺织品 fǎngzhīpǐn	3	名	贰七	Ca
放 fàng	1	动	伍一	Ea
	1	动	陆三	La
	1	动	柒二	Da
放大镜 fàngdàjìng	2	名	贰七	Bg
放荡 fàngdàng	4	形	捌五	Ef
放飞 fàngfēi	3	动	伍一	Ec
放歌 fànggē	4	动	陆五	Fc
放虎归山 fànghǔguīshān	3		伍七	Gh
放假 fàng//jià	1	动	陆一	Qb
放牧 fàngmù	2	动	陆三	La
放弃 fàngqì	2	动	柒五	Cd
放晴 fàng//qíng	3	动	柒一	Ba
放哨 fàng//shào	2	动	陆六	Db
放射 fàngshè	3	动	柒一	Ca
放声 fàngshēng	3	动	伍二	Ha
放肆 fàngsì	4	形	捌五	Ef
放松 fàngsōng	2	动	柒五	Bd
放心 fàng//xīn	2	动	伍五	Fa
放学 fàng//xué	1	动	柒三	Bb
放眼 fàngyǎn	3	动	伍二	Da
放映 fàngyìng	3	动	陆五	Gb
放置 fàngzhì	3	动	伍一	Ea
	2	动	柒二	Da

放逐 fàngzhú		4 动	陆七 Dc		肥沃 féiwò		2 形	捌三 Dd
放纵 fàngzòng		3 动	陆十一 Fb		肥皂 féizào		1 名	贰七 Bc
		3 形	捌五 Ef		匪徒 fěitú		4 名	壹一 Gb
					匪夷所思 fěiyísuǒsī		4	捌四 Ce
fei					诽谤 fěibàng		4 动	陆九 Gc
飞 fēi		1 动	伍三 Ba		翡翠 fěicuì		3 名	贰四 Ea
飞奔 fēibēn		3 动	伍一 Kb		吠 fèi		4 动	伍二 Hb
飞驰 fēichí		3 动	伍一 Kb		肺 fèi		2 名	壹五 Ak
飞船 fēichuán		2 名	贰五 Ec		肺腑之言 fèifǔzhīyán		4	叁八 Cg
飞短流长 fēiduǎn-liúcháng	4		陆十一 Gb		肺活量 fèihuóliàng		4 名	叁十 Bd
飞黄腾达 fēihuáng-téngdá	4		伍八 Ga		废除 fèichú		2 动	柒五 Cd
飞机 fēijī		1 名	贰五 Ec		废话 fèihuà		2 名	叁八 Cg
飞溅 fēijiàn		3 动	柒二 Ob				2 动	陆九 Ed
飞快 fēikuài		1 形	捌三 Pa		废品 fèipǐn		2 名	贰二 Cg
飞跑 fēipǎo		2 动	伍一 Kb		废寝忘食 fèiqǐn-wàngshí		3	伍五 Mb
飞沙走石 fēishā-zǒushí	3		柒一 Bc		废物 fèiwù		3 名	贰二 Cg
飞速 fēisù		2 形	捌三 Pa		废物 fèi·wu		3 名	壹一 Ib
飞腾 fēiténg		3 动	伍三 Ba		废墟 fèixū		3 名	贰六 Ia
飞舞 fēiwǔ		2 动	柒二 Na		沸腾 fèiténg		3 动	伍五 Da
飞翔 fēixiáng		2 动	伍三 Ba				3 动	柒一 Eb
飞行 fēixíng		1 动	陆四 Ab		费 fèi		2 名	叁七 Fb
飞行员 fēixíngyuán		2 名	壹一 Jd		费解 fèijiě		3 形	捌四 Kc
飞旋 fēixuán		3 动	柒二 Na		费劲 fèi//jìn		3 动	捌四 Ka
飞跃 fēiyuè		3 动	伍一 La		费力 fèi//lì		2 动	捌四 Ka
非 fēi		2 副	玖一 Ha		费用 fèi·yong		2 名	叁七 Fb
非常 fēicháng		3 形	捌四 Cb					
		1 副	玖一 Ac		**fen**			
非但 fēidàn		3 连	玖三 Ba		分 fēn		1 量	叁七 Ba
非法 fēifǎ		2 形	捌四 Sd				1 量	肆一 Fc
非凡 fēifán		3 形	捌四 Cc				2 动	伍七 Hg
绯红 fēihóng		4 形	捌二 Aa				1 动	伍七 Hj
肥 féi		1 形	捌一 Cb				1 动	陆一 Ha
		1 形	捌一 Ga		分崩离析 fēnbēng-líxī		4	柒二 Ke
		2 形	捌三 Dd		分辨 fēnbiàn		3 动	伍七 Hg
肥大 féidà		2 形	捌一 Cb		分辩 fēnbiàn		3 动	陆十一 Ab
		2 形	捌一 Fa		分别 fēnbié		2 动	伍七 Hg
肥料 féiliào		2 名	贰四 Fa				2 动	伍八 Nc
肥美 féiměi		3 形	捌三 Dd				2 副	玖一 Ca
肥胖 féipàng		2 形	捌一 Ga		分布 fēnbù		2 动	柒二 Dc
肥硕 féishuò		4 形	捌一 Ga		分担 fēndān		2 动	伍七 Hj

分发 fēnfā	2 动	陆一 Ha	坟墓 fénmù	2 名	贰六 Ha
分割 fēngē	3 动	伍七 Hj	焚毁 fénhuǐ	4 动	柒一 Ea
分隔 fēngé	2 动	柒二 Ff	焚烧 fénshāo	3 动	柒一 Ea
分工 fēn//gōng	2 动	伍七 Ea	粉 fěn	1 名	贰二 Eb
分号 fēnhào	2 名	叁八 Ci	粉笔 fěnbǐ	1 名	贰八 Ca
分红 fēn//hóng	4 动	陆二 Bc	粉红 fěnhóng	1 形	捌二 Aa
分化 fēnhuà	3 动	柒二 Ka	粉墨登场 fěnmò-dēngchǎng		
分解 fēnjiě	3 动	伍七 Hj		4	陆一 Jf
	3 动	陆五 Dc	粉色 fěnsè	2 名	贰三 Jb
分离 fēnlí	2 动	伍八 Nc	粉身碎骨 fěnshēn-suìgǔ	3	伍四 Cc
分裂 fēnliè	3 动	柒二 Ka	粉饰 fěnshì	4 动	陆十一 Cd
	3 动	柒二 Ke	粉刷 fěnshuā	3 动	陆三 Gb
分门别类 fēnmén-biélèi	3	陆五 Db	粉丝 fěnsī	2 名	壹一 Hb
分米 fēnmǐ	2 量	叁十 Cc		2 名	贰九 Ae
分泌 fēnmì	3 动	柒三 Fb	粉碎 fěnsuì	3 动	陆六 Gc
分秒必争 fēnmiǎo-bìzhēng			分量 fèn·liàng	3 名	叁十 Ai
	2	捌五 Va	分内 fènnèi	3 形	捌四 Wb
分明 fēnmíng	3 形	捌四 Sa	分外 fènwài	3 形	捌四 Wa
分母 fēnmǔ	3 名	叁十 Bb		3 副	玖一 Ac
分配 fēnpèi	2 动	陆一 Ha	分子 fènzǐ	2 名	壹一 Ld
分歧 fēnqí	3 名	叁一 Ee	份 fèn	1 量	叁十 Ca
分散 fēnsàn	2 动	柒二 Kc	份额 fèn'é	3 名	叁十 Bd
分手 fēn//shǒu	2 动	伍八 Nc	奋不顾身 fènbùgùshēn	3	捌五 Dc
分数 fēnshù	3 名	叁十 Bb	奋斗 fèndòu	3 动	伍七 Ac
分摊 fēntān	3 动	伍七 Hj	奋发 fènfā	3 动	伍五 Ob
分庭抗礼 fēntíng-kànglǐ	4	柒三 Ia	奋发图强 fènfā-túqiáng	3	伍五 Ob
分头 fēntóu	1 副	玖一 Ca	奋力 fènlì	2 副	玖一 Dd
分析 fēnxī	2 动	陆五 Db	奋起直追 fènqǐ-zhízhuī	3	伍七 Ac
分享 fēnxiǎng	3 动	伍七 Hh	奋勇 fènyǒng	2 动	捌五 Dc
分心 fēn//xīn	2 动	伍五 Na	粪 fèn	2 名	壹五 Ar
分子 fēnzǐ	4 名	贰三 Gb	粪便 fènbiàn	2 名	壹五 Ar
	3 名	叁十 Bb	愤慨 fènkǎi	4 形	伍五 Ca
芬芳 fēnfāng	2 名	贰三 Ka	愤怒 fènnù	3 形	伍五 Ca
	2 形	捌二 Ia	愤世嫉俗 fènshì-jísú	4	伍五 Hd
吩咐 fēn·fù	3 动	陆九 Fb			
纷纷 fēnfēn	2 副	玖一 Fa		feng	
纷乱 fēnluàn	2 形	捌六 Hb	丰富 fēngfù	1 动	柒五 Aa
纷至沓来 fēnzhì-tàlái	4	伍七 Ia		1 形	捌三 Ae
氛围 fēnwéi	3 名	叁一 Fb	丰富多彩 fēngfù-duōcǎi	2	捌三 Ac
坟 fén	2 名	贰六 Ha	丰功伟绩 fēnggōng-wěijì	4	叁一 Gb

丰厚 fēnghòu	3	形	捌一 Ea		2		捌六 Ba
	3	形	捌六 Kb	风起云涌 fēngqǐ-yúnyǒng	3		柒四 Fd
丰满 fēngmǎn	3	形	捌一 Ga	风气 fēngqì	3	名	叁四 Da
	3	形	捌三 Ae	风情 fēngqíng	4	名	叁三 Bb
丰美 fēngměi	3	形	捌三 Ae		4	名	叁四 Da
丰润 fēngrùn	3	形	捌一 Ga	风趣 fēngqù	3	形	捌四 Jb
丰盛 fēngshèng	2	形	捌三 Ae	风骚 fēngsāo	4	形	捌五 Rb
丰收 fēngshōu	1	动	伍八 Eb	风沙 fēngshā	3	名	贰三 Ha
丰硕 fēngshuò	3	形	捌三 Ae	风尚 fēngshàng	4	名	叁四 Da
丰衣足食 fēngyī-zúshí	3		捌六 Kb	风声 fēngshēng	3	名	叁一 Dc
丰腴 fēngyú	4	形	捌一 Ga	风霜 fēngshuāng	4	名	叁一 Ea
风 fēng	1	名	贰三 Ca	风俗 fēngsú	2	名	叁四 Da
风暴 fēngbào	3	名	叁一 Ac	风调雨顺 fēngtiáo-yǔshùn	3		伍八 Ac
风波 fēngbō	3	名	叁一 Ab	风味 fēngwèi	2	名	叁二 Bb
风采 fēngcǎi	3	名	叁二 Fa	风险 fēngxiǎn	3	名	叁一 Aa
风餐露宿 fēngcān-lùsù	4		捌六 Jb	风雪交加 fēngxuě-jiāojiā	3		柒一 Bd
风尘仆仆 fēngchén-púpú	3		伍六 Fa	风雅 fēngyǎ	4	形	捌五 Gg
风吹草动 fēngchuī-cǎodòng				风言风语 fēngyán-fēngyǔ	3		叁八 Cg
	3		叁一 Ab	风雨 fēngyǔ	2	名	贰三 Ca
风吹雨打 fēngchuī-yǔdǎ	2		捌六 Jb		3	名	叁一 Ea
风度 fēngdù	3	名	叁二 Fa	风雨飘摇 fēngyǔ-piāoyáo	3		捌六 Bb
风度翩翩 fēngdù-piānpiān	3		捌五 Ee	风雨同舟 fēngyǔ-tóngzhōu			
风范 fēngfàn	4	名	叁二 Fa		3		伍八 Na
风干 fēnggān	3	动	柒四 Da	风雨无阻 fēngyǔ-wúzǔ	2		伍八 Ma
风格 fēnggé	2	名	叁八 Ge	风云 fēngyún	3	名	叁一 Fa
风光 fēngguāng	2	名	叁二 Ac	风云变幻 fēngyún-biànhuàn			
风和日丽 fēnghé-rìlì	3		柒一 Ba		3		柒四 Aa
风花雪月 fēnghuā-xuěyuè	4		叁八 Dd	风韵 fēngyùn	4	名	叁二 Fa
风华正茂 fēnghuá-zhèngmào				风筝 fēng·zheng	2	名	贰八 Bd
	4		捌三 Ib	风姿绰约 fēngzī-chuòyuē	4		捌三 La
风景 fēngjǐng	1	名	叁二 Ac	封 fēng	3	动	伍一 Aj
风卷残云 fēngjuǎncányún	3		捌四 Ma		4	动	陆一 Jc
风浪 fēnglàng	3	名	叁一 Ea		3	动	陆七 Db
	3	名	叁一 Fb	封闭 fēngbì	2	动	伍一 Aj
风力 fēnglì	2	名	叁二 Gb	封建 fēngjiàn	3	形	捌五 Pb
风流 fēngliú	4	形	捌五 Ee	封建主义 fēngjiàn zhǔyì	4		叁五 Aa
	4	形	捌五 Rb	封面 fēngmiàn	2	名	叁八 Gg
风貌 fēngmào	3	名	叁二 Fd	封锁 fēngsuǒ	3	动	陆十一 Dc
	3	名	叁二 Ib	疯 fēng	2	动	伍四 Ib
风平浪静 fēngpíng-làngjìng				疯狂 fēngkuáng	3	形	捌五 Ef

疯子 fēng·zi	2	名	壹一	Fb
峰回路转 fēnghuí-lùzhuǎn	3		捌一	Jb
峰会 fēnghuì	4	名	叁四	Fb
峰峦 fēngluán	4	名	贰三	Ba
锋利 fēnglì	3	形	捌二	Ma
锋芒毕露 fēngmáng-bìlù	4		捌五	Hb
蜂蜜 fēngmì	2	名	贰十	Bb
蜂拥而至 fēngyōng'érzhì	3		捌六	Da
逢 féng	3	动	柒二	Gc
逢场作戏 féngchǎng-zuòxì	3		伍六	Ca
缝 féng	2	动	伍七	Bh
缝制 féngzhì	3	动	伍七	Bh
讽刺 fěngcì	3	动	陆九	Gc
讽喻 fěngyù	4	动	陆九	Gc
凤 fèng	2	名	叁三	Fd
凤毛麟角 fèngmáo-línjiǎo	4		捌三	Ad
奉承 fèng·cheng	4	动	陆十一	Fa
奉公守法 fènggōng-shǒufǎ	4		捌五	Ed
奉命 fèng//mìng	3	动	陆九	Cc
奉陪 fèngpéi	4	动	陆九	Ag
奉献 fèngxiàn	2	动	陆十	Ac
奉行 fèngxíng	4	动	柒三	Cb
缝隙 fèngxì	3	名	肆二	Dd

fo

佛 fó	3	名	叁三	Fb
佛教 Fójiào	4	名	叁三	Fa

fou

否定 fǒudìng	2	动	陆九	Ff
否决 fǒujué	3	动	陆一	Kb
否认 fǒurèn	2	动	陆九	Ff
否则 fǒuzé	2	连	玖三	Fa

fu

夫唱妇随 fūchàng-fùsuí	3		陆十一	Fa
夫妇 fūfù	2	名	壹一	Dc
夫妻 fūqī	2	名	壹一	Dc
夫人 fū·rén	2	名	壹一	Dc
肤浅 fūqiǎn	3	形	捌五	Zb
孵化 fūhuà	3	动	陆三	La
敷衍 fū·yǎn	4	动	陆九	Af
敷衍了事 fūyǎn-liǎoshì	4		陆九	Af
敷衍塞责 fūyǎn-sèzé	4		陆九	Af
伏 fú	2	动	伍三	Ec
伏案 fú'àn	4	动	伍三	Ec
扶 fú	1	动	伍一	Cb
	4	动	陆十	Cc
扶持 fúchí	4	动	伍一	Cb
	4	动	陆十	Cc
扶老携幼 fúlǎo-xiéyòu	4		陆十	Da
扶危济困 fúwēi-jìkùn	4		陆十	Cd
扶摇直上 fúyáo-zhíshàng	4		伍八	Gb
拂拭 fúshì	4	动	伍一	Ib
服 fú	2	动	伍二	Ea
	3	动	伍五	Qc
服从 fúcóng	2	动	陆九	Cc
服气 fúqì	3	动	伍五	Qc
服侍 fú·shi	3	动	陆十	Db
服饰 fúshì	3	名	贰七	Cb
服输 fúshū	3	动	陆九	Ff
服务 fúwù	2	动	伍七	Ec
服务生 fúwùshēng	3	名	壹一	Jp
服务员 fúwùyuán	1	名	壹一	Jp
服药 fú//yào	2	动	陆五	Kd
服用 fúyòng	3	动	陆五	Kd
服装 fúzhuāng	2	名	贰七	Cb
俘获 fúhuò	3	动	陆六	Gd
俘虏 fúlǔ	3	名	壹一	Li
	3	动	陆六	Gd
浮 fú	2	动	柒二	Of
浮雕 fúdiāo	4	名	叁九	Cb
浮动 fúdòng	3	动	柒二	Of
	3	动	柒四	Aa
浮光掠影 fúguāng-lüèyǐng	4		捌四	Me
浮夸 fúkuā	3	形	捌四	Ab
浮力 fúlì	3	名	叁二	Gb
浮现 fúxiàn	3	动	柒三	Fa
浮想联翩 fúxiǎng-liánpiān	4		伍五	Rb
浮云 fúyún	3	名	贰三	Cb
浮躁 fúzào	3	形	捌五	Gf

符号 fúhào	2 名	叁八 Ch			4 形	捌四 Pb
符合 fúhé	2 动	柒六 Gc	父爱 fù'ài	2 名	叁三 Bb
幅 fú	1 量	叁十 Ca	父母 fùmǔ	1 名	壹一 Db
幅度 fúdù	4 名	叁十 Ag	父女 fùnǚ	1 名	壹一 Db
辐射 fúshè	3 动	柒一 Ca	父亲 fù·qīn	1 名	壹一 Db
福 fú	2 名	叁一 Ec	父子 fùzǐ	1 名	壹一 Db
福利 fúlì	3 名	叁七 Fa	付 fù	2 动	陆二 Ec
福气 fú·qi	2 名	叁一 Ec	付之一炬 fùzhī-yījù	4	柒一 Ea
福星 fúxīng	3 名	壹一 Ga	付诸东流 fùzhū-dōngliú	4	伍八 Dc
福音 fúyīn	3 名	叁一 Dc	负 fù	2 动	伍七 Ed
福祉 fúzhǐ	4 名	叁一 Ec		2 动	伍八 Da
抚今追昔 fǔjīn-zhuīxī	4	伍五 Xa	负担 fùdān	2 名	叁五 Cb
抚摸 fǔmō	2 动	伍一 Ad		2 动	伍七 Ed
抚慰 fǔwèi	3 动	陆九 Hd	负荷 fùhè	4 名	叁十 Ai
抚恤 fǔxù	4 动	陆九 Hd		4 动	伍七 Ed
抚养 fǔyǎng	2 动	陆十 Fa	负荆请罪 fùjīng-qǐngzuì	4	陆九 Ib
斧头 fǔ·tóu	2 名	贰五 Ca	负面 fùmiàn	3 形	捌五 Fb
斧子 fǔ·zi	2 名	贰五 Ca	负隅顽抗 fùyú-wánkàng	4	陆六 Ea
俯 fǔ	2 动	伍三 Fc	负责 fùzé	2 动	伍七 Ed
俯冲 fǔchōng	4 动	伍三 Ba		2 形	捌五 Ga
俯瞰 fǔkàn	4 动	伍二 Da	妇女 fùnǚ	2 名	壹一 Bb
俯拾即是 fǔshí-jíshì	3	捌四 Kb	妇孺皆知 fùrú-jiēzhī	4	捌四 Qe
俯视 fǔshì	3 动	伍二 Da	附 fù	3 动	柒二 Fb
俯首 fǔshǒu	4 动	伍二 Ab	附和 fùhè	3 动	陆十一 Fa
俯首帖耳 fǔshǒu-tiē'ěr	4	捌五 Cd	附加 fùjiā	2 动	柒五 Aa
辅导 fǔdǎo	2 动	陆五 Ab	附件 fùjiàn	3 名	叁八 Ef
辅导员 fǔdǎoyuán	2 名	壹一 Jg	附近 fùjìn	2 名	肆二 Ag
辅助 fǔzhù	3 动	陆十 Ca		2 形	捌三 Rb
	3 形	捌四 Lb	附属 fùshǔ	3 动	柒六 Db
腐败 fǔbài	3 动	柒四 Ca	附着 fùzhuó	3 动	柒二 Ge
	3 形	捌四 Pb	赴汤蹈火 fùtāng-dǎohuǒ	4	捌五 Dc
腐臭 fǔchòu	4 动	柒四 Ca	赴约 fùyuē	3 动	陆九 Ab
腐化 fǔhuà	4 动	伍八 Mb	复仇 fù//chóu	3 动	陆十一 Gd
	4 动	柒四 Ca	复活 fùhuó	3 动	伍四 Jb
腐烂 fǔlàn	3 动	柒四 Ca	复旧 fù//jiù	3 动	柒四 Gc
	4 形	捌四 Pb	复苏 fùsū	3 动	柒四 Fa
腐蚀 fǔshí	4 动	陆十一 Hd	复习 fùxí	1 动	陆五 Ba
	4 动	柒四 Ca	复兴 fùxīng	3 动	柒四 Fa
腐朽 fǔxiǔ	4 动	伍八 Mb	复印 fùyìn	2 动	陆三 Fa
	4 动	柒四 Ca	复杂 fùzá	1 形	捌四 Ib

复制 fùzhì		2 动	陆三 Ac	改变 gǎibiàn		1 动	柒四 Ac
副 fù		2 量	叁十 Ca	改朝换代 gǎicháo-huàndài		3	柒四 Ad
		2 形	捌四 Lb	改革 gǎigé		2 动	陆一 Ra
副词 fùcí		4 名	叁八 Cb	改观 gǎiguān		4 动	柒四 Fb
副食 fùshí		3 名	贰九 Ac	改进 gǎijìn		3 动	柒四 Fb
副手 fùshǒu		4 名	壹一 Ld	改良 gǎiliáng		3 动	柒四 Fb
副职 fùzhí		4 名	叁四 Ca	改日 gǎirì		3 副	玖一 Cd
副作用 fùzuòyòng		3 名	叁一 Fd	改善 gǎishàn		2 动	柒四 Fa
赋闲 fùxián		4 动	伍七 Ab	改天 gǎitiān		3 副	玖一 Cd
赋予 fùyǔ		4 动	柒六 Ob	改天换地 gǎitiān-huàndì		3	柒四 Ad
富 fù		2 形	捌三 Ae	改头换面 gǎitóu-huànmiàn			
		1 形	捌六 Kb			3	捌六 La
富豪 fùháo		3 名	壹一 Lh	改弦更张 gǎixián-gēngzhāng			
富丽堂皇 fùlì-tánghuáng		4	捌三 Na			4	柒四 Ad
富强 fùqiáng		2 形	捌四 Na	改弦易辙 gǎixián-yìzhé		4	柒四 Ad
富饶 fùráo		3 形	捌三 Ae	改邪归正 gǎixié-guīzhèng		3	伍七 Fa
富庶 fùshù		4 形	捌三 Ae	改造 gǎizào		4 动	伍五 Jc
富翁 fùwēng		2 名	壹一 Lh			4 动	陆一 Ra
富有 fùyǒu		3 动	柒六 Kb			3 动	陆三 Aa
		2 形	捌六 Kb	改正 gǎizhèng		1 动	伍七 Fa
富余 fù·yu		3 动	陆二 Bd	钙 gài		3 名	贰三 Gb
富裕 fùyù		2 形	捌六 Kb	钙片 gàipiàn		3 名	贰十 Ba
富足 fùzú		3 形	捌三 Ae	盖 gài		1 名	贰二 Fa
腹 fù		3 名	壹五 Ae			1 动	伍一 Ed
腹背受敌 fùbèi-shòudí		4	伍八 Bc			1 动	陆三 Aa
腹泻 fùxiè		3 动	伍四 If	盖棺论定 gàiguān-lùndìng		4	伍七 Hg
覆盖 fùgài		3 动	柒二 Bd	盖子 gài·zi		1 名	贰二 Fa
覆水难收 fùshuǐ-nánshōu		4	柒三 Ha	概况 gàikuàng		3 名	叁一 Fb
馥郁 fùyù		4 形	捌二 Ia	概括 gàikuò		2 动	陆五 Db
						2 形	捌四 Hb
ga				概率 gàilǜ		4 名	叁十 Bg
嘎嘎 gāgā		2 拟声	玖六 Ba	概莫能外 gàimònéngwài		4	玖一 Bd
gai				概念 gàiniàn		3 名	叁一 Cc
该 gāi		1 动	伍五 Za	**gan**			
该死 gāisǐ		2 动	捌四 Bb	干 gān		1 形	捌二 Oa
改 gǎi		1 动	伍七 Fa	干瘪 gānbiě		4 形	伍四 Ba
		1 动	陆五 Ed			4 形	捌一 Gb
		1 动	柒四 Ac			4 形	捌四 Jd
改编 gǎibiān		3 动	陆五 Ea	干脆 gāncuì		3 形	捌五 Ce

		3	副	玖一 Df	赶尽杀绝 gǎnjìn-shājué	3 捌五 Ab
干戈 gāngē		4	名	叁六 Ba	赶快 gǎnkuài	1 副 玖一 Dd
干旱 gānhàn		2	形	捌二 Oa	赶路 gǎn//lù	2 动 陆四 Ba
干涸 gānhé		4	形	捌二 Oa	赶忙 gǎnmáng	2 副 玖一 Dd
干净 gānjìng		1	形	捌六 Ga	敢 gǎn	1 动 伍五 Yc
干净利落 gānjìng-lì·luo		3		捌三 Pa	敢于 gǎnyú	2 动 伍五 Yc
干渴 gānkě		2	形	伍四 Gc	感触 gǎnchù	3 名 叁三 Aa
干枯 gānkū		2	形	伍四 Ba	感到 gǎndào	1 动 伍五 Va
		2	形	捌二 Oa	感动 gǎndòng	1 动 伍五 Db
干粮 gān·liang		2	名	贰九 Aa	感恩 gǎn//ēn	2 动 陆九 Ia
干扰 gānrǎo		3	动	陆十一 Db	感恩戴德 gǎn'ēn-dàidé	4 陆九 Ia
干涩 gānsè		4	形	捌二 Gc	感化 gǎnhuà	4 动 陆五 Aa
		4	形	捌二 Oa	感激 gǎnjī	3 动 陆九 Ia
		4	形	捌四 Ef	感激涕零 gǎnjī-tìlíng	4 陆九 Ia
干涉 gānshè		3	名	叁四 Bb	感觉 gǎnjué	1 名 叁三 Ba
		3	动	陆九 Fc		2 动 伍五 Va
干预 gānyù		3	动	陆九 Fc	感慨 gǎnkǎi	3 动 伍五 Db
干燥 gānzào		2	形	捌二 Oa	感冒 gǎnmào	2 名 叁九 Ea
甘 Gān		3	名	叁五 Ae		1 动 伍四 Ic
甘拜下风 gānbài-xiàfēng		3		伍五 Qc	感念 gǎnniàn	4 动 伍五 Xb
甘苦 gānkǔ		4	名	叁一 Fb	感情 gǎnqíng	2 名 叁三 Bb
甘甜 gāntián		2	形	捌二 Ja	感染 gǎnrǎn	3 动 柒六 Oa
甘心 gānxīn		2	动	伍五 Ab	感人 gǎnrén	1 形 捌四 Ja
		2	动	伍五 Yb	感伤 gǎnshāng	4 形 伍五 Ba
杆 gān		2	名	贰二 Ee	感受 gǎnshòu	2 名 叁三 Aa
肝 gān		2	名	壹五 Ak		2 动 伍五 Td
肝肠寸断 gāncháng-cùnduàn					感叹 gǎntàn	3 动 伍五 Db
		3		伍五 Ba	感叹号 gǎntànhào	2 名 叁八 Ci
肝胆相照 gāndǎn-xiāngzhào					感同身受 gǎntóngshēnshòu	
		4		捌五 Ba		4 伍七 Ac
肝脑涂地 gānnǎo-túdì		4		伍四 Cc	感想 gǎnxiǎng	2 名 叁三 Aa
肝脏 gānzàng		3	名	壹五 Ak	感谢 gǎnxiè	1 动 陆九 Ia
柑橘 gānjú		3	名	壹三 Fb	橄榄 gǎnlǎn	3 名 壹三 Fb
尴尬 gāngà		3	形	伍八 Bc	橄榄绿 gǎnlǎnlǜ	4 形 捌二 Ae
杆 gǎn		2	量	叁十 Ca	干 gàn	2 名 壹五 Cb
秆 gǎn		4	名	壹五 Cb		1 动 伍七 Ea
赶 gǎn		1	动	陆九 Ae	干部 gànbù	1 名 壹一 Ja
赶赴 gǎnfù		4	动	伍七 Ia	干练 gànliàn	4 形 捌五 Xa
赶集 gǎn//jí		2	动	伍七 Kc	赣 Gàn	3 名 叁五 Ae
赶紧 gǎnjǐn		2	副	玖一 Dd		

gang

刚 gāng		1 副	玖一	Ea
刚才 gāngcái		1 名	肆一	Dc
刚刚 gānggāng		1 副	玖一	Ea
刚好 gānghǎo		1 副	玖一	Ge
刚劲 gāngjìng		3 形	捌四	Nb
刚烈 gāngliè		3 形	捌五	Da
刚强 gāngqiáng		3 形	捌五	Da
刚柔相济 gāngróu-xiāngjì		3	捌五	Da
刚毅 gāngyì		4 形	捌五	Da
刚正 gāngzhèng		3 形	捌五	Be
刚正不阿 gāngzhèng-bù'ē		4	捌五	Be
纲 gāng		4 名	叁二	Cd
纲举目张 gāngjǔ-mùzhāng		4	捌四	Ee
纲领 gānglǐng		4 名	叁八	Ga
纲要 gāngyào		4 名	叁八	Ga
钢 gāng		2 名	贰四	Ac
钢笔 gāngbǐ		1 名	贰八	Ca
钢筋 gāngjīn		3 名	贰四	Ac
钢琴 gāngqín		2 名	贰八	Aa
钢铁 gāngtiě		2 名	贰四	Ac
缸 gāng		2 名	贰七	Bd
岗位 gǎngwèi		3 名	叁四	Ca
港 Gǎng		3 名	叁五	Ae
港 gǎng		2 名	贰三	Bg
		2 名	贰六	Cd
港口 gǎngkǒu		2 名	贰六	Cd
杠铃 gànglíng		4 名	贰八	Ba

gao

高 gāo		1 名	叁十	Ah
		1 形	捌一	Ba
		2 形	捌四	Ba
高昂 gāo'áng		3 动	伍六	Eb
高傲 gāo'ào		2 形	捌五	Hb
高不可攀 gāobùkěpān		3	捌四	Qc
高层 gāocéng		4 名	壹一	Ld
		3 形	捌四	Da
高超 gāochāo		3 形	捌四	Ba
高潮 gāocháo		3 名	贰三	Cf
		3 名	叁一	Fa
高大 gāodà		2 形	捌一	Ba
		2 形	捌四	Oc
高档 gāodàng		3 形	捌四	Da
高等 gāoděng		2 形	捌四	Da
高低 gāodī		2 名	叁二	Bb
		2 名	叁二	Eb
		2 名	叁十	Ah
高调 gāodiào		3 名	叁八	Cg
		3 形	捌五	Hb
高度 gāodù		2 名	叁十	Ah
		3 形	捌四	Da
高额 gāo'é		3 形	捌三	Ab
高尔夫 gāo'ěrfū		4 名	叁九	Da
高风亮节 gāofēng-liàngjié		4	叁二	Ib
高峰 gāofēng		3 名	贰三	Ba
		3 名	叁二	Eb
高高在上 gāogāo-zàishàng		2	捌四	Qc
高歌猛进 gāogē-měngjìn		3	伍八	Ma
高估 gāogū		3 动	伍五	Sb
高贵 gāoguì		3 形	捌四	Qc
		3 形	捌五	Qa
高级 gāojí		2 形	捌四	Da
高洁 gāojié		4 形	捌五	Ra
高峻 gāojùn		4 形	捌一	Mb
高亢 gāokàng		3 形	捌二	Ga
高考 gāokǎo		2 名	叁八	Bc
高科技 gāokējì		3 名	叁二	Ie
高空 gāokōng		2 名	肆二	Ba
高粱 gāo·liang		2 名	壹三	Ea
高龄 gāolíng		3 名	肆一	Ib
		3 形	捌三	Ia
高明 gāomíng		3 形	捌五	Xa
高朋满座 gāopéng-mǎnzuò		3	捌三	Aa
高山流水 gāoshān-liúshuǐ		4	捌二	Ha
高尚 gāoshàng		2 形	捌五	Qa
高深 gāoshēn		3 形	捌四	Kc

高深莫测 gāoshēn-mòcè	3	捌四 Kc			4 名	叁九 Ec	
高手 gāoshǒu	3 名	壹一 Ia		哥哥 gē·ge	1 名	壹一 Dg	
高耸 gāosǒng	3 动	柒二 Ac		咯咯 gēgē	2 拟声	玖六 Ba	
高速 gāosù	2 形	捌三 Pa		胳膊 gē·bo	1 名	壹五 Af	
高谈阔论 gāotán-kuòlùn	3	陆九 Eg		鸽子 gē·zi	1 名	壹二 Db	
高铁 gāotiě	2 名	贰六 Ca		搁浅 gē//qiǎn	4 动	柒三 Bg	
高头大马 gāotóu-dàmǎ	2	壹二 Cb		搁置 gēzhì	4 动	伍五 Nb	
高屋建瓴 gāowū-jiànlíng	4	捌四 Mb		割 gē	2 动	陆三 Bb	
高效 gāoxiào	3 形	捌四 Fa		割裂 gēliè	3 动	柒二 Kb	
高兴 gāoxìng	1 动	伍五 Aa		割舍 gēshě	3 动	柒五 Cd	
高血压 gāoxuèyā	2 名	叁九 Ea		歌 gē	1 名	叁九 Ab	
高雅 gāoyǎ	3 形	捌三 La		歌唱 gēchàng	2 动	陆五 Fc	
高原 gāoyuán	2 名	贰三 Bb			2 动	陆九 Ha	
高远 gāoyuǎn	3 形	捌四 Mb		歌功颂德 gēgōng-sòngdé	4	陆九 Ha	
高瞻远瞩 gāozhān-yuǎnzhǔ				歌剧 gējù	2 名	叁九 Bb	
	4	捌五 Za		歌曲 gēqǔ	1 名	叁九 Ab	
高涨 gāozhǎng	3 动	伍六 Ea		歌手 gēshǒu	2 名	壹一 Jl	
	3 动	柒五 Ad		歌颂 gēsòng	2 动	陆九 Ha	
高枕无忧 gāozhěn-wúyōu	3	捌六 Aa		歌舞 gēwǔ	1 动	陆五 Fd	
高中 gāozhōng	2 名	叁八 Bd		歌谣 gēyáo	3 名	叁八 Dd	
糕点 gāodiǎn	2 名	贰九 Ag		歌咏 gēyǒng	3 动	陆五 Fc	
搞 gǎo	2 动	伍七 Ea		革故鼎新 gégù-dǐngxīn	4	柒四 Fc	
镐 gǎo	4 名	贰五 Cb		革命 gémìng	2 动	陆六 Bb	
稿纸 gǎozhǐ	3 名	贰八 Ca			2 形	捌五 Oa	
稿子 gǎo·zi	2 名	叁八 Ec		革新 géxīn	4 动	陆一 Ra	
告 gào	2 动	陆七 Ab		阁 gé	3 名	贰六 Gb	
告别 gào//bié	2 动	陆九 Aj		格斗 gédòu	4 动	陆十一 Eb	
告辞 gàocí	3 动	陆九 Aj		格格不入 gégé-bùrù	3	柒六 Hb	
告急 gào//jí	4 动	陆九 Kc		格局 géjú	4 名	叁一 Fa	
告诫 gàojiè	4 动	陆九 Hc		格式 gé·shi	3 名	叁二 Ab	
告密 gào//mì	3 动	陆七 Ab		格外 géwài	2 副	玖一 Ac	
告示 gào·shi	3 名	叁八 Ef		格言 géyán	2 名	叁八 Cc	
告诉 gào·su	1 动	陆九 Fa		隔 gé	2 动	柒二 Ff	
告退 gàotuì	4 动	陆九 Aj		隔岸观火 gé'àn-guānhuǒ	4	伍五 Nb	
告知 gàozhī	3 动	陆九 Fa		隔壁 gébì	2 名	肆二 Ag	
				隔断 géduàn	3 动	柒二 Ff	
ge				隔绝 géjué	3 动	柒二 Ff	
戈壁 gēbì	2 名	贰三 Bc		隔离 gélí	3 动	柒二 Ff	
疙瘩 gē·da	4 名	贰五 Ea		隔膜 gémó	4 名	叁一 Ee	
	4 名	叁一 Ee		隔靴搔痒 géxuē-sāoyǎng	3	捌四 Fb	

个 gè		1 量	叁十 Ca	根据地 gēnjùdì		3 名	肆二 Cf
个案 gè'àn		4 名	叁一 Ad	根深蒂固 gēnshēn-dìgù		4	捌四 Nc
个别 gèbié		2 形	捌三 Ab	根深叶茂 gēnshēn-yèmào		4	捌六 Ca
个人 gèrén		2 名	壹一 Aa	根须 gēnxū		3 名	壹五 Cb
个头儿 gètóur		2 名	叁二 Fb	根源 gēnyuán		3 名	叁一 Bb
个性 gèxìng		3 名	叁二 Ba	跟 gēn		2 介	玖二 Da
		3 名	叁二 Ia			2 连	玖三 Aa
个子 gè·zi		1 名	叁十 Ah	跟前 gēnqián		2 名	肆二 Ag
各 gè		1 副	玖一 Cd	跟随 gēnsuí		3 动	伍七 Jb
各奔东西 gèbèn-dōngxī		3	柒二 Kc	跟踪 gēnzōng		2 动	伍七 Jb
各奔前程 gèbèn-qiánchéng				**geng**			
		3	柒二 Kc	更改 gēnggǎi		2 动	柒四 Ac
各处 gèchù		2 名	肆二 Ah	更换 gēnghuàn		3 动	柒四 Ad
各得其所 gèdé-qísuǒ		4	捌四 Ee	更替 gēngtì		3 动	柒四 Ad
各个 gègè		2 副	玖一 Cd	更新 gēngxīn		3 动	柒四 Fc
各行各业 gèháng-gèyè		3	叁四 Eb	更新换代 gēngxīn-huàndài		3	柒四 Fc
各就各位 gèjiù-gèwèi		2	伍七 Ee	庚 gēng		4 名	肆一 Ab
各式各样 gèshì-gèyàng		2	捌三 Ac	耕 gēng		2 动	陆三 Jb
各抒己见 gèshū-jǐjiàn		3	陆九 Eh	耕地 gēngdì		2 名	贰三 Bj
各位 gèwèi		1 代	壹一 Ac			2 动	陆三 Jb
各显神通 gèxiǎn-shéntōng		3	伍七 Ea	耕耘 gēngyún		4 动	陆三 Jb
各行其是 gèxíng-qíshì		4	柒二 Ka	耕种 gēngzhòng		3 动	陆三 Jb
各有千秋 gèyǒu-qiānqiū		3	柒六 Fa	耕作 gēngzuò		3 动	陆三 Jb
各种各样 gèzhǒng-gèyàng		2	捌三 Ac	羹 gēng		4 名	贰九 Ad
各自 gèzì		2 代	壹一 Ab	耿耿于怀 gěnggěngyúhuái		3	伍五 Ya
各自为政 gèzì-wéizhèng		3	捌六 Bb	哽咽 gěngyè		4 动	伍六 Ab
				梗 gěng		4 名	壹五 Cb
gei				更 gèng		1 副	玖一 Ab
给 gěi		1 动	柒六 Ob			1 副	玖一 Fa
		1 介	玖二 Ba	更加 gèngjiā		1 副	玖一 Ab
gen				**gong**			
根 gēn		1 名	壹五 Cb	工厂 gōngchǎng		1 名	叁七 Ga
		1 量	叁十 Ca	工程 gōngchéng		3 名	叁四 Ea
根本 gēnběn		2 名	叁二 Dc	工程师 gōngchéngshī		3 名	壹一 Jc
		2 形	捌四 La	工地 gōngdì		2 名	肆二 Ca
根除 gēnchú		3 动	柒五 Ca	工夫 gōng·fu		2 名	肆一 Bb
根据 gēnjù		2 名	叁一 Bb	工匠 gōngjiàng		3 名	壹一 Jn
		2 动	柒六 Na	工具 gōngjù		1 名	贰五 Aa
		2 介	玖二 Ea				

工具书 gōngjùshū	2 名	叁八 Eb		公式 gōngshì	2 名	叁二 Aa
工人 gōngrén	1 名	壹一 Jn		公事 gōngshì	3 名	叁一 Aa
工事 gōngshì	4 名	贰六 Fa		公司 gōngsī	2 名	叁四 Ad
工业 gōngyè	2 名	叁四 Eb		公务 gōngwù	3 名	叁一 Aa
工艺 gōngyì	3 名	叁二 Ie		公益 gōngyì	3 名	叁二 Bc
工整 gōngzhěng	2 形	捌六 Ha		公寓 gōngyù	2 名	叁七 Gb
工资 gōngzī	2 名	叁七 Fa		公元 gōngyuán	2 名	肆一 Ab
工作 gōngzuò	1 名	叁四 Ec		公园 gōngyuán	1 名	贰六 Ga
	1 动	伍七 Db		公约 gōngyuē	3 名	叁五 Bb
弓 gōng	1 名	贰五 Fg		公允 gōngyǔn	4 形	捌五 Ja
公 gōng	1 形	捌三 Ha		公正 gōngzhèng	2 形	捌五 Ja
	1 形	捌四 Va		公证 gōngzhèng	4 动	柒六 Bg
公安局 gōng'ānjú	2 名	叁五 Bg		公主 gōngzhǔ	1 名	壹一 Lj
公布 gōngbù	2 动	陆一 Fa		功 gōng	2 名	叁一 Gb
公车 gōngchē	1 名	贰五 Ea		功臣 gōngchén	3 名	壹一 Lj
公道 gōngdào	4 名	叁一 Cc		功成名就 gōngchéng-míngjiù		
公道 gōng·dao	4 形	捌五 Ja			3	伍八 Gc
公费 gōngfèi	3 动	伍七 Hc		功德 gōngdé	4 名	叁一 Gb
公告 gōnggào	2 名	叁八 Ef		功德无量 gōngdé-wúliàng	4	捌四 Cc
	2 动	陆一 Fa		功底 gōngdǐ	4 名	叁二 If
公公 gōng·gong	2 名	壹一 Cd		功夫 gōng·fu	3 名	叁二 Ga
	2 名	壹一 Di			3 名	叁二 If
公共 gōnggòng	1 形	捌四 Va			2 名	叁九 Da
公关 gōngguān	3 名	叁四 Bb		功课 gōngkè	1 名	叁八 Bc
公函 gōnghán	4 名	叁八 Ee		功劳 gōngláo	2 名	叁一 Gb
公斤 gōngjīn	2 量	叁十 Cc		功率 gōnglǜ	4 名	叁十 Bg
公开 gōngkāi	2 动	柒六 Be		功能 gōngnéng	2 名	叁一 Fd
	2 形	捌四 Sc		功效 gōngxiào	4 名	叁一 Fd
公款 gōngkuǎn	3 名	叁七 Eb		功勋 gōngxūn	4 名	叁一 Gb
公里 gōnglǐ	2 量	叁十 Cc		功用 gōngyòng	3 名	叁一 Fd
公立 gōnglì	3 形	捌四 Va		攻 gōng	4 动	陆五 Ba
公路 gōnglù	1 名	贰六 Ca			2 动	陆六 Ca
公民 gōngmín	2 名	壹一 Aa		攻打 gōngdǎ	2 动	陆六 Ca
公平 gōngpíng	2 形	捌五 Ja		攻读 gōngdú	4 动	陆五 Ba
公仆 gōngpú	4 名	壹一 Ja		攻关 gōngguān	4 动	陆五 Da
公顷 gōngqǐng	3 量	叁十 Cc		攻击 gōngjī	2 动	陆六 Ca
公然 gōngrán	3 副	玖一 Ce		攻克 gōngkè	3 动	陆六 Ga
公认 gōngrèn	3 动	伍五 Qb		攻其不备 gōngqíbùbèi	4	陆六 Ca
公示 gōngshì	3 名	叁八 Ef		攻无不克 gōngwúbùkè	3	捌四 Na
	3 动	陆一 Fa		攻陷 gōngxiàn	4 动	陆六 Ga

供不应求 gōngbùyìngqiú		3	陆二 Bd		沟渠 gōuqú		4 名	贰六 Dd
供给 gōngjǐ		3 动	陆十 Ad		沟通 gōutōng		3 动	陆九 Fe
供求 gōngqiú		3 名	叁三 Cb				3 动	柒二 Hd
供养 gōngyǎng		4 动	陆十 Fa		钩 gōu		2 名	贰七 Bc
供应 gōngyìng		3 动	陆十 Ad				2 名	叁八 Ca
宫 gōng		2 名	贰六 Gc		钩子 gōu·zi		2 名	贰七 Bc
宫殿 gōngdiàn		3 名	贰六 Gc		篝火 gōuhuǒ		4 名	贰三 Ea
恭敬 gōngjìng		3 形	伍五 Qd		苟延残喘 gǒuyán-cánchuǎn			
恭顺 gōngshùn		4 形	伍五 Qd				4	伍五 Bc
恭维 gōng·wéi		4 动	陆十一 Fa		狗 gǒu		1 名	壹二 Cc
恭喜 gōngxǐ		2 动	陆九 Hb		狗急跳墙 gǒují-tiàoqiáng		3	伍八 Bc
巩固 gǒnggù		2 动	柒五 Ae		狗血喷头 gǒuxuè-pēntóu		4	陆九 Gb
		2 形	捌四 Nc		狗仗人势 gǒuzhàngrénshì		3	陆十一 Ca
拱 gǒng		3 动	柒二 Ab		勾当 gòu·dàng		4 名	叁一 Aa
拱桥 gǒngqiáo		3 名	贰六 Cb		构成 gòuchéng		2 动	柒二 Ha
拱手 gǒng//shǒu		4 动	伍三 Ga		构建 gòujiàn		4 动	陆一 Ma
拱形 gǒngxíng		3 名	叁二 Aa		构思 gòusī		3 名	叁一 Cd
共 gòng		1 副	玖一 Bd				3 动	伍五 Ra
		1 副	玖一 Ca		构想 gòuxiǎng		3 名	叁一 Cd
共产党 gòngchǎndǎng		2 名	叁五 Af				3 动	伍五 Ra
共产主义 gòngchǎn zhǔyì		4	叁五 Aa		构造 gòuzào		3 名	叁二 Cc
共鸣 gòngmíng		3 名	叁三 Ba				3 动	陆一 Ma
共时 gòngshí		4 形	肆一 Ca		购 gòu		2 动	陆二 Ba
共识 gòngshí		3 名	叁三 Da		购买 gòumǎi		2 动	陆二 Ba
共同 gòngtóng		1 副	玖一 Ca		够 gòu		1 动	陆二 Bd
共享 gòngxiǎng		3 动	伍七 Hh					
共性 gòngxìng		3 名	叁二 Ba			**gu**		
贡献 gòngxiàn		2 名	叁一 Gb		估 gū		2 动	伍五 Sb
		2 动	陆十 Ac		估计 gūjì		2 动	伍五 Sb
供奉 gòngfèng		4 动	陆八 Ab		估价 gūjià		4 动	陆二 Bb
供认 gòngrèn		4 动	陆七 Ac		估量 gū·liang		3 动	伍五 Sb
	gou				估算 gūsuàn		3 动	伍五 Sb
					咕咚 gūdōng		2 拟声	玖六 Ca
勾结 gōujié		3 动	陆十一 Fc		咕叽 gū·ji		2 拟声	玖六 Ca
勾勒 gōulè		4 动	陆九 Fh		咕噜 gūlū		3 拟声	玖六 Ca
勾引 gōuyǐn		3 动	陆十一 Ha		咕哝 gū·nong		4 动	陆九 Ec
佝偻 gōu·lóu		4 动	伍三 Fa		孤单 gūdān		2 形	捌六 Dd
沟 gōu		1 名	贰三 Ba		孤独 gūdú		2 形	捌六 Dd
		1 名	贰六 Dd		孤儿 gū'ér		2 名	壹一 Li
沟壑 gōuhè		4 名	贰三 Ba		孤芳自赏 gūfāng-zìshǎng		3	捌五 Hb

gōng – gū 57

词条	拼音	序号	词性	编码
孤寂	gūjì	4	形	捌六 Dd
孤苦	gūkǔ	3	形	捌六 Ka
孤苦伶仃	gūkǔ-língdīng	4		捌六 Dd
孤立	gūlì	3	形	捌六 Dd
孤零零	gūlínglíng	2	形	捌六 Dd
孤陋寡闻	gūlòu-guǎwén	4		捌五 Zb
孤僻	gūpì	4	形	捌四 Ce
孤掌难鸣	gūzhǎng-nánmíng	3		伍五 Be
孤注一掷	gūzhù-yīzhì	4		伍七 Gi
姑姑	gū·gu	1	名	壹一 Df
姑娘	gū·niang	1	名	壹一 Bb
姑且	gūqiě	4	副	玖一 Ea
姑息养奸	gūxī-yǎngjiān	4		陆十一 Fb
辜负	gūfù	3	动	陆九 Ae
古	gǔ	2	形	捌三 Kd
古代	gǔdài	1	名	肆一 Ba
古道热肠	gǔdào-rècháng	4		捌五 Ia
古典	gǔdiǎn	4	形	捌三 La
古怪	gǔguài	2	形	捌四 Ce
古迹	gǔjì	2	名	肆二 Bc
古今	gǔjīn	2	名	肆一 Ba
古老	gǔlǎo	1	形	捌三 Kd
古朴	gǔpǔ	3	形	捌三 Kd
古琴	gǔqín	2	名	贰八 Aa
古人	gǔrén	1	名	壹一 Ae
古色古香	gǔsè-gǔxiāng	3		捌三 Kd
古往今来	gǔwǎng-jīnlái	2		肆一 Dc
古为今用	gǔwéijīnyòng	3		伍七 Hh
谷雨	gǔyǔ	2	名	肆一 Gc
谷子	gǔ·zi	2	名	壹三 Ea
股	gǔ	2	量	叁十 Ca
股东	gǔdōng	4	名	壹一 Jo
股份	gǔfèn	4	名	叁七 Db
股票	gǔpiào	4	名	叁七 Db
骨干	gǔgàn	3	名	壹一 Ia
		3	名	壹五 Ai
骨骼	gǔgé	3	名	壹五 Ai
骨气	gǔqì	2	名	叁二 Id
骨肉	gǔròu	3	名	壹一 Dd
骨瘦如柴	gǔshòurúchái	3		捌一 Gb
骨髓	gǔsuǐ	3	名	壹五 Ai
骨头	gǔ·tou	1	名	壹五 Ai
骨折	gǔzhé	2	动	伍四 Ha
鼓	gǔ	2	名	贰八 Aa
		2	形	捌一 Lb
鼓动	gǔdòng	3	动	陆一 Oa
鼓励	gǔlì	2	动	陆九 Hc
鼓舞	gǔwǔ	3	动	陆九 Hc
鼓掌	gǔ//zhǎng	2	动	伍一 Ab
固定	gùdìng	2	形	捌六 La
固然	gùrán	3	副	玖一 Gc
固若金汤	gùruòjīntāng	4		捌四 Nc
固体	gùtǐ	2	名	贰二 Ab
固有	gùyǒu	2	形	捌四 Ub
固执	gù·zhi	3	形	捌五 Ua
故	gù	3	名	叁一 Bb
		2	连	玖三 Gb
故宫	gùgōng	2	名	贰六 Gc
故弄玄虚	gùnòng-xuánxū	4		陆十一 Cd
故人	gùrén	3	名	壹一 La
故事	gù·shi	1	名	叁八 Db
故态复萌	gùtài-fùméng	4		柒四 Gc
故土	gùtǔ	2	名	肆二 Cd
故乡	gùxiāng	1	名	肆二 Cd
故意	gùyì	2	副	玖一 De
故障	gùzhàng	4	名	叁一 Ab
顾此失彼	gùcǐ-shībǐ	3		捌六 Hb
顾及	gùjí	3	动	伍五 Ma
顾忌	gùjì	4	动	伍五 Bb
顾客	gùkè	2	名	壹一 Le
顾虑	gùlǜ	3	名	叁三 Bc
		3	动	伍五 Bb
顾名思义	gùmíng-sīyì	3		伍五 Sa
顾影自怜	gùyǐng-zìlián	4		捌六 Dd
雇	gù	3	动	陆一 Jd
雇佣	gùyōng	3	动	陆一 Jd
雇主	gùzhǔ	4	名	壹一 Jo

gua

| 瓜 | guā | 1 | 名 | 壹三 Fb |

瓜分 guāfēn	3	动	伍七	Hj
瓜熟蒂落 guāshú-dìluò	4		柒三	Bd
瓜子 guāzǐ	1	名	贰九	Ah
呱呱 guāguā	2	拟声	玖六	Ba
刮 guā	2	动	伍一	Jb
刮风 guāfēng	1	动	柒一	Bc
刮目相看 guāmù-xiāngkàn	3		伍五	Mc
寡不敌众 guǎbùdízhòng	4		柒六	Fe
寡妇 guǎ·fu	4	名	壹一	Li
寡廉鲜耻 guǎlián-xiǎnchǐ	4		捌四	Ob
挂 guà	1	动	伍一	Eb
挂号 guà//hào	2	动	陆一	Lc
挂念 guàniàn	3	动	伍五	Xb
挂一漏万 guàyī-lòuwàn	4		捌四	Gd

guai

乖 guāi	1	形	捌五	Cd
乖巧 guāiqiǎo	3	形	捌五	Tc
拐 guǎi	3	动	伍四	Hc
	2	动	陆四	Cb
	3	动	陆七	Fd
拐卖 guǎimài	3	动	陆七	Fd
拐弯 guǎiwān	2	名	肆二	Db
	2	动	陆四	Cb
拐弯抹角 guǎiwān-mòjiǎo	3		捌五	Cf
拐杖 guǎizhàng	3	名	贰五	Df
怪 guài	1	动	伍五	Hb
	1	形	捌四	Ce
怪不得 guài·bu·de	2	副	玖一	Gb
怪诞 guàidàn	4	形	捌四	Ce
怪模怪样 guàimú-guàiyàng	3		捌四	Ce
怪僻 guàipì	4	形	捌四	Ce
怪物 guài·wu	2	名	叁三	Fc
怪异 guàiyì	4	形	捌四	Ce

guan

关 guān	1	动	伍一	Aj
关爱 guān'ài	2	动	陆十	Da
关闭 guānbì	2	动	伍一	Aj
关怀 guānhuái	2	动	陆十	Da
关键 guānjiàn	2	名	叁二	Dd
	2	形	捌四	La
关节 guānjié	2	名	壹五	Ai
关联 guānlián	3	动	柒六	Na
关切 guānqiè	3	动	陆十	Da
关税 guānshuì	4	名	叁七	Cb
关头 guāntóu	3	名	叁二	Dd
关系 guān·xì	2	名	叁四	Bb
关心 guānxīn	1	动	伍五	Ka
	1	动	陆十	Da
关押 guānyā	4	动	陆七	Dd
关于 guānyú	1	介	玖二	Dd
关照 guānzhào	3	动	陆十	Da
关注 guānzhù	3	动	伍五	Mb
观测 guāncè	3	动	伍七	He
观察 guānchá	1	动	伍七	He
观点 guāndiǎn	2	名	叁三	Da
观光 guānguāng	2	动	伍七	Kd
观看 guānkàn	2	动	伍二	Da
观摩 guānmó	3	动	伍七	He
观念 guānniàn	3	名	叁三	Aa
观赏 guānshǎng	2	动	伍七	Ke
观望 guānwàng	3	动	伍二	Da
	3	动	伍五	Nb
观众 guānzhòng	2	名	壹一	Le
官 guān	2	名	壹一	Lj
官兵 guānbīng	3	名	壹一	Jq
官方 guānfāng	3	名	叁二	Cb
官吏 guānlì	4	名	壹一	Lj
官僚 guānliáo	4	名	壹一	Lj
官司 guān·si	3	名	叁一	Ae
官员 guānyuán	2	名	壹一	Lj
冠冕堂皇 guānmiǎn-tánghuáng	4		捌四	Ab
棺材 guān·cai	3	名	贰八	Db
管 guǎn	2	名	贰二	Ee
	2	名	贰四	Da
	1	动	陆一	Aa
	2	动	陆九	Gd

管家 guǎnjiā	3名	壹一 Jp	光景 guǎngjǐng	4名	叁一 Fb
管教 guǎnjiào	4动	陆九 Gd		3名	叁二 Ac
管理 guǎnlǐ	2动	陆一 Aa	光亮 guāngliàng	2形	捌二 Da
管事 guǎnshì	3动	陆一 Aa	光临 guānglín	2动	伍七 Ia
管束 guǎnshù	4动	陆九 Gd	光溜溜 guāngliūliū	2形	捌二 Pa
管辖 guǎnxiá	4动	陆一 Ca	光芒 guāngmáng	2名	贰三 Fa
管用 guǎn//yòng	2形	捌四 Fa	光明 guāngmíng	1名	贰三 Fa
管制 guǎnzhì	4动	陆一 Aa		1形	捌四 Pa
管中窥豹 guǎnzhōng-kuībào	4	捌四 Gd	光明磊落 guāngmíng-lěiluò	3	捌五 Be
贯彻 guànchè	3动	柒三 Bd	光明正大 guāngmíng-zhèngdà		
贯穿 guànchuān	3动	柒六 Jb		2	捌五 Be
冠军 guànjūn	2名	壹一 Ia	光盘 guāngpán	3名	贰八 Cb
惯 guàn	2动	伍五 Ga	光荣 guāngróng	2名	叁一 Gd
	2动	伍五 Gd		2形	捌四 Oa
惯例 guànlì	4名	叁一 Ad	光天化日 guāngtiān-huàrì	4	捌四 Sc
惯性 guànxìng	4名	叁二 Ba	光鲜 guāngxiān	4形	捌三 La
灌 guàn	3动	伍一 Ic	光线 guāngxiàn	2名	贰三 Fa
灌溉 guàngài	3动	陆三 Jd	光阴 guāngyīn	3名	肆一 Bb
灌木 guànmù	3名	壹三 Ba	光阴似箭 guāngyīnsìjiàn	3	捌三 Pa
灌输 guànshū	4动	陆五 Aa	光泽 guāngzé	3名	贰三 Fa
灌注 guànzhù	4动	柒二 Oa	光宗耀祖 guāngzōng-yàozǔ		
罐 guàn	3名	贰七 Bd		4	捌四 Oa
罐头 guàn·tou	2名	贰九 Ac	广 guǎng	1形	捌一 Ca
				1形	捌四 Ga
	guang		广播 guǎngbō	1名	叁八 Fc
光 guāng	1名	贰三 Fa		1动	柒三 Ka
	1形	捌二 Pa	广博 guǎngbó	3形	捌五 Za
	1副	玖一 Ba	广场 guǎngchǎng	1名	肆二 Cb
光彩 guāngcǎi	3名	叁一 Gd	广大 guǎngdà	1形	捌四 Ga
	3形	捌四 Oa	广泛 guǎngfàn	2形	捌四 Ga
光彩夺目 guāngcǎi-duómù	3	捌三 La	广告 guǎnggào	2名	叁八 Ef
光碟 guāngdié	3名	贰八 Cb	广开言路 guǎngkāi-yánlù	4	捌五 Pa
光顾 guānggù	3动	伍七 Ia	广阔 guǎngkuò	2形	捌一 Ca
光怪陆离 guāngguài-lùlí	4	捌四 Ce	广袤 guǎngmào	4形	捌一 Ca
光滑 guānghuá	2形	捌二 Pa	广义 guǎngyì	3名	叁八 Cb
光辉 guānghuī	3名	贰三 Fa	逛 guàng	3动	伍七 Kc
	3形	捌四 Oc			
光洁 guāngjié	3形	捌二 Da		gui	
	3形	捌六 Ga	归 guī	2动	陆四 Cd

		2 动	柒六 Da	鬼使神差 guǐshǐ-shénchāi	4	伍五 Ld	
归还 guīhuán		2 动	陆十 Bd	癸 guǐ	4 名	肆一 Ab	
归结 guījié		3 名	叁一 Be	柜台 guìtái	2 名	贰六 Bh	
		3 动	陆五 Db	刽子手 guì·zishǒu	4 名	壹一 Gb	
归来 guīlái		2 动	陆四 Cd	贵 Guì	3 名	叁五 Ae	
归纳 guīnà		3 动	陆五 Db	贵 guì	1 形	捌四 Qa	
归属 guīshǔ		3 动	柒六 Db		2 形	捌四 Qc	
归宿 guīsù		3 名	叁一 Be	贵宾 guìbīn	3 名	壹一 Le	
归于 guīyú		2 动	柒六 Da	贵贱 guìjiàn	3 名	叁四 Cb	
龟 guī		1 名	壹二 Eb	贵客 guìkè	3 名	壹一 Le	
龟缩 guīsuō		4 动	伍七 Ja	贵姓 guìxìng	3 名	叁二 Hb	
规定 guīdìng		2 名	叁五 Bb	贵重 guìzhòng	3 形	捌四 Qa	
		2 动	陆一 Kb	贵族 guìzú	3 名	壹一 Lj	
规范 guīfàn		2 名	叁二 Ea	桂 Guì	3 名	叁五 Ae	
		2 形	捌四 Ea	桂冠 guìguān	4 名	叁一 Gd	
规格 guīgé		3 名	叁二 Ea	桂花 guìhuā	2 名	壹三 Cb	
规划 guīhuà		3 名	叁三 Db	跪 guì	2 动	伍三 Gb	
		3 动	伍五 Wa				
规矩 guī·ju		2 名	叁五 Bb		gun		
		2 形	捌五 Ed	滚 gǔn	2 动	伍三 Db	
规律 guīlǜ		2 名	叁一 Ca		2 动	柒一 Eb	
规模 guīmó		3 名	叁二 Ca		2 动	柒二 Nc	
规约 guīyuē		4 名	叁五 Bb	滚动 gǔndòng	2 动	柒二 Nc	
规则 guīzé		3 名	叁五 Bb	滚瓜烂熟 gǔnguā-lànshú	3	捌五 Wa	
规章 guīzhāng		3 名	叁五 Bb	滚滚 gǔngǔn	2 形	柒二 Og	
瑰宝 guībǎo		4 名	贰二 Ce	滚烫 gǔntàng	3 形	捌二 Nb	
		4 名	叁一 Ha	滚圆 gǔnyuán	3 形	捌一 Nb	
瑰丽 guīlì		4 形	捌三 La	棍 gùn	2 名	贰二 Ee	
轨道 guǐdào		3 名	肆二 Cg	棍子 gùn·zi	2 名	贰五 Cg	
诡辩 guǐbiàn		4 动	陆九 Eg		guo		
		4 动	陆十一 Ab				
诡计 guǐjì		3 名	叁三 Db	聒噪 guōzào	4 形	捌六 Da	
诡计多端 guǐjì-duōduān	4	捌五 Bg		锅 guō	1 名	贰七 Ba	
诡诈 guǐzhà		4 形	捌五 Bg	锅炉 guōlú	3 名	贰五 Aa	
鬼 guǐ		2 名	叁三 Fc	国 guó	1 形	叁五 Ad	
		2 形	捌四 Bb	国宝 guóbǎo	2 名	贰二 Ce	
鬼斧神工 guǐfǔ-shéngōng	4	捌四 Ba		国防 guófáng	4 名	叁六 Bd	
鬼鬼祟祟 guǐguǐsuìsuì	3	捌四 Sd		国歌 guógē	1 名	叁九 Ab	
鬼哭狼嚎 guǐkū-lángháo	2	伍六 Ab		国画 guóhuà	2 名	叁九 Ca	
鬼迷心窍 guǐmíxīnqiào	3	捌五 Te		国徽 guóhuī	2 名	贰八 Cg	

国籍 guójí	2名	叁四 Ba	过火 guò//huǒ	4形	捌四 Ef
国际 guójì	2名	叁五 Ad	过激 guòjī	4形	捌四 Ef
国家 guójiā	1名	叁五 Ad	过奖 guòjiǎng	3动	陆九 Ha
国民 guómín	2名	壹一 Aa	过街老鼠 guòjiē lǎoshǔ	2	壹一 Li
国旗 guóqí	1名	贰八 Cf	过来 guò//·lái	1动	伍七 Ia
国情 guóqíng	3名	叁一 Fb	过滤 guòlǜ	3动	伍一 Ie
国庆 guóqìng	1名	肆一 Ha	过敏 guòmǐn	2动	伍四 Id
国色天香 guósè-tiānxiāng	4	捌三 La	过目成诵 guòmù-chéngsòng	3	陆九 Eg
国事 guóshì	3名	叁一 Aa	过年 guònián	1动	伍七 Ac
国泰民安 guótài-mín'ān	3	捌六 Ba	过期 guò//qī	3动	柒三 Jb
国土 guótǔ	2名	肆二 Ce	过去 guòqù	1名	肆一 Dc
国有 guóyǒu	3动	捌四 Va	过去 guò//·qù	1动	伍七 Ia
国语 guóyǔ	3名	叁八 Cf	过日子 guò rì·zi	1	伍七 Aa
果断 guǒduàn	3形	捌五 Db	过剩 guòshèng	3动	陆二 Bd
果敢 guǒgǎn	4形	捌五 Db	过失 guòshī	3名	叁一 Gc
果然 guǒrán	2副	玖一 Db	过时 guò//shí	2形	捌三 Kb
果实 guǒshí	2名	壹五 Ce	过头 guò//tóu	3形	捌四 Ef
	2名	叁一 Gb	过往 guòwǎng	3动	伍七 Ia
果树 guǒshù	1名	壹三 Aa	过问 guòwèn	3动	陆九 Fc
果园 guǒyuán	1名	贰六 Da	过眼云烟 guòyǎn-yúnyān	3	捌五 Ee
果真 guǒzhēn	3副	玖一 Db	过夜 guò//yè	2动	伍七 Ab
果汁 guǒzhī	1名	贰九 Ai	过瘾 guò//yǐn	4形	伍五 Ab
果子 guǒ·zi	1名	壹五 Ce	过硬 guò//yìng	3形	捌四 Ba
裹 guǒ	3动	伍一 Fa	过犹不及 guòyóubùjí	4	柒六 Fc
裹足不前 guǒzú-bùqián	4	伍五 Oa	过于 guòyú	2副	玖一 Ae
过 guò	1动	伍七 Ac			
	1动	陆四 Cb	**ha**		
	2副	玖一 Ae	哈哈 hāhā	1拟声	玖六 Aa
	1助	玖四 Ba	哈欠 hā·qian	2名	叁一 Fc
过程 guòchéng	2名	叁一 Bd	哈达 hǎdá	2名	贰七 Cd
过错 guòcuò	3名	叁一 Gc			
过冬 guò//dōng	1动	伍七 Ac	**hai**		
过度 guòdù	2形	捌四 Ef	还 hái	1副	玖一 Eg
过渡 guòdù	3动	柒四 Ad	还是 hái·shi	1副	玖一 Eg
过分 guò//fèn	2形	捌四 Ef		1连	玖三 Ab
过关 guò//guān	2动	柒三 Bd	孩子 hái·zi	1名	壹一 Ca
过关斩将 guòguān-zhǎnjiàng	3	柒五 Cg		1名	壹一 Dd
过河拆桥 guòhé-chāiqiáo	3	捌五 Sb	海 hǎi	1名	贰三 Bf
过后 guòhòu	2名	肆一 De	海岸 hǎi'àn	2名	贰三 Be

海拔 hǎibá		3 名	叁十 Ah	含 hán		1 动	伍二 Eb	
海报 hǎibào		2 名	叁八 Ef			1 动	柒六 Ma	
海滨 hǎibīn		3 名	肆二 Ag	含糊 hán·hu		3 形	捌四 Sb	
海盗 hǎidào		3 名	壹一 Gb	含混 hánhùn		3 形	捌四 Sb	
海底 hǎidǐ		1 名	肆二 Ad	含量 hánliàng		2 名	叁十 Bd	
海底捞月 hǎidǐ-lāoyuè		3	捌四 Fb	含情脉脉 hánqíng-mòmò		3	伍六 Da	
海关 hǎiguān		3 名	叁五 Ag	含沙射影 hánshā-shèyǐng		4	柒六 Bb	
海军 hǎijūn		2 名	叁六 Ac	含笑 hán//xiào		3 动	伍六 Aa	
海枯石烂 hǎikū-shílàn		3	捌五 Db	含辛茹苦 hánxīn-rúkǔ		4	捌六 Jb	
海阔天空 hǎikuò-tiānkōng		2	捌四 Ga	含蓄 hánxù		3 形	捌五 Cf	
海浪 hǎilàng		1 名	贰三 Da	含义 hányì		2 名	叁一 Cc	
海绵 hǎimián		2 名	贰四 Eb	函授 hánshòu		4 动	陆五 Aa	
海鸥 hǎi'ōu		2 名	壹二 Db	涵盖 hángài		4 动	柒六 Mb	
海参 hǎishēn		2 名	壹二 Ed	寒带 hándài		3 名	贰三 Ad	
海市蜃楼 hǎishì-shènlóu		4	叁二 Ac	寒冬 hándōng		3 名	肆一 Ga	
海滩 hǎitān		2 名	贰三 Be	寒风 hánfēng		1 名	贰三 Ca	
海豚 hǎitún		2 名	壹二 Ee	寒假 hánjià		1 名	肆一 Ha	
海外 hǎiwài		2 名	肆二 Af	寒来暑往 hánlái-shǔwǎng		3	柒三 Bf	
海峡 hǎixiá		2 名	贰三 Bf	寒冷 hánlěng		2 形	捌二 Na	
海鲜 hǎixiān		2 名	贰九 Ad	寒流 hánliú		3 名	贰三 Db	
海啸 hǎixiào		3 名	叁一 Ec	寒露 hánlù		3 名	贰三 Cd	
海洋 hǎiyáng		1 名	贰三 Bf			2 名	肆一 Gc	
海域 hǎiyù		3 名	肆二 Ca	寒气 hánqì		2 名	贰三 Db	
海运 hǎiyùn		3 动	陆四 Da	寒酸 hánsuān		4 形	捌六 Ka	
海藻 hǎizǎo		3 名	壹三 Da	寒暄 hánxuān		4 动	陆九 Eh	
亥 hài		4 名	肆一 Ab			4 动	陆九 Ja	
骇人听闻 hàiréntīngwén		4	捌四 Bb	罕见 hǎnjiàn		3 形	捌三 Ad	
害 hài		2 名	叁二 Bc	喊 hǎn		1 动	伍二 Hb	
		2 动	陆十一 Hd	喊叫 hǎnjiào		2 动	伍二 Hb	
害虫 hàichóng		2 名	壹二 Fa	汉 Hàn		4 名	肆一 Ba	
害怕 hài//pà		1 动	伍五 Ea	汉语 Hànyǔ		1 名	叁八 Cf	
害群之马 hàiqúnzhīmǎ		3	壹一 Gb	汉字 Hànzì		1 名	叁八 Ca	
害臊 hài//sào		3 动	伍六 Dc	汉族 Hànzú		2 名	叁四 Ac	
害羞 hài//xiū		2 动	伍六 Dc	汗 hàn		1 名	壹五 Aq	
				汗流浃背 hànliú-jiābèi		3	伍四 Db	
han				汗马功劳 hànmǎ-gōngláo		4	叁一 Gb	
酣睡 hānshuì		4 动	伍四 Fa	汗牛充栋 hànniú-chōngdòng		4	捌三 Aa	
憨厚 hānhòu		4 形	捌五 Ac	汗青 hànqīng		4 名	叁八 Eb	
憨直 hānzhí		4 形	捌五 Ce	汗水 hànshuǐ		1 名	壹五 Aq	
鼾声 hānshēng		4 名	贰三 La					

汗珠 hànzhū	2 名	壹五 Aq		好 hǎo	1 形	捌四 Ba	
旱 hàn	2 形	捌二 Oa			1 副	玖一 Ac	
旱灾 hànzāi	3 名	叁一 Ec		好比 hǎobǐ	2 动	柒六 Ac	
捍卫 hànwèi	3 动	陆六 Da		好不容易 hǎobùróngyì	2	捌四 Ka	
hang				好处 hǎochù	2 名	叁二 Bc	
夯 hāng	4 动	伍一 Ab		好歹 hǎodǎi	4 名	叁一 Ab	
行 háng	1 名	叁二 Ce			4 副	玖一 Db	
	1 量	叁十 Ca		好多 hǎoduō	1 数	叁十 Bg	
行家 háng·jia	3 名	壹一 Ia		好感 hǎogǎn	3 名	叁三 Ba	
行列 hángliè	3 名	叁二 Ce		好汉 hǎohàn	2 名	壹一 Ha	
行情 hángqíng	4 名	叁七 Ac		好久 hǎojiǔ	1 形	捌三 Qa	
行业 hángyè	3 名	叁四 Eb		好看 hǎokàn	1 形	捌三 La	
航班 hángbān	2 名	贰五 Ec		好事 hǎoshì	1 名	叁一 Aa	
	2 名	叁二 Ce		好事多磨 hǎoshì-duōmó	3	伍八 Bb	
航程 hángchéng	3 名	叁一 Bd		好似 hǎosì	3 动	柒六 Ed	
航海 hánghǎi	2 动	陆四 Ab		好听 hǎotīng	1 形	捌二 Ha	
航天 hángtiān	2 动	陆四 Ab		好像 hǎoxiàng	1 动	柒六 Ed	
航天员 hángtiānyuán	3 名	壹一 Jd			1 副	玖一 Da	
航行 hángxíng	2 动	陆四 Ab		好笑 hǎoxiào	1 形	捌四 Jb	
航运 hángyùn	2 名	叁四 Eb		好些 hǎoxiē	2 数	捌三 Aa	
hao				好心 hǎoxīn	2 名	叁三 Ac	
毫不 háobù	2 副	玖一 Ha		好意 hǎoyì	2 名	叁三 Ac	
毫毛 háomáo	3 名	壹五 Ah		好转 hǎozhuǎn	3 动	柒四 Fa	
毫米 háomǐ	2 量	叁十 Cc		号 hào	2 名	贰八 Aa	
毫升 háoshēng	3 量	叁十 Cc			3 名	叁二 Hb	
毫无二致 háowú-èrzhì	4	柒六 Ea		号称 hàochēng	3 动	柒六 Ad	
豪放 háofàng	3 形	捌五 Ee		号角 hàojiǎo	2 名	贰八 Aa	
豪华 háohuá	3 形	捌三 Na		号令 hàolìng	2 名	叁五 Bc	
豪杰 háojié	4 名	壹一 Ha		号码 hàomǎ	2 名	叁八 Ch	
豪迈 háomài	4 形	捌四 Nb		号召 hàozhào	2 动	陆一 Ob	
豪强 háoqiáng	4 名	壹一 Gb		号子 hào·zi	2 名	叁九 Ab	
豪情 háoqíng	3 名	叁三 Bb		好吃懒做 hàochī-lǎnzuò	3	捌五 Vb	
豪情壮志 háoqíng-zhuàngzhì				好大喜功 hàodà-xǐgōng	4	捌五 Bc	
	3	叁三 Ea		好高骛远 hàogāo-wùyuǎn	4	捌五 Gf	
豪爽 háoshuǎng	3 形	捌五 Ce		好客 hàokè	2 形	捌五 Ia	
豪言壮语 háoyán-zhuàngyǔ				好奇 hàoqí	2 形	伍五 Ga	
	3	叁八 Cg		好奇心 hàoqíxīn	2 名	叁三 Aa	
嚎叫 háojiào	4 动	伍二 Hb		好强 hàoqiáng	3 形	捌五 Oa	
				好胜 hàoshèng	3 形	捌五 Oa	
				好为人师 hàowéirénshī	3	捌五 Hb	

好学 hàoxué		2 形	捌五 Va		合资 hézī		4 动	陆二 Ca
好逸恶劳 hàoyì-wùláo		4	捌五 Vb		合奏 hézòu		3 动	陆五 Fe
耗 hào		3 动	柒五 Ba		合作 hézuò		2 动	伍七 Ea
耗费 hàofèi		4 动	柒五 Ba		何必 hébì		2 副	玖一 Gi
浩大 hàodà		3 形	捌一 Ha		何不 hébù		2 副	玖一 Gi
浩荡 hàodàng		3 形	捌一 Ca		何尝 hécháng		3 副	玖一 Da
浩瀚 hàohàn		4 形	捌三 Ac				3 副	玖一 Ga
浩浩荡荡 hàohàodàngdàng		3	捌四 Nb		何等 héděng		3 副	玖一 Ac
浩劫 hàojié		4 名	叁一 Ec		何妨 héfáng		4 副	玖一 Ga
浩渺 hàomiǎo		4 形	捌一 Ca		何苦 hékǔ		3 副	玖一 Gh
浩气 hàoqì		4 名	叁二 Id		何况 hékuàng		3 连	玖三 Ba
浩然 hàorán		4 形	捌四 Nb		何时 héshí		2 名	肆一 Fd
浩如烟海 hàorúyānhǎi		4	捌三 Aa		何以 héyǐ		4 副	玖一 Gi
皓月 hàoyuè		4 名	贰三 Ac		何止 hézhǐ		3 动	柒六 Fc
					和 hé		1 名	叁十 Bc
he							1 介	玖二 Da
							1 连	玖三 Aa
呵斥 hēchì		3 动	陆九 Gb		和蔼 hé'ǎi		2 形	捌五 Cb
呵呵 hēhē		2 拟声	玖六 Aa		和蔼可亲 hé'ǎi-kěqīn		2	捌五 Cb
呵护 hēhù		3 动	陆十 Da		和风细雨 héfēng-xìyǔ		3	捌五 Cb
喝 hē		1 动	伍二 Ec		和好 héhǎo		2 动	陆九 Cb
禾苗 hémiáo		2 名	壹五 Ca				2 形	捌四 Rc
合 hé		1 动	伍一 Aj		和解 héjiě		3 动	陆九 Cb
		2 动	柒六 Gc		和睦 hémù		3 形	捌四 Rc
合抱 hébào		3 动	伍一 Cc		和睦相处 hémù-xiāngchǔ		3	捌四 Ee
合并 hébìng		2 动	柒二 Hb		和盘托出 hépán-tuōchū		4	陆九 Ef
合唱 héchàng		2 动	陆五 Fc		和平 hépíng		2 形	捌六 Ba
合成 héchéng		3 动	柒二 Ha		和气 hé·qi		3 名	叁三 Ac
合二为一 hé'èr-wéiyī		2	柒二 Hb				3 形	捌五 Cb
合法 héfǎ		2 形	捌四 Ec		和善 héshàn		4 形	捌五 Cb
合格 hégé		2 形	柒三 Bd		和尚 hé·shang		2 名	壹一 Lk
合理 hélǐ		2 形	捌四 Ec		和谈 hétán		3 动	陆九 Ca
合拢 hé//lǒng		3 动	柒二 Hb		和谐 héxié		3 形	捌四 Ee
合情合理 héqíng-hélǐ		2	捌四 Ec		和煦 héxù		4 形	捌二 Nd
合身 hé//shēn		2 形	捌四 Ee		和颜悦色 héyán-yuèsè		4	捌五 Cb
合适 héshì		2 形	捌四 Ee		河 hé		1 名	贰三 Bg
合算 hésuàn		3 动	伍五 Zc		河岸 hé'àn		2 名	贰三 Be
合同 hé·tóng		3 名	叁五 Bb		河床 héchuáng		3 名	贰三 Bg
合影 héyǐng		2 名	叁九 Cc		河道 hédào		3 名	贰六 Ca
		2 动	陆五 Ga		河谷 hégǔ		3 名	贰三 Bg

河流 héliú	2 名	贰三 Bg		嘿 hēi	2 叹	玖五 Aa
河畔 hépàn	3 名	肆二 Ag			2 叹	玖五 Ba
河沿 héyán	3 名	肆二 Ag		_____ hen _____		
荷花 héhuā	1 名	壹三 Cb		痕迹 hénjì	3 名	贰三 Ib
荷叶 héyè	1 名	壹五 Cc		很 hěn	1 副	玖一 Ac
核 hé	3 动	陆一 Ia		狠 hěn	2 形	捌四 Ma
核对 héduì	3 动	陆一 Ia			2 形	捌五 Ab
核能 hénéng	4 名	贰四 Bd			2 形	捌五 Ma
核实 héshí	3 动	陆一 Ia		狠毒 hěndú	3 形	捌五 Ab
核桃 hé·tao	2 名	贰九 Ah		狠心 hěn//xīn	2 动	伍五 Ob
核武器 héwǔqì	4 名	贰五 Fa		狠心 hěnxīn	2 形	捌五 Ab
核心 héxīn	3 名	叁二 Dd		恨 hèn	2 动	伍五 Hd
盒 hé	1 名	贰七 Be		恨不得 hèn·bu·de	2 动	伍五 Ua
盒饭 héfàn	2 名	贰九 Ac		恨之入骨 hènzhīrùgǔ	3	伍五 Hd
盒子 hé·zi	1 名	贰七 Be		_____ heng _____		
贺电 hèdiàn	3 名	叁八 Ee		哼 hēng	2 动	伍二 Ha
贺卡 hèkǎ	2 名	贰八 Cc			2 动	陆五 Fc
贺岁片 hèsuìpiàn	2 名	叁九 Ba		恒星 héngxīng	3 名	贰三 Ab
喝彩 hè//cǎi	2 动	伍二 Hb		横 héng	2 名	叁八 Ca
赫然 hèrán	4 形	捌四 Sa		横冲直撞 héngchōng-zhízhuàng		
褐色 hèsè	2 名	贰三 Jb			2	柒二 Ga
鹤发童颜 hèfà-tóngyán	4	捌三 Ja		横贯 héngguàn	3 动	柒六 Jb
鹤立鸡群 hèlìjīqún	4	捌四 Cc		横跨 héngkuà	3 动	柒六 Jb
_____ hei _____				横眉怒目 héngméi-nùmù	3	捌五 Ab
黑 Hēi	3 名	叁五 Ae		横七竖八 héngqī-shùbā	2	捌六 Hb
黑 hēi	1 形	捌二 Ai		横向 héngxiàng	3 形	捌一 Oa
	1 形	捌四 Sd		横行 héngxíng	2 动	捌五 Pb
黑暗 hēi'àn	2 形	捌二 Db		横行霸道 héngxíng-bàdào	3	捌五 Pb
	1 形	捌四 Pb		横行无忌 héngxíng-wújì	4	捌五 Pb
黑白 hēibái	2 名	叁一 Ga		衡量 héngliáng	3 动	伍五 Wb
黑板 hēibǎn	1 名	贰八 Ca		横 hèng	3 形	捌五 Pb
黑乎乎 hēihūhū	2 形	捌二 Ai		_____ hong _____		
黑客 hēikè	3 名	壹一 Gb		轰 hōng	2 动	陆九 Ae
黑人 Hēirén	2 名	叁四 Ac		轰动 hōngdòng	3 动	柒六 Oc
黑色 hēisè	1 名	贰三 Jb		轰轰烈烈 hōnghōnglièliè	2	捌四 Ma
黑心 hēixīn	3 名	叁三 Ad		轰隆 hōnglōng	2 拟声	玖六 Ca
	3 形	捌五 Ab		轰隆隆 hōnglōnglōng	2 拟声	玖六 Ca
黑夜 hēiyè	2 名	肆一 Fb		轰鸣 hōngmíng	3 动	柒一 Fa
黑黝黝 hēiyǒuyǒu	4 形	捌二 Ai				

轰响 hōngxiǎng	3 动	柒一 Fa	2 名	壹一 Da
轰炸 hōngzhà	3 动	陆六 Ca	后发制人 hòufā-zhìrén	4	陆六 Ca
哄 hōng	2 拟声	玖六 Aa	后方 hòufāng	2 名	肆二 Ae
哄堂大笑 hōngtáng-dàxiào	2	伍六 Aa		3 名	肆二 Cf
烘干 hōnggān	3 动	柒四 Da	后顾之忧 hòugùzhīyōu	4	叁三 Bc
烘烤 hōngkǎo	4 动	伍七 Bj	后果 hòuguǒ	2 名	叁一 Be
烘托 hōngtuō	4 动	柒六 Ge	后悔 hòuhuǐ	2 动	伍五 Jb
弘扬 hóngyáng	3 动	陆一 Oa	后会有期 hòuhuì-yǒuqī	2	陆九 Ja
红 hóng	1 形	捌二 Aa	后来 hòulái	1 名	肆一 Dc
	2 形	捌四 Qe	后来居上 hòulái-jūshàng	3	柒六 Fd
红包 hóngbāo	2 名	叁七 Fb	后面 hòumiàn	1 名	肆二 Ae
红火 hóng·huo	3 形	捌六 Ca	后年 hòunián	1 名	肆一 Ea
红军 Hóngjūn	2 名	叁六 Ab	后起之秀 hòuqǐzhīxiù	3	壹一 Ia
红领巾 hónglǐngjīn	1 名	贰七 Cd	后勤 hòuqín	3 名	叁四 Ec
红旗 hóngqí	1 名	贰八 Cf	后人 hòurén	3 名	壹一 Af
红润 hóngrùn	3 形	捌二 Aa		3 名	壹一 Da
红色 hóngsè	1 名	贰三 Jb	后生可畏 hòushēng-kěwèi	3	柒六 Fd
	2 形	捌五 Oa	后嗣 hòusì	4 名	壹一 Af
红彤彤 hóngtóngtóng	3 形	捌二 Aa	后台 hòutái	4 名	壹一 Ld
红艳艳 hóngyànyàn	3 形	捌二 Aa		3 名	贰六 Bh
红肿 hóngzhǒng	2 动	伍四 Id	后天 hòutiān	1 名	肆一 Ed
宏大 hóngdà	3 形	捌一 Ha		2 名	捌四 Tb
宏观 hóngguān	4 形	捌四 Ga	后退 hòutuì	1 动	伍七 Ic
宏伟 hóngwěi	3 形	捌四 Nb		2 动	伍八 Mb
洪亮 hóngliàng	2 形	捌二 Ga	后续 hòuxù	3 形	柒三 Cd
洪水 hóngshuǐ	2 名	贰三 Da	后遗症 hòuyízhèng	4 名	叁九 Ea
	2 名	叁一 Ec	后院 hòuyuàn	2 名	贰六 Ab
鸿篇巨制 hóngpiān-jùzhì	4	叁八 Ea	后者 hòuzhě	3 名	贰二 Da
哄 hǒng	3 动	陆九 Cb	厚 hòu	1 形	捌一 Ea
				2 形	捌四 Mc
hou			厚爱 hòu'ài	4 名	叁三 Bb
喉咙 hóu·lóng	2 名	壹五 Ad	厚此薄彼 hòucǐ-bóbǐ	4	捌五 Jb
猴 hóu	1 名	壹二 Bf	厚待 hòudài	4 动	陆九 Ae
猴子 hóu·zi	1 名	壹二 Bf	厚道 hòu·dao	4 形	捌五 Ac
吼 hǒu	2 动	伍二 Hb	厚古薄今 hòugǔ-bójīn	4	捌五 Jb
后 hòu	3 名	壹一 Da	厚积薄发 hòujī-bófā	4	陆二 Ga
	1 名	肆二 Ae	厚实 hòu·shi	3 形	捌一 Ea
后辈 hòubèi	3 名	壹一 Af		3 形	捌六 Kb
后代 hòudài	2 名	壹一 Af	厚重 hòuzhòng	4 形	捌二 Ld
			候鸟 hòuniǎo	3 名	壹二 Da

hu

呼 hū	2 动	伍二 Ga	
	2 拟声	玖六 Ca	
呼风唤雨 hūfēng-huànyǔ	3	伍七 Ga	
呼喊 hūhǎn	2 动	伍二 Hb	
呼号 hūháo	3 动	伍二 Hb	
呼唤 hūhuàn	2 动	伍二 Hb	
	3 动	陆一 Ob	
呼叫 hūjiào	2 动	伍二 Hb	
呼救 hūjiù	3 动	陆九 Kc	
呼噜 hū·lu	3 名	贰三 La	
呼噜 hūlū	3 拟声	玖六 Aa	
呼吸 hūxī	1 动	伍二 Ga	
呼啸 hūxiào	4 动	柒一 Fa	
呼应 hūyìng	3 动	柒六 Ja	
呼吁 hūyù	3 动	陆九 Ka	
忽略 hūlüè	2 动	伍五 Na	
忽然 hūrán	1 副	玖一 Ec	
忽闪 hūshǎn	3 动	柒一 Cb	
忽闪 hū·shan	3 动	伍二 Ba	
忽视 hūshì	2 动	伍五 Na	
狐假虎威 hújiǎhǔwēi	3	陆十一 Ca	
狐狸 hú·li	2 名	壹二 Bd	
狐朋狗友 húpéng-gǒuyǒu	2	壹一 La	
弧线 húxiàn	3 名	叁二 Aa	
弧形 húxíng	3 名	叁二 Aa	
胡乱 húluàn	2 副	玖一 Cc	
胡闹 húnào	2 动	伍七 Ga	
胡说八道 húshuō-bādào	2	陆九 Ee	
胡思乱想 húsī-luànxiǎng	3	伍五 Rb	
胡同 hútòng	2 名	贰六 Ca	
胡须 húxū	3 名	壹五 Ah	
胡诌 húzhōu	4 动	陆九 Ee	
胡作非为 húzuò-fēiwéi	3	捌五 Ef	
壶 hú	2 名	贰七 Bd	
核 hú	2 名	壹五 Ce	
葫芦 hú·lu	2 名	壹三 Fa	
湖 hú	1 名	贰三 Bh	
湖光山色 húguāng-shānsè	2	叁二 Ac	
湖泊 húpō	2 名	贰三 Bh	
蝴蝶 húdié	1 名	壹二 Fd	
糊 hú	2 名	贰九 Ac	
	2 动	伍一 Fc	
糊里糊涂 húlǐhú·tu	2	捌五 Te	
糊涂 hú·tu	2 形	捌五 Te	
虎 hǔ	1 名	壹二 Bb	
虎背熊腰 hǔbèi-xióngyāo	2	捌三 Ja	
虎口拔牙 hǔkǒu-báyá	3	伍七 Gi	
虎口余生 hǔkǒu-yúshēng	3	伍八 Lb	
虎视眈眈 hǔshì-dāndān	3	伍二 Da	
虎头虎脑 hǔtóu-hǔnǎo	2	捌三 Ja	
虎头蛇尾 hǔtóu-shéwěi	3	柒三 Bg	
琥珀 hǔpò	4 名	贰四 Ea	
互补 hùbǔ	3 动	陆十 Ca	
互动 hùdòng	2 动	陆九 Eh	
互联网 hùliánwǎng	3 名	叁八 Fd	
互相 hùxiāng	1 副	玖一 Ca	
互助 hùzhù	2 动	陆十 Ca	
户 hù	2 量	叁十 Ca	
户口 hùkǒu	2 名	叁四 Ba	
护 hù	2 动	陆三 Cb	
	1 动	陆十 Ea	
护理 hùlǐ	3 动	陆十 Dc	
护士 hù·shi	1 名	壹一 Jh	
护送 hùsòng	3 动	陆十 Ea	
沪 Hù	3 名	叁五 Ae	
糊弄 hù·nong	3 动	陆十一 Cd	

hua

花 huā	1 名	壹三 Ca	
	1 名	壹五 Cd	
	1 动	陆二 Ec	
	1 形	捌二 Ca	
花白 huābái	1 形	捌二 Ag	
花瓣 huābàn	2 名	壹五 Cd	
花苞 huābāo	2 名	壹五 Cd	
花草 huācǎo	1 名	壹三 Ca	
花丛 huācóng	1 名	壹三 Bd	
花朵 huāduǒ	1 名	壹五 Cd	

花费	huā·fei		2 名	叁七 Fb	华语	Huáyǔ	3 名	叁八 Cf
花费	huāfèi		2 动	柒五 Ba	哗众取宠	huázhòng-qǔchǒng		
花粉	huāfěn		2 名	壹五 Cd			4	陆九 Eg
花好月圆	huāhǎo-yuèyuán	3		捌六 Ia	滑	huá	2 动	柒二 Ma
花花绿绿	huāhuālǜlǜ		1	捌二 Ca			2 形	捌二 Pa
花花世界	huāhuā-shìjiè	3		叁四 Ab			3 形	捌五 Bf
花卉	huāhuì		3 名	壹三 Ca	滑冰	huá//bīng	2 名	叁九 Da
花蕾	huālěi		3 名	壹五 Cd			2 动	陆五 Ha
花木	huāmù		2 名	壹三 Aa	滑稽	huá·jī	4 形	捌四 Jb
花盆	huāpén		2 名	贰七 Bd	滑翔	huáxiáng	3 动	伍三 Ba
花瓶	huāpíng		2 名	贰七 Bd	滑行	huáxíng	2 动	柒二 Ma
花圈	huāquān		2 名	贰八 Db	化	huà	2 动	柒一 Db
花容月貌	huāróng-yuèmào				化肥	huàféi	3 名	贰四 Fa
		3		捌三 La	化解	huàjiě	3 动	柒五 Cb
花蕊	huāruǐ		3 名	壹五 Cd	化石	huàshí	3 名	贰三 Ib
花生	huāshēng		1 名	壹三 Gb	化为乌有	huàwéiwūyǒu	4	柒三 Ga
花坛	huātán		2 名	贰六 Gb	化险为夷	huàxiǎnwéiyí	4	柒四 Fa
花天酒地	huātiān-jiǔdì	3		捌五 Nb	化学	huàxué	4 名	叁八 Bb
花团锦簇	huātuán-jǐncù	4		捌三 La	化验	huàyàn	2 动	陆五 Kb
花纹	huāwén		2 名	贰三 Ia	化妆	huà//zhuāng	2 动	伍七 Be
花心	huāxīn		3 名	壹五 Cd	化装	huà//zhuāng	2 动	陆五 Fb
			3 形	伍五 Oa	划	huà	1 动	陆五 Eb
花言巧语	huāyán-qiǎoyǔ		2	叁八 Cg	划分	huàfēn	2 动	伍七 Hj
			2	陆九 Eg	画	huà	1 名	叁八 Ca
花样	huāyàng		3 名	叁二 Ab			1 动	陆五 Eb
			3 名	叁三 Dc			1 动	陆五 Ia
花园	huāyuán		1 名	贰六 Ga	画饼充饥	huàbǐng-chōngjī	2	捌四 Fb
花枝招展	huāzhī-zhāozhǎn				画地为牢	huàdì-wéiláo	3	陆十一 Dd
		3		捌三 La	画儿	huàr	1 名	叁九 Ca
哗	huā		2 拟声	玖六 Ca	画家	huàjiā	1 名	壹一 Jk
哗啦	huālā		2 拟声	玖六 Ca	画卷	huàjuàn	3 名	叁九 Ca
划	huá		1 动	伍一 Ja	画龙点睛	huàlóng-diǎnjīng	2	陆五 Ed
			1 动	陆四 Ab	画面	huàmiàn	2 名	叁九 Ba
划算	huásuàn		3 形	伍五 Zc	画蛇添足	huàshé-tiānzú	2	捌四 Ld
华而不实	huá'érbùshí	3		捌四 Fb	话	huà	1 名	叁八 Cg
华贵	huáguì		4 形	捌四 Qa	话费	huàfèi	2 名	叁七 Fb
华丽	huálì		3 形	捌三 La	话剧	huàjù	2 名	叁九 Bb
华美	huáměi		3 形	捌三 La	话题	huàtí	3 名	叁八 Ge
华侨	huáqiáo		3 名	叁四 Ac	话筒	huàtǒng	2 名	贰五 Da
华裔	huáyì		4 名	叁四 Ac	话语	huàyǔ	4 名	叁八 Cg

huai

怀抱 huáibào	2动	柒六 Me
怀才不遇 huáicái-bùyù	3	伍八 Ha
怀旧 huáijiù	3动	伍五 Xb
怀念 huáiniàn	2动	伍五 Xb
怀疑 huáiyí	2动	伍五 Pb
	2动	伍五 Sc
怀孕 huái//yùn	4动	伍四 Eb
坏 huài	1动	柒四 Ba
	3动	柒四 Cb
	1形	捌四 Bb
坏处 huàichù	2名	叁二 Bc
坏蛋 huàidàn	2名	壹一 Gb
坏人 huàirén	1名	壹一 Gb
坏事 huàishì	1名	叁一 Aa
	2动	柒四 Ba

huan

欢畅 huānchàng	3形	伍五 Aa
欢唱 huānchàng	3动	陆五 Fc
欢度 huāndù	2动	伍七 Ac
欢呼 huānhū	2动	伍二 Hb
欢聚 huānjù	2动	伍八 Nb
欢快 huānkuài	2形	伍五 Aa
欢乐 huānlè	1形	伍五 Aa
欢庆 huānqìng	2动	陆九 Hb
欢声笑语 huānshēng-xiàoyǔ	2	陆九 Ei
欢送 huānsòng	3动	陆九 Aj
欢腾 huānténg	3动	伍五 Aa
欢天喜地 huāntiān-xǐdì	2	伍五 Aa
欢喜 huānxǐ	1形	伍五 Aa
欢笑 huānxiào	1动	伍六 Aa
欢欣鼓舞 huānxīn-gǔwǔ	3	伍六 Ea
欢颜 huānyán	4名	叁二 Fc
欢迎 huānyíng	1动	陆九 Ag
欢愉 huānyú	4形	伍五 Aa
欢跃 huānyuè	3动	伍五 Aa
还 huán	1动	陆十 Bd
还原 huán//yuán	3动	柒三 Gb
环 huán	2名	贰七 Bn
	2动	柒二 Fg
环保 huánbǎo	2形	捌六 Ga
环抱 huánbào	3动	伍一 Cc
环顾 huángù	3动	伍二 Da
环节 huánjié	3名	叁二 Cc
环境 huánjìng	2名	叁一 Fb
环绕 huánrào	2动	柒二 Fg
缓 huǎn	2动	柒五 Bd
	2形	捌三 Pb
缓和 huǎnhé	3动	柒五 Bd
	3形	捌六 Fa
缓缓 huǎnhuǎn	2形	捌三 Pb
缓解 huǎnjiě	3动	柒五 Bd
缓慢 huǎnmàn	2形	捌三 Pb
幻觉 huànjué	3名	叁三 Ba
幻想 huànxiǎng	2名	叁三 Cd
	2动	伍五 Rb
幻影 huànyǐng	3名	叁二 Ac
换 huàn	2动	陆二 Eb
	2动	陆十 Ba
	2动	柒四 Ac
换取 huànqǔ	2动	柒三 Be
换位 huànwèi	4动	陆十 Ba
唤醒 huànxǐng	2动	陆五 Ac
患 huàn	3动	伍四 Ia
患得患失 huàndé-huànshī	3	伍五 Wb
患难与共 huànnàn-yǔgòng	3	伍八 Na
患者 huànzhě	3名	壹一 Fa
焕然一新 huànrán-yīxīn	3	柒四 Fc

huang

荒 huāng	3动	伍七 Ac
	2形	捌三 Dd
荒草 huāngcǎo	3名	壹三 Cc
荒诞 huāngdàn	4形	捌四 Ce
荒废 huāngfèi	3动	伍七 Ac
荒郊 huāngjiāo	3名	肆二 Cc
荒凉 huāngliáng	3形	捌六 Dc

荒谬	huāngmiù	4 形	捌四 Eb		灰白	huībái	2 形	捌二 Ag
荒漠	huāngmò	3 名	贰三 Bc		灰尘	huīchén	1 名	贰三 Ha
荒僻	huāngpì	4 形	捌六 Dc		灰飞烟灭	huīfēi-yānmiè	4	柒三 Ga
荒山	huāngshān	2 名	贰三 Ba		灰烬	huījìn	4 名	贰三 Ha
荒唐	huāng·táng	3 形	捌四 Ce		灰溜溜	huīliūliū	2 形	伍五 Bc
荒无人烟	huāngwú-rényān	3	捌六 Dc		灰色	huīsè	1 名	贰三 Jb
荒芜	huāngwú	4 形	捌三 Dd		灰头土脸	huītóu-tǔliǎn	2	捌六 Gb
荒野	huāngyě	3 名	贰三 Bb		灰心	huī//xīn	2 形	伍五 Bc
荒原	huāngyuán	3 名	贰三 Bb		灰心丧气	huīxīn-sàngqì	2	伍五 Bc
慌	huāng	2 形	伍五 Ed		诙谐	huīxié	4 形	捌四 Jb
慌乱	huāngluàn	2 形	伍五 Ed		挥	huī	2 动	伍一 Hc
慌忙	huāngmáng	2 形	伍五 Ed		挥汗如雨	huīhàn-rúyǔ	3	伍四 Db
慌张	huāng·zhāng	2 形	伍五 Ed		挥金如土	huījīn-rútǔ	3	捌五 Nb
皇帝	huángdì	2 名	壹一 Lj		挥舞	huīwǔ	2 动	伍一 Hc
皇后	huánghòu	2 名	壹一 Lj		恢复	huīfù	2 动	柒三 Gb
黄	huáng	1 形	捌二 Ab		恢宏	huīhóng	4 形	捌一 Ha
黄灿灿	huángcàncàn	2 形	捌二 Ab		辉煌	huīhuáng	2 形	捌二 Da
黄道吉日	huángdào-jírì	4	肆一 Hb				3 形	捌四 Cc
黄澄澄	huángdēngdēng	4 形	捌二 Ab		回	huí	1 量	叁十 Cb
黄瓜	huáng·guā	1 名	壹三 Fa				1 动	陆四 Cd
黄昏	huánghūn	2 名	肆一 Fb				1 动	陆九 Fd
黄金	huángjīn	2 名	贰四 Ab		回报	huíbào	3 动	陆九 Ia
黄粱美梦	huángliáng-měimèng				回避	huíbì	3 动	柒三 Ic
		4	叁三 Cd		回肠荡气	huícháng-dàngqì		
黄色	huángsè	1 名	贰三 Jb				4	捌四 Ja
黄种人	huángzhǒngrén	2 名	叁四 Ac		回答	huídá	1 动	陆九 Fd
惶恐	huángkǒng	4 形	伍五 Ea		回荡	huídàng	3 动	柒二 Nb
蝗虫	huángchóng	2 名	壹二 Ff		回复	huífù	2 动	陆九 Fd
恍惚	huǎng·hū	4 形	捌二 Eb		回顾	huígù	3 动	伍二 Da
恍然大悟	huǎngrán-dàwù	3	伍五 Ja				3 动	伍五 Xa
谎言	huǎngyán	2 名	叁八 Cg		回光返照	huíguāng-fǎnzhào		
晃	huàng	3 动	柒二 Md				4	伍四 Ce
晃荡	huàng·dang	3 动	柒二 Md				4	柒一 Cb
晃动	huàngdòng	3 动	柒二 Md		回归	huíguī	4 动	陆四 Cd
					回合	huíhé	3 量	叁十 Ca
hui					回击	huíjī	3 动	陆六 Eb
灰	huī	1 名	贰三 Ha		回敬	huíjìng	3 动	伍七 Ce
		1 形	捌二 Ah		回绝	huíjué	4 动	陆九 Ah
灰暗	huī'àn	2 形	捌二 Ah		回扣	huíkòu	4 名	叁七 Fb
		2 形	捌二 Db		回馈	huíkuì	4 动	陆十 Aa

回来 huí//·lái	1动	陆四 Cd		会晤 huìwù	4动	陆九 Ag
回落 huíluò	3动	柒五 Bb		会心 huìxīn	3动	伍五 Td
回升 huíshēng	3动	柒三 Gb		会议 huìyì	2名	叁四 Fb
回收 huíshōu	2动	陆一 Nb		会意 huìyì	3动	伍五 Td
回首 huíshǒu	3动	伍二 Ae		讳疾忌医 huìjí-jìyī	4	柒三 Ic
	3动	伍五 Xa		讳莫如深 huìmòrúshēn	4	陆十一 Cd
回头 huítóu	1动	伍二 Ae		诲人不倦 huìrén-bùjuàn	4	陆五 Aa
回头是岸 huítóu-shì'àn	3	伍七 Fa		绘画 huìhuà	2名	叁九 Ca
回望 huíwàng	3动	伍二 Da			2动	陆五 Ia
回味 huíwèi	3动	伍五 Td		绘声绘色 huìshēng-huìsè	3	捌四 Ja
回响 huíxiǎng	3名	贰三 La		绘制 huìzhì	3动	陆五 Ia
回心转意 huíxīn-zhuǎnyì	2	柒三 Gb		贿赂 huìlù	4动	陆七 Ff
回旋 huíxuán	3动	柒二 Na		晦涩 huìsè	4形	捌四 Kc
	3动	捌五 Uc				
回忆 huíyì	1动	伍五 Xa		**hun**		
回音 huíyīn	2名	贰三 La		昏 hūn	2动	伍四 Ib
	3名	叁八 Cg		昏暗 hūn'àn	2形	捌二 Db
回应 huíyìng	3动	陆九 Fd		昏黑 hūnhēi	3形	捌二 Db
悔恨 huǐhèn	3动	伍五 Jb		昏黄 hūnhuáng	2形	捌二 Db
悔悟 huǐwù	4动	伍五 Jb		昏聩 hūnkuì	4形	捌五 Te
毁 huǐ	2动	柒四 Ba		昏迷 hūnmí	3动	伍四 Ib
毁坏 huǐhuài	2动	柒四 Ba		昏头昏脑 hūntóu-hūnnǎo	3	捌五 Te
毁灭 huǐmiè	2动	柒三 Ga		昏庸 hūnyōng	4形	捌五 Te
毁于一旦 huǐyúyīdàn	4	柒三 Ga		荤菜 hūncài	2名	贰九 Ad
汇报 huìbào	2动	陆一 Lc		婚礼 hūnlǐ	3名	叁四 Db
汇集 huìjí	3动	柒二 Jb		婚姻 hūnyīn	3名	叁一 Aa
汇聚 huìjù	4动	柒二 Jb		浑厚 húnhòu	3形	捌四 Nb
汇款 huìkuǎn	3名	叁七 Eb			3形	捌五 Ac
	3动	陆九 Db		浑浑噩噩 húnhún'è'è	4	捌五 Zb
汇率 huìlǜ	4名	叁十 Bg		浑然一体 húnrán-yītǐ	3	捌三 Bc
会 huì	1名	叁四 Fb		浑身 húnshēn	2名	壹五 Aa
	1动	伍五 Ta		浑水摸鱼 húnshuǐ-mōyú	3	陆七 Fh
	1动	伍五 Zd		浑圆 húnyuán	4形	捌一 Nb
会场 huìchǎng	2名	肆二 Cb		混蛋 húndàn	2名	壹一 Gb
会合 huìhé	2动	柒二 Ja		浑浊 húnzhuó	3形	捌二 Fb
会见 huìjiàn	3动	陆九 Ag		魂 hún	3名	叁三 Aa
会面 huì//miàn	3动	陆九 Ag			3名	叁三 Fc
会谈 huìtán	3名	叁四 Fb		魂不附体 húnbùfùtǐ	4	伍五 Ea
	3动	陆九 Ca		魂不守舍 húnbùshǒushè	4	伍五 Ea
会同 huìtóng	3动	玖二 Da		魂飞魄散 húnfēi-pòsàn	4	伍五 Ea

魂魄 húnpò	4 名	叁三 Fc
混沌 hùndùn	4 形	捌五 Zb
混合 hùnhé	2 动	柒二 Ic
混乱 hùnluàn	3 形	捌六 Bb
	3 形	捌六 Hb
混凝土 hùnníngtǔ	3 名	贰四 Cc
混为一谈 hùnwéiyītán	4	伍七 Gf
混淆 hùnxiáo	3 动	伍七 Gf
混杂 hùnzá	3 动	柒二 Ic
混浊 hùnzhuó	3 形	捌二 Fb

huo

活 huó	1 动	伍四 Aa
	2 形	捌六 Lb
活蹦乱跳 huóbèng-luàntiào	2	捌五 Ec
活动 huódòng	3 名	叁四 Fa
	2 动	柒二 Ma
	2 形	捌六 Lb
活力 huólì	3 名	叁二 Ga
活灵活现 huólíng-huóxiàn	3	捌四 Ja
活泼 huó·pō	3 形	捌四 Ja
	2 形	捌五 Ec
活菩萨 huópú·sà	4 名	壹一 Ga
活跃 huóyuè	2 形	捌五 Ec
火 huǒ	1 名	贰三 Ea
火把 huǒbǎ	2 名	贰七 Bf
火柴 huǒchái	2 名	贰七 Bf
火车 huǒchē	1 名	贰五 Ea
火光 huǒguāng	2 名	贰三 Fa
火锅 huǒguō	2 名	贰九 Ad
火红 huǒhóng	1 形	捌二 Aa
火候 huǒ·hou	4 名	叁一 Fa
	4 名	叁二 De
火花 huǒhuā	2 名	贰三 Ea
火箭 huǒjiàn	2 名	贰五 Fe
火炬 huǒjù	2 名	贰七 Bf
火辣辣 huǒlàlà	2 形	捌二 Nb
火炉 huǒlú	2 名	贰七 Ba
火冒三丈 huǒmàosānzhàng	3	伍五 Ca
火热 huǒrè	2 形	捌二 Nb
	3 形	捌四 Ra
火山 huǒshān	2 名	贰三 Ba
火烧眉毛 huǒshāo-méi·mao	3	捌六 Fb
火树银花 huǒshù-yínhuā	4	贰三 Ea
火速 huǒsù	3 副	捌三 Pa
火星 huǒxīng	2 名	贰三 Ab
火眼金睛 huǒyǎn-jīnjīng	2	捌五 Ta
火焰 huǒyàn	2 名	贰三 Ea
火灾 huǒzāi	2 名	叁一 Ec
火中取栗 huǒzhōng-qǔlì	4	捌四 Fb
火种 huǒzhǒng	3 名	贰三 Ea
伙 huǒ	2 量	叁十 Ca
伙伴 huǒbàn	1 名	壹一 La
伙计 huǒ·ji	2 名	壹一 Jp
	2 名	壹一 La
或 huò	3 副	玖一 Da
	2 连	玖三 Ab
或是 huòshì	2 连	玖三 Ab
或许 huòxǔ	2 副	玖一 Da
或者 huòzhě	3 副	玖一 Da
	2 连	玖三 Ab
货 huò	2 名	贰二 Cb
货币 huòbì	2 名	叁七 Ba
货物 huòwù	2 名	贰二 Cb
货运 huòyùn	3 名	叁四 Eb
货真价实 huòzhēn-jiàshí	3	捌四 Aa
获得 huòdé	2 动	柒三 Be
获救 huòjiù	2 动	伍八 La
获取 huòqǔ	3 动	柒三 Be
获悉 huòxī	4 动	伍五 Tb
祸不单行 huòbùdānxíng	3	伍八 Ba
祸福 huòfú	4 名	叁一 Ec
祸国殃民 huòguó-yāngmín	4	柒六 Qa
豁达 huòdá	4 形	捌五 Mc
豁免 huòmiǎn	4 动	陆七 Ea
豁然 huòrán	4 形	捌四 Sa

词条	义项	页码
豁然开朗 huòrán-kāilǎng	4	伍五 Td

jī

词条	义项	词性	页码
几乎 jīhū	1	副	玖一 Af
几率 jīlǜ	4	名	叁十 Bg
讥讽 jīfěng	3	动	陆九 Gc
讥笑 jīxiào	3	动	陆九 Gc
击溃 jīkuì	4	动	陆六 Gc
叽叽喳喳 jī·jizhāzhā	2	拟声	玖六 Aa
叽里咕噜 jī·ligūlū	3	拟声	玖六 Aa
饥不择食 jībùzéshí	3		伍五 Ec
饥饿 jī'è	2	形	伍四 Gb
饥寒交迫 jīhán-jiāopò	3		捌六 Ka
饥荒 jī·huang	3	名	叁一 Ec
饥渴 jīkě	3	形	伍四 Gb
机不可失 jībùkěshī	4		捌六 Fb
机场 jīchǎng	1	名	贰六 Cc
机车 jīchē	3	名	贰五 Ea
机动 jīdòng	3	形	捌四 Tb
	3	形	捌六 Lb
机动车 jīdòngchē	3	名	贰五 Ea
机构 jīgòu	4	名	叁五 Ac
机关 jīguān	3	名	贰五 Ab
	4	名	叁三 Db
	4	名	叁五 Ac
机毁人亡 jīhuǐ-rénwáng	3		柒四 Ba
机会 jī·huì	1	名	叁二 De
机警 jījǐng	3	形	捌五 Tb
机灵 jī·ling	1	形	捌五 Tb
机密 jīmì	4	名	叁一 Aa
	4	形	捌四 Sd
机敏 jīmǐn	3	形	捌五 Tb
机器 jī·qì	2	名	贰五 Aa
机器人 jī·qìrén	2	名	贰五 Aa
机械 jīxiè	3	名	贰五 Aa
	3	形	捌四 Jc
机遇 jīyù	4	名	叁二 De
机制 jīzhì	4	名	叁一 Cc
	4	名	叁二 Cc
机智 jīzhì	2	形	捌五 Tb
肌肤 jīfū	2	名	壹五 Ag
肌肉 jīròu	2	名	壹五 Aj
鸡 jī	1	名	壹二 Dd
鸡蛋 jīdàn	1	名	贰九 Ae
鸡飞蛋打 jīfēi-dàndǎ	3		伍八 Dc
鸡零狗碎 jīlíng-gǒusuì	4		捌三 Bd
鸡毛蒜皮 jīmáo-suànpí	3		捌四 Lb
鸡鸣狗盗 jīmíng-gǒudào	3		捌四 Sd
鸡犬不宁 jīquǎn-bùníng	4		捌六 Bb
鸡犬升天 jīquǎn-shēngtiān	4		伍八 Gb
唧唧 jījī	2	拟声	玖六 Ba
积极 jījí	2	形	捌五 Fa
积聚 jījù	3	动	陆二 Ga
积劳成疾 jīláo-chéngjí	4		伍四 Ia
积累 jīlěi	2	动	陆二 Ga
积少成多 jīshǎo-chéngduō	3		陆二 Ga
积水 jīshuǐ	2	名	贰三 Da
积蓄 jīxù	3	名	叁七 Eb
	3	动	陆二 Ga
积雪 jīxuě	2	名	贰三 Cc
积攒 jīzǎn	4	动	陆二 Ga
积重难返 jīzhòng-nánfǎn	4		捌四 Ka
基本 jīběn	3	名	叁二 Dc
	2	形	捌四 La
基本功 jīběngōng	3	名	叁二 If
基本上 jīběn·shàng	2	副	玖一 Bc
基层 jīcéng	4	名	叁四 Cb
基础 jīchǔ	3	名	叁二 Dc
基地 jīdì	3	名	肆二 Cf
基督教 Jīdūjiào	4	名	叁三 Fa
基因 jīyīn	3	名	壹五 An
基于 jīyú	4	介	玖二 Ea
基准 jīzhǔn	4	名	叁二 Ea
期年 jīnián	4	名	肆一 Ea
犄角 jījiǎo	4	名	肆二 Db
缉拿 jīná	4	动	陆七 Ba
畸形 jīxíng	4	形	捌四 Ce
激昂 jī'áng	3	形	伍六 Eb
激荡 jīdàng	3	动	柒二 Oh

词条	级项	页码
	3 动	柒三 Ca
激动 jīdòng	2 动	伍五 Da
激发 jīfā	3 动	陆九 Hc
	3 动	柒三 Ca
激光 jīguāng	3 名	贰三 Fa
激化 jīhuà	4 动	柒五 Ae
激活 jīhuó	4 动	柒三 Ca
激励 jīlì	4 动	陆九 Hc
激烈 jīliè	2 形	捌四 Ma
激流 jīliú	3 名	贰三 Bg
激怒 jīnù	3 动	陆十一 Bc
激情 jīqíng	3 名	叁三 Bb
激越 jīyuè	4 形	捌二 Ga
激战 jīzhàn	3 动	陆六 Ca
激浊扬清 jīzhuó-yángqīng	4	捌五 Ja
羁绊 jībàn	4 动	陆十一 Dc
及 jí	2 连	玖三 Aa
及格 jí//gé	2 动	柒三 Bd
及时 jíshí	2 形	捌四 Ee
	2 副	玖一 Ee
及早 jízǎo	3 副	玖一 Dd
吉 Jí	3 名	叁五 Ae
吉利 jílì	3 形	伍八 Ab
吉人天相 jírén-tiānxiàng	4	伍八 Ab
吉日 jírì	4 名	肆一 Hb
吉他 jítā	2 名	贰八 Aa
吉祥 jíxiáng	2 形	伍八 Ab
吉祥如意 jíxiáng-rúyì	2	伍八 Ab
吉祥物 jíxiángwù	2 名	贰二 Cf
岌岌可危 jíjíkěwēi	4	捌六 Ab
汲取 jíqǔ	4 动	柒三 Be
级 jí	1 量	叁十 Ca
级别 jíbié	3 名	叁二 Cd
极 jí	1 副	玖一 Ad
极度 jídù	3 副	玖一 Ad
极端 jíduān	4 形	捌四 Ef
	3 副	玖一 Ad
极力 jílì	3 副	玖一 Dd
极其 jíqí	2 副	玖一 Ad
极为 jíwéi	3 副	玖一 Ad

词条	级项	页码
极限 jíxiàn	3 名	叁二 Eb
极致 jízhì	4 名	叁一 Fb
即 jí	3 副	玖一 Ee
	3 副	玖三 Ha
即便 jíbiàn	3 连	玖三 Ca
即将 jíjiāng	3 副	玖一 Ee
即景生情 jíjǐng-shēngqíng	3	伍五 Db
即刻 jíkè	3 副	玖一 Ee
即使 jíshǐ	2 连	玖三 Ca
急 jí	1 形	伍五 Ec
	2 形	捌三 Pa
	2 形	捌四 Ma
急匆匆 jícōngcōng	2 形	捌六 Ea
急促 jícù	3 形	捌三 Pa
	3 形	捌三 Qb
急公好义 jígōng-hàoyì	4	陆十 Cd
急功近利 jígōng-jìnlì	4	伍五 Ec
急救 jíjiù	2 动	陆五 Kc
急剧 jíjù	4 形	捌三 Pa
	4 形	捌四 Ma
急流 jíliú	3 名	贰三 Bg
急忙 jímáng	1 副	玖一 Dd
急迫 jípò	3 形	捌六 Fb
急切 jíqiè	3 形	伍五 Ec
急如星火 jírúxīnghuǒ	4	捌六 Fb
急速 jísù	3 形	捌三 Pa
急性 jíxìng	3 形	捌三 Pa
急于求成 jíyúqiúchéng	3	伍五 Ec
急躁 jízào	3 形	捌五 Gf
急诊 jízhěn	2 动	陆五 Ka
急中生智 jízhōng-shēngzhì		
	3	伍五 Ra
急骤 jízhòu	4 形	捌三 Pa
急转直下 jízhuǎn-zhíxià	3	柒四 Aa
疾病 jíbìng	2 名	叁九 Ea
疾步 jíbù	3 副	捌三 Pa
疾驰 jíchí	3 动	伍一 Kb
疾恶如仇 jí'è-rúchóu	4	伍五 Hd
疾苦 jíkǔ	3 名	叁一 Ed
疾速 jísù	4 形	捌三 Pa

集 jí	2量	叁十 Ca	记忆 jìyì	2名	叁一 Dd
	2动	伍八 Nb		2动	伍五 Xc
集合 jíhé	2动	柒二 Ja	记忆犹新 jìyì-yóuxīn	3	伍五 Xc
集会 jíhuì	3名	叁四 Fb	记载 jìzǎi	3动	陆五 Eb
集结 jíjié	4动	柒二 Ja	记者 jìzhě	2名	壹一 Jj
集思广益 jísī-guǎngyì	3	捌五 Pa	伎俩 jìliǎng	4名	叁三 Dc
集体 jítǐ	2名	叁四 Ad	纪录 jìlù	2名	叁八 Ef
集团 jítuán	3名	叁四 Ad	纪律 jìlù	2名	叁五 Ba
集训 jíxùn	3动	陆五 Be	纪念 jìniàn	2动	伍五 Xb
集邮 jí//yóu	2动	伍七 Hb	纪念品 jìniànpǐn	2名	贰二 Cf
集中 jízhōng	2动	柒二 Jb	纪念日 jìniànrì	2名	肆一 Hb
集资 jízī	4动	陆二 Ca	技能 jìnéng	3名	叁二 Ie
嫉妒 jídù	3动	伍五 Gb	技巧 jìqiǎo	2名	叁二 Ie
籍贯 jíguàn	4名	叁四 Ba	技术 jìshù	2名	叁二 Ie
几 jǐ	1数	叁十 Bg	技艺 jìyì	3名	叁二 Ie
己 jǐ	4名	肆一 Ab	忌惮 jìdàn	4动	伍五 Ea
挤 jǐ	1动	伍一 Ae	忌讳 jì·huì	4动	柒三 Ic
	1形	捌六 Da	忌口 jì//kǒu	3动	伍七 Cc
挤压 jǐyā	2动	伍一 Ae	忌日 jìrì	4名	肆一 Hb
给予 jǐyǔ	3动	柒六 Ob	季 jì	2名	肆一 Bb
脊背 jǐbèi	3名	壹五 Ae		1名	肆一 Ga
脊梁 jǐ·liáng	4名	壹五 Ia	季度 jìdù	2名	肆一 Ga
	3名	壹五 Ae	季节 jìjié	1名	肆一 Ga
计 jì	2名	贰五 Dd	季军 jìjūn	2名	壹一 Ia
	2名	叁一 Cb	剂 jì	2量	叁十 Ca
	2名	叁三 Db	迹象 jìxiàng	3名	叁一 Fc
	2动	伍七 Hi	既 jì	3副	玖一 Eb
计划 jìhuà	2名	叁三 Db	既然 jìrán	2连	玖三 Ca
	2动	伍五 Wa	继承 jìchéng	2动	伍七 Ad
计较 jìjiào	2动	伍五 Wb	继而 jì'ér	3连	玖三 Ha
计算 jìsuàn	3动	伍五 Wa	继往开来 jìwǎng-kāilái	4	柒三 Cd
	2动	伍七 Hi	继续 jìxù	2动	柒三 Cd
计算机 jìsuànjī	2名	贰八 Cb	祭奠 jìdiàn	4动	伍七 Mc
记 jì	3量	叁十 Cb	祭祀 jìsì	4动	伍七 Mc
	1动	伍五 Xc	寄 jì	2动	陆九 Db
	1动	陆五 Eb	寄人篱下 jìrénlíxià	4	伍七 Ac
记得 jì·de	1动	伍五 Xc	寄生 jìshēng	3动	伍四 Ab
记号 jì·hao	2名	叁八 Ch	寄托 jìtuō	3动	陆九 Kd
记录 jìlù	2名	叁八 Ef	寂静 jìjìng	3形	捌六 Db
	2动	陆五 Eb	寂寥 jìliáo	4形	捌六 Db

寂寞 jìmò		2 形	捌六 Dd	家禽 jiāqín		3 名	壹二 Da
冀 Jì		3 名	叁五 Ae	家人 jiārén		1 名	壹一 Da
				家事 jiāshì		3 名	叁一 Aa
jiā				家属 jiāshǔ		2 名	壹一 Da
加 jiā		1 动	柒五 Aa	家庭 jiātíng		2 名	叁四 Ae
加倍 jiābèi		2 动	柒五 Aa	家徒四壁 jiātúsìbì		4	捌六 Ka
		2 副	玖一 Ab	家务 jiāwù		2 名	叁一 Aa
加法 jiāfǎ		1 名	叁一 Cb			2 名	叁四 Ec
加工 jiā//gōng		2 动	陆三 Ba	家乡 jiāxiāng		1 名	肆二 Cd
加紧 jiājǐn		3 动	柒三 Da	家用 jiāyòng		2 名	叁七 Fb
加剧 jiājù		3 动	柒五 Ae	家喻户晓 jiāyù-hùxiǎo		3	捌四 Qe
加快 jiākuài		2 动	柒三 Da	家园 jiāyuán		2 名	叁四 Ae
加盟 jiāméng		3 动	伍七 Ee	家长 jiāzhǎng		1 名	壹一 Db
加强 jiāqiáng		2 动	柒五 Ae	家政 jiāzhèng		3 名	叁四 Ec
加热 jiā//rè		2 动	伍七 Bj	家族 jiāzú		2 名	叁四 Ae
加入 jiārù		1 动	伍七 Ee	嘉宾 jiābīn		3 名	壹一 Le
加深 jiāshēn		2 动	柒五 Ae	甲 jiǎ		2 名	壹五 Bc
加速 jiāsù		2 动	柒三 Da			4 名	肆一 Ab
加以 jiāyǐ		3 动	柒六 Ob	甲板 jiǎbǎn		2 名	贰五 Eb
加油 jiā//yóu		1 动	伍七 Ac	甲虫 jiǎchóng		2 名	壹二 Fa
加重 jiāzhòng		2 动	柒五 Ae	甲鱼 jiǎyú		2 名	壹二 Eb
夹杂 jiāzá		3 动	柒二 Ic	假 jiǎ		1 形	捌四 Ab
佳节 jiājié		2 名	肆一 Ha			3 形	捌五 Bc
佳期 jiāqī		3 名	肆一 Hb	假定 jiǎdìng		3 动	伍七 Hg
佳肴 jiāyáo		4 名	贰九 Ad	假公济私 jiǎgōng-jìsī		4	陆七 Fe
家 jiā		1 名	叁四 Ae	假冒 jiǎmào		3 动	伍七 Gd
家长里短 jiācháng-lǐduǎn		3	叁一 Db	假仁假义 jiǎrén-jiǎyì		3	捌五 Bc
家常 jiācháng		2 名	叁一 Db	假如 jiǎrú		2 连	玖三 Fa
家畜 jiāchù		3 名	壹二 Ca	假若 jiǎruò		3 连	玖三 Fa
家电 jiādiàn		2 名	贰七 Ad	假山 jiǎshān		2 名	贰六 Gb
家伙 jiā·huo		2 名	壹一 Aa	假设 jiǎshè		3 动	伍五 Rb
		2 名	贰二 Aa			3 动	伍七 Hg
家家户户 jiājiāhùhù		2	叁四 Ae	假使 jiǎshǐ		4 连	玖三 Fa
家教 jiājiào		2 名	壹一 Jg	假象 jiǎxiàng		3 名	叁二 Db
		2 名	叁八 Ba	假装 jiǎzhuāng		2 动	伍六 Ca
家境 jiājìng		2 名	叁一 Fb	价格 jiàgé		2 名	叁七 Ac
家具 jiājù		1 名	贰七 Aa	价钱 jià·qián		2 名	叁七 Ac
家眷 jiājuàn		4 名	壹一 Da	价值 jiàzhí		2 名	叁七 Ab
家庙 jiāmiào		3 名	贰六 Hb	价值连城 jiàzhí-liánchéng		3	捌四 Qa
家破人亡 jiāpò-rénwáng		2	捌六 Ib	驾 jià		2 量	叁十 Ca

				坚韧 jiānrèn	3形	捌四 Nc
		2动	陆四 Aa	坚韧不拔 jiānrèn-bùbá	4	捌五 Db
驾轻就熟 jiàqīng-jiùshú		4	捌五 Wa	坚实 jiānshí	3形	捌四 Nc
驾驶 jiàshǐ		2动	陆四 Aa	坚守 jiānshǒu	3动	陆六 Da
驾驭 jiàyù		4动	陆一 Da	坚挺 jiāntǐng	4形	捌二 Kb
		4动	陆四 Aa	坚信 jiānxìn	2动	伍五 Pa
驾照 jiàzhào		3名	贰八 Cd	坚毅 jiānyì	3形	捌五 Da
架 jià		2名	贰二 Fd	坚硬 jiānyìng	2形	捌二 Kb
		2量	叁十 Ca	坚贞 jiānzhēn	4形	捌五 Db
		2动	陆三 Aa	坚贞不屈 jiānzhēn-bùqū	4	捌五 Da
架子 jià·zi		2名	贰二 Fd	间 jiān	1名	贰六 Af
		2名	贰五 Cg		1量	叁十 Ca
假期 jiàqī		2名	肆一 Ha		1名	肆二 Ae
假日 jiàrì		2名	肆一 Ha	间不容发 jiānbùróngfà	4	捌六 Fb
嫁 jià		2动	伍七 Ld	肩膀 jiānbǎng	2名	壹五 Ae
嫁接 jiàjiē		4动	陆三 Jc	肩负 jiānfù	4动	伍七 Ed
jian				肩头 jiāntóu	2名	壹五 Ae
尖 jiān		1名	贰二 Fa	艰巨 jiānjù	2形	捌四 Ka
		1形	捌二 Hb	艰苦 jiānkǔ	2形	捌六 Jb
		1形	捌二 Ma		2形	捌六 Ka
尖端 jiānduān		4形	捌四 Da	艰苦卓绝 jiānkǔ-zhuójué	3	捌六 Jb
尖叫 jiānjiào		2动	伍二 Hb	艰难 jiānnán	2形	捌六 Ka
尖刻 jiānkè		3形	捌五 Ad	艰涩 jiānsè	4形	捌四 Kc
尖利 jiānlì		4形	捌二 Ma	艰险 jiānxiǎn	3形	捌四 Ka
尖锐 jiānruì		3形	捌二 Ma	艰辛 jiānxīn	2形	捌六 Jb
		3形	捌四 Mb	监测 jiāncè	3动	陆一 Ib
尖酸 jiānsuān		4形	捌五 Ad	监察 jiānchá	4动	陆一 Ib
尖细 jiānxì		2形	捌一 Fb	监督 jiāndū	3动	陆一 Ib
		2形	捌二 Hb	监管 jiānguǎn	4动	陆一 Aa
尖嘴猴腮 jiānzuǐ-hóusāi		4	叁二 Fd	监护 jiānhù	3动	陆十 Dc
奸诈 jiānzhà		4形	捌五 Bg	监控 jiānkòng	3动	陆一 Ib
歼灭 jiānmiè		4动	陆六 Gc	监牢 jiānláo	3名	叁五 Bh
坚不可摧 jiānbùkěcuī		4	捌四 Nc	监视 jiānshì	2动	陆一 Ib
坚持 jiānchí		2动	伍五 Vc	监狱 jiānyù	3名	叁五 Bh
坚定 jiāndìng		2形	捌五 Db	兼并 jiānbìng	4动	陆六 Ga
坚定不移 jiāndìng-bùyí		3	捌五 Db	兼顾 jiāngù	3动	柒六 Mc
坚固 jiāngù		2形	捌四 Nc	兼任 jiānrèn	3动	伍七 Dd
坚决 jiānjué		2形	捌五 Db	兼容 jiānróng	4动	柒六 Mb
坚强 jiānqiáng		2形	捌五 Da	兼收并蓄 jiānshōu-bìngxù	4	柒六 Mb
坚忍 jiānrěn		4形	捌五 Db	兼职 jiānzhí	3名	叁四 Ec

		3 动	伍七 Dd	简朴 jiǎnpǔ	3 形	捌三 Nb
缄默 jiānmò		4 动	伍六 Ba	简体字 jiǎntǐzì	2 名	叁八 Ca
煎 jiān		3 动	伍七 Cb	简要 jiǎnyào	2 形	捌四 Hb
煎熬 jiān'áo		4 动	伍八 Bd	简易 jiǎnyì	3 形	捌三 Mb
拣 jiǎn		3 动	伍七 Ha		3 形	捌四 Kb
茧 jiǎn		3 名	壹五 Bc	简直 jiǎnzhí	4 副	玖一 Ad
俭朴 jiǎnpǔ		3 形	捌五 Na	见 jiàn	1 动	伍二 Da
捡 jiǎn		2 动	伍一 Ca	见多识广 jiànduō-shíguǎng		
检测 jiǎncè		3 动	陆一 Ia		2	捌五 Za
检查 jiǎnchá		2 名	叁八 Ef	见缝插针 jiànfèng-chāzhēn		
		1 动	陆一 Ia		2	捌五 Va
检察 jiǎnchá		4 动	陆一 Ia	见解 jiànjiě	3 名	叁三 Da
检索 jiǎnsuǒ		4 动	伍七 Jc	见利忘义 jiànlì-wàngyì	4	捌五 Kc
检讨 jiǎntǎo		3 名	叁八 Ef	见面 jiàn//miàn	1 动	陆九 Ag
		3 动	陆九 Ff	见仁见智 jiànrén-jiànzhì	4	柒六 Fa
检验 jiǎnyàn		3 动	陆一 Ia	见识 jiàn·shi	3 名	叁三 Da
检疫 jiǎnyì		4 动	陆五 Ke	见死不救 jiànsǐ-bùjiù	2	伍五 Nb
检阅 jiǎnyuè		3 动	陆六 Ab	见微知著 jiànwēi-zhīzhù	4	捌五 Ta
减 jiǎn		1 动	柒五 Ba	见闻 jiànwén	3 名	叁三 Da
减法 jiǎnfǎ		1 名	叁一 Cb	见习 jiànxí	4 动	陆五 Ba
减免 jiǎnmiǎn		3 动	柒五 Ba	见效 jiànxiào	3 动	柒三 Hb
减轻 jiǎnqīng		2 动	柒五 Ba	见义勇为 jiànyì-yǒngwéi	2	捌五 Dc
减弱 jiǎnruò		2 动	柒五 Bc	见异思迁 jiànyì-sīqiān	3	伍五 Oa
减少 jiǎnshǎo		1 动	柒五 Ba	见证 jiànzhèng	4 动	柒六 Bg
减速 jiǎn//sù		2 动	柒三 Ea	件 jiàn	1 量	叁十 Ca
剪 jiǎn		2 名	贰五 Ca	间断 jiànduàn	3 动	柒三 Bg
		2 动	伍一 Jc	间隔 jiàngé	3 名	叁十 Af
剪刀 jiǎndāo		2 名	贰五 Ca	间或 jiànhuò	4 副	玖一 Ec
简便 jiǎnbiàn		2 形	捌四 Fc	间接 jiànjiē	2 形	玖一 Cb
简称 jiǎnchēng		2 名	叁二 Ha	间隙 jiànxì	3 名	肆一 Db
简单 jiǎndān		1 形	捌四 Hb	建 jiàn	2 动	陆一 Ma
		2 形	捌四 Ia		2 动	陆三 Aa
简短 jiǎnduǎn		2 形	捌三 Ad	建功立业 jiàngōng-lìyè	4	陆一 Ma
简化 jiǎnhuà		3 动	柒四 Ab	建交 jiàn//jiāo	3 动	陆九 Aa
简洁 jiǎnjié		3 形	捌三 Ad	建立 jiànlì	2 动	陆一 Ma
简介 jiǎnjiè		2 名	叁八 Ga	建设 jiànshè	2 动	陆一 Ma
简历 jiǎnlì		3 名	叁八 Ef	建议 jiànyì	2 名	叁八 Ed
简练 jiǎnliàn		3 形	捌四 Hb		2 动	陆一 Ka
简陋 jiǎnlòu		3 形	捌三 Mb	建造 jiànzào	3 动	陆三 Aa
简略 jiǎnlüè		3 形	捌四 Hb	建筑 jiànzhù	2 名	贰六 Aa

		2动	陆三 Aa	将错就错 jiāngcuò-jiùcuò	4		伍七 Gg
贱 jiàn		3形	捌四 Qb	将近 jiāngjìn	3动		柒六 Ed
		3形	捌四 Qd		2副		玖一 Da
剑 jiàn		2名	贰五 Fg	将就 jiāng·jiu	4动		陆九 Af
剑拔弩张 jiànbá-nǔzhāng	4		捌六 Fb	将军 jiāngjūn	2名		壹一 Jq
健步如飞 jiànbù-rúfēi	3		伍一 Ka	将来 jiānglái	1名		肆一 De
健康 jiànkāng		1形	捌三 Ja	将心比心 jiāngxīn-bǐxīn	3		伍五 Kc
		2形	捌四 Cd	将信将疑 jiāngxìn-jiāngyí	3		伍五 Pb
健美 jiànměi		2形	捌三 Ja	将要 jiāngyào	1副		玖一 Ee
健美操 jiànměicāo		2名	叁九 Da	僵 jiāng	3形		捌二 Kb
健全 jiànquán		3形	捌四 Gc	僵持 jiāngchí	3动		柒三 Ia
健身 jiànshēn		2动	陆五 Hb	僵局 jiāngjú	4名		叁一 Fa
健谈 jiàntán		3形	陆九 Eg	僵硬 jiāngyìng	3形		捌二 Kb
健壮 jiànzhuàng		2形	捌三 Ja		3形		捌四 Jc
渐渐 jiànjiàn		2副	玖一 Ed	僵直 jiāngzhí	3形		捌一 Ja
践踏 jiàntà		4动	伍一 Ma	缰绳 jiāng·shéng	3名		贰五 Fi
		4动	陆十一 Hd	讲 jiǎng	1动		陆九 Ea
践行 jiànxíng		4动	柒三 Cb	讲话 jiǎnghuà	2名		叁八 Cg
践约 jiànyuē		4动	柒三 Cb		2动		陆九 Ea
毽子 jiàn·zi		3名	贰八 Bd	讲解 jiǎngjiě	2动		陆五 Ab
溅 jiàn		3动	柒二 Ob	讲究 jiǎng·jiu	3动		伍五 Mc
鉴别 jiànbié		3动	伍七 Hg		3形		捌三 Ma
鉴定 jiàndìng		3动	陆一 Ic	讲课 jiǎng//kè	2动		陆五 Ab
鉴赏 jiànshǎng		3动	伍七 Ke	讲理 jiǎng//lǐ	2动		陆十一 Ab
鉴于 jiànyú		4连	玖三 Ga		2形		捌五 Pa
键盘 jiànpán		2名	贰八 Cb	讲评 jiǎngpíng	3动		陆五 Dd
箭 jiàn		2名	贰五 Fg	讲授 jiǎngshòu	3动		陆五 Ab
箭在弦上 jiànzàixiánshàng	3		捌六 Fb	讲述 jiǎngshù	2动		陆九 Fg
				讲台 jiǎngtái	2名		贰六 Bh
jiang				讲演 jiǎngyǎn	3动		陆九 Eb
江 jiāng		1名	贰三 Bg	讲义 jiǎngyì	4名		叁八 Eb
江河 jiānghé		2名	贰三 Bg	讲座 jiǎngzuò	3名		叁四 Fb
江河日下 jiānghé-rìxià	4		伍八 Mb	奖励 jiǎnglì	2动		陆一 Pa
江湖 jiānghú		3名	肆二 Ah	奖品 jiǎngpǐn	2名		贰二 Cf
江郎才尽 Jiāngláng-cáijìn	3		伍五 Be	奖赏 jiǎngshǎng	3动		陆一 Pa
江南 Jiāngnán		2名	肆二 Ca	奖项 jiǎngxiàng	3名		叁二 Cd
江山 jiāngshān		2名	叁五 Ad	奖学金 jiǎngxuéjīn	2名		叁七 Fa
江洋大盗 jiāngyáng dàdào	4		壹一 Gb	奖章 jiǎngzhāng	3名		贰八 Cg
将 jiāng		2副	玖一 Ee	降 jiàng	2动		柒五 Bb
		2介	玖二 Ca	降低 jiàngdī	2动		柒五 Bb

降临 jiànglín	2动	伍七 Ia			浇 jiāo	2动	伍一 Ic
降落 jiàngluò	2动	柒五 Bb			浇灌 jiāoguàn	3动	陆三 Jd
降落伞 jiàngluòsǎn	2名	贰八 Ba			娇滴滴 jiāodīdī	3形	捌三 La
降温 jiàng//wēn	2动	柒一 Bf			娇惯 jiāoguàn	3动	伍五 Ga
将 jiàng	2名	壹一 Jq			娇美 jiāoměi	2形	捌三 La
将领 jiànglǐng	3名	壹一 Jq			娇媚 jiāomèi	4形	捌三 La
绛紫 jiàngzǐ	4形	捌二 Af			娇嫩 jiāonèn	2形	捌三 Jb
酱 jiàng	3名	贰九 Af			娇气 jiāo·qì	2名	叁二 Fa
酱油 jiàngyóu	2名	贰九 Af				2形	捌五 Dd
jiao					娇生惯养 jiāoshēng-guànyǎng		
交 jiāo	1动	陆二 Db				3	伍五 Ga
	1动	陆十 Bb			娇小 jiāoxiǎo	2形	捌三 Jb
交叉 jiāochā	2动	柒二 Ia			娇艳 jiāoyàn	3形	捌三 La
交错 jiāocuò	3动	柒二 Ia			骄傲 jiāo'ào	1名	叁一 Gd
交代 jiāodài	3动	陆一 Jg				1形	伍五 Ac
	3动	陆九 Fb				1形	捌五 Hb
交付 jiāofù	3动	陆十 Bb			骄横 jiāohèng	4形	捌五 Ef
交换 jiāohuàn	2动	陆十 Ba			骄奢淫逸 jiāoshē-yínyì	4	捌五 Nb
交际 jiāojì	2动	陆九 Aa			胶带 jiāodài	3名	贰八 Ad
交接 jiāojiē	3动	陆一 Jg			胶卷 jiāojuǎn	3名	贰八 Ac
	3动	柒二 Hc			胶囊 jiāonáng	3名	贰十 Aa
交界 jiāojiè	2动	柒二 Fa			胶水 jiāoshuǐ	2名	贰八 Ca
交警 jiāojǐng	1名	叁六 Ad			教 jiāo	1动	陆五 Ab
交流 jiāoliú	2动	陆九 Eh			教授 jiāoshòu	3动	陆五 Ab
交纳 jiāonà	3动	陆二 Db			教书 jiāo//shū	2动	陆五 Ab
交配 jiāopèi	3动	伍四 Ea			教学 jiāo//xué	2动	陆五 Ab
交情 jiāo·qing	4名	叁四 Bc			焦 jiāo	2形	捌三 Gb
交涉 jiāoshè	4动	陆九 Ca			焦点 jiāodiǎn	3名	叁二 Aa
交谈 jiāotán	2动	陆九 Eh				3名	叁二 Dd
交替 jiāotì	2动	柒四 Ad			焦急 jiāojí	3形	伍五 Ec
交通 jiāotōng	2名	叁四 Eb			焦虑 jiāolǜ	3形	伍五 Bb
交头接耳 jiāotóu-jiē'ěr	2	陆九 Ec			焦炭 jiāotàn	3名	贰四 Ba
交往 jiāowǎng	2动	陆九 Aa			焦头烂额 jiāotóu-làn'é	3	伍八 Bc
交相辉映 jiāoxiānghuīyìng	4	柒一 Ca			焦躁 jiāozào	3动	伍五 Ec
交响乐 jiāoxiǎngyuè	2名	叁九 Aa			焦灼 jiāozhuó	4动	伍五 Ec
交易 jiāoyì	2动	陆二 Ba			礁石 jiāoshí	4名	贰三 Bd
交织 jiāozhī	3动	柒二 Ic			嚼 jiáo	2动	伍二 Ea
郊外 jiāowài	2名	肆二 Cc			角 jiǎo	1名	壹五 Bd
郊游 jiāoyóu	2动	伍七 Kd				1名	贰二 Fb
						1名	叁二 Aa

		1量	叁七 Ba	叫苦 jiào//kǔ	3动	陆九 Ef	
角度 jiǎodù		3名	叁一 Ba	叫苦连天 jiàokǔ-liántiān	3	陆九 Ef	
		2名	叁十 Aj	叫卖 jiàomài	2动	陆二 Ba	
角落 jiǎoluò		2名	肆二 Db	叫嚣 jiàoxiāo	4动	陆十一 Ac	
角膜 jiǎomó		3名	壹五 Ad	叫作 jiàozuò	1动	柒六 Ad	
侥幸 jiǎoxìng		3形	伍八 Aa	觉 jiào	1名	叁一 Db	
狡辩 jiǎobiàn		3动	陆九 Eg	校对 jiàoduì	3动	陆五 Ec	
		4动	陆十一 Ab	轿车 jiàochē	2名	贰五 Ea	
狡猾 jiǎohuá		2形	捌五 Bg	较 jiào	2副	玖一 Ab	
狡兔三窟 jiǎotù-sānkū		3	捌五 Bg		2介	玖二 Da	
狡黠 jiǎoxiá		4形	捌五 Bg	较劲 jiàojìn	3动	陆五 Ja	
狡诈 jiǎozhà		4形	捌五 Bg		3动	陆六 Ba	
饺子 jiǎo·zi		1名	贰九 Ac	较量 jiàoliàng	3动	陆五 Ja	
绞尽脑汁 jiǎojìn-nǎozhī		3	伍五 Ra	教材 jiàocái	2名	叁八 Eb	
矫健 jiǎojiàn		3形	捌四 Nb	教导 jiàodǎo	3动	陆五 Aa	
矫揉造作 jiǎoróu-zàozuò		4	伍六 Ca	教化 jiàohuà	4动	陆五 Aa	
矫枉过正 jiǎowǎng-guòzhèng				教会 jiàohuì	3名	叁四 Ad	
		4	柒六 Fc	教诲 jiàohuì	4动	陆五 Aa	
皎洁 jiǎojié		3形	捌二 Da	教科书 jiàokēshū	2名	叁八 Eb	
脚 jiǎo		1名	壹五 Af	教练 jiàoliàn	2名	壹一 Jg	
		2名	贰二 Fa		2动	陆五 Be	
脚步 jiǎobù		1名	叁二 Fb	教师 jiàoshī	2名	壹一 Jg	
脚底 jiǎodǐ		2名	壹五 Af	教室 jiàoshì	1名	贰六 Af	
脚跟 jiǎogēn		2名	壹五 Af	教授 jiàoshòu	3名	壹一 Jg	
脚踏实地 jiǎotàshídì		2	捌五 Ga	教堂 jiàotáng	2名	贰六 Hc	
脚下 jiǎoxià		1名	肆二 Ad	教训 jiào·xùn	3名	叁一 Dd	
脚印 jiǎoyìn		2名	贰三 Ib		3动	陆九 Gd	
搅 jiǎo		3动	伍一 He	教育 jiàoyù	2名	叁八 Ba	
搅拌 jiǎobàn		3动	伍一 He		2动	陆五 Aa	
缴 jiǎo		3动	陆二 Db	窖 jiào	4名	贰六 Af	
缴费 jiǎo//fèi		3动	陆二 Db				
缴获 jiǎohuò		4动	陆六 Gd		jie		
缴纳 jiǎonà		3动	陆二 Db	阶层 jiēcéng	3名	叁四 Ad	
叫 jiào		1动	伍二 Hb	阶段 jiēduàn	2名	叁一 Bd	
		1动	伍二 Hb	阶级 jiējí	2名	叁五 Af	
		1动	陆一 Ha	皆 jiē	3副	玖一 Bd	
		1动	柒六 Ad	结实 jiē·shi	2形	捌三 Ja	
叫喊 jiàohǎn		2动	伍二 Hb		2形	捌四 Nc	
叫好 jiào//hǎo		2动	陆九 Ha	接 jiē	1动	伍一 Ce	
叫唤 jiào·huan		2动	伍二 Hb		3动	陆一 Jg	

				节点 jiédiǎn	4 名	叁二 Dd
		1 动	陆九 Ag	节俭 jiéjiǎn	2 形	捌五 Na
		1 动	柒二 Hc	节目 jiémù	1 名	叁九 Ba
接班人 jiēbānrén		2 名	壹一 Af	节能 jiénéng	3 动	陆二 Ha
接触 jiēchù		2 动	柒二 Gb	节拍 jiépāi	2 名	叁九 Aa
接待 jiēdài		3 动	陆九 Ae	节庆 jiéqìng	3 名	肆一 Ha
接二连三 jiē'èr-liánsān		2	玖一 Eg	节日 jiérì	1 名	肆一 Ha
接管 jiēguǎn		4 动	陆一 Aa	节省 jiéshěng	2 动	陆二 Ha
接轨 jiē//guǐ		3 动	柒二 Hd	节外生枝 jiéwài-shēngzhī	4	伍八 Bb
接见 jiējiàn		3 动	陆九 Ag		3	捌四 Ld
接近 jiējìn		2 动	柒二 Fb	节衣缩食 jiéyī-suōshí	3	捌五 Na
		2 动	柒六 Ed	节约 jiéyuē	2 动	陆二 Ha
接力 jiēlì		2 动	柒三 Cd	节制 jiézhì	3 动	伍五 Lc
接连 jiēlián		3 副	玖一 Cd	节奏 jiézòu	2 名	叁九 Aa
		3 副	玖一 Eg	劫 jié	3 动	陆七 Fh
接纳 jiēnà		4 动	陆九 Ai	劫持 jiéchí	4 动	陆七 Fb
接收 jiēshōu		3 动	陆一 Aa	劫后余生 jiéhòu-yúshēng	4	伍八 Lb
		2 动	柒三 Be	杰出 jiéchū	2 形	捌四 Cc
接手 jiēshǒu		3 动	陆一 Jg	杰作 jiézuò	3 名	叁八 Ea
接受 jiēshòu		2 动	陆九 Ai	拮据 jiéjū	4 形	捌六 Ka
接送 jiēsòng		2 动	伍一 Ce	洁白 jiébái	2 形	捌二 Ag
接替 jiētì		3 动	陆一 Jg	洁净 jiéjìng	2 形	捌六 Ga
接应 jiēyìng		3 动	陆六 Cb	洁身自好 jiéshēn-zìhào	3	捌五 Ee
接着 jiē·zhe		1 副	玖一 Ea	结 jié	2 名	贰七 Bi
揭 jiē		3 动	伍一 Bd		2 动	陆三 Ea
		3 动	伍一 Cd	结伴 jié//bàn	3 动	陆十一 Fd
		3 动	柒三 Fe	结党营私 jiédǎng-yíngsī	4	陆十一 Fc
揭穿 jiēchuān		3 动	柒三 Fe	结发夫妻 jiéfà fūqī	3	壹一 Dc
揭发 jiēfā		3 动	陆七 Ab	结构 jiégòu	2 名	叁二 Cc
揭竿而起 jiēgān'érqǐ		4	陆六 Bb	结果 jiéguǒ	1 名	叁一 Be
揭露 jiēlù		3 动	柒三 Fe	结合 jiéhé	2 动	柒二 Ha
揭示 jiēshì		3 动	陆一 Fa	结婚 jié//hūn	2 动	伍七 Ld
揭晓 jiēxiǎo		4 动	陆一 Fa	结伙 jiéhuǒ	3 动	陆十一 Fd
街 jiē		2 名	贰六 Ca	结交 jiéjiāo	3 动	陆九 Aa
街道 jiēdào		2 名	贰六 Ca	结晶 jiéjīng	3 名	贰二 Ab
街坊 jiē·fang		3 名	壹一 Ka		3 名	叁一 Gb
街头巷尾 jiētóu-xiàngwěi		4	肆二 Ah	结局 jiéjú	2 名	叁一 Be
街心 jiēxīn		2 名	肆二 Ae	结论 jiélùn	3 名	叁八 Ed
节 jié		1 量	叁十 Ca	结盟 jié//méng	4 动	陆十一 Fd
		1 名	肆一 Ha	结亲 jié//qīn	3 动	伍七 Ld
节操 jiécāo		4 名	叁二 Ib			

结识 jiéshí	3动	陆九 Aa		解围 jiě//wéi	4动	陆九 Cb
结束 jiéshù	1动	柒三 Ba		解疑 jiě//yí	3动	柒五 Cb
结尾 jiéwěi	2名	叁一 Be		解忧 jiě//yōu	4动	柒五 Cb
结余 jiéyú	3动	陆二 Bd		介词 jiècí	4名	叁八 Cb
结账 jié//zhàng	2动	陆二 Ec		介入 jièrù	3动	伍七 Ee
捷报 jiébào	4名	叁一 Dc		介绍 jièshào	2动	陆五 Dc
捷足先登 jiézú-xiāndēng	4	伍八 Mc			3动	陆九 Ba
睫毛 jiémáo	3名	壹五 Ah		介意 jiè//yì	3动	伍五 Mb
截 jié	3量	叁十 Ca		戒 jiè	3动	柒五 Cc
截然不同 jiérán-bùtóng	3	柒六 Fa		戒备 jièbèi	3动	柒三 Ib
截止 jiézhǐ	2动	柒三 Ba		戒尺 jièchǐ	3名	贰八 Ca
竭尽全力 jiéjìn-quánlì	3	伍七 Ac		戒除 jièchú	3动	柒五 Cc
竭力 jiélì	3副	玖一 Dd		戒心 jièxīn	3名	叁三 Aa
姐弟 jiědì	1名	壹一 Dg		戒指 jiè·zhi	3名	贰七 Bk
姐姐 jiě·jie	1名	壹一 Dg		届 jiè	3量	叁十 Ca
姐妹 jiěmèi	1名	壹一 Dg		届时 jièshí	4副	玖一 Ef
解 jiě	2动	柒五 Cb		界 jiè	2名	叁二 Ca
解除 jiěchú	3动	陆一 Nb		界限 jièxiàn	2名	叁二 Eb
解答 jiědá	2动	陆五 Dc		借 jiè	1动	陆十 Bd
解冻 jiě//dòng	3动	柒一 Db		借贷 jièdài	4动	陆二 Fa
解读 jiědú	3动	陆五 Dc		借刀杀人 jièdāo-shārén	2	捌五 Ab
解乏 jiě//fá	3动	柒五 Cb		借花献佛 jièhuā-xiànfó	4	陆十 Aa
解放 jiěfàng	2动	陆六 Ge		借鉴 jièjiàn	3动	伍七 Hh
解放军 jiěfàngjūn	2名	叁六 Ab		借口 jièkǒu	2名	叁一 Bb
解恨 jiě//hèn	3动	柒五 Cb			2动	伍七 Gd
解甲归田 jiějiǎ-guītián	4	伍七 De		借尸还魂 jièshī-huánhún	4	柒四 Gc
解禁 jiě//jìn	4动	柒五 Cb		借题发挥 jiètí-fāhuī	3	柒六 Bb
解救 jiějiù	2动	陆十 Ce		借条 jiètiáo	2名	叁八 Ef
解决 jiějué	4动	陆六 Gc		借阅 jièyuè	2动	陆十 Bd
	2动	柒五 Cf		借助 jièzhù	2动	柒六 Na
解开 jiěkāi	2动	伍一 Ec				
解渴 jiě//kě	2动	柒五 Cb		jin		
解密 jiě//mì	4动	柒五 Cb		斤 jīn	2量	叁十 Cc
解聘 jiě//pìn	4动	陆一 Je		斤斤计较 jīnjīn-jìjiào	2	伍五 Wb
解剖 jiěpōu	4动	陆五 Db		今非昔比 jīnfēixībǐ	3	柒四 Aa
解散 jiěsàn	2动	陆一 Nb		今后 jīnhòu	2名	肆一 De
解释 jiěshì	2动	陆五 Dc		今年 jīnnián	1名	肆一 Ea
解说 jiěshuō	2动	陆五 Dc		今人 jīnrén	2名	壹一 Af
解体 jiětǐ	4动	伍八 Da		今日 jīnrì	4名	肆一 Dd
解脱 jiětuō	3动	伍七 Ef		今天 jīntiān	1名	肆一 Dd

		1名	肆一 Ed	紧锣密鼓 jǐnluó-mìgǔ	3	捌六 Fb
今朝 jīnzhāo		4名	肆一 Dd	紧密 jǐnmì	2形	捌四 Gc
金 jīn		2名	贰四 Ab	紧迫 jǐnpò	3形	捌六 Fb
金碧辉煌 jīnbì-huīhuáng		3	捌三 Na	紧俏 jǐnqiào	4形	捌三 Af
金灿灿 jīncàncàn		2形	捌二 Da	紧缺 jǐnquē	3形	捌三 Af
金蝉脱壳 jīnchán-tuōqiào		3	伍七 Ja	紧缩 jǐnsuō	3动	柒二 Cb
金额 jīn'é		2名	叁十 Bd	紧要 jǐnyào	3形	捌四 La
金黄 jīnhuáng		2形	捌二 Ab	紧张 jǐnzhāng	2形	伍五 Ea
金科玉律 jīnkē-yùlǜ		3	叁五 Ba		4形	捌三 Af
金牌 jīnpái		2名	叁一 Gd		3形	捌六 Fb
金钱 jīnqián		2名	叁七 Da	锦缎 jǐnduàn	4名	贰七 Ca
金融 jīnróng		4名	叁四 Eb	锦囊妙计 jǐnnáng-miàojì	3	叁三 Db
金色 jīnsè		1名	贰三 Jb	锦上添花 jǐnshàng-tiānhuā	3	柒四 Fb
金属 jīnshǔ		2名	贰四 Aa	锦绣前程 jǐnxiù-qiánchéng	4	叁一 Bg
金鱼 jīnyú		1名	壹二 Ea	谨慎 jǐnshèn	3形	捌五 Gc
金枝玉叶 jīnzhī-yùyè		4	壹一 Ec	谨小慎微 jǐnxiǎo-shènwēi	4	捌五 Gc
金子 jīn·zi		2名	贰四 Ab	尽 jìn	3动	柒三 Ba
津 Jīn		3名	叁五 Ae	尽力 jìn//lì	2动	伍七 Ac
津津乐道 jīnjīn-lèdào		4	陆九 Eh	尽情 jìnqíng	2副	玖一 Df
津津有味 jīnjīn-yǒuwèi		3	捌四 Jb	尽人皆知 jìnrén-jiēzhī	4	捌四 Qe
津贴 jīntiē		4名	叁七 Fa	尽善尽美 jìnshàn-jìnměi	4	捌四 Ba
矜持 jīnchí		4形	捌五 Ed	尽收眼底 jìnshōu-yǎndǐ	3	伍二 Da
筋 jīn		3名	壹五 Al	尽头 jìntóu	2名	肆二 Da
筋骨 jīngǔ		4名	叁二 Fb	进 jìn	1动	伍七 Ic
筋疲力尽 jīnpí-lìjìn		3	伍六 Fa		1动	伍七 Id
禁不住 jīn·buzhù		2动	伍五 Ld	进步 jìnbù	1动	伍八 Ma
仅 jǐn		2副	玖一 Ba		2形	捌五 Oa
仅仅 jǐnjǐn		2副	玖一 Ba	进程 jìnchéng	3名	叁一 Bd
尽 jǐn		2副	玖一 Ad	进度 jìndù	3名	叁一 Bd
		2副	玖一 Dd	进犯 jìnfàn	3动	陆六 Ga
尽管 jǐnguǎn		2连	玖三 Ca	进攻 jìngōng	2动	陆六 Ca
尽快 jǐnkuài		2副	玖一 Dd	进化 jìnhuà	4动	柒四 Aa
尽量 jǐnliàng		2副	玖一 Dd	进军 jìnjūn	3动	陆六 Ca
紧 jǐn		2形	捌三 Ea	进口 jìnkǒu	2名	肆二 Dc
		3形	捌四 Gc		3动	陆二 Aa
		3形	捌六 Ka	进来 jìn//·lái	1动	伍七 Id
紧凑 jǐncòu		4形	捌四 Gc	进取 jìnqǔ	3动	伍八 Ma
紧跟 jǐngēn		3动	伍七 Jb		3形	捌五 Oa
紧急 jǐnjí		3形	捌六 Fb	进去 jìn·qù	1动	伍七 Id
紧邻 jǐnlín		3动	柒二 Fa	进入 jìnrù	1动	伍七 Id

进退两难	jìntuì-liǎngnán	2		伍八 Bc	经过 jīngguò	2 名		叁一 Bd
进退维谷	jìntuì-wéigǔ	4		伍八 Bc		2 动		陆四 Cb
进行	jìnxíng	1	动	柒三 Ca	经济 jīngjì	2 名		叁七 Aa
进言	jìn//yán	4	动	陆九 Hc		3 形		捌四 Qb
进一步	jìnyībù	2	副	玖一 Ab	经久不息 jīngjiǔ-bùxī	3		玖一 Eg
进展	jìnzhǎn	3	动	柒三 Ca	经理 jīnglǐ	3 名		壹一 Ja
近	jìn	1	动	柒二 Fb	经历 jīnglì	2 名		叁一 Ea
		1	形	捌三 Rb		2 动		伍七 Ac
		2	形	捌四 Ra	经络 jīngluò	4 名		壹五 Al
近代	jìndài	3	名	肆一 Ba	经受 jīngshòu	2 动		伍八 Ja
近来	jìnlái	2	名	肆一 Dc	经书 jīngshū	4 名		叁八 Eb
近邻	jìnlín	3	名	壹一 Ka	经验 jīngyàn	2 名		叁一 Dd
近期	jìnqī	3	名	肆一 Dc	经营 jīngyíng	3 动		陆二 Aa
近水楼台	jìnshuǐ-lóutái	4		叁四 Ca	惊 jīng	2 动		伍五 Eb
近在咫尺	jìnzàizhǐchǐ	4		捌三 Rb	惊诧 jīngchà	4 形		伍五 Eb
晋	Jìn	3	名	叁五 Ae	惊动 jīngdòng	3 动		陆十一 Db
晋升	jìnshēng	4	动	伍八 Gb	惊愕 jīng'è	4 形		伍五 Eb
浸	jìn	3	动	柒二 Oe	惊弓之鸟 jīnggōngzhīniǎo	3		伍五 Ea
浸没	jìnmò	4	动	柒二 Oe	惊骇 jīnghài	4 形		伍五 Ea
		4	动	柒六 La	惊呼 jīnghū	3 动		伍二 Hb
浸泡	jìnpào	3	动	柒二 Oe	惊慌 jīnghuāng	3 形		伍五 Ed
浸润	jìnrùn	3	动	柒四 Db	惊慌失措 jīnghuāng-shīcuò	3		伍五 Ed
浸透	jìntòu	3	动	柒四 Db	惊惶 jīnghuáng	4 形		伍五 Ed
浸淫	jìnyín	4	动	柒四 Db	惊叫 jīngjiào	2 动		伍二 Hb
禁闭	jìnbì	3	动	陆七 Dd	惊恐 jīngkǒng	3 形		伍五 Ea
禁锢	jìngù	4	动	陆七 Dd	惊恐万状 jīngkǒng-wànzhuàng			
禁忌	jìnjì	3	名	叁五 Bb		4		伍五 Ea
禁区	jìnqū	2	名	肆二 Ce	惊奇 jīngqí	2 形		伍五 Eb
禁止	jìnzhǐ	2	动	陆一 Na	惊扰 jīngrǎo	3 动		陆十一 Db
					惊人 jīngrén	2 形		捌四 Bb
jing					惊世骇俗 jīngshì-hàisú	4		柒六 Oc
茎	jīng	2	名	壹五 Cb	惊叹 jīngtàn	3 动		陆九 Ha
京	Jīng	3	名	叁五 Ae	惊涛骇浪 jīngtāo-hàilàng	3		贰三 Da
京城	jīngchéng	3	名	叁五 Ae		4		叁一 Ac
京剧	jīngjù	2	名	叁九 Bb	惊天动地 jīngtiān-dòngdì	3		柒六 Oc
经	jīng	2	动	陆四 Cb	惊喜 jīngxǐ	2 形		伍五 Aa
经常	jīngcháng	1	副	玖一 Fb	惊险 jīngxiǎn	2 形		捌六 Ab
经典	jīngdiǎn	3	名	叁八 Eb	惊羡 jīngxiàn	4 动		伍五 Gb
经度	jīngdù	4	名	叁十 Aj	惊心动魄 jīngxīn-dòngpò	3		伍五 Ea
经费	jīngfèi	3	名	叁七 Fb	惊醒 jīngxǐng	2 动		伍四 Fc

词条	拼音	级	词性	位置
惊讶	jīngyà	2	形	伍五 Eb
惊异	jīngyì	3	形	伍五 Eb
惊蛰	jīngzhé	2	名	肆一 Gc
晶莹	jīngyíng	3	形	捌二 Fa
晶莹剔透	jīngyíng-tītòu	3		捌二 Fa
兢兢业业	jīngjīngyèyè	4	形	捌五 Va
精	jīng	2	形	捌三 Ma
		2	形	捌四 Ba
精兵简政	jīngbīng-jiǎnzhèng	4		柒五 Ba
精彩	jīngcǎi	2	形	捌四 Ba
精打细算	jīngdǎ-xìsuàn	3		捌五 Na
精干	jīnggàn	3	形	捌五 Xa
精耕细作	jīnggēng-xìzuò	4		陆三 Jb
精光	jīngguāng	3	形	捌六 Ka
精华	jīnghuá	3	名	叁一 Ha
精简	jīngjiǎn	3	动	柒五 Ba
精力	jīnglì	2	名	叁二 Ga
精练	jīngliàn	3	形	捌三 Ad
精良	jīngliáng	3	形	捌三 Ma
精灵	jīng·líng	3	名	叁三 Fc
精美	jīngměi	2	形	捌三 Ma
精密	jīngmì	3	形	捌三 Ma
精妙	jīngmiào	3	形	捌三 Ma
精明	jīngmíng	3	形	捌五 Xa
精明强干	jīngmíng-qiánggàn	3		捌五 Xa
精疲力竭	jīngpí-lìjié	4		伍六 Fa
精辟	jīngpì	4	形	捌四 Mb
精品	jīngpǐn	3	名	贰二 Cc
精巧	jīngqiǎo	3	形	捌三 Ma
精确	jīngquè	3	形	捌四 Ea
精神	jīngshén	2	名	叁二 Dc
		2	名	叁三 Aa
精神	jīng·shen	2	形	捌三 La
		2	形	捌四 Ja
精髓	jīngsuǐ	4	名	叁一 Ha
精通	jīngtōng	3	动	伍五 Tb
精微	jīngwēi	4	形	捌四 Kc
精卫填海	jīngwèi-tiánhǎi	4		捌五 Db
精细	jīngxì	3	形	捌三 Ma
精心	jīngxīn	2	形	捌五 Ga
精益求精	jīngyìqiújīng	3		柒四 Fb
精英	jīngyīng	3	名	壹一 Ia
精湛	jīngzhàn	4	形	捌四 Ba
精致	jīngzhì	3	形	捌三 Ma
精忠	jīngzhōng	4	形	捌五 Bb
精准	jīngzhǔn	3	形	捌四 Ea
鲸	jīng	2	名	壹二 Ee
井	jǐng	1	名	贰六 Dd
井底之蛙	jǐngdǐzhīwā	2		壹一 Ib
井井有条	jǐngjǐng-yǒutiáo	2		捌六 Ha
井然有序	jǐngrán-yǒuxù	3		捌六 Ha
景	jǐng	1	名	叁二 Ac
景点	jǐngdiǎn	1	名	肆二 Da
景观	jǐngguān	3	名	叁二 Ac
景色	jǐngsè	2	名	叁二 Ac
景物	jǐngwù	2	名	叁二 Ac
景象	jǐngxiàng	2	名	叁二 Ac
景仰	jǐngyǎng	4	动	伍五 Qd
景致	jǐngzhì	3	名	叁二 Ac
警报	jǐngbào	3	名	叁八 Ch
警察	jǐngchá	2	名	壹一 Jf
		2	名	叁六 Ad
警告	jǐnggào	2	动	陆九 Gd
警官	jǐngguān	3	名	壹一 Jf
警戒	jǐngjiè	4	动	陆六 Da
警觉	jǐngjué	3	动	伍五 Mb
警示	jǐngshì	3	动	陆九 Gd
警惕	jǐngtì	4	动	伍五 Mb
警卫	jǐngwèi	3	名	壹一 Jq
		3	动	陆六 Da
警醒	jǐngxǐng	3	动	伍五 Mb
警钟长鸣	jǐngzhōng-chángmíng	3		伍五 Mb
径直	jìngzhí	3	副	玖一 Cb
径自	jìngzì	4	副	玖一 Cb
净	jìng	2	形	捌六 Ga
		2	副	玖一 Bd
净化	jìnghuà	3	动	柒四 Ab

竞技 jìngjì		3动	陆五 Ja			3动	柒二 Ib
竞赛 jìngsài		2动	陆五 Ja	纠纷 jiūfēn		4名	叁一 Ab
竞选 jìngxuǎn		2动	陆一 Ja	纠正 jiūzhèng		2动	伍七 Fa
竞争 jìngzhēng		2动	陆五 Ja	究竟 jiūjìng		4名	叁一 Be
竟 jìng		2副	玖一 Gc			3副	玖一 Df
竟然 jìngrán		2副	玖一 Gc			3副	玖一 Gg
敬 jìng		2动	伍五 Qd	揪 jiū		4动	伍一 Ba
		2动	伍七 Ce	九 jiǔ		1数	叁十 Be
敬爱 jìng'ài		2动	伍五 Qd	九牛一毛 jiǔniú-yīmáo		3	捌四 Od
敬而远之 jìng'éryuǎnzhī		3	伍五 Ea	九死一生 jiǔsǐ-yīshēng		3	伍八 Lb
敬礼 jìng//lǐ		1动	伍三 Ga	九霄云外 jiǔxiāoyúnwài		4	肆二 Ba
敬佩 jìngpèi		3动	伍五 Qc	久 jiǔ		1形	捌三 Qa
敬畏 jìngwèi		4动	伍五 Ea	久经沙场 jiǔjīng-shāchǎng		3	捌五 Ya
敬仰 jìngyǎng		3动	伍五 Qd	久久 jiǔjiǔ		2副	玖一 Eg
敬业 jìngyè		3动	伍七 Ec	久仰 jiǔyǎng		4动	陆九 Ja
敬意 jìngyì		2名	叁三 Bb	久远 jiǔyuǎn		2形	捌三 Qa
敬重 jìngzhòng		3动	伍五 Qd	玖 jiǔ		4数	叁十 Be
静 jìng		1形	捌六 Db	酒 jiǔ		2名	贰九 Aj
静寂 jìngjì		4形	捌六 Db	酒店 jiǔdiàn		2名	叁七 Gb
静谧 jìngmì		4形	捌六 Db	酒精 jiǔjīng		3名	贰三 Gb
静默 jìngmò		4动	伍六 Ba	酒囊饭袋 jiǔnáng-fàndài		4	壹一 Ib
静悄悄 jìngqiāoqiāo		1形	捌六 Db	酒水 jiǔshuǐ		3名	贰九 Aj
静态 jìngtài		3名	叁二 Ab	旧 jiù		1形	捌三 Kb
静止 jìngzhǐ		2动	柒三 Bc			1形	捌四 Ta
境地 jìngdì		4名	叁一 Fb	救 jiù		1动	陆十 Ce
		3名	叁一 Fb	救护 jiùhù		2动	陆五 Kc
境界 jìngjiè		3名	叁一 Fb	救济 jiùjì		3动	陆十 Cd
		3名	叁二 Eb	救命 jiù//mìng		2动	陆十 Ce
境遇 jìngyù		4名	叁一 Fb	救生圈 jiùshēngquān		2名	贰八 Ba
镜头 jìngtóu		3名	贰八 Ac	救死扶伤 jiùsǐ-fúshāng		3	陆五 Kc
		3名	叁九 Ba	救星 jiùxīng		2名	壹一 Ga
镜子 jìng·zi		1名	贰七 Bg	救援 jiùyuán		3动	陆十 Ce
jiong				救灾 jiù//zāi		2动	陆十 Cf
窘境 jiǒngjìng		4名	叁一 Fb	救治 jiùzhì		3动	陆五 Kc
窘况 jiǒngkuàng		4名	叁一 Fb	救助 jiùzhù		2动	陆十 Cd
窘迫 jiǒngpò		4形	伍八 Bc	就 jiù		1副	玖一 Ba
		4形	捌六 Ka			1副	玖一 Ea
jiu						1副	玖一 Ee
				就餐 jiùcān		2动	伍七 Cc
纠缠 jiūchán		4动	陆十一 Da	就读 jiùdú		3动	陆五 Ba

就近	jiùjìn	3 形	捌三 Rb		举办	jǔbàn	2 动	陆一 Mb
就寝	jiùqǐn	4 动	伍七 Ba		举报	jǔbào	3 动	陆七 Ab
就任	jiùrèn	3 动	陆一 Jf		举步维艰	jǔbù-wéijiān	4	捌六 Jb
就事论事	jiùshì-lùnshì	4	陆十一 Aa		举动	jǔdòng	3 名	叁四 Fa
就是	jiùshì	1 动	柒六 Aa		举国上下	jǔguó-shàngxià	3	叁五 Ad
		2 连	玖三 Ca		举荐	jǔjiàn	4 动	陆九 Bb
就业	jiù//yè	3 动	伍七 Da		举例	jǔ//lì	2 动	柒六 Ee
就医	jiù//yī	3 动	陆五 Ka		举目无亲	jǔmù-wúqīn	3	捌六 Dd
就诊	jiù//zhěn	3 动	陆五 Ka		举棋不定	jǔqí-búdìng	3	伍五 Oa
就职	jiù//zhí	4 动	陆一 Jf		举世闻名	jǔshì-wénmíng	2	捌四 Qe
舅舅	jiù·jiu	1 名	壹一 Df		举世无双	jǔshì-wúshuāng	2	捌四 Cc
					举世瞩目	jǔshì-zhǔmù	3	捌四 Qe
ju					举手之劳	jǔshǒuzhīláo	2	捌四 Kb
拘谨	jūjǐn	4 形	捌五 Ed		举行	jǔxíng	2 动	柒三 Cc
拘留	jūliú	4 动	陆七 Dd		举一反三	jǔyī-fǎnsān	3	陆五 Db
拘束	jūshù	3 动	陆十一 Dd		举止	jǔzhǐ	2 名	叁四 Fa
		3 形	捌五 Ed		举重	jǔzhòng	3 名	叁九 Da
居安思危	jū'ān-sīwēi	4	伍五 Mb		举足轻重	jǔzú-qīngzhòng	3	捌四 La
居高临下	jūgāo-línxià	3	伍二 Da		巨大	jùdà	1 形	捌一 Ha
居民	jūmín	2 名	壹一 Ka		巨额	jù'é	3 形	捌三 Aa
居然	jūrán	3 副	玖一 Gc		巨幅	jùfú	3 形	捌一 Ha
居心叵测	jūxīn-pǒcè	4	捌五 Ab		巨浪	jùlàng	2 名	贰三 Da
居于	jūyú	2 动	柒六 La		巨人	jùrén	2 名	壹一 Ea
居住	jūzhù	2 动	伍七 Ab		巨头	jùtóu	4 名	壹一 Lh
鞠躬	jūgōng	3 动	伍三 Ga		句号	jùhào	2 名	叁八 Ci
局	jú	4 名	叁五 Ac		句子	jù·zi	1 名	叁八 Cc
局部	júbù	2 名	捌三 Bb		拒绝	jùjué	2 动	陆九 Ah
局促	júcù	4 形	捌一 Cc		具备	jùbèi	2 动	柒六 Kb
		4 形	捌五 Ed		具体	jùtǐ	2 形	捌四 Hc
局面	júmiàn	2 名	叁一 Fa		具象	jùxiàng	4 形	捌四 Hc
局势	júshì	3 名	叁一 Fa		具有	jùyǒu	2 动	柒六 Kb
局限	júxiàn	3 动	陆十一 Dd		俱乐部	jùlèbù	4 名	叁九 Dc
菊花	júhuā	1 名	壹三 Cb		剧	jù	2 名	叁九 Bb
橘子	jú·zi	2 名	壹三 Fb		剧本	jùběn	2 名	叁八 Db
咀嚼	jǔjué	3 动	伍二 Ea		剧变	jùbiàn	4 动	柒四 Aa
		4 动	伍五 Td		剧场	jùchǎng	3 名	叁九 Bc
沮丧	jǔsàng	4 形	伍五 Bc		剧烈	jùliè	3 形	捌四 Ma
举	jǔ	2 动	伍一 Da		剧院	jùyuàn	3 名	叁九 Bc
		2 动	陆九 Ea		据	jù	3 介	玖二 Ea
举案齐眉	jǔ'àn-qíméi	4	伍五 Qd		据理力争	jùlǐ-lìzhēng	3	陆十一 Ab

据说 jùshuō	2动	伍二 Db		决斗 juédòu		4动	陆六 Ca	
据悉 jùxī	4动	伍五 Tb		决计 juéjì		4动	伍五 Ob	
距 jù	2动	柒二 Fd		决裂 juéliè		3动	陆十一 Gc	
距离 jùlí	2名	叁十 Af		决然 juérán		4副	玖一 Cf	
	2动	柒二 Fd		决赛 juésài		2名	叁九 Db	
惧怕 jùpà	4动	伍五 Ea		决心 juéxīn		1动	伍五 Ob	
锯 jù	3名	贰五 Cc		决一死战 juéyīsǐzhàn		3	陆六 Ca	
	3动	伍一 Ja		决议 juéyì		3名	叁八 Ed	
锯子 jù·zi	3名	贰五 Cc		决意 juéyì		4动	伍五 Ob	
聚 jù	2动	伍八 Nb		决战 juézhàn		2动	陆六 Ca	
	2动	柒二 Jb		诀别 juébié		4动	伍八 Nc	
聚会 jùhuì	2动	伍八 Nb		抉择 juézé		4动	伍七 Ha	
	3动	陆九 Ag		角色 juésè		2名	壹一 Jl	
聚集 jùjí	3动	柒二 Jb		角逐 juézhú		4动	陆五 Ja	
聚精会神 jùjīng-huìshén	2	伍五 Mb		觉察 juéchá		3动	伍五 Tb	
聚拢 jùlǒng	4动	柒二 Jb		觉得 jué·de		1动	伍五 Va	
聚沙成塔 jùshā-chéngtǎ	4	陆二 Ga		觉悟 juéwù		3名	叁一 Dd	
						3动	伍五 Ja	
juan				绝对 juéduì		3副	玖一 Ad	
捐 juān	3动	陆十 Ab		绝活儿 juéhuór		3名	叁二 Ie	
捐款 juānkuǎn	3名	叁七 Eb		绝迹 jué//jì		4动	柒三 Ga	
	3动	陆十 Ab		绝境 juéjìng		4名	叁一 Fb	
捐献 juānxiàn	3动	陆十 Ab		绝密 juémì		4形	捌四 Sd	
捐赠 juānzèng	3动	陆十 Aa		绝妙 juémiào		3形	捌四 Ba	
捐助 juānzhù	3动	陆十 Cd		绝望 jué//wàng		3动	伍五 Bd	
镌刻 juānkè	4动	陆五 Ib		绝无仅有 juéwú-jǐnyǒu		4	捌四 Cb	
卷 juǎn	2量	叁十 Ca		绝招儿 juézhāor		4名	叁三 Dc	
	2动	伍一 Cd		倔强 juéjiàng		3形	捌五 Cc	
卷土重来 juǎntǔ-chónglái	3	柒三 Gb		崛起 juéqǐ		4动	柒二 Ab	
卷 juàn	2名	贰二 Ee		矍铄 juéshuò		4形	捌三 Ja	
	2量	叁十 Ca		攫取 juéqǔ		4动	陆七 Fh	
倦怠 juàndài	4形	伍六 Fa		倔 juè		3形	捌五 Cc	
圈 juàn	2名	贰六 Db						
眷顾 juàngù	4动	陆十 Da		**jun**				
眷恋 juànliàn	4动	伍五 Gc		军队 jūnduì		2名	叁六 Aa	
jue				军阀 jūnfá		4名	壹一 Jq	
决策 juécè	3名	叁五 Bd		军官 jūnguān		2名	壹一 Jq	
	4动	陆一 Kb		军舰 jūnjiàn		3名	贰五 Fc	
决定 juédìng	1名	叁八 Ed		军令状 jūnlìngzhuàng		4名	叁八 Ef	
	2动	陆一 Kb		军人 jūnrén		1名	壹一 Jq	

军事	jūnshì	3 名	叁一 Aa	开导	kāidǎo	3 动	陆五 Ac
军衔	jūnxián	4 名	叁四 Cb	开发	kāifā	2 动	陆一 Mb
军营	jūnyíng	3 名	贰六 Fa			3 动	陆三 Ja
军用	jūnyòng	3 形	叁一 Fd	开发区	kāifāqū	3 名	肆二 Ca
均衡	jūnhéng	3 形	捌六 Ha	开饭	kāi//fàn	2 动	伍七 Cc
均匀	jūnyún	2 形	捌六 Ha	开放	kāifàng	1 动	伍四 Ab
君主	jūnzhǔ	3 名	壹一 Lj			3 动	陆一 Ra
君子	jūnzǐ	2 名	壹一 Ha			3 形	捌五 Pa
龟裂	jūnliè	4 动	伍四 Ha	开工	kāi//gōng	2 动	柒三 Aa
俊美	jùnměi	2 形	捌三 La	开花	kāi//huā	1 动	伍四 Ab
俊俏	jùnqiào	3 形	捌三 La	开怀大笑	kāihuái-dàxiào	2	伍六 Aa
俊秀	jùnxiù	3 形	捌三 La	开会	kāi//huì	1 动	陆一 Ka
俊逸	jùnyì	4 形	捌三 La	开垦	kāikěn	3 动	陆三 Ja
峻峭	jùnqiào	4 形	捌一 Mb	开口	kāikǒu	2 动	陆九 Ea
骏马	jùnmǎ	3 名	壹二 Cb	开阔	kāikuò	3 形	捌一 Ca
竣工	jùngōng	4 动	柒三 Bd			3 形	捌四 Ga
				开朗	kāilǎng	2 形	捌五 Fa
	ka			开门见山	kāimén-jiànshān	3	捌五 Ce
咖啡	kāfēi	2 名	贰九 Ai	开幕	kāi//mù	2 动	柒三 Aa
咖啡色	kāfēisè	2 名	贰三 Jb	开幕式	kāimùshì	2 名	叁四 Db
卡	kǎ	1 名	贰八 Cc	开辟	kāipì	3 动	陆一 Mb
卡车	kǎchē	2 名	贰五 Ea	开启	kāiqǐ	3 动	伍一 Aj
卡片	kǎpiàn	2 名	贰八 Cc	开窍	kāi//qiào	4 动	伍五 Ja
卡通片	kǎtōngpiàn	1 名	叁九 Ba	开设	kāishè	3 动	陆一 Mb
				开始	kāishǐ	1 名	叁一 Bc
	kai					1 动	柒三 Aa
开	kāi	1 动	伍一 Aj	开天辟地	kāitiān-pìdì	3	叁一 Bc
		1 动	伍四 Ab	开头	kāitóu	1 名	叁一 Bc
		2 动	陆一 Mb			1 动	柒三 Aa
		1 动	陆三 Bc	开拓	kāituò	3 动	陆一 Mb
		2 动	陆四 Aa	开拓进取	kāituò-jìnqǔ	3	陆一 Mb
		1 动	柒三 Cc	开玩笑	kāi wánxiào	3	伍五 Na
开办	kāibàn	3 动	陆一 Mb			2	陆十一 Cb
开采	kāicǎi	3 动	陆三 Hb	开销	kāi·xiāo	3 名	叁七 Fb
开场	kāi//chǎng	2 动	柒三 Aa			3 动	陆二 Ec
开车	kāi//chē	2 动	陆四 Aa	开心	kāixīn	1 形	伍五 Aa
开诚布公	kāichéng-bùgōng			开学	kāi//xué	1 动	柒三 Aa
		4	捌五 Ba	开业	kāi//yè	2 动	陆二 Ba
开除	kāichú	2 动	陆一 Pb	开夜车	kāi yèchē	3	伍七 Db
开创	kāichuàng	2 动	陆一 Mb	开源节流	kāiyuán-jiéliú	4	捌五 Na

开凿 kāizáo	4 动	伍一 Je	看不起 kàn·buqǐ	1 动	伍五 Nc
开展 kāizhǎn	2 动	柒三 Ca	看待 kàndài	2 动	陆九 Ae
开张 kāi//zhāng	2 动	陆二 Ba	看法 kàn·fǎ	2 名	叁三 Da
开支 kāizhī	3 名	叁七 Fb	看见 kàn//jiàn	1 动	伍二 Da
	3 动	陆二 Ec	看来 kànlái	2 动	伍五 Sa
	3 动	柒五 Ba	看热闹 kàn rè·nao	2	伍五 Nb
开宗明义 kāizōng-míngyì	4	捌五 Ce	看台 kàntái	2 名	贰六 Bh
揩 kāi	4 动	伍一 Ib	看透 kàn//tòu	3 动	伍五 Tb
凯歌 kǎigē	4 名	叁九 Ab	看望 kànwàng	3 动	陆九 Ac
凯旋 kǎixuán	3 动	伍八 Ca	看中 kàn//zhòng	2 动	伍七 Ha
铠甲 kǎijiǎ	4 名	贰七 Cb	看重 kànzhòng	3 动	伍五 Mc
慨然 kǎirán	4 副	玖一 Cg	看作 kànzuò	2 动	柒六 Ab

kang

慨叹 kǎitàn	4 动	伍五 Db	康复 kāngfù	3 动	伍四 Ja
楷书 kǎishū	3 名	叁八 Ca	康庄大道 kāngzhuāng-dàdào	4	叁一 Bf

kan

刊登 kāndēng	4 动	陆三 Fb	慷慨 kāngkǎi	4 形	伍六 Eb
刊物 kānwù	3 名	叁八 Fa		4 形	捌五 Mc
刊行 kānxíng	3 动	陆三 Fb	慷慨陈词 kāngkǎi-chéncí	4	陆九 Fg
刊载 kānzǎi	4 动	陆三 Fb	慷慨激昂 kāngkǎi-jī'áng	4	伍六 Eb
看 kān	3 动	陆七 Dd	慷慨解囊 kāngkǎi-jiěnáng	4	陆十 Cd
	2 动	陆十 Dc	糠 kāng	4 名	壹五 Ce
看管 kānguǎn	3 动	陆十 Dc		4 形	捌三 Db
看护 kānhù	2 名	壹一 Jh	扛 káng	2 动	伍一 Db
	2 动	陆十 Dc	亢奋 kàngfèn	4 形	伍五 Da
看家 kānjiā	2 动	陆十 Dc	抗衡 kànghéng	4 动	柒六 Eb
看守 kānshǒu	3 名	壹一 Jf	抗击 kàngjī	2 动	陆六 Ea
	3 动	陆六 Da	抗拒 kàngjù	3 动	陆六 Ea
勘测 kāncè	4 动	陆三 Ha	抗生素 kàngshēngsù	4 名	贰十 Aa
勘察 kānchá	4 动	陆三 Ha	抗议 kàngyì	3 动	陆六 Bc
勘探 kāntàn	4 动	陆三 Ha	抗争 kàngzhēng	3 动	陆六 Ba
堪称 kānchēng	3 动	柒六 Ad	炕 kàng	3 名	贰七 Ac
坎坷 kǎnkě	4 形	捌一 Mb			
侃侃而谈 kǎnkǎn'értán	4	陆九 Eg			

kao

砍 kǎn	2 动	伍一 Jd	考 kǎo	1 动	陆五 Ad
砍伐 kǎnfá	3 动	伍一 Jd	考察 kǎochá	3 动	伍七 He
看 kàn	1 动	伍二 Da		3 动	陆一 Ia
	2 动	伍五 Vb	考核 kǎohé	2 动	陆一 Ic
	1 动	陆五 Ca	考究 kǎo·jiu	4 动	陆五 Da
看病 kàn//bìng	1 动	陆五 Ka			

		4 形	捌三 Ma	咳 ké	2 动	伍四 Ic	
考虑 kǎolǜ	2 动	伍五 Ra		咳嗽 ké·sou	2 动	伍四 Ic	
考评 kǎopíng	3 动	陆一 Ic		可 kě	1 动	伍五 Zd	
考生 kǎoshēng	2 名	壹一 Jr			1 连	玖三 Da	
考试 kǎo//shì	1 动	陆五 Ad		可爱 kě'ài	1 形	捌三 La	
考验 kǎoyàn	3 动	陆一 Ia		可悲 kěbēi	2 形	伍五 Ba	
考证 kǎozhèng	4 动	陆五 Da		可鄙 kěbǐ	4 形	捌四 Bb	
烤 kǎo	2 动	伍七 Cb		可耻 kěchǐ	3 形	捌四 Ob	
烤鸭 kǎoyā	2 名	贰九 Ad		可歌可泣 kěgē-kěqì	3	捌四 Ja	
靠 kào	1 动	伍三 Ea		可观 kěguān	4 形	捌四 Ba	
	1 动	陆四 Cc		可贵 kěguì	2 形	捌四 Qa	
	1 动	柒六 Na		可见 kějiàn	2 连	玖三 Ha	
靠近 kàojìn	2 动	柒二 Fb		可敬 kějìng	3 形	捌四 Qc	
靠拢 kàolǒng	3 动	柒二 Fb		可靠 kěkào	3 形	捌四 Aa	
					3 形	捌四 Ee	
		ke		可口 kěkǒu	2 形	捌二 Jb	
苛捐杂税 kējuān-záshuì	4	叁七 Cb		可怜 kělián	1 动	伍五 Kb	
苛刻 kēkè	4 形	捌五 Ad			1 形	捌六 Ib	
苛求 kēqiú	4 动	伍五 Ub		可能 kěnéng	1 名	叁一 Fa	
科 kē	3 名	叁二 Cd			1 动	玖一 Da	
	4 名	叁五 Ac		可怕 kěpà	1 形	捌四 Bb	
科技 kējì	3 名	叁二 Ie		可亲 kěqīn	2 形	捌五 Cb	
科举 kējǔ	4 名	叁八 Bc		可取 kěqǔ	3 形	捌四 Fa	
科目 kēmù	3 名	叁八 Bb		可是 kěshì	1 连	玖三 Da	
科普 kēpǔ	2 动	陆一 Oa		可恶 kěwù	4 形	捌四 Bb	
科学 kēxué	2 名	叁八 Ab		可惜 kěxī	2 形	伍五 Kb	
	2 形	捌四 Ea		可想而知 kěxiǎng'érzhī	3	玖一 Gb	
科学家 kēxuéjiā	2 名	壹一 Ia		可笑 kěxiào	2 形	捌四 Jb	
科研 kēyán	4 动	陆五 Da		可信 kěxìn	2 形	捌四 Aa	
棵 kē	1 量	叁十 Ca		可疑 kěyí	2 形	捌四 Ce	
颗 kē	1 量	叁十 Ca		可以 kěyǐ	1 动	伍五 Qb	
颗粒 kēlì	3 名	贰二 Ec			1 动	伍五 Zd	
磕 kē	4 动	伍一 Aa		可憎 kězēng	4 形	捌四 Bb	
	4 动	伍一 Ab		渴 kě	1 形	伍四 Gc	
	4 动	柒二 Ga		渴求 kěqiú	3 动	伍五 Ua	
磕磕绊绊 kē·kebànbàn	4 形	伍一 Ka		渴望 kěwàng	2 动	伍五 Ua	
磕头 kē//tóu	3 动	伍三 Gb		克 kè	2 量	叁十 Cc	
瞌睡 kēshuì	3 动	伍四 Fb		克敌制胜 kèdí-zhìshèng	4	陆六 Gc	
蝌蚪 kēdǒu	2 名	壹二 Ef		克服 kèfú	2 动	伍五 Lb	
壳 ké	2 名	贰二 Fc			2 动	柒五 Cg	

克己奉公 kèjǐ-fènggōng	4		捌五 Ka
克隆 kèlóng	3	动	陆三 Ac
克勤克俭 kèqín-kèjiǎn	4		捌五 Na
克制 kèzhì	3	动	伍五 Lc
刻 kè	2	量	肆一 Fc
	2	动	陆五 Ib
刻板 kèbǎn	3	形	捌五 Ub
刻薄 kèbó	4	形	捌五 Ad
刻不容缓 kèbùrónghuǎn	4		捌六 Fb
刻毒 kèdú	4	形	捌五 Ab
刻骨铭心 kègǔ-míngxīn	3		伍五 Xc
刻画 kèhuà	3	动	陆九 Fh
刻苦 kèkǔ	4	形	捌五 Na
	2	形	捌五 Va
刻舟求剑 kèzhōu-qiújiàn	2		捌五 Ub
客房 kèfáng	2	名	贰六 Af
客观 kèguān	3	形	捌四 Gc
客户 kèhù	3	名	壹一 Le
客流 kèliú	3	名	叁十 Bd
客气 kè·qi	2	形	捌五 Ia
客人 kè·rén	1	名	壹一 Le
	2	名	壹一 Le
客厅 kètīng	1	名	贰六 Af
客运 kèyùn	2	名	叁四 Eb
课 kè	1	名	叁八 Ec
课本 kèběn	1	名	叁八 Eb
课程 kèchéng	2	名	叁八 Bc
课间 kèjiān	1	名	肆一 Cc
课堂 kètáng	1	名	贰六 Af
课题 kètí	4	名	叁八 Ge
课文 kèwén	1	名	叁八 Ec
课桌 kèzhuō	1	名	贰七 Aa

ken

肯 kěn	1	动	伍五 Yb
肯定 kěndìng	2	动	陆一 Kb
	2	副	玖一 Db
肯干 kěngàn	2	形	捌五 Fa
垦荒 kěnhuāng	3	动	陆三 Ja
恳切 kěnqiè	4	形	捌五 Ba
恳求 kěnqiú	3	动	陆九 Ka
啃 kěn	3	动	伍二 Eb

keng

坑 kēng	2	名	肆二 Dd
	3	动	陆十一 Hg

kong

空 kōng	1	形	捌三 Db
	2	副	捌四 Fb
空洞 kōngdòng	2	形	捌四 Hd
空乏 kōngfá	3	形	捌四 Hd
空泛 kōngfàn	3	形	捌四 Hd
空间 kōngjiān	2	名	肆二 Aa
空军 kōngjūn	2	名	叁六 Ac
空口无凭 kōngkǒu-wúpíng	3		陆九 Eg
空旷 kōngkuàng	3	形	捌一 Ca
空阔 kōngkuò	4	形	捌一 Ca
空灵 kōnglíng	4	形	捌四 Ja
空气 kōngqì	1	名	贰三 Db
空前 kōngqián	3	动	捌四 Cc
空前绝后 kōngqián-juéhòu	3		捌四 Cc
空调 kōngtiáo	1	名	贰七 Ad
空心 kōngxīn	3	形	捌三 Db
空虚 kōngxū	3	形	捌四 Hd
空穴来风 kōngxué-láifēng	4		伍七 Gd
空中 kōngzhōng	1	名	肆二 Ba
空中楼阁 kōngzhōng-lóugé	4		捌四 Ab
孔 kǒng	2	名	肆二 Dd
孔武有力 kǒngwǔ-yǒulì	4		捌四 Na
孔隙 kǒngxì	3	名	肆二 Dd
恐怖 kǒngbù	3	形	捌四 Bb
恐吓 kǒnghè	3	动	陆十一 Hb
恐慌 kǒnghuāng	3	形	伍五 Ed
恐惧 kǒngjù	3	形	捌四 Bb
恐龙 kǒnglóng	2	名	壹二 Bh
恐怕 kǒngpà	2	动	伍五 Bb

		2 副	玖一 Da	口头 kǒutóu		2 名	叁二 Ab
空 kòng		2 形	捌六 Eb	口味 kǒuwèi		2 名	叁三 Ba
空白 kòngbái		4 名	肆二 Dd			3 名	叁三 Eb
空地 kòngdì		2 名	肆二 Da	口吻 kǒuwěn		3 名	叁八 Ga
空缺 kòngquē		3 名	叁四 Ca	口香糖 kǒuxiāngtáng		1 名	贰九 Ah
空隙 kòngxì		3 名	肆一 Db	口音 kǒu·yīn		2 名	贰三 La
		3 名	肆二 Dd	口语 kǒuyǔ		2 名	叁八 Cf
空暇 kòngxiá		4 名	肆一 Db	口罩 kǒuzhào		2 名	贰五 Df
空闲 kòngxián		2 名	肆一 Db	口诛笔伐 kǒuzhū-bǐfá		4	陆九 Gb
		2 形	捌六 Eb	叩 kòu		4 动	伍一 Ab
控告 kònggào		4 动	陆七 Ab	叩问 kòuwèn		4 动	陆九 Fc
控诉 kòngsù		4 动	陆九 Ef	扣 kòu		2 动	伍一 Ac
控制 kòngzhì		2 动	伍五 Lc			2 动	伍一 Fb
		2 动	陆一 Da			4 动	陆七 Dd
						2 动	柒二 Bd
kou				扣除 kòuchú		2 动	柒五 Ba
抠 kōu		4 动	伍一 Je	扣人心弦 kòurénxīnxián		3	捌四 Ja
口 kǒu		1 名	壹五 Ad	扣押 kòuyā		4 动	陆七 Dd
		1 量	叁十 Ca	扣子 kòu·zi		2 名	贰七 Bi
口碑 kǒubēi		3 名	叁八 Cg				
口才 kǒucái		2 名	叁二 Ie	**ku**			
口袋 kǒu·dai		2 名	贰七 Be	枯槁 kūgǎo		4 形	捌二 Oa
		1 名	贰七 Cc			4 形	捌三 Jb
口干舌燥 kǒugān-shézào		3	伍四 Gc	枯黄 kūhuáng		3 形	捌二 Ab
口感 kǒugǎn		2 名	叁三 Ba	枯竭 kūjié		3 形	捌二 Oa
口号 kǒuhào		2 名	叁八 Cg			3 形	捌三 Af
口红 kǒuhóng		2 名	贰七 Bm	枯木逢春 kūmù-féngchūn		4	柒四 Fa
口径 kǒujìng		4 名	叁二 Ea	枯瘦 kūshòu		3 形	捌一 Gb
口口声声 kǒu·koushēngshēng				枯萎 kūwěi		3 形	伍四 Ba
		2 副	玖一 Fa	枯朽 kūxiǔ		4 形	捌二 Oa
口令 kǒulìng		2 名	叁八 Ch	枯燥 kūzào		3 形	捌四 Jd
口蜜腹剑 kǒumì-fùjiàn		3	捌五 Ab	哭 kū		1 动	伍六 Ab
口气 kǒu·qì		2 名	叁八 Ga	哭泣 kūqì		2 动	伍六 Ab
口腔 kǒuqiāng		2 名	壹五 Ad	哭腔 kūqiāng		4 名	叁八 Cd
口若悬河 kǒuruòxuánhé		2	陆九 Eg	哭诉 kūsù		3 动	陆九 Ef
口哨儿 kǒushàor		2 名	贰三 La	窟窿 kū·long		4 名	肆二 Dd
口舌 kǒushé		3 名	叁八 Cg	苦 kǔ		1 形	捌二 Ja
口试 kǒushì		2 动	陆五 Ad			1 形	捌六 Jb
口是心非 kǒushì-xīnfēi		3	捌五 Bc	苦楚 kǔchǔ		4 形	伍五 Ba
口水 kǒushuǐ		1 名	壹五 Aq	苦尽甘来 kǔjìn-gānlái		2	柒四 Fa

苦口婆心 kǔkǒu-póxīn	3		陆九 Hc	
苦苦 kǔkǔ	2	副	玖一 Ac	
苦力 kǔlì	3	名	壹一 Jn	
苦闷 kǔmèn	3	形	伍五 Bb	
苦命 kǔmìng	2	名	叁一 Eb	
苦难 kǔnàn	2	名	叁一 Ed	
苦恼 kǔnǎo	2	形	伍五 Bb	
苦涩 kǔsè	4	形	伍五 Ba	
	4	形	捌二 Ja	
苦笑 kǔxiào	2	动	伍六 Aa	
苦心 kǔxīn	3	名	叁三 Aa	
苦衷 kǔzhōng	4	名	叁一 Ed	
	4	名	叁三 Bc	
库 kù	2	名	贰六 Ea	
裤子 kù·zi	1	名	贰七 Cb	
酷 kù	2	形	捌三 Kc	
	2	副	玖一 Ac	
酷爱 kù'ài	2	动	伍五 Ga	
酷热 kùrè	3	形	捌二 Nb	
酷暑 kùshǔ	3	名	肆一 Ga	
酷似 kùsì	3	动	柒六 Ed	
酷刑 kùxíng	4	名	叁五 Be	

kua

夸 kuā	1	动	陆九 Ha	
夸大 kuādà	2	动	陆九 Eg	
夸大其词 kuādà-qící	4		陆九 Eg	
夸奖 kuājiǎng	2	动	陆九 Ha	
夸夸其谈 kuākuā-qítán	3		陆九 Eg	
夸耀 kuāyào	3	动	伍七 Gc	
夸赞 kuāzàn	2	动	陆九 Ha	
夸张 kuāzhāng	2	名	叁八 Ce	
	2	动	陆九 Eg	
垮 kuǎ	4	动	伍八 Da	
	3	动	柒二 Bf	
挎 kuà	4	动	伍一 Cb	
跨 kuà	2	动	伍一 Lb	
	2	动	陆四 Cb	
跨越 kuàyuè	3	动	陆四 Cb	

kuai

会计 kuài·jì	3	名	壹一 Jc	
块 kuài	1	名	贰二 Ea	
	1	量	叁十 Ca	
快 kuài	2	形	捌二 Ma	
	1	形	捌三 Pa	
	1	副	玖一 Dd	
	1	副	玖一 Ee	
快餐 kuàicān	2	名	叁一 Db	
快车 kuàichē	2	名	贰五 Ea	
快递 kuàidì	2	名	叁八 Ee	
	2	动	陆九 Db	
快活 kuài·huo	2	形	伍五 Aa	
快捷 kuàijié	3	形	捌三 Pa	
快乐 kuàilè	1	形	伍五 Aa	
快马加鞭 kuàimǎ-jiābiān	2		柒三 Da	
快人快语 kuàirén-kuàiyǔ	3		捌五 Ce	
快速 kuàisù	2	形	捌三 Pa	
筷子 kuài·zi	2	名	贰七 Bb	

kuan

宽 kuān	2	名	叁十 Ag	
	1	形	捌一 Cb	
	1	形	捌五 Mb	
宽敞 kuān·chang	3	形	捌一 Ca	
宽大 kuāndà	2	形	捌一 Cb	
	2	形	捌五 Mb	
宽度 kuāndù	3	名	叁十 Ag	
宽广 kuānguǎng	2	形	捌一 Ca	
	2	形	捌四 Ga	
宽宏大量 kuānhóng-dàliàng	2		捌五 Mb	
宽厚 kuānhòu	3	形	捌一 Ea	
	3	形	捌五 Ac	
宽阔 kuānkuò	2	形	捌一 Ca	
宽容 kuānróng	3	动	伍五 Kc	
宽恕 kuānshù	4	动	伍五 Kc	
宽松 kuān·sōng	2	形	捌一 Cb	
	2	形	捌五 Mb	

		3 形	捌六 Kb			4 动	陆二 Bd	
宽慰 kuānwèi		4 动	伍五 Fa	亏损 kuīsǔn		3 动	陆二 Bd	
宽裕 kuānyù		4 形	捌六 Kb	岿然不动 kuīrán-bùdòng		4	捌五 Db	
款待 kuǎndài		4 动	陆九 Ae	窥伺 kuīsì		4 动	伍二 Da	
款式 kuǎnshì		3 名	叁二 Ab	窥探 kuītàn		4 动	伍二 Da	
款项 kuǎnxiàng		4 名	叁七 Eb	魁梧 kuí·wu		4 形	捌一 Ba	
kuang				匮乏 kuìfá		4 形	捌三 Af	
筐 kuāng		3 名	贰七 Be	馈赠 kuìzèng		4 动	陆十 Aa	
狂 kuáng		2 形	捌五 Ef	溃败 kuìbài		4 动	伍八 Da	
狂暴 kuángbào		4 形	捌四 Ma	溃不成军 kuìbùchéngjūn		3	伍八 Da	
		4 形	捌五 Ca	溃烂 kuìlàn		4 动	柒四 Ca	
狂奔 kuángbēn		3 动	伍一 Kb	愧疚 kuìjiù		4 形	伍五 Ee	
狂风 kuángfēng		2 名	贰三 Ca	愧色 kuìsè		4 名	叁二 Fc	
狂风暴雨 kuángfēng-bàoyǔ				kun				
		2	贰三 Ca	昆虫 kūnchóng		1 名	壹二 Fa	
		4	叁一 Ac	捆 kǔn		3 量	叁十 Ca	
狂轰滥炸 kuánghōng-lànzhà						3 动	伍一 Fb	
		4	陆六 Ca	捆绑 kǔnbǎng		4 动	伍一 Fb	
狂欢 kuánghuān		3 动	伍七 Kb	困 kùn		2 动	伍四 Fb	
狂澜 kuánglán		4 名	叁一 Ac			2 形	伍六 Fa	
狂热 kuángrè		3 形	捌五 Ia			3 动	陆六 Ca	
狂妄 kuángwàng		4 形	捌五 Ef	困顿 kùndùn		4 形	捌六 Ka	
狂躁 kuángzào		3 形	捌五 Gf	困乏 kùnfá		3 形	伍六 Fa	
旷达 kuàngdá		4 形	捌五 Mc	困惑 kùnhuò		3 形	伍五 Ib	
旷课 kuàng//kè		2 动	陆五 Bc	困境 kùnjìng		3 名	叁一 Fb	
旷日持久 kuàngrì-chíjiǔ		4	捌三 Qa	困窘 kùnjiǒng		4 形	捌四 Ka	
旷野 kuàngyě		4 名	贰三 Bb			4 形	捌六 Ka	
况且 kuàngqiě		3 连	玖三 Ba	困倦 kùnjuàn		3 形	伍六 Fa	
矿产 kuàngchǎn		3 名	贰三 Ga	困苦 kùnkǔ		3 形	捌六 Ka	
矿泉水 kuàngquánshuǐ		2 名	贰九 Ai	困难 kùn·nan		2 名	叁一 Ed	
矿石 kuàngshí		3 名	贰三 Ga			2 形	捌四 Ka	
矿物 kuàngwù		3 名	贰三 Ga			3 形	捌六 Ka	
框 kuàng		3 名	贰二 Fd	困扰 kùnrǎo		3 动	陆十一 Db	
		4 动	陆十一 Dd	困兽犹斗 kùnshòu-yóudòu		4	伍八 Bc	
框架 kuàngjià		3 名	贰二 Fd	kuo				
kui				扩大 kuòdà		2 动	柒五 Ac	
亏 kuī		2 动	伍八 Fa	扩散 kuòsàn		3 动	柒二 Kc	
亏空 kuī·kong		4 名	叁七 Eb			3 动	柒三 Ka	

扩展 kuòzhǎn		2动	柒五 Ac		3形	捌四 Bb
扩张 kuòzhāng		3动	柒五 Ac	**lan**		
括号 kuòhào		2名	叁八 Ci	兰花 lánhuā	2名	壹三 Cb
阔 kuò		2形	捌一 Ca	拦 lán	2动	陆十一 Dc
阔别 kuòbié		4动	伍八 Nc	栏 lán	2名	贰六 Bg
阔绰 kuòchuò		4形	捌三 Na		2名	贰六 Db
la				栏杆 lángān	2名	贰六 Bg
垃圾 lājī		1名	贰二 Cg	栏目 lánmù	2名	叁九 Ba
		3名	叁一 Hb	蓝 lán	1形	捌二 Ac
拉 lā		1动	伍一 Ba	蓝领 lánlǐng	4名	壹一 Jn
		2动	陆五 Fe	蓝色 lánsè	1名	贰三 Jb
拉拢 lā·lǒng		4动	陆十一 Fa	蓝图 lántú	3名	叁三 Db
邋遢 lā·ta		4形	捌六 Gb	褴褛 lánlǚ	4形	捌三 Be
喇叭 lǎ·ba		2名	贰五 Da	篮球 lánqiú	2名	贰八 Bb
		2名	贰八 Aa		2名	叁九 Da
腊月 làyuè		3名	肆一 Eb	篮子 lán·zi	1名	贰七 Be
蜡烛 làzhú		2名	贰七 Bf	揽 lǎn	4动	伍一 Cc
辣 là		1形	捌二 Ja		4动	伍七 Ed
辣椒 làjiāo		2名	壹三 Fa	缆绳 lǎnshéng	4名	贰七 Bn
啦 ·la		1助	玖四 Ca	懒 lǎn	2形	捌五 Vb
lai				懒怠 lǎn·dai	4形	捌五 Vb
来 lái		1动	伍七 Ia	懒惰 lǎnduò	3形	捌五 Vb
来得及 lái·dejí		2动	柒三 Dc	懒散 lǎnsǎn	4形	伍六 Fb
来访 láifǎng		3动	陆九 Ac	懒洋洋 lǎnyángyáng	2形	伍六 Fb
来回 láihuí		2名	叁十 Af	烂 làn	2形	柒四 Ca
		2动	伍七 Ia		2形	捌二 Ka
来历 láilì		3名	叁一 Fb		2形	捌三 Be
来临 láilín		2动	伍七 Ia	烂漫 lànmàn	3形	捌三 La
来龙去脉 láilóng-qùmài		3	叁一 Bd		3形	捌五 Yb
来年 láinián		2名	肆一 Ea	滥用 lànyòng	4动	伍七 Hh
来日方长 láirì-fāngcháng		4	捌三 Qa	滥竽充数 lànyú-chōngshù	4	伍七 Gd
来势汹汹 láishì-xiōngxiōng		4	捌四 Ma	**lang**		
来往 láiwǎng		3动	伍七 Ia	郎才女貌 lángcái-nǚmào	3	柒六 Gb
		3动	陆九 Aa	郎中 lángzhōng	3名	壹一 Jh
来源 láiyuán		3名	叁一 Bb	狼 láng	1名	壹二 Bd
		3动	柒六 Ca	狼狈 lángbèi	3形	伍八 Bc
来自 láizì		1动	柒六 Ca	狼狈为奸 lángbèi-wéijiān	4	陆十一 Fc
赖 lài		3动	陆九 Ff	狼藉 lángjí	4形	捌六 Hb

狼吞虎咽	lángtūn-hǔyàn	2		伍二 Ea
狼心狗肺	lángxīn-gǒufèi	3		捌五 Ab
狼子野心	lángzǐ-yěxīn	4		捌五 Ab
朗读	lǎngdú	1	动	陆五 Cb
朗诵	lǎngsòng	2	动	陆五 Cb
浪	làng	1	名	贰三 Da
浪潮	làngcháo	3	名	叁一 Ac
浪费	làngfèi	1	动	陆二 Hb
浪花	lànghuā	1	名	贰三 Da
浪漫	làngmàn	2	形	捌五 Ee

lao

捞	lāo	3	动	伍一 If
劳动	láodòng	1	名	叁四 Ec
		1	动	伍七 Db
劳动力	láodònglì	3	名	壹一 Aa
		3	名	叁二 Ga
劳顿	láodùn	4	形	捌六 Jb
劳苦	láokǔ	3	形	捌六 Jb
劳苦功高	láokǔ-gōnggāo	3		捌四 Cc
劳累	láolèi	3	形	伍六 Fa
劳碌	láolù	4	形	捌六 Jb
劳民伤财	láomín-shāngcái	3		伍八 Fc
劳模	láomó	2	名	壹一 Ia
劳务	láowù	3	名	叁一 Aa
劳燕分飞	láoyàn-fēnfēi	4		柒二 Kc
劳作	láozuò	3	名	叁四 Ec
		3	动	伍七 Db
牢不可破	láobùkěpò	3		捌四 Nc
牢房	láofáng	2	名	叁五 Bh
牢固	láogù	3	形	捌四 Nc
牢记	láojì	2	动	伍五 Xc
牢笼	láolóng	4	名	叁一 Ib
牢骚	láo·sāo	4	名	叁八 Cg
牢狱	láoyù	4	名	叁五 Bh
唠叨	láo·dao	3	动	陆九 Ed
老	lǎo	1	形	捌三 Gb
		1	形	捌三 Ia
		1	形	捌三 Kb
		1	副	玖一 Eg
老板	lǎobǎn	2	名	壹一 Jo
老成持重	lǎochéng-chízhòng	4		捌五 Ya
老当益壮	lǎodāngyìzhuàng	3		捌三 Ja
老虎	lǎohǔ	1	名	壹二 Bb
老化	lǎohuà	3	动	柒四 Ab
老家	lǎojiā	2	名	叁四 Ba
老奸巨猾	lǎojiān-jùhuá	4		捌五 Bg
老旧	lǎojiù	3	形	捌三 Kb
老练	lǎoliàn	3	形	捌五 Ya
老马识途	lǎomǎ-shítú	4		捌五 Wa
老迈	lǎomài	4	形	捌三 Ia
老谋深算	lǎomóu-shēnsuàn	4		捌五 Ta
老奶奶	lǎonǎi·nai	1	名	壹一 Cd
老婆	lǎo·po	2	名	壹一 Dc
老气横秋	lǎoqì-héngqiū	4		捌三 Ia
老人	lǎorén	1	名	壹一 Cd
		1	名	壹一 Da
老人家	lǎo·ren·jia	2	名	壹一 Cd
老生常谈	lǎoshēng-chángtán	4		叁八 Ed
老师	lǎoshī	1	名	壹一 Jg
老实	lǎo·shi	2	形	捌五 Ba
		2	形	捌五 Ed
老式	lǎoshì	3	形	捌三 Kb
老是	lǎo·shì	2	副	玖一 Fb
老鼠	lǎoshǔ	1	名	壹二 Bg
老太太	lǎotài·tai	1	名	壹一 Cd
老态龙钟	lǎotài-lóngzhōng	4		捌三 Ia
老天爷	lǎotiānyé	2	名	叁三 Fb
老乡	lǎoxiāng	2	名	壹一 Ka
老爷爷	lǎoyé·ye	1	名	壹一 Cd
老字号	lǎozì·hao	2	名	叁二 Ha
姥姥	lǎo·lao	1	名	壹一 De
姥爷	lǎo·ye	1	名	壹一 De
烙	lào	4	动	伍七 Cb
涝	lào	4	形	捌二 Ob

le

乐 lè	1动	伍五 Aa
乐不可支 lèbùkězhī	4	伍五 Aa
乐不思蜀 lèbùsīshǔ	4	伍五 Ia
乐观 lèguān	3形	捌五 Fa
乐呵呵 lèhēhē	2形	伍五 Aa
乐极生悲 lèjí-shēngbēi	3	柒六 Fc
乐趣 lèqù	2名	叁三 Eb
乐善好施 lèshàn-hàoshī	4	捌五 Aa
乐意 lèyì	2形	伍五 Aa
	2动	伍五 Yb
乐园 lèyuán	2名	肆二 Bc
了 ·le	1助	玖四 Ba
	1助	玖四 Ca

lei

勒 lēi	4动	伍一 Fb
累赘 léi·zhui	4形	捌四 Ld
雷 léi	2名	贰三 Ce
雷达 léidá	3名	贰五 Dd
雷打不动 léidǎbùdòng	2	捌六 La
雷电 léidiàn	2名	贰三 Ce
雷厉风行 léilì-fēngxíng	3	捌五 Db
雷鸣 léimíng	3动	柒一 Be
雷霆万钧 léitíng-wànjūn	4	捌四 Ma
雷同 léitóng	3形	柒六 Ea
雷阵雨 léizhènyǔ	2名	贰三 Cc
羸弱 léiruò	4形	捌三 Jb
累积 lěijī	3动	陆二 Ga
累计 lěijì	3动	伍七 Hi
泪如泉涌 lèirúquányǒng	3	伍六 Ab
泪水 lèishuǐ	1名	壹五 Aq
类 lèi	2量	叁十 Ca
类别 lèibié	2名	叁二 Cd
类似 lèisì	2动	柒六 Ed
类推 lèituī	3动	陆五 Db
类型 lèixíng	2名	叁二 Cd
累 lèi	1动	伍七 Ac

leng

冷 lěng	1形	捌二 Na
	2形	捌五 Ib
冷傲 lěng'ào	4形	捌五 Hb
冷冰冰 lěngbīngbīng	2形	捌二 Na
	2形	捌五 Ib
冷嘲热讽 lěngcháo-rèfěng	3	陆九 Gc
冷淡 lěngdàn	3形	捌五 Ib
	3形	捌六 Cb
冷冻 lěngdòng	3动	柒一 Da
冷风 lěngfēng	1名	贰三 Ca
冷静 lěngjìng	2形	捌五 Ge
	2形	捌六 Db
冷峻 lěngjùn	4形	捌五 Ea
冷酷 lěngkù	3形	捌五 Ib
冷酷无情 lěngkù-wúqíng	3	捌五 Sb
冷落 lěngluò	3形	伍五 Nb
冷门 lěngmén	3形	捌四 Qf
冷漠 lěngmò	3形	捌五 Ib
冷气 lěngqì	2名	贰三 Db
冷清 lěng·qing	3形	捌六 Dc
冷却 lěngquè	4动	柒一 Bf
冷飕飕 lěngsōusōu	4形	捌二 Na
冷笑 lěngxiào	3动	伍六 Aa
冷言冷语 lěngyán-lěngyǔ	2	叁八 Cg
	3	陆九 Ej
冷眼 lěngyǎn	4名	叁二 Fc
冷眼旁观 lěngyǎn-pángguān		
	3	伍五 Nb
冷艳 lěngyàn	4形	捌三 La
冷饮 lěngyǐn	2名	贰九 Ai
冷战 lěngzhàn	4名	叁六 Bc
愣 lèng	3动	伍六 Bb

li

厘米 límǐ	2量	叁十 Cc
离 lí	2动	伍七 Le
	1动	柒二 Fd
离别 líbié	2动	伍八 Nc

离婚 lí//hūn	2动	伍七 Le		理解 lǐjiě	3动 2动	伍五 Td 伍五 Ta
离经叛道 líjīng-pàndào	4	捌五 Bd		理论 lǐlùn	3名 3动	叁八 Ac 陆十一 Ab
离开 lí//kāi	1动	柒二 Ff		理念 lǐniàn	4名	叁三 Aa
离奇 líqí	4形	捌四 Ce		理屈词穷 lǐqū-cíqióng	4	捌四 Ed
离群索居 líqún-suǒjū	4	伍七 Ab		理所当然 lǐsuǒdāngrán	3	捌四 Ec
离心离德 líxīn-lídé	4	柒二 Ka		理想 lǐxiǎng	2名 3形	叁三 Ea 捌四 Ba
离异 líyì	4动	伍七 Le		理性 lǐxìng	4名 4形	叁二 Ie 捌四 Ec
离职 lí//zhí	3动	伍七 De		理应 lǐyīng	4动	伍五 Za
梨 lí	1名	壹三 Fb		理由 lǐyóu	2名	叁一 Bb
犁 lí	3名 3动	贰五 Ba 陆三 Jb		理直气壮 lǐzhí-qìzhuàng	3	捌四 Ec
黎明 límíng	2名	肆一 Fa		理智 lǐzhì	4名 4形	叁二 Ie 捌五 Ta
篱笆 lí·ba	4名	贰六 Be		力 lì	1名	叁二 Ga
黧黑 líhēi	4形	捌二 Ai		力不从心 lìbùcóngxīn	3	伍五 Be
礼 lǐ	2名	贰二 Cf		力度 lìdù	3名	叁二 Ga
礼拜 lǐbài	2名 4动	肆一 Ec 陆八 Aa		力量 lì·liàng	2名 2名	叁二 Ga 叁二 If
礼服 lǐfú	2名	贰七 Cb		力气 lì·qi	1名	叁二 Ga
礼节 lǐjié	2名	叁四 Db		力求 lìqiú	3动	伍五 Uc
礼貌 lǐmào	1名	叁四 Db		力所能及 lìsuǒnéngjí	2	伍七 Ac
礼品 lǐpǐn	2名	贰二 Cf		力透纸背 lìtòuzhǐbèi	4	捌四 Mb
礼尚往来 lǐshàngwǎnglái	2	陆十 Aa		力挽狂澜 lìwǎn-kuánglán	4	伍七 Ac
礼堂 lǐtáng	2名	贰六 Ad		力争 lìzhēng	3动	柒三 Be
礼物 lǐwù	1名	贰二 Cf		历程 lìchéng	4名	叁一 Bd
礼贤下士 lǐxián-xiàshì	4	陆九 Ae		历代 lìdài	3名	叁二 Ce
礼仪 lǐyí	2名	叁四 Db		历尽 lìjìn	3动	伍七 Ac
礼遇 lǐyù	4名	叁七 Fa		历经 lìjīng	3动	伍七 Ac
里 lǐ	1名 2量 1名	叁一 Bd 叁十 Cc 肆二 Af		历来 lìlái	3副	玖一 Dc
里程碑 lǐchéngbēi	3名	贰八 Ce		历历在目 lìlì-zàimù	3	伍五 Xc
里面 lǐmiàn	1名	肆二 Af		历时 lìshí	4形	肆一 Ca
里应外合 lǐyìng-wàihé	4	陆六 Cb		历史 lìshǐ	2名 3名	叁一 Aa 叁八 Bb
理 lǐ	2名 2动 2动 2动	叁一 Cc 伍一 Jc 伍五 Ma 伍七 Bg		厉兵秣马 lìbīng-mòmǎ	4	陆六 Aa
理财 lǐ//cái	4动	陆二 Ca		厉害 lì·hai	2形 2形	捌四 Cc 捌四 Ma
理睬 lǐcǎi	4动	伍五 Ma				
理会 lǐhuì	3动	伍五 Ma		立 lì	1动	伍一 Ea

		1 动	伍一 Nc	哩 ·li		1 助	玖四 Ca
		3 动	陆一 Ma	**lia**			
		3 动	陆一 Mb				
立场 lìchǎng		3 名	叁一 Ba	俩 liǎ		3 数量	叁十 Ba
立春 lìchūn		2 名	肆一 Gc	**lian**			
立冬 lìdōng		2 名	肆一 Gc				
立方 lìfāng		2 名	叁二 Aa	连 lián		1 动	柒二 Hc
立方米 lìfāngmǐ		3 量	叁十 Cc			1 副	玖一 Eg
立竿见影 lìgān-jiànyǐng		3	柒三 Hb	连词 liáncí		4 名	叁八 Cb
立功 lì//gōng		3 动	陆一 Ma	连贯 liánguàn		2 动	柒六 Jb
立即 lìjí		2 副	玖一 Ee	连环 liánhuán		2 形	捌四 Gc
立交桥 lìjiāoqiáo		2 名	贰六 Cb	连环画 liánhuánhuà		2 名	叁八 Eb
立刻 lìkè		2 副	玖一 Ee	连接 liánjiē		1 动	柒二 Hc
立秋 lìqiū		2 名	肆一 Gc	连连 liánlián		1 副	玖一 Eg
立体 lìtǐ		3 名	叁二 Aa	连忙 liánmáng		1 副	玖一 Dd
立夏 lìxià		2 名	肆一 Gc	连绵 liánmián		3 动	柒二 Fe
立正 lìzhèng		1 动	伍一 Nc	连任 liánrèn		3 动	伍七 Dd
立志 lì//zhì		3 动	伍五 Ob	连声 liánshēng		3 副	玖一 Fa
立锥之地 lìzhuīzhīdì		4	肆二 Ca	连锁 liánsuǒ		3 形	柒二 Hc
励精图治 lìjīng-túzhì		4	伍七 Ac	连通 liántōng		3 动	柒二 Hd
利 lì		3 名	叁七 Ca	连同 liántóng		3 连	玖三 Aa
		2 形	捌二 Ma	连续 liánxù		2 动	柒三 Cd
利害 lìhài		4 名	叁二 Bc	连续剧 liánxùjù		2 名	叁九 Ba
利令智昏 lìlìngzhìhūn		4	捌五 La	连夜 liányè		2 副	玖一 Eg
利率 lìlǜ		4 名	叁十 Bg	连衣裙 liányīqún		2 名	贰七 Cb
利落 lì·luo		3 形	捌五 Tc	怜悯 liánmǐn		4 动	伍五 Kb
		3 形	捌六 Ha	怜惜 liánxī		4 动	伍五 Kb
利润 lìrùn		3 名	叁七 Ca	莲花 liánhuā		2 名	壹三 Cb
利索 lì·suo		3 形	捌五 Tc	涟漪 liányī		4 名	贰三 Da
利息 lìxī		3 名	叁七 Ca	联邦 liánbāng		4 名	叁五 Ad
利益 lìyì		2 名	叁二 Bc	联合 liánhé		2 动	柒二 Ha
利用 lìyòng		2 动	伍七 Hh			2 副	玖一 Ca
利诱 lìyòu		4 动	陆十一 Ha	联合国 Liánhéguó		3 名	叁五 Ad
利欲熏心 lìyù-xūnxīn		4	捌五 La	联结 liánjié		3 动	柒二 Ha
例如 lìrú		1 动	柒六 Ee	联络 liánluò		3 动	陆九 Aa
例外 lìwài		3 名	叁一 Ab	联盟 liánméng		3 名	叁五 Ad
例子 lì·zi		1 名	叁一 Ad	联赛 liánsài		3 名	叁九 Db
隶书 lìshū		3 名	叁八 Ca	联手 liánshǒu		2 动	伍七 Ea
粒 lì		1 名	贰二 Ec	联网 lián//wǎng		3 动	柒二 Hd
		1 量	叁十 Ca	联系 liánxì		1 动	柒二 Ha

联想 liánxiǎng		2 动	伍五 Rb			2 形	捌二 Nc
廉价 liánjià		3 形	捌四 Qb	凉爽 liángshuǎng		3 形	捌二 Nc
廉洁 liánjié		4 形	捌五 Kb	凉飕飕 liángsōusōu		4 形	捌二 Nc
廉正 liánzhèng		4 形	捌五 Kb	凉席 liángxí		2 名	贰七 Bj
廉政 liánzhèng		4 动	陆一 Eb	凉鞋 liángxié		2 名	贰七 Ce
镰刀 liándāo		4 名	贰五 Ba	梁上君子 liángshàng-jūnzǐ	4		壹一 Gb
脸 liǎn		1 名	壹五 Ac	粮食 liáng·shi		2 名	贰九 Aa
脸红 liǎn//hóng		1 动	伍六 Dc	两 liǎng		2 数	叁十 Ba
脸颊 liǎnjiá		3 名	壹五 Ac			2 量	叁十 Cc
脸庞 liǎnpáng		4 名	壹五 Ac	两岸 liǎng'àn		2 名	肆二 Ag
脸色 liǎnsè		2 名	叁二 Fc			2 名	肆二 Ca
练 liàn		1 动	陆五 Be	两败俱伤 liǎngbài-jùshāng	3		伍八 Da
练达 liàndá		4 形	捌五 Ya	两面三刀 liǎngmiàn-sāndāo			
练习 liànxí		1 名	叁八 Bc			3	捌五 Ab
		1 动	陆五 Be	两旁 liǎngpáng		1 名	肆二 Ag
炼 liàn		3 动	陆三 Da	两栖 liǎngqī		3 动	伍七 Ab
		3 动	陆三 Dc	两全其美 liǎngquán-qíměi	2		捌四 Gc
炼狱 liànyù		4 名	叁一 Fb	两小无猜 liǎngxiǎo-wúcāi	3		捌四 Ra
恋爱 liàn'ài		2 名	叁三 Bb	两袖清风 liǎngxiù-qīngfēng			
		2 动	伍七 La			3	捌五 Kb
恋恋不舍 liànliàn-bùshě		3	伍五 Gc	亮 liàng		1 动	柒一 Aa
恋人 liànrén		3 名	壹一 Lg			1 形	捌二 Da
						1 形	捌二 Ga
liang				亮点 liàngdiǎn		2 名	叁八 Ga
良 liáng		2 形	捌四 Ba	亮光 liàngguāng		2 名	贰三 Fa
		4 副	玖一 Ac	亮丽 liànglì		2 形	捌三 La
良辰美景 liángchén-měijǐng				亮堂 liàng·tang		3 形	捌二 Da
		4	叁二 Ac			3 形	捌二 Ga
良多 liángduō		4 形	捌三 Aa	亮相 liàng//xiàng		4 动	陆五 Fa
良好 liánghǎo		1 形	捌四 Ba	谅解 liàngjiě		3 动	伍五 Kc
良久 liángjiǔ		3 形	捌三 Qa	辆 liàng		1 量	叁十 Ca
良师益友 liángshī-yìyǒu		2	壹一 La	量 liàng		1 名	叁十 Ba
良心 liángxīn		2 名	叁三 Ac	量词 liàngcí		3 名	叁八 Cb
良药苦口 liángyào-kǔkǒu		4	陆九 Hc	量力而行 liànglì-érxíng		3	柒三 Cb
良莠不齐 liángyǒu-bùqí		4	柒二 Ic	量入为出 liàngrù-wéichū		4	捌五 Na
良种 liángzhǒng		3 名	叁二 Cd	量体裁衣 liàngtǐ-cáiyī		4	柒六 Gc
凉 liáng		4 形	伍五 Bc	晾 liàng		2 动	伍七 Bi
		1 形	柒一 Bf	晾晒 liàngshài		3 动	伍七 Bi
		1 形	捌二 Nc			3 动	柒四 Da
凉快 liáng·kuai		2 动	伍七 Bc	踉跄 liàngqiàng		4 动	伍一 Ka

liao

撩 liāo	4 动	伍一 Cd
辽 Liáo	3 名	叁五 Ae
辽阔 liáokuò	2 形	捌一 Ca
疗法 liáofǎ	3 名	叁一 Cb
疗养 liáoyǎng	3 动	伍七 Bd
聊 liáo	2 动	陆九 Ei
聊胜于无 liáoshèngyúwú	4	捌三 Ab
聊天儿 liáotiānr	2 动	陆九 Ei
寥寥无几 liáoliáo-wújǐ	4	捌三 Ab
寥落 liáoluò	4 形	捌三 Ab
	4 形	捌六 Dc
寥若晨星 liáoruòchénxīng	4	捌三 Ad
撩 liáo	4 动	陆十一 Cb
嘹亮 liáoliàng	3 形	捌二 Ga
缭绕 liáorào	4 动	柒二 Nb
了 liǎo	3 动	柒三 Ba
了不得 liǎo·bu·dé	2 形	捌四 Ma
了不起 liǎo·buqǐ	2 形	捌四 Cc
了结 liǎojié	3 动	柒三 Ba
了解 liǎojiě	2 动	伍五 Ta
	2 动	陆九 Fc
了如指掌 liǎorúzhǐzhǎng	3	伍五 Tb
料 liào	2 名	贰二 Ba
	2 名	贰九 Ab
	3 动	伍五 Sc
料理 liàolǐ	3 名	贰九 Ad
	3 动	陆一 Bb
瞭望 liàowàng	4 动	伍二 Da
镣铐 liàokào	4 名	贰五 Fh

lie

列 liè	2 名	叁二 Ce
	2 量	叁十 Ca
	2 动	柒二 Db
列车 lièchē	2 名	贰五 Ea
列举 lièjǔ	3 动	柒六 Ee
劣势 lièshì	3 名	叁一 Fa
劣质 lièzhì	4 形	捌四 Bb
烈火 lièhuǒ	2 名	贰三 Ea
烈日 lièrì	2 名	贰三 Ac
烈士 lièshì	2 名	壹一 Ha
猎狗 liègǒu	2 名	壹二 Cc
猎枪 lièqiāng	2 名	贰五 Fb
猎人 lièrén	1 名	壹一 Jm
裂 liè	2 动	柒二 Ka
裂缝 lièfèng	3 名	肆二 Dd
裂纹 lièwén	3 名	贰三 Ia
趔趄 liè·qie	4 动	伍一 Ka

lin

拎 līn	3 动	伍一 Ca
邻近 línjìn	3 名	肆二 Ag
	3 动	柒二 Fb
邻居 línjū	1 名	壹一 Ka
林立 línlì	4 动	柒二 Ac
临 lín	2 动	柒二 Fb
	2 介	玖二 Ba
临近 línjìn	3 动	柒二 Fb
临摹 línmó	3 动	陆五 Eb
临时 línshí	2 形	捌三 Qb
	2 副	玖一 Ec
临危不惧 línwēi-bùjù	4	捌五 Dc
临阵脱逃 línzhèn-tuōtáo	3	伍七 Ja
临终 línzhōng	3 动	伍四 Ce
淋 lín	2 动	伍一 Ic
淋漓尽致 línlí-jìnzhì	4	捌四 Mb
琳琅满目 línláng-mǎnmù	4	捌三 Ac
遴选 línxuǎn	4 动	陆一 Ja
鳞次栉比 líncì-zhìbǐ	4	捌三 Ca
凛冽 lǐnliè	4 形	捌二 Na
凛然 lǐnrán	4 形	捌五 Ea
吝啬 lìnsè	4 形	捌五 Lb
吝惜 lìnxī	4 动	伍五 Ka

ling

伶仃 língdīng	4 形	捌六 Dd
伶俐 líng·lì	3 形	捌五 Tb
伶牙俐齿 língyá-lìchǐ	3	陆九 Eg

灵 líng		2 形	捌四	Fa
		2 形	捌五	Tc
灵丹妙药 língdān-miàoyào				
		3	贰十	Aa
灵感 línggǎn		3 名	叁三	Ba
灵魂 línghún		3 名	叁三	Aa
		3 名	叁三	Fc
灵活 línghuó		2 形	捌五	Tb
		2 形	捌六	Lb
灵敏 língmǐn		3 形	捌五	Tb
灵巧 língqiǎo		2 形	捌五	Tc
灵通 língtōng		3 形	捌三	Pa
灵性 língxìng		3 名	叁二	Ie
灵秀 língxiù		3 形	捌三	La
玲珑 línglóng		2 形	捌三	Ma
		2 形	捌五	Tc
玲珑剔透 línglóng-tītòu		4	捌三	Ma
铃 líng		1 名	贰八	Da
铃铛 líng·dang		2 名	贰八	Da
铃声 língshēng		1 名	贰三	La
凌晨 língchén		2 名	肆一	Fa
凌迟 língchí		4 动	陆七	De
凌空 língkōng		3 动	柒二	Ac
凌厉 línglì		4 形	捌四	Ma
凌乱 língluàn		3 形	捌六	Hb
聆听 língtīng		4 动	伍二	Db
零花钱 línghuāqián		2 名	叁七	Fb
零件 língjiàn		3 名	贰五	Ab
零乱 língluàn		3 形	捌六	Hb
零落 língluò		4 动	伍四	Ba
		4 形	捌三	Cb
		4 动	柒四	Gb
零钱 língqián		2 名	叁七	Fb
零食 língshí		1 名	贰九	Ac
零售 língshòu		3 动	陆二	Ba
领 lǐng		2 动	陆十	Bc
领带 lǐngdài		2 名	贰七	Cd
领导 lǐngdǎo		2 名	壹一	Ja
		2 动	陆一	Ea
领地 lǐngdì		3 名	肆二	Ce
领队 lǐngduì		3 名	壹一	Ja
		3 动	陆一	Ea
领会 lǐnghuì		3 动	伍五	Td
领教 lǐngjiào		4 动	陆九	Ai
领结 lǐngjié		2 名	贰七	Cd
领略 lǐnglüè		4 动	伍五	Td
领取 lǐngqǔ		2 动	陆十	Bc
领事馆 lǐngshìguǎn		4 名	叁五	Ac
领土 lǐngtǔ		2 名	肆二	Ce
领悟 lǐngwù		3 动	伍五	Td
领先 lǐng//xiān		2 动	伍八	Mc
领袖 lǐngxiù		2 名	壹一	Ja
领域 lǐngyù		3 名	叁二	Ca
		3 名	肆二	Ce
领子 lǐng·zi		2 名	贰七	Cc
另 lìng		2 副	玖一	Be
另起炉灶 lìngqǐ-lúzào		4	陆一	Ma
另外 lìngwài		2 代	捌四	Wa
		2 副	玖一	Be
		2 连	玖三	Ed
令 lìng		2 动	陆一	Fb
		2 动	柒六	Of
令人发指 lìngrénfàzhǐ		4	捌五	Ab
令人神往 lìngrénshénwǎng				
		3	捌四	Ja
令人作呕 lìngrénzuò·ǒu		4	捌四	Bb
令行禁止 lìngxíng-jìnzhǐ		4	捌五	Ma

liu

溜 liū		3 量	叁十	Ca
		2 动	伍七	Ja
		2 动	柒二	Ma
浏览 liúlǎn		3 动	伍二	Da
		3 动	陆五	Ca
留 liú		2 动	伍七	Ab
		2 动	陆九	Ae
		2 动	柒六	Kd
留恋 liúliàn		3 动	伍五	Gc
留念 liúniàn		3 动	伍五	Xb
留神 liú//shén		3 动	伍五	Mb

留心 liú//xīn	2动	伍五 Mb	
留学 liú//xué	3动	陆五 Bd	
留学生 liúxuéshēng	3名	壹一 Jr	
留言 liúyán	2名	叁一 Dc	
	2动	陆九 Fb	
留意 liú//yì	3动	伍五 Mb	
流 liú	1动	柒二 Oa	
流畅 liúchàng	2形	捌四 Kd	
流程 liúchéng	3名	叁二 Ce	
流传 liúchuán	2动	柒三 Ka	
流动 liúdòng	2动	柒二 Oa	
流芳百世 liúfāng-bǎishì	4	伍八 Gc	
流放 liúfàng	4动	陆七 Dc	
流感 liúgǎn	2名	叁九 Ea	
流光溢彩 liúguāng-yìcǎi	4	捌二 Ca	
流浪 liúlàng	2动	伍七 Ae	
流离失所 liúlí-shīsuǒ	4	伍七 Ae	
流利 liúlì	2形	捌四 Kd	
流连忘返 liúlián-wàngfǎn	3	伍五 Gc	
流量 liúliàng	3名	叁十 Bd	
流露 liúlù	3动	柒三 Fc	
流落 liúluò	3动	伍七 Ae	
流氓 liúmáng	3名	壹一 Gb	
流失 liúshī	3动	伍八 Fa	
流逝 liúshì	4动	柒三 Bf	
流水 liúshuǐ	2名	贰三 Da	
流苏 liúsū	4名	贰七 Bk	
流淌 liútǎng	3动	柒二 Oa	
流通 liútōng	3动	柒二 Oa	
流星 liúxīng	2名	贰三 Ab	
流行 liúxíng	2动	柒三 Kc	
流言蜚语 liúyán-fēiyǔ	4	叁八 Cg	
流域 liúyù	3名	贰三 Bg	
琉璃 liú·li	4名	贰四 Ec	
硫 liú	4名	贰三 Gb	
柳暗花明 liǔ'àn-huāmíng	4	柒四 Fa	
柳树 liǔshù	1名	壹三 Bb	
柳絮 liǔxù	3名	壹五 Cc	
六 liù	1数	叁十 Be	
六亲不认 liùqīn-bùrèn	2	捌五 Sb	
六神无主 liùshén-wúzhǔ	4	伍五 Ea	
陆 liù	4数	叁十 Be	

long

龙 lóng	2名	叁三 Fd	
龙飞凤舞 lóngfēi-fèngwǔ	2	捌四 Ja	
龙凤呈祥 lóngfèng-chéngxiáng	3	伍八 Ab	
龙卷风 lóngjuǎnfēng	2名	贰三 Ca	
龙潭虎穴 lóngtán-hǔxué	4	肆二 Bd	
龙腾虎跃 lóngténg-hǔyuè	3	捌五 Ec	
龙争虎斗 lóngzhēng-hǔdòu	3	陆六 Ba	
龙舟 lóngzhōu	2名	贰五 Eb	
聋 lóng	2形	伍四 Hb	
聋子 lóng·zi	2名	壹一 Fb	
笼子 lóng·zi	2名	贰七 Be	
隆冬 lóngdōng	3名	肆一 Ga	
隆重 lóngzhòng	2形	捌六 Ca	
拢 lǒng	3动	伍一 Aj	
	3动	柒二 Fb	
垄断 lǒngduàn	3动	陆一 Db	
笼络 lǒngluò	4动	陆十一 Fa	
笼统 lǒngtǒng	3形	捌四 Sb	
笼罩 lǒngzhào	3动	柒二 Bd	

lou

楼 lóu	1名	贰六 Ae	
	1名	贰六 Gb	
楼层 lóucéng	2名	贰六 Ae	
楼房 lóufáng	1名	贰六 Ae	
楼阁 lóugé	3名	贰六 Gb	
楼梯 lóutī	1名	贰六 Bg	
搂 lǒu	2动	伍一 Cc	
搂抱 lǒubào	3动	伍一 Cc	
漏 lòu	3动	柒二 Od	
漏洞 lòudòng	3名	叁一 Gc	
	3名	肆二 Dd	
漏勺 lòusháo	3名	贰七 Bb	
露面 lòu//miàn	3动	柒三 Fa	
露馅儿 lòu//xiànr	4动	伍八 De	

lu

芦苇 lúwěi	3 名	壹三 Cc
炉火纯青 lúhuǒ-chúnqīng	4	捌四 Ba
炉子 lú·zi	2 名	贰七 Ba
卤 lǔ	4 动	伍七 Cb
掳掠 lǔlüè	4 动	陆七 Fh
鲁 Lǔ	3 名	叁五 Ae
鲁莽 lǔmǎng	4 形	捌五 Gd
陆地 lùdì	2 名	贰三 Ba
陆军 lùjūn	2 名	叁六 Ac
陆续 lùxù	3 副	玖一 Eg
录 lù	2 动	陆五 Eb
录取 lùqǔ	3 动	陆一 Jd
录音 lùyīn	2 动	陆五 Ga
录音带 lùyīndài	3 名	贰八 Ad
录用 lùyòng	4 动	陆一 Jd
录制 lùzhì	4 动	陆五 Ga
鹿 lù	2 名	壹二 Be
碌碌无为 lùlù-wúwéi	4	捌五 Xd
路 lù	1 名	肆二 Cg
路程 lùchéng	2 名	叁十 Af
路过 lùguò	1 动	陆四 Cb
路径 lùjìng	3 名	肆二 Cg
路况 lùkuàng	3 名	叁一 Fb
路面 lùmiàn	1 名	贰二 Fc
路人 lùrén	2 名	壹一 Lb
路上 lù·shang	1 名	肆二 Cg
路途 lùtú	3 名	肆二 Cg
路线 lùxiàn	3 名	叁一 Ba
	2 名	肆二 Cg
露 lù	2 名	贰三 Cd
	3 动	陆九 Fe
露水 lù·shui	2 名	贰三 Cd
露宿 lùsù	4 动	伍七 Ab
露珠 lùzhū	2 名	贰三 Cd

lü

驴 lǘ	2 名	壹二 Cb
旅程 lǚchéng	3 名	叁一 Bd
旅店 lǚdiàn	2 名	叁七 Gb
旅费 lǚfèi	2 名	叁七 Fb
旅馆 lǚguǎn	2 名	叁七 Gb
旅客 lǚkè	2 名	壹一 Le
旅途 lǚtú	3 名	肆二 Cg
旅行 lǚxíng	2 动	陆四 Ba
旅行社 lǚxíngshè	2 名	叁四 Ad
旅游 lǚyóu	2 动	伍七 Kd
屡次 lǚcì	3 副	玖一 Fa
屡见不鲜 lǚjiàn-bùxiān	4	捌四 Ca
屡教不改 lǚjiào-bùgǎi	3	捌五 Ua
屡试不爽 lǚshì-bùshuǎng	4	捌四 Fa
缕 lǚ	4 量	叁十 Ca
履行 lǚxíng	4 动	柒三 Cb
律师 lǜshī	2 名	壹一 Je
绿 lǜ	1 形	捌二 Ae
绿地 lǜdì	2 名	贰六 Gb
绿茸茸 lǜróngróng	3 形	捌二 Ae
绿色 lǜsè	1 名	贰三 Jb
绿叶 lǜyè	1 名	壹五 Cc
绿茵茵 lǜyīnyīn	2 形	捌二 Ae
绿油油 lǜyóuyóu	1 形	捌二 Ae
绿洲 lǜzhōu	2 名	贰三 Bc
滤 lǜ	3 动	伍一 Ie

luan

卵 luǎn	2 名	壹五 Ao
乱 luàn	2 形	捌六 Bb
	2 形	捌六 Hb
	2 副	玖一 Cc
乱哄哄 luànhōnghōng	2 形	捌六 Bb
乱蓬蓬 luànpéngpéng	3 形	捌六 Hb
乱七八糟 luànqībāzāo	2	捌六 Hb

lüe

掠夺 lüèduó	3 动	陆七 Fh
掠过 lüèguò	4 动	伍三 Ba
略微 lüèwēi	3 副	玖一 Aa

lun

伦理 lúnlǐ	4 名	叁一 Cc
沦陷 lúnxiàn	4 动	伍八 Da

轮 lún		2 名	贰五	Ea
		2 量	叁十	Cb
轮船 lúnchuán		2 名	贰五	Eb
轮换 lúnhuàn		3 动	柒四	Ad
轮廓 lúnkuò		4 名	叁一	Fb
轮流 lúnliú		3 动	柒四	Ad
轮胎 lúntāi		2 名	贰五	Ea
轮椅 lúnyǐ		3 名	贰五	Df
论述 lùnshù		4 动	陆九	Fg
论文 lùnwén		3 名	叁八	Ec
论证 lùnzhèng		4 名	叁一	Bb
		4 动	柒六	Bg

luo

啰唆 luō·suo		3 动	陆九	Ed
罗汉 luóhàn		3 名	叁三	Fb
萝卜 luó·bo		2 名	壹三	Fa
逻辑 luó·jí		4 名	叁一	Cc
锣 luó		3 名	贰八	Aa
箩筐 luókuāng		3 名	贰七	Be
骡 luó		4 名	壹二	Cb
裸露 luǒlù		4 动	柒三	Fc
骆驼 luò·tuo		2 名	壹二	Bh
络绎不绝 luòyì-bùjué		4	捌六	Da
落 luò		1 动	柒二	Be
		1 动	柒五	Bb
落地 luò//dì		3 动	伍四	Aa
落后 luò//hòu		2 动	伍八	Mb
		2 形	捌五	Ob
落花流水 luòhuā-liúshuǐ		3	伍八	Da
落荒而逃 luòhuāng'értáo		3	伍七	Ja
落脚 luò//jiǎo		3 动	伍七	Ab
落井下石 luòjǐng-xiàshí		2	伍五	Nb
落空 luòkōng		3 动	伍八	Dc
落落大方 luòluò-dàfāng		3	捌五	Ee
落寞 luòmò		4 形	捌六	Dd
落幕 luò//mù		3 动	柒三	Bb
落日 luòrì		2 名	贰三	Ac
落实 luòshí		3 动	柒三	Bd
落水 luò//shuǐ		3 动	伍八	Mb
落伍 luò//wǔ		3 动	伍八	Mb
落叶 luòyè		2 名	壹五	Cc
落英缤纷 luòyīng-bīnfēn		4	捌三	La

ma

妈妈 mā·ma		1 名	壹一	Db
麻 má		2 名	壹三	Ga
		2 形	伍四	Ie
麻烦 má·fan		2 名	叁一	Ab
		2 形	捌四	Fd
麻利 má·li		2 形	捌三	Pa
麻木 mámù		3 形	伍四	Ie
		3 形	伍五	Nb
麻木不仁 mámù-bùrén		3	伍五	Nb
麻雀 máquè		2 名	壹二	Db
麻醉 mázuì		3 动	陆五	Kc
		4 动	陆十一	Hd
马 mǎ		1 名	壹二	Cb
马鞍 mǎ'ān		3 名	贰五	Fi
马不停蹄 mǎbùtíngtí		2	捌六	Ea
马到成功 mǎdào-chénggōng		2	伍八	Ca
马革裹尸 mǎgé-guǒshī		4	伍四	Cc
马虎 mǎ·hu		2 形	捌五	Gb
马路 mǎlù		1 名	贰六	Ca
马马虎虎 mǎmǎhūhū		2	捌四	Ca
马上 mǎshàng		1 副	玖一	Ee
马失前蹄 mǎshīqiántí		4	伍八	Da
马首是瞻 mǎshǒushìzhān		4	伍七	Jb
玛瑙 mǎnǎo		4 名	贰四	Ea
码 mǎ		2 量	叁十	Af
		3 量	叁十	Ca
		3 动	伍一	Ea
码头 mǎ·tóu		2 名	贰六	Cd
蚂蚁 mǎyǐ		2 名	壹二	Fe
蚂蚱 mà·zha		2 名	壹二	Ff
骂 mà		2 动	陆九	Gb
		2 动	陆十一	Ac
吗 ·ma		1 助	玖四	Ca
嘛 ·ma		1 助	玖四	Ca

mai

埋 mái	1 动	伍一 Ee
埋藏 máicáng	3 动	伍一 Ee
埋伏 mái·fú	2 动	陆六 Ca
埋没 máimò	4 动	柒五 Ce
埋头苦干 máitóu-kǔgàn	3	伍七 Ac
埋葬 máizàng	3 动	伍七 Mb
买 mǎi	1 动	陆二 Ba
买卖 mǎimài	2 动	陆二 Ba
买卖 mǎi·mai	2 名	叁四 Eb
迈 mài	2 动	伍一 Lb
迈进 màijìn	3 动	伍七 Ic
麦穗 màisuì	3 名	壹五 Ce
麦子 mài·zi	1 名	壹三 Ea
卖 mài	1 动	陆二 Ba
卖力 màilì	3 形	捌五 Va
卖弄 mài·nong	3 动	伍七 Gc
卖艺 mài//yì	3 动	伍七 Db
脉搏 màibó	3 名	壹五 Al
脉络 màiluò	4 名	壹五 Al
	4 名	叁一 Cd

man

埋怨 mányuàn	3 动	伍五 Hb
蛮 mán	3 副	玖一 Ac
蛮横 mánhèng	3 形	捌五 Pb
馒头 mán·tou	1 名	贰九 Ac
瞒 mán	4 动	陆十一 Cd
瞒天过海 mántiān-guòhǎi	4	陆十一 Cd
满 mǎn	2 动	柒六 Md
	2 形	捌三 Ba
	1 形	捌三 Da
满不在乎 mǎnbùzài·hu	2	伍五 Na
	2	伍五 Nb
满怀 mǎnhuái	3 动	柒六 Me
满面春风 mǎnmiàn-chūnfēng	3	伍五 Aa
满目疮痍 mǎnmù-chuāngyí	4	捌六 Ib
满腔 mǎnqiāng	4 动	柒六 Me
满心 mǎnxīn	3 副	玖一 Bd
满眼 mǎnyǎn	2 名	叁二 Ca
满意 mǎnyì	2 动	伍五 Ab
满载而归 mǎnzài'érguī	3	柒三 Be
满足 mǎnzú	2 动	伍五 Ab
谩骂 mànmà	4 动	陆十一 Ac
蔓延 mànyán	3 动	柒二 Ca
漫 màn	3 动	柒二 Oc
	3 形	捌三 Ba
漫不经心 mànbùjīngxīn	3	伍五 Na
漫步 mànbù	3 动	伍一 Ka
漫长 màncháng	2 形	捌三 Qa
漫画 mànhuà	2 名	叁九 Ca
漫漫 mànmàn	3 形	捌三 Qa
漫山遍野 mànshān-biànyě	3	捌三 Aa
漫天 màntiān	3 形	捌一 Ca
漫天要价 màntiān-yàojià	4	陆二 Bb
漫溢 mànyì	3 动	柒二 Oc
漫游 mànyóu	3 动	伍七 Kd
慢 màn	1 形	捌三 Pb
慢慢 mànmàn	2 副	玖一 Ed
慢条斯理 màntiáo-sīlǐ	4	捌三 Pb
慢吞吞 màntūntūn	2 形	捌三 Pb
慢性 mànxìng	3 形	捌三 Pb

mang

芒刺在背 mángcì-zàibèi	4	伍五 Ea
芒种 mángzhòng	2 名	肆一 Gc
忙 máng	1 形	捌六 Ea
忙活 máng·huo	2 动	伍七 Db
忙里偷闲 mánglǐ-tōuxián	3	伍七 Ac
忙碌 mánglù	3 形	捌六 Ea
忙乱 mángluàn	2 形	捌六 Hb
盲目 mángmù	3 形	捌五 Te
盲人 mángrén	2 名	壹一 Fb
盲人摸象 mángrén-mōxiàng	2	捌四 Gd
茫茫 mángmáng	2 形	捌一 Ca
茫然 mángrán	4 形	伍五 Ib

莽莽	mǎngmǎng	4	形	捌一 Ca				
		4	形	捌三 Dc		mei		
莽撞	mǎngzhuàng	4	形	捌五 Gd	没 méi	1 动	柒六 Kf
						1 副	玖一 Ha
	mao				没关系 méi guān·xi	1	捌四 Lb
猫	māo	1	名	壹二 Cc	没劲 méi//jìn	3 形	捌四 Jd
猫头鹰	māotóuyīng	2	名	壹二 Db	没劲儿 méi//jìnr	3 动	伍六 Fa
毛	máo	1	名	壹五 Ba	没事 méi//shì	2 动	伍七 Ac
		2	形	捌二 Pb	没意思 méi yì·si	2	捌四 Jd
毛病	máo·bìng	2	名	叁一 Gc	没有 méi·yǒu	1 动	柒六 Kf
		2	名	叁二 Bc		1 副	玖一 Ha
毛糙	máo·cao	4	形	捌二 Pb	没准儿 méi//zhǔnr	3 副	玖一 Da
毛骨悚然	máogǔ-sǒngrán	4		伍五 Ea	玫瑰 méi·gui	2 名	壹三 Cb
毛巾	máojīn	1	名	贰七 Bc	枚 méi	3 量	叁十 Ca
毛毛雨	máo·maoyǔ	2	名	贰三 Cc	眉飞色舞 méifēi-sèwǔ	3	伍五 Aa
毛茸茸	máoróngróng	2	形	捌三 Dc	眉开眼笑 méikāi-yǎnxiào	2	伍六 Aa
毛遂自荐	máosuì-zìjiàn	3		陆九 Bb	眉来眼去 méilái-yǎnqù	3	伍六 Da
毛衣	máoyī	1	名	贰七 Cb	眉毛 méi·mao	1 名	壹五 Ah
毛躁	máo·zao	3	形	捌五 Gf	眉清目秀 méiqīng-mùxiù	2	捌三 La
矛盾	máodùn	2	名	叁一 Ee	眉头 méitóu	2 名	壹五 Ac
		2	动	柒六 Hb	梅花 méihuā	1 名	壹三 Cb
茅庐	máolú	4	名	贰六 Aa	媒介 méijiè	4 名	壹一 Lf
茅塞顿开	máosè-dùnkāi	4		伍五 Td	媒体 méitǐ	3 名	叁八 Fa
锚	máo	4	名	贰五 Eb	煤 méi	2 名	贰四 Ba
卯	mǎo	4	名	肆一 Ab	煤矿 méikuàng	3 名	贰三 Ga
茂密	màomì	2	形	捌三 Dc	煤气 méiqì	2 名	贰四 Bc
茂盛	màoshèng	2	形	捌三 Dc	煤炭 méitàn	3 名	贰四 Ba
冒	mào	3	动	伍七 Gd	霉变 méibiàn	4 动	柒四 Cb
		2	动	柒三 Fa	每 měi	1 副	玖一 Cd
		2	动	柒五 Ad	每况愈下 měikuàng-yùxià	4	伍八 Mb
冒充	màochōng	3	动	伍七 Gd	每每 měiměi	2 副	玖一 Fb
冒犯	màofàn	3	动	陆十一 Bc	美 měi	1 形	伍五 Ac
冒号	màohào	2	名	叁八 Ci		1 形	捌三 La
冒昧	màomèi	4	形	捌五 Gd		1 形	捌四 Ba
冒名顶替	màomíng-dǐngtì	3		伍七 Gd	美不胜收 měibùshèngshōu		
冒失	mào·shi	3	形	捌五 Gd		2	捌三 La
冒险	mào//xiǎn	2	动	伍七 Gi	美德 měidé	2 名	叁二 Ib
贸易	màoyì	3	名	叁四 Eb	美感 měigǎn	3 名	叁三 Ba
帽子	mào·zi	1	名	贰七 Cd	美观 měiguān	2 形	捌三 La
貌合神离	màohé-shénlí	3		柒二 Ka	美好 měihǎo	2 形	捌四 Ba

美化	měihuà	3动	陆九 Eg		门诊	ménzhěn	2动	陆五 Ka
美景	měijǐng	2名	叁二 Ac		闷	mèn	2形	伍五 Bb
美丽	měilì	1形	捌三 La		闷雷	mènléi	3名	贰三 Ce
美轮美奂	měilún-měihuàn	4	捌三 Na		闷闷不乐	mènmèn-bùlè	2	伍五 Bb
美满	měimǎn	2形	捌六 Ia					
美貌	měimào	3名	叁二 Fd			**meng**		
美妙	měimiào	2形	捌四 Ba		萌动	méngdòng	3动	柒三 Ab
美容	měiróng	3动	伍七 Bf		萌发	méngfā	3动	伍四 Ab
美食	měishí	2名	贰九 Ad				3动	柒三 Ab
美术	měishù	2名	叁九 Ca		萌芽	méngyá	3名	叁一 Bc
美味	měiwèi	2名	贰九 Ad				3动	伍四 Ab
美艳	měiyàn	3形	捌三 La		蒙	méng	2动	柒二 Bd
美元	měiyuán	2名	叁七 Ba		蒙昧	méngmèi	4形	捌五 Te
美中不足	měizhōng-bùzú	2	捌四 Ca		蒙蒙	méngméng	3形	捌二 Eb
美滋滋	měizīzī	2形	伍五 Aa		蒙冤	méng//yuān	4动	伍八 Jb
妹妹	mèi·mei	1名	壹一 Dg		盟誓	méngshì	4动	陆九 Ff
魅力	mèilì	4名	叁二 Ga		盟友	méngyǒu	4名	壹一 La
					盟约	méngyuē	4名	叁五 Bb
	men				朦胧	ménglóng	2形	捌二 Db
闷	mēn	2形	捌二 Gc				2形	捌二 Eb
		2形	捌二 Nb		猛	měng	2形	捌四 Ma
闷热	mēnrè	1形	捌二 Nb		猛烈	měngliè	3形	捌四 Ma
门	mén	1名	贰六 Ba		猛然	měngrán	3副	玖一 Ec
		3名	叁二 Cd		猛兽	měngshòu	2名	壹二 Ba
		1量	叁十 Ca		蒙	Měng	3名	叁五 Ae
门窗	ménchuāng	1名	贰六 Ba		懵懂	měngdǒng	4形	捌五 Te
门当户对	méndāng-hùduì	3	柒六 Gb		梦	mèng	1名	叁三 Cd
门户	ménhù	4名	贰六 Ba		梦幻	mènghuàn	2名	叁三 Cd
		4名	叁四 Ae		梦境	mèngjìng	3名	叁一 Fb
门户之见	ménhùzhījiàn	4	叁三 Da		梦寐以求	mèngmèiyǐqiú	4	伍五 Ua
门槛	ménkǎn	4名	贰六 Ba		梦乡	mèngxiāng	2名	叁三 Cd
		4名	叁二 Ea		梦想	mèngxiǎng	2名	叁三 Cc
门可罗雀	ménkěluóquè	4	捌六 Dc				2动	伍五 Ua
门口	ménkǒu	1名	肆二 Dc					
门铃	ménlíng	2名	贰八 Da			**mi**		
门票	ménpiào	1名	贰八 Cd		弥补	míbǔ	3动	伍七 Fa
门生	ménshēng	4名	壹一 Lc		弥留	míliú	4动	伍四 Ce
门庭若市	méntíng-ruòshì	4	捌六 Da		弥漫	mímàn	3动	柒六 Md
门下	ménxià	3名	壹一 Lc		弥天大谎	mítiān-dàhuǎng	4	叁八 Cg
		3名	壹一 Lj		迷惑	mí·huò	3形	伍五 Ib

		3 动	陆十一 Cd			1 名	贰七 Ca
迷离 mílí		4 形	捌二 Eb	棉花 mián·huā		1 名	壹三 Ga
迷恋 míliàn		3 动	伍五 Ia	棉衣 miányī		1 名	贰七 Cb
迷路 mí//lù		2 动	伍八 Ka	免 miǎn		3 动	陆一 Je
迷茫 mímáng		3 形	捌二 Eb			2 动	柒三 Ic
迷蒙 míméng		4 形	捌二 Eb	免除 miǎnchú		3 动	柒五 Cb
迷人 mírén		2 形	捌三 La	免得 miǎn·de		3 连	玖三 Ha
迷失 míshī		3 动	伍八 Ka	免费 miǎn//fèi		3 动	柒五 Ba
迷惘 míwǎng		4 形	伍五 Ib	免疫 miǎnyì		4 动	伍四 Ja
迷信 míxìn		2 动	伍五 Pa	勉励 miǎnlì		4 动	陆九 Hc
谜 mí		2 名	叁一 Af	勉强 miǎnqiǎng		3 动	陆十一 Hf
		2 名	叁八 Cg			3 形	捌四 Ef
谜语 míyǔ		2 名	叁八 Cg	缅怀 miǎnhuái		4 动	伍五 Xb
米 mǐ		1 名	贰九 Aa	腼腆 miǎntiǎn		4 形	伍六 Dc
		2 量	叁十 Cc	面 miàn		1 名	贰二 Eb
米饭 mǐfàn		1 名	贰九 Ac			1 名	贰二 Fc
觅食 mìshí		3 动	伍七 Ca			1 名	贰九 Aa
秘而不宣 mì'érbùxuān		3	捌四 Sd			1 名	贰九 Ac
秘境 mìjìng		3 名	肆二 Bc			2 名	叁二 Ca
秘诀 mìjué		3 名	叁一 Cb			2 动	柒二 Fh
秘密 mìmì		2 名	叁一 Aa	面包 miànbāo		1 名	贰九 Ac
		2 形	捌四 Sd	面不改色 miànbùgǎisè		2	伍五 Fb
秘书 mìshū		2 名	壹一 Jb	面对 miànduì		1 动	陆九 Ae
密 mì		1 形	捌三 Ca	面粉 miànfěn		1 名	贰九 Aa
密布 mìbù		3 动	柒二 Dc	面红耳赤 miànhóng-ěrchì		2	伍六 Dc
密度 mìdù		3 名	叁十 Ac	面黄肌瘦 miànhuáng-jīshòu			
密集 mìjí		3 动	捌三 Ca			3	捌三 Jb
密码 mìmǎ		2 名	叁八 Ch	面积 miànjī		3 名	叁二 Aa
密密麻麻 mì·mimámá		2 形	捌三 Ca	面颊 miànjiá		4 名	壹五 Ac
密切 mìqiè		3 形	捌四 Ra	面孔 miànkǒng		2 名	壹五 Ac
蜜 mì		2 名	贰十 Bb	面料 miànliào		4 名	贰七 Ca
蜜蜂 mìfēng		1 名	壹二 Fd	面临 miànlín		2 动	伍八 Ja
				面貌 miànmào		3 名	叁二 Ac
mian						3 名	叁二 Fd
绵里藏针 miánlǐ-cángzhēn		3	捌五 Ab	面面俱到 miànmiàn-jùdào		3	捌四 Gc
绵软 miánruǎn		3 形	捌二 Ka	面目 miànmù		3 名	叁二 Dc
		3 形	捌三 Jb			3 名	叁二 Fd
绵延 miányán		3 动	柒二 Fe	面目全非 miànmù-quánfēi		3	柒四 Aa
绵羊 miányáng		2 名	壹二 Cb	面前 miànqián		1 名	肆二 Ae
棉 mián		1 名	壹三 Ga	面容 miànróng		3 名	叁二 Fd

面如土色 miànrútǔsè	3		伍五	Ea
面试 miànshì	3	动	陆五	Ad
面条儿 miàntiáor	1	名	贰九	Ac
面子 miàn·zi	3	名	贰二	Fc
	3	名	叁二	Ib

miao

喵 miāo	2	拟声	玖六	Ba
苗 miáo	1	名	壹五	Ca
苗条 miáo·tiao	2	形	捌一	Fb
苗头 miáo·tou	3	名	叁一	Fc
描红 miáohóng	2	动	陆五	Eb
描绘 miáohuì	3	动	陆五	Ia
	3	动	陆九	Fh
描摹 miáomó	4	动	陆五	Eb
描述 miáoshù	3	动	陆九	Fh
描写 miáoxiě	3	动	陆九	Fh
瞄准 miáo//zhǔn	3	动	陆六	Fa
秒 miǎo	1	量	肆一	Fc
渺茫 miǎománg	4	形	捌二	Eb
渺小 miǎoxiǎo	3	形	捌四	Od
藐视 miǎoshì	4	动	伍五	Nc
妙 miào	2	形	捌四	Ba
妙笔生花 miàobǐ-shēnghuā				
	4		捌四	Ba
妙不可言 miàobùkěyán	3		捌四	Ba
妙趣横生 miàoqù-héngshēng				
	3		捌四	Jb
妙手回春 miàoshǒu-huíchūn				
	3		捌五	Xa
庙 miào	2	名	贰六	Hc

mie

灭 miè	2	动	柒五	Ca
灭绝 mièjué	3	动	柒三	Ga
灭亡 mièwáng	2	动	伍八	Da
蔑视 mièshì	3	动	伍五	Nc

min

民不聊生 mínbùliáoshēng	3		捌六	Ib
民歌 míngē	2	名	叁九	Ab
民工 míngōng	2	名	壹一	Jn
民国 Mínguó	4	名	肆一	Ba
民间 mínjiān	3	名	叁二	Cb
民警 mínjǐng	2	名	壹一	Jf
	2	名	叁六	Ad
民俗 mínsú	3	名	叁四	Da
民心 mínxīn	3	名	叁三	Bb
民意 mínyì	3	名	叁三	Bb
民用 mínyòng	3	形	叁一	Fd
民众 mínzhòng	3	名	壹一	Aa
民主 mínzhǔ	3	名	叁五	Ca
	3	形	捌五	Pa
民族 mínzú	2	名	叁四	Ac
闽 Mǐn	3	名	叁五	Ae
敏感 mǐngǎn	3	形	捌五	Dd
	3	形	捌五	Tb
敏捷 mǐnjié	3	形	捌三	Pa
敏锐 mǐnruì	4	形	捌五	Tb

ming

名 míng	1	名	叁二	Hb
	1	量	叁十	Ca
名不副实 míngbùfùshí	3		捌四	Ab
名不虚传 míngbùxūchuán	3		捌四	Aa
名称 míngchēng	2	名	叁二	Ha
名垂青史 míngchuíqīngshǐ				
	4		伍八	Gc
名词 míngcí	3	名	叁八	Cb
名存实亡 míngcún-shíwáng				
	3		捌四	Ab
名单 míngdān	2	名	贰八	Cc
名额 míng'é	2	名	叁十	Bd
名副其实 míngfùqíshí	3		捌四	Aa
名贵 míngguì	3	形	捌四	Qa
名列前茅 mínglièqiánmáo	3		捌四	Cc
名流 míngliú	3	名	壹一	Lh
名落孙山 míngluòsūnshān	4		伍八	Da
名目 míngmù	3	名	叁二	Ha
名牌 míngpái	2	名	贰八	Ce
名片 míngpiàn	2	名	贰八	Cc

名气	míng·qi		3名	叁二 Ib	明天	míngtiān		1名	肆一 De
名人	míngrén		2名	壹一 Lh				1名	肆一 Ed
名声	míngshēng		3名	叁二 Ib	明晰	míngxī		4形	捌二 Ea
名胜	míngshèng		2名	肆二 Bc	明显	míngxiǎn		2形	捌四 Sa
名胜古迹	míngshèng-gǔjì	3		肆二 Bc	明星	míngxīng		2名	壹一 Jl
名望	míngwàng		4名	叁二 Ib	明艳	míngyàn		3形	捌三 La
名义	míngyì		3名	叁二 Ha	明哲保身	míngzhé-bǎoshēn			
名誉	míngyù		3名	叁二 Ib				4	捌五 Kc
			3形	捌四 Ab	明争暗斗	míngzhēng-àndòu			
名正言顺	míngzhèng-yánshùn							2	陆六 Ba
			4	捌四 Ec	明知故犯	míngzhī-gùfàn		3	伍七 Gg
名著	míngzhù		2名	叁八 Ea	明知故问	míngzhī-gùwèn		2	陆九 Fc
名字	míng·zi		1名	叁二 Hb	明智	míngzhì		3形	捌五 Ta
明	Míng		4名	肆一 Ba	鸣	míng		2动	伍二 Hb
明	míng		1形	捌二 Da	鸣叫	míngjiào		2动	伍二 Hb
明白	míng·bai		1动	伍五 Ta	冥思苦想	míngsī-kǔxiǎng		4	伍五 Ra
			1形	捌四 Sa	铭记	míngjì		3动	伍五 Xc
明察秋毫	míngchá-qiūháo	4		伍五 Tb	铭刻	míngkè		4动	伍五 Xc
明澈	míngchè		4形	捌二 Fa	命	mìng		2名	叁一 Da
明晃晃	mínghuǎnghuǎng		3形	捌二 Da				2名	叁一 Eb
明净	míngjìng		3形	捌二 Fa				2动	陆一 Fb
明镜	míngjìng		3名	贰七 Bg	命令	mìnglìng		2名	叁五 Bc
明镜高悬	míngjìng-gāoxuán							2动	陆一 Fb
			4	捌五 Ja	命名	mìng//míng		3动	陆一 Mc
明快	míngkuài		3形	捌四 Kd	命题	mìngtí		4名	叁八 Ge
			3形	捌五 Fa	命悬一线	mìngxuán-yīxiàn		4	伍四 Ce
明朗	mínglǎng		3形	捌二 Da	命运	mìngyùn		3名	叁一 Eb
			3形	捌四 Sa	命中	mìngzhòng		3动	伍八 Cb
明丽	mínglì		3形	捌三 La					
明亮	míngliàng		1形	捌二 Da		mo			
明媚	míngmèi		3形	捌三 La	摸	mō		1动	伍一 Ad
明明	míngmíng		3副	玖一 De	摸索	mō·suǒ		3动	伍七 Ea
明目张胆	míngmù-zhāngdǎn							3动	伍七 Jc
			3	捌五 Ef	馍	mó		3名	贰九 Ac
明年	míngnián		1名	肆一 Ea	模范	mófàn		2名	壹一 Ia
明枪暗箭	míngqiāng-ànjiàn				模仿	mófǎng		2动	柒六 Ed
			3	叁三 Db	模糊	mó·hu		2动	伍七 Gf
明确	míngquè		3形	捌四 Sa				2形	捌二 Eb
明日黄花	míngrì-huánghuā				模拟	mónǐ		3动	柒六 Ed
			4	叁一 Aa	模式	móshì		3名	叁二 Ab

模特儿 mótèr	3	名	壹一	Jl
模型 móxíng	3	名	贰五	Cf
膜 mó	3	名	壹五	Am
摩擦 mócā	2	动	柒二	Gd
摩肩接踵 mójiān-jiēzhǒng	4		捌六	Da
摩拳擦掌 móquán-cāzhǎng	3		陆六	Aa
摩挲 mósuō	4	动	伍一	Ad
摩托车 mótuōchē	2	名	贰五	Ea
磨 mó	2	动	伍一	Ag
磨蹭 mó·ceng	3	动	捌三	Pb
磨合 móhé	4	动	伍七	Ea
磨炼 móliàn	3	动	陆五	Be
磨难 mónàn	3	名	叁一	Ed
磨损 mósǔn	3	动	柒二	Gd
蘑菇 mó·gu	2	名	壹四	Ab
魔法 mófǎ	3	名	叁二	Ie
魔鬼 móguǐ	2	名	叁三	Fc
魔术 móshù	2	名	叁九	Bb
魔术师 móshùshī	2	名	壹一	Jl
抹 mǒ	2	动	伍一	Fc
	2	动	伍一	Ib
末 mò	2	名	贰二	Eb
	2	名	贰二	Fa
末日 mòrì	2	名	肆一	Ed
没 mò	3	动	柒二	Bc
没收 mòshōu	2	动	陆七	Db
陌生 mòshēng	2	形	捌四	Rb
莫不是 mòbùshì	4	副	玖一	Gg
莫非 mòfēi	4	副	玖一	Gg
莫名其妙 mòmíngqímiào	3		捌四	Ce
莫衷一是 mòzhōng-yīshì	4		柒六	Fa
蓦地 mòdì	4	副	玖一	Ec
漠不关心 mòbùguānxīn	3		捌五	Ib
墨 mò	2	名	贰八	Ca
墨绿 mòlǜ	2	形	捌二	Ae
墨守成规 mòshǒu-chéngguī	3		捌五	Pb
墨水 mòshuǐ	2	名	贰八	Ca
默不作声 mòbùzuòshēng	3		伍六	Ba
默默 mòmò	2	副	玖一	Ch
默默无闻 mòmò-wúwén	3		捌四	Qf
默念 mòniàn	3	动	陆五	Ca
默契 mòqì	4	形	柒六	Gd
	4	形	捌四	Ra
磨 mò	2	名	贰五	Ba
磨坊 mòfáng	3	名	叁七	Ga

mou

眸子 móu·zi	4	名	壹五	Ad
谋反 móufǎn	3	动	陆六	Be
谋害 móuhài	3	动	陆十一	Hg
谋求 móuqiú	4	动	伍五	Uc
谋生 móushēng	3	动	伍七	Aa
某 mǒu	2	代	壹一	Ad

mu

模板 múbǎn	3	名	贰五	Cf
模样 múyàng	2	名	叁二	Fd
母 mǔ	2	形	捌三	Hb
母爱 mǔ'ài	2	名	叁三	Bb
母女 mǔnǚ	1	名	壹一	Db
母亲 mǔ·qīn	1	名	壹一	Db
母子 mǔzǐ	1	名	壹一	Db
牡丹 mǔ·dan	2	名	壹三	Cb
牡蛎 mǔlì	4	名	壹二	Ed
亩 mǔ	3	量	叁十	Cc
拇指 mǔzhǐ	2	名	壹五	Af
木 mù	1	名	壹三	Ba
	1	名	贰四	Ca
	2	形	捌五	Td
木板 mùbǎn	1	名	贰四	Da
木材 mùcái	2	名	贰四	Ca
木柴 mùchái	2	名	贰四	Ba
木雕 mùdiāo	3	名	叁九	Cb
木匠 mù·jiàng	3	名	壹一	Jn
木偶 mù'ǒu	2	名	贰八	Bd
木头 mù·tou	1	名	贰四	Ca
木屑 mùxiè	3	名	贰四	Ca
木已成舟 mùyǐchéngzhōu	4		柒三	Ha

目 mù		4 名	叁二 Cd	哪里 nǎ·lǐ		1 代	肆二 Ah
目标 mùbiāo		2 名	叁一 Ba	哪怕 nǎpà		2 连	玖三 Ca
目不识丁 mùbùshídīng		3	捌五 Zb	那 nà		1 代	贰二 Da
目不暇接 mùbùxiájiē		3	捌三 Aa			1 连	玖三 Fa
目不转睛 mùbùzhuǎnjīng		2	伍二 Da	那个 nà·ge		1 代	贰二 Da
目瞪口呆 mùdèng-kǒudāi		3	伍六 Bb	那里 nà·lǐ		1 代	肆二 Ah
目的 mùdì		2 名	叁一 Ba	那么 nà·me		1 代	叁一 Ag
目的地 mùdìdì		2 名	肆二 Da			1 连	玖三 Fa
目睹 mùdǔ		4 动	伍二 Da	那儿 nàr		1 代	肆二 Ah
目光 mùguāng		1 名	叁二 Fc	那些 nàxiē		1 代	贰二 Db
目光短浅 mùguāng-duǎnqiǎn				那样 nàyàng		1 代	叁一 Ag
		3	捌五 Zb	呐喊 nàhǎn		4 动	伍二 Hb
目光如炬 mùguāng-rújù		4	捌五 Za	呐喊助威 nàhǎn-zhùwēi		4	陆十 Cc
目空一切 mùkōngyīqiè		3	捌五 Hb	纳凉 nàliáng		3 动	伍七 Bc
目录 mùlù		2 名	叁八 Gb	纳闷儿 nà//mènr		3 动	伍五 Ib
目前 mùqián		2 名	肆一 Dd	纳入 nàrù		3 动	伍七 Id
目中无人 mùzhōng-wúrén		2	捌五 Hb	纳税人 nàshuìrén		4 名	壹一 Lf
沐浴 mùyù		4 动	伍一 Ia	捺 nà		2 名	叁八 Ca
		4 动	柒六 La		nai		
牧草 mùcǎo		3 名	壹三 Cc	乃 nǎi		4 副	玖一 Ea
牧场 mùchǎng		2 名	肆二 Cb			4 连	玖三 Ha
牧民 mùmín		2 名	壹一 Jm	奶 nǎi		1 名	壹五 Aq
牧童 mùtóng		3 名	壹一 Jm	奶粉 nǎifěn		1 名	贰九 Ai
募集 mùjí		4 动	伍七 Hb	奶奶 nǎi·nai		1 名	壹一 Cd
募捐 mù//juān		4 动	伍七 Hb			1 名	壹一 De
墓 mù		2 名	贰六 Ha	奶牛 nǎiniú		1 名	壹二 Cb
墓碑 mùbēi		3 名	贰六 Ha	奈何 nàihé		4 动	伍五 Be
墓志铭 mùzhìmíng		4 名	叁八 Ec	耐 nài		2 动	伍五 Lb
幕 mù		2 名	贰七 Bo	耐烦 nàifán		3 形	捌五 Ga
		2 名	贰八 Ab	耐人寻味 nàirénxúnwèi		3	捌四 Mb
幕后 mùhòu		3 名	肆二 Ae	耐心 nàixīn		2 形	捌五 Ga
暮色 mùsè		4 名	叁二 Ac	耐性 nàixìng		2 名	叁二 Ia
	na				nan		
拿 ná		1 动	伍一 Ca	男 nán		1 形	捌三 Ha
		1 介	玖二 Ca	男女老少 nán-nǚ-lǎo-shào		2	壹一 Aa
拿手 náshǒu		3 形	伍五 Tb	男人 nánrén		1 名	壹一 Ba
拿手好戏 náshǒu hǎoxì		3	叁二 Ie	男子 nánzǐ		1 名	壹一 Ba
哪 nǎ		1 代	贰二 Dc	男子汉 nánzǐhàn		2 名	壹一 Ba
哪个 nǎ·ge		1 代	贰二 Dc				

南 nán	1 名	肆二 Ac	难以置信 nányǐzhìxìn	3	捌四 Ce
南北 nánběi	1 名	肆二 Ac	难 nàn	2 名	叁一 Ec
南北朝 Nán-Běi Cháo	4 名	肆一 Ba	难民 nànmín	4 名	壹一 Li
南方 nánfāng	1 名	肆二 Ac	难兄难弟 nànxiōng-nàndì	2	壹一 La
南瓜 nán·guā	1 名	壹三 Fa			
南极 nánjí	2 名	贰三 Ad	**nang**		
南柯一梦 nánkē-yīmèng	4	伍八 Dc	囊空如洗 nángkōng-rúxǐ	4	捌六 Ka
南来北往 nánlái-běiwǎng	3	伍七 Ia	囊括 nángkuò	4 动	柒六 Mc
南腔北调 nánqiāng-běidiào	3	叁八 Cd	**nao**		
南辕北辙 nányuán-běizhé	4	柒六 Fb	挠 náo	2 动	伍一 Ad
南征北战 nánzhēng-běizhàn	3	陆六 Ca	恼火 nǎohuǒ	3 形	伍五 Ca
难 nán	1 形	捌四 Fd	恼怒 nǎonù	4 动	伍五 Ca
	1 形	捌四 Ka	恼羞成怒 nǎoxiū-chéngnù	4	伍五 Ca
难处 nánchù	3 名	叁一 Ed	脑袋 nǎo·dai	2 名	壹五 Ab
难道 nándào	2 副	玖一 Gg	脑海 nǎohǎi	2 名	叁三 Aa
难得 nándé	2 形	捌三 Ad	脑筋 nǎojīn	3 名	叁三 Aa
	2 形	捌四 Qa	脑力 nǎolì	2 名	叁二 Ga
难点 nándiǎn	2 名	叁一 Ed	脑满肠肥 nǎomǎn-chángféi	4	捌一 Ga
难度 nándù	3 名	叁一 Ed	脑门儿 nǎoménr	2 名	壹五 Ab
难怪 nánguài	2 副	玖一 Gb	脑髓 nǎosuǐ	3 名	壹五 Ab
难关 nánguān	3 名	叁一 Ed	脑子 nǎo·zi	2 名	壹五 Ab
难过 nánguò	1 形	伍五 Ba		3 名	叁三 Aa
难堪 nánkān	3 形	伍五 Bf	闹 nào	3 动	伍七 Ea
难看 nánkàn	1 形	捌三 Lb		1 动	陆十一 Ac
难免 nánmiǎn	2 副	玖一 Gd		2 动	陆十一 Ac
难能可贵 nánnéng-kěguì	3	捌四 Qa		1 形	捌六 Da
难色 nánsè	4 名	叁二 Fc	闹市 nàoshì	3 名	叁七 Gb
难受 nánshòu	2 形	伍五 Ba	闹钟 nàozhōng	2 名	贰七 Bh
难题 nántí	3 名	叁一 Ed	**ne**		
	2 名	叁八 Bc	呢 ·ne	1 助	玖四 Ca
难听 nántīng	1 形	捌二 Hb	**nei**		
难忘 nánwàng	1 动	伍五 Xc	内 nèi	1 名	叁一 Bd
难为 nán·wei	3 动	陆九 Ib		1 名	肆二 Af
	3 动	陆十一 Cc	内涵 nèihán	4 名	叁二 Dc
难为情 nánwéiqíng	2 形	伍五 Ee	内行 nèiháng	3 名	壹一 Ia
	3 形	伍六 Dc		3 形	捌五 Wa
难言之隐 nányánzhīyǐn	3	叁三 Bc	内疚 nèijiù	3 形	伍五 Ee
难以 nányǐ	2 动	捌四 Ka			

内科 nèikē	3名	叁八 Bb	泥泞 nínìng	4形	捌一 Mb
内幕 nèimù	3名	叁一 Fb	泥鳅 ní·qiu	3名	壹二 Ea
内容 nèiróng	2名	叁一 Fb	泥沙 níshā	2名	贰四 Cb
	2名	叁八 Ga	泥沙俱下 níshā-jùxià	3	柒二 Ic
内外 nèiwài	2名	贰二 Fc	泥土 nítǔ	1名	贰三 Ha
	2名	肆二 Af	拟人 nǐrén	3名	叁八 Ce
内外交困 nèiwài-jiāokùn	4	伍八 Bc	拟声词 nǐshēngcí	4名	叁八 Cb
内向 nèixiàng	3形	捌五 Ed	你 nǐ	1代	壹一 Ac
内心 nèixīn	2名	叁三 Ab	你们 nǐ·men	1代	壹一 Ac
内秀 nèixiù	4形	捌五 Ta	泥 nì	2动	伍一 Fc
内需 nèixū	4名	叁三 Cb	逆来顺受 nìlái-shùnshòu	3	伍五 Lb
内衣 nèiyī	2名	贰七 Cb	逆水行舟 nìshuǐ-xíngzhōu	3	捌四 Ka
内在 nèizài	3形	捌四 Ta	溺 nì	4动	柒二 Oe

nen

嫩 nèn	1形	捌三 Ga
嫩绿 nènlǜ	2形	捌二 Ae

溺水 nìshuǐ 4动 柒二 Oe

nian

拈轻怕重 niānqīng-pàzhòng	4	伍七 Ha

neng

能 néng	1动	伍五 Zd	年 nián	1名	肆一 Ea
	2形	捌五 Xa	年代 niándài	2名	肆一 Ba
能干 nénggàn	2形	捌五 Xa	年度 niándù	2名	肆一 Ea
能歌善舞 nénggē-shànwǔ	2	陆五 Fd	年富力强 niánfù-lìqiáng	3	捌三 Ib
能工巧匠 nénggōng-qiǎojiàng			年糕 niángāo	2名	贰九 Ag
	3	壹一 Ia	年画 niánhuà	2名	叁九 Ca
能够 nénggòu	1动	伍五 Zd	年级 niánjí	1名	叁八 Bd
能力 nénglì	2名	叁二 If	年纪 niánjì	2名	肆一 Ib
能量 néngliàng	3名	叁二 Gc	年龄 niánlíng	1名	肆一 Ib
能耐 néng·nai	4名	叁二 Ie	年轮 niánlún	2名	贰三 Ia
能人 néngrén	3名	壹一 Ia	年迈 niánmài	3形	捌三 Ia
能手 néngshǒu	3名	壹一 Ia	年轻 niánqīng	2形	捌三 Ib
能说会道 néngshuō-huìdào			年轻人 niánqīngrén	2名	壹一 Cb
	2	陆九 Eg	年少 niánshào	2形	捌三 Ib
能言善辩 néngyán-shànbiàn			年岁 niánsuì	3名	肆一 Ba
	3	陆九 Eg		3名	肆一 Ib
能源 néngyuán	3名	贰二 Ab	年限 niánxiàn	3名	肆一 Ca

ni

尼姑 nígū	2名	壹一 Lk	年夜饭 niányèfàn	2名	叁一 Db
泥 ní	1名	贰四 Cb	年幼 niányòu	2形	捌三 Ic
泥浆 níjiāng	3名	贰四 Cb	年逾古稀 niányú-gǔxī	4	捌三 Ia
			年月 niányuè	2名	肆一 Ba
				2名	肆一 Bb

词条	拼音			
年长	niánzhǎng	2 形	捌三	Ia
年终	niánzhōng	2 名	肆一	Cd
黏稠	niánchóu	4 形	捌三	Fa
捻	niǎn	4 动	伍一	Ah
撵	niǎn	4 动	陆九	Ae
碾	niǎn	4 动	伍一	Ag
碾子	niǎn·zi	4 名	贰五	Ba
念	niàn	2 动	伍五	Xb
		1 动	陆五	Cb
念叨	niàn·dao	4 动	陆九	Ea
念念不忘	niànniàn-bùwàng	3	伍五	Xc
念念有词	niànniàn-yǒucí	3	陆九	Ec
念书	niàn//shū	2 动	陆五	Ba
念头	niàn·tou	3 名	叁三	Da

niang

娘	niáng	2 名	壹一	Db
酿造	niàngzào	3 动	陆三	Ac

niao

鸟	niǎo	1 名	壹二	Da
鸟尽弓藏	niǎojìn-gōngcáng	4	捌五	Sb
鸟瞰	niǎokàn	4 动	伍二	Da
鸟笼	niǎolóng	2 名	贰七	Be
鸟语花香	niǎoyǔ-huāxiāng	2	捌二	Ha
袅袅	niǎoniǎo	4 形	柒二	Nb
尿	niào	1 名	壹五	Ar

nie

捏	niē	2 动	伍一	Af
捏造	niēzào	4 动	伍七	Gd

nin

您	nín	1 代	壹一	Ac

ning

宁	Níng	3 名	叁五	Ae
宁静	níngjìng	2 形	捌六	Db
狞笑	níngxiào	4 动	伍六	Aa
凝固	nínggù	3 动	柒一	Da
凝结	níngjié	3 动	柒一	Da
凝聚	níngjù	3 动	柒二	Jb
凝眸	níngmóu	4 动	伍二	Da
凝神	níngshén	4 动	伍五	Mb
凝视	níngshì	3 动	伍二	Da
凝望	níngwàng	3 动	伍二	Da
凝滞	níngzhì	4 动	柒三	Bc
凝重	níngzhòng	4 形	捌五	Ge
拧	nǐng	3 动	伍一	Fb
宁可	nìngkě	3 副	玖一	Ga
宁死不屈	nìngsǐ-bùqū	3	捌五	Da
宁愿	nìngyuàn	3 副	玖一	Ga

niu

牛	niú	1 名	壹二	Cb
牛刀小试	niúdāo-xiǎoshì	4	伍七	Ea
牛鬼蛇神	niúguǐ-shéshén	4	壹一	Gb
牛郎织女	niúláng-zhīnǚ	3	壹一	Lg
牛奶	niúnǎi	1 名	贰九	Ai
扭	niǔ	2 动	伍一	Hc
		2 动	伍四	Ha
		2 动	柒二	Nd
扭动	niǔdòng	2 动	伍一	Hc
扭曲	niǔqū	3 动	伍七	Gd
扭转	niǔzhuǎn	3 动	柒四	Aa
忸怩	niǔní	4 形	伍六	Dc
纽带	niǔdài	3 名	叁二	Dd
纽扣	niǔkòu	2 名	贰七	Bi

nong

农产品	nóngchǎnpǐn	2 名	贰二	Cd
农场	nóngchǎng	2 名	肆二	Cb
农村	nóngcūn	2 名	肆二	Cc
农夫	nóngfū	2 名	壹一	Jm
农家	nóngjiā	2 名	叁四	Ae
农具	nóngjù	2 名	贰五	Ba
农历	nónglì	2 名	肆一	Aa
农民	nóngmín	1 名	壹一	Jm
农田	nóngtián	2 名	贰三	Bj
农谚	nóngyàn	3 名	叁八	Cb

农药 nóngyào	3 名	贰十一 Ac	女婿 nǚ·xu	3 名	壹一 Di
农业 nóngyè	2 名	叁四 Eb	**nuan**		
农作物 nóngzuòwù	3 名	壹三 Ea	暖 nuǎn	2 动	伍七 Bj
浓 nóng	1 形	捌二 Ba		2 形	捌二 Nd
	2 形	捌二 Jb	暖烘烘 nuǎnhōnghōng	3 形	捌二 Nd
浓度 nóngdù	3 名	叁十 Ad	暖和 nuǎn·huo	2 动	伍七 Bj
浓厚 nónghòu	3 形	捌二 Jb		2 形	捌二 Nd
	3 形	捌四 Mc	暖融融 nuǎnróngróng	3 形	捌二 Nd
浓烈 nóngliè	3 形	捌四 Ma	暖洋洋 nuǎnyángyáng	2 形	捌二 Nd
浓密 nóngmì	3 形	捌三 Ca	**nüe**		
浓缩 nóngsuō	3 动	柒二 Cb	虐待 nüèdài	4 动	陆九 Ae
浓艳 nóngyàn	3 形	捌三 La	虐杀 nüèshā	4 动	陆七 Fc
浓郁 nóngyù	4 形	捌二 Ia	**nuo**		
	4 形	捌二 Jb	挪 nuó	3 动	伍一 Hd
浓重 nóngzhòng	4 形	捌四 Mc		3 动	柒二 Ma
弄 nòng	1 动	伍一 Ha	挪移 nuóyí	4 动	伍一 Hd
	2 动	伍七 Ea	挪用 nuóyòng	4 动	伍七 Hh
弄巧成拙 nòngqiǎo-chéngzhuō	4	伍八 Bf	诺言 nuòyán	3 名	叁八 Cg
弄虚作假 nòngxū-zuòjiǎ	3	陆十一 Ce	懦弱 nuòruò	4 形	捌四 Nd
nu			糯米 nuòmǐ	3 名	贰九 Aa
奴隶 núlì	2 名	壹一 Li	**o**		
奴役 núyì	4 动	陆十一 Hd	哦 ò	1 叹	玖五 Aa
努力 nǔlì	1 形	捌五 Va	**ou**		
怒不可遏 nùbùkě'è	4	伍五 Ca	殴打 ōudǎ	3 动	陆十一 Ea
怒发冲冠 nùfà-chōngguān	4	伍五 Ca	呕吐 ǒutù	3 动	伍四 If
怒放 nùfàng	3 动	伍四 Ab	呕心沥血 ǒuxīn-lìxuè	3	伍五 Ra
怒号 nùháo	3 动	伍二 Hb	偶尔 ǒu'ěr	3 副	玖一 Ec
怒吼 nùhǒu	3 动	伍二 Hb	偶然 ǒurán	2 形	捌四 Ce
怒火 nùhuǒ	3 名	叁三 Bc		2 副	玖一 Ec
怒目圆睁 nùmù-yuánzhēng	4	捌五 Ab	偶像 ǒuxiàng	2 名	壹一 Jl
怒色 nùsè	4 名	叁二 Fc	藕断丝连 ǒuduàn-sīlián	4	柒二 Hc
nü			**pa**		
女 nǚ	1 形	捌三 Hb	趴 pā	2 动	伍三 Ec
女儿 nǚ'ér	1 名	壹一 Dd	啪 pā	2 拟声	玖六 Ca
女人 nǚrén	1 名	壹一 Bb	扒窃 páqiè	4 动	陆七 Fh
女士 nǚshì	3 名	壹一 Bb			

爬 pá		1动	伍三 Aa		牌 pái		2名	贰八 Ce
爬行 páxíng		2动	伍三 Aa				2名	叁二 Ha
耙 pá		4名	贰五 Ba		牌照 páizhào		4名	贰八 Cd
		4动	陆三 Jb		派 pài		2动	陆一 Ha
怕 pà		1动	伍五 Ea		派别 pàibié		4名	叁四 Ad
					派遣 pàiqiǎn		4动	陆一 Ha

pai

pan

拍 pāi		1动	伍一 Ab		攀 pān		3动	伍三 Ab
		2动	陆五 Ga		攀登 pāndēng		3动	伍三 Ab
拍案叫绝 pāi'àn-jiàojué		4	陆九 Ha		攀龙附凤 pānlóng-fùfèng		4	陆十一 Fa
拍板 pāibǎn		3动	陆一 Kb		攀升 pānshēng		3动	柒五 Ad
拍打 pāi·dǎ		2动	伍一 Ab		攀谈 pāntán		3动	陆九 Eh
拍卖 pāimài		3动	陆二 Ba		盘 pán		1名	贰七 Bb
拍摄 pāishè		3动	陆五 Ga				4动	陆一 Ia
拍手称快 pāishǒu-chēngkuài					盘缠 pán·chan		4名	叁七 Fb
		3	伍五 Aa		盘根错节 pángēn-cuòjié		4	捌四 Ib
拍照 pāi//zhào		2动	陆五 Ga		盘踞 pánjù		4动	陆六 Ga
排 pái		1名	叁二 Ce		盘曲 pánqū		2形	捌一 Jb
		1量	叁十 Ca		盘算 pán·suan		4动	伍五 Ra
		1动	柒二 Db				4动	伍五 Wa
排比 páibǐ		3名	叁八 Ce		盘腿 pán//tuǐ		3动	伍一 Na
排场 pái·chǎng		4名	叁二 Ic		盘问 pánwèn		3动	陆九 Fd
		4形	捌三 Na		盘旋 pánxuán		2动	柒二 Na
排斥 páichì		3动	陆十一 Ga		盘子 pán·zi		1名	贰七 Bb
排除 páichú		2动	柒五 Cb		蹒跚 pánshān		4形	伍一 Ka
排队 pái//duì		2动	柒二 Db		判 pàn		3动	陆一 Ic
排放 páifàng		3动	陆三 Ib				3动	陆七 Cb
排挤 páijǐ		3动	陆十一 Ga		判处 pànchǔ		3动	陆七 Cb
排练 páiliàn		2动	陆五 Fa		判定 pàndìng		3动	伍七 Hg
排列 páiliè		2动	柒二 Db		判断 pànduàn		2动	伍七 Hg
排名 pái//míng		2名	叁二 Ce		判决 pànjué		3动	陆七 Cb
排遣 páiqiǎn		4动	伍七 Ka		盼 pàn		2动	伍二 Da
排球 páiqiú		2名	贰八 Bb				2动	伍五 Ua
		2名	叁九 Da		盼望 pànwàng		2动	伍五 Ua
排山倒海 páishān-dǎohǎi		3	捌四 Ma		叛变 pànbiàn		3动	陆六 Hb
排污 pái//wū		4动	陆三 Ib		叛离 pànlí		3动	陆六 Hb
排泄 páixiè		3动	伍四 Dc		叛乱 pànluàn		3动	陆六 Be
排忧解难 páiyōu-jiěnàn		4	柒五 Cb		叛逆 pànnì		4动	陆六 Hb
徘徊 páihuái		4动	伍一 Ka				4形	捌五 Bd
		4动	伍五 Oa					

叛逃 pàntáo	3 动	陆六 Hb	
叛徒 pàntú	3 名	壹一 Gb	

pang

庞大 pángdà	2 形	捌一 Ha	
庞然大物 pángrán-dàwù	3	贰二 Aa	
旁 páng	1 名	叁八 Ca	
旁边 pángbiān	1 名	肆二 Ag	
旁观者清 pángguānzhěqīng	3	伍五 Tb	
旁门左道 pángmén-zuǒdào	4	叁一 Bf	
旁敲侧击 pángqiāo-cèjī	3	捌五 Cf	
旁人 pángrén	2 代	壹一 Ad	
旁征博引 pángzhēng-bóyǐn	4	陆五 Dc	
磅礴 pángbó	4 形	捌四 Nb	
螃蟹 pángxiè	2 名	壹二 Ec	
胖 pàng	1 形	捌一 Ga	
胖乎乎 pànghūhū	1 形	捌一 Ga	
胖子 pàng·zi	2 名	壹一 Eb	

pao

抛 pāo	2 动	伍一 Ec	
	2 动	柒五 Cd	
抛弃 pāoqì	2 动	柒五 Cd	
抛头露面 pāotóu-lùmiàn	4	柒三 Fa	
抛砖引玉 pāozhuān-yǐnyù	4	陆五 Ac	
刨 páo	4 动	伍一 Je	
刨根问底 páogēn-wèndǐ	3	陆五 Da	
咆哮 páoxiào	4 动	伍二 Hb	
袍子 páo·zi	3 名	贰七 Cb	
跑 pǎo	1 动	伍一 Kb	
	3 形	伍七 Ac	
	2 动	伍七 Ja	
跑步 pǎo//bù	1 动	伍一 Kb	
跑道 pǎodào	2 名	叁九 Dc	
泡 pào	1 名	贰三 Da	
	2 动	伍一 Id	
	2 动	柒二 Oe	
泡沫 pàomò	2 名	贰三 Da	
炮 pào	2 名	贰五 Fb	
炮弹 pàodàn	2 名	贰五 Ff	
炮火 pàohuǒ	2 名	贰三 Ea	

pei

胚胎 pēitāi	3 名	壹五 Ao	
陪 péi	1 动	陆九 Ag	
陪伴 péibàn	2 动	陆九 Ag	
陪衬 péichèn	3 动	柒六 Ge	
陪同 péitóng	3 动	陆九 Ag	
培训 péixùn	2 动	陆五 Be	
培训班 péixùnbān	2 名	叁八 Bd	
培养 péiyǎng	2 动	陆三 La	
	2 动	陆五 Aa	
培育 péiyù	3 动	陆三 La	
	3 动	陆五 Aa	
培植 péizhí	3 动	陆三 Jc	
赔 péi	3 动	伍八 Fa	
	3 动	陆二 Fd	
赔偿 péicháng	3 动	陆二 Fd	
佩服 pèi·fú	2 动	伍五 Qc	
配 pèi	2 动	陆三 Ab	
	2 动	柒六 Ge	
配备 pèibèi	3 名	贰二 Ca	
	3 动	陆一 Ga	
配合 pèihé	2 动	伍七 Ea	
配件 pèijiàn	3 名	贰五 Ab	
配偶 pèi'ǒu	3 名	壹一 Dc	
配套 pèi//tào	3 动	柒六 Gb	
配置 pèizhì	3 动	陆一 Ga	

pen

喷 pēn	2 动	柒二 Ob	
喷泉 pēnquán	2 名	贰三 Bi	
喷射 pēnshè	3 动	柒二 Ob	
喷涌 pēnyǒng	3 动	柒二 Oc	
盆 pén	1 名	贰七 Bd	

peng

砰 pēng	3 拟声	玖六 Ca	

烹饪 pēngrèn	4 动	伍七 Cb		皮 pí	1 名	壹五 Ba
烹调 pēngtiáo	3 动	伍七 Cb			1 形	贰七 Ca
朋友 péng·you	1 名	壹一 La			1 形	捌五 Ec
棚 péng	3 名	贰六 Aa		皮带 pídài	2 名	贰七 Bn
蓬勃 péngbó	3 形	捌六 Ca		皮肤 pífū	1 名	壹五 Ag
蓬乱 péngluàn	4 形	捌六 Hb		皮革 pígé	2 名	贰七 Ca
蓬松 péngsōng	3 形	捌三 Eb		皮开肉绽 píkāi-ròuzhàn	4	伍四 Ha
蓬头垢面 péngtóu-gòumiàn				皮毛 pímáo	3 名	叁二 Db
	4	捌六 Gb		皮球 píqiú	1 名	贰八 Bd
鹏程万里 péngchéng-wànlǐ				皮鞋 píxié	2 名	贰七 Ce
	3	捌四 Pa		皮癣 píxuǎn	4 名	叁九 Ec
澎湃 péngpài	4 形	柒二 Oi		疲惫 píbèi	4 形	伍六 Fa
膨胀 péngzhàng	3 动	柒五 Ac		疲乏 pífá	3 形	伍六 Fa
捧 pěng	1 量	叁十 Ca		疲倦 píjuàn	3 形	伍六 Fa
	1 动	伍一 Da		疲劳 píláo	2 形	伍六 Fa
捧场 pěng//chǎng	4 动	陆十 Cc		疲于奔命 píyúbēnmìng	4	伍六 Fa
碰 pèng	2 动	伍一 Aa		啤酒 píjiǔ	3 名	贰九 Aj
	3 动	伍七 Ea		琵琶 pí·pa	3 名	贰八 Aa
碰见 pèng//jiàn	2 动	柒二 Gc		脾 pí	2 名	壹五 Ak
碰巧 pèngqiǎo	3 副	玖一 Ge		脾气 pí·qi	2 名	叁二 Ia
碰撞 pèngzhuàng	3 动	伍一 Aa		匹 pǐ	1 量	叁十 Ca
pi				匹夫之勇 pǐfūzhīyǒng	4	叁二 Id
批驳 pībó	4 动	陆九 Ga		匹配 pǐpèi	3 动	柒六 Gb
批发 pīfā	3 动	陆二 Ba		否极泰来 pǐjí-tàilái	4	柒四 Fa
批判 pīpàn	3 动	陆九 Ga		屁股 pì·gu	2 名	壹五 Ae
批评 pīpíng	2 动	陆九 Ga			2 名	贰二 Fa
批示 pīshì	4 动	陆一 La		媲美 pìměi	4 动	柒六 Eb
批阅 pīyuè	4 动	陆一 La		僻静 pìjìng	3 形	捌六 Db
批注 pīzhù	4 名	叁八 Gd		僻远 pìyuǎn	4 形	捌三 Ra
批准 pī//zhǔn	3 动	陆一 La		譬如 pìrú	3 动	柒六 Ee
披 pī	1 动	伍一 Ga		**pian**		
披肝沥胆 pīgān-lìdǎn	4	捌五 Bb		片 piān	1 名	贰二 Eg
披坚执锐 pījiān-zhíruì	4	陆六 Aa		片子 piān·zi	2 名	贰八 Ad
披荆斩棘 pījīng-zhǎnjí	4	伍八 Ma		偏 piān	3 动	柒二 Fd
披露 pīlù	4 动	陆九 Fe			2 形	捌一 Ib
披头散发 pītóu-sànfà	3	捌六 Hb			2 形	捌五 Jb
披星戴月 pīxīng-dàiyuè	3	捌五 Va			3 副	玖一 Gf
劈头盖脸 pītóu-gàiliǎn	4	捌四 Ma		偏爱 piān'ài	2 动	伍五 Ga
霹雳 pīlì	3 名	贰三 Ce		偏差 piānchā	3 名	叁一 Gc

词	拼音	级	词性	编码
偏激	piānjī	4	形	捌四 Ef
偏见	piānjiàn	3	名	叁三 Da
偏旁	piānpáng	2	名	叁八 Ca
偏僻	piānpì	3	形	捌三 Ra
偏偏	piānpiān	2	副	玖一 Gf
偏颇	piānpō	4	形	捌五 Jb
偏袒	piāntǎn	4	动	陆十一 Fb
偏心	piānxīn	2	形	捌五 Jb
偏远	piānyuǎn	2	形	捌三 Ra
篇	piān	2	量	叁十 Ca
篇幅	piān·fú	4	名	叁八 Gg
		2	名	叁十 Bd
翩翩	piānpiān	3	形	捌二 Lc
		3	形	捌五 Ee
翩翩起舞	piānpiān-qǐwǔ	3		陆五 Fd
便宜	pián·yi	1	形	捌四 Qb
片	piàn	1	量	叁十 Ca
		3	动	伍一 Ja
片段	piànduàn	2	名	捌三 Bb
片刻	piànkè	3	名	肆一 Bb
片面	piànmiàn	2	形	捌四 Gd
骗	piàn	2	动	陆十一 Cd
骗取	piànqǔ	3	动	陆十一 Cd
骗人	piànrén	2	动	陆十一 Cd
骗子	piàn·zi	2	名	壹一 Gb

piao

词	拼音	级	词性	编码
剽悍	piāohàn	4	形	捌五 Dc
漂	piāo	2	动	柒二 Of
漂泊	piāobó	4	动	伍七 Ae
漂浮	piāofú	3	形	柒二 Of
漂流	piāoliú	3	动	柒二 Of
漂移	piāoyí	3	动	柒二 Of
缥缈	piāomiǎo	4	形	捌二 Eb
飘	piāo	2	动	柒二 Me
飘荡	piāodàng	3	动	柒二 Me
飘动	piāodòng	2	动	柒二 Me
飘拂	piāofú	4	动	柒二 Me
飘浮	piāofú	3	动	柒二 Me
飘零	piāolíng	4	动	伍七 Ae
飘落	piāoluò	2	动	柒二 Me
飘洒	piāosǎ	3	动	柒二 Me
		3	形	捌四 Ja
飘扬	piāoyáng	2	动	柒二 Me
飘摇	piāoyáo	3	动	柒二 Me
飘逸	piāoyì	4	形	捌五 Ee
瓢	piáo	3	名	贰七 Bb
漂	piǎo	2	动	陆三 Eb
		2	动	伍一 Ia
漂白	piǎobái	3	动	陆三 Eb
漂染	piǎorǎn	4	动	陆三 Eb
漂洗	piǎoxǐ	2	动	伍一 Ia
票	piào	1	名	贰八 Cd
漂亮	piào·liang	1	形	捌三 La
		3	形	捌四 Ba

pie

词	拼音	级	词性	编码
撇	piē	3	动	伍一 If
撇	piě	2	名	叁八 Ca
		3	动	伍一 Ec
撇嘴	piě//zuǐ	4	动	伍二 Ca

pin

词	拼音	级	词性	编码
拼	pīn	2	动	伍七 Ac
		2	动	柒二 Hb
拼搏	pīnbó	2	动	伍七 Ac
拼凑	pīncòu	3	动	柒二 Ic
拼接	pīnjiē	3	动	柒二 Hc
拼命	pīn//mìng	2	动	陆十一 Eb
		2	副	玖一 Ad
拼写	pīnxiě	2	动	陆五 Eb
贫乏	pínfá	3	形	捌三 Af
贫寒	pínhán	3	形	捌六 Ka
贫瘠	pínjí	4	形	捌三 Dd
贫苦	pínkǔ	2	形	捌六 Ka
贫困	pínkùn	2	形	捌六 Ka
贫穷	pínqióng	2	形	捌六 Ka
频道	píndào	2	名	叁十 Ab
频繁	pínfán	3	副	玖一 Fa
频率	pínlǜ	3	名	叁十 Ab

频频 pínpín	4 副	玖一 Fa		平静 píngjìng	2 形	伍五 Fb
品 pǐn	1 名	贰二 Ca			3 形	捌六 Ba
	3 动	陆一 Ic		平均 píngjūn	2 动	伍七 Hj
品尝 pǐncháng	2 动	伍七 Cc			2 形	捌六 Ha
品德 pǐndé	2 名	叁二 Ib		平米 píngmǐ	2 量	叁十 Cc
品格 pǐngé	3 名	叁二 Ib		平面 píngmiàn	2 名	叁二 Aa
品牌 pǐnpái	2 名	叁二 Ha		平民 píngmín	2 名	壹一 Aa
品位 pǐnwèi	4 名	叁二 Ec		平铺直叙 píngpū-zhíxù	3	陆九 Fg
品味 pǐnwèi	3 动	伍七 Cc		平起平坐 píngqǐ-píngzuò	3	柒六 Eb
品行 pǐnxíng	3 名	叁二 Ib		平日 píngrì	2 名	肆一 Db
品学兼优 pǐnxué-jiānyōu	2	捌四 Ba		平生 píngshēng	3 名	肆一 Db
品质 pǐnzhì	3 名	叁二 Ib			3 名	肆一 Ia
品种 pǐnzhǒng	2 名	叁二 Cd		平时 píngshí	1 名	肆一 Db
聘 pìn	4 动	陆一 Jd		平实 píngshí	3 形	捌三 Nb
聘请 pìnqǐng	4 动	陆一 Jd		平台 píngtái	2 名	贰六 Bh
聘用 pìnyòng	4 动	陆一 Jd		平坦 píngtǎn	2 形	捌一 Ma
ping				平添 píngtiān	3 动	柒五 Aa
乒乓球 pīngpāngqiú	1 名	贰八 Bb		平稳 píngwěn	3 形	捌六 Ba
	1 名	叁九 Da		平息 píngxī	3 名	陆六 Gb
平 píng	1 形	捌一 Ma			3 动	柒三 Bc
平安 píng'ān	1 形	捌六 Aa		平心而论 píngxīn'érlùn	3	陆十一 Aa
平步青云 píngbù-qīngyún	4	伍八 Gb		平心静气 píngxīn-jìngqì	4	伍五 Fb
平常 píngcháng	2 名	肆一 Db		平易 píngyì	3 形	捌四 Kd
	3 形	捌四 Ca		平易近人 píngyì-jìnrén	2	捌五 Cb
平淡 píngdàn	3 形	捌四 Jd		平庸 píngyōng	4 形	捌四 Ca
平淡无奇 píngdàn-wúqí	3	捌四 Ca		平原 píngyuán	2 名	贰三 Bb
平等 píngděng	2 形	柒六 Ea		平整 píngzhěng	3 形	捌一 Ma
平地 píngdì	2 名	贰三 Bb		评 píng	2 动	陆一 Ic
平定 píngdìng	3 动	陆六 Gb			2 动	陆五 Dd
平凡 píngfán	2 形	捌四 Ca		评比 píngbǐ	2 动	陆一 Ic
平方 píngfāng	2 名	叁十 Bc		评估 pínggū	4 动	陆一 Ic
平方米 píngfāngmǐ	3 量	叁十 Cc		评价 píngjià	2 动	陆一 Ic
平分秋色 píngfēn-qiūsè	3	柒六 Eb		评论 pínglùn	2 名	叁八 Ed
平和 pínghé	3 形	捌四 Mf			2 动	陆一 Ic
平衡 pínghéng	3 动	陆二 Bd		评判 píngpàn	3 动	陆一 Ic
	2 形	捌六 Ha		评审 píngshěn	3 动	陆一 Ia
平滑 pínghuá	3 形	捌二 Pa		评选 píngxuǎn	2 动	陆一 Ja
平缓 pínghuǎn	3 形	捌一 Ma		评议 píngyì	4 动	陆一 Ic
	3 形	捌四 Mf		苹果 píngguǒ	1 名	壹三 Fb
				凭 píng	2 动	柒六 Na

词条	拼音	义项	词频	级别
		2 介	玖二	Ec
凭借	píngjiè	3 动	柒六	Na
凭空	píngkōng	4 副	玖一	Df
凭证	píngzhèng	4 名	叁一	Bb
屏幕	píngmù	3 名	贰八	Ab
屏障	píngzhàng	4 名	叁一	Ia
瓶	píng	1 名	贰七	Bd
		1 量	叁十	Ca
瓶颈	píngjǐng	4 名	叁二	Dd
瓶子	píng·zi	1 名	贰七	Bd
萍水相逢	píngshuǐ-xiāngféng	4	柒二	Gc

po

坡	pō	1 名	贰三	Ba
泼	pō	2 动	伍一	Ic
泼辣	pōlà	3 形	捌五	Db
颇	pō	4 副	玖一	Ac
婆婆	pó·po	2 名	壹一	Di
婆娑	pósuō	4 形	捌三	La
迫不得已	pòbùdéyǐ	3	伍五	Be
迫不及待	pòbùjídài	3	伍五	Ec
迫害	pòhài	3 动	陆十一	Hd
迫切	pòqiè	3 形	伍五	Ec
迫使	pòshǐ	3 动	陆十一	Hf
迫在眉睫	pòzàiméijié	4	捌六	Fb
破	pò	2 动	伍一	Ja
		3 动	陆六	Gc
		2 动	柒五	Cb
		2 形	捌三	Be
破案	pò//àn	3 动	陆七	Ba
破败	pòbài	3 动	柒四	Gb
		3 形	捌三	Be
破产	pò//chǎn	3 动	伍八	Da
破釜沉舟	pòfǔ-chénzhōu	4	捌五	Db
破格	pògé	3 动	陆一	Bb
破坏	pòhuài	2 动	陆十一	Hc
破获	pòhuò	4 动	陆七	Ba
破解	pòjiě	3 动	陆五	Dc
		3 动	柒五	Cf
破镜重圆	pòjìng-chóngyuán	3	柒三	Gb
破旧	pòjiù	2 形	捌三	Be
破烂	pòlàn	2 形	捌三	Be
破裂	pòliè	3 动	柒二	Ke
破灭	pòmiè	3 动	柒三	Ga
破碎	pòsuì	3 动	捌三	Be
破损	pòsǔn	3 动	捌三	Be
破涕为笑	pòtìwéixiào	3	伍六	Aa
破天荒	pò tiānhuāng	4	叁一	Bc
破绽	pòzhàn	4 名	叁一	Gc
破折号	pòzhéhào	2 名	叁八	Ci
魄力	pòlì	4 名	叁二	Id

pou

| 剖析 | pōuxī | 3 动 | 陆五 | Db |

pu

扑	pū	1 动	伍一	Ab
		1 动	伍三	Ec
		1 动	柒二	Ga
扑克	pūkè	3 名	贰八	Bc
扑面而来	pūmiàn'érlái	2	柒一	Bc
扑灭	pū//miè	2 动	柒五	Ca
扑朔迷离	pūshuò-mílí	4	捌四	Ib
扑腾	pūtēng	3 拟声	玖六	Ca
扑腾	pū·teng	3 动	柒二	Mc
扑通	pūtōng	2 拟声	玖六	Ca
铺	pū	2 动	伍一	Ed
铺设	pūshè	3 动	陆三	Aa
铺天盖地	pūtiān-gàidì	3	捌三	Aa
匍匐	púfú	4 动	伍三	Aa
菩萨	pú·sà	3 名	叁三	Fb
葡萄	pú·tao	1 名	壹三	Fb
葡萄酒	pú·taojiǔ	3 名	贰九	Aj
朴实	pǔshí	3 形	捌三	Nb
		3 形	捌五	Ac
朴素	pǔsù	2 形	捌三	Nb
		3 形	捌五	Na
普遍	pǔbiàn	2 形	捌四	Ga

普及 pǔjí		3动	陆一 Oa		欺辱 qīrǔ		3动	陆十一 Ca
普天同庆 pǔtiān-tóngqìng		3	陆九 Hb		欺软怕硬 qīruǎn-pàyìng		2	陆十一 Ca
普通 pǔtōng		1形	捌四 Ca		欺上瞒下 qīshàng-mánxià		3	陆十一 Cd
普通话 pǔtōnghuà		1名	叁八 Cf		欺世盗名 qīshì-dàomíng		4	陆十一 Cd
普照 pǔzhào		3动	柒一 Ca		欺侮 qīwǔ		3动	陆十一 Ca
谱写 pǔxiě		4动	陆五 Ea		欺压 qīyā		3动	陆十一 Ca
铺 pù		2名	贰七 Ac		欺诈 qīzhà		3动	陆十一 Cd
		2名	叁七 Gb		漆 qī		3名	贰四 Db
铺子 pù·zi		2名	叁七 Gb				3动	陆三 Gb
瀑布 pùbù		2名	贰三 Bi		漆黑 qīhēi		3形	捌二 Ai
					蹊跷 qī·qiao		4形	捌四 Ce
qi					齐 qí		2动	柒六 Eb
七 qī		1数	叁十 Be				1形	捌三 Bc
七零八落 qīlíng-bāluò		2	捌三 Bd				1形	捌六 Ha
七窍生烟 qīqiào-shēngyān							2副	玖一 Ca
		4	伍五 Ca		齐备 qíbèi		3形	捌三 Bc
七上八下 qīshàng-bāxià		2	伍五 Ea		齐集 qíjí		3动	柒二 Ja
七夕 qīxī		2名	肆一 Ha		齐全 qíquán		2形	捌三 Bc
七嘴八舌 qīzuǐ-bāshé		2	捌六 Da		齐头并进 qítóu-bìngjìn		3	柒三 Ca
妻子 qī·zi		2名	壹一 Dc		齐心协力 qíxīn-xiélì		2	伍八 Na
柒 qī		4数	叁十 Be		齐整 qízhěng		3形	捌六 Ha
栖息 qīxī		3动	伍七 Ab		其 qí		2代	壹一 Ad
凄惨 qīcǎn		4形	捌六 Ib				2代	贰二 Da
凄风苦雨 qīfēng-kǔyǔ		4	贰三 Ca		其次 qícì		2代	叁十 Bf
		4	叁一 Ea		其间 qíjiān		2名	叁一 Bd
凄苦 qīkǔ		4形	捌六 Ib		其貌不扬 qímào-bùyáng		3	捌三 Lb
凄厉 qīlì		4形	捌二 Hb		其实 qíshí		1副	玖一 Gd
凄凉 qīliáng		3形	捌六 Dc		其他 qítā		2代	贰二 Db
		3形	捌六 Ib		其余 qíyú		2代	贰二 Db
凄迷 qīmí		4形	伍五 Ba		其中 qízhōng		2名	叁一 Bd
		4形	捌六 Dc		奇耻大辱 qíchǐ-dàrǔ		4	叁一 Ge
期 qī		3名	肆一 Bb		奇怪 qíguài		2形	伍五 Eb
期待 qīdài		2动	伍五 Ua				1形	捌四 Ce
期间 qījiān		3名	肆一 Ca		奇观 qíguān		2名	叁二 Ac
期盼 qīpàn		3动	伍五 Ua		奇幻 qíhuàn		3形	捌四 Ce
期望 qīwàng		3动	伍五 Ua		奇迹 qíjì		2名	叁一 Gb
期限 qīxiàn		3名	肆一 Ca		奇景 qíjǐng		2名	叁二 Ac
欺负 qī·fu		2动	陆十一 Ca		奇丽 qílì		3形	捌三 La
欺凌 qīlíng		4动	陆十一 Ca		奇妙 qímiào		2形	捌四 Ce
欺骗 qīpiàn		2动	陆十一 Cd		奇巧 qíqiǎo		3形	捌三 Ma

词条	拼音	序号	词性	位置
奇缺	qíquē	4 动	陆二 Bd
奇特	qítè	3 形	捌四 Cb
奇形怪状	qíxíng-guàizhuàng	2	叁二 Aa
奇异	qíyì	3 形	捌四 Cb
奇珍异宝	qízhēn-yìbǎo	3	贰二 Ce
奇装异服	qízhuāng-yìfú	3	贰七 Cb
歧视	qíshì	3 动	伍五 Nc
歧途	qítú	4 名	叁一 Bf
祈祷	qídǎo	3 动	陆八 Aa
祈求	qíqiú	3 动	伍五 Ua
颀长	qícháng	4 形	捌一 Fb
崎岖	qíqū	4 形	捌一 Mb
骑	qí	1 动	伍一 Na
骑虎难下	qíhǔ-nánxià	4	伍八 Bc
骑手	qíshǒu	2 名	壹一 Ji
棋	qí	2 名	贰八 Bc
旗杆	qígān	2 名	贰五 Cg
旗鼓相当	qígǔ-xiāngdāng	3	柒六 Eb
旗开得胜	qíkāi-déshèng	3	伍八 Ca
旗帜	qízhì	3 名	贰八 Cf
		3 名	叁二 Ea
鳍	qí	4 名	壹五 Be
乞丐	qǐgài	3 名	壹一 Li
乞求	qǐqiú	3 动	陆九 Kc
乞讨	qǐtǎo	3 动	伍七 Ae
岂	qǐ	3 副	玖一 Gg
岂非	qǐfēi	4 副	玖一 Gg
岂有此理	qǐyǒucǐlǐ	3	捌四 Ed
岂止	qǐzhǐ	4 副	玖一 Be
企盼	qǐpàn	4 动	伍五 Ua
企图	qǐtú	3 名	叁三 Cc
		3 动	伍五 Wa
企业	qǐyè	2 名	叁四 Ad
启程	qǐchéng	3 动	陆四 Ca
启迪	qǐdí	2 动	陆五 Ac
启动	qǐdòng	3 动	柒三 Aa
启发	qǐfā	2 动	陆五 Ac
启航	qǐháng	2 动	陆四 Ab
启蒙	qǐméng	3 动	陆五 Ac
启示	qǐshì	2 名	叁三 Da
		2 动	陆五 Ac
启事	qǐshì	2 名	叁八 Ef
起	qǐ	2 量	叁十 Ca
		1 动	伍七 Bb
		2 动	柒四 Fd
起步	qǐbù	2 动	柒三 Aa
起草	qǐ//cǎo	3 动	陆五 Ea
起承转合	qǐ-chéng-zhuǎn-hé	4	柒六 Jb
起初	qǐchū	2 名	叁一 Bc
起床	qǐ//chuáng	1 动	伍七 Bb
起点	qǐdiǎn	2 名	肆二 Da
起飞	qǐfēi	1 动	陆四 Ab
起哄	qǐ//hòng	3 动	陆十一 Ac
起劲	qǐjìn	3 形	伍六 Ea
起来	qǐ//·lái	1 动	伍七 Bb
		2 动	柒四 Fd
起码	qǐmǎ	3 形	捌四 La
起身	qǐ//shēn	2 动	伍七 Bb
		3 动	陆四 Ca
起死回生	qǐsǐ-huíshēng	3	伍四 Jb
起诉	qǐsù	4 动	陆七 Aa
起舞	qǐwǔ	2 动	陆五 Fd
起先	qǐxiān	2 名	叁一 Bc
起义	qǐyì	3 动	陆六 Bb
起源	qǐyuán	3 名	叁一 Bb
		3 动	柒六 Ca
起早贪黑	qǐzǎo-tānhēi	3	捌五 Va
绮丽	qǐlì	4 形	捌三 La
气	qì	1 名	贰三 Db
		1 名	贰三 Ka
		1 动	伍五 Ca
气冲冲	qìchōngchōng	2 形	伍五 Ca
气冲霄汉	qìchōngxiāohàn	4	捌四 Nb
气喘吁吁	qìchuǎn-xūxū	3	伍二 Gb
气度	qìdù	4 名	叁二 Fa
气氛	qì·fēn	3 名	叁一 Fb
气愤	qìfèn	2 形	伍五 Ca
气概	qìgài	4 名	叁二 Id

气管 qìguǎn	2 名	壹五 Ak
气贯长虹 qìguànchánghóng	4	捌四 Nb
气候 qìhòu	4 名	叁一 Fa
	2 名	叁一 Fc
气急败坏 qìjí-bàihuài	4	伍五 Ca
气节 qìjié	4 名	叁二 Ib
气力 qìlì	3 名	叁二 Ga
气馁 qìněi	4 形	伍五 Bc
气派 qìpài	4 名	叁二 Fa
	4 形	捌三 Na
气魄 qìpò	4 名	叁二 Id
气球 qìqiú	1 名	贰八 Bd
气盛 qìshèng	4 形	伍五 Da
气势 qìshì	3 名	叁二 Gd
气势汹汹 qìshì-xiōngxiōng	4	伍五 Ca
气体 qìtǐ	2 名	贰二 Ab
	2 名	贰三 Db
气吞山河 qìtūnshānhé	3	捌四 Nb
气味 qìwèi	2 名	贰三 Ka
	4 名	叁三 Eb
气温 qìwēn	2 名	叁十 Ak
气息 qìxī	3 名	贰三 Ka
气象 qìxiàng	2 名	叁一 Fc
	4 名	叁二 Ac
气象万千 qìxiàng-wànqiān	3	捌六 Ca
气宇轩昂 qìyǔ-xuān'áng	4	伍六 Ea
气质 qìzhì	3 名	叁二 Fa
气壮山河 qìzhuàngshānhé	3	捌四 Nb
迄今 qìjīn	4 动	柒三 Ba
弃暗投明 qì'àn-tóumíng	4	伍七 Fa
弃旧图新 qìjiù-túxīn	4	伍七 Fa
汽车 qìchē	1 名	贰五 Ea
汽水 qìshuǐ	1 名	贰九 Ai
汽油 qìyóu	2 名	贰四 Bb
泣不成声 qìbùchéngshēng	3	伍六 Ab
契合 qìhé	4 动	柒六 Gc
契机 qìjī	4 名	叁二 De
契约 qìyuē	4 名	叁八 Ef
器材 qìcái	2 名	贰二 Ca
器官 qìguān	2 名	壹五 Ak
器具 qìjù	2 名	贰二 Ca
器皿 qìmǐn	3 名	贰七 Bd
器械 qìxiè	3 名	贰二 Ca
器重 qìzhòng	4 动	伍五 Mc

qia

掐 qiā	3 动	伍一 Af
掐头去尾 qiātóu-qùwěi	3	柒五 Cb
卡 qiǎ	2 动	柒二 Qb
洽谈 qiàtán	4 动	陆九 Ca
恰当 qiàdàng	2 形	捌四 Ee
恰好 qiàhǎo	2 副	玖一 Ge
恰恰 qiàqià	2 副	玖一 Ge
恰巧 qiàqiǎo	3 副	玖一 Ge
恰如其分 qiàrú-qífèn	3	捌四 Ee
恰似 qiàsì	3 动	柒六 Ed

qian

千 qiān	1 数	叁十 Be
千变万化 qiānbiàn-wànhuà	2	柒四 Aa
千疮百孔 qiānchuāng-bǎikǒng	4	捌六 Ib
千锤百炼 qiānchuí-bǎiliàn	2	陆五 Be
千方百计 qiānfāng-bǎijì	2	伍五 Ra
千古 qiāngǔ	4 动	捌三 Qa
千呼万唤 qiānhū-wànhuàn	2	陆九 Fb
千家万户 qiānjiā-wànhù	2	叁四 Ae
千军万马 qiānjūn-wànmǎ	2	捌四 Nb
千钧一发 qiānjūn-yīfà	3	捌六 Ab
千克 qiānkè	2 量	叁十 Cc
千里马 qiānlǐmǎ	3 名	壹一 Ia
千里迢迢 qiānlǐ-tiáotiáo	3	捌三 Ra
千米 qiānmǐ	2 量	叁十 Cc
千难万险 qiānnán-wànxiǎn	3	叁一 Ed
千篇一律 qiānpiān-yīlǜ	3	捌四 Jd
千奇百怪 qiānqí-bǎiguài	2	捌四 Ce
千千万万 qiānqiānwànwàn		

		2 形	捌三 Aa	前辈 qiánbèi	3 名	壹一 Da
千丝万缕 qiānsī-wànlǚ		3	捌四 Ib		3 名	叁四 Ba
千万 qiānwàn		3 副	玖一 Db	前车之鉴 qiánchēzhījiàn	4	叁一 Dd
千辛万苦 qiānxīn-wànkǔ		2	捌六 Jb	前代 qiándài	4 名	肆一 Dc
千言万语 qiānyán-wànyǔ		2	叁八 Cg	前方 qiánfāng	2 名	肆二 Ae
千载难逢 qiānzǎi-nánféng		3	捌三 Ad		3 名	肆二 Cf
千真万确 qiānzhēn-wànquè				前俯后仰 qiánfǔ-hòuyǎng	3	伍三 Fc
		2	捌四 Aa	前赴后继 qiánfù-hòujì	3	捌五 Dc
千姿百态 qiānzī-bǎitài		3	捌三 Ac	前功尽弃 qiángōng-jìnqì	3	伍八 Da
仟 qiān		4 数	叁十 Be	前后 qiánhòu	3 名	叁十 Bg
迁 qiān		2 动	伍七 Ae		2 名	肆一 Ca
迁徙 qiānxǐ		4 动	伍七 Ae	前呼后拥 qiánhū-hòuyōng	4	柒二 Fg
迁移 qiānyí		3 动	伍七 Ae	前进 qiánjìn	2 动	伍七 Ic
牵 qiān		2 动	伍一 Ba	前景 qiánjǐng	3 名	叁一 Bg
牵绊 qiānbàn		4 动	陆十一 Dc	前来 qiánlái	2 动	伍七 Ia
牵肠挂肚 qiāncháng-guàdù				前面 qiánmiàn	1 名	肆二 Ae
		3	伍五 Xb	前年 qiánnián	1 名	肆一 Ea
牵扯 qiānchě		3 动	柒六 Nc	前人 qiánrén	3 名	壹一 Ae
牵挂 qiānguà		3 动	伍五 Xb	前世 qiánshì	4 名	肆一 Dc
牵连 qiānlián		3 动	柒六 Nc	前所未有 qiánsuǒwèiyǒu	3	捌四 Cc
牵强附会 qiānqiǎng-fùhuì		4	捌四 Ef	前台 qiántái	3 名	贰六 Af
牵涉 qiānshè		3 动	柒六 Nc		3 名	贰六 Bh
牵头 qiān//tóu		3 动	伍八 Mc	前提 qiántí	3 名	叁二 Ea
牵引 qiānyǐn		3 动	伍一 Ba	前天 qiántiān	1 名	肆一 Ed
牵制 qiānzhì		4 动	陆十一 Dc	前途 qiántú	3 名	叁一 Bg
铅 qiān		3 名	贰四 Ad	前卫 qiánwèi	4 形	捌三 Kc
铅笔 qiānbǐ		1 名	贰八 Ca	前无古人 qiánwúgǔrén	3	捌四 Cc
谦卑 qiānbēi		3 形	捌五 Ha	前夕 qiánxī	4 名	肆一 Dc
谦恭 qiāngōng		4 形	捌五 Ha	前线 qiánxiàn	3 名	肆二 Cf
谦和 qiānhé		3 形	捌五 Ha	前行 qiánxíng	2 动	伍一 Ka
谦让 qiānràng		4 动	陆十一 Ed	前沿 qiányán	3 名	肆二 Cf
谦虚 qiānxū		2 形	捌五 Ha	前因后果 qiányīn-hòuguǒ	2	叁一 Bd
谦逊 qiānxùn		4 形	捌五 Ha	前兆 qiánzhào	4 名	叁一 Fc
签 qiān		2 动	陆一 Lb	前者 qiánzhě	3 名	贰二 Da
签订 qiāndìng		3 动	陆九 Ca	前奏 qiánzòu	3 名	叁一 Bc
签名 qiānmíng		2 动	陆一 Lb	虔诚 qiánchéng	4 形	捌五 Ba
签署 qiānshǔ		4 动	陆一 Lb	钱 qián	1 名	叁七 Da
签约 qiān//yuē		3 动	陆九 Ca	钱包 qiánbāo	2 名	贰七 Be
签证 qiānzhèng		3 动	陆一 Lb	钱财 qiáncái	3 名	叁七 Da
前 qián		1 名	肆二 Ae	钳子 qián·zi	3 名	贰五 Cd

乾坤 qiánkūn		4 名	贰三 Aa		强盗 qiángdào		3 名	壹一 Gb
潜伏 qiánfú		3 动	伍七 Ja		强调 qiángdiào		3 动	陆九 Fe
潜力 qiánlì		3 名	叁二 Ga		强悍 qiánghàn		4 形	捌五 Dc
潜艇 qiántǐng		3 名	贰五 Fc		强化 qiánghuà		3 动	柒五 Ae
潜心 qiánxīn		4 动	伍五 Mb		强健 qiángjiàn		3 形	捌三 Ja
潜移默化 qiányí-mòhuà		3	柒六 Oa		强劲 qiángjìng		4 形	捌四 Na
潜意识 qiányì·shí		4 名	叁三 Aa		强烈 qiángliè		2 形	捌四 Ma
潜在 qiánzài		3 形	捌四 Sd				2 形	捌四 Sa
黔驴技穷 qiánlú-jìqióng		4	伍五 Be		强弩之末 qiángnǔzhīmò		4	捌六 Cb
浅 qiǎn		1 形	捌一 Db		强盛 qiángshèng		2 形	捌四 Na
		2 形	捌四 Kd		强势 qiángshì		3 名	叁二 Gd
		2 形	捌四 Me		强行 qiángxíng		3 副	玖一 Ce
浅薄 qiǎnbó		4 形	捌五 Zb		强硬 qiángyìng		3 形	捌四 Na
浅尝辄止 qiǎncháng-zhézhǐ					强者 qiángzhě		3 名	壹一 Ia
		4	捌五 Zb		强制 qiángzhì		4 动	陆十一 Hf
浅近 qiǎnjìn		3 形	捌四 Kd		强壮 qiángzhuàng		2 形	捌三 Ja
浅陋 qiǎnlòu		4 形	捌五 Zb		墙 qiáng		1 名	贰六 Be
浅显 qiǎnxiǎn		3 形	捌四 Kd		墙壁 qiángbì		2 名	贰六 Be
遣散 qiǎnsàn		4 动	陆一 Nb		墙根 qiánggēn		2 名	贰六 Be
谴责 qiǎnzé		4 动	陆九 Gb		墙角 qiángjiǎo		2 名	贰六 Be
欠 qiàn		2 动	陆二 Bd		墙头 qiángtóu		2 名	贰六 Be
		2 动	柒六 Ib		抢 qiǎng		1 动	伍八 Mc
欠缺 qiànquē		3 动	柒六 Ib				1 动	陆七 Fh
欠条 qiàntiáo		2 名	叁八 Ef		抢夺 qiǎngduó		2 动	陆七 Fh
纤夫 qiànfū		4 名	壹一 Jn		抢劫 qiǎngjié		3 动	陆七 Fh
嵌 qiàn		4 动	伍一 Ef		抢救 qiǎngjiù		2 动	陆十 Ce
歉意 qiànyì		3 名	叁三 Bb		抢先 qiǎng//xiān		3 动	伍八 Mc
					抢险 qiǎngxiǎn		3 动	陆十 Cf

qiang

					抢眼 qiǎngyǎn		3 形	捌四 Sa
枪 qiāng		1 名	贰五 Fb		强词夺理 qiǎngcí-duólǐ		2	捌五 Pb
枪毙 qiāngbì		3 动	陆七 De		强迫 qiǎngpò		2 动	陆十一 Hf
枪林弹雨 qiānglín-dànyǔ		3	捌六 Ab		强人所难 qiǎngrénsuǒnán		4	陆十一 Hf
腔 qiāng		3 名	壹五 Ae					
		3 名	叁八 Cd					

qiao

腔调 qiāngdiào		3 名	叁八 Cd		悄悄 qiāoqiāo		2 副	玖一 Ch
		3 名	叁八 Ga		悄悄话 qiāoqiāohuà		2 名	叁八 Cg
强 qiáng		1 形	捌四 Ba		跷跷板 qiāoqiāobǎn		2 名	贰八 Bd
		1 形	捌四 Na		敲 qiāo		2 动	伍一 Ab
强暴 qiángbào		4 形	捌五 Ab		敲打 qiāo·dǎ		2 动	伍一 Ab
强大 qiángdà		2 形	捌四 Na		敲击 qiāojī		2 动	伍一 Ab

敲诈 qiāozhà		4动	陆七 Fd	切肤之痛 qièfūzhītòng		4	叁一 Ed	
乔装 qiáozhuāng		4动	伍七 Be	切实 qièshí		3形	捌四 Hc	
侨胞 qiáobāo		4名	壹一 Ka	怯懦 qiènuò		4形	捌五 De	
桥 qiáo		1名	贰六 Cb	窃窃私语 qièqiè-sīyǔ		3	陆九 Ec	
桥洞 qiáodòng		2名	肆二 Dd	惬意 qièyì		4形	伍五 Ab	
桥墩 qiáodūn		4名	贰六 Cb			4形	捌六 Ja	
桥梁 qiáoliáng		2名	贰六 Cb					
憔悴 qiáocuì		4形	捌三 Jb	**qin**				
瞧 qiáo		2动	伍二 Da	钦差大臣 qīnchāi dàchén		4	壹一 Lj	
瞧不起 qiáo·buqǐ		2动	伍五 Nc	钦佩 qīnpèi		4动	伍五 Qc	
巧 qiǎo		2形	捌五 Tc	侵犯 qīnfàn		3动	陆十一 Hd	
巧夺天工 qiǎoduó-tiāngōng				侵害 qīnhài		3动	陆十一 Hd	
		3	捌四 Ba			3动	柒六 Qa	
巧合 qiǎohé		3形	柒六 Gc	侵略 qīnlüè		2动	陆六 Ga	
巧克力 qiǎokèlì		1名	贰九 Ah	侵入 qīnrù		2动	陆六 Ga	
巧立名目 qiǎolì-míngmù		4	陆十一 Ce	侵蚀 qīnshí		4动	陆十一 Hd	
巧妙 qiǎomiào		2形	捌四 Ba	侵吞 qīntūn		3动	陆七 Fe	
巧取豪夺 qiǎoqǔ-háoduó		4	陆七 Fe	侵袭 qīnxí		4动	陆六 Ca	
巧舌如簧 qiǎoshé-rúhuáng				侵占 qīnzhàn		2动	陆六 Ga	
		4	陆九 Eg			3动	陆七 Fe	
巧手 qiǎoshǒu		3名	壹一 Jn	亲 qīn		1动	伍二 Cb	
巧言令色 qiǎoyán-lìngsè		4	捌五 Bc			1形	捌四 Ra	
悄然 qiǎorán		3形	捌二 Gb			2形	捌四 Ya	
		3形	捌四 Sd	亲爱 qīn'ài		1形	捌四 Ra	
悄无声息 qiǎowúshēngxī		3	捌六 Db	亲近 qīnjìn		2动	柒二 Fb	
壳 qiào		2名	壹五 Bc			2形	捌四 Ra	
俏丽 qiàolì		4形	捌三 La	亲密 qīnmì		2形	捌四 Ra	
俏皮 qiào·pí		3形	捌五 Ec	亲昵 qīnnì		4形	捌四 Ra	
窍门 qiàomén		3名	叁一 Cb	亲朋好友 qīnpéng-hǎoyǒu		2	壹一 La	
翘 qiào		3动	柒二 Aa	亲戚 qīn·qi		2名	壹一 Da	
撬 qiào		4动	伍一 Cd	亲切 qīnqiè		2形	捌五 Cb	
qie				亲情 qīnqíng		2名	叁三 Bb	
切 qiē		2动	伍一 Ja	亲热 qīnrè		3形	捌四 Ra	
切磋 qiēcuō		4动	陆五 Da	亲人 qīnrén		1名	壹一 Da	
切割 qiēgē		3动	陆三 Bb	亲身 qīnshēn		2副	玖一 Ca	
切削 qiēxiāo		3动	陆三 Bb	亲生 qīnshēng		2形	捌四 Ya	
茄子 qié·zi		2名	壹三 Fa	亲手 qīnshǒu		1副	玖一 Ca	
且 qiě		3副	玖一 Ea	亲属 qīnshǔ		2名	壹一 Da	
		3副	玖三 Aa	亲眼 qīnyǎn		1副	玖一 Ca	
				亲自 qīnzì		1副	玖一 Ca	

秦 Qín	4 名	肆一 Ba	轻薄 qīngbó	4 形	捌五 Gd
琴 qín	2 名	贰八 Aa	轻车熟路 qīngchē-shúlù	4	捌五 Wa
琴弦 qínxián	2 名	贰八 Aa	轻而易举 qīng'éryìjǔ	3	捌四 Kb
禽兽 qínshòu	4 名	壹一 Gb	轻风 qīngfēng	2 名	贰三 Ca
	4 名	壹二 Ba	轻浮 qīngfú	4 形	捌五 Gd
勤奋 qínfèn	1 形	捌五 Va	轻歌曼舞 qīnggē-mànwǔ	4	陆五 Fd
勤工俭学 qíngōng-jiǎnxué	3	陆五 Ba	轻捷 qīngjié	4 形	捌三 Pa
勤恳 qínkěn	3 形	捌五 Va	轻举妄动 qīngjǔ-wàngdòng		
勤快 qín·kuai	2 形	捌五 Va		4	捌五 Gd
勤劳 qínláo	1 形	捌五 Va	轻快 qīngkuài	3 形	捌二 Lc
勤勉 qínmiǎn	3 形	捌五 Va	轻慢 qīngmàn	4 动	陆九 Ib
勤学苦练 qínxué-kǔliàn	2	捌五 Va	轻描淡写 qīngmiáo-dànxiě	3	捌四 Me
擒获 qínhuò	4 动	陆六 Gd	轻蔑 qīngmiè	3 动	伍五 Nc
沁人心脾 qìnrénxīnpí	4	捌二 Ia	轻飘 qīngpiāo	3 形	捌二 La

qing

			轻飘飘 qīngpiāopiāo	3 形	捌二 La
青 Qīng	3 名	叁五 Ae	轻巧 qīng·qiǎo	3 形	捌二 Lc
青 qīng	2 形	捌二 Ad		3 形	捌四 Kb
青草 qīngcǎo	1 名	壹三 Cc	轻柔 qīngróu	2 形	捌四 Mf
青春 qīngchūn	2 名	肆一 Ia	轻视 qīngshì	2 动	伍五 Nc
青翠 qīngcuì	3 形	捌二 Ae	轻手轻脚 qīngshǒu-qīngjiǎo		
青红皂白 qīnghóngzàobái	4	叁一 Ga		2	伍一 Ka
青黄不接 qīnghuáng-bùjiē	3	捌三 Af	轻率 qīngshuài	4 形	捌五 Gd
青睐 qīnglài	4 动	伍五 Mc	轻松 qīngsōng	2 形	捌四 Kb
青梅竹马 qīngméi-zhúmǎ	3	捌四 Ra		2 形	捌六 Fa
青年 qīngnián	2 名	壹一 Cb	轻佻 qīngtiāo	4 形	捌五 Rb
	2 名	肆一 Ia	轻微 qīngwēi	2 形	捌四 Me
青山 qīngshān	1 名	贰三 Ba	轻易 qīngyì	3 形	捌四 Kb
青山绿水 qīngshān-lùshuǐ	2	叁二 Ac		3 副	玖一 Df
青苔 qīngtái	3 名	壹三 Db	轻盈 qīngyíng	3 形	捌二 Lc
青天 qīngtiān	4 名	壹一 Lj	轻于鸿毛 qīngyúhóngmáo	4	捌四 Od
	4 名	肆二 Ba	轻重倒置 qīngzhòng-dàozhì		
青天白日 qīngtiān-báirì	4	肆一 Fa		4	伍七 Gf
青铜 qīngtóng	3 名	贰四 Ab	轻重缓急 qīngzhòng-huǎnjí		
青蛙 qīngwā	1 名	壹二 Ef		4	叁二 Eb
青云直上 qīngyún-zhíshàng			轻舟 qīngzhōu	3 名	贰五 Eb
	4	伍八 Gb	倾倒 qīngdǎo	3 动	伍五 Qc
轻 qīng	1 形	捌二 La		3 动	柒二 Bf
	2 形	捌四 Me	倾覆 qīngfù	4 动	陆六 Bd
轻便 qīngbiàn	3 形	捌四 Fc	倾家荡产 qīngjiā-dàngchǎn		
				3	捌六 Ib

倾盆大雨 qīngpén-dàyǔ	2	贰三 Cc
倾诉 qīngsù	3 动	陆九 Ef
倾听 qīngtīng	3 动	伍二 Db
倾吐 qīngtǔ	4 动	陆九 Ef
倾向 qīngxiàng	2 名	叁一 Fa
	3 动	伍五 Qb
倾销 qīngxiāo	4 动	陆二 Ba
倾斜 qīngxié	3 动	伍五 Mc
	3 动	捌一 Ib
倾泻 qīngxiè	3 动	柒二 Oa
倾轧 qīngyà	4 动	陆十一 Ga
倾注 qīngzhù	3 动	柒二 Oa
卿卿我我 qīngqīng-wǒwǒ	4	捌四 Ra
清 Qīng	4 名	肆一 Ba
清 qīng	3 动	陆一 Ia
	1 形	捌二 Fa
清白 qīngbái	3 形	捌五 Ra
清澈 qīngchè	3 形	捌二 Fa
清澈见底 qīngchè-jiàndǐ	3	捌二 Fa
清晨 qīngchén	2 名	肆一 Fa
清除 qīngchú	2 动	柒五 Cb
清楚 qīng·chu	2 动	伍五 Ta
	1 形	捌二 Ea
清纯 qīngchún	3 形	捌五 Ra
清脆 qīngcuì	2 形	捌二 Ha
清淡 qīngdàn	3 形	捌二 Jb
清点 qīngdiǎn	3 动	陆一 Ia
清高 qīnggāo	3 形	捌五 Hb
清规戒律 qīngguī-jièlǜ	4	叁五 Bb
清洁 qīngjié	2 形	捌六 Ga
清洁工 qīngjiégōng	2 名	壹一 Jp
清静 qīngjìng	3 形	捌六 Db
清苦 qīngkǔ	3 形	捌六 Ka
清冷 qīnglěng	3 形	捌六 Dc
清理 qīnglǐ	2 动	陆一 Bb
清丽 qīnglì	3 形	捌三 La
清廉 qīnglián	4 形	捌五 Kb
清凉 qīngliáng	2 形	捌二 Nc
清亮 qīngliàng	3 形	捌二 Fa
	3 形	捌二 Ga
清冽 qīngliè	4 形	捌二 Nc
清明 qīngmíng	2 名	肆一 Gc
	2 名	肆一 Ha
	4 形	捌五 Kb
清贫 qīngpín	3 形	捌六 Ka
清扫 qīngsǎo	2 动	伍一 Ib
清瘦 qīngshòu	3 形	捌一 Gb
清爽 qīngshuǎng	3 形	伍五 Ad
	3 形	捌二 Nc
	3 形	捌六 Ga
清晰 qīngxī	2 形	捌二 Ea
清洗 qīngxǐ	2 动	伍一 Ia
清闲 qīngxián	3 形	捌六 Eb
清香 qīngxiāng	2 名	贰三 Ka
清新 qīngxīn	2 形	捌六 Ga
清醒 qīngxǐng	3 动	伍四 Fc
	3 形	伍五 Ja
清秀 qīngxiù	2 形	捌三 La
清幽 qīngyōu	4 形	捌六 Db
清早 qīngzǎo	1 名	肆一 Fa
蜻蜓 qīngtíng	2 名	壹二 Fd
蜻蜓点水 qīngtíng-diǎnshuǐ	3	捌四 Me
情 qíng	2 名	叁三 Bb
情报 qíngbào	3 名	叁一 Dc
情不自禁 qíngbùzìjīn	3	伍五 Ld
情操 qíngcāo	4 名	叁二 Ib
情调 qíngdiào	4 名	叁三 Ec
情感 qínggǎn	3 名	叁三 Bb
情怀 qínghuái	3 名	叁三 Bc
情节 qíngjié	3 名	叁八 Ga
情结 qíngjié	4 名	叁三 Bb
情景 qíngjǐng	3 名	叁一 Fb
	3 名	叁二 Ac
情况 qíngkuàng	3 名	叁一 Ab
	2 名	叁一 Fb
情理 qínglǐ	3 名	叁一 Cc
情侣 qínglǚ	4 名	壹一 Lg
情面 qíngmiàn	4 名	叁二 Ib
情趣 qíngqù	3 名	叁三 Ec

情人 qíngrén	4名	壹一 Lg
情深似海 qíngshēn-sìhǎi	4	捌四 Mc
情书 qíngshū	3名	叁八 Ee
情同手足 qíngtóngshǒuzú	3	捌四 Ra
情投意合 qíngtóu-yìhé	3	柒六 Gd
情形 qíng·xing	3名	叁一 Fb
情绪 qíngxù	3名	叁三 Bc
情义 qíngyì	3名	叁三 Bb
情谊 qíngyì	4名	叁四 Bc
情意 qíngyì	3名	叁三 Bb
情有独钟 qíngyǒudúzhōng	3	伍五 Ga
情有可原 qíngyǒukěyuán	3	伍五 Kc
情愿 qíngyuàn	3动	伍五 Yb
	3副	玖一 Ga
晴 qíng	1形	柒一 Ba
晴朗 qínglǎng	2形	柒一 Ba
晴天 qíngtiān	1名	肆一 Ed
晴天霹雳 qíngtiān-pīlì	4	叁一 Ab
顷刻 qǐngkè	3名	肆一 Bb
请 qǐng	1动	陆九 Ab
	1动	陆九 Ka
请假 qǐng//jià	1动	陆一 Qb
请柬 qǐngjiǎn	3名	贰八 Cc
请教 qǐngjiào	2动	陆九 Kb
请君入瓮 qǐngjūn-rùwèng	4	伍八 Bf
请客 qǐng//kè	1动	伍七 Ce
请求 qǐngqiú	2动	陆九 Ka
请示 qǐngshì	3动	陆九 Fd
请帖 qǐngtiě	3名	贰八 Cc
请问 qǐngwèn	1动	陆九 Kb
请缨 qǐngyīng	4动	陆九 Bb
庆典 qìngdiǎn	2名	叁四 Db
庆贺 qìnghè	3动	陆九 Hb
庆幸 qìngxìng	4动	伍五 Aa
庆祝 qìngzhù	2动	陆九 Hb

qiong

穷 qióng	1形	捌六 Ka
	3副	玖一 Ad
穷兵黩武 qióngbīng-dúwǔ	4	陆六 Ca
穷苦 qióngkǔ	2形	捌六 Ka
穷困 qióngkùn	3形	捌六 Ka
穷困潦倒 qióngkùn-liáodǎo	4	捌六 Ka
穷年累月 qióngnián-lěiyuè	3	捌三 Qa
穷人 qióngrén	1名	壹一 Li
穷山恶水 qióngshān-èshuǐ	3	肆二 Bd
穷奢极欲 qióngshē-jíyù	4	捌五 Nb
穷途末路 qióngtú-mòlù	4	伍八 Bc
穷乡僻壤 qióngxiāng-pìrǎng	4	肆二 Bb
穷凶极恶 qióngxiōng-jí'è	4	捌五 Ab
琼 Qióng	3名	叁五 Ae
琼楼玉宇 qiónglóu-yùyǔ	4	贰六 Ae

qiu

丘陵 qiūlíng	2名	贰三 Ba
秋分 qiūfēn	2名	肆一 Gc
秋风 qiūfēng	1名	贰三 Ca
秋高气爽 qiūgāo-qìshuǎng	2	柒一 Ba
秋季 qiūjì	2名	肆一 Ga
秋千 qiūqiān	2名	贰八 Bd
秋色 qiūsè	2名	叁二 Ac
秋霜 qiūshuāng	3名	贰三 Cd
秋天 qiūtiān	1名	肆一 Ga
蚯蚓 qiūyǐn	2名	壹二 Fc
囚犯 qiúfàn	3名	壹一 Gb
囚禁 qiújìn	4动	陆七 Dd
求 qiú	1动	伍五 Ub
	1动	陆九 Ka
求婚 qiú//hūn	3动	伍七 Lc
求救 qiújiù	2动	陆九 Kc
求情 qiú//qíng	3动	陆九 Ka
求全责备 qiúquán-zébèi	4	伍五 Ub
求饶 qiú//ráo	3动	陆九 Kc
求同存异 qiútóng-cúnyì	4	陆九 Cb
求学 qiúxué	2动	陆五 Ba
求助 qiúzhù	2动	陆九 Kc
球 qiú	1名	贰二 Ef
	1名	贰八 Bb

		1 名	叁二 Aa	取代 qǔdài	3 动	柒六 Ba
球迷 qiúmí		2 名	壹一 Hb	取得 qǔdé	2 动	柒三 Be
遒劲 qiújìng		4 形	捌四 Nb	取缔 qǔdì	4 动	陆一 Na
				取名 qǔmíng	2 动	陆一 Mc
qu				取暖 qǔnuǎn	2 动	伍七 Bj
区 qū		2 名	叁五 Ae	取消 qǔxiāo	2 动	陆一 Nb
区别 qūbié		3 名	叁二 Bb	取笑 qǔxiào	3 动	陆九 Gc
		2 动	伍七 Hg	娶 qǔ	2 动	伍七 Ld
区分 qūfēn		2 动	伍七 Hg	去 qù	1 动	伍七 Ia
区域 qūyù		3 名	肆二 Ca		3 动	柒二 Fd
曲 qū		1 动	柒二 Ne		2 动	柒五 Cb
		2 形	捌一 Jb	去路 qùlù	3 名	肆二 Cg
曲线 qūxiàn		2 名	叁二 Aa	去年 qùnián	1 名	肆一 Ea
曲意逢迎 qūyì-féngyíng		4	陆十一 Fa	去世 qùshì	2 动	伍四 Cb
曲折 qūzhé		3 名	叁一 Ab	去伪存真 qùwěi-cúnzhēn	4	陆五 Da
		2 形	伍八 Bb	去向 qùxiàng	2 名	肆二 Aa
		2 形	捌一 Jb	趣味 qùwèi	2 名	叁三 Eb
驱除 qūchú		4 动	柒五 Cb	趣闻 qùwén	3 名	叁一 Dc
驱赶 qūgǎn		3 动	陆九 Ae			
驱散 qūsàn		3 动	陆九 Ae	**quan**		
驱使 qūshǐ		4 动	陆十一 Hf	圈 quān	2 名	贰七 Bn
驱逐 qūzhú		3 动	陆九 Ae		2 量	叁十 Cb
屈打成招 qūdǎ-chéngzhāo	4		陆七 Ac		2 动	柒二 Fg
屈服 qūfú		3 动	陆十一 Ed	圈套 quāntào	3 名	叁一 Ib
屈辱 qūrǔ		3 名	叁一 Ge	圈子 quān·zi	3 名	叁二 Ca
屈指可数 qūzhǐ-kěshǔ	3		捌三 Ab	权贵 quánguì	4 名	壹一 Lj
祛除 qūchú		4 动	柒五 Cb	权衡 quánhéng	4 动	伍五 Wb
躯壳 qūqiào		3 名	壹五 Aa	权力 quánlì	2 名	叁五 Ca
躯体 qūtǐ		3 名	壹五 Aa	权利 quánlì	3 名	叁五 Ca
趋势 qūshì		3 名	叁一 Fa	权且 quánqiě	4 副	玖一 Ea
趋炎附势 qūyán-fùshì	4		陆十一 Fa	权势 quánshì	4 名	叁二 Gd
渠道 qúdào		3 名	贰六 Dd	权威 quánwēi	3 名	壹一 Ia
		4 名	叁一 Bf		3 名	叁二 Ib
曲 qǔ		4 名	叁八 Dd		3 形	捌四 Qe
		1 名	叁九 Ab	权限 quánxiàn	4 名	叁二 Eb
曲高和寡 qǔgāo-hèguǎ	4		捌四 Kc	全 quán	1 形	捌三 Bc
曲子 qǔ·zi		2 名	叁九 Ac		1 副	玖一 Ad
取 qǔ		2 动	伍一 Ca	全部 quánbù	1 名	捌三 Ba
取长补短 qǔcháng-bǔduǎn				全长 quáncháng	2 名	叁十 Af
		2	伍七 Ha	全程 quánchéng	2 名	叁十 Af

全方位 quánfāngwèi	3 名	叁一 Ba		
全力 quánlì	2 副	玖一 Dd		
全力以赴 quánlìyǐfù	3	伍七 Ac		
全面 quánmiàn	2 形	捌四 Gc		
全能 quánnéng	3 形	捌五 Xa		
全身 quánshēn	1 名	壹五 Aa		
全神贯注 quánshén-guànzhù	2	伍五 Mb		
全速 quánsù	3 形	捌三 Pa		
全体 quántǐ	2 名	捌三 Ba		
全心全意 quánxīn-quányì	2	伍五 Mb		
全新 quánxīn	2 形	捌三 Ka		
诠释 quánshì	4 动	陆五 Dc		
泉 quán	1 名	贰三 Bi		
泉水 quánshuǐ	1 名	贰三 Bi		
泉眼 quányǎn	3 名	肆二 Dd		
拳 quán	2 名	壹五 Af		
拳头 quán·tóu	2 名	壹五 Af		
痊愈 quányù	4 动	伍四 Ja		
蜷缩 quánsuō	4 动	伍三 Fb		
犬牙交错 quǎnyá-jiāocuò	4	柒二 Ia		
	4	捌四 Ib		
劝 quàn	2 动	陆九 Hc		
劝告 quàngào	3 动	陆九 Hc		
劝谏 quànjiàn	4 动	陆九 Hc		
劝解 quànjiě	3 动	陆九 Hd		
劝勉 quànmiǎn	4 动	陆九 Hc		
劝说 quànshuō	2 动	陆九 Cb		
劝慰 quànwèi	4 动	陆九 Hd		
劝诱 quànyòu	4 动	陆九 Hc		
劝阻 quànzǔ	3 动	陆九 Hc		
券 quàn	2 名	贰八 Cd		

que

缺 quē	2 动	柒六 Ib	
缺点 quēdiǎn	2 名	叁二 Bc	
缺乏 quēfá	2 动	柒六 Ib	
缺口 quēkǒu	3 名	肆二 Dd	
缺少 quēshǎo	2 动	柒六 Ib	
缺失 quēshī	3 名	叁二 Bc	
缺席 quē//xí	3 动 2 动	伍八 Fa 伍七 Ef	
缺陷 quēxiàn	3 名	叁二 Bc	
瘸 qué	4 动	伍四 Hc	
瘸子 qué·zi	4 名	壹一 Fb	
却 què	2 副	玖一 Gf	
确保 quèbǎo	3 动	伍七 Ed	
确定 quèdìng	2 动 2 动	伍七 Hg 陆一 Kb	
确立 quèlì	2 动	陆一 Ma	
确切 quèqiè	3 形	捌四 Ea	
确认 quèrèn	3 动	陆一 Kb	
确实 quèshí	3 形 3 副	捌四 Aa 玖一 Db	
确信 quèxìn	3 动	伍五 Pa	
确凿 quèzáo	4 形	捌四 Aa	
确诊 quèzhěn	3 动	陆五 Kb	
鹊巢鸠占 quècháo-jiūzhàn	4	陆七 Fe	

qun

裙子 qún·zi	2 名	贰七 Cb	
群 qún	2 量	叁十 Ca	
群策群力 qúncè-qúnlì	4	伍八 Na	
群龙无首 qúnlóng-wúshǒu	3	捌六 Bb	
群体 qúntǐ	3 名	叁四 Ad	
群众 qúnzhòng	2 名	壹一 Aa	

ran

然而 rán'ér	2 连	玖三 Da	
然后 ránhòu	2 连	玖三 Ha	
燃放 ránfàng	2 动	伍七 Bj	
燃料 ránliào	3 名	贰二 Ba	
燃眉之急 ránméizhījí	3	捌六 Fb	
燃烧 ránshāo	2 动	柒一 Ea	
染 rǎn	3 动 3 动	陆三 Eb 柒六 Oa	

rang

瓤 ráng	4 名	壹五 Ce	
嚷 rǎng	2 动 2 动	伍二 Hb 陆十一 Ac	

让 ràng		4动	陆二 Ba	热心 rèxīn		1形	捌五 Ia
		1动	陆九 Ah	热血 rèxuè		3名	叁三 Ac
		1动	陆十一 Ed	热衷 rèzhōng		4动	伍五 Ga
		1介	玖二 Cb			4动	伍五 Ia
让步 ràng//bù		2动	陆十一 Ed				

ren

rao

饶 ráo		3动	伍五 Kc
饶恕 ráoshù		4动	伍五 Kc
扰乱 rǎoluàn		3动	陆十一 Db
绕 rào		2动	伍一 Fb
		2动	柒二 Ib
绕道 rào//dào		3动	陆四 Ba
绕行 ràoxíng		3动	陆四 Ba

re

热 rè		2动	伍七 Bj
		1形	捌二 Nb
		3形	捌四 Qe
热爱 rè'ài		1动	伍五 Ga
热潮 rècháo		3名	叁一 Fa
热忱 rèchén		4名	叁三 Bb
热带 rèdài		3名	贰三 Ad
热点 rèdiǎn		3名	叁二 Dd
热乎乎 rèhūhū		1形	捌二 Nb
热火朝天 rèhuǒ-cháotiān		2	捌六 Ca
热辣辣 rèlàlà		2形	捌二 Nb
热浪 rèlàng		3名	贰三 Db
热泪盈眶 rèlèi-yíngkuàng		3	伍六 Ab
热量 rèliàng		3名	叁二 Gc
热烈 rèliè		2形	捌四 Ma
热门 rèmén		3形	捌四 Qe
热闹 rè·nao		1形	捌六 Da
热气 rèqì		2名	贰三 Db
热气腾腾 rèqì-téngténg		3	捌六 Da
热切 rèqiè		3形	捌五 Ba
热情 rèqíng		2名	叁三 Bb
		2形	捌五 Ia
热腾腾 rèténgténg		2形	捌二 Nb
热线 rèxiàn		2名	叁一 Dc

人 rén		1名	壹一 Aa
人才 réncái		2名	壹一 Ia
人次 réncì		2量	叁十 Cb
人定胜天 réndìngshèngtiān		3	伍八 Ca
人浮于事 rénfúyúshì		4	伍七 Ac
人格 réngé		3名	叁二 Ib
人工 réngōng		3名	叁二 Ga
		2形	捌四 Tb
人迹罕至 rénjì-hǎnzhì		4	捌六 Dc
人家 rénjiā		2名	叁四 Ae
人家 rén·jia		1代	壹一 Ad
人间 rénjiān		2名	叁四 Aa
人均 rénjūn		2动	伍七 Hj
人口 rénkǒu		1名	壹一 Aa
人困马乏 rénkùn-mǎfá		3	伍六 Fa
人来人往 rénlái-rénwǎng		2	捌六 Da
人类 rénlèi		2名	壹一 Aa
人流 rénliú		3名	壹一 Aa
人马 rénmǎ		3名	壹一 Ld
		3名	叁六 Aa
人们 rén·men		1名	壹一 Aa
人面兽心 rénmiàn-shòuxīn		3	捌五 Ab
人民 rénmín		2名	壹一 Aa
人民币 rénmínbì		1名	叁七 Ba
人品 rénpǐn		2名	叁二 Ib
人气 rénqì		3名	叁二 Ib
人情 rénqíng		3名	叁一 Ee
		3名	叁三 Bb
人情世故 rénqíng-shìgù		4	叁三 Bb
人权 rénquán		3名	叁五 Ca
人群 rénqún		2名	壹一 Aa
人山人海 rénshān-rénhǎi		1	捌六 Da

人生 rénshēng		2 名	叁一 Da			2 动	陆一 Kb
人声鼎沸 rénshēng-dǐngfèi				认领 rènlǐng		3 动	陆十 Bc
		3	捌六 Da	认识 rèn·shi		1 动	伍五 Tc
人士 rénshì		2 名	壹一 Aa	认输 rèn//shū		3 动	陆九 Ff
人世 rénshì		3 名	叁四 Aa	认同 rèntóng		3 动	伍五 Qb
人手 rénshǒu		3 名	壹一 Aa	认为 rènwéi		2 动	伍五 Vb
人体 réntǐ		2 名	壹五 Aa	认贼作父 rènzéizuòfù		4	陆六 Hb
人为 rénwéi		3 形	捌四 Tb	认真 rènzhēn		1 动	伍五 Pa
人文 rénwén		4 名	叁一 Fc			1 形	捌五 Ga
人物 rénwù		2 名	壹一 Aa	认证 rènzhèng		3 动	柒六 Bg
人心 rénxīn		3 名	叁三 Ab	认知 rènzhī		4 动	伍五 Tc
		3 名	叁三 Bb	任 rèn		3 动	伍七 Dd
人行道 rénxíngdào		1 名	贰六 Ca			3 动	陆一 Jc
人性 rénxìng		3 名	叁二 Ib	任何 rènhé		2 代	贰二 Dd
人选 rénxuǎn		3 名	壹一 Lf	任劳任怨 rènláo-rènyuàn		3	捌五 Va
人员 rényuán		2 名	壹一 Aa	任命 rènmìng		3 动	陆一 Jc
人云亦云 rényún-yìyún		3	伍七 Ac	任凭 rènpíng		3 动	陆十一 Fb
人造 rénzào		2 形	捌四 Tb			3 连	玖三 Eb
人质 rénzhì		3 名	壹一 Li	任人唯亲 rènrén-wéiqīn		4	陆一 Jc
壬 rén		4 名	肆一 Ab	任人唯贤 rènrén-wéixián		4	陆一 Jc
仁爱 rén'ài		3 形	捌五 Aa	任人宰割 rènrén-zǎigē		3	伍七 Ac
仁慈 réncí		3 形	捌五 Aa	任务 rèn·wu		2 名	叁五 Cb
仁厚 rénhòu		4 形	捌五 Ac	任性 rènxìng		3 形	捌五 Ef
仁至义尽 rénzhì-yìjìn		4	捌五 Aa	任意 rènyì		2 副	玖一 Df
忍 rěn		2 动	伍五 La	任用 rènyòng		3 动	陆一 Jc
		2 动	伍五 Lb	任职 rèn//zhí		3 动	伍七 Dd
忍不住 rěn·buzhù		2 动	伍五 Ld	任重道远 rènzhòng-dàoyuǎn			
忍俊不禁 rěnjùn-bùjīn		4	伍六 Aa			3	捌四 Ka
忍耐 rěnnài		2 动	伍五 Lb	韧性 rènxìng		3 名	叁二 Ba
忍气吞声 rěnqì-tūnshēng		3	伍五 Lb				
忍让 rěnràng		3 动	陆十一 Ed	**reng**			
忍辱负重 rěnrǔ-fùzhòng		4	伍五 Lb	扔 rēng		1 动	伍一 Ec
忍受 rěnshòu		2 动	伍五 Lb	仍 réng		2 副	玖一 Eg
忍无可忍 rěnwúkěrěn		2	伍五 Lb	仍旧 réngjiù		3 副	玖一 Eg
忍心 rěn//xīn		2 动	伍五 La	仍然 réngrán		2 副	玖一 Eg
认 rèn		2 动	伍五 Qc				
认错 rèn//cuò		2 动	陆九 Ff	**ri**			
认得 rèn·de		3 动	伍五 Tc	日 rì		1 名	贰三 Ac
认定 rèndìng		3 动	伍五 Ob			1 名	肆一 Ed
认可 rènkě		2 动	伍五 Qb	日薄西山 rìbóxīshān		3	捌六 Cb

日常 rìcháng	1 形	捌四 Ca
日程 rìchéng	2 名	叁二 Ce
日后 rìhòu	2 名	肆一 De
日积月累 rìjī-yuèlěi	2	陆二 Ga
日记 rìjì	2 名	叁八 Ec
日久天长 rìjiǔ-tiāncháng	2	捌三 Qa
日理万机 rìlǐ-wànjī	3	捌六 Ea
日历 rìlì	2 名	贰七 Bh
日期 rìqī	2 名	肆一 Bb
日前 rìqián	3 名	肆一 Dc
日晒雨淋 rìshài-yǔlín	3	捌六 Jb
日新月异 rìxīn-yuèyì	3	柒四 Aa
日夜 rìyè	1 名	肆一 Fb
日夜兼程 rìyè-jiānchéng	3	陆四 Ba
日益 rìyì	3 副	玖一 Ed
日用品 rìyòngpǐn	1 名	贰二 Ca
日月如梭 rìyuè-rúsuō	4	捌三 Pa
日子 rì·zi	2 名	叁一 Db
	1 名	肆一 Bb
	1 名	肆一 Bb

rong

荣华富贵 rónghuá-fùguì	3	捌六 Kb
荣获 rónghuò	2 动	柒三 Be
荣幸 róngxìng	4 形	捌四 Oa
荣耀 róngyào	4 形	捌四 Oa
荣誉 róngyù	3 名	叁一 Gd
绒毛 róngmáo	2 名	壹五 Ba
容光焕发 róngguāng-huànfā	3	伍六 Ea
容量 róngliàng	3 名	叁十 Bd
容貌 róngmào	3 名	叁二 Fd
容纳 róngnà	3 动	柒六 Mb
容忍 róngrěn	3 动	伍五 Lb
容许 róngxǔ	4 动	陆九 Ah
容颜 róngyán	3 名	叁二 Fd
容易 róngyì	1 形	捌四 Kb
溶解 róngjiě	3 动	柒一 Db
熔化 rónghuà	3 动	陆三 Db
熔解 róngjiě	3 动	陆三 Db
融合 rónghé	3 动	柒二 Ha
融化 rónghuà	2 动	柒一 Db
融汇 rónghuì	4 动	柒二 Ha
融会贯通 rónghuì-guàntōng	4	伍五 Ta
融洽 róngqià	3 形	捌四 Rc
冗长 rǒngcháng	4 形	捌四 Ld

rou

柔和 róuhé	3 形	捌二 Ha
	3 形	捌四 Mf
柔美 róuměi	2 形	捌三 La
柔媚 róumèi	4 形	捌五 Cb
柔嫩 róunèn	3 形	捌三 Ga
柔情 róuqíng	3 名	叁三 Bb
柔韧 róurèn	4 形	捌二 Ka
柔软 róuruǎn	2 形	捌二 Ka
柔弱 róuruò	2 形	捌三 Jb
柔顺 róushùn	3 形	捌五 Cd
揉 róu	3 动	伍一 Ah
	3 动	伍一 Ha
蹂躏 róulìn	4 动	陆十一 Hd
肉菜 ròucài	2 名	贰九 Ad

ru

如 rú	1 动	柒六 Ed
	1 动	柒六 Ee
	1 连	玖三 Fa
如出一辙 rúchūyīzhé	3	柒六 Ea
如此 rúcǐ	2 代	叁一 Ag
如法炮制 rúfǎ-páozhì	4	柒六 Ed
如果 rúguǒ	1 连	玖三 Fa
如何 rúhé	2 代	贰二 Dc
如虎添翼 rúhǔtiānyì	3	柒五 Ae
如饥似渴 rújī-sìkě	2	伍五 Ec
如胶似漆 rújiāo-sìqī	4	捌四 Ra
如今 rújīn	2 名	肆一 Dd
如雷贯耳 rúléiguàn'ěr	4	捌四 Qe
如履薄冰 rúlǚbóbīng	4	捌五 Gc
如履平地 rúlǚpíngdì	4	伍八 Ac

如梦初醒 rúmèngchūxǐng	3		伍五 Ja			2 形		捌三 Jb
如期 rúqī	3	副	玖一 Ef	软弱 ruǎnruò		3 形		捌三 Jb
如泣如诉 rúqì-rúsù	3		捌四 Ja			3 形		捌四 Nd
如日中天 rúrìzhōngtiān	4		捌六 Ca	软实力 ruǎnshílì		4 名		叁二 Ga
如实 rúshí	3	副	玖一 Dc	软硬兼施 ruǎnyìng-jiānshī		4		伍五 Ra
如释重负 rúshìzhòngfù	4		伍五 Fa					
如数家珍 rúshǔjiāzhēn	3		伍五 Tb			rui		
如同 rútóng	2	动	柒六 Ed	锐不可当 ruìbùkědāng		3		捌四 Ma
如下 rúxià	2	动	柒六 Ee	锐利 ruìlì		3 形		捌二 Ma
如影随形 rúyǐngsuíxíng	3		捌四 Ra	睿智 ruìzhì		4 形		捌五 Ta
如鱼得水 rúyúdéshuǐ	2		捌四 Ee					
如愿 rú//yuàn	3	动	伍八 Ac			run		
如愿以偿 rúyuànyǐcháng	3		伍五 Ab	润滑 rùnhuá		3 动		柒四 Eb
如坐针毡 rúzuòzhēnzhān	4		伍五 Ea			3 形		捌二 Pa
儒家 Rújiā	3	名	叁八 Ac	润泽 rùnzé		4 动		柒四 Ea
儒雅 rúyǎ	4	形	捌五 Gg					
蠕动 rúdòng	4	动	伍三 Ad			ruo		
汝 rǔ	4	代	壹一 Ac	若 ruò		2 连		玖三 Fa
乳白 rǔbái	2	形	捌二 Ag	若干 ruògān		3 代		叁十 Bg
乳房 rǔfáng	3	名	壹五 Ae	若即若离 ruòjí-ruòlí		4		捌四 Rb
乳汁 rǔzhī	2	名	壹五 Aq	若明若暗 ruòmíng-ruò'àn		3		捌二 Eb
辱骂 rǔmà	3	动	陆十一 Ac	若无其事 ruòwúqíshì		3		伍五 Fb
入 rù	2	动	伍七 Ee	若隐若现 ruòyǐn-ruòxiàn		3		捌二 Eb
	1	动	伍七 Id	若有所失 ruòyǒusuǒshī		3		伍五 Ba
入不敷出 rùbùfūchū	4		捌六 Ka	若有所思 ruòyǒusuǒsī		3		伍五 Ra
入口 rùkǒu	2	名	肆二 Dc	偌大 ruòdà		4 形		捌一 Ha
入迷 rù//mí	2	动	伍五 Ia	弱 ruò		2 形		捌四 Nd
入木三分 rùmù-sānfēn	4		捌四 Mb	弱不禁风 ruòbùjīnfēng		3		捌三 Jb
入侵 rùqīn	2	动	陆六 Ga	弱点 ruòdiǎn		2 名		叁二 Bc
入情入理 rùqíng-rùlǐ	2		捌四 Ec	弱化 ruòhuà		3 动		柒四 Ab
入神 rù//shén	3	动	伍五 Mb	弱肉强食 ruòròu-qiángshí		4		陆十一 Ca
入手 rùshǒu	3	动	柒三 Aa	弱势 ruòshì		3 名		叁二 Gd
入睡 rùshuì	2	动	伍四 Fa	弱小 ruòxiǎo		2 形		捌四 Nd
		ruan				sa		
软 ruǎn	2	形	捌二 Ka	撒谎 sā//huǎng		2 动		陆十一 Cd
	2	形	捌四 Mf	撒欢儿 sā//huānr		3 动		伍一 La
软件 ruǎnjiàn	3	名	贰八 Cb	撒娇 sā//jiāo		2 动		伍六 Db
软禁 ruǎnjìn	4	动	陆七 Dd	洒 sǎ		1 动		伍一 Ic
软绵绵 ruǎnmiánmián	2	形	捌二 Ka			1 动		柒二 Kd
				洒落 sǎluò		2 动		伍一 Ic

洒脱 sǎtuō	4形	捌五 Ee
撒 sǎ	2动	伍一 Ec
	2动	柒二 Kd

sai

塞 sāi	2动	伍一 Ef
塞外 Sàiwài	3名	肆二 Af
塞翁失马 sàiwēng-shīmǎ	4	伍八 Aa
赛 sài	2动	陆五 Ja
	3动	柒六 Fd
赛场 sàichǎng	2名	叁九 Dc
赛跑 sàipǎo	1动	陆五 Ha
赛事 sàishì	4名	叁九 Db

san

三 sān	1数	叁十 Be
三长两短 sāncháng-liǎngduǎn	3	叁一 Ab
三番五次 sānfān-wǔcì	3	玖一 Fa
三顾茅庐 sāngù-máolú	4	陆九 Ae
三缄其口 sānjiān-qíkǒu	4	伍六 Ba
三角形 sānjiǎoxíng	2名	叁二 Aa
三教九流 sānjiào-jiǔliú	4	叁四 Eb
三令五申 sānlìng-wǔshēn	4	陆一 Fb
三六九等 sānliùjiǔděng	4	叁二 Bb
三三两两 sānsān-liǎngliǎng	2	伍八 Nb
三头六臂 sāntóu-liùbì	2	叁二 Ie
三五成群 sānwǔchéngqún	2	伍八 Nb
三心二意 sānxīn-èryì	2	伍五 Oa
三言两语 sānyán-liǎngyǔ	2	叁八 Cg
三足鼎立 sānzú-dǐnglì	3	柒三 Ia
叁 sān	4数	叁十 Be
伞 sǎn	1名	贰七 Bl
散 sǎn	2形	捌三 Eb
散乱 sǎnluàn	3形	捌六 Hb
散文 sǎnwén	2名	叁八 Dc
散 sàn	2动	柒三 Bb
散布 sànbù	3动	柒二 Dc
	3动	柒三 Ka
散步 sàn//bù	1动	伍一 Ka
散场 sàn//chǎng	2动	柒三 Bb
散发 sànfā	2动	柒三 Fb
散落 sànluò	3动	柒二 Kd

sang

桑拿 sāngná	3名	叁九 Ed
桑叶 sāngyè	2名	壹五 Cc
嗓门儿 sǎngménr	3名	贰三 La
嗓音 sǎngyīn	3名	贰三 La
嗓子 sǎng·zi	2名	壹五 Ad
	2名	贰三 La
丧家之犬 sàngjiāzhīquǎn	3	壹一 Li
丧偶 sàng'ǒu	4动	伍七 Lf
丧失 sàngshī	2动	伍八 Fa
丧心病狂 sàngxīn-bìngkuáng	3	捌五 Ab

sao

搔 sāo	4动	伍一 Ad
搔首弄姿 sāoshǒu-nòngzī	4	捌五 Rb
骚动 sāodòng	4动	陆六 Be
骚乱 sāoluàn	4动	陆六 Be
骚扰 sāorǎo	4动	陆十一 Db
扫 sǎo	1动	伍一 Ib
扫除 sǎochú	2动	伍一 Ib
	3动	柒五 Ca
扫荡 sǎodàng	3动	陆六 Gb
扫地出门 sǎodì-chūmén	4	陆九 Ae
扫描 sǎomiáo	3动	陆三 Fa
扫墓 sǎo//mù	2动	伍七 Mc
扫视 sǎoshì	3动	伍二 Da
扫兴 sǎo//xìng	3形	伍五 Bd
扫帚 sào·zhou	2名	贰七 Bc

se

色 sè	1名	贰三 Ja
色彩 sècǎi	2名	贰三 Ja
	2名	叁八 Ge
色彩缤纷 sècǎi-bīnfēn	3	捌二 Ca
色调 sèdiào	3名	贰三 Ja

色相 sèxiàng		4 名	叁二 Fd					
色泽 sèzé		4 名	贰三 Ja					

sen

森林 sēnlín　　　1 名　壹三 Bd

sha

杀 shā		2 动	陆三 Ma
		2 动	陆七 Fc
杀虫剂 shāchóngjì		3 名	贰十一 Ac
杀害 shāhài		2 动	陆七 Fc
杀鸡取卵 shājī-qǔluǎn		3	伍八 Fc
杀戮 shālù		4 动	陆七 Fc
杀人越货 shārén-yuèhuò		4	陆七 Fh
杀身成仁 shāshēn-chéngrén			
		4	伍四 Cc
杀手 shāshǒu		2 名	壹一 Gb
杀一儆百 shāyī-jǐngbǎi		4	陆七 Da
沙 shā		1 名	贰四 Cb
沙场 shāchǎng		3 名	肆二 Cf
沙发 shāfā		2 名	贰七 Aa
沙龙 shālóng		3 名	叁四 Fb
沙漠 shāmò		2 名	贰三 Bc
沙滩 shātān		2 名	贰三 Be
沙土 shātǔ		2 名	贰三 Ha
沙哑 shāyǎ		3 形	捌二 Gc
沙子 shā·zi		1 名	贰四 Cb
纱 shā		1 名	贰七 Ca
纱布 shābù		2 名	贰五 Df
啥 shá		1 代	贰二 Dc
傻 shǎ		2 形	捌五 Td
傻瓜 shǎguā		2 名	壹一 Ib
傻事 shǎshì		2 名	叁一 Aa
傻子 shǎ·zi		2 名	壹一 Ib
煞白 shàbái		4 形	捌二 Ag
煞费苦心 shàfèi-kǔxīn		4	伍五 Ra
煞有介事 shàyǒu-jièshì		4	伍六 Ca
霎时 shàshí		4 名	肆一 Bb
霎时间 shàshíjiān		4 名	肆一 Bb

shai

筛选 shāixuǎn		4 动	伍七 Ha
晒 shài		2 动	伍七 Bi
		2 动	柒四 Da
		3 动	柒六 Be

shan

山 shān		1 名	贰三 Ba
山崩地裂 shānbēng-dìliè		3	柒二 Bf
山川 shānchuān		2 名	贰三 Ba
山村 shāncūn		2 名	肆二 Cc
山巅 shāndiān		4 名	贰三 Ba
山顶 shāndǐng		2 名	贰三 Ba
山洞 shāndòng		1 名	肆二 Dd
山峰 shānfēng		2 名	贰三 Ba
山冈 shāngāng		3 名	贰三 Ba
山歌 shāngē		2 名	叁九 Ab
山沟 shāngōu		2 名	贰三 Ba
山谷 shāngǔ		2 名	贰三 Ba
山河 shānhé		2 名	肆二 Ce
山洪 shānhóng		3 名	贰三 Da
山涧 shānjiàn		4 名	贰三 Bg
山脚 shānjiǎo		2 名	贰三 Ba
山林 shānlín		1 名	壹三 Bd
山岭 shānlǐng		2 名	贰三 Ba
山峦 shānluán		3 名	贰三 Ba
山脉 shānmài		3 名	贰三 Ba
山盟海誓 shānméng-hǎishì			
		3	叁八 Cg
山坡 shānpō		1 名	贰三 Ba
山清水秀 shānqīng-shuǐxiù			
		2	捌三 La
山穷水尽 shānqióng-shuǐjìn			
		3	伍八 Bc
山丘 shānqiū		3 名	贰三 Ba
山区 shānqū		2 名	肆二 Cc
山泉 shānquán		2 名	贰三 Bi
山水 shānshuǐ		2 名	叁二 Ac
山头 shāntóu		2 名	贰三 Ba

	4名	叁四 Ad	
山崖 shānyá	3名	贰三 Ba	
山腰 shānyāo	2名	贰三 Ba	
山野 shānyě	2名	贰三 Bb	
山寨 shānzhài	4名	肆二 Cc	
山珍海味 shānzhēn-hǎiwèi	3	贰九 Ad	
删 shān	2动	陆五 Ed	
删除 shānchú	2动	陆五 Ed	
删繁就简 shānfán-jiùjiǎn	4	陆五 Ed	
珊瑚 shānhú	3名	贰四 Ea	
扇 shān	1动	伍一 Hc	
煽动 shāndòng	4动	陆一 Oa	
煽风点火 shānfēng-diǎnhuǒ	3	陆十一 Gb	
闪 shǎn	2动	伍四 Ha	
	2动	伍七 Ja	
闪电 shǎndiàn	2名	贰三 Ce	
	2动	柒一 Be	
闪动 shǎndòng	2动	伍二 Ba	
闪光 shǎnguāng	2名	贰三 Fa	
	2动	柒一 Cb	
闪亮 shǎnliàng	2动	柒一 Cb	
闪烁 shǎnshuò	2动	柒一 Cb	
闪现 shǎnxiàn	3动	柒三 Fa	
闪耀 shǎnyào	2动	柒一 Cb	
陕 Shǎn	3名	叁五 Ae	
扇 shàn	1名	贰七 Bl	
扇子 shàn·zi	1名	贰七 Bl	
善 shàn	2形	捌五 Aa	
善待 shàndài	3动	陆九 Ae	
善解人意 shànjiě-rényì	3	陆十 Da	
善良 shànliáng	2形	捌五 Aa	
善男信女 shànnán-xìnnǚ	4	壹一 Lk	
善始善终 shànshǐ-shànzhōng	3	柒三 Cd	
善意 shànyì	3名	叁三 Ac	
善于 shànyú	2动	伍五 Tb	
擅长 shàncháng	3动	伍五 Tb	
擅自 shànzì	4副	玖一 Df	
赡养 shànyǎng	4动	陆十 Da	

shang

伤 shāng	1名	叁九 Eb	
	2动	柒六 Qa	
伤疤 shāngbā	3名	贰三 Ib	
伤风败俗 shāngfēng-bàisú	3	捌五 Rb	
伤感 shānggǎn	3形	伍五 Ba	
伤害 shānghài	2动	柒六 Qa	
伤痕 shānghén	3名	贰三 Ib	
伤口 shāngkǒu	2名	叁九 Eb	
伤天害理 shāngtiān-hàilǐ	3	捌五 Ab	
伤亡 shāngwáng	2动	伍四 Ha	
伤心 shāng//xīn	1形	伍五 Ba	
伤员 shāngyuán	2名	壹一 Fa	
商 Shāng	4名	肆一 Ba	
商标 shāngbiāo	2名	叁二 Ha	
商场 shāngchǎng	2名	叁七 Gb	
商店 shāngdiàn	1名	叁七 Gb	
商贩 shāngfàn	3名	壹一 Jo	
商量 shāng·liang	2动	陆九 Ca	
商品 shāngpǐn	2名	贰二 Cb	
商人 shāngrén	2名	壹一 Jo	
商谈 shāngtán	3动	陆九 Ca	
商讨 shāngtǎo	3动	陆九 Ca	
商务 shāngwù	3名	叁一 Aa	
商业 shāngyè	2名	叁四 Eb	
商议 shāngyì	3动	陆九 Ca	
晌午 shǎng·wǔ	4名	肆一 Fa	
赏 shǎng	3动	伍七 Ke	
	3动	陆一 Pa	
	3动	陆十 Aa	
赏赐 shǎngcì	4动	陆十 Aa	
赏罚分明 shǎngfá-fēnmíng	3	捌五 Ja	
赏识 shǎngshí	4动	伍五 Mc	
赏心悦目 shǎngxīn-yuèmù	3	伍五 Ad	
上 shàng	1名	肆二 Ad	
	1动	伍七 Ib	
上班 shàng//bān	1动	伍七 Db	
上报 shàngbào	3动	陆一 Lc	

上苍 shàngcāng	3名	肆二 Ba	上演 shàngyǎn	3动	陆五 Fa
上层 shàngcéng	3名	叁四 Cb	上瘾 shàng//yǐn	4动	伍五 Ia
上场 shàng//chǎng	2动	陆五 Fa	上映 shàngyìng	3动	陆五 Gb
上当 shàng//dàng	2动	伍八 Fb	上游 shàngyóu	2名	贰三 Bg
上等 shàngděng	2形	捌四 Da		3名	叁四 Ca
上帝 Shàngdì	3名	叁三 Fb	上涨 shàngzhǎng	3动	柒五 Ad
上岗 shàng//gǎng	3动	伍七 Db	尚未 shàngwèi	4副	玖一 Eh
上钩 shàng//gōu	3动	伍八 Fb			
上海 Shànghǎi	2名	叁五 Ae	**shao**		
上火 shàng//huǒ	2动	伍四 Ic	捎 shāo	4动	伍七 If
上级 shàngjí	3名	壹一 Ld	烧 shāo	2动	伍四 Ic
上进 shàngjìn	2动	伍八 Ma		2动	伍七 Cb
上课 shàng//kè	1动	陆五 Ab	烧毁 shāohuǐ	3动	柒一 Ea
	1动	陆五 Ba	烧烤 shāokǎo	2名	贰九 Ad
上空 shàngkōng	2名	肆二 Ba	烧杀抢掠 shāo-shā-qiǎng-lüè		
上来 shàng//·lái	1动	伍七 Ib		4	陆十一 Hd
上流 shàngliú	3名	贰三 Bg	稍 shāo	2副	玖一 Aa
上路 shàng//lù	2动	陆四 Ca	稍稍 shāoshāo	2副	玖一 Aa
上马 shàng//mǎ	3动	柒三 Aa	稍微 shāowēi	2副	玖一 Aa
上面 shàngmiàn	3名	壹一 Ld	稍纵即逝 shāozòng-jíshì	4	捌三 Qb
	1名	肆二 Ad	艄公 shāogōng	4名	壹一 Jd
	1名	肆二 Ae	勺子 sháo·zi	1名	贰七 Bb
上品 shàngpǐn	3名	叁四 Cb	少 shǎo	2动	陆二 Bd
上前 shàngqián	1动	伍七 Ic		1形	捌三 Ab
上去 shàng//·qù	1动	伍七 Ib	少见 shǎojiàn	2形	捌三 Ad
上任 shàngrèn	3动	陆一 Jf	少见多怪 shǎojiàn-duōguài		
上升 shàngshēng	2动	柒五 Ad		2	捌五 Zb
上诉 shàngsù	4动	陆七 Aa	少时 shǎoshí	3名	肆一 Bb
上溯 shàngsù	4动	伍七 Jc	少数 shǎoshù	2名	叁十 Bg
上台 shàng//tái	3动	陆一 Jf	少不更事 shàobùgēngshì	4	捌五 Yb
上天 shàngtiān	3名	肆二 Ba	少年 shàonián	2名	壹一 Cb
上网 shàng//wǎng	2动	伍七 Ee		2名	肆一 Ia
上午 shàngwǔ	1名	肆一 Fa	少年老成 shàonián-lǎochéng		
上下 shàngxià	2名	叁二 Bb		3	捌五 Ya
	2名	叁十 Bg	少女 shàonǚ	1名	壹一 Bb
	2动	伍七 Ib	少先队员 shàoxiān duìyuán		
上行下效 shàngxíng-xiàxiào				1	壹一 Ld
	4	柒六 Ed	少壮 shàozhuàng	3形	捌三 Ib
上学 shàng//xué	1动	陆五 Ba	哨兵 shàobīng	3名	壹一 Jq
上旬 shàngxún	2名	肆一 Eb	哨子 shào·zi	2名	贰八 Da

she

奢侈 shēchǐ	4形	捌五	Nb
奢华 shēhuá	4形	捌五	Nb
奢望 shēwàng	4名	叁三	Cc
	4动	伍五	Ua
舌头 shé·tou	1名	壹五	Ad
折 shé	2动	伍一	Bb
	4动	伍八	Fa
	2动	柒四	Bb
蛇 shé	2名	壹二	Bg
舍本逐末 shěběn-zhúmò	3	伍八	Fc
舍不得 shě·bu·de	1动	伍五	Kb
舍己为人 shějǐ-wèirén	2	捌五	Ka
舍近求远 shějìn-qiúyuǎn	3	伍八	Fc
舍生取义 shěshēng-qǔyì	4	伍四	Cc
设 shè	2动	陆一	Mb
设备 shèbèi	2名	贰二	Ca
设法 shèfǎ	2动	伍五	Ra
设计 shèjì	2名	叁三	Db
	2动	伍五	Wa
设计师 shèjìshī	2名	壹一	Jc
设立 shèlì	2动	陆一	Mb
设施 shèshī	3名	贰二	Ca
设想 shèxiǎng	2动	伍五	Rb
设置 shèzhì	3动	陆一	Mb
	3动	陆三	Ab
社会 shèhuì	2名	叁四	Ab
社会主义 shèhuì zhǔyì	3	叁五	Aa
社稷 shèjì	4名	叁五	Ad
社交 shèjiāo	3名	叁一	Aa
	3动	陆九	Aa
社区 shèqū	2名	肆二	Ca
社团 shètuán	3名	叁四	Ad
射 shè	2动	柒一	Ca
	2动	柒二	Ob
射击 shèjī	2动	陆六	Fa
涉及 shèjí	3动	柒六	Nd
涉猎 shèliè	4动	陆五	Ca
涉嫌 shèxián	4动	伍五	Pb
	4动	柒六	Nd
赦免 shèmiǎn	4动	陆七	Ea
摄取 shèqǔ	3动	柒三	Be
摄氏度 shèshìdù	2量	叁十	Cc
摄像 shèxiàng	3动	陆五	Ga
摄像机 shèxiàngjī	3名	贰八	Ac
摄影 shèyǐng	3动	陆五	Ga

shen

申 shēn	4名	肆一	Ab
申办 shēnbàn	3动	陆一	Mb
申报 shēnbào	3动	陆一	Lc
申请 shēnqǐng	2动	陆一	Lc
申诉 shēnsù	4动	陆七	Ab
伸 shēn	1动	柒二	Ca
伸缩 shēnsuō	3动	柒二	Ca
伸展 shēnzhǎn	2动	柒二	Ca
伸张 shēnzhāng	4动	伍八	Ic
身败名裂 shēnbài-mínglìe	3	伍八	Hb
身边 shēnbiān	1名	肆二	Ag
身不由己 shēnbùyóujǐ	3	伍五	Ld
身材 shēncái	2名	叁二	Fb
身段 shēnduàn	4名	叁二	Fb
身份 shēn·fèn	2名	叁四	Ba
身份证 shēnfènzhèng	2名	贰八	Cd
身高 shēngāo	2名	叁十	Ah
身后 shēnhòu	3名	肆一	De
身价 shēnjià	4名	叁七	Ab
身经百战 shēnjīng-bǎizhàn	3	捌五	Ya
身临其境 shēnlín-qíjìng	3	伍七	Ac
身强力壮 shēnqiáng-lìzhuàng	2	捌三	Ja
身躯 shēnqū	3名	壹五	Aa
身上 shēn·shang	1名	壹五	Aa
身世 shēnshì	3名	叁一	Ea
身体 shēntǐ	1名	壹五	Aa
身体力行 shēntǐ-lìxíng	4	捌五	Ga
身外之物 shēnwàizhīwù	4	贰二	Aa
身无分文 shēnwú-fēnwén	3	捌六	Ka

身先士卒 shēnxiānshìzú	4	陆五 Aa	深恶痛绝 shēnwù-tòngjué	4 伍五 Hd
身心 shēnxīn	3 名	叁三 Ab	深信不疑 shēnxìn-bùyí	3 伍五 Pa
身影 shēnyǐng	3 名	贰三 Fb	深夜 shēnyè	2 名 肆一 Fb
身姿 shēnzī	4 名	叁二 Fb	深意 shēnyì	4 名 叁一 Cc
身子 shēn·zi	1 名	壹五 Aa	深幽 shēnyōu	4 形 捌一 Da
呻吟 shēnyín	4 动	伍二 Ha	深渊 shēnyuān	3 名 贰三 Bh
绅士 shēnshì	4 名	壹一 Ha	深远 shēnyuǎn	3 形 捌四 Mb
	4 名	壹一 Lh	深造 shēnzào	4 动 陆五 Ba
	4 形	捌五 Gg	深知 shēnzhī	3 动 伍五 Ta
深 shēn	1 名	叁十 Ah	深重 shēnzhòng	4 形 捌四 Ma
	1 形	捌一 Da	什么 shén·me	1 代 贰二 Dc
	1 形	捌二 Ba	神 shén	2 名 叁三 Fb
	2 形	捌四 Kc		3 形 捌五 Ta
	1 形	捌四 Mc	神采奕奕 shéncǎi-yìyì	4 伍六 Ea
	2 副	玖一 Ac	神出鬼没 shénchū-guǐmò	3 捌四 Sd
深奥 shēn'ào	2 形	捌四 Kc	神话 shénhuà	2 名 叁八 Db
深不可测 shēnbùkěcè	3	捌一 Da	神机妙算 shénjī-miàosuàn	4 捌五 Ta
深沉 shēnchén	3 形	捌四 Md	神经 shénjīng	2 名 壹五 Al
深仇大恨 shēnchóu-dàhèn	3	叁一 Ee	神来之笔 shénláizhībǐ	4 叁二 Ie
深处 shēnchù	2 名	肆二 Af	神秘 shénmì	2 形 捌四 Kc
深度 shēndù	2 名	叁十 Ah		2 形 捌四 Sd
深更半夜 shēngēng-bànyè	3	肆一 Fb	神秘莫测 shénmì-mòcè	3 捌四 Kc
深厚 shēnhòu	3 形	捌四 Mc	神奇 shénqí	1 形 捌四 Ce
深化 shēnhuà	3 动	柒五 Ae	神气 shén·qì	3 名 叁二 Fc
深居简出 shēnjū-jiǎnchū	4	伍七 Ab		3 形 伍六 Ea
深刻 shēnkè	2 形	捌四 Mb		3 形 捌五 Hb
深明大义 shēnmíng-dàyì	4	捌五 Pa	神气活现 shénqì-huóxiàn	3 捌五 Hb
深谋远虑 shēnmóu-yuǎnlǜ	4	伍五 Wa	神情 shénqíng	3 名 叁二 Fc
深浅 shēnqiǎn	3 名	叁二 Eb	神色 shénsè	3 名 叁二 Fc
	3 名	叁十 Ah	神圣 shénshèng	2 形 捌五 Qa
深切 shēnqiè	3 形	捌四 Mb	神态 shéntài	3 名 叁二 Fc
深情 shēnqíng	2 名	叁三 Bb	神通广大 shéntōng-guǎngdà	
深情厚谊 shēnqíng-hòuyì	3	叁四 Bc		3 捌五 Xa
深秋 shēnqiū	2 名	肆一 Ga	神仙 shén·xiān	2 名 叁三 Fb
深入 shēnrù	2 形	捌四 Mb	神勇 shényǒng	3 形 捌五 Dc
深入浅出 shēnrù-qiǎnchū	3	捌四 Kd	神韵 shényùn	4 名 叁三 Ec
深山 shēnshān	2 名	贰三 Ba	审 shěn	3 动 陆一 Ia
深思熟虑 shēnsī-shúlǜ	3	伍五 Ra		4 动 陆七 Ca
深邃 shēnsuì	4 形	捌一 Da	审查 shěnchá	3 动 陆一 Ia
	4 形	捌四 Kc	审核 shěnhé	4 动 陆一 Ia

审理 shěnlǐ	4 动	陆七 Ca	
审美 shěnměi	3 动	伍七 Ke	
审判 shěnpàn	3 动	陆七 Cb	
审批 shěnpī	4 动	陆一 Ia	
审慎 shěnshèn	4 形	捌五 Gc	
审时度势 shěnshí-duóshì	4	伍五 Sa	
审视 shěnshì	4 动	伍二 Da	
审问 shěnwèn	4 动	陆七 Ca	
审讯 shěnxùn	4 动	陆七 Ca	
审阅 shěnyuè	3 动	陆一 Ia	
肾 shèn	2 名	壹五 Ak	
甚至 shènzhì	3 连	玖三 Ba	
渗 shèn	3 动	柒二 Od	
渗透 shèntòu	3 动	柒二 Od	
	3 动	柒六 Oa	
慎重 shènzhòng	3 形	捌五 Gc	

sheng

升 shēng	3 量	叁十 Cc	
	1 动	柒五 Ad	
升华 shēnghuá	4 动	伍八 Ma	
升级 shēng//jí	2 动	伍八 Gb	
升天 shēng//tiān	4 动	伍四 Cb	
升值 shēngzhí	3 动	柒五 Ad	
升职 shēng//zhí	3 动	伍八 Gb	
生 shēng	1 动	伍四 Ad	
	2 动	柒三 Fb	
	1 形	捌三 Ga	
生搬硬套 shēngbān-yìngtào	3	伍七 Hh	
生病 shēng//bìng	1 动	伍四 Ia	
生产 shēngchǎn	2 动	陆三 Ad	
生产力 shēngchǎnlì	3 名	叁二 Ga	
生存 shēngcún	2 动	伍四 Aa	
生动 shēngdòng	2 形	捌四 Ja	
生根 shēng//gēn	2 动	伍四 Ab	
生活 shēnghuó	1 名	叁一 Db	
	1 动	伍七 Aa	
生火 shēng//huǒ	2 动	伍七 Bj	
生机 shēngjī	3 名	叁二 De	
	3 名	叁二 Ga	
生机盎然 shēngjī-àngrán	4	捌六 Ca	
生机勃勃 shēngjī-bóbó	3	伍六 Ea	
生计 shēngjì	3 名	叁一 Db	
生姜 shēngjiāng	2 名	壹三 Fa	
生来 shēnglái	3 副	玖一 Ea	
生老病死 shēng-lǎo-bìng-sǐ	3	叁一 Da	
生离死别 shēnglí-sǐbié	3	叁一 Ea	
生理 shēnglǐ	2 名	叁一 Cc	
生灵 shēnglíng	3 名	壹一 Aa	
生灵涂炭 shēnglíng-tútàn	4	捌六 Ib	
生龙活虎 shēnglóng-huóhǔ	2	捌五 Ec	
生命 shēngmìng	2 名	叁一 Da	
生命力 shēngmìnglì	2 名	叁二 Ga	
生怕 shēngpà	2 动	伍五 Ea	
生平 shēngpíng	3 名	肆一 Dc	
	3 名	肆一 Ia	
生气 shēngqì	3 名	叁二 Ga	
生气 shēng//qì	1 动	伍五 Ca	
生气勃勃 shēngqì-bóbó	3	伍六 Ea	
生前 shēngqián	3 名	肆一 Cb	
生人 shēngrén	2 名	壹一 Lb	
生日 shēngrì	1 名	肆一 Hb	
生杀予夺 shēngshā-yǔduó	4	捌五 Pb	
生疏 shēngshū	4 形	捌四 Rb	
	4 形	捌五 Wb	
生死 shēngsǐ	2 名	叁一 Da	
生死存亡 shēngsǐ-cúnwáng	3	捌六 Ab	
生死攸关 shēngsǐ-yōuguān	4	捌四 La	
生态 shēngtài	3 名	叁一 Fb	
生吞活剥 shēngtūn-huóbō	4	伍七 Hh	
生物 shēngwù	3 名	壹二 Aa	
生效 shēng//xiào	4 动	柒三 Hb	
生性 shēngxìng	4 名	叁二 Ia	
生锈 shēng//xiù	3 动	柒四 Cc	
生涯 shēngyá	3 名	叁一 Db	

词条	拼音	列	词性	位置
生意	shēng·yi	2	名	叁四 Eb
生硬	shēngyìng	3	形	捌四 Ef
		3	形	捌四 Jc
生育	shēngyù	3	动	伍四 Ad
生长	shēngzhǎng	1	动	伍四 Ab
声	shēng	1	名	贰三 La
声波	shēngbō	4	名	贰三 La
声称	shēngchēng	3	动	陆九 Fe
声调	shēngdiào	2	名	叁八 Cd
声东击西	shēngdōng-jīxī	3		陆六 Ca
声浪	shēnglàng	3	名	贰三 La
声泪俱下	shēnglèi-jùxià	3		伍六 Ab
声名狼藉	shēngmíng-lángjí	4		伍八 Hb
声名鹊起	shēngmíng-quèqǐ	4		捌四 Qe
声明	shēngmíng	3	名	叁八 Ef
		3	动	陆九 Fe
声情并茂	shēngqíng-bìngmào	3		捌四 Ja
声如洪钟	shēngrú-hóngzhōng	3		捌二 Ga
声色俱厉	shēngsè-jùlì	4		捌五 Ea
声色犬马	shēngsè-quǎnmǎ	4		伍七 Ka
声嘶力竭	shēngsī-lìjié	4		伍二 Hb
声讨	shēngtǎo	4	动	陆九 Gb
声望	shēngwàng	4	名	叁二 Ib
声响	shēngxiǎng	2	名	贰三 La
声音	shēngyīn	1	名	贰三 La
声誉	shēngyù	4	名	叁二 Ib
声援	shēngyuán	4	动	陆十 Cc
牲畜	shēngchù	3	名	壹二 Ca
牲口	shēng·kou	2	名	壹二 Ca
绳索	shéngsuǒ	3	名	贰七 Bn
绳子	shéng·zi	2	名	贰七 Bn
省	shěng	2	名	叁五 Ae
		2	动	陆二 Ha
		2	动	柒三 Ic
省吃俭用	shěngchī-jiǎnyòng			
		2		捌五 Na
省略	shěnglüè	2	动	柒三 Ic
省略号	shěnglüèhào	2	名	叁八 Ci
圣诞节	Shèngdàn Jié	4	名	肆一 Ha
圣洁	shèngjié	4	形	捌五 Ra
圣人	shèngrén	3	名	壹一 Ha
圣贤	shèngxián	4	名	壹一 Ha
胜	shèng	2	动	伍八 Ca
		2	动	柒六 Fd
胜出	shèngchū	3	动	柒六 Fd
胜地	shèngdì	3	名	肆二 Bc
胜负	shèngfù	3	名	叁一 Be
胜利	shènglì	2	动	伍八 Ca
胜任	shèngrèn	4	动	捌四 Ee
胜仗	shèngzhàng	3	名	叁六 Bc
盛	shèng	2	形	捌三 Dc
		2	形	捌六 Ca
盛大	shèngdà	2	形	捌六 Ca
盛会	shènghuì	3	名	叁四 Fe
盛开	shèngkāi	2	动	伍四 Ab
盛怒	shèngnù	4	动	伍五 Ca
盛气凌人	shèngqì-língrén	3		捌五 Hb
盛夏	shèngxià	3	名	肆一 Ga
盛行	shèngxíng	3	动	柒三 Kc
剩	shèng	2	动	柒六 Kd
剩余	shèngyú	2	动	陆二 Bd

shi

词条	拼音	列	词性	位置
尸首	shī·shou	3	名	壹五 Aa
尸体	shītǐ	2	名	壹五 Aa
尸位素餐	shīwèi-sùcān	4		捌五 Xb
失败	shībài	2	名	叁一 Ed
		2	动	伍八 Da
		2	形	捌四 Bb
失常	shīcháng	3	形	捌四 Ce
失魂落魄	shīhún-luòpò	4		伍五 Ed
失控	shīkòng	3	动	伍五 Ld
失礼	shīlǐ	4	动	陆九 Ib
失利	shī//lì	3	动	伍八 Da
失落	shīluò	3	动	伍八 Ha

失眠 shī//mián		2动	伍四 Fc	十 shí		1数	叁十 Be
失明 shī//míng		2动	伍四 Hb	十恶不赦 shí'è-bùshè		4	捌五 Ab
失去 shīqù		1动	伍八 Fa	十分 shífēn		1副	玖一 Ac
失声 shī//shēng		4动	伍二 Ha	十拿九稳 shíná-jiǔwěn		3	捌四 Ee
失望 shīwàng		2形	伍五 Bd	十全十美 shíquán-shíměi		2	捌四 Ba
失误 shīwù		3名	叁一 Gc	十足 shízú		2形	捌四 Aa
		3动	伍七 Gg	石碑 shíbēi		2名	贰六 Ha
失效 shī//xiào		2动	柒三 Id	石沉大海 shíchéndàhǎi		2	柒三 Ga
失信 shī//xìn		3动	陆九 Ab	石灰 shíhuī		2名	贰四 Cc
失业 shī//yè		2动	伍七 Df	石匠 shí·jiang		3名	壹一 Jn
失意 shī//yì		4形	伍八 Ha	石块 shíkuài		1名	贰四 Cb
失之交臂 shīzhī-jiāobì		4	柒二 Ff	石破天惊 shípò-tiānjīng		4	捌四 Ce
失职 shī//zhí		3动	伍七 Gg	石头 shí·tou		1名	贰四 Cb
失踪 shī//zōng		2动	伍八 Kb	石油 shíyóu		2名	贰四 Bb
失足 shī//zú		3动	伍八 Mb	石子儿 shízǐr		1名	贰四 Cb
师出无名 shīchū-wúmíng		3	捌四 Ed	时 shí		1名	肆一 Fc
师父 shī·fu		2名	壹一 Lc	时不我待 shíbùwǒdài		4	捌六 Fb
师傅 shī·fu		2名	壹一 Jn	时不再来 shíbùzàilái		4	捌六 Fb
		2名	壹一 Lc	时常 shícháng		2副	玖一 Fb
诗 shī		2名	叁八 Dd	时辰 shí·chen		3名	肆一 Fc
诗词 shīcí		2名	叁八 Dd	时代 shídài		3名	肆一 Ba
诗歌 shīgē		2名	叁八 Dd	时而 shí'ér		3副	玖一 Ec
诗句 shījù		2名	叁八 Dd	时分 shífēn		2名	肆一 Da
诗情画意 shīqíng-huàyì		3	叁八 Ga	时光 shíguāng		2名	肆一 Bb
诗人 shīrén		2名	壹一 Jk			2名	肆一 Da
诗文 shīwén		2名	叁八 Dd	时过境迁 shíguò-jìngqiān		3	柒三 Bf
诗意 shīyì		3名	叁八 Ga	时候 shí·hou		1名	肆一 Da
狮子 shī·zi		1名	壹二 Bb	时机 shíjī		3名	叁二 De
施工 shī//gōng		3动	陆三 Aa	时间 shíjiān		1名	肆一 Bb
施舍 shīshě		3动	陆十 Cd	时节 shíjié		3名	肆一 Da
施压 shīyā		4动	陆十一 Hf			3名	肆一 Gb
施展 shīzhǎn		3动	伍七 Ea	时刻 shíkè		2名	肆一 Da
湿 shī		2动	柒四 Db			2副	玖一 Eg
		1形	捌二 Ob	时来运转 shílái-yùnzhuǎn		3	柒四 Fa
湿地 shīdì		3名	贰三 Bb	时令 shílìng		3名	肆一 Gb
湿度 shīdù		3名	叁十 Ae	时髦 shímáo		4形	捌三 Kc
湿淋淋 shīlínlín		3形	捌二 Ob	时期 shíqī		2名	肆一 Bb
湿漉漉 shīlùlù		4形	捌二 Ob	时日 shírì		4名	肆一 Bb
湿热 shīrè		3形	捌二 Nb	时尚 shíshàng		3形	捌三 Kc
湿润 shīrùn		2形	捌二 Ob	时时 shíshí		2副	玖一 Eg

时事 shíshì		4 名	叁一 Aa		史册 shǐcè		4 名	叁八 Eb
时速 shísù		3 名	叁十 Aa		史无前例 shǐwúqiánlì		3	捌四 Cc
时兴 shíxīng		4 动	柒三 Kc		矢志不移 shǐzhì-búyí		4	捌五 Db
时装 shízhuāng		3 名	贰七 Cb		使 shǐ		1 动	柒六 Of
识别 shíbié		3 动	伍七 Hg		使馆 shǐguǎn		3 名	叁五 Ac
识破 shí//pò		3 动	伍五 Tb		使唤 shǐ·huan		3 动	陆一 Ha
实地 shídì		3 名	肆二 Cb		使节 shǐjié		4 名	壹一 Lj
实话 shíhuà		2 名	叁八 Cg		使劲 shǐ//jìn		2 动	伍七 Ac
实话实说 shíhuà-shíshuō		2	捌五 Ba		使命 shǐmìng		3 名	叁五 Cb
实惠 shíhuì		4 名	叁二 Bc		使用 shǐyòng		1 动	伍七 Hh
		3 形	捌四 Fa		使者 shǐzhě		3 名	壹一 Lj
		3 形	捌四 Qb		始料不及 shǐliàobùjí		3	伍五 Sc
实际 shíjì		3 名	叁一 Fb		始末 shǐmò		4 名	叁一 Bd
		3 形	捌四 Aa		始终 shǐzhōng		2 名	肆一 Ca
		3 形	捌四 Hc				2 副	玖一 Eg
实践 shíjiàn		2 动	柒三 Cb		屎 shǐ		1 名	壹五 Ar
实力 shílì		3 名	叁二 Ga		士兵 shìbīng		2 名	壹一 Jq
实施 shíshī		3 动	伍七 Ea		士气 shìqì		3 名	叁二 Gd
实事求是 shíshì-qiúshì		3	捌五 Ba		示范 shìfàn		2 动	陆五 Aa
实习 shíxí		3 动	陆五 Ba		示弱 shìruò		3 动	陆九 Fe
实现 shíxiàn		2 动	柒三 Bd		示威 shìwēi		3 动	陆六 Bc
实行 shíxíng		2 动	柒三 Cb		示意 shìyì		3 动	陆九 Fe
实验 shíyàn		2 动	伍七 Ea		世代 shìdài		3 名	肆一 Ba
实验室 shíyànshì		2 名	贰六 Af		世故 shì·gu		4 形	捌五 Bf
实在 shízài		3 形	捌五 Ba				4 形	捌五 Ya
		2 副	玖一 Db		世纪 shìjì		3 名	肆一 Ba
实质 shízhì		3 名	叁二 Dc		世间 shìjiān		2 名	叁四 Aa
拾 shí		4 数	叁十 Be		世界 shìjiè		3 名	叁二 Ca
		2 动	伍一 Ca				2 名	叁四 Ab
拾金不昧 shíjīn-búmèi		3	捌六 Ba		世人 shìrén		3 名	壹一 Af
拾人牙慧 shírényáhuì		4	柒六 Ed		世世代代 shìshì-dàidài		2	肆一 Ba
食不甘味 shíbùgānwèi		4	伍五 Bb		世俗 shìsú		3 名	叁四 Da
食古不化 shígǔ-búhuà		4	捌五 Ub		世态炎凉 shìtài-yánliáng		3	捌五 Ib
食料 shíliào		3 名	贰九 Ab		世外桃源 shìwài-táoyuán		3	肆二 Bc
食品 shípǐn		1 名	贰九 Ac		市 shì		1 名	叁五 Ae
食堂 shítáng		1 名	叁七 Gb		市场 shìchǎng		2 名	叁七 Gb
食物 shíwù		1 名	贰九 Ac		市民 shìmín		2 名	壹一 Ka
食用 shíyòng		2 动	伍二 Ea		似的 shì·de		1 助	玖四 Ac
食欲 shíyù		2 名	叁三 Ca		势必 shìbì		3 副	玖一 Db
食指 shízhǐ		2 名	壹五 Af		势不可挡 shìbùkědǎng		3	捌四 Ma

势不两立 shìbùliǎnglì	3	捌四 Rd	
势均力敌 shìjūn-lìdí	3	柒六 Eb	
势力 shìlì	3 名	叁二 Gd	
势如破竹 shìrúpòzhú	4	捌四 Ma	
势头 shì·tou	3 名	叁一 Fa	
事 shì	1 名	叁一 Aa	
事半功倍 shìbàn-gōngbèi	2	伍八 Ec	
事倍功半 shìbèi-gōngbàn	2	伍八 Fc	
事必躬亲 shìbìgōngqīn	4	捌五 Ga	
事出有因 shìchū-yǒuyīn	3	柒六 Ca	
事故 shìgù	3 名	叁一 Ab	
事过境迁 shìguò-jìngqiān	4	柒四 Aa	
事后 shìhòu	3 名	肆一 Cd	
事迹 shìjì	3 名	叁一 Aa	
事件 shìjiàn	2 名	叁一 Ab	
事例 shìlì	3 名	叁一 Ad	
事情 shì·qing	1 名	叁一 Aa	
事实 shìshí	2 名	叁一 Fb	
事态 shìtài	4 名	叁一 Fa	
事务 shìwù	3 名	叁一 Aa	
事物 shìwù	2 名	贰一 Aa	
事先 shìxiān	3 名	肆一 Cb	
事业 shìyè	2 名	叁四 Ea	
事与愿违 shìyǔyuànwéi	3	伍八 Bb	
侍奉 shìfèng	4 动	陆十 Db	
侍候 shìhòu	4 动	陆十 Db	
饰品 shìpǐn	3 名	贰七 Bk	
试 shì	1 动	伍七 Ea	
试点 shìdiǎn	4 名	肆二 Da	
	4 动	伍七 Ea	
试探 shìtàn	3 动	伍七 Ea	
试探 shì·tan	3 动	陆九 Fc	
试题 shìtí	2 名	叁八 Bc	
试图 shìtú	3 动	伍五 Wa	
试行 shìxíng	3 动	伍七 Ea	
试验 shìyàn	2 名	伍七 Ea	
试用 shìyòng	2 动	伍七 Hh	
视察 shìchá	4 动	陆一 Ia	
视而不见 shì'érbùjiàn	2	伍五 Nb	
视角 shìjiǎo	3 名	叁一 Ba	
视觉 shìjué	2 名	叁三 Ba	
视力 shìlì	2 名	叁二 Ga	
视频 shìpín	3 名	叁九 Ba	
视死如归 shìsǐ-rúguī	3	捌五 Dc	
视线 shìxiàn	3 名	叁二 Ca	
视野 shìyě	3 名	叁二 Ca	
拭目以待 shìmùyǐdài	3	陆九 Ad	
是 shì	1 动	柒六 Aa	
	1 形	捌四 Ea	
是非 shìfēi	3 名	叁一 Ga	
是否 shìfǒu	2 副	玖一 Gh	
适当 shìdàng	2 形	捌四 Ee	
适得其反 shìdé-qífǎn	3	伍八 Bf	
适度 shìdù	2 形	捌四 Ee	
适合 shìhé	2 动	柒六 Gc	
适可而止 shìkě'érzhǐ	3	捌四 Ee	
适时 shìshí	3 形	捌四 Ee	
适宜 shìyí	3 形	捌四 Ee	
适应 shìyìng	2 动	柒六 Ga	
适用 shìyòng	2 形	捌四 Fa	
恃才傲物 shìcái-àowù	4	捌五 Hb	
室 shì	2 名	贰六 Af	
逝世 shìshì	3 动	伍四 Cb	
释放 shìfàng	4 动	陆七 Ea	
	3 动	柒三 Fb	
誓言 shìyán	4 名	叁八 Cg	

shou

收 shōu	1 动	柒三 Be	
收藏 shōucáng	2 动	伍七 Hd	
收成 shōu·cheng	2 名	叁一 Gb	
收费 shōu//fèi	2 动	陆二 Da	
收复 shōufù	3 动	陆六 Gb	
收割 shōugē	2 动	陆三 Je	
收购 shōugòu	4 动	陆二 Ba	
收获 shōuhuò	2 名	叁一 Gb	
	2 动	柒三 Be	
收集 shōují	2 动	伍七 Hb	
收缴 shōujiǎo	4 动	陆六 Gd	
收据 shōujù	3 名	叁八 Ef	

收敛 shōuliǎn	4 动	陆十一 Dd	
收留 shōuliú	3 动	陆九 Ae	
收买 shōumǎi	4 动	陆二 Ba	
	3 动	陆十一 Fa	
收入 shōurù	2 名	叁七 Eb	
收拾 shōu·shi	1 动	伍七 Bg	
收缩 shōusuō	2 动	柒二 Cb	
收养 shōuyǎng	3 动	陆十 Fa	
收益 shōuyì	3 名	叁七 Eb	
收支 shōuzhī	3 名	叁七 Eb	
手 shǒu	1 名	壹五 Af	
	1 量	叁十 Ca	
手背 shǒubèi	1 名	壹五 Af	
手臂 shǒubì	2 名	壹五 Af	
手表 shǒubiǎo	1 名	贰七 Bh	
手不释卷 shǒubùshìjuàn	4	捌五 Va	
手册 shǒucè	2 名	贰八 Cc	
手段 shǒuduàn	3 名	叁三 Dc	
手法 shǒufǎ	3 名	叁三 Dc	
手工 shǒugōng	2 名	叁二 Ie	
手机 shǒujī	1 名	贰五 Da	
手绢 shǒujuàn	2 名	贰七 Bc	
手榴弹 shǒuliúdàn	3 名	贰五 Ff	
手忙脚乱 shǒumáng-jiǎoluàn	2	伍五 Ed	
手帕 shǒupà	2 名	贰七 Bc	
手枪 shǒuqiāng	2 名	贰五 Fb	
手势 shǒushì	2 名	叁二 Fb	
手术 shǒushù	2 名	叁九 Ed	
	3 动	陆五 Kc	
手套 shǒutào	1 名	贰七 Cd	
手腕 shǒuwàn	2 名	壹五 Af	
	4 名	叁三 Dc	
手无寸铁 shǒuwúcùntiě	3	捌四 Nd	
手舞足蹈 shǒuwǔ-zúdǎo	2	伍五 Aa	
手下 shǒuxià	3 名	壹一 Ld	
手心 shǒuxīn	2 名	壹五 Af	
手续 shǒuxù	3 名	叁一 Cb	
手艺 shǒuyì	2 名	叁二 Ie	
手艺人 shǒuyìrén	2 名	壹一 Jn	

手掌 shǒuzhǎng	1 名	壹五 Af	
手杖 shǒuzhàng	3 名	贰五 Df	
手指 shǒuzhǐ	1 名	壹五 Af	
手足无措 shǒuzú-wúcuò	4	伍五 Ed	
守 shǒu	2 动	陆六 Da	
	2 动	陆九 Cc	
守寡 shǒu//guǎ	4 动	伍七 Lf	
守候 shǒuhòu	3 动	陆九 Ad	
	2 动	陆十 Dc	
守护 shǒuhù	2 动	陆六 Da	
守旧 shǒujiù	3 形	陆一 Rb	
守口如瓶 shǒukǒu-rúpíng	2	捌五 Gc	
守望 shǒuwàng	4 动	伍二 Da	
守卫 shǒuwèi	2 动	陆六 Da	
守株待兔 shǒuzhū-dàitù	2	捌五 Ub	
首 shǒu	2 量	叁十 Ca	
首创 shǒuchuàng	3 动	陆一 Mb	
首当其冲 shǒudāng-qíchōng	3	捌四 La	
首都 shǒudū	2 名	叁五 Ae	
首领 shǒulǐng	2 名	壹一 Ja	
首脑 shǒunǎo	3 名	壹一 Ja	
首屈一指 shǒuqū-yīzhǐ	3	捌四 Cc	
首饰 shǒu·shì	3 名	贰七 Bk	
首鼠两端 shǒushǔ-liǎngduān	4	伍五 Oa	
首席 shǒuxí	4 名	肆二 Ab	
	4 形	捌四 La	
首先 shǒuxiān	2 代	叁十 Bf	
	2 副	玖一 Ea	
首相 shǒuxiàng	3 名	壹一 Ja	
首要 shǒuyào	2 形	捌四 La	
首长 shǒuzhǎng	3 名	壹一 Jq	
寿命 shòumìng	3 名	叁一 Da	
寿终正寝 shòuzhōngzhèngqǐn	4	伍四 Cb	
受 shòu	1 动	伍八 Ja	
	2 动	陆九 Ai	
受宠若惊 shòuchǒng-ruòjīng	4	伍五 Aa	

受害 shòu//hài	2动	伍八 Jd		书桌 shūzhuō	1名	贰七 Aa
受贿 shòu//huì	4动	陆七 Ff		抒情 shūqíng	3动	陆九 Fe
受苦 shòu//kǔ	2动	伍八 Ja		枢纽 shūniǔ	4名	叁二 Dd
受累 shòu//lèi	3动	伍八 Ja		叔叔 shū·shu	1名	壹一 Df
受理 shòulǐ	4动	陆九 Ai		殊死 shūsǐ	4形	捌四 Ma
受难 shòu//nàn	3动	伍八 Ja		殊途同归 shūtú-tóngguī	4	柒六 Ea
受骗 shòu//piàn	2动	伍八 Fb		倏忽 shūhū	4副	玖一 Ec
受伤 shòu//shāng	1动	伍四 Ha		梳 shū	2动	伍七 Be
受益 shòuyì	3动	伍八 Ib		梳理 shūlǐ	4动	陆五 Db
受益匪浅 shòuyìfěiqiǎn	3	伍八 Ib			4动	伍七 Bg
狩猎 shòuliè	4动	陆三 Ka		梳洗 shūxǐ	3动	伍七 Be
授权 shòuquán	3动	陆一 Fb		梳妆 shūzhuāng	4动	伍七 Be
授予 shòuyǔ	3动	陆一 Pa		淑女 shūnǚ	3名	壹一 Ec
售货员 shòuhuòyuán	2名	壹一 Jp		舒畅 shūchàng	3形	伍五 Ad
瘦 shòu	2形	捌一 Cc		舒服 shū·fu	1形	捌六 Ja
	1形	捌一 Gb		舒缓 shūhuǎn	3形	捌六 Fa
瘦骨嶙峋 shòugǔ-línxún	4	捌一 Gb		舒适 shūshì	3形	捌六 Ja
瘦弱 shòuruò	2形	捌三 Jb		舒坦 shū·tan	3形	捌六 Ja
瘦小 shòuxiǎo	2形	捌一 Gb		舒展 shūzhǎn	3动	柒二 Ca
瘦削 shòuxuē	4形	捌一 Gb			3形	捌六 Ja
				疏导 shūdǎo	4动	陆三 Ia
	shu				4动	陆九 Hd
书 shū	1名	叁八 Eb		疏忽 shū·hu	3动	伍五 Na
书包 shūbāo	1名	贰七 Be		疏落 shūluò	4形	捌三 Cb
书本 shūběn	2名	叁八 Eb		疏散 shūsàn	3动	柒二 Kc
书橱 shūchú	3名	贰七 Ab			3形	捌三 Cb
书店 shūdiàn	2名	叁七 Gb		疏松 shūsōng	3形	捌三 Eb
书法 shūfǎ	3名	叁八 Ca		疏通 shūtōng	3动	陆三 Ia
书房 shūfáng	1名	贰六 Af			4动	陆九 Cb
书柜 shūguì	2名	贰七 Ab		疏远 shūyuǎn	4形	捌四 Rb
书画 shūhuà	4名	叁九 Ca		输 shū	2动	伍八 Da
书籍 shūjí	2名	叁八 Eb			2动	陆四 Da
书记 shūjì	3名	壹一 Ja		输送 shūsòng	3动	陆四 Da
书架 shūjià	2名	贰七 Ab			3动	陆十 Bb
书面 shūmiàn	2形	叁二 Ab		输血 shū//xuè	2动	陆五 Kc
书面语 shūmiànyǔ	2名	叁八 Cf		蔬菜 shūcài	2名	壹三 Fa
书名号 shūmínghào	2名	叁八 Ci		赎 shú	3动	陆二 Ba
书签 shūqiān	2名	贰七 Bn		赎买 shúmǎi	3动	陆二 Ba
书写 shūxiě	1动	陆五 Eb		赎罪 shú//zuì	4动	陆九 Ib
书信 shūxìn	2名	叁八 Ee		熟 shú	2动	伍四 Ac

		2形	捌三 Gb		树木 shùmù	1名	壹三 Ba
		2形	捌四 Ra		树梢 shùshāo	2名	壹五 Cc
		2形	捌五 Wa		树叶 shùyè	1名	壹五 Cc
熟练 shúliàn		2形	捌五 Wa		树枝 shùzhī	1名	壹五 Cc
熟能生巧 shúnéngshēngqiǎo					竖 shù	2名	叁八 Ca
		2	捌五 Wa			2形	捌一 Ja
熟人 shúrén		2名	壹一 La		竖立 shùlì	2动	伍一 Ea
熟稔 shúrěn		4动	伍五 Tb		数 shù	1名	叁十 Ba
熟识 shú·shi		3动	伍五 Tb		数词 shùcí	3名	叁八 Cb
熟视无睹 shúshì-wúdǔ		4	伍五 Nb		数额 shù'é	3名	叁十 Bd
熟悉 shú·xi		2动	伍五 Tb		数据 shùjù	3名	叁十 Ba
暑假 shǔjià		1名	肆一 Ha		数量 shùliàng	2名	叁十 Ba
属 shǔ		3名	叁二 Cd		数码 shùmǎ	2名	叁八 Ch
属实 shǔshí		3动	捌四 Aa			2名	叁十 Ba
属于 shǔyú		2动	柒六 Db		数目 shùmù	2名	叁十 Ba
署名 shǔ//míng		3动	陆一 Lb		数学 shùxué	1名	叁八 Bb
鼠 shǔ		1名	壹二 Bg		数字 shùzì	2名	叁八 Ca
鼠标 shǔbiāo		2名	贰八 Cb			2名	叁十 Ba
鼠目寸光 shǔmù-cùnguāng					漱 shù	4动	伍一 Ia
		3	捌五 Zb		**shua**		
数 shǔ		1动	伍七 Hi		刷 shuā	1动	伍一 Ia
数不胜数 shǔbùshèngshǔ		2	捌三 Aa			3动	陆三 Gb
数落 shǔ·luo		3动	陆九 Gb		刷牙 shuāyá	1动	伍一 Ia
数一数二 shǔyī-shǔ'èr		1	捌四 Cc		刷子 shuā·zi	1名	贰七 Bc
曙光 shǔguāng		4名	贰三 Fa		耍 shuǎ	2动	伍七 Kb
束 shù		1量	叁十 Ca			2动	陆十一 Cb
		2动	伍一 Fb		耍赖 shuǎlài	3动	陆九 Ff
束缚 shùfù		4动	陆十一 Dc		**shuai**		
束手待毙 shùshǒu-dàibì		4	伍五 Be		衰败 shuāibài	3动	柒四 Gb
束手就擒 shùshǒu-jiùqín		4	陆六 Ha		衰减 shuāijiǎn	3动	柒五 Bc
束手无策 shùshǒu-wúcè		3	伍八 Bc		衰竭 shuāijié	4动	柒四 Gb
束之高阁 shùzhīgāogé		4	伍五 Nb		衰老 shuāilǎo	2形	捌三 Ia
述说 shùshuō		2动	陆九 Fg		衰落 shuāiluò	3动	柒四 Gb
树 shù		1名	壹三 Ba		衰弱 shuāiruò	3形	捌四 Nd
		3动	陆一 Ma		衰退 shuāituì	3动	柒四 Gb
树碑立传 shùbēi-lìzhuàn		4	陆九 Ha		衰微 shuāiwēi	4形	捌四 Nd
树丛 shùcóng		2名	壹三 Bd		摔 shuāi	2动	伍一 Ab
树干 shùgàn		2名	壹五 Cb			2动	伍一 Ec
树立 shùlì		2动	陆一 Ma				
树林 shùlín		1名	壹三 Bd				

		2 动	伍三	Db
摔倒 shuāidǎo		2 动	伍三	Db
摔跤 shuāi//jiāo		3 动	伍三	Db
甩 shuǎi		2 动	伍一	Ec
		2 动	伍一	Hc
		3 动	伍七	Ef
帅 shuài		2 形	捌三	La
帅气 shuài·qi		2 形	捌三	La
率领 shuàilǐng		2 动	陆一	Ea
率先 shuàixiān		3 副	玖一	Ea
率性 shuàixìng		4 形	捌五	Ef
率真 shuàizhēn		4 形	捌五	Ba

shuan

拴 shuān		3 动	伍一	Fb
涮 shuàn		4 动	伍七	Cb

shuang

双 shuāng		1 量	叁十	Ca
		1 形	捌三	Aa
双胞胎 shuāngbāotāi		2 名	壹一	Dd
双边 shuāngbiān		3 形	捌三	Aa
双重 shuāngchóng		2 形	捌三	Aa
双方 shuāngfāng		2 名	叁二	Cb
双管齐下 shuāngguǎn-qíxià				
		3	柒三	Ca
双向 shuāngxiàng		3 形	捌三	Aa
霜 shuāng		2 名	贰三	Cd
霜降 shuāngjiàng		2 名	肆一	Gc
爽 shuǎng		2 形	伍五	Ad
爽快 shuǎng·kuai		3 形	伍五	Ad
		3 形	捌五	Ce
爽朗 shuǎnglǎng		4 形	捌五	Fa

shui

谁 shuí		1 代	贰二	Dc
水 shuǐ		1 名	贰三	Da
水泵 shuǐbèng		4 名	贰五	Aa
水草 shuǐcǎo		3 名	壹三	Cc
水产品 shuǐchǎnpǐn		2 名	贰二	Cd
水池 shuǐchí		1 名	贰三	Bh
水到渠成 shuǐdào-qúchéng				
		3	柒三	Bd
水稻 shuǐdào		2 名	壹三	Ea
水滴石穿 shuǐdī-shíchuān		2	伍八	Ca
水分 shuǐfèn		2 名	贰三	Da
水果 shuǐguǒ		1 名	壹三	Fb
水火无情 shuǐhuǒ-wúqíng		2	伍八	Jc
水库 shuǐkù		2 名	贰六	Dc
水利 shuǐlì		3 名	叁四	Ea
水流 shuǐliú		2 名	贰三	Bg
		2 名	贰三	Da
水龙头 shuǐlóngtóu		2 名	贰四	Da
水落石出 shuǐluò-shíchū		2	伍八	De
水面 shuǐmiàn		1 名	贰二	Fc
水泥 shuǐní		2 名	贰四	Cc
水平 shuǐpíng		2 名	叁二	Ec
水渠 shuǐqú		2 名	贰六	Dd
水乳交融 shuǐrǔ-jiāoróng		3	捌四	Ra
水深火热 shuǐshēn-huǒrè		3	捌六	Ib
水手 shuǐshǒu		2 名	壹一	Jd
水田 shuǐtián		2 名	贰三	Bj
水土 shuǐtǔ		2 名	贰三	Da
水乡 shuǐxiāng		2 名	肆二	Cc
水泄不通 shuǐxièbùtōng		3	捌六	Da
水性 shuǐxìng		3 名	叁二	Ie
水性杨花 shuǐxìng-yánghuā				
		4	捌五	Rb
水源 shuǐyuán		3 名	贰二	Ab
水灾 shuǐzāi		2 名	叁一	Ec
水藻 shuǐzǎo		3 名	壹三	Da
水涨船高 shuǐzhǎng-chuángāo				
		3	柒五	Ad
水蒸气 shuǐzhēngqì		2 名	贰三	Db
水中捞月 shuǐzhōng-lāoyuè				
		3	捌四	Fb
水珠 shuǐzhū		1 名	贰三	Da
水准 shuǐzhǔn		3 名	叁二	Ec
税 shuì		3 名	叁七	Cb
睡 shuì		1 动	伍七	Ba
睡觉 shuì//jiào		1 动	伍七	Ba

睡梦 shuìmèng		2 名	叁三 Cd			2 动	陆五 Dc	
睡眠 shuìmián		2 名	叁一 Db			2 动	柒六 Bg	
shun				说三道四 shuōsān-dàosì		3	陆九 Ej	
吮吸 shǔnxī		4 动	伍二 Ec	说笑 shuōxiào		2 动	陆九 Ei	
顺 shùn		2 形	伍八 Ac	说一不二 shuōyī-bù'èr		2	陆九 Ab	
		2 动	陆九 Cc	硕大 shuòdà		3 形	捌一 Ha	
		2 介	玖二 Eb	硕果 shuòguǒ		4 名	叁一 Gb	
顺便 shùnbiàn		2 副	玖一 Cc	硕士 shuòshì		4 名	叁四 Cc	
顺畅 shùnchàng		3 形	伍八 Ac	**si**				
顺从 shùncóng		3 动	陆九 Cc	司机 sījī		1 名	壹一 Jd	
顺理成章 shùnlǐ-chéngzhāng				司空见惯 sīkōng-jiànguàn		4	捌四 Ca	
		3	捌四 Ec	司令 sīlìng		3 名	壹一 Jq	
顺利 shùnlì		2 形	伍八 Ac	丝 sī		1 名	贰二 Ei	
顺手 shùnshǒu		3 形	伍八 Ac			1 量	贰七 Ca	
		3 副	玖一 Cc			2 量	叁十 Ca	
顺手牵羊 shùnshǒu-qiānyáng				丝绸 sīchóu		2 名	贰七 Ca	
		3	陆七 Fh	丝毫 sīháo		3 形	捌三 Ab	
顺水推舟 shùnshuǐ-tuīzhōu				丝绒 sīróng		4 名	贰七 Ca	
		4	柒六 Ga	丝丝入扣 sīsī-rùkòu		3	捌四 Gc	
顺藤摸瓜 shùnténg-mōguā		3	陆五 Da	丝线 sīxiàn		3 名	贰七 Bi	
顺序 shùnxù		2 名	叁二 Ce	私 sī		2	捌四 Vb	
		2 副	玖一 Cd	私立 sīlì		3 形	捌四 Vb	
顺眼 shùnyǎn		3 形	捌三 La	私人 sīrén		2 名	壹一 Aa	
顺应 shùnyìng		3 动	柒六 Ga			2 形	捌四 Vb	
瞬间 shùnjiān		3 名	肆一 Bb	私塾 sīshú		4 名	叁八 Bd	
瞬息万变 shùnxī-wànbiàn		3	柒四 Aa	私下 sīxià		2 名	捌四 Sd	
shuo				私心 sīxīn		3 名	叁三 Ad	
说 shuō		1 动	陆九 Ea	私有 sīyǒu		3 动	柒六 Kb	
说不定 shuō·budìng		2 副	玖一 Da			3 形	捌四 Vb	
说长道短 shuōcháng-dàoduǎn				私自 sīzì		2 副	玖一 Df	
		3	陆九 Ej	思考 sīkǎo		1 动	伍五 Ra	
说法 shuō·fǎ		3 名	叁一 Bb	思量 sī·liang		4 动	伍五 Ra	
		3 名	叁八 Ed	思路 sīlù		3 名	叁一 Cd	
说服 shuō//fú		2 动	陆十一 Ad	思念 sīniàn		2 动	伍五 Xb	
说话 shuōhuà		1 动	陆九 Ea	思前想后 sīqián-xiǎnghòu		3	伍五 Ra	
说谎 shuō//huǎng		2 动	陆十一 Cd	思索 sīsuǒ		3 动	伍五 Ra	
说明 shuōmíng		3 名	叁八 Ef	思维 sīwéi		3 名	叁三 Aa	
		3 名	叁八 Gd			3 动	伍五 Ra	
				思想 sīxiǎng		2 名	叁三 Aa	

		3 名	叁八 Ac	四周 sìzhōu	1 名	肆二 Ag
思绪 sīxù		3 名	叁三 Aa	寺 sì	2 名	贰六 Hc
斯文 sī·wen		3 形	捌五 Gg	寺庙 sìmiào	3 名	贰六 Hc
撕 sī		3 动	伍一 Bd	寺院 sìyuàn	3 名	贰六 Hc
撕扯 sīchě		4 动	伍一 Bd	似乎 sìhū	2 副	玖一 Da
撕毁 sīhuǐ		4 动	伍一 Bd	似是而非 sìshì-érfēi	3	捌四 Eb
		4 动	陆十一 Ba	饲料 sìliào	2 名	贰九 Ab
撕裂 sīliè		4 动	伍一 Bd	饲养 sìyǎng	2 动	陆三 La
嘶哑 sīyǎ		4 形	捌二 Gc	肆 sì	4 数	叁十 Be
死 sǐ		1 动	伍四 Ca	肆虐 sìnüè	4 动	柒四 Ba
		2 形	捌四 Jc	肆无忌惮 sìwú-jìdàn	4	捌五 Ef
		3 副	玖一 Ac	肆意 sìyì	4 副	玖一 Ce
死板 sǐbǎn		2 形	捌四 Jc			
死不瞑目 sǐbùmíngmù		4	伍五 Ya	**song**		
死得其所 sǐdéqísuǒ		4	捌四 Oa	松 sōng	2 动	柒五 Bd
死灰复燃 sǐhuī-fùrán		3	柒四 Gc		2 形	捌三 Eb
死寂 sǐjì		4 形	捌六 Db		3 形	捌六 Kb
死里逃生 sǐlǐ-táoshēng		4	伍八 Lb	松绑 sōng//bǎng	4 动	伍一 Ec
死皮赖脸 sǐpí-làiliǎn		4	陆十一 Da	松弛 sōngchí	4 形	伍五 Na
死气沉沉 sǐqì-chénchén		3	伍五 Bc		4 形	捌三 Eb
死去活来 sǐqù-huólái		2	捌六 Ib	松脆 sōngcuì	3 形	捌二 Kc
死亡 sǐwáng		2 动	伍四 Ca	松动 sōngdòng	3 动	柒五 Bd
死心塌地 sǐxīn-tādì		3	捌五 Ua	松紧 sōngjǐn	3 名	叁二 Eb
死刑 sǐxíng		3 名	叁五 Be	松软 sōngruǎn	3 形	捌二 Ka
死有余辜 sǐyǒuyúgū		4	捌五 Ab	松散 sōngsǎn	3 形	伍五 Na
巳 sì		4 名	肆一 Ab		3 形	捌三 Eb
四 sì		1 数	叁十 Be	松鼠 sōngshǔ	2 名	壹二 Bg
四处 sìchù		1 名	肆二 Ah	松树 sōngshù	1 名	壹三 Bb
四方 sìfāng		2 名	肆二 Ac	松懈 sōngxiè	4 动	柒五 Bd
		2 名	肆二 Ah	怂恿 sǒngyǒng	4 动	陆十一 Ha
四分五裂 sìfēn-wǔliè		3	柒二 Ke	耸肩 sǒng//jiān	3 动	伍一 Hc
四海 sìhǎi		2 名	肆二 Ah	耸立 sǒnglì	3 动	柒二 Ac
四合院 sìhéyuàn		2 名	贰六 Ab	耸人听闻 sǒngréntīngwén	3	捌四 Bb
四季 sìjì		2 名	肆一 Ga	宋 Sòng	4 名	肆一 Ba
四面 sìmiàn		2 名	肆二 Ag	送 sòng	1 动	陆九 Aj
四面八方 sìmiàn-bāfāng		2	肆二 Ah		1 动	陆十 Aa
四面楚歌 sìmiàn-chǔgē		4	伍八 Bc	送别 sòng//bié	2 动	陆九 Aj
四平八稳 sìpíng-bāwěn		3	捌四 Ee	送行 sòng//xíng	3 动	陆九 Aj
四通八达 sìtōng-bādá		2	柒二 Pa	诵读 sòngdú	2 动	陆五 Cb
四肢 sìzhī		2 名	壹五 Af			

sou

搜 sōu	2 动	伍七 Jc	
	2 动	陆七 Bb	
搜查 sōuchá	2 动	陆七 Bb	
搜集 sōují	3 动	伍七 Hb	
搜救 sōujiù	2 动	陆十 Ce	
搜索 sōusuǒ	3 动	伍七 Jc	
搜寻 sōuxún	3 动	伍七 Jc	
嗖 sōu	3 拟声	玖六 Ca	
艘 sōu	2 量	叁十 Ca	

su

苏 Sū	3 名	叁五 Ae
苏醒 sūxǐng	2 动	伍四 Fc
酥 sū	4 形	捌三 Eb
酥脆 sūcuì	4 形	捌二 Kc
酥软 sūruǎn	4 形	捌三 Jb
俗 sú	3 形	捌五 Qb
俗不可耐 súbùkěnài	4	捌五 Qb
俗称 súchēng	3 名	叁二 Ha
俗话 súhuà	2 名	叁八 Cg
俗气 sú·qi	3 形	捌五 Qb
俗语 súyǔ	3 名	叁八 Cb
诉苦 sù//kǔ	3 动	陆九 Ef
诉说 sùshuō	2 动	陆九 Ef
诉讼 sùsòng	4 动	陆七 Aa
诉诸 sùzhū	4 动	陆九 Kc
肃静 sùjìng	3 形	捌六 Db
肃立 sùlì	4 动	伍一 Nc
肃穆 sùmù	4 形	捌五 Eb
肃然起敬 sùrán-qǐjìng	4	伍五 Qd
肃杀 sùshā	4 形	捌六 Dc
素不相识 sùbùxiāngshí	3	捌四 Rb
素菜 sùcài	2 名	贰九 Ad
素净 sù·jing	4 形	捌二 Cb
素昧平生 sùmèi-píngshēng	4	捌四 Rb
素食 sùshí	2 名	贰九 Ad
素雅 sùyǎ	4 形	捌二 Cb
素养 sùyǎng	4 名	叁二 Ib
素质 sùzhì	2 名	叁二 Ib
速度 sùdù	2 名	叁十 Aa
宿舍 sùshè	2 名	贰六 Aa
宿营 sùyíng	4 动	陆六 Da
粟 sù	4 名	壹三 Ea
塑料 sùliào	2 名	贰四 Eb
塑料袋 sùliàodài	2 名	贰七 Be
塑像 sùxiàng	3 名	叁九 Cb
塑造 sùzào	3 动	陆三 Ac
	4 动	陆九 Fh
溯源 sùyuán	4 动	伍七 Jc
簌簌 sùsù	4 拟声	玖六 Ca

suan

酸 suān	2 形	伍四 Ie
	1 形	捌二 Ja
酸溜溜 suānliūliū	2 形	捌二 Ja
酸奶 suānnǎi	2 名	贰九 Ai
酸涩 suānsè	4 形	捌二 Ja
酸甜 suāntián	2 形	捌二 Ja
酸甜苦辣 suān-tián-kǔ-là	3	叁一 Ea
酸痛 suāntòng	2 形	伍四 Ie
蒜 suàn	2 名	壹三 Fa
算 suàn	2 动	伍五 Sb
	1 动	伍七 Hi
算数 suàn//shù	3 动	陆九 Ab

sui

虽 suī	1 连	玖三 Ca
虽然 suīrán	1 连	玖三 Ca
隋 Suí	4 名	肆一 Ba
随 suí	2 动	伍七 Jb
	2 副	玖一 Df
	2 介	玖二 Ea
随便 suíbiàn	2 形	伍五 Na
	2 副	玖一 Df
	2 连	玖三 Eb
随波逐流 suíbō-zhúliú	4	伍七 Ac
随从 suícóng	3 名	壹一 Jb

		3 动	伍七 Jb	缩手缩脚 suōshǒu-suōjiǎo	2		捌五 Ed
随和 suí·he		4 形	捌五 Cb	缩水 suō//shuǐ	3 动		柒四 Gb
随后 suíhòu		2 副	玖一 Ea	缩小 suōxiǎo	2 动		柒二 Cb
随机 suíjī		3 形	捌六 Lb	缩写 suōxiě	3 名		叁二 Ha
		3 副	玖一 Cc	所 suǒ	2 量		叁十 Ca
随机应变 suíjī-yìngbiàn		3	捌五 Tb		2 助		玖四 Ab
随即 suíjí		3 副	玖一 Ee	所谓 suǒwèi	3 形		柒六 Ae
随口 suíkǒu		2 副	玖一 Cc	所向披靡 suǒxiàng-pīmǐ	4		捌四 Na
随身 suíshēn		2 副	玖一 Cc	所向无敌 suǒxiàng-wúdí	3		捌四 Na
随声附和 suíshēng-fùhè		3	陆十一 Fa	所以 suǒyǐ	1 连		玖三 Gb
随时 suíshí		2 副	玖一 Eg	所有 suǒyǒu	1 动		柒六 Kb
随手 suíshǒu		2 副	玖一 Cc		1 形		捌三 Ba
随心所欲 suíxīnsuǒyù		3	捌五 Ef	所作所为 suǒzuò-suǒwéi	3		叁四 Fa
随意 suí//yì		3 副	玖一 Df	索赔 suǒpéi	4 动		陆十 Bc
随遇而安 suíyù'ér'ān		4	捌五 Ee	索取 suǒqǔ	3 动		陆十 Bc
随着 suí·zhe		2 介	玖二 Da	索然无味 suǒrán-wúwèi	4		捌四 Jd
岁 suì		1 名	肆一 Ea	索性 suǒxìng	3 副		玖一 Df
岁月 suìyuè		2 名	肆一 Bb	琐碎 suǒsuì	4 形		捌四 Ib
遂心 suì//xīn		4 动	伍五 Ab	锁 suǒ	2 名		贰七 Bn
碎 suì		2 形	捌三 Bd		2 动		伍一 Aj
碎末 suìmò		3 名	贰二 Eb	锁链 suǒliàn	3 名		贰五 Fh
隧道 suìdào		3 名	贰六 Ca				

ta

他 tā				1 代		壹一 Ad
				2 代		贰二 Da

sun

				他们 tā·men	1 代	壹一 Ad
孙女 sūn·nǚ		1 名	壹一 Dh	它 tā	1 代	贰二 Da
孙子 sūn·zi		1 名	壹一 Dh	它们 tā·men	1 代	贰二 Db
损 sǔn		2 动	柒六 Qa	她 tā	1 代	壹一 Ad
损公肥私 sǔngōng-féisī		4	陆七 Fe	她们 tā·men	1 代	壹一 Ad
损害 sǔnhài		2 动	柒六 Qa	塌 tā	3 动	柒二 Bf
损坏 sǔnhuài		2 动	柒四 Ba	塌陷 tāxiàn	4 动	柒二 Bf
损人利己 sǔnrén-lìjǐ		2	捌五 Kc	踏实 tā·shi	2 形	伍五 Fa
损伤 sǔnshāng		2 动	柒六 Qa		2 形	捌五 Ga
损失 sǔnshī		2 名	叁七 Eb	塔 tǎ	2 名	贰六 Gb
		2 动	伍八 Fa	踏 tà	2 动	伍一 Ma

suo

tai

蓑衣 suōyī	4 名	贰七 Cb	胎 tāi	3 名		壹五 Ao
缩 suō	2 动	柒二 Cb		2 名		贰五 Ea
缩短 suōduǎn	2 动	柒二 Cb				
缩略 suōlüè	4 动	柒二 Cb				

台 Tái		3 名	叁五 Ae	瘫痪 tānhuàn		4 名	叁九 Ea
台 tái		1 名	贰六 Gb			4 动	伍四 Hc
		1 量	叁十 Ca			4 动	柒三 Id
台灯 táidēng		2 名	贰七 Bf	瘫软 tānruǎn		4 动	伍六 Fa
台风 táifēng		2 名	贰三 Ca	坛子 tán·zi		3 名	贰七 Bd
		3 名	叁二 Fa	谈 tán		1 动	陆九 Ea
台阶 táijiē		1 名	贰六 Bg	谈虎色变 tánhǔ-sèbiàn		4	伍五 Ea
		3 名	叁一 Bf	谈话 tánhuà		2 名	叁八 Ed
台柱子 táizhù·zi		3 名	壹一 Ia			3 动	陆九 Ea
抬 tái		1 动	伍一 Db	谈论 tánlùn		3 动	陆九 Ea
抬头 táitóu		3 名	叁一 Bc	谈判 tánpàn		4 动	陆九 Ca
		1 动	伍二 Aa	谈天说地 tántiān-shuōdì		3	陆九 Ei
苔藓 táixiǎn		4 名	壹三 Db	谈笑风生 tánxiào-fēngshēng			
太 tài		1 副	玖一 Ae			3	陆九 Ei
太极拳 tàijíquán		3 名	叁九 Da	谈笑自若 tánxiào-zìruò		4	伍五 Fb
太空 tàikōng		1 名	肆二 Ba	弹 tán		2 动	陆五 Fe
太平 tàipíng		2 形	捌六 Ba	弹性 tánxìng		3 名	叁二 Ba
太太 tài·tai		2 名	壹一 Bb	弹奏 tánzòu		2 动	陆五 Fe
		2 名	壹一 Dc	痰 tán		3 名	壹五 Aq
太阳 tài·yáng		1 名	贰三 Ac	潭 tán		3 名	贰三 Bh
太阳能 tàiyángnéng		3 名	贰四 Bd	坦白 tǎnbái		3 动	陆七 Ac
态度 tài·dù		4 名	叁一 Ba			3 形	捌五 Ba
		2 名	叁二 Fc	坦诚 tǎnchéng		3 形	捌五 Ba
泰斗 tàidǒu		4 名	壹一 Ia	坦荡 tǎndàng		4 形	捌五 Mc
泰然自若 tàirán-zìruò		4	伍五 Fb	坦克 tǎnkè		2 名	贰五 Fd
泰山 tàishān		2 名	贰三 Ba	坦然 tǎnrán		3 形	伍五 Fb
tan				坦率 tǎnshuài		4 形	捌五 Ba
坍塌 tāntā		4 动	柒二 Bf	袒护 tǎnhù		4 动	陆十一 Fb
贪 tān		2 形	捌五 La	袒露 tǎnlù		4 动	柒三 Fc
贪官污吏 tānguān-wūlì		3	壹一 Lj	毯子 tǎn·zi		2 名	贰七 Bj
贪婪 tānlán		4 形	捌五 La	叹词 tàncí		4 名	叁八 Cb
贪生怕死 tānshēng-pàsǐ		2	捌五 De	叹服 tànfú		4 动	伍五 Qc
贪污 tānwū		3 动	陆七 Fe	叹气 tàn//qì		2 动	伍五 Bg
贪心 tānxīn		2 形	捌五 La	叹为观止 tànwéiguānzhǐ		4	陆九 Ha
摊 tān		3 名	叁七 Gb	叹息 tànxī		3 动	伍五 Bg
		3 动	伍一 Ed	炭 tàn		2 名	贰四 Ba
		3 动	伍七 Hj	探 tàn		3 动	陆九 Ac
摊点 tāndiǎn		3 名	叁七 Gb			3 动	陆九 Fc
瘫 tān		4 动	伍四 Hc			2 动	柒二 Ca
				探测 tàncè		3 动	陆三 Ha

探访 tànfǎng	4动	陆九 Ac		躺 tǎng	2动	伍三 Eb
探究 tànjiū	3动	陆五 Da		烫 tàng	3动	伍七 Bi
探囊取物 tànnáng-qǔwù	4	捌四 Kb			3动	伍七 Bj
探亲 tàn//qīn	3动	陆九 Ac			2形	捌二 Nb
探求 tànqiú	2动	伍五 Uc		趟 tàng	2量	叁十 Ca
探身 tànshēn	4动	伍三 Fa			2量	叁十 Cb
探索 tànsuǒ	2动	陆五 Da				
探讨 tàntǎo	3动	陆五 Da		**tao**		
探听 tàntīng	3动	陆九 Fc		掏 tāo	2动	伍一 If
探头 tàntóu	3名	贰五 Aa			2动	伍一 Je
	2动	伍二 Aa		滔滔不绝 tāotāo-bùjué	3	陆九 Eg
探望 tànwàng	3动	伍二 Da		韬光养晦 tāoguāng-yǎnghuì		
	4动	陆九 Ac			4	伍七 Ja
探险 tàn//xiǎn	3动	伍七 Gi		逃 táo	2动	伍七 Ja
探寻 tànxún	3动	伍七 Jc		逃避 táobì	3动	柒三 Ic
探询 tànxún	4动	陆九 Fc		逃窜 táocuàn	4动	伍七 Ja
碳 tàn	3名	贰三 Gb		逃荒 táo//huāng	3动	伍七 Ja
				逃命 táo//mìng	2动	伍七 Ja
tang				逃难 táo//nàn	3动	伍七 Ja
汤 tāng	1名	贰九 Ad		逃匿 táonì	4动	伍七 Ja
	2名	贰十 Aa		逃跑 táopǎo	2动	伍七 Ja
汤圆 tāngyuán	2名	贰九 Ac		逃生 táoshēng	2动	伍七 Ja
唐 Táng	4名	肆一 Ba		逃脱 táotuō	3动	伍七 Ja
唐突 tángtū	4动	陆十一 Bc		逃亡 táowáng	2动	伍七 Ae
	4形	捌五 Gd		逃学 táo//xué	2动	陆五 Bc
堂 táng	2名	贰六 Ad		逃之夭夭 táozhīyāoyāo	4	伍七 Ja
	2形	捌四 Yb		逃走 táozǒu	2动	伍七 Ja
堂而皇之 táng'érhuángzhī	4	捌四 Ab		桃 táo	1名	壹三 Fb
堂堂正正 tángtángzhèngzhèng				桃花 táohuā	1名	壹三 Cb
	3	捌五 Be		陶瓷 táocí	3名	贰四 Ec
塘 táng	2名	贰三 Bh		陶冶 táoyě	4动	柒六 Oa
搪瓷 tángcí	4名	贰四 Ec		陶醉 táozuì	3动	伍五 Ia
糖 táng	1名	贰三 Gb		淘 táo	2动	伍一 Ie
	1名	贰九 Af		淘气 táo//qì	2形	捌五 Ec
	1名	贰九 Ah		淘汰 táotài	3动	柒五 Ba
糖果 tángguǒ	2名	贰九 Ah		讨 tǎo	2动	陆十 Bc
糖衣炮弹 tángyī pàodàn	4	叁一 Ib		讨伐 tǎofá	4动	陆六 Ca
倘若 tǎngruò	4连	玖三 Fa		讨好 tǎo//hǎo	2动	陆十一 Fa
倘使 tǎngshǐ	4连	玖三 Fa		讨价还价 tǎojià-huánjià	3	陆二 Bb
淌 tǎng	3动	柒二 Oa		讨论 tǎolùn	2动	陆一 Ka

讨厌 tǎo//yàn		2 动	伍五 Ha		誊写 téngxiě		4 动	陆五 Eb
		2 形	捌四 Bb		藤 téng		3 名	壹五 Cb
套 tào		2 名	贰七 Be			ti		
		2 量	叁十 Ca					
		2 动	伍一 Ga		踢 tī		1 动	伍一 Ma
套餐 tàocān		2 名	叁一 Db		提 tí		1 动	伍一 Ca
套子 tào·zi		2 名	贰七 Be				1 动	陆九 Ea
	te						3 动	陆十 Bc
特 tè		2 形	捌四 Cb		提拔 tíbá		4 动	陆一 Jb
		2 副	玖一 Ad		提倡 tíchàng		2 动	陆一 Ob
特别 tèbié		2 形	捌四 Cb		提纲挈领 tígāng-qièlǐng		4	捌四 Ee
		2 副	玖一 Ac		提高 tí//gāo		2 动	柒五 Ad
		2 副	玖一 De		提供 tígōng		2 动	陆十 Ad
特产 tèchǎn		2 名	贰二 Cd		提交 tíjiāo		3 动	陆十 Bb
特长 tècháng		2 名	叁二 Ie		提炼 tíliàn		3 动	陆三 Dc
特等 tèděng		3 形	捌四 Da		提名 tí//míng		3 动	陆九 Bb
特地 tèdì		3 副	玖一 De		提前 tíqián		2 动	柒三 Db
特点 tèdiǎn		2 名	叁二 Bb		提取 tíqǔ		4 动	陆三 Dc
特定 tèdìng		3 形	捌四 Cb				3 动	陆十 Bc
特快 tèkuài		2 名	贰五 Ea		提升 tíshēng		3 动	陆一 Jb
		2 形	捌三 Pa		提示 tíshì		3 动	陆九 Fa
特立独行 tèlì-dúxíng		4	捌五 Qa		提速 tí//sù		3 动	柒三 Da
特权 tèquán		4 名	叁五 Ca		提问 tíwèn		1 动	陆九 Fd
特色 tèsè		2 名	叁二 Bb		提携 tíxié		4 动	陆十 Cc
特殊 tèshū		2 形	捌四 Cb		提心吊胆 tíxīn-diàodǎn		3	伍五 Ea
特务 tè·wu		3 名	壹一 Gb		提醒 tí//xǐng		2 动	陆五 Ac
特性 tèxìng		3 名	叁二 Bb				3 动	陆九 Fa
特异 tèyì		3 形	捌四 Cb		提议 tíyì		3 名	叁八 Ed
特意 tèyì		3 副	玖一 De				3 动	陆一 Ka
特有 tèyǒu		2 动	柒六 Kb		提早 tízǎo		2 动	柒三 Db
特征 tèzhēng		2 名	叁二 Bb		啼叫 tíjiào		2 动	伍二 Hb
特制 tèzhì		3 动	陆三 Ac		啼笑皆非 tíxiào-jiēfēi		3	伍八 Bc
	teng				题 tí		2 名	叁二 Ha
					题材 tícái		2 名	叁八 Ge
疼 téng		1 形	伍四 Ie		题词 tící		3 名	叁八 Gc
		2 动	伍五 Ga		题目 tímù		1 名	叁八 Bc
疼爱 téng'ài		3 动	伍五 Ga		体操 tǐcāo		2 名	叁九 Da
疼痛 téngtòng		2 形	伍四 Ie		体格 tǐgé		3 名	叁二 Fb
腾云驾雾 téngyún-jiàwù		3	伍三 Ba		体会 tǐhuì		2 名	叁一 Dd
							2 动	伍五 Td

体积 tǐjī	3 名	叁二 Aa		天翻地覆 tiānfān-dìfù	3		捌四 Ma
体检 tǐjiǎn	2 动	陆五 Ke		天方夜谭 tiānfāng-yètán	4		叁一 Dc
体力 tǐlì	2 名	叁二 Ga		天分 tiānfèn	4 名		叁二 Ie
体谅 tǐliàng	3 动	伍五 Kc		天赋 tiānfù	3 名		叁二 Ie
体面 tǐmiàn	3 形	捌四 Oa		天高地厚 tiāngāo-dìhòu	3		捌四 Mc
体能 tǐnéng	3 名	叁二 Ga		天各一方 tiāngèyīfāng	3		柒二 Kc
体魄 tǐpò	4 名	叁二 Fb		天寒地冻 tiānhán-dìdòng	2		捌二 Na
体态 tǐtài	3 名	叁二 Fb		天河 tiānhé	2 名		贰三 Ab
体贴 tǐtiē	3 动	陆十 Da		天黑 tiān//hēi	1 动		柒一 Ab
体温 tǐwēn	2 名	叁十 Ak		天花板 tiānhuābǎn	2 名		贰六 Bc
体无完肤 tǐwúwánfū	3	伍四 Ha		天花乱坠 tiānhuā-luànzhuì	3		陆九 Eg
体系 tǐxì	3 名	叁二 Cc		天昏地暗 tiānhūn-dì'àn	2		捌二 Db
体现 tǐxiàn	2 动	柒六 Bc		天际 tiānjì	3 名		肆二 Ba
体形 tǐxíng	3 名	叁二 Fb		天津 Tiānjīn	2 名		叁五 Ae
体型 tǐxíng	4 名	叁二 Fb		天经地义 tiānjīng-dìyì	4		捌四 Ec
体验 tǐyàn	2 名	叁一 Dd		天空 tiānkōng	1 名		肆二 Ba
	2 动	伍五 Td		天亮 tiān//liàng	1 动		柒一 Aa
体育 tǐyù	1 名	叁九 Da		天伦之乐 tiānlúnzhīlè	3		叁一 Ec
体育馆 tǐyùguǎn	2 名	叁九 Dc		天罗地网 tiānluó-dìwǎng	3		叁二 Ca
体制 tǐzhì	4 名	叁五 Ab		天马行空 tiānmǎ-xíngkōng	3		捌四 Ja
体质 tǐzhì	2 名	叁二 Ec		天明 tiān//míng	3 动		柒一 Aa
体重 tǐzhòng	2 名	叁十 Ai		天南海北 tiānnán-hǎiběi	2		肆二 Bb
剃 tì	4 动	伍一 Jc			2		捌三 Ra
替 tì	2 介	玖二 Da		天怒人怨 tiānnù-rényuàn	4		伍五 Hb
替代 tìdài	2 动	柒六 Ba		天平 tiānpíng	2 名		贰五 De
替换 tìhuàn	2 动	柒四 Ad		天气 tiānqì	1 名		叁一 Fc
tian				天穹 tiānqióng	4 名		肆二 Ba
天 tiān	1 名	肆一 Ed		天然 tiānrán	2 形		捌四 Ta
	1 名	肆二 Ba		天然气 tiānránqì	2 名		贰四 Bc
天安门 tiān'ānmén	2 名	贰六 Gc		天壤之别 tiānrǎngzhībié	3		叁二 Bb
天边 tiānbiān	2 名	肆二 Ba		天生 tiānshēng	2 形		捌四 Ta
	2 名	肆二 Bb		天使 tiānshǐ	3 名		叁三 Fb
天才 tiāncái	2 名	壹一 Ia		天堂 tiāntáng	2 名		叁三 Fe
	2 名	叁二 Ie		天体 tiāntǐ	3 名		贰三 Aa
天长地久 tiāncháng-dìjiǔ	2	捌三 Qa		天网恢恢 tiānwǎng-huīhuī	3		捌五 Ja
天敌 tiāndí	3 名	壹一 Lb		天文 tiānwén	3 名		叁一 Fc
天地 tiāndì	2 名	贰三 Aa		天下 tiānxià	3 名		叁四 Ab
	3 名	叁二 Ca		天下为公 tiānxià-wéigōng	4		捌五 Ka
天鹅 tiān'é	2 名	壹二 Dc		天险 tiānxiǎn	4 名		肆二 Bd
				天线 tiānxiàn	2 名		贰五 Db

天性 tiānxìng		3 名	叁二 Ia	
天旋地转 tiānxuán-dìzhuàn		3	伍四 Ib	
天涯 tiānyá		3 名	肆二 Bb	
天涯海角 tiānyá-hǎijiǎo		3	肆二 Bb	
		3	捌三 Ra	
天衣无缝 tiānyī-wúfèng		3	捌四 Gc	
天灾 tiānzāi		3 名	叁一 Ec	
天灾人祸 tiānzāi-rénhuò		3	叁一 Ec	
天造地设 tiānzào-dìshè		4	捌四 Ba	
天真 tiānzhēn		2 形	捌五 Ra	
		2 形	捌五 Yb	
天资 tiānzī		4 名	叁二 Ie	
天作之合 tiānzuòzhīhé		4	叁一 Aa	
添 tiān		2 动	柒五 Aa	
添补 tiān·bu		4 动	柒五 Ab	
添油加醋 tiānyóu-jiācù		3	伍七 Gd	
添砖加瓦 tiānzhuān-jiāwǎ		3	柒五 Aa	
田 tián		1 名	贰三 Bj	
田地 tiándì		1 名	贰三 Bj	
		3 名	叁一 Fb	
田间 tiánjiān		2 名	肆二 Af	
田径 tiánjìng		3 名	叁九 Da	
田野 tiányě		2 名	贰三 Bb	
恬不知耻 tiánbùzhīchǐ		4	捌四 Ob	
恬淡 tiándàn		4 形	捌五 Ee	
恬静 tiánjìng		4 形	捌六 Db	
甜 tián		1 形	捌二 Ja	
		1 形	捌六 Ia	
甜美 tiánměi		2 形	捌六 Ia	
甜蜜 tiánmì		2 形	捌六 Ia	
甜品 tiánpǐn		2 名	贰九 Ag	
甜丝丝 tiánsīsī		2 形	捌二 Ja	
		2 形	捌六 Ia	
甜言蜜语 tiányán-mìyǔ		2	叁八 Cg	
填 tián		2 动	伍一 Ee	
		2 动	陆五 Eb	
填补 tiánbǔ		3 动	柒五 Ab	
填写 tiánxiě		2 动	陆五 Eb	
舔 tiǎn		3 动	伍二 Ea	

tiao

挑 tiāo		2 量	叁十 Ca	
		1 动	伍一 Db	
		1 动	伍七 Ha	
挑刺儿 tiāocìr		3 动	陆十一 Cc	
挑肥拣瘦 tiāoféi-jiǎnshòu		3	伍七 Ha	
挑拣 tiāojiǎn		3 动	伍七 Ha	
挑三拣四 tiāosān-jiǎnsì		3	伍七 Ha	
挑剔 tiāo·ti		4 动	陆十一 Cc	
挑选 tiāoxuǎn		3 动	伍七 Ha	
条 tiáo		1 量	叁十 Ca	
条分缕析 tiáofēn-lǚxī		4	陆五 Db	
条幅 tiáofú		4 名	叁九 Ca	
条件 tiáojiàn		2 名	叁二 Ea	
条款 tiáokuǎn		4 名	叁五 Bb	
条理 tiáolǐ		2 名	叁一 Fb	
条例 tiáolì		4 名	叁五 Bb	
条令 tiáolìng		4 名	叁二 Ea	
条条框框 tiáotiáo kuàngkuàng		4	叁五 Bb	
条文 tiáowén		3 名	叁五 Bb	
条约 tiáoyuē		3 名	叁五 Bb	
调和 tiáohé		3 动	陆九 Cb	
		3 形	捌四 Ee	
调剂 tiáojì		4 动	陆一 Da	
调教 tiáojiào		3 动	陆五 Aa	
调节 tiáojié		2 动	陆一 Da	
调解 tiáojiě		3 动	陆九 Cb	
调侃 tiáokǎn		4 动	陆十一 Cb	
调控 tiáokòng		3 动	陆一 Da	
调料 tiáoliào		2 名	贰九 Af	
调皮 tiáopí		1 形	捌五 Ec	
调试 tiáoshì		3 动	伍七 Ea	
调戏 tiáo·xì		4 动	陆十一 Cb	
调养 tiáoyǎng		4 动	伍七 Bd	
调整 tiáozhěng		3 动	陆一 Da	
笤帚 tiáo·zhou		4 名	贰七 Bc	
挑 tiǎo		2 动	伍一 Jf	
		3 动	陆十一 Gb	

挑拨 tiǎobō	3 动	陆十一 Gb	听讲 tīng//jiǎng	1 动	陆五 Ba
挑拨离间 tiǎobō-líjiàn	3	陆十一 Gb	听觉 tīngjué	2 名	叁三 Ba
挑逗 tiǎodòu	4 动	陆十一 Cb	听取 tīngqǔ	2 动	伍二 Db
挑衅 tiǎoxìn	4 动	伍七 Ga	听说 tīngshuō	1 动	伍二 Db
挑战 tiǎo//zhàn	3 动	陆九 Hc	听天由命 tīngtiān-yóumìng		
眺望 tiàowàng	4 动	伍二 Da		3	伍五 Be
跳 tiào	1 动	伍一 La	听之任之 tīngzhī-rènzhī	4	陆十一 Fb
	1 动	陆四 Cb	听众 tīngzhòng	2 名	壹一 Le
跳动 tiàodòng	2 动	柒二 Mc	亭 tíng	1 名	贰六 Gb
跳高 tiàogāo	2 动	陆五 Ha	亭台楼阁 tíng-tái-lóu-gé	4	贰六 Gb
跳伞 tiào//sǎn	2 动	陆五 Ha	亭亭玉立 tíngtíng-yùlì	3	捌一 Fb
跳舞 tiào//wǔ	2 动	陆五 Fd	亭子 tíng·zi	1 名	贰六 Gb
跳远 tiàoyuǎn	2 动	陆五 Ha	庭院 tíngyuàn	3 名	贰六 Ab
跳跃 tiàoyuè	2 动	伍一 La	停 tíng	1 动	伍七 Ab
				1 动	陆四 Cc
tie				1 动	柒三 Bc
贴 tiē	2 动	伍一 Fc	停泊 tíngbó	3 动	陆四 Cc
贴近 tiējìn	3 动	柒二 Fb	停当 tíng·dang	4 形	捌四 Ee
	2 形	捌四 Ra	停顿 tíngdùn	3 动	柒三 Bg
贴身 tiēshēn	3 形	捌四 Ee	停放 tíngfàng	2 动	柒二 Da
	3 形	捌四 Ra	停靠 tíngkào	2 动	陆四 Cc
铁 tiě	1 名	贰四 Ac	停留 tíngliú	2 动	伍七 Ab
	3 形	捌四 Nc	停息 tíngxī	3 动	柒三 Bc
铁锤 tiěchuí	3 名	贰五 Cb	停止 tíngzhǐ	1 动	柒三 Bc
铁链 tiěliàn	3 名	贰七 Bn	停滞 tíngzhì	4 动	柒三 Bc
铁路 tiělù	2 名	贰六 Ca	挺 tǐng	2 动	柒二 Ca
铁面无私 tiěmiàn-wúsī	2	捌五 Ja		2 形	捌一 Ka
铁锹 tiěqiāo	3 名	贰五 Cb		2 副	玖一 Ac
铁青 tiěqīng	4 形	捌二 Ad	挺拔 tǐngbá	2 形	捌四 Nb
铁石心肠 tiěshí-xīncháng	2	捌五 Ab	挺立 tǐnglì	2 动	柒二 Ac
铁树开花 tiěshù-kāihuā	3	捌三 Ad	挺身而出 tǐngshēn'érchū	3	伍七 Id
铁索 tiěsuǒ	3 名	贰七 Bn			
			tong		
ting			通 tōng	1 动	柒二 Hc
厅 tīng	2 名	贰六 Af		2 动	柒二 Pa
	4 名	叁五 Ac		2 形	捌四 Kd
听 tīng	1 动	伍二 Db	通报 tōngbào	4 名	叁八 Ef
	1 动	陆九 Cc		3 动	陆九 Fa
听从 tīngcóng	3 动	陆九 Cc	通常 tōngcháng	2 形	捌四 Ca
听话 tīng//huà	1 形	捌五 Cd		2 副	玖一 Fb

通畅 tōngchàng		3 形	柒二 Pa			3	柒二 Ka	
		3 形	捌四 Kd	同等 tóngděng		3 形	柒六 Ea	
通称 tōngchēng		3 名	叁二 Ha	同甘共苦 tónggān-gòngkǔ		2	伍八 Na	
		3 动	柒六 Ad	同归于尽 tóngguīyújìn		3	伍四 Cc	
通道 tōngdào		2 名	贰六 Ca	同行 tóngháng		4 名	壹一 Ld	
通风报信 tōngfēng-bàoxìn	2		陆九 Fa	同类 tónglèi		3 名	叁四 Cb	
通告 tōnggào		4 名	叁八 Ef	同流合污 tóngliú-héwū		3	陆十一 Fc	
		3 动	陆一 Fa	同情 tóngqíng		2 动	伍五 Kb	
通关 tōngguān		4 动	陆四 Cb	同时 tóngshí		2 名	肆一 Ca	
通过 tōngguò		4 动	伍五 Qb			2 连	玖三 Aa	
		2 动	陆四 Cb	同事 tóngshì		3 名	壹一 Ld	
		3 动	柒三 Bd	同室操戈 tóngshì-cāogē		4	陆六 Ba	
		2 动	柒六 Na	同行 tóngxíng		3 动	陆四 Ba	
通红 tōnghóng		2 形	捌二 Aa			3 动	柒六 Ea	
通亮 tōngliàng		3 形	捌二 Da	同学 tóngxué		1 名	壹一 Lc	
通明 tōngmíng		3 形	捌二 Da	同样 tóngyàng		2 形	柒六 Ea	
通情达理 tōngqíng-dálǐ	3		捌五 Pa	同意 tóngyì		2 动	伍五 Qb	
通融 tōngróng		4 动	捌五 Uc			2 动	陆九 Ah	
通顺 tōngshùn		2 形	捌四 Kd	同志 tóngzhì		2 名	壹一 Ac	
通俗 tōngsú		2 形	捌四 Kd	同舟共济 tóngzhōu-gòngjì		3	伍八 Na	
通宵 tōngxiāo		4 副	玖一 Eg	铜 tóng		2 名	贰四 Ab	
通宵达旦 tōngxiāo-dádàn	4		捌三 Qa	铜钱 tóngqián		4 名	叁七 Ba	
通信 tōngxìn		2 动	陆九 Da	铜墙铁壁 tóngqiáng-tiěbì		3	捌四 Nc	
通行 tōngxíng		2 动	柒二 Pa	童话 tónghuà		1 名	叁八 Db	
通讯 tōngxùn		3 名	叁一 Dc	童年 tóngnián		1 名	肆一 Ia	
		4 名	叁八 Df	童心 tóngxīn		2 名	叁三 Ac	
		3 动	陆九 Da	统筹 tǒngchóu		4 动	伍五 Wa	
通知 tōngzhī		2 名	叁八 Ef	统计 tǒngjì		2 动	伍七 Hi	
		2 动	陆九 Fa	统率 tǒngshuài		3 动	陆一 Ea	
同 tóng		1 动	柒六 Ea	统统 tǒngtǒng		2 副	玖一 Bd	
		1 副	玖一 Ca	统一 tǒngyī		3 动	柒二 Ha	
		1 介	玖二 Da	统治 tǒngzhì		2 动	陆一 Eb	
		1 连	玖三 Aa	捅 tǒng		3 动	伍一 Jf	
同伴 tóngbàn		1 名	壹一 La			4 动	柒三 Fe	
同胞 tóngbāo		3 名	壹一 Ka	桶 tǒng		1 名	贰七 Bd	
同病相怜 tóngbìng-xiānglián				筒 tǒng		2 名	贰二 Ee	
		3	伍五 Kb	痛 tòng		1 形	伍四 Ie	
同步 tóngbù		2 动	柒六 Ea	痛不欲生 tòngbùyùshēng		3	伍五 Ba	
同仇敌忾 tóngchóu-díkài	4		伍八 Na	痛定思痛 tòngdìng-sītòng		4	伍五 Ba	
同床异梦 tóngchuáng-yìmèng				痛改前非 tònggǎi-qiánfēi		3	伍七 Fa	

痛恨 tònghèn		3 动	伍五 Hd	投奔 tóubèn		4 动	伍七 Ac
痛哭 tòngkū		2 动	伍六 Ab	投笔从戎 tóubǐ-cóngróng		4	伍七 Dc
痛哭流涕 tòngkū-liútì		4	伍六 Ab	投递 tóudì		3 动	陆九 Db
痛苦 tòngkǔ		2 形	伍五 Ba	投机 tóujī		4 动	陆七 Fg
痛快 tòng·kuài		2 形	伍五 Ad			4 动	陆十一 Ce
		3 形	捌五 Ce			4 形	柒六 Gd
痛惜 tòngxī		3 动	伍五 Kb	投机倒把 tóujī-dǎobǎ		4	陆七 Fg
痛心 tòngxīn		3 形	伍五 Ba	投机取巧 tóujī-qǔqiǎo		4	陆十一 Ce
痛心疾首 tòngxīn-jíshǒu		4	伍五 Hd	投票 tóu//piào		2 动	陆一 Ja
				投入 tóurù		2 动	伍七 Id
tou				投射 tóushè		3 动	伍一 Ec
偷 tōu		2 动	陆七 Fh			4 动	柒一 Ca
偷工减料 tōugōng-jiǎnliào		3	伍七 Gd	投诉 tóusù		4 动	陆七 Ab
偷鸡摸狗 tōujī-mōgǒu		2	捌四 Sd	投桃报李 tóutáo-bàolǐ		4	陆十 Aa
偷懒 tōu//lǎn		2 动	伍七 Ac	投降 tóuxiáng		2 动	陆六 Ha
偷梁换柱 tōuliáng-huànzhù		3	陆十一 Cd	投资 tóuzī		4 动	陆二 Ca
偷窃 tōuqiè		3 动	陆七 Fh	透 tòu		2 动	柒二 Od
偷天换日 tōutiān-huànrì		3	陆十一 Cd			2 动	柒三 Fc
偷偷 tōutōu		1 副	玖一 Ch			3 形	捌四 Mb
偷偷摸摸 tōutōumōmō		2	捌四 Sd	透彻 tòuchè		4 形	捌四 Mb
偷袭 tōuxí		3 动	陆六 Ca	透亮 tòu·liang		3 形	伍五 Ta
头 tóu		1 名	壹五 Ab			3 形	捌二 Fa
		1 名	贰二 Fa	透露 tòulù		4 动	陆九 Fe
		1 量	叁十 Ca	透明 tòumíng		2 形	捌二 Fa
头顶 tóudǐng		1 名	壹五 Ab	透支 tòuzhī		3 动	陆二 Bd
头发 tóu·fa		1 名	壹五 Ah				
头号 tóuhào		3 形	捌四 Da	**tu**			
头巾 tóujīn		2 名	贰七 Cd	凸 tū		4 形	捌一 Lb
头颅 tóulú		3 名	壹五 Ab	凸显 tūxiǎn		4 动	柒三 Fc
头脑 tóunǎo		3 名	叁一 Cd	秃 tū		3 形	捌三 Dd
		3 名	叁三 Aa	突出 tūchū		2 动	柒二 Ab
头疼 tóuténg		1 形	伍四 Ie			2 形	捌四 Cc
头条 tóutiáo		3 名	叁八 Gg	突发 tūfā		3 动	柒三 Fb
头头是道 tóutóu-shìdào		3	捌六 Ha	突飞猛进 tūfēi-měngjìn		3	伍八 Ma
头衔 tóuxián		4 名	叁四 Cb	突击 tūjī		3 动	伍七 Db
头重脚轻 tóuzhòng-jiǎoqīng						3 动	陆六 Ca
		2	伍四 Ib	突破 tūpò		2 动	陆六 Eb
投 tóu		2 动	伍一 Ea	突起 tūqǐ		3 动	柒二 Ab
		2 动	伍一 Ec			3 动	柒四 Fd
		2 动	陆九 Db	突然 tūrán		1 形	捌四 Ce

突如其来 tūrú-qílái		3		柒三 Fb
突围 tū//wéi		3 动		陆六 Eb
突兀 tūwù		4 形		捌一 Ba
		4 形		捌四 Ce
图 tú		1 名		叁八 Ha
		1 名		叁九 Ca
		3 动		伍五 Ua
图案 tú'àn		2 名		叁八 Ha
图画 túhuà		1 名		叁九 Ca
图谋不轨 túmóu-bùguǐ		4		伍五 Wa
图书 túshū		2 名		叁八 Eb
图书馆 túshūguǎn		2 名		叁七 Gb
图文并茂 túwén-bìngmào		3		捌三 Ma
图像 túxiàng		2 名		叁八 Ha
图纸 túzhǐ		2 名		叁八 Ha
徒步 túbù		3 副		伍一 Ka
徒弟 tú·dì		2 名		壹一 Lc
徒劳 túláo		4 动		捌四 Fb
徒有虚名 túyǒu-xūmíng		3		捌四 Ab
途径 tújìng		3 名		叁一 Bf
涂 tú		2 动		伍一 Fc
涂抹 túmǒ		2 动		伍一 Fc
涂脂抹粉 túzhī-mǒfěn		4		伍七 Be
		4		陆十一 Cd
屠杀 túshā		3 动		陆七 Fc
土 tǔ		1 名		贰三 Ha
		2 形		捌三 Kd
土崩瓦解 tǔbēng-wǎjiě		4		柒二 Ke
土地 tǔdì		1 名		贰三 Bj
		2 名		肆二 Ce
土匪 tǔfěi		3 名		壹一 Gb
土坑 tǔkēng		2 名		肆二 Dd
土气 tǔ·qi		2 形		捌三 Kd
土壤 tǔrǎng		3 名		贰三 Ha
吐 tǔ		1 动		伍二 Ga
吐故纳新 tǔgù-nàxīn		4		柒四 Fc
吐 tù		1 动		伍四 If
兔 tù		1 名		壹二 Cc
兔死狗烹 tùsǐ-gǒupēng		4		捌五 Sb
兔死狐悲 tùsǐ-húbēi		3		伍五 Ba
兔子 tù·zi		1 名		壹二 Cc

tuan

湍急 tuānjí		4 形		捌三 Pa
团 tuán		3 量		叁十 Ca
		3 动		伍一 Ha
		2 形		捌一 Nb
团伙 tuánhuǒ		3 名		叁四 Ad
团结 tuánjié		1 动		伍八 Na
团聚 tuánjù		2 动		伍八 Nb
团体 tuántǐ		2 名		叁四 Ad
团员 tuányuán		2 名		壹一 Ld
团圆 tuányuán		2 动		伍八 Nb

tui

推 tuī		1 动		伍一 Ba
		2 动		陆九 Ah
		2 动		柒三 Eb
推波助澜 tuībō-zhùlán		4		柒三 Ca
推测 tuīcè		3 动		伍五 Sa
推陈出新 tuīchén-chūxīn		4		柒四 Fc
推迟 tuīchí		2 动		柒三 Eb
推崇 tuīchóng		4 动		伍五 Mc
推辞 tuīcí		3 动		陆九 Ah
推动 tuī//dòng		3 动		柒三 Ca
推断 tuīduàn		3 动		伍五 Sa
推翻 tuī//fān		3 动		陆一 Kb
		3 动		陆六 Bb
推广 tuīguǎng		2 动		陆一 Oa
推己及人 tuījǐ-jírén		4		伍五 Kc
推荐 tuījiàn		3 动		陆九 Bb
推进 tuījìn		3 动		伍七 Ic
推举 tuījǔ		4 动		陆九 Bb
推理 tuīlǐ		3 动		伍五 Sa
推论 tuīlùn		4 动		伍五 Sa
推拿 tuīná		4 名		叁九 Ed
推敲 tuīqiāo		4 动		陆五 Da
推却 tuīquè		4 动		陆九 Ah
推搡 tuīsǎng		4 动		伍一 Ba
推算 tuīsuàn		3 动		伍七 Hi

推托 tuītuō	4 动	陆九 Ah	
推销 tuīxiāo	3 动	陆二 Ba	
推心置腹 tuīxīn-zhìfù	4	捌五 Ba	
推行 tuīxíng	3 动	柒三 Cb	
推选 tuīxuǎn	3 动	陆一 Ja	
推延 tuīyán	4 动	柒三 Eb	
颓败 tuíbài	4 形	伍五 Bc	
	4 形	捌六 Cb	
颓废 tuífèi	4 形	伍五 Bc	
颓然 tuírán	4 形	伍五 Bc	
颓丧 tuísàng	4 形	伍五 Bc	
颓唐 tuítáng	4 形	伍五 Bc	
腿 tuǐ	1 名	壹五 Af	
腿脚 tuǐjiǎo	3 名	叁二 Ga	
退 tuì	1 动	伍七 Ic	
	2 动	陆六 Gc	
	1 动	陆十 Bd	
	2 动	柒五 Bb	
退避三舍 tuìbì-sānshè	4	伍七 Ic	
退步 tuìbù	2 动	伍八 Mb	
退潮 tuì//cháo	3 动	柒二 Oi	
退化 tuìhuà	3 动	伍八 Mb	
退还 tuìhuán	2 动	陆十 Bd	
退却 tuìquè	4 动	伍七 Ic	
退让 tuìràng	3 动	陆十一 Ed	
退缩 tuìsuō	3 动	伍七 Ic	
退休 tuì//xiū	2 动	伍七 De	
退役 tuì//yì	3 动	伍七 De	
褪色 tuì//sè	3 动	柒四 Ac	

tun

吞 tūn	2 动	伍二 Ea	
吞没 tūnmò	3 动	陆七 Fe	
吞食 tūnshí	3 动	伍二 Ea	
吞噬 tūnshì	4 动	陆六 Ga	
吞吞吐吐 tūntūntǔtǔ	2 形	陆九 Ec	
臀部 túnbù	3 名	壹五 Ae	

tuo

托 tuō	2 动	伍一 Da	
	3 动	陆九 Kd	
托词 tuōcí	4 名	叁一 Bb	
托付 tuōfù	4 动	陆九 Kd	
托举 tuōjǔ	2 动	伍一 Da	
托运 tuōyùn	3 动	陆四 Da	
拖 tuō	2 动	伍一 Ba	
	2 动	柒三 Ed	
拖把 tuōbǎ	2 名	贰七 Bc	
拖后腿 tuō hòutuǐ	2	陆十一 Dc	
拖拉 tuōlā	3 形	捌三 Pb	
拖累 tuōlěi	3 动	柒六 Nc	
拖泥带水 tuōní-dàishuǐ	3	捌三 Pb	
拖欠 tuōqiàn	3 动	陆二 Bd	
拖沓 tuōtà	4 形	捌三 Pb	
拖鞋 tuōxié	2 名	贰七 Ce	
拖延 tuōyán	3 动	柒三 Ed	
脱 tuō	2 动	伍一 Gb	
	2 动	柒五 Cb	
脱口而出 tuōkǒu'érchū	2	陆九 Ef	
脱离 tuōlí	3 动	伍七 Ef	
脱落 tuōluò	3 动	柒二 Be	
脱贫 tuō//pín	4 动	伍七 Ef	
脱身 tuō//shēn	3 动	伍七 Ef	
脱胎换骨 tuōtāi-huàngǔ	4	伍七 Fa	
脱颖而出 tuōyǐng'érchū	3	柒三 Fa	
妥当 tuǒ·dàng	3 形	捌四 Ee	
妥善 tuǒshàn	4 形	捌四 Ee	
妥帖 tuǒtiē	4 形	捌四 Ee	
妥协 tuǒxié	3 动	陆十一 Ed	
椭圆 tuǒyuán	2 名	叁二 Aa	
拓宽 tuòkuān	3 动	柒五 Ac	
拓展 tuòzhǎn	3 动	柒五 Ac	
唾沫 tuò·mo	3 名	壹五 Aq	
唾手可得 tuòshǒu-kědé	4	捌四 Kb	
唾液 tuòyè	3 名	壹五 Aq	

wa

挖 wā	1 动	伍一 Je	
挖掘 wājué	3 动	伍一 Je	
挖空心思 wākōng-xīnsī	3	伍五 Ra	

挖苦	wā·ku	3	动	陆九 Gc	外向	wàixiàng	3	形	捌五 Fa
哇	wā	1	拟声	玖六 Aa	外衣	wàiyī	1	名	贰七 Cb
哇啦	wālā	2	拟声	玖六 Aa	外语	wàiyǔ	2	名	叁八 Cf
娃娃	wá·wa	1	名	壹一 Ca	外祖父	wàizǔfù	1	名	壹一 De
瓦	wǎ	2	名	贰四 Cd	外祖母	wàizǔmǔ	1	名	壹一 De
瓦罐	wǎguàn	3	名	贰七 Bd					
瓦解	wǎjiě	4	动	伍八 Da		**wan**			
瓦砾	wǎlì	4	名	贰六 Ia	弯	wān	1	动	柒二 Ne
袜子	wà·zi	2	名	贰七 Ce			1	形	捌一 Jb
哇	·wa	1	助	玖四 Ca	弯曲	wānqū	2	形	捌一 Jb
	wai				弯转	wānzhuǎn	3	动	柒二 Ne
					湾	wān	2	名	贰三 Bg
歪	wāi	2	形	捌一 Ib	蜿蜒	wānyán	4	形	捌一 Jb
		2	形	捌四 Eb	丸	wán	2	名	贰十 Aa
歪曲	wāiqū	2	动	伍七 Gd			2	量	叁十 Ca
歪斜	wāixié	3	形	捌一 Ib	完	wán	2	动	柒三 Bd
外	wài	1	名	肆二 Af	完备	wánbèi	3	形	捌三 Bc
外表	wàibiǎo	2	名	叁二 Db	完毕	wánbì	3	动	柒三 Ba
外出	wàichū	2	动	伍七 Ie	完璧归赵	wánbì-guīzhào	4		陆十 Bd
外地	wàidì	2	名	肆二 Cd	完成	wán//chéng	2	动	柒三 Bd
外公	wàigōng	1	名	壹一 De	完工	wán//gōng	3	动	柒三 Bd
外国	wàiguó	2	名	叁五 Ad	完好	wánhǎo	3	形	捌三 Bc
外国人	wàiguórén	2	名	壹一 Kb	完好无损	wánhǎo-wúsǔn	3		捌三 Bc
外行	wàiháng	3	名	壹一 Ib	完美	wánměi	2	形	捌四 Ba
		3	形	捌五 Wb	完美无缺	wánměi-wúquē	2		捌四 Ba
外号	wàihào	2	名	叁二 Hb	完全	wánquán	2	形	捌三 Bc
外患	wàihuàn	4	名	叁一 Ec			2	副	玖一 Ad
外汇	wàihuì	4	名	叁七 Ba	完善	wánshàn	3	形	捌四 Gc
外交	wàijiāo	3	名	叁一 Aa	完整	wánzhěng	2	形	捌三 Bc
外界	wàijiè	3	名	肆二 Af	玩	wán	1	动	伍七 Kb
外科	wàikē	3	名	叁八 Bb	玩火自焚	wánhuǒ-zìfén	3		伍八 Bf
外来	wàilái	2	形	捌四 Ua	玩具	wánjù	1	名	贰八 Bd
外面	wàimiàn	1	名	肆二 Af	玩赏	wánshǎng	4	动	伍七 Ke
外婆	wàipó	1	名	壹一 De	玩世不恭	wánshì-bùgōng	4		捌五 Ef
外强中干	wàiqiáng-zhōnggān				玩耍	wánshuǎ	2	动	伍七 Kb
		4		捌四 Ab	玩物丧志	wánwù-sàngzhì	3		捌五 Xd
外人	wàirén	2	名	壹一 Lb	玩笑	wánxiào	2	名	叁八 Cg
外甥	wài·sheng	2	名	壹一 Dh	顽固	wángù	3	形	捌五 Pb
外甥女	wài·shengnǚ	2	名	壹一 Dh			3	形	捌五 Ua
外套	wàitào	2	名	贰七 Cb	顽抗	wánkàng	4	动	陆六 Ea

顽劣	wánliè	4 形	捌五 Ua
顽皮	wánpí	2 形	捌五 Ec
顽强	wánqiáng	3 形	捌五 Da
宛然	wǎnrán	4 副	玖一 Da
宛如	wǎnrú	3 动	柒六 Ed
宛若	wǎnruò	4 动	柒六 Ed
挽	wǎn	3 动	伍一 Cb
		3 动	伍一 Cd
挽救	wǎnjiù	3 动	陆十 Ce
挽联	wǎnlián	4 名	叁八 De
挽留	wǎnliú	3 动	陆九 Ae
晚	wǎn	1 名	肆一 Fb
		1 形	捌三 Ob
晚安	wǎn'ān	1 动	陆九 Ja
晚饭	wǎnfàn	1 名	叁一 Db
晚年	wǎnnián	2 名	肆一 Ia
晚上	wǎn·shang	1 名	肆一 Fb
晚霞	wǎnxiá	2 名	贰三 Cb
惋惜	wǎnxī	4 形	伍五 Kb
婉拒	wǎnjù	4 动	陆九 Ah
婉约	wǎnyuē	4 形	捌五 Cf
婉转	wǎnzhuǎn	4 形	捌二 Ha
		4 形	捌五 Cf
皖	Wǎn	3 名	叁五 Ae
碗	wǎn	1 名	贰七 Bb
碗碟	wǎndié	3 名	贰七 Bb
碗筷	wǎnkuài	2 名	贰七 Bb
万	wàn	1 数	叁十 Be
万分	wànfēn	2 副	玖一 Ac
万古长青	wàngǔ-chángqīng		
		4	捌三 Qa
万籁俱寂	wànlài-jùjì	4	捌六 Db
万马奔腾	wànmǎ-bēnténg	2	捌六 Ca
万念俱灰	wànniàn-jùhuī	3	捌五 Fb
万千	wànqiān	2 数	捌三 Aa
万人空巷	wànrén-kōngxiàng		
		4	捌六 Da
万水千山	wànshuǐ-qiānshān		
		2	捌三 Ra
万无一失	wànwú-yīshī	2	捌四 Ee
万一	wànyī	3 名	叁一 Ab
		2 连	玖三 Fa
万丈深渊	wànzhàng-shēnyuān		
		4	叁一 Fb
万众一心	wànzhòng-yīxīn	2	伍八 Na
万紫千红	wànzǐ-qiānhóng	2	捌二 Ca

wang

汪	wāng	2 拟声	玖六 Ba
亡羊补牢	wángyáng-bǔláo	2	伍七 Fa
王	wáng	1 名	壹一 Lj
王国	wángguó	2 名	叁五 Ad
网	wǎng	1 名	贰二 Eh
		2 名	叁二 Cc
		2 名	叁八 Fd
		3 动	陆三 Kb
网吧	wǎngbā	3 名	叁七 Gb
网点	wǎngdiǎn	2 名	肆二 Da
网络	wǎngluò	2 名	叁八 Fd
网民	wǎngmín	2 名	壹一 Hb
网球	wǎngqiú	2 名	贰八 Bb
网页	wǎngyè	2 名	叁八 Fd
网站	wǎngzhàn	2 名	叁八 Fd
网址	wǎngzhǐ	2 名	叁八 Fd
枉然	wǎngrán	4 形	捌四 Fb
往	wǎng	1 动	伍七 Ia
		1 介	玖二 Ba
往常	wǎngcháng	2 名	肆一 Dc
往返	wǎngfǎn	3 动	伍七 Ia
往后	wǎnghòu	3 名	肆一 De
往来	wǎnglái	3 动	伍七 Ia
		3 动	陆九 Aa
往年	wǎngnián	3 名	肆一 Dc
往日	wǎngrì	2 名	肆一 Dc
往事	wǎngshì	2 名	叁一 Aa
往往	wǎngwǎng	2 副	玖一 Fb
往昔	wǎngxī	4 名	肆一 Dc
惘然	wǎngrán	4 形	伍五 Ba
妄想	wàngxiǎng	4 名	叁三 Cd
妄自菲薄	wàngzì-fěibó	4	捌五 Ha

词条	拼音	级别	编码
妄自尊大	wàngzì-zūndà	4	捌五 Hb
忘	wàng	1 动	伍五 Xd
忘恩负义	wàng'ēn-fùyì	3	捌五 Sb
忘乎所以	wànghūsuǒyǐ	4	捌五 Hb
忘怀	wànghuái	3 动	伍五 Xd
忘记	wàngjì	1 动	伍五 Xd
忘却	wàngquè	4 动	伍五 Xd
忘我	wàngwǒ	3 动	捌五 Ka
旺	wàng	3 形	捌六 Ca
旺季	wàngjì	3 名	肆一 Gb
旺盛	wàngshèng	2 形	捌三 Dc
望	wàng	2 动	伍二 Da
		2 动	伍五 Ua
望尘莫及	wàngchén-mòjí	3	柒六 Fe
望而却步	wàng'érquèbù	4	伍五 Ea
望而生畏	wàng'érshēngwèi	4	伍五 Ea
望风而逃	wàngfēng'értáo	3	伍七 Ja
望梅止渴	wàngméi-zhǐkě	2	捌四 Fb
望文生义	wàngwén-shēngyì	3	捌四 Ef
望闻问切	wàng-wén-wèn-qiè	4	陆五 Kb
望眼欲穿	wàngyǎnyùchuān	3	伍五 Ua
望洋兴叹	wàngyáng-xīngtàn	4	伍五 Be
望远镜	wàngyuǎnjìng	2 名	贰七 Bg
望子成龙	wàngzǐ-chénglóng	2	伍五 Ua

wei

词条	拼音	级别	编码
危害	wēihài	2 动	柒六 Qa
危机	wēijī	3 名	叁一 Fb
危及	wēijí	3 动	柒六 Qa
危急	wēijí	3 形	捌六 Ab
危难	wēinàn	4 名	叁一 Fb
危如累卵	wēirúlěiluǎn	4	捌六 Ab
危险	wēixiǎn	2 名	叁一 Aa
		1 形	捌六 Ab
危言耸听	wēiyán-sǒngtīng	4	捌四 Bb
危在旦夕	wēizàidànxī	3	捌六 Ab
威风	wēifēng	3 名	叁二 Gd
		2 形	捌四 Nb
威风凛凛	wēifēnglǐnlǐn	4	捌四 Nb
威力	wēilì	3 名	叁二 Ga
威慑	wēishè	4 动	陆十一 Hb
威望	wēiwàng	4 名	叁二 Ib
威武	wēiwǔ	3 名	叁二 Gd
		3 形	捌四 Nb
威胁	wēixié	3 动	陆十一 Hf
威信	wēixìn	4 名	叁二 Ib
威严	wēiyán	4 名	叁二 Gd
		4 形	捌五 Eb
逶迤	wēiyí	4 形	捌一 Jb
微薄	wēibó	4 形	捌四 Me
微不足道	wēibùzúdào	3	捌四 Lb
微风	wēifēng	2 名	贰三 Ca
微观	wēiguān	4 形	捌四 Gb
微乎其微	wēihūqíwēi	3	捌一 Hc
微妙	wēimiào	3 形	捌四 Kc
微弱	wēiruò	2 形	捌四 Nd
微微	wēiwēi	2 副	玖一 Aa
微笑	wēixiào	1 动	伍六 Aa
巍峨	wēi'é	4 形	捌一 Ba
巍然	wēirán	4 形	捌一 Ba
为	wéi	2 动	柒六 Aa
		1 介	玖二 Dc
为非作歹	wéifēi-zuòdǎi	4	伍七 Ga
为难	wéinán	3 动	陆十一 Cc
		3 形	捌四 Fd
为人	wéirén	3 动	陆九 Aa
为人处世	wéirén-chǔshì	4	陆九 Aa
为人师表	wéirénshībiǎo	3	陆五 Aa
为所欲为	wéisuǒyùwéi	3	捌五 Ef
为止	wéizhǐ	2 动	柒三 Ba
违背	wéibèi	3 动	陆十一 Ba
违法	wéi//fǎ	2 动	陆七 Fa
违法乱纪	wéifǎ-luànjì	2	陆七 Fa
违反	wéifǎn	2 动	陆十一 Ba

违规 wéi//guī		3动	伍七 Gg	委托 wěituō		3动	陆九 Kd	
违抗 wéikàng		3动	陆十一 Bb	委婉 wěiwǎn		3形	捌五 Cf	
违约 wéi//yuē		2动	陆九 Ab	委员 wěiyuán		2名	壹一 Ld	
违章 wéi//zhāng		2动	伍七 Gg	萎靡不振 wěimǐ-bùzhèn		4	伍五 Bc	
围 wéi		1动	柒二 Fg	萎缩 wěisuō		4动	柒四 Gb	
围攻 wéigōng		3动	陆六 Ca	卫生 wèishēng		1名	叁九 Ed	
围观 wéiguān		2动	伍七 He			1形	捌六 Ga	
围剿 wéijiǎo		4动	陆六 Gc	卫生间 wèishēngjiān		1名	贰六 Af	
围巾 wéijīn		2名	贰七 Cd	卫士 wèishì		2名	壹一 Jq	
围困 wéikùn		3动	陆六 Ca	卫星 wèixīng		2名	贰三 Ab	
围棋 wéiqí		2名	贰八 Bc	为 wèi		1介	玖二 Da	
围墙 wéiqiáng		2名	贰六 Be	为何 wèihé		2副	玖一 Gi	
围绕 wéirào		2动	柒二 Fg	为了 wèi·le		1介	玖二 Dc	
围魏救赵 wéiwèi-jiùzhào		4	陆六 Ca	为人作嫁 wèirén-zuòjià		4	捌四 Fb	
桅杆 wéigān		4名	贰五 Eb	为什么 wèi shén·me		1	玖一 Gi	
唯独 wéidú		3副	玖一 Ba	未 wèi		4名	肆一 Ab	
唯恐 wéikǒng		3动	伍五 Ea			2副	玖一 Ha	
唯利是图 wéilìshìtú		4	捌五 La	未必 wèibì		3副	玖一 Da	
唯命是从 wéimìngshìcóng		4动	陆九 Cc	未卜先知 wèibǔ-xiānzhī		4	伍五 Sc	
唯唯诺诺 wéiwéinuònuò		4	捌四 Qd	未曾 wèicéng		4副	玖一 Eh	
唯一 wéiyī		2形	捌四 Cb	未婚 wèihūn		3形	伍七 Lb	
唯有 wéiyǒu		3副	玖一 Ba	未来 wèilái		2名	叁一 Bg	
惟妙惟肖 wéimiào-wéixiào		4	捌四 Ja			2名	肆一 De	
维持 wéichí		3动	柒六 Ke	未免 wèimiǎn		3副	玖一 Gd	
维护 wéihù		2动	陆十 Ea	位 wèi		1量	叁十 Ca	
维生素 wéishēngsù		2名	贰十 Ba	位于 wèiyú		1动	柒六 La	
维修 wéixiū		3动	陆三 Ca	位置 wèi·zhì		3名	叁四 Ca	
伟岸 wěi'àn		4形	捌一 Ba			2名	肆二 Aa	
伟大 wěidà		1形	捌四 Oc	味道 wèi·dào		2名	贰三 Ka	
伟人 wěirén		2名	壹一 Lh			2名	贰三 Kb	
伪造 wěizào		3动	伍七 Gd	味觉 wèijué		2名	叁三 Ba	
伪装 wěizhuāng		3名	叁二 Db	味同嚼蜡 wèitóngjiáolà		4	捌四 Jd	
		3动	伍六 Ca	畏惧 wèijù		4动	伍五 Ea	
尾巴 wěi·ba		1名	壹五 Be	畏首畏尾 wèishǒu-wèiwěi		4	伍五 Ea	
		2名	贰二 Fa	胃 wèi		2名	壹五 Ak	
尾声 wěishēng		4名	叁一 Be	胃口 wèikǒu		3名	叁三 Eb	
纬度 wěidù		4名	叁十 Aj			3名	叁十 Bd	
委曲求全 wěiqū-qiúquán		4	伍五 Lb	喂 wèi		2动	伍七 Cd	
委屈 wěi·qu		2动	伍五 Hc			2动	陆三 La	
委任 wěirèn		4动	陆一 Jc			2叹	玖五 Aa	

喂食 wèi//shí	2 动	伍七 Cd
喂养 wèiyǎng	2 动	陆三 La
蔚蓝 wèilán	3 形	捌二 Ac
蔚然成风 wèirán-chéngfēng	4	柒三 Kc
慰藉 wèijiè	4 动	陆九 Hd
慰劳 wèiláo	4 动	陆九 Hd
慰问 wèiwèn	3 动	陆九 Hd
魏晋 wèijìn	4 名	肆一 Ba

wen

温饱 wēnbǎo	3 形	捌六 Kb
温存 wēncún	4 动	陆九 Hd
	4 形	捌五 Cb
温带 wēndài	3 名	贰三 Ad
温度 wēndù	2 名	叁十 Ak
温度计 wēndùjì	2 名	贰五 Dd
温和 wēnhé	3 形	捌二 Nd
	3 形	捌五 Cb
温厚 wēnhòu	4 形	捌五 Ac
温暖 wēnnuǎn	1 形	捌二 Nd
温情 wēnqíng	3 名	叁三 Bb
温泉 wēnquán	2 名	贰三 Bi
温柔 wēnróu	2 形	捌五 Cb
温润 wēnrùn	4 形	捌二 Pa
	3 形	捌五 Cb
温室 wēnshì	4 名	贰六 Da
温顺 wēnshùn	3 形	捌五 Cd
温文尔雅 wēnwén-ěryǎ	4	捌五 Gg
温习 wēnxí	2 动	陆五 Ba
温馨 wēnxīn	3 形	捌六 Ia
温驯 wēnxùn	4 形	捌五 Cd
文笔 wénbǐ	3 名	叁八 Ge
文不对题 wénbùduìtí	2	捌四 Ef
文采 wéncǎi	4 名	叁二 Ie
文过饰非 wénguò-shìfēi	4	陆十一 Cd
文豪 wénháo	4 名	壹一 Jk
文化 wénhuà	2 名	叁八 Aa
文件 wénjiàn	2 名	叁八 Ef
文静 wénjìng	2 形	捌五 Gg
文具 wénjù	1 名	贰八 Ca
文盲 wénmáng	2 名	壹一 Ib
文明 wénmíng	2 名	叁八 Aa
	2 形	捌五 Gg
文凭 wénpíng	4 名	贰八 Cd
文人 wénrén	3 名	壹一 Ia
文书 wénshū	4 名	壹一 Jb
	4 名	叁八 Ef
文坛 wéntán	3 名	叁二 Ca
文物 wénwù	3 名	贰二 Ce
文献 wénxiàn	3 名	叁八 Ef
文学 wénxué	2 名	叁八 Da
文雅 wényǎ	3 形	捌五 Gg
文艺 wényì	2 名	叁八 Da
文意 wényì	3 名	叁八 Ga
文娱 wényú	3 名	叁四 Fe
文章 wénzhāng	2 名	叁八 Ec
文质彬彬 wénzhì-bīnbīn	4	捌五 Gg
文字 wénzì	2 名	叁八 Ca
纹理 wénlǐ	3 名	贰三 Ia
纹丝不动 wénsī-búdòng	3	捌六 La
闻 wén	1 动	伍二 Dc
闻风丧胆 wénfēng-sàngdǎn	3	伍五 Ea
闻过则喜 wénguòzéxǐ	4	捌五 Ha
闻鸡起舞 wénjī-qǐwǔ	2	伍七 Ac
闻名 wénmíng	2 动	伍八 Gc
闻所未闻 wénsuǒwèiwén	3	捌四 Cc
蚊子 wén·zi	2 名	壹二 Fe
吻 wěn	2 动	伍二 Cb
吻合 wěnhé	3 形	柒六 Gc
紊乱 wěnluàn	4 形	捌六 Hb
稳 wěn	3 形	捌四 Ee
	2 形	捌六 La
稳操胜券 wěncāo-shèngquàn	4	捌四 Ee
稳定 wěndìng	2 形	捌六 La
稳固 wěngù	3 形	捌四 Nc
稳健 wěnjiàn	4 形	捌五 Ge
稳如泰山 wěnrútàishān	3	捌四 Nc

稳妥	wěntuǒ		4 形	捌四 Ee	污垢	wūgòu	3 名	贰三 Hb
稳重	wěnzhòng		3 形	捌五 Ge	污秽	wūhuì	4 名	贰三 Hb
问	wèn		1 动	陆九 Fd			4 形	捌六 Gb
问号	wènhào		2 名	叁一 Af	污蔑	wūmiè	4 动	陆九 Gc
			2 名	叁八 Ci	污泥	wūní	3 名	贰四 Cb
问候	wènhòu		2 动	陆九 Ja	污染	wūrǎn	3 动	伍八 Jc
问路	wènlù		1 动	陆九 Fc	污辱	wūrǔ	3 动	伍七 Ge
问世	wènshì		3 动	陆三 Fb			3 动	陆十一 Ca
问题	wèntí		3 名	叁一 Ab	污浊	wūzhuó	4 名	贰三 Hb
			1 名	叁一 Af			4 形	捌六 Gb
			2 名	叁二 Dd	呜	wū	2 拟声	玖六 Ca
			1 名	叁八 Bc	呜呼哀哉	wūhū-āizāi	4	伍四 Cd
问心无愧	wènxīn-wúkuì		3	伍五 Fc	呜咽	wūyè	4 动	伍六 Ab
					诬蔑	wūmiè	4 动	陆九 Gc

weng

				诬陷 wūxiàn 4 动 陆十一 Hg
嗡	wēng	2 拟声	玖六 Ba	屋 wū 1 名 贰六 Aa
嗡嗡	wēngwēng	2 拟声	玖六 Ba	屋顶 wūdǐng 1 名 贰六 Bc

wo

				屋脊 wūjǐ 4 名 贰六 Bd
				屋檐 wūyán 2 名 贰六 Bf
窝	wō	2 名	贰六 Db	屋子 wū·zi 1 名 贰六 Af
我	wǒ	1 代	壹一 Ab	无 wú 1 动 柒六 Kf
我们	wǒ·men	1 代	壹一 Ab	无比 wúbǐ 2 副 玖一 Ac
我行我素	wǒxíng-wǒsù	3	捌五 Hb	无边无际 wúbiān-wújì 2 捌一 Ca
卧	wò	2 动	伍三 Eb	无不 wúbù 2 副 玖一 Bd
卧铺	wòpù	2 名	肆二 Ab	无偿 wúcháng 3 形 捌五 Ka
卧室	wòshì	2 名	贰六 Af	无耻 wúchǐ 3 形 捌四 Ob
卧薪尝胆	wòxīn-chángdǎn	4	伍五 Ob	无处不在 wúchù-bùzài 2 柒六 Md
握	wò	2 动	伍一 Ca	无从 wúcóng 3 副 玖一 Da
		3 动	陆一 Ca	无地自容 wúdì-zìróng 3 伍五 Ee
握手	wò//shǒu	2 动	伍三 Ga	无动于衷 wúdòngyúzhōng 4 伍五 Nb
握手言和	wòshǒu-yánhé	4	陆九 Cb	无独有偶 wúdú-yǒu'ǒu 4 捌三 Aa
龌龊	wòchuò	4 形	捌五 Qb	无端 wúduān 4 副 玖一 Df
		4 形	捌六 Gb	无恶不作 wú'è-bùzuò 3 捌五 Ab

wu

				无法 wúfǎ 3 副 玖一 Ha
乌龟	wūguī	1 名	壹二 Eb	无法无天 wúfǎ-wútiān 2 捌五 Ef
乌合之众	wūhézhīzhòng	4	壹一 Aa	无非 wúfēi 3 副 玖一 Ba
乌黑	wūhēi	2 形	捌二 Ai	无功受禄 wúgōng-shòulù 3 伍八 Ib
乌鸦	wūyā	2 名	壹二 Db	无辜 wúgū 3 形 捌五 Ra
乌烟瘴气	wūyān-zhàngqì	4	捌四 Pb	无故 wúgù 2 副 玖一 Df
乌云	wūyún	1 名	贰三 Cb	无关 wúguān 2 动 柒六 Nb

词条	拼音	级	词性	页码		词条	拼音	级	词性	页码
无关紧要	wúguān-jǐnyào	3		捌四 Lb		无私	wúsī	2	形	捌五 Ka
无话可说	wúhuà-kěshuō	2		伍六 Ba		无所不为	wúsuǒbùwéi	3		伍七 Ga
无稽之谈	wújīzhītán	4		叁一 Dc		无所不在	wúsuǒbùzài	2		柒六 Md
无计可施	wújì-kěshī	3		伍五 Be		无所不知	wúsuǒbùzhī	2		捌五 Za
无济于事	wújìyúshì	3		捌四 Fb		无所事事	wúsuǒshìshì	4		伍七 Ac
无家可归	wújiā-kěguī	2		伍七 Ae		无所适从	wúsuǒshìcóng	4		伍五 Ed
无价之宝	wújiàzhībǎo	2		贰二 Ce		无所谓	wúsuǒwèi	2	动	伍五 Nb
无坚不摧	wújiān-bùcuī	4		捌四 Na		无所作为	wúsuǒzuòwéi	3		捌五 Xd
无精打采	wújīng-dǎcǎi	2		伍六 Fb		无往不胜	wúwǎng-bùshèng			
无拘无束	wújū-wúshù	3		捌五 Ee				4		捌四 Na
无可非议	wúkěfēiyì	3		捌四 Aa		无微不至	wúwēi-bùzhì	2		捌四 Gc
无可厚非	wúkěhòufēi	4		伍五 Kc		无为	wúwéi	4	动	捌五 Xd
无可救药	wúkějiùyào	4		捌四 Ma		无畏	wúwèi	4	形	捌五 Dc
无可奈何	wúkěnàihé	2		伍五 Be		无瑕	wúxiá	4	形	捌四 Ba
无孔不入	wúkǒng-bùrù	2		柒六 Md		无限	wúxiàn	2	形	捌四 Ga
无愧	wúkuì	3	动	伍五 Fc		无线电	wúxiàndiàn	3	名	贰五 Da
无赖	wúlài	3	名	壹一 Gb		无效	wúxiào	2	动	捌四 Fb
		3	形	捌五 Pb		无邪	wúxié	3	形	捌五 Ra
无礼	wúlǐ	2	动	捌五 Gh		无懈可击	wúxiè-kějī	4		捌四 Gc
无理取闹	wúlǐ-qǔnào	2		伍七 Ga		无须	wúxū	3	副	玖一 Ha
无力	wúlì	2	动	伍六 Fa		无言以对	wúyányǐduì	3		伍六 Ba
无聊	wúliáo	3	形	捌四 Jd		无依无靠	wúyī-wúkào	2		捌六 Dd
		3	形	捌五 Qb		无疑	wúyí	2	动	捌四 Aa
无论	wúlùn	2	连	玖三 Eb		无意	wúyì	3	副	玖一 De
无论如何	wúlùn-rúhé	2		玖一 Db		无垠	wúyín	4	动	捌一 Ca
无米之炊	wúmǐzhīchuī	3		叁一 Aa		无影无踪	wúyǐng-wúzōng	2		柒三 Ga
无名	wúmíng	2	形	捌四 Qf		无忧无虑	wúyōu-wúlù	3		伍五 Ad
无奈	wúnài	3	动	伍五 Be		无与伦比	wúyǔlúnbǐ	3		捌四 Cc
无能	wúnéng	2	形	捌五 Xb		无缘	wúyuán	3	动	柒六 Nb
无能为力	wúnéngwéilì	2		伍五 Be		无缘无故	wúyuán-wúgù	3		捌四 Ed
无情	wúqíng	2	形	捌五 Sb		无知	wúzhī	2	形	捌五 Zb
无穷	wúqióng	2	动	捌四 Ga		无中生有	wúzhōngshēngyǒu			
无穷无尽	wúqióng-wújìn	2		捌四 Ga				3		伍七 Gd
无趣	wúqù	2	形	捌四 Jd		无足轻重	wúzú-qīngzhòng	3		捌四 Lb
无伤大雅	wúshāng-dàyǎ	4		捌四 Lb		梧桐	wútóng	2	名	壹三 Bb
无声无息	wúshēng-wúxī	2		捌四 Qf		蜈蚣	wú·gōng	3	名	壹二 Fc
		3		捌六 Db		五	wǔ	1	数	叁十 Be
无时无刻	wúshí-wúkè	2		玖一 Eg		五彩缤纷	wǔcǎi-bīnfēn	3		捌二 Ca
无事生非	wúshì-shēngfēi	3		伍七 Ga		五谷	wǔgǔ	3	名	壹三 Ea
无数	wúshù	1	形	捌三 Aa		五官	wǔguān	2	名	壹五 Ad

五光十色 wǔguāng-shísè	2	捌三 Ac	物品 wùpǐn	2 名	贰二 Ca
五湖四海 wǔhú-sìhǎi	2	叁五 Ad	物色 wùsè	4 动	伍七 Jc
五花八门 wǔhuā-bāmén	2	捌三 Ac	物体 wùtǐ	2 名	贰二 Aa
五体投地 wǔtǐ-tóudì	3	伍五 Qc	物业 wùyè	3 名	叁七 Da
五星红旗 Wǔxīng-Hóngqí	1	贰八 Cf	物以类聚 wùyǐlèijù	4	柒二 Jb
五颜六色 wǔyán-liùsè	1	捌二 Ca	物质 wùzhì	3 名	贰二 Aa
午 wǔ	4 名	肆一 Ab	物种 wùzhǒng	3 名	叁二 Cd
午饭 wǔfàn	1 名	叁一 Db	物资 wùzī	3 名	贰二 Ba
午后 wǔhòu	2 名	肆一 Fa	误 wù	3 动	柒三 Ec
午觉 wǔjiào	1 名	叁一 Db	误差 wùchā	4 名	叁一 Gc
伍 wǔ	4 数	叁十 Be	误导 wùdǎo	3 动	陆五 Ac
妩媚 wǔmèi	4 形	捌三 La	误会 wùhuì	2 名	叁一 Fb
武断 wǔduàn	4 动	伍七 Hg		2 动	伍七 Gg
	3 形	捌四 Gd	误解 wùjiě	3 动	伍七 Gg
武警 wǔjǐng	3 名	叁六 Ad	悟性 wùxìng	3 名	叁二 Ie
武力 wǔlì	3 名	叁二 Ga	雾 wù	2 名	贰三 Cd
	3 名	叁六 Aa	雾霭 wù'ǎi	4 名	贰三 Cd
武器 wǔqì	2 名	贰五 Fa			
武术 wǔshù	2 名	叁九 Da		xi	
武艺 wǔyì	3 名	叁二 Ie	夕阳 xīyáng	2 名	贰三 Ac
武装 wǔzhuāng	4 名	叁六 Aa	西 xī	1 名	肆二 Ac
	3 动	陆六 Aa	西餐 xīcān	2 名	贰九 Ad
侮辱 wǔrǔ	3 动	陆十一 Ca	西方 xīfāng	2 名	叁五 Ad
捂 wǔ	4 动	伍一 Ed		1 名	肆二 Ac
舞 wǔ	2 名	叁九 Ad	西服 xīfú	2 名	贰七 Cb
舞蹈 wǔdǎo	2 名	叁九 Ad	西瓜 xī·guā	1 名	壹三 Fb
舞动 wǔdòng	2 动	伍一 Hc	西红柿 xīhóngshì	1 名	壹三 Fa
舞台 wǔtái	2 名	贰六 Bh	西药 xīyào	2 名	贰十 Aa
舞文弄墨 wǔwén-nòngmò	4	陆五 Ea	西医 xīyī	2 名	叁八 Bb
舞姿 wǔzī	3 名	叁二 Fb	西装 xīzhuāng	2 名	贰七 Cb
勿 wù	4 副	玖一 Hb	吸 xī	1 动	伍二 Ga
戊 wù	4 名	肆一 Ab		1 动	伍二 Ec
务必 wùbì	3 副	玖一 Db	吸纳 xīnà	4 动	柒三 Be
务工 wùgōng	3 动	伍七 Db	吸取 xīqǔ	2 动	柒三 Be
务实 wùshí	3 动	捌五 Ga	吸收 xīshōu	2 动	柒三 Be
物极必反 wùjí-bìfǎn	4	柒六 Fc	吸铁石 xītiěshí	2 名	贰四 Ac
物价 wùjià	3 名	叁七 Ac	吸引 xīyǐn	2 动	柒六 Oe
物理 wùlǐ	4 名	叁八 Bb	希望 xīwàng	1 名	叁三 Cc
物流 wùliú	3 名	叁四 Eb		1 动	伍五 Ua
物美价廉 wùměi-jiàlián	3	捌三 Qb	昔日 xīrì	4 名	肆一 Dc

牺牲 xīshēng	2 动	伍四 Cc			洗劫 xǐjié	3 动	陆七 Fh	
息怒 xīnù	3 动	伍五 Fb			洗练 xǐliàn	4 形	捌三 Ad	
息事宁人 xīshì-níngrén	4	陆九 Cb			洗漱 xǐshù	4 动	伍一 Ia	
奚落 xīluò	4 动	陆九 Gc			洗心革面 xǐxīn-gémiàn	4	伍七 Fa	
悉心 xīxīn	3 副	玖一 Dd			洗衣机 xǐyījī	1 名	贰七 Ad	
惜别 xībié	3 动	伍八 Nc			洗澡 xǐ//zǎo	1 动	伍一 Ia	
稀 xī	2 形	捌三 Fb			喜爱 xǐ'ài	2 动	伍五 Ga	
稀薄 xībó	3 形	捌三 Fb			喜出望外 xǐchūwàngwài	3	伍五 Aa	
稀罕 xī·han	3 动	伍五 Ga			喜好 xǐhào	3 动	伍五 Ga	
	3 形	捌四 Ce			喜欢 xǐ·huan	1 动	伍五 Ga	
稀奇 xīqí	2 形	捌四 Ce			喜剧 xǐjù	3 名	叁九 Bb	
稀少 xīshǎo	2 形	捌三 Ad			喜怒哀乐 xǐ-nù-āi-lè	3	叁三 Bb	
稀疏 xīshū	4 形	捌三 Cb			喜怒无常 xǐnù-wúcháng	3	捌四 Ce	
稀松 xīsōng	3 形	捌三 Eb			喜气洋洋 xǐqì-yángyáng	2	伍五 Aa	
稀有 xīyǒu	3 形	捌三 Ad			喜庆 xǐqìng	2 名	叁一 Aa	
犀利 xīlì	4 形	捌四 Mb				2 形	捌六 Ia	
溪 xī	2 名	贰三 Bg			喜鹊 xǐquè	2 名	壹二 Db	
溪流 xīliú	3 名	贰三 Bg			喜事 xǐshì	2 名	叁一 Aa	
熙来攘往 xīlái-rǎngwǎng	4	捌六 Da			喜闻乐见 xǐwén-lèjiàn	3	伍五 Ga	
熄火 xī//huǒ	3 动	伍七 Bk			喜笑颜开 xǐxiào-yánkāi	3	伍六 Aa	
熄灭 xīmiè	3 动	伍七 Bk			喜新厌旧 xǐxīn-yànjiù	3	伍五 Oa	
	3 动	柒三 Bc			喜形于色 xǐxíngyúsè	3	伍五 Aa	
膝盖 xīgài	2 名	壹五 Af			喜讯 xǐxùn	2 名	叁一 Dc	
嬉皮笑脸 xīpí-xiàoliǎn	3	捌五 Gd			喜悦 xǐyuè	2 形	伍五 Aa	
嬉戏 xīxì	4 动	伍七 Kb			戏 xì	2 名	叁九 Bb	
嬉笑 xīxiào	4 动	伍六 Aa			戏称 xìchēng	4 名	叁二 Ha	
蟋蟀 xīshuài	3 名	壹二 Fb				4 动	柒六 Ad	
习惯 xíguàn	2 名	叁四 Da			戏剧 xìjù	2 名	叁九 Bb	
	2 动	伍五 Gd			戏弄 xìnòng	4 动	陆十一 Cb	
习俗 xísú	3 名	叁四 Da			戏曲 xìqǔ	2 名	叁九 Bb	
习以为常 xíyǐwéicháng	3	捌四 Ca			戏谑 xìxuè	4 动	陆十一 Cb	
席 xí	3 量	叁十 Ca			系 xì	3 名	叁八 Bd	
	2 名	肆二 Ab				2 动	伍一 Fb	
席地而坐 xídì'érzuò	3	伍一 Na			系列 xìliè	3 名	叁二 Cc	
席卷 xíjuǎn	3 动	柒六 Mc			系统 xìtǒng	3 名	叁二 Cc	
袭击 xíjī	3 动	陆六 Ca			细 xì	1 形	捌一 Cc	
媳妇 xífù	3 名	壹一 Di				1 形	捌一 Fb	
洗 xǐ	1 动	伍一 Ia				1 形	捌一 Hc	
	3 动	陆五 Ga				1 形	捌二 Gb	
洗耳恭听 xǐ'ěr-gōngtīng	3	伍二 Db			细胞 xìbāo	2 名	壹五 An	

细长 xìcháng	2 形	捌一 Aa		下班 xià//bān	1 动	柒三 Bb	
细节 xìjié	3 名	叁一 Aa		下不为例 xiàbùwéilì	2	陆一 Na	
	3 名	叁八 Ga		下场 xiàchǎng	3 名	叁一 Be	
细菌 xìjūn	2 名	壹四 Aa		下沉 xiàchén	2 动	柒二 Bc	
细流 xìliú	3 名	贰三 Bg		下达 xiàdá	3 动	陆一 Fb	
细密 xìmì	4 形	捌三 Ma		下等 xiàděng	2 形	捌四 Dc	
	4 形	捌五 Ga		下跌 xiàdiē	3 动	柒五 Bb	
细嫩 xìnèn	3 形	捌三 Ka		下岗 xià//gǎng	3 动	伍七 Df	
细腻 xìnì	4 形	捌二 Pa		下功夫 xià gōng·fu	2	捌五 Va	
	4 形	捌五 Ga		下级 xiàjí	3 名	壹一 Ld	
细软 xìruǎn	4 形	捌二 Ka		下贱 xiàjiàn	4 形	捌四 Qd	
细碎 xìsuì	3 形	捌四 Ib		下降 xiàjiàng	2 动	柒五 Bb	
细微 xìwēi	3 形	捌一 Hc		下课 xià//kè	1 动	柒三 Bb	
细小 xìxiǎo	2 形	捌二 Gb		下来 xià//·lái	1 动	伍七 Ib	
细心 xìxīn	1 形	捌五 Ga		下令 xià//lìng	2 动	陆一 Fb	
细雨 xìyǔ	2 名	贰三 Cc		下流 xiàliú	2 名	贰三 Bg	
细致 xìzhì	3 形	捌五 Ga			3 形	捌五 Qb	
				下落 xiàluò	3 名	叁一 Be	
xia					2 动	柒五 Bb	
虾 xiā	2 名	壹二 Ec		下落不明 xiàluò-bùmíng	3	伍八 Kb	
瞎 xiā	2 动	伍四 Hb		下马 xià//mǎ	3 动	柒三 Bc	
	2 副	玖一 Cc		下马威 xiàmǎwēi	3 名	叁二 Gd	
瞎子 xiā·zi	2 名	壹一 Fb		下面 xiàmiàn	1 名	肆二 Ad	
匣子 xiá·zi	3 名	贰七 Be		下去 xià//·qù	1 动	伍七 Ib	
侠客 xiákè	4 名	壹一 Ha		下手 xià//shǒu	3 动	伍七 Ea	
峡谷 xiágǔ	3 名	贰三 Ba		下手 xiàshǒu	3 名	壹一 Ld	
狭隘 xiá'ài	4 形	捌一 Cc		下台 xià//tái	3 动	陆一 Je	
	4 形	捌四 Gb			2 动	陆五 Fa	
狭长 xiácháng	3 形	捌一 Aa		下午 xiàwǔ	1 名	肆一 Fa	
狭路相逢 xiálù-xiāngféng	3	柒二 Gc		下旬 xiàxún	2 名	肆一 Eb	
狭小 xiáxiǎo	2 形	捌一 Cc		下游 xiàyóu	2 名	贰三 Bg	
狭义 xiáyì	3 名	叁八 Cb			3 名	叁四 Ca	
狭窄 xiázhǎi	3 形	捌一 Cc		下雨 xiàyǔ	1 动	柒一 Bd	
	3 形	捌四 Gb		下载 xiàzài	2 动	伍七 Hd	
瑕疵 xiácī	4 名	叁二 Bc		吓 xià	1 动	陆十一 Hb	
霞光 xiáguāng	2 名	贰三 Fa		吓唬 xià·hu	3 动	陆十一 Hb	
下 xià	1 名	肆二 Ad		吓人 xià//rén	2 形	捌四 Bb	
	2 动	伍一 Ea		夏 Xià	4 名	肆一 Ba	
	1 动	伍七 Ib		夏季 xiàjì	2 名	肆一 Ga	
	1 动	柒一 Bd		夏令营 xiàlìngyíng	2 名	叁四 Fe	

夏天 xiàtiān		1名	肆一 Ga		鲜红 xiānhóng		2形	捌二 Aa
夏至 xiàzhì		2名	肆一 Gc		鲜花 xiānhuā		2名	壹三 Ca
xian					鲜活 xiānhuó		3形	捌三 Ka
							3形	捌四 Ja
仙境 xiānjìng		3名	肆二 Bc		鲜丽 xiānlì		3形	捌二 Ca
仙女 xiānnǚ		2名	叁三 Fb		鲜亮 xiān·liang		3形	捌二 Da
先 xiān		1名	肆二 Ae		鲜美 xiānměi		2形	捌二 Jb
		1副	玖一 Ea		鲜明 xiānmíng		2形	捌四 Sa
先辈 xiānbèi		3名	壹一 Ae		鲜嫩 xiānnèn		3形	捌三 Ka
		3名	叁四 Ba		鲜血 xiānxuè		2名	壹五 Ap
先睹为快 xiāndǔ-wéikuài		3	伍二 Da		鲜艳 xiānyàn		1形	捌二 Ca
先发制人 xiānfā-zhìrén		4	伍八 Mc		闲 xián		2形	捌六 Eb
先锋 xiānfēng		3名	壹一 Ia		闲逛 xiánguàng		3动	伍七 Kc
先后 xiānhòu		2副	玖一 Cd		闲话 xiánhuà		3名	叁八 Cg
先见之明 xiānjiànzhīmíng		3	叁二 Ie		闲情逸致 xiánqíng-yìzhì		4	叁三 Ec
先进 xiānjìn		2名	壹一 Ia		闲散 xiánsǎn		4形	捌六 Eb
		2形	捌五 Oa		闲适 xiánshì		4形	捌六 Eb
先前 xiānqián		3名	肆一 Dc		闲谈 xiántán		2动	陆九 Ei
先秦 Xiānqín		4名	肆一 Ba		闲庭信步 xiántíngxìnbù		4	捌六 Eb
先驱 xiānqū		4名	壹一 Ae		闲暇 xiánxiá		4名	肆一 Db
先人 xiānrén		4名	壹一 De		闲言碎语 xiányán-suìyǔ		4	叁八 Cg
先入为主 xiānrù-wéizhǔ		2	伍五 Vc		贤惠 xiánhuì		4形	捌五 Aa
先声 xiānshēng		4名	叁一 Bc		贤明 xiánmíng		4形	捌五 Xa
先生 xiān·sheng		1名	壹一 Ba		弦 xián		3名	贰五 Ab
		2名	壹一 Ia				2名	贰八 Aa
		2名	壹一 Jg		弦外之音 xiánwàizhīyīn		4	叁八 Ga
先声夺人 xiānshēng-duórén		4	伍八 Mc		咸 xián		1形	捌二 Ja
先天 xiāntiān		3名	捌四 Ta		娴静 xiánjìng		4形	捌五 Gg
先天不足 xiāntiān-bùzú		2	捌三 Af		娴熟 xiánshú		4形	捌五 Wa
先斩后奏 xiānzhǎn-hòuzòu		3	陆一 Lc		衔接 xiánjiē		4动	柒二 Hc
先祖 xiānzǔ		3名	壹一 De		舷窗 xiánchuāng		4名	贰六 Ba
纤弱 xiānruò		3形	捌三 Jb		嫌 xián		3动	伍五 Ha
纤维 xiānwéi		3名	贰七 Ca		嫌弃 xiánqì		3动	伍五 Ha
纤细 xiānxì		3形	捌一 Fb		嫌疑 xiányí		4名	叁一 Af
掀 xiān		3动	伍一 Cd		嫌疑人 xiányírén		4名	壹一 Lf
掀起 xiānqǐ		3动	伍一 Cd		显 xiǎn		2动	柒三 Fc
		3动	陆一 Oa				2形	捌四 Sa
鲜 xiān		2形	捌二 Jb		显得 xiǎn·de		2动	柒六 Be
		1形	捌三 Ka		显而易见 xiǎn'éryìjiàn		3	捌四 Sa
					显贵 xiǎnguì		4名	壹一 Lj

显赫 xiǎnhè	4 形	捌四 Qe	限制 xiànzhì	2 动	陆十一 Dd
显露 xiǎnlù	2 动	柒三 Fc	线 xiàn	1 名	贰七 Bi
显然 xiǎnrán	3 形	捌四 Sa		1 名	叁二 Aa
显示 xiǎnshì	2 动	柒六 Be		2 量	叁十 Ca
显示器 xiǎnshìqì	2 名	贰八 Cb		2 名	肆二 Cg
显微镜 xiǎnwēijìng	3 名	贰七 Bg	线路 xiànlù	2 名	肆二 Cg
显现 xiǎnxiàn	3 动	柒三 Fa	线索 xiànsuǒ	3 名	叁一 Cd
显眼 xiǎnyǎn	2 形	捌四 Sa	线条 xiàntiáo	2 名	叁二 Aa
显著 xiǎnzhù	3 形	捌四 Sa	宪法 xiànfǎ	3 名	叁五 Ba
险 xiǎn	2 形	捌四 Ka	陷 xiàn	2 动	柒二 Bb
	3 副	玖一 Af	陷害 xiànhài	3 动	陆十一 Hg
险恶 xiǎn'è	3 形	捌六 Ab	陷阱 xiànjǐng	3 名	叁一 Ib
	3 形	捌五 Ab		3 名	肆二 Dd
险境 xiǎnjìng	4 名	肆二 Bd	陷落 xiànluò	4 动	伍八 Da
险峻 xiǎnjùn	4 形	捌一 Mb		4 动	柒二 Bb
险些 xiǎnxiē	3 副	玖一 Af	陷入 xiànrù	2 动	柒六 Lb
险要 xiǎnyào	3 形	捌一 Mb	陷于 xiànyú	2 动	柒六 Lb
鲜为人知 xiǎnwéirénzhī	3	捌三 Ad	馅儿 xiànr	3 名	贰九 Ae
县 xiàn	2 名	叁五 Ae	羡慕 xiànmù	2 动	伍五 Gb
县城 xiànchéng	2 名	叁五 Ae	献 xiàn	2 动	陆十 Ac
现 xiàn	3 动	柒三 Fc	献身 xiàn//shēn	3 动	伍四 Cc
	3 副	玖一 Ec	腺 xiàn	4 名	壹五 Am

xiang

现场 xiànchǎng	2 名	肆二 Cb	乡 xiāng	2 名	叁五 Ae
现代 xiàndài	3 名	肆一 Ba	乡愁 xiāngchóu	4 名	叁三 Bc
	3 形	捌三 Kc	乡村 xiāngcūn	2 名	肆二 Cc
现代化 xiàndàihuà	3 动	柒四 Ab	乡间 xiāngjiān	2 名	肆二 Cc
现今 xiànjīn	3 名	肆一 Dd	乡亲 xiāngqīn	3 名	壹一 Ka
现金 xiànjīn	2 名	叁七 Ba	乡绅 xiāngshēn	4 名	壹一 Lh
现钱 xiànqián	3 名	叁七 Ba	乡下 xiāng·xia	2 名	肆二 Cc
现任 xiànrèn	3 动	伍七 Dd	相安无事 xiāng'ān-wúshì	3	捌六 Ba
现实 xiànshí	2 名	叁一 Aa	相伴 xiāngbàn	2 动	陆九 Ag
	3 形	捌四 Aa	相比 xiāngbǐ	2 动	伍七 Hf
现象 xiànxiàng	2 名	叁一 Fc	相差 xiāngchà	2 动	柒六 Fa
现行 xiànxíng	3 形	捌三 Kc	相称 xiāngchèn	3 形	捌四 Ee
现在 xiànzài	1 名	肆一 Dd	相处 xiāngchǔ	2 动	陆九 Aa
现状 xiànzhuàng	3 名	叁一 Fb	相传 xiāngchuán	3 动	柒三 Ka
限定 xiàndìng	3 动	陆十一 Dd	相当 xiāngdāng	2 动	柒六 Eb
限度 xiàndù	3 名	叁二 Eb		3 副	玖一 Ac
限期 xiànqī	3 名	肆一 Ca			
限于 xiànyú	3 动	陆十一 Dd			

相得益彰 xiāngdé-yìzhāng	4	柒六	Gb
相等 xiāngděng	2 动	柒六	Eb
相对 xiāngduì	2 动	柒六	Ha
相反 xiāngfǎn	2 动	柒六	Fb
	2 连	玖三	Da
相辅相成 xiāngfǔ-xiāngchéng	3	柒六	Gb
相干 xiānggān	3 动	柒六	Na
相隔 xiānggé	2 动	柒二	Ff
相关 xiāngguān	2 动	柒六	Na
相互 xiānghù	1 副	玖一	Ca
相继 xiāngjì	3 副	玖一	Cd
相见恨晚 xiāngjiàn-hènwǎn	3	柒二	Gc
相间 xiāngjiàn	3 动	伍七	Hj
相敬如宾 xiāngjìng-rúbīn	4	伍五	Qd
相聚 xiāngjù	2 动	伍八	Nb
相连 xiānglián	2 动	柒二	Hc
相濡以沫 xiāngrú-yǐmò	4	陆十	Ca
相生相克 xiāngshēng-xiāngkè	4	陆十一	Dd
相识 xiāngshí	2 动	伍五	Tc
相似 xiāngsì	2 形	柒六	Ed
相提并论 xiāngtí-bìnglùn	3	伍五	Mc
相同 xiāngtóng	1 形	柒六	Ea
相信 xiāngxìn	1 动	伍五	Pa
相依为命 xiāngyī-wéimìng	2	捌四	Ra
相宜 xiāngyí	4 形	捌四	Ee
相应 xiāngyìng	3 动	柒六	Ja
相遇 xiāngyù	2 动	柒二	Gc
相约 xiāngyuē	2 动	陆九	Ab
香 xiāng	1 名	贰八	Db
	1 形	捌二	Ia
香菇 xiānggū	2 名	壹四	Ab
香蕉 xiāngjiāo	2 名	壹三	Fb
香喷喷 xiāngpēnpēn	2 形	捌二	Ia
香气扑鼻 xiāngqì-pūbí	2	捌二	Ia
香水 xiāngshuǐ	2 名	贰七	Bm
香甜 xiāngtián	2 形	捌二	Ja
香烟 xiāngyān	2 名	贰十一	Ad
香皂 xiāngzào	1 名	贰七	Bc
湘 Xiāng	3 名	叁五	Ae
箱 xiāng	1 名	贰七	Be
箱子 xiāng·zi	1 名	贰七	Be
镶嵌 xiāngqiàn	4 动	伍一	Ef
详尽 xiángjìn	3 形	捌四	Ha
详细 xiángxì	2 形	捌四	Ha
降 xiáng	3 动	陆十一	Ed
祥和 xiánghé	4 形	捌五	Cb
翔实 xiángshí	4 形	捌四	Ha
享福 xiǎngfú	3 动	伍八	Ia
享乐 xiǎnglè	3 动	伍八	Ia
享受 xiǎngshòu	2 动	伍七	Hh
享用 xiǎngyòng	2 动	伍七	Hh
响 xiǎng	1 动	柒一	Fa
	1 形	捌二	Ga
响彻云霄 xiǎngchè-yúnxiāo	4	捌二	Ga
响亮 xiǎngliàng	1 形	捌二	Ga
响声 xiǎngshēng	2 名	贰三	La
响应 xiǎngyìng	3 动	陆十	Cc
想 xiǎng	1 动	伍五	Ra
	1 动	伍五	Sa
	1 动	伍五	Ua
	1 动	伍五	Xb
想必 xiǎngbì	3 副	玖一	Da
想当然 xiǎngdāngrán	2 动	捌四	Ab
想法 xiǎng·fǎ	2 名	叁三	Da
想方设法 xiǎngfāng-shèfǎ	3	伍五	Ra
想念 xiǎngniàn	1 动	伍五	Xb
想入非非 xiǎngrùfēifēi	3	伍五	Rb
想象 xiǎngxiàng	2 动	伍五	Rb
向 xiàng	1 介	玖二	Ba
向导 xiàngdǎo	3 名	壹一	Jp
	3 动	陆四	Bb
向来 xiànglái	3 副	玖一	Dc
向日葵 xiàngrìkuí	2 名	壹三	Gb
向往 xiàngwǎng	2 动	伍五	Ua
项 xiàng	2 量	叁十	Ca
项链 xiàngliàn	3 名	贰七	Bk

项目	xiàngmù	3名	叁二 Cd	萧条	xiāotiáo	4形	捌六 Cb
相机	xiàngjī	2名	贰八 Ac	萧萧	xiāoxiāo	4拟声	玖六 Ba
相貌	xiàngmào	2名	叁二 Fd			4拟声	玖六 Ca
相声	xiàng·sheng	2名	叁九 Bb	硝烟	xiāoyān	4名	贰三 Eb
象	xiàng	1名	壹二 Bh	销	xiāo	4动	陆一 Nb
象棋	xiàngqí	2名	贰八 Bc			3动	陆二 Ba
象征	xiàngzhēng	3名	叁一 Fc	销毁	xiāohuǐ	3动	陆一 Bb
		3动	柒六 Ba	销量	xiāoliàng	4名	叁十 Bd
像	xiàng	2名	叁九 Cc	销声匿迹	xiāoshēng-nìjì	4	柒三 Ga
		1动	柒六 Ed	销售	xiāoshòu	3动	陆二 Ba
		1动	柒六 Ee	箫	xiāo	4名	贰八 Aa
像样	xiàng//yàng	2形	捌四 Ca	潇洒	xiāosǎ	3形	捌五 Ee
橡胶	xiàngjiāo	3名	贰四 Eb	嚣张	xiāozhāng	4形	捌五 Ef
橡皮	xiàngpí	1名	贰八 Ca	小	xiǎo	1形	捌一 Hc
				小便	xiǎobiàn	2动	伍四 Dc
	xiao			小吃	xiǎochī	2名	贰九 Ad
消	xiāo	2动	柒五 Cb	小丑	xiǎochǒu	3名	壹一 Gb
消沉	xiāochén	4形	伍五 Bc			2名	壹一 Jl
消除	xiāochú	3动	柒五 Cb	小贩	xiǎofàn	3名	壹一 Jo
消毒	xiāo//dú	3动	陆五 Kc	小费	xiǎofèi	3名	叁七 Fb
消防	xiāofáng	2名	陆十 Cf	小孩儿	xiǎoháir	1名	壹一 Ca
消费	xiāofèi	2动	柒五 Ba	小寒	xiǎohán	2名	肆一 Gc
消耗	xiāohào	3动	柒五 Ba	小伙子	xiǎohuǒ·zi	2名	壹一 Cb
消化	xiāohuà	2动	伍四 Da	小家碧玉	xiǎojiā-bìyù	3	壹一 Ec
消极	xiāojí	2形	捌五 Fb	小姐	xiǎojiě	1名	壹一 Bb
消灭	xiāomiè	2动	柒五 Ca	小康	xiǎokāng	3形	捌六 Kb
		3动	陆六 Gc	小麦	xiǎomài	1名	壹三 Ea
消磨	xiāomó	4动	伍七 Ac	小满	xiǎomǎn	2名	肆一 Gc
消遣	xiāoqiǎn	4动	伍七 Ka	小品	xiǎopǐn	2名	叁九 Bb
消融	xiāoróng	4动	柒一 Db	小气	xiǎo·qi	1形	捌五 Lb
消失	xiāoshī	2动	柒三 Ga	小憩	xiǎoqì	4动	伍七 Bc
消逝	xiāoshì	4动	柒三 Ga	小巧	xiǎoqiǎo	2形	捌二 Lc
消受	xiāoshòu	4动	伍七 Hh	小人	xiǎorén	2名	壹一 Gb
		4动	伍八 Ja	小时	xiǎoshí	1名	肆一 Fc
消瘦	xiāoshòu	3形	捌一 Gb	小时候	xiǎoshí·hou	1名	肆一 Ia
消退	xiāotuì	3动	柒三 Ga	小暑	xiǎoshǔ	2名	肆一 Gc
消亡	xiāowáng	2动	柒三 Ga	小说	xiǎoshuō	2名	叁八 Db
消息	xiāo·xi	2名	叁一 Dc	小提琴	xiǎotíqín	2名	贰八 Aa
		4名	叁八 Df	小题大做	xiǎotí-dàzuò	3	捌四 Ef
萧瑟	xiāosè	4形	捌六 Dc	小偷儿	xiǎotōur	2名	壹一 Gb

小心 xiǎoxīn	1	动	伍五 Mb		4	动	柒三 Bc
	1	形	捌五 Gc	歇脚 xiē//jiǎo	3	动	伍七 Bc
小心翼翼 xiǎoxīn-yìyì	2		捌五 Gc	歇斯底里 xiēsīdǐlǐ	4	形	捌四 Ce
小型 xiǎoxíng	3	形	捌一 Hc	歇息 xiē·xi	4	动	伍七 Bc
小学 xiǎoxué	1	名	叁八 Bd	协会 xiéhuì	3	名	叁四 Ad
小学生 xiǎoxuéshēng	1	名	壹一 Jr	协商 xiéshāng	3	动	陆九 Ca
小雪 xiǎoxuě	1	名	贰三 Cc	协调 xiétiáo	3	动	陆九 Cb
	2	名	肆一 Gc		3	形	捌四 Ee
小组 xiǎozǔ	1	名	叁五 Ag	协议 xiéyì	3	名	叁五 Bb
晓得 xiǎo·de	2	动	伍五 Ta		4	动	陆九 Ca
孝敬 xiàojìng	2	动	伍五 Qd	协助 xiézhù	3	动	陆十 Ca
孝顺 xiào·shùn	4	动	陆九 Cc	协作 xiézuò	3	动	伍七 Ea
肖像 xiàoxiàng	4	名	叁九 Cc	邪 xié	3	形	捌四 Bb
校风 xiàofēng	2	名	叁二 Ic		3	形	捌四 Ce
校园 xiàoyuán	1	名	肆二 Ca	邪恶 xié'è	3	形	捌五 Ab
校长 xiàozhǎng	1	名	壹一 Ja	斜 xié	2	动	伍三 Ea
哮喘 xiàochuǎn	4	名	叁九 Ea		2	形	捌一 Ib
笑 xiào	1	动	伍六 Aa	斜阳 xiéyáng	3	名	贰三 Ac
	2	动	陆九 Gc	携带 xiédài	3	动	伍七 If
笑话 xiào·hua	2	名	叁八 Cg	携手 xiéshǒu	4	动	伍一 Cb
	2	动	陆九 Gc		4	动	伍七 Ea
笑里藏刀 xiàolǐ-cángdāo	2		捌五 Ab	鞋 xié	1	名	贰七 Ce
笑脸 xiàoliǎn	1	名	叁二 Fc	鞋子 xié·zi	1	名	贰七 Ce
笑眯眯 xiàomīmī	2	形	伍六 Aa	写 xiě	1	动	陆五 Ea
笑容 xiàoróng	2	名	叁二 Fc		1	动	陆五 Eb
笑嘻嘻 xiàoxīxī	2	形	伍六 Aa	写照 xiězhào	4	名	叁一 Fb
笑盈盈 xiàoyíngyíng	3	形	伍六 Aa		4	动	陆九 Fh
笑逐颜开 xiàozhúyánkāi	3		伍六 Aa	写字台 xiězìtái	2	名	贰七 Aa
效果 xiàoguǒ	2	名	叁一 Fd	写作 xiězuò	2	动	陆五 Ea
效劳 xiào//láo	4	动	伍七 Ec	血淋淋 xiělínlín	2	形	捌四 Bb
效力 xiào//lì	4	动	伍七 Ec	泄 xiè	3	动	柒二 Oa
效力 xiàolì	4	名	叁一 Fd	泄露 xièlòu	3	动	伍八 Dd
效率 xiàolǜ	3	名	叁十 Bg	泄气 xièqì	3	形	伍五 Bc
效益 xiàoyì	3	名	叁一 Fd	泻 xiè	3	动	柒二 Oa
效应 xiàoyìng	4	名	叁一 Fd	卸磨杀驴 xièmò-shālú	4		捌五 Sb
				亵渎 xièdú	4	动	陆十一 Bc
		xie		谢 xiè	1	动	陆九 Ia
些 xiē	1	量	叁十 Bg	谢绝 xièjué	3	动	陆九 Ah
些许 xiēxǔ	3	形	捌三 Ab	谢谢 xiè·xie	1	动	陆九 Ia
歇 xiē	2	动	伍七 Bc	邂逅 xièhòu	4	动	柒二 Gc

xin

词条	拼音	义项	编码
心 xīn		1名	壹五 Ak
		1名	叁二 Aa
心爱 xīn'ài		1形	捌四 Qa
心安理得 xīn'ān-lǐdé		3	伍五 Fb
心不在焉 xīnbùzàiyān		3	伍五 Na
心颤 xīnchàn		4动	伍二 Fa
心肠 xīncháng		2名	叁三 Ab
心潮澎湃 xīncháo-péngpài		4	伍五 Da
心驰神往 xīnchí-shénwǎng		4	伍五 Ua
心慈手软 xīncí-shǒuruǎn		3	捌五 Aa
心得 xīndé		3名	叁一 Dd
心底 xīndǐ		2名	叁三 Ab
心地 xīndì		3名	叁三 Ab
心扉 xīnfēi		4名	叁三 Ab
心服口服 xīnfú-kǒufú		3	伍五 Qc
心腹之患 xīnfùzhīhuàn		4	叁一 Ec
心甘情愿 xīngān-qíngyuàn		2	伍五 Yb
心广体胖 xīnguǎng-tǐpán		3	捌一 Ga
心狠手辣 xīnhěn-shǒulà		2	捌五 Ab
心花怒放 xīnhuā-nùfàng		3	伍五 Aa
心慌意乱 xīnhuāng-yìluàn		3	伍五 Ed
心灰意冷 xīnhuī-yìlěng		3	伍五 Bc
心急如焚 xīnjí-rúfén		4	伍五 Ec
心惊胆战 xīnjīng-dǎnzhàn		3	伍五 Bb
心惊肉跳 xīnjīng-ròutiào		2	伍五 Ea
心境 xīnjìng		3名	叁三 Bc
心旷神怡 xīnkuàng-shényí		4	伍五 Ad
心理 xīnlǐ		3名	叁三 Aa
心灵 xīnlíng		2名	叁三 Ab
心灵手巧 xīnlíng-shǒuqiǎo		2	捌五 Tc
心领神会 xīnlǐng-shénhuì		3	伍五 Td
心满意足 xīnmǎn-yìzú		2	伍五 Ab
心目 xīnmù		3名	叁三 Ab
心平气和 xīnpíng-qìhé		3	伍五 Fb
心情 xīnqíng		2名	叁三 Bc
心如刀割 xīnrúdāogē		3	伍五 Ba
心事 xīnshì		2名	叁三 Bc
心事重重 xīnshì-chóngchóng		2	伍五 Bb
心思 xīn·si		3名	叁三 Aa
		3名	叁三 Bc
		3名	叁三 Da
心态 xīntài		3名	叁三 Aa
心疼 xīnténg		2动	伍五 Ga
		2动	伍五 Kb
心田 xīntián		3名	叁三 Ab
心跳 xīn//tiào		1动	伍二 Fa
心头 xīntóu		2名	叁三 Ab
心心相印 xīnxīn-xiāngyìn		3	捌四 Ra
心胸 xīnxiōng		3名	叁二 Id
		3名	叁三 Ea
心虚 xīn//xū		3形	伍五 Ee
		3形	捌五 De
心绪 xīnxù		4名	叁三 Bc
心血 xīnxuè		2名	叁三 Aa
心血来潮 xīnxuè-láicháo		2	伍五 Db
心眼儿 xīnyǎnr		3名	叁二 Id
		3名	叁三 Ab
心意 xīnyì		3名	叁三 Bb
心猿意马 xīnyuán-yìmǎ		4	伍五 Na
心愿 xīnyuàn		2名	叁三 Cc
心悦诚服 xīnyuè-chéngfú		4	伍五 Qc
心脏 xīnzàng		2名	壹五 Ak
		3名	叁二 Dd
心直口快 xīnzhí-kǒukuài		3	捌五 Ce
芯片 xīnpiàn		4名	贰八 Cb
辛 xīn		4名	肆一 Ab
辛苦 xīnkǔ		2动	陆九 Ib
		1形	捌六 Jb
辛辣 xīnlà		3形	捌二 Ja
辛劳 xīnláo		3形	捌六 Jb
辛勤 xīnqín		2形	捌五 Va
辛酸 xīnsuān		3形	伍五 Ba
欣然 xīnrán		3形	伍五 Aa
欣赏 xīnshǎng		2动	伍七 Ke
欣慰 xīnwèi		4形	伍五 Fa
欣喜 xīnxǐ		3形	伍五 Aa

欣喜若狂 xīnxǐ-ruòkuáng		3		伍五 Aa	信任 xìnrèn	2 动	伍五 Pa
欣欣向荣 xīnxīn-xiàngróng		3		捌六 Ca	信赏必罚 xìnshǎng-bìfá	4	捌五 Ja
新 Xīn			3 名	叁五 Ae	信使 xìnshǐ	3 名	壹一 Lj
新 xīn			1 形	捌三 Ka	信誓旦旦 xìnshì-dàndàn	4	捌五 Bc
			2 形	捌三 Oa	信手拈来 xìnshǒu-niānlái	4	捌四 Kb
			1 副	玖一 Ea	信守 xìnshǒu	4 动	陆九 Cc
新陈代谢 xīnchén-dàixiè		3		伍四 Dd	信徒 xìntú	3 名	壹一 Lk
		3		柒四 Fc	信息 xìnxī	2 名	叁一 Dc
新春 xīnchūn			2 名	肆一 Ga	信箱 xìnxiāng	2 名	贰七 Be
新房 xīnfáng			2 名	贰六 Af	信心 xìnxīn	2 名	叁三 Aa
新郎 xīnláng			2 名	壹一 Dc	信仰 xìnyǎng	4 名	叁三 Ea
新绿 xīnlǜ			3 名	贰三 Jb		4 动	伍五 Pa
新年 xīnnián			1 名	肆一 Ha	信以为真 xìnyǐwéizhēn	3	伍五 Pa
新娘 xīnniáng			2 名	壹一 Dc	信用 xìnyòng	3 名	叁二 Ib
新奇 xīnqí			3 形	捌三 Kc	信用卡 xìnyòngkǎ	3 名	贰八 Cd
新人 xīnrén			2 名	壹一 Ib	信誉 xìnyù	4 名	叁二 Ib
新生 xīnshēng			2 名	壹一 Jr			
			3 形	捌三 Ka		xing	
新式 xīnshì			3 形	捌三 Ka	兴奋 xīngfèn	2 形	伍五 Da
新闻 xīnwén			2 名	叁一 Aa	兴奋剂 xīngfènjì	4 名	贰十一 Ba
			2 名	叁八 Df	兴风作浪 xīngfēng-zuòlàng		
新鲜 xīn·xiān			1 形	捌三 Ka		3	伍七 Ga
新型 xīnxíng			3 形	捌三 Ka	兴建 xīngjiàn	3 动	陆三 Aa
新颖 xīnyǐng			3 形	捌三 Kc	兴利除弊 xīnglì-chúbì	4	柒四 Fc
馨香 xīnxiāng			4 形	捌二 Ia	兴隆 xīnglóng	3 形	捌六 Ca
信 xìn			1 名	叁一 Dc	兴起 xīngqǐ	2 动	柒四 Fd
			1 名	叁八 Ee	兴盛 xīngshèng	2 形	捌六 Ca
			1 动	伍五 Pa	兴师动众 xīngshī-dòngzhòng		
信贷 xìndài			4 名	叁四 Eb		4	伍七 Ea
信封 xìnfēng			2 名	贰八 Ca	兴师问罪 xīngshī-wènzuì	4	陆九 Gb
信奉 xìnfèng			4 动	伍五 Pa	兴旺 xīngwàng	3 形	捌六 Ca
信服 xìnfú			4 动	伍五 Qc	兴许 xīngxǔ	4 副	玖一 Da
信函 xìnhán			4 名	叁八 Ee	星辰 xīngchén	4 名	贰三 Ab
信号 xìnhào			2 名	叁八 Ch	星斗 xīngdǒu	2 名	贰三 Ab
信件 xìnjiàn			2 名	叁八 Ee	星光 xīngguāng	2 名	贰三 Fa
信口雌黄 xìnkǒu-cíhuáng		4		陆九 Ee	星火燎原 xīnghuǒ-liáoyuán		
信口开河 xìnkǒu-kāihé		3		陆九 Ee		4	柒四 Fd
信赖 xìnlài			3 动	伍五 Pa	星罗棋布 xīngluó-qíbù	3	捌三 Aa
信马由缰 xìnmǎ-yóujiāng		4		伍一 Ka	星期 xīngqī	1 名	肆一 Ec
信念 xìnniàn			3 名	叁三 Ea	星期日 xīngqīrì	1 名	肆一 Ec

星期天 xīngqītiān	1名	肆一 Ec	形容词 xíngróngcí	3名	叁八 Cb
星球 xīngqiú	2名	贰三 Ab	形式 xíngshì	2名	叁二 Ab
星星 xīng·xing	1名	贰三 Ab	形势 xíngshì	3名	叁一 Fa
猩红 xīnghóng	4形	捌二 Aa		3名	叁二 Aa
惺忪 xīngsōng	4形	捌二 Eb	形态 xíngtài	3名	叁二 Aa
腥臭 xīngchòu	3形	捌二 Ib	形体 xíngtǐ	2名	壹五 Aa
腥风血雨 xīngfēng-xuèyǔ	4	捌六 Ib	形象 xíngxiàng	2名	叁二 Aa
刑罚 xíngfá	4名	叁五 Be		2形	捌四 Hc
刑法 xíngfǎ	3名	叁五 Ba	形形色色 xíngxíngsèsè	3形	捌三 Ac
行 xíng	1形	捌五 Xa	形影不离 xíngyǐng-bùlí	3	捌四 Ra
行车 xíngchē	3动	陆四 Aa	形影相吊 xíngyǐng-xiāngdiào		
行程 xíngchéng	3名	叁一 Bd		4	捌六 Dd
行动 xíngdòng	2名	叁四 Fa	形状 xíngzhuàng	1名	叁二 Aa
	2动	伍一 Ka	省悟 xǐngwù	3动	伍五 Ja
行贿 xíng//huì	4动	陆七 Ff	醒 xǐng	1动	伍四 Fc
行将就木 xíngjiāng-jiùmù	4	捌三 Ia	醒目 xǐngmù	3形	捌四 Sa
行进 xíngjìn	3动	伍一 Ka	醒悟 xǐngwù	3动	伍五 Ja
行径 xíngjìng	4名	叁四 Fa	兴冲冲 xìngchōngchōng	3形	伍五 Aa
行军 xíng//jūn	3动	陆六 Ca	兴高采烈 xìnggāo-cǎiliè	2	伍五 Aa
行礼 xíng//lǐ	2动	伍三 Ga	兴趣 xìngqù	2名	叁三 Eb
行李 xíng·li	2名	贰二 Ca	兴味 xìngwèi	3名	叁三 Eb
行囊 xíngnáng	4名	贰二 Ca	兴致 xìngzhì	4名	叁三 Eb
行窃 xíng//qiè	4动	陆七 Fh	兴致勃勃 xìngzhì-bóbó	3	伍五 Da
行人 xíngrén	2名	壹一 Lb	杏黄 xìnghuáng	2形	捌二 Ab
行善积德 xíngshàn-jīdé	4	陆十 Cb	幸而 xìng'ér	4副	玖一 Ge
行尸走肉 xíngshī-zǒuròu	3	壹一 Ib	幸福 xìngfú	1名	叁一 Ec
行使 xíngshǐ	4动	柒三 Cb		1形	捌六 Ia
行驶 xíngshǐ	3动	陆四 Aa	幸好 xìnghǎo	2副	玖一 Ge
行书 xíngshū	3名	叁八 Ca	幸亏 xìngkuī	2副	玖一 Ge
行为 xíngwéi	2名	叁四 Fa	幸运 xìngyùn	2名	叁一 Eb
行星 xíngxīng	3名	贰三 Ab		2形	伍八 Aa
行云流水 xíngyún-liúshuǐ	3	捌四 Ja	幸灾乐祸 xìngzāi-lèhuò	3	伍五 Nb
行政 xíngzhèng	4名	叁一 Aa	性别 xìngbié	2名	叁二 Ba
行之有效 xíngzhīyǒuxiào	3	捌四 Fa	性格 xìnggé	2名	叁二 Ia
行踪 xíngzōng	3名	叁一 Fc	性急 xìng//jí	3形	捌五 Gf
行走 xíngzǒu	2动	伍一 Ka	性交 xìngjiāo	4动	伍四 Ea
形成 xíngchéng	2动	柒三 Fa	性命 xìngmìng	3名	叁一 Da
形单影只 xíngdān-yǐngzhī	4	捌六 Dd	性能 xìngnéng	4名	叁一 Fd
形貌 xíngmào	4名	叁二 Fd	性情 xìngqíng	3名	叁二 Ia
形容 xíngróng	2动	陆九 Fh	性质 xìngzhì	3名	叁二 Ba

性状 xìngzhuàng	4	名	叁一	Fb
姓 xìng	1	名	叁二	Hb
姓名 xìngmíng	1	名	叁二	Hb
姓氏 xìngshì	2	名	叁二	Hb

xiong

凶 xiōng	2	形	捌四	Ma
	2	形	捌五	Ab
凶暴 xiōngbào	3	形	捌五	Ab
凶残 xiōngcán	3	形	捌五	Ab
凶多吉少 xiōngduō-jíshǎo	3		伍八	Ba
凶恶 xiōng'è	2	形	捌五	Ab
凶悍 xiōnghàn	4	形	捌五	Ab
凶狠 xiōnghěn	2	形	捌五	Ab
凶猛 xiōngměng	2	形	捌四	Ma
凶神恶煞 xiōngshén-èshà	4		壹一	Gb
凶手 xiōngshǒu	2	名	壹一	Gb
凶险 xiōngxiǎn	3	形	捌六	Ab
凶相毕露 xiōngxiàng-bìlù	4		捌五	Ab
兄弟 xiōngdì	1	名	壹一	Dg
兄弟 xiōng·di	1	名	壹一	Ac
兄妹 xiōngmèi	1	名	壹一	Dg
汹涌 xiōngyǒng	3	动	柒二	Oi
汹涌澎湃 xiōngyǒng-péngpài	4		捌四	Nb
胸怀 xiōnghuái	3	名	叁二	Id
	3	动	柒六	Me
胸脯 xiōngpú	2	名	壹五	Ae
胸膛 xiōngtáng	3	名	壹五	Ae
胸无点墨 xiōngwúdiǎnmò	4		捌五	Zb
胸有成竹 xiōngyǒuchéngzhú	3		伍五	Ra
雄 xióng	2	形	捌三	Ha
雄才大略 xióngcái-dàlüè	4		叁二	Ie
雄厚 xiónghòu	3	形	捌六	Kb
雄浑 xiónghún	4	形	捌四	Nb
雄健 xióngjiàn	3	形	捌四	Nb
雄奇 xióngqí	4	形	捌四	Nb
雄伟 xióngwěi	2	形	捌四	Nb
雄心勃勃 xióngxīn-bóbó	3		捌四	Nb
雄心壮志 xióngxīn-zhuàngzhì	3		叁三	Ea
雄性 xióngxìng	2	名	叁二	Ba
雄壮 xióngzhuàng	3	形	捌四	Nb
雄姿 xióngzī	3	名	叁二	Fb
熊 xióng	2	名	壹二	Bc
熊猫 xióngmāo	2	名	壹二	Bc

xiu

休假 xiū//jià	2	动	陆一	Qb
休憩 xiūqì	4	动	伍七	Bc
休息 xiū·xi	1	动	伍七	Bc
休闲 xiūxián	2	动	柒三	Gb
休想 xiūxiǎng	3	动	玖一	Hb
休养 xiūyǎng	3	动	伍七	Bd
	3	动	柒三	Gb
休养生息 xiūyǎng-shēngxī	4		柒三	Gb
修 xiū	2	动	伍一	Jc
	2	动	陆三	Aa
	2	动	陆三	Ca
	4	动	陆五	Ba
修长 xiūcháng	3	形	捌一	Fb
修辞 xiūcí	4	名	叁八	Ce
修订 xiūdìng	2	动	陆五	Ed
修复 xiūfù	3	动	陆三	Ca
修改 xiūgǎi	2	动	陆五	Ed
修剪 xiūjiǎn	2	动	伍一	Jc
修建 xiūjiàn	2	动	陆三	Aa
修理 xiūlǐ	2	动	伍一	Jc
	2	动	陆三	Ca
修饰 xiūshì	3	动	伍七	Be
	3	动	陆五	Ed
修行 xiū·xíng	4	动	陆八	Ba
修养 xiūyǎng	4	名	叁二	Ib
修正 xiūzhèng	3	动	陆五	Ed
修筑 xiūzhù	3	动	陆三	Aa
羞耻 xiūchǐ	4	形	捌四	Ob
羞愧 xiūkuì	4	形	伍五	Ee
羞怯 xiūqiè	4	形	伍六	Dc
羞涩 xiūsè	3	形	伍六	Dc

秀丽 xiùlì		1 形	捌三 La	需 xū		2 动	柒六 Ia
秀美 xiùměi		2 形	捌三 La	需求 xūqiú		3 名	叁三 Cb
秀气 xiù·qi		2 形	捌三 La	需要 xūyào		2 名	叁三 Cb
		2 形	捌三 Ma			2 动	柒六 Ia
秀色可餐 xiùsè-kěcān		3	捌三 La	徐徐 xúxú		3 形	捌三 Pb
秀外慧中 xiùwài-huìzhōng		4	捌三 La	许 xǔ		3 动	陆九 Ah
		4	捌五 Ta			3 动	陆九 Ah
袖手旁观 xiùshǒu-pángguān				许多 xǔduō		1 数	捌三 Aa
		3	伍五 Nb	许久 xǔjiǔ		3 形	捌三 Qa
袖珍 xiùzhēn		3 形	捌一 Hc	许可 xǔkě		3 动	陆一 La
袖子 xiù·zi		2 名	贰七 Cc	许诺 xǔnuò		3 动	陆九 Ah
绣 xiù		2 动	伍七 Bh	许配 xǔpèi		4 动	伍七 Ld
锈 xiù		4 名	贰三 Hb	序 xù		3 名	叁八 Gc
		3 动	柒四 Cc	序列 xùliè		4 名	叁二 Ce
锈蚀 xiùshí		4 动	柒四 Cc	序幕 xùmù		3 名	叁一 Bc
嗅 xiù		2 动	伍二 Dc	叙述 xùshù		2 动	陆九 Fg
嗅觉 xiùjué		2 名	叁三 Ba	续 xù		3 动	柒五 Ab
				絮语 xùyǔ		4 名	叁八 Cg
xu						4 动	陆九 Ed
戌 xū		4 名	肆一 Ab				
				xuan			
吁吁 xūxū		3 拟声	玖六 Aa				
须 xū		2 动	伍五 Zb	轩然大波 xuānrán-dàbō		4	叁一 Ab
须臾 xūyú		4 名	肆一 Bb	宣布 xuānbù		2 动	陆一 Fa
虚 xū		3 形	捌三 Jb	宣称 xuānchēng		4 动	陆九 Fe
		2 形	捌四 Ab	宣传 xuānchuán		2 动	陆一 Oa
虚构 xūgòu		4 动	陆五 Ea	宣读 xuāndú		3 动	陆一 Fa
虚怀若谷 xūhuái-ruògǔ		4	捌五 Ha	宣告 xuāngào		3 动	陆一 Fa
虚幻 xūhuàn		3 形	捌四 Hd	宣判 xuānpàn		3 动	陆七 Cb
虚假 xūjiǎ		2 形	捌四 Ab	宣誓 xuān//shì		3 动	陆九 Ff
虚名 xūmíng		4 名	叁二 Ib	宣言 xuānyán		2 名	叁八 Ef
虚拟 xūnǐ		4 动	陆五 Ea	宣扬 xuānyáng		3 动	陆一 Oa
		3 形	捌四 Ab	喧宾夺主 xuānbīn-duózhǔ		3	伍七 Gf
虚荣 xūróng		3 形	捌五 Bc	喧哗 xuānhuá		3 形	捌六 Da
虚荣心 xūróngxīn		3 名	叁三 Aa	喧闹 xuānnào		3 形	捌六 Da
虚弱 xūruò		2 形	捌四 Nd	喧嚣 xuānxiāo		4 形	捌六 Da
虚伪 xūwěi		3 形	捌五 Bc	玄机 xuánjī		4 名	叁一 Cc
虚位以待 xūwèiyǐdài		4	陆九 Ad	玄妙 xuánmiào		4 形	捌四 Kc
虚心 xūxīn		2 形	捌五 Ha	悬 xuán		3 动	伍一 Eb
虚张声势 xūzhāng-shēngshì						4 形	捌六 Ab
		4	伍七 Gc	悬挂 xuánguà		3 动	伍一 Eb

		3 动	柒二 Dd	学富五车 xuéfùwǔchē	4 捌五 Za
悬空 xuánkōng		3 动	柒二 Dd	学科 xuékē	3 名 叁八 Bb
悬念 xuánniàn		3 名	叁一 Af	学历 xuélì	4 名 叁四 Cc
悬赏 xuán//shǎng		4 动	陆一 Pa	学年 xuénián	2 名 肆一 Ea
悬殊 xuánshū		4 形	柒六 Fa	学期 xuéqī	2 名 肆一 Bb
悬崖 xuányá		3 名	贰三 Ba	学生 xué·shēng	1 名 壹一 Jr
悬崖勒马 xuányá-lèmǎ		4	伍七 Fa	学时 xuéshí	3 名 肆一 Fc
悬崖峭壁 xuányá-qiàobì		3	贰三 Ba	学识 xuéshí	3 名 叁八 Ab
旋律 xuánlǜ		3 名	叁九 Aa	学士 xuéshì	4 名 叁四 Cc
旋涡 xuánwō		3 名	叁一 Ac	学术 xuéshù	4 名 叁八 Ac
旋转 xuánzhuǎn		2 动	柒二 Na	学说 xuéshuō	4 名 叁八 Ac
选 xuǎn		1 动	伍七 Ha	学堂 xuétáng	3 名 叁八 Bd
		2 动	陆一 Ja	学徒 xuétú	3 名 壹一 Jn
选拔 xuǎnbá		3 动	陆一 Ja	学位 xuéwèi	4 名 叁四 Cc
选举 xuǎnjǔ		2 动	陆一 Ja	学问 xué·wen	3 名 叁八 Ab
选民 xuǎnmín		3 名	壹一 Lf	学习 xuéxí	1 动 陆五 Ba
选手 xuǎnshǒu		2 名	壹一 Ji	学校 xuéxiào	1 名 叁八 Bd
选修 xuǎnxiū		3 动	陆五 Ba	学业 xuéyè	3 名 叁八 Bc
选用 xuǎnyòng		2 动	陆一 Jd	学以致用 xuéyǐzhìyòng	4 伍七 Ea
选择 xuǎnzé		2 动	伍七 Ha	学员 xuéyuán	2 名 壹一 Jr
炫目 xuànmù		4 形	捌二 Da	学院 xuéyuàn	3 名 叁八 Bd
炫耀 xuànyào		3 动	伍七 Gc	学者 xuézhě	3 名 壹一 Ia
绚烂 xuànlàn		4 形	捌三 La	雪 xuě	1 名 贰三 Cc
绚丽 xuànlì		3 形	捌三 La	雪白 xuěbái	1 形 捌二 Ag
绚丽多彩 xuànlì-duōcǎi		3	捌二 Ca	雪糕 xuěgāo	2 名 贰九 Ag
旋风 xuànfēng		2 名	贰三 Ca	雪花 xuěhuā	1 名 贰三 Cc
渲染 xuànrǎn		4 动	陆九 Eg	雪亮 xuěliàng	2 形 捌二 Da
				雪泥鸿爪 xuění-hóngzhǎo	4 贰三 Ib
xue				雪山 xuěshān	1 名 贰三 Ba
削 xuē		2 动	伍一 Jb	雪上加霜 xuěshàng-jiāshuāng	
削减 xuējiǎn		3 动	柒五 Ba		3 伍八 Ba
削弱 xuēruò		3 动	柒五 Bc	雪中送炭 xuězhōng-sòngtàn	
削足适履 xuēzú-shìlǚ		4	捌四 Ef		3 陆十 Cd
靴子 xuē·zi		3 名	贰七 Ce	血 xuè	1 名 壹五 Ap
穴位 xuéwèi		2 名	壹五 Al	血管 xuèguǎn	2 名 壹五 Al
学 xué		1 动	陆五 Ba	血海深仇 xuèhǎi-shēnchóu	4 名 叁一 Ee
		1 动	柒六 Ed	血红 xuèhóng	2 形 捌二 Aa
学而不厌 xué'érbùyàn		4	捌五 Va	血迹 xuèjì	2 名 贰三 Ib
学分 xuéfēn		2 名	叁十 Bc	血口喷人 xuèkǒu-pēnrén	3 陆九 Gc
学风 xuéfēng		2 名	叁二 Ic	血泊 xuèpō	3 名 贰三 Ib

血气方刚 xuèqì-fānggāng	4		捌三 Ib	驯化 xùnhuà	4 动	陆十一 Ec
血亲 xuèqīn	3	名	壹一 Da	驯良 xùnliáng	4 形	捌五 Cd
血肉之躯 xuèròuzhīqū	4		壹五 Aa	徇私舞弊 xùnsī-wǔbì	4	陆七 Fa
血型 xuèxíng	2	名	叁二 Cd	逊色 xùnsè	4 形	捌四 Bb
血压 xuèyā	3	名	叁二 Gb	殉职 xùn//zhí	4 动	伍四 Cc
血液 xuèyè	2	名	壹五 Ap			
血缘 xuèyuán	2	名	叁四 Bb	**ya**		

xun

				丫头 yā·tou	2 名	壹一 Bb
勋章 xūnzhāng	4	名	贰八 Cg	压 yā	1 动	伍一 Ae
熏 xūn	4	动	伍七 Cb		2 动	伍五 Lc
熏陶 xūntáo	4	动	柒六 Oa		2 动	柒六 Fd
寻 xún	2	动	伍七 Jc	压倒 yā//dǎo	3 动	陆十一 Dd
寻常 xúncháng	3	形	捌四 Ca	压力 yālì	2 名	叁二 Gb
寻访 xúnfǎng	4	动	陆九 Ac	压迫 yāpò	2 动	陆十一 Hf
寻花问柳 xúnhuā-wènliǔ	4		伍七 Ka	压岁钱 yāsuìqián	2 名	叁七 Fb
寻欢作乐 xúnhuān-zuòlè	3		伍七 Ka	压缩 yāsuō	2 动	柒五 Ba
寻觅 xúnmì	4	动	伍七 Jc	压抑 yāyì	3 动	伍五 Lc
寻求 xúnqiú	3	动	伍五 Uc	压榨 yāzhà	4 动	陆十一 He
寻思 xún·si	3	动	伍五 Ra	压制 yāzhì	3 动	陆十一 Dd
寻死觅活 xúnsǐ-mìhuó	4		陆十一 Ac	呀 yā	1 助	玖四 Ca
寻找 xúnzhǎo	2	动	伍七 Jc		1 叹	玖五 Ba
巡逻 xúnluó	3	动	陆六 Db	押 yā	4 动	陆七 Dd
巡弋 xúnyì	4	动	陆六 Db	押解 yājiè	4 动	陆七 Dd
询问 xúnwèn	2	动	陆九 Fc	鸦雀无声 yāquè-wúshēng	2	捌六 Db
循规蹈矩 xúnguī-dǎojǔ	4		捌五 Pb	鸭 yā	1 名	壹二 Dd
循环 xúnhuán	3	动	柒三 Cf	牙 yá	1 名	壹五 Ad
循序渐进 xúnxù-jiànjìn	3		伍八 Ma	牙齿 yáchǐ	1 名	壹五 Ad
循循善诱 xúnxún-shànyòu	4		陆五 Aa	牙膏 yágāo	2 名	贰七 Bc
训 xùn	2	动	陆九 Gd	牙关 yáguān	2 名	壹五 Ad
训斥 xùnchì	3	动	陆九 Gb	牙刷 yáshuā	1 名	贰七 Bc
训导 xùndǎo	3	动	陆九 Gd	牙牙学语 yáyá-xuéyǔ	3	柒六 Ed
训诫 xùnjiè	4	动	陆九 Gd	芽 yá	2 名	壹五 Ca
训练 xùnliàn	2	动	陆五 Be	哑 yǎ	2 动	伍四 Hb
讯问 xùnwèn	4	动	陆七 Ca		2 形	捌二 Gc
迅疾 xùnjí	4	形	捌三 Pa	哑巴 yǎ·ba	2 名	壹一 Fb
迅猛 xùnměng	4	形	捌三 Pa	哑口无言 yǎkǒu-wúyán	3	伍六 Ba
迅速 xùnsù	2	形	捌三 Pa	雅俗共赏 yǎsú-gòngshǎng	3	伍七 Ke
驯服 xùnfú	4	动	陆十一 Ec	雅致 yǎ·zhi	4 形	捌三 La
	4	形	捌五 Cd	亚军 yàjūn	2 名	壹一 Ia
				亚热带 yàrèdài	3 名	贰三 Ad

轧 yà		4动	伍一 Ag		严实 yán·shi	3形	捌三 Ea	
					严肃 yánsù	2形	捌五 Ea	
yan					严于律己 yányúlùjǐ	4	伍五 Lc	
咽 yān		2名	壹五 Ad		严阵以待 yánzhènyǐdài	4	陆六 Aa	
咽喉 yānhóu		3名	壹五 Ad		严整 yánzhěng	4形	捌六 Ha	
		4名	肆二 Cg		严正 yánzhèng	4形	捌五 Eb	
殷红 yānhóng		4形	捌二 Aa		严重 yánzhòng	2形	捌四 Ma	
胭脂 yān·zhi		3名	贰七 Bm		言不由衷 yánbùyóuzhōng	4	捌五 Bc	
烟 yān		1名	贰三 Eb		言传身教 yánchuán-shēnjiào			
		2名	贰十一 Ad			3	陆五 Aa	
烟尘 yānchén		2名	贰三 Ha		言辞 yáncí	4名	叁八 Cg	
烟雾 yānwù		2名	贰三 Eb		言归于好 yánguīyúhǎo	3	陆九 Cb	
烟消云散 yānxiāo-yúnsàn		3	柒三 Ga		言归正传 yánguīzhèngzhuàn			
淹 yān		2动	柒二 Oe			3	柒四 Ad	
淹没 yānmò		2动	柒二 Oe		言过其实 yánguòqíshí	4	陆九 Eg	
延 yán		2动	柒二 Ca		言简意赅 yánjiǎn-yìgāi	4	捌三 Ad	
		2动	柒三 Eb		言论 yánlùn	3名	叁八 Ed	
延长 yáncháng		2动	柒二 Ca		言听计从 yántīng-jìcóng	3	捌五 Cd	
延迟 yánchí		3动	柒三 Eb		言外之意 yánwàizhīyì	3	叁八 Ga	
延缓 yánhuǎn		3动	柒三 Eb		言语 yányǔ	2名	叁八 Cg	
延年益寿 yánnián-yìshòu		3	捌三 Ia		岩层 yáncéng	4名	贰三 Ad	
延期 yán//qī		2动	柒三 Eb		岩石 yánshí	2名	贰四 Cb	
延伸 yánshēn		3动	柒二 Ca		炎黄子孙 Yán-Huáng zǐsūn	3	叁四 Ac	
延误 yánwù		3动	柒三 Ec		炎热 yánrè	2形	捌二 Nb	
延续 yánxù		3动	柒三 Cd		沿 yán	2名	贰二 Fb	
严 yán		2形	捌三 Ea			2介	玖二 Eb	
		2形	捌五 Ma		沿海 yánhǎi	2名	肆二 Ag	
严惩不贷 yánchéng-bùdài		4	陆七 Da		沿途 yántú	3名	肆二 Ag	
严冬 yándōng		3名	肆一 Ga		研读 yándú	3动	陆五 Ca	
严格 yángé		2形	捌五 Ma		研发 yánfā	4动	陆五 Da	
严寒 yánhán		2形	捌二 Na		研究 yánjiū	2动	伍五 Ra	
严谨 yánjǐn		4形	捌四 Gc			2动	陆五 Da	
		4形	捌五 Gc		研究生 yánjiūshēng	4名	壹一 Jr	
严禁 yánjìn		2动	陆一 Na		研讨 yántǎo	4动	陆一 Ka	
严峻 yánjùn		4形	捌四 Ma			4动	陆五 Da	
		4形	捌五 Ea		研制 yánzhì	3动	陆五 Da	
严酷 yánkù		3形	捌五 Ma		盐 yán	2名	贰九 Af	
严厉 yánlì		2形	捌五 Ma		阎王 Yán·wang	4名	壹一 Gb	
严密 yánmì		3形	捌四 Gc		筵席 yánxí	4名	叁四 Fc	
严明 yánmíng		4形	捌五 Ja		颜料 yánliào	2名	贰八 Ca	

颜色 yánsè	1 名	贰三 Ja	演 yǎn	2 动	陆五 Fa
奄奄一息 yǎnyǎnyīxī	4	伍四 Ce	演变 yǎnbiàn	3 动	柒四 Aa
俨然 yǎnrán	4 形	捌五 Eb	演唱 yǎnchàng	2 动	陆五 Fc
	4 形	捌六 Ha	演出 yǎnchū	3 动	陆五 Fa
	4 副	玖一 Da	演技 yǎnjì	3 名	叁二 Ie
掩藏 yǎncáng	3 动	伍七 Ja	演讲 yǎnjiǎng	2 动	陆九 Eb
掩耳盗铃 yǎn'ěr-dàolíng	3	陆十一 Cd	演练 yǎnliàn	4 动	陆五 Be
掩盖 yǎngài	3 动	陆十一 Cd	演示 yǎnshì	3 动	柒六 Be
	3 动	柒二 Bd	演说 yǎnshuō	3 动	陆九 Eb
掩护 yǎnhù	3 动	陆六 Cb	演习 yǎnxí	4 动	陆五 Be
	3 动	陆十 Ea	演绎 yǎnyì	4 动	陆五 Db
掩人耳目 yǎnrén'ěrmù	3	陆十一 Cd	演员 yǎnyuán	2 名	壹一 Jl
掩饰 yǎnshì	3 动	陆十一 Cd	演奏 yǎnzòu	2 动	陆五 Fe
掩映 yǎnyìng	4 动	柒六 Ge	厌烦 yànfán	3 动	伍五 Ha
眼巴巴 yǎnbābā	2 形	伍五 Ua	厌倦 yànjuàn	3 动	伍五 Ha
眼高手低 yǎngāo-shǒudī	3	捌五 Gf	厌恶 yànwù	3 动	伍五 Ha
眼光 yǎnguāng	2 名	叁二 Fc	砚 yàn	4 名	贰八 Ca
	3 名	叁二 If	咽 yàn	2 动	伍二 Ea
	3 名	叁三 Da	咽气 yàn//qì	3 动	伍四 Cd
眼红 yǎnhóng	2 形	伍五 Gb	艳丽 yànlì	2 形	捌三 La
眼花缭乱 yǎnhuā-liáoluàn	3	捌二 Ca	艳阳天 yànyángtiān	3 名	肆一 Ed
眼疾手快 yǎnjí-shǒukuài	3	捌五 Tc	宴会 yànhuì	3 名	叁四 Fc
眼睑 yǎnjiǎn	4 名	壹五 Ad	宴请 yànqǐng	3 动	伍七 Ce
眼界 yǎnjiè	3 名	叁三 Da	验 yàn	2 动	陆一 Ia
眼睛 yǎn·jing	1 名	壹五 Ad	验收 yànshōu	4 动	陆一 Ia
眼镜 yǎnjìng	1 名	贰七 Bg	验证 yànzhèng	3 动	柒六 Bg
眼眶 yǎnkuàng	2 名	壹五 Ad	谚语 yànyǔ	3 名	叁八 Cb
眼泪 yǎnlèi	1 名	壹五 Aq	焰火 yànhuǒ	3 名	贰三 Ea
眼力 yǎnlì	3 名	叁二 Ga	燕 yàn	2 名	壹二 Db
	3 名	叁二 If			
眼帘 yǎnlián	4 名	壹五 Ad	**yang**		
眼皮 yǎnpí	2 名	壹五 Ad	央求 yāngqiú	3 动	陆九 Kc
眼前 yǎnqián	3 名	肆一 Dd	扬 yáng	3 动	伍一 Da
	1 名	肆二 Ae	扬长避短 yángcháng-bìduǎn	3	柒三 Ic
眼圈 yǎnquān	2 名	壹五 Ad	扬眉吐气 yángméi-tǔqì	3	伍五 Ad
眼色 yǎnsè	2 名	叁二 Fc	扬汤止沸 yángtāng-zhǐfèi	4	捌四 Fb
眼神 yǎnshén	2 名	叁二 Fc	羊 yáng	1 名	壹二 Cb
眼下 yǎnxià	3 名	肆一 Dd	阳春白雪 yángchūn-báixuě		
眼睁睁 yǎnzhēngzhēng	3 形	伍五 Be		4	叁八 Da
眼珠 yǎnzhū	2 名	壹五 Ad			

阳奉阴违	yángfèng-yīnwéi		4	捌五 Bc	妖娆	yāoráo	4 形	捌三 La
阳光	yángguāng	1 名		贰三 Fa	妖艳	yāoyàn	4 形	捌三 La
阳历	yánglì	2 名		肆一 Aa	要求	yāoqiú	1 名	叁三 Cb
阳台	yángtái	1 名		贰六 Bh			1 动	伍五 Ub
杨柳	yángliǔ	2 名		壹三 Bb	要挟	yāoxié	4 动	陆十一 Hb
洋	yáng	2 形		捌三 Kc	腰	yāo	1 名	壹五 Ae
		2 形		捌四 Ua			1 名	贰七 Cc
洋洋洒洒	yángyángsǎsǎ	3 形		捌四 Kd	腰包	yāobāo	2 名	贰七 Be
洋溢	yángyì	3 动		柒六 Md	腰缠万贯	yāochánwàngguàn		
仰	yǎng	2 动		伍三 Fc			4	捌六 Kb
		2 动		柒二 Aa	邀	yāo	2 动	陆九 Ab
仰慕	yǎngmù	3 动		伍五 Qd	邀请	yāoqǐng	2 动	陆九 Ab
仰视	yǎngshì	3 动		伍二 Da	邀约	yāoyuē	4 动	陆九 Ab
仰望	yǎngwàng	3 动		伍二 Da	窑	yáo	4 名	贰六 Aa
		3 动		伍五 Qd	谣言	yáoyán	3 名	叁一 Dc
养	yǎng	1 动		伍七 Bd	摇	yáo	1 动	伍一 Hc
		1 动		陆十 Fa	摇摆	yáobǎi	2 动	柒二 Md
养病	yǎng//bìng	2 动		伍七 Bd	摇动	yáodòng	2 动	柒二 Md
养分	yǎngfèn	3 名		叁二 Da	摇晃	yáo·huàng	3 动	柒二 Md
养虎为患	yǎnghǔ-wéihuàn	4		伍七 Gh	摇篮	yáolán	2 名	贰七 Ac
养护	yǎnghù	3 动		陆三 Cb			3 名	肆二 Ca
		3 动		陆十 Dc	摇旗呐喊	yáoqí-nàhǎn	4	陆十 Cc
养活	yǎng·huo	2 动		陆十 Fa	摇头	yáo//tóu	1 动	伍二 Ad
养精蓄锐	yǎngjīng-xùruì	3		柒三 Gb	摇头摆尾	yáotóu-bǎiwěi	3	伍五 Ac
养料	yǎngliào	3 名		贰二 Ba	摇头晃脑	yáotóu-huàngnǎo		
养育	yǎngyù	2 动		陆十 Fa			3	伍五 Ac
养殖	yǎngzhí	3 动		陆三 La	摇尾乞怜	yáowěi-qǐlián	4	陆十一 Fa
养尊处优	yǎngzūn-chǔyōu	4		捌六 Ja	摇摇欲坠	yáoyáo-yùzhuì	3	捌六 Ab
氧气	yǎngqì	2 名		贰三 Db	摇曳	yáoyè	4 动	柒二 Md
痒	yǎng	2 形		伍四 Ie	遥控	yáokòng	3 动	陆一 Da
样本	yàngběn	4 名		贰二 Cc	遥望	yáowàng	3 动	伍二 Da
样品	yàngpǐn	2 名		贰二 Cc	遥远	yáoyuǎn	2 形	捌三 Qa
样式	yàngshì	3 名		叁二 Ab			2 形	捌三 Ra
样子	yàng·zi	2 名		叁二 Fd	咬	yǎo	1 动	伍二 Eb
					咬紧牙关	yǎojǐn-yáguān	3	伍五 Ob
yao					咬文嚼字	yǎowén-jiáozì	3	陆五 Da
吆喝	yāo·he	3 动		伍二 Hb	咬牙切齿	yǎoyá-qièchǐ	3	伍五 Hd
妖怪	yāoguài	3 名		叁三 Fc	舀	yǎo	4 动	伍一 If
妖精	yāo·jing	3 名		叁三 Fc	窈窕	yǎotiǎo	4 形	捌三 La
					药	yào	1 名	贰十 Aa

药材 yàocái	3 名	贰十 Aa	2 形	捌五 Pb
药方 yàofāng	3 名	叁八 Ef	野生 yěshēng	2 形	捌四 Ta
药物 yàowù	3 名	贰十 Aa	野兽 yěshòu	2 名	壹二 Ba
要 yào	1 动	伍五 Zb	野外 yěwài	2 名	肆二 Bb
	1 动	陆九 Ka	野心 yěxīn	3 名	叁三 Ca
	1 动	陆十 Bc	野心勃勃 yěxīn-bóbó	3	捌五 La
	1 动	柒六 Ia	野性 yěxìng	3 名	叁二 Ia
	1 连	玖三 Fa	野营 yěyíng	2 动	伍七 Ab
要不 yàobù	2 连	玖三 Fa	业绩 yèjì	4 名	叁一 Gb
要不是 yàobùshì	2 连	玖三 Ec	业精于勤 yèjīngyúqín	4	捌五 Va
要道 yàodào	3 名	肆二 Cg	业余 yèyú	3 形	捌四 Xb
要点 yàodiǎn	2 名	叁八 Ga	叶公好龙 yègōng-hàolóng	3	捌四 Ab
要害 yàohài	3 名	叁二 Dd	叶落归根 yèluò-guīgēn	4	伍七 De
要好 yàohǎo	2 形	捌四 Rc	页 yè	1 量	叁十 Ca
要价 yào//jià	3 动	陆二 Bb	页码 yèmǎ	2 名	叁八 Ch
要紧 yàojǐn	3 形	捌四 La	夜 yè	1 名	肆一 Fb
要么 yào·me	2 连	玖三 Ab	夜班 yèbān	2 名	叁二 Ce
要命 yào//mìng	3 动	捌四 Ma	夜不闭户 yèbùbìhù	3	捌六 Ba
要强 yàoqiáng	3 形	捌五 Oa	夜长梦多 yècháng-mèngduō		
要塞 yàosài	3 名	肆二 Bd		3	柒四 Aa
要是 yào·shi	1 连	玖三 Fa	夜间 yèjiān	2 名	肆一 Fb
要素 yàosù	3 名	叁二 Da	夜景 yèjǐng	2 名	叁二 Ac
要言不烦 yàoyán-bùfán	4	捌三 Ad	夜空 yèkōng	1 名	肆二 Ba
钥匙 yào·shi	2 名	贰七 Bn	夜郎自大 yèláng-zìdà	3	捌五 Hb
耀武扬威 yàowǔ-yángwēi	3	捌五 Hb	夜幕 yèmù	3 名	肆一 Fb
耀眼 yàoyǎn	2 形	捌二 Da	夜色 yèsè	2 名	叁二 Ac
			夜深人静 yèshēn-rénjìng	2	捌六 Db
ye			夜晚 yèwǎn	1 名	肆一 Fb
爷爷 yé·ye	1 名	壹一 Cd	夜校 yèxiào	2 名	叁八 Bd
	1 名	壹一 De	夜以继日 yèyǐjìrì	3	捌五 Va
也 yě	1 副	玖三 Aa	液体 yètǐ	2 名	贰二 Ab
也好 yěhǎo	2 助	玖四 Ca	腋窝 yèwō	3 名	壹五 Ae
也许 yěxǔ	1 副	玖一 Da			
冶炼 yěliàn	4 动	陆三 Da	**yi**		
野 yě	2 形	捌四 Ta	一 yī	1 数	叁十 Be
	3 形	捌五 Gh		1 数	捌三 Ba
野菜 yěcài	2 名	壹三 Fa	一败涂地 yībài-túdì	3	伍八 Da
野草 yěcǎo	2 名	壹三 Cc	一般 yībān	2 形	柒六 Ed
野火 yěhuǒ	2 名	贰三 Ea		2 形	捌四 Ca
野蛮 yěmán	3 形	捌五 Gh	一半 yībàn	1 数	叁十 Bg

一本正经 yīběn-zhèngjīng	2		捌五 Ea	一连串 yīliánchuàn	2 形	玖一 Eg
一笔勾销 yībǐ-gōuxiāo	4		陆一 Nb	一了百了 yīliǎo-bǎiliǎo	3	柒三 Ba
一边 yībiān	1 名	叁二 Cb	一流 yīliú	3 形	捌四 Da
	1 副	玖一 Cd	一溜烟 yīliùyān	3 副	玖一 Ec
一波三折 yībō-sānzhé	3		叁一 Ab	一路 yīlù	2 副	玖一 Ca
一步登天 yībù-dēngtiān	2		伍八 Gb	一律 yīlǜ	2 副	玖一 Bd
一唱一和 yīchàng-yīhè	3		陆十一 Fa	一落千丈 yīluò-qiānzhàng	3	伍八 Mb
一尘不染 yīchén-bùrǎn	3		捌五 Kb	一马当先 yīmǎ-dāngxiān	3	伍八 Mc
	2		捌六 Ga	一马平川 yīmǎ-píngchuān	3	捌一 Ma
一筹莫展 yīchóu-mòzhǎn	4		伍八 Bc	一毛不拔 yīmáo-bùbá	2	捌五 Lb
一触即发 yīchù-jífā	3		捌六 Fb	一面之词 yīmiànzhīcí	3	叁八 Cg
一锤定音 yīchuí-dìngyīn	4		陆一 Kb	一鸣惊人 yīmíng-jīngrén	3	伍八 Gc
一蹴而就 yīcù'érjiù	4		捌四 Kb	一模一样 yīmú-yīyàng	2	柒六 Ea
一带 yīdài	3 名	肆二 Ag	一目了然 yīmù-liǎorán	2	伍五 Tb
一旦 yīdàn	3 副	玖一 Ee	一目十行 yīmù-shíháng	1	捌三 Pa
一刀两断 yīdāo-liǎngduàn	3		陆十一 Gc	一诺千金 yīnuò-qiānjīn	3	陆九 Ab
一道 yīdào	2 副	玖一 Ca	一拍即合 yīpāi-jíhé	2	柒六 Gd
一点儿 yīdiǎnr	1 数量	叁十 Bg	一盘散沙 yīpán-sǎnshā	2	捌三 Eb
一定 yīdìng	1 副	玖一 Db	一旁 yīpáng	1 名	肆二 Ag
一帆风顺 yīfān-fēngshùn	2		伍八 Ac	一贫如洗 yīpín-rúxǐ	3	捌六 Ka
一反常态 yīfǎn-chángtài	3		柒四 Aa	一齐 yīqí	1 副	玖一 Ca
一分为二 yīfēn-wéi'èr	3		捌四 Gc	一起 yīqǐ	1 副	玖一 Ca
一干二净 yīgān-èrjìng	2		柒六 Kf	一气呵成 yīqì-hēchéng	3	柒三 Bd
一共 yīgòng	1 副	玖一 Bd	一窍不通 yīqiào-bùtōng	3	捌五 Zb
一鼓作气 yīgǔ-zuòqì	3		柒三 Bd	一切 yīqiè	1 代	捌三 Ba
一呼百应 yīhū-bǎiyìng	3		陆十 Cc	一穷二白 yīqióng-èrbái	2	捌六 Ka
一会儿 yīhuìr	1 数量	肆一 Bb	一去不返 yīqù-bùfǎn	3	柒三 Ga
	1 副	玖一 Cd	一如既往 yīrú-jìwǎng	3	捌六 La
一家之言 yījiāzhīyán	3		叁三 Da	一扫而空 yīsǎo'érkōng	3	柒五 Ca
一见如故 yījiàn-rúgù	2		柒六 Gd	一身 yīshēn	1 名	壹五 Aa
一见钟情 yījiàn-zhōngqíng	3		伍七 La	一生 yīshēng	2 名	肆一 Ia
一箭双雕 yījiàn-shuāngdiāo				一时 yīshí	2 名	肆一 Bb
	3		伍八 Ec		2 副	玖一 Ec
一举两得 yījǔ-liǎngdé	2		伍八 Ec	一事无成 yīshì-wúchéng	2	捌四 Fb
一蹶不振 yījué-bùzhèn	4		伍五 Bc	一视同仁 yīshì-tóngrén	3	伍五 Mc
一孔之见 yīkǒngzhījiàn	3		叁三 Da	一手 yīshǒu	3 副	玖一 Ca
一口气 yīkǒuqì	2 副	玖一 Eg	一手遮天 yīshǒu-zhētiān	3	捌五 Pb
一块儿 yīkuàir	1 副	玖一 Ca	一瞬间 yīshùnjiān	3 名	肆一 Bb
一劳永逸 yīláo-yǒngyì	4		捌六 Ja	一丝不苟 yīsī-bùgǒu	3	捌五 Ga
一连 yīlián	2 副	玖一 Eg	一丝不挂 yīsī-bùguà	2	柒三 Fc

词条	拼音				词条	拼音			
一丝一毫	yīsī-yīháo		2	捌三 Ab	一字千金	yīzì-qiānjīn		2	捌四 Ba
一塌糊涂	yītāhútú		3	捌六 Hb	伊斯兰教	Yīsīlánjiào		4 名	叁三 Fa
一天到晚	yītiān-dàowǎn		2	捌三 Qa	衣袋	yīdài		2 名	贰七 Cc
一同	yītóng		2 副	玖一 Ca	衣服	yī·fu		1 名	贰七 Cb
一头	yītóu		1 名	叁二 Cb	衣冠不整	yīguān-bùzhěng		3	捌三 Be
一网打尽	yīwǎng-dǎjìn		3	陆七 Ba	衣冠楚楚	yīguān-chǔchǔ		4	捌六 Ha
一往情深	yīwǎng-qíngshēn				衣冠禽兽	yīguān-qínshòu		4	壹一 Gb
			3	伍五 Ga	衣柜	yīguì		2 名	贰七 Ab
一往无前	yīwǎng-wúqián		3	伍八 Ma	衣襟	yījīn		3 名	贰七 Cc
一望无际	yīwàng-wújì		2	捌一 Ca	衣锦还乡	yījǐn-huánxiāng		4	伍八 Ga
一窝蜂	yīwōfēng		2 副	捌六 Hb	衣料	yīliào		3 名	贰七 Ca
一无是处	yīwúshìchù		2	捌四 Eb	衣领	yīlǐng		2 名	贰七 Cc
一无所获	yīwúsuǒhuò		2	捌四 Fb	衣衫	yīshān		3 名	贰七 Cb
一无所有	yīwúsuǒyǒu		2	捌六 Ka	衣裳	yī·shang		2 名	贰七 Cb
一席之地	yīxízhīdì		3	肆二 Ca	衣袖	yīxiù		2 名	贰七 Cc
一系列	yīxìliè		2 形	捌三 Aa	衣着	yīzhuó		4 名	贰七 Cb
一下子	yīxià·zi		1 副	玖一 Ee	医疗	yīliáo		3 动	陆五 Ka
一向	yīxiàng		2 副	玖一 Dc	医生	yīshēng		1 名	壹一 Jh
一些	yīxiē		1 数量	叁十 Bg	医学	yīxué		2 名	叁八 Bb
一泻千里	yīxiè-qiānlǐ		3	捌三 Pa	医药	yīyào		3 名	贰十 Aa
一心	yīxīn		2 形	伍八 Na	医院	yīyuàn		1 名	叁九 Ee
			2 副	玖一 Ad	医治	yīzhì		3 动	陆五 Ka
一心一意	yīxīn-yīyì		2	伍五 Mb	依	yī		3 动	陆九 Cc
一言难尽	yīyán-nánjìn		3	陆九 Ei				3 介	玖二 Ea
一言为定	yīyánwéidìng		2	陆九 Ab	依傍	yībàng		4 动	柒六 Na
一样	yīyàng		1 形	柒六 Ea	依次	yīcì		3 副	玖一 Cd
一衣带水	yīyīdàishuǐ		3	捌三 Rb	依附	yīfù		3 动	伍七 Ac
一意孤行	yīyì-gūxíng		3	捌五 Ua				3 动	柒六 Db
一应俱全	yīyīng-jùquán		3	捌四 Gc	依旧	yījiù		3 副	玖一 Eg
一语破的	yīyǔ-pòdì		4	捌四 Ee	依据	yījù		3 名	叁一 Bb
一再	yīzài		2 副	玖一 Fa				3 动	柒六 Na
一早	yīzǎo		2 名	肆一 Fa				3 介	玖二 Ea
一针见血	yīzhēn-jiànxiě		2	捌四 Ee	依靠	yīkào		2 名	叁一 Ba
一阵风	yīzhènfēng		2 副	玖一 Ec				2 动	柒六 Na
一知半解	yīzhī-bànjiě		2	捌五 Zb	依赖	yīlài		3 动	柒六 Na
一直	yīzhí		1 副	玖一 Eg	依恋	yīliàn		3 动	伍五 Gc
一纸空文	yīzhǐ-kōngwén		4	叁八 Cg	依然	yīrán		2 副	玖一 Eg
一致	yīzhì		3 形	柒六 Ea	依托	yītuō		3 动	柒六 Na
			3 副	玖一 Ca	依偎	yīwēi		4 动	伍三 Ea
一字不差	yīzì-bùchà		2	捌四 Ea	依稀	yīxī		4 形	捌二 Eb

依依不舍 yīyī-bùshě	2	伍五 Gc			3动	伍五 Ib	
依照 yīzhào	3动	陆九 Cc		疑虑 yílǜ	4名	叁一 Af	
	3介	玖二 Ea			4动	伍五 Pb	
壹 yī	4数	叁十 Be		疑难 yínán	3名	叁一 Af	
仪表 yíbiǎo	3名	贰五 Dd			3形	捌四 Kc	
	3名	叁二 Fa		疑神疑鬼 yíshén-yíguǐ	2	伍五 Pb	
仪表堂堂 yíbiǎo-tángtáng	3	捌三 La		疑问 yíwèn	2名	叁一 Af	
仪器 yíqì	3名	贰五 Dd		疑心 yíxīn	3名	叁一 Af	
仪式 yíshì	2名	叁四 Db			3动	伍五 Pb	
仪态 yítài	3名	叁二 Fa		乙 yǐ	4名	肆一 Ab	
怡然自得 yírán-zìdé	4	伍五 Ad		已 yǐ	1副	玖一 Eb	
贻笑大方 yíxiào-dàfāng	4	陆九 Gc		已经 yǐjīng	1副	玖一 Eb	
姨 yí	1名	壹一 Df		已然 yǐrán	4动	柒三 Ha	
移 yí	2动	伍一 Hd		以 yǐ	1介	玖二 Ea	
移动 yídòng	2动	柒二 Ma			3介	玖二 Ca	
移风易俗 yífēng-yìsú	4	柒四 Ad			4连	玖三 Ga	
移花接木 yíhuā-jiēmù	4	陆十 Ba		以便 yǐbiàn	3连	玖三 Ha	
移交 yíjiāo	3动	陆十 Bb		以德报怨 yǐdé-bàoyuàn	4	捌五 Ac	
移居 yíjū	2动	伍七 Ae		以讹传讹 yǐ'é-chuán'é	4	柒三 Ka	
移民 yímín	3名	壹一 Kb		以后 yǐhòu	1名	肆一 De	
	3动	伍七 Ae		以及 yǐjí	2连	玖三 Aa	
移植 yízhí	3动	陆三 Jc		以儆效尤 yǐjǐngxiàoyóu	4	陆九 Gd	
遗产 yíchǎn	3名	叁一 Ha		以来 yǐlái	2名	肆一 De	
	3名	叁七 Da		以免 yǐmiǎn	3连	玖三 Ha	
遗传 yíchuán	2动	柒三 Ka		以前 yǐqián	1名	肆一 Dc	
遗憾 yíhàn	3形	伍五 Kb		以身试法 yǐshēn-shìfǎ	4	陆七 Fa	
遗迹 yíjì	4名	贰三 Ib		以身殉职 yǐshēn-xùnzhí	4	伍四 Cc	
遗留 yíliú	3动	柒六 Kd		以身作则 yǐshēn-zuòzé	3	陆五 Aa	
遗漏 yílòu	3动	伍八 Fa		以外 yǐwài	2名	肆二 Af	
遗民 yímín	4名	壹一 Aa		以往 yǐwǎng	3名	肆一 Dc	
遗弃 yíqì	3动	柒五 Cd		以为 yǐwéi	1动	伍五 Vb	
遗失 yíshī	3动	伍八 Kc		以下 yǐxià	2名	肆二 Ad	
遗体 yítǐ	3名	壹五 Aa		以逸待劳 yǐyì-dàiláo	4	柒三 Gb	
遗忘 yíwàng	2动	伍五 Xd		以怨报德 yǐyuàn-bàodé	4	捌五 Sb	
遗像 yíxiàng	3名	叁九 Cc		以至于 yǐzhìyú	3连	玖三 Ha	
遗愿 yíyuàn	3名	叁三 Cc		以致 yǐzhì	3连	玖三 Ha	
遗址 yízhǐ	2名	肆二 Da		倚 yǐ	2动	伍三 Ea	
遗嘱 yízhǔ	3名	叁八 Ef		倚靠 yǐkào	3动	伍三 Ea	
疑点 yídiǎn	3名	叁一 Af		倚老卖老 yǐlǎo-màilǎo	4	伍七 Gc	
疑惑 yíhuò	4名	叁一 Af		椅子 yǐ·zi	1名	贰七 Aa	

亿 yì	2 数	叁十 Be		译 yì	3 动	陆十一 Dd
亿万 yìwàn	3 数	捌三 Aa		译 yì	3 动	陆五 Ea
义不容辞 yìbùróngcí	3	捌四 Wb		易如反掌 yìrúfǎnzhǎng	3	捌四 Kb
义愤填膺 yìfèn-tiányīng	4	伍五 Ca		疫苗 yìmiáo	3 名	贰十 Aa
义工 yìgōng	4 名	壹一 Lf		益虫 yìchóng	2 名	壹二 Fa
义气 yì·qi	4 名	叁二 Id		翌日 yìrì	4 名	肆一 Ed
义无反顾 yìwúfǎngù	3	伍八 Ma		意见 yì·jiàn	2 名	叁三 Da
义务 yìwù	2 名	叁五 Cb		意料 yìliào	3 动	伍五 Sc
	2 形	捌五 Ka		意气风发 yìqì-fēngfā	4	伍六 Eb
艺人 yìrén	3 名	壹一 Jl		意气用事 yìqì-yòngshì	4	伍七 Gb
艺术 yìshù	3 名	叁一 Cb		意识 yì·shí	3 名	叁三 Aa
	2 名	叁八 Ab			3 动	伍五 Tb
议 yì	3 动	陆九 Ca		意思 yì·si	1 名	叁一 Cc
议程 yìchéng	4 名	叁二 Ce			1 名	叁三 Cc
议会 yìhuì	4 名	叁五 Ab			1 名	叁三 Ec
议论 yìlùn	2 名	叁八 Ed		意图 yìtú	3 名	叁三 Db
	2 动	陆十一 Aa		意外 yìwài	3 名	叁一 Ab
议论纷纷 yìlùn-fēnfēn	2	陆十一 Aa			3 形	捌四 Ce
议题 yìtí	4 名	叁八 Ge		意味 yìwèi	4 名	叁一 Cc
议员 yìyuán	4 名	壹一 Ja			4 名	叁三 Ec
屹立 yìlì	4 动	柒二 Ac			4 名	叁八 Ga
亦 yì	4 副	玖三 Aa		意味深长 yìwèi-shēncháng	3	捌四 Mb
亦步亦趋 yìbù-yìqū	4	柒六 Ed		意味着 yìwèi·zhe	3 动	柒六 Ma
异彩纷呈 yìcǎi-fēnchéng	4	捌二 Ca		意义 yìyì	2 名	叁一 Fd
异常 yìcháng	3 形	捌四 Cb		意愿 yìyuàn	3 名	叁三 Cc
	3 副	玖一 Ac		意在言外 yìzàiyánwài	4	捌五 Cf
异国他乡 yìguó-tāxiāng	3	肆二 Cd		意志 yìzhì	3 名	叁三 Ea
异军突起 yìjūn-tūqǐ	3	柒四 Fd		溢 yì	3 动	柒二 Oc
异口同声 yìkǒu-tóngshēng	2	柒六 Ea		溢于言表 yìyúyánbiǎo	4	柒三 Fc
异曲同工 yìqǔ-tónggōng	3	柒六 Ea		毅力 yìlì	2 名	叁三 Ea
异乡 yìxiāng	3 名	肆二 Cd		毅然 yìrán	3 副	玖一 Cf
异想天开 yìxiǎng-tiānkāi	3	伍五 Rb		臆断 yìduàn	4 动	伍七 Hg
异性 yìxìng	2 形	叁二 Ba				
异样 yìyàng	4 名	叁二 Bb		**yin**		
	3 形	捌四 Cb		因 yīn	1 介	玖二 Ec
异议 yìyì	3 名	叁三 Da			1 连	玖三 Ga
抑扬顿挫 yìyáng-dùncuò	4	捌二 Ha		因材施教 yīncái-shījiào	4	柒六 Gc
抑郁 yìyù	4 形	伍五 Bb		因此 yīncǐ	2 连	玖三 Gb
抑郁症 yìyùzhèng	4 名	叁九 Ea		因地制宜 yīndì-zhìyí	4	柒六 Gc
抑制 yìzhì	3 动	伍五 Lc		因而 yīn'ér	2 连	玖三 Gb

因陋就简 yīnlòu-jiùjiǎn		4	捌三	Mb
因势利导 yīnshì-lìdǎo		4	陆五	Ac
因素 yīnsù	3	名	叁二	Da
因为 yīn·wèi	1	连	玖三	Ga
因循守旧 yīnxún-shǒujiù		4	捌五	Pb
因噎废食 yīnyē-fèishí		4	伍八	Fc
阴 yīn	1	形	柒一	Bb
	3	形	捌五	Ab
阴暗 yīn'àn	2	形	捌二	Db
阴沉 yīnchén	3	形	捌二	Db
阴差阳错 yīnchā-yángcuò	3		伍七	Gg
阴晦 yīnhuì	4	形	捌二	Db
阴冷 yīnlěng	2	形	捌二	Na
阴历 yīnlì	2	名	肆一	Aa
阴凉 yīnliáng	2	形	捌二	Nc
阴霾 yīnmái	4	名	叁一	Fb
阴谋 yīnmóu	3	名	叁三	Db
	3	动	伍五	Wa
阴森森 yīnsēnsēn	2	形	捌二	Db
阴天 yīntiān	1	名	肆一	Ed
阴险 yīnxiǎn	3	形	捌五	Ab
阴阳怪气 yīnyáng-guàiqì	3		捌四	Ce
阴影 yīnyǐng	2	名	贰三	Fb
	3	名	叁一	Fb
阴雨 yīnyǔ	2	名	贰三	Cc
阴云 yīnyún	2	名	贰三	Cb
音符 yīnfú	3	名	叁八	Ch
音色 yīnsè	3	名	叁二	Ba
音响 yīnxiǎng	2	名	贰三	La
	2	名	贰七	Ad
音乐 yīnyuè	1	名	叁九	Aa
音韵 yīnyùn	4	名	叁八	Cd
殷勤 yīnqín	4	形	捌五	Ia
吟唱 yínchàng	3	动	陆五	Cb
吟诵 yínsòng	4	动	陆五	Cb
吟咏 yínyǒng	4	动	陆五	Cb
银 yín	2	名	贰四	Ab
银白 yínbái	2	形	捌二	Ag
银币 yínbì	3	名	叁七	Ba
银行 yínháng	2	名	叁七	Gb
银行卡 yínhángkǎ	2	名	贰八	Cd
银河 yínhé	2	名	贰三	Ab
银灰 yínhuī	2	形	捌二	Ah
银幕 yínmù	3	名	贰八	Ab
银色 yínsè	2	名	贰三	Jb
银装素裹 yínzhuāng-sùguǒ				
		4	捌二	Ag
银子 yín·zi	2	名	贰四	Ab
寅 yín	4	名	肆一	Ab
引 yǐn	2	动	陆五	Ac
	2	动	柒六	Oe
引导 yǐndǎo	2	动	陆五	Ac
引发 yǐnfā	3	动	柒六	Oe
引吭高歌 yǐnháng-gāogē	3		陆五	Fc
引号 yǐnhào	2	名	叁八	Ci
引火烧身 yǐnhuǒ-shāoshēn				
		3	伍八	Bf
引见 yǐnjiàn	4	动	陆九	Ba
引荐 yǐnjiàn	4	动	陆九	Bb
引进 yǐnjìn	3	动	陆九	Bc
引经据典 yǐnjīng-jùdiǎn	3		陆五	Dc
引狼入室 yǐnláng-rùshì	2		陆九	Bc
引力 yǐnlì	2	名	叁二	Gb
引领 yǐnlǐng	3	动	陆五	Ac
引路 yǐn//lù	2	动	陆四	Bb
引起 yǐnqǐ	2	动	柒六	Oe
引人入胜 yǐnrén-rùshèng	2		捌四	Ja
引人注目 yǐnrén-zhùmù	2		捌四	Sa
引入 yǐnrù	2	动	陆九	Bc
引申 yǐnshēn	3	动	柒二	Ca
引以为戒 yǐnyǐwéijiè	3		伍七	Hh
引用 yǐnyòng	2	动	陆五	Dc
引诱 yǐnyòu	3	动	陆十一	Ha
饮料 yǐnliào	2	名	贰九	Ai
饮食 yǐnshí	2	名	叁一	Db
饮水思源 yǐnshuǐ-sīyuán	3		伍五	Xa
饮鸩止渴 yǐnzhèn-zhǐkě	4		捌五	Zb
隐蔽 yǐnbì	4	动	伍七	Ja
	3	形	捌四	Sd
隐藏 yǐncáng	2	动	伍七	Ja

隐恶扬善 yǐn'è-yángshàn	4	捌五 Ac	迎 yíng	2动	陆九 Ag	
隐患 yǐnhuàn	4名	叁一 Ec		2动	柒二 Fh	
隐晦 yǐnhuì	4形	捌四 Kc	迎合 yínghé	4动	陆十一 Fa	
隐居 yǐnjū	3动	伍七 Ab	迎接 yíngjiē	2动	陆九 Ag	
隐瞒 yǐnmán	4动	陆十一 Cd	迎面 yíng//miàn	2副	玖一 Cb	
隐秘 yǐnmì	3形	捌四 Sd	迎刃而解 yíngrèn'érjiě	3	柒五 Cf	
隐匿 yǐnnì	4动	伍七 Ja	盈利 yínglì	3名	叁七 Ca	
隐私 yǐnsī	3名	叁一 Aa	萤火虫 yínghuǒchóng	2名	壹二 Fb	
隐退 yǐntuì	4动	伍七 De	营救 yíngjiù	3动	陆十 Ce	
隐姓埋名 yǐnxìng-máimíng	3	陆十一 Cd	营利 yínglì	3动	陆二 Bc	
隐隐 yǐnyǐn	3形	捌二 Eb	营私舞弊 yíngsī-wǔbì	4	陆七 Fe	
隐隐约约 yǐnyǐnyuēyuē	3形	捌二 Eb	营养 yíngyǎng	2名	叁二 Da	
隐约 yǐnyuē	3形	捌二 Eb	营业 yíngyè	2动	陆二 Ba	
瘾 yǐn	4名	叁三 Eb	营造 yíngzào	4动	伍七 Ea	
印 yìn	2名	贰八 Cg	萦绕 yíngrào	4动	柒二 Nb	
	2动	陆三 Fa	楹联 yínglián	4名	叁八 De	
印迹 yìnjì	3名	贰三 Ib	蝇营狗苟 yíngyíng-gǒugǒu			
印刷 yìnshuā	3动	陆三 Fa		4	捌五 Qb	
印象 yìnxiàng	2名	叁一 Dd	赢 yíng	2动	伍八 Ca	
印章 yìnzhāng	3名	贰八 Cg	赢利 yínglì	3动	陆二 Bc	
印证 yìnzhèng	4动	柒六 Bg	影 yǐng	2名	贰三 Fb	
			影视 yǐngshì	3名	叁九 Ba	
ying			影响 yǐngxiǎng	2名	叁一 Fd	
应 yīng	1动	伍五 Za		2动	柒六 Oa	
	3动	陆九 Ah	影子 yǐng·zi	2名	贰三 Fb	
应当 yīngdāng	2动	伍五 Za	应酬 yìng·chou	4名	叁四 Bb	
应该 yīnggāi	1动	伍五 Za		4动	陆九 Aa	
应有尽有 yīngyǒu-jìnyǒu	2	捌三 Ac	应对 yìngduì	3动	陆九 Fd	
应允 yīngyǔn	4动	陆九 Ah	应付 yìng·fu	3动	陆九 Af	
英俊 yīngjùn	2形	捌三 La		3动	捌四 Ef	
英明 yīngmíng	3形	捌五 Ta	应急 yìng//jí	3动	陆九 Af	
英武 yīngwǔ	4形	捌四 Nb	应接不暇 yìngjiē-bùxiá	4	捌六 Ea	
英雄 yīngxióng	1名	壹一 Ha	应聘 yìngpìn	4动	伍七 Da	
英勇 yīngyǒng	2形	捌五 Dc	应邀 yìngyāo	3动	陆九 Ab	
英姿飒爽 yīngzī-sàshuǎng	4	捌四 Nb	应用 yìngyòng	2动	伍七 Hh	
莺歌燕舞 yīnggē-yànwǔ	4	捌六 Ba	应战 yìng//zhàn	3动	陆六 Ca	
婴儿 yīng'ér	2名	壹一 Ca	映衬 yìngchèn	3动	柒六 Ge	
鹦鹉 yīngwǔ	3名	壹二 Db	映照 yìngzhào	3动	柒一 Ca	
鹦鹉学舌 yīngwǔ-xuéshé	4	柒六 Ed	硬 yìng	1形	捌二 Kb	
鹰 yīng	2名	壹二 Db		3形	捌四 Ef	

		3 形	捌五 Da	用处 yòngchù	1 名	叁一 Fd		
硬币 yìngbì	2 名	叁七 Ba	用法 yòngfǎ	2 名	叁一 Cb		
硬件 yìngjiàn	3 名	贰八 Cb	用功 yònggōng	2 形	捌五 Va		
硬朗 yìng·lang	4 形	捌三 Ja	用户 yònghù	3 名	壹一 Le		
			用力 yòng//lì	1 动	伍七 Ac		

yo

哟 yō	2 叹	玖五 Ba	

用品 yòngpǐn　1 名　贰二 Ca
用人 yòngrén　3 名　壹一 Jp
用途 yòngtú　2 名　叁一 Fd
用心 yòng//xīn　1 形　捌五 Va
用意 yòngyì　3 名　叁三 Cc

yong

拥抱 yōngbào 2 动 伍一 Cc
拥戴 yōngdài 4 动 伍五 Qe
拥护 yōnghù 2 动 伍五 Qe
拥挤 yōngjǐ 2 动 伍一 Ae
　　　　　　　2 形 捌六 Da
拥有 yōngyǒu 2 动 柒六 Kb
庸碌 yōnglù 4 形 捌五 Xd
庸人自扰 yōngrén-zìrǎo 4 伍五 Bb
庸俗 yōngsú 4 形 捌五 Qb
慵懒 yōnglǎn 4 形 伍六 Fb
臃肿 yōngzhǒng 4 形 捌一 Ga
永别 yǒngbié 2 动 伍八 Nc
永垂不朽 yǒngchuí-bùxiǔ 3 伍八 Gc
永恒 yǒnghéng 2 形 捌三 Qa
永久 yǒngjiǔ 2 形 捌三 Qa
永远 yǒngyuǎn 1 副 玖一 Eg
勇敢 yǒnggǎn 1 形 捌五 Dc
勇猛 yǒngměng 3 形 捌五 Dc
勇气 yǒngqì 1 名 叁二 Id
勇士 yǒngshì 3 名 壹一 Ha
勇往直前 yǒngwǎng-zhíqián 2 伍八 Ma
勇武 yǒngwǔ 4 形 捌五 Dc
勇于 yǒngyú 2 动 伍五 Yc
涌 yǒng 2 动 柒二 Oc
涌动 yǒngdòng 3 动 柒三 Ab
涌现 yǒngxiàn 3 动 柒三 Fa
踊跃 yǒngyuè 3 形 捌五 Fa
用 yòng 1 动 伍七 Hh
　　　　1 动 柒六 Ia
　　　　1 介 玖二 Db

you

优 yōu 1 形 捌四 Ba
优待 yōudài 3 动 陆九 Ae
优点 yōudiǎn 2 名 叁二 Bc
优厚 yōuhòu 4 形 捌四 Ba
优惠 yōuhuì 3 形 捌四 Ba
优良 yōuliáng 1 形 捌四 Ba
优美 yōuměi 2 形 捌三 La
优柔寡断 yōuróu-guǎduàn 4 伍五 Oa
优胜劣汰 yōushèng-liètài 3 伍七 Ha
优势 yōushì 3 名 叁一 Fa
优先 yōuxiān 2 动 伍八 Mc
优秀 yōuxiù 1 形 捌四 Ba
优雅 yōuyǎ 3 形 捌三 La
优异 yōuyì 2 形 捌四 Ba
优裕 yōuyù 4 形 捌六 Kb
优越 yōuyuè 3 形 捌四 Ba
优质 yōuzhì 2 形 捌四 Ba
忧愁 yōuchóu 3 形 伍五 Bb
忧患 yōuhuàn 4 名 叁一 Ed
忧虑 yōulǜ 4 动 伍五 Bb
忧伤 yōushāng 3 形 伍五 Ba
忧心如焚 yōuxīn-rúfén 4 伍五 Bb
忧郁 yōuyù 4 形 伍五 Bb
幽暗 yōu'àn 3 形 捌二 Db
幽谷 yōugǔ 3 名 贰三 Ba
幽径 yōujìng 4 名 肆二 Cg
幽静 yōujìng 3 形 捌六 Db
幽灵 yōulíng 4 名 叁三 Fc

幽默 yōumò	2 形	捌四 Jb			3	捌五 Bf	
幽深 yōushēn	3 形	捌一 Da	油嘴滑舌 yóuzuǐ-huáshé		3	捌五 Bf	
幽邃 yōusuì	4 形	捌一 Da	游 yóu		1 动	伍三 Ca	
幽香 yōuxiāng	3 名	贰三 Ka			1 动	伍七 Kc	
幽雅 yōuyǎ	4 形	捌三 La	游伴 yóubàn		3 名	壹一 La	
悠长 yōucháng	3 形	捌三 Qa	游荡 yóudàng		3 动	伍七 Kc	
悠久 yōujiǔ	2 形	捌三 Qa	游逛 yóuguàng		4 动	伍七 Kc	
悠然自得 yōurán-zìdé	4	捌五 Ee	游击 yóujī		2 动	陆六 Ca	
悠闲 yōuxián	3 形	捌六 Eb	游记 yóujì		4 名	叁八 Dc	
悠扬 yōuyáng	3 形	捌二 Ha	游客 yóukè		2 名	壹一 Le	
悠悠 yōuyōu	4 形	捌三 Pb	游览 yóulǎn		3 动	伍七 Kd	
悠远 yōuyuǎn	4 形	捌三 Qa	游历 yóulì		4 动	伍七 Kd	
	4 形	捌三 Ra	游人 yóurén		2 名	壹一 Le	
尤其 yóuqí	2 副	玖一 Ab	游刃有余 yóurèn-yǒuyú		4	捌五 Xa	
尤为 yóuwéi	3 副	玖一 Ab	游手好闲 yóushǒu-hàoxián		3	捌五 Vb	
由 yóu	3 动	陆四 Cb	游说 yóushuì		4 动	陆九 Hc	
	1 介	玖二 Da	游玩 yóuwán		2 动	伍七 Kb	
由内而外 yóunèi'érwài	3	玖一 Cd	游戏 yóuxì		1 名	叁四 Fe	
由于 yóuyú	2 连	玖三 Ga			1 动	伍七 Kb	
由衷 yóuzhōng	4 动	捌五 Ba	游行 yóuxíng		3 动	陆六 Bc	
邮编 yóubiān	2 名	叁八 Ch	游泳 yóu//yǒng		1 动	陆五 Ha	
邮寄 yóujì	3 动	陆九 Db	友好 yǒuhǎo		2 形	捌四 Rc	
邮件 yóujiàn	2 名	叁八 Ee	友情 yǒuqíng		2 名	叁四 Bc	
邮局 yóujú	1 名	叁五 Ag	友人 yǒurén		2 名	壹一 La	
邮票 yóupiào	1 名	贰八 Cd	友善 yǒushàn		2 形	捌四 Rc	
邮箱 yóuxiāng	2 名	叁八 Fd	友谊 yǒuyì		2 名	叁四 Bc	
邮政 yóuzhèng	2 名	叁一 Aa	有 yǒu		1 动	柒六 Kb	
犹如 yóurú	3 动	柒六 Ed	有板有眼 yǒubǎn-yǒuyǎn		3	捌六 Ha	
犹豫 yóuyù	3 形	伍五 Oa	有备无患 yǒubèi-wúhuàn		3	柒三 Ib	
油 yóu	2 名	贰九 Af	有的 yǒu·de		1 代	捌三 Bb	
	3 形	捌五 Bf	有的是 yǒu·deshì		2	柒六 Kb	
油菜 yóucài	2 名	壹三 Gb	有的放矢 yǒudì-fàngshǐ		4	柒六 Gc	
油灯 yóudēng	2 名	贰七 Bf	有点儿 yǒudiǎnr		1 副	玖一 Aa	
油画 yóuhuà	2 名	叁九 Ca	有关 yǒuguān		2 动	柒六 Na	
油亮 yóuliàng	2 形	捌二 Da			2 介	玖二 Dd	
油墨 yóumò	3 名	贰八 Ca	有教无类 yǒujiào-wúlèi		4	陆五 Aa	
油腻 yóunì	3 形	捌二 Jb	有劲 yǒu//jìn		3 形	捌四 Jb	
油漆 yóuqī	3 名	贰四 Db	有口皆碑 yǒukǒu-jiēbēi		3	陆九 Ha	
	3 动	陆三 Gb	有理 yǒulǐ		2 形	捌四 Ec	
油腔滑调 yóuqiāng-huádiào			有力 yǒulì		3 形	捌四 Na	

有利 yǒulì		2 形	捌四 Fa		诱人 yòurén		2 形	捌三 La
有名 yǒu//míng		1 形	捌四 Qe			yu		
有名无实 yǒumíng-wúshí		3	捌四 Ab		迂回 yūhuí		4 动	陆六 Ca
有目共睹 yǒumù-gòngdǔ		3	捌四 Sa				4 形	捌五 Uc
有气无力 yǒuqì-wúlì		2	伍六 Fb		淤积 yūjī		4 动	柒二 Eb
有求必应 yǒuqiú-bìyìng		2	捌五 Ia		淤泥 yūní		4 名	贰四 Cb
有趣 yǒuqù		1 形	捌四 Jb		于 yú		2 介	玖二 Ab
有声有色 yǒushēng-yǒusè		2	捌四 Ja				2 介	玖二 Ba
有时 yǒushí		1 副	玖一 Ec				2 介	玖二 Cb
有始无终 yǒushǐ-wúzhōng		2	柒三 Bg		于事无补 yúshìwúbǔ		3	捌四 Fb
有始有终 yǒushǐ-yǒuzhōng		2	柒三 Cd		于是 yúshì		1 连	玖三 Ha
有恃无恐 yǒushì-wúkǒng		4	捌五 Ef		余地 yúdì		3 名	叁一 Bf
有条不紊 yǒutiáo-bùwěn		3	捌六 Ha		余音绕梁 yúyīn-ràoliáng		4	捌二 Ha
有为 yǒuwéi		4 形	捌五 Xc		鱼 yú		1 名	壹二 Ea
有限 yǒuxiàn		2 形	捌三 Ab		鱼饵 yú'ěr		3 名	贰九 Ab
有效 yǒuxiào		2 动	柒三 Hb		鱼贯而入 yúguàn'érrù		4	伍七 Id
有些 yǒuxiē		1 代	捌三 Bb		鱼龙混杂 yúlóng-hùnzá		3	柒二 Ic
		1 副	玖一 Aa		鱼米之乡 yúmǐzhīxiāng		2	肆二 Bc
有幸 yǒuxìng		3 形	伍八 Aa		鱼目混珠 yúmù-hùnzhū		3	伍七 Gd
有序 yǒuxù		2 形	捌六 Ha		鱼油 yúyóu		3 名	贰十 Ba
有血有肉 yǒuxuè-yǒuròu		2	捌四 Ja		娱乐 yúlè		2 名	叁四 Fe
有言在先 yǒuyánzàixiān		3	陆九 Ab				2 动	伍七 Kb
有益 yǒuyì		2 形	捌四 Fa		鱼竿 yúgān		2 名	贰五 Bb
有意 yǒuyì		2 动	伍五 Ua		鱼钩 yúgōu		2 名	贰五 Bb
		2 副	玖一 De		渔具 yújù		2 名	贰五 Bb
有意思 yǒu yì·si		1	捌四 Jb		渔民 yúmín		2 名	壹一 Jm
有用 yǒuyòng		1 形	捌四 Fa		渔网 yúwǎng		2 名	贰五 Bb
有朝一日 yǒuzhāo-yīrì		3	肆一 De		逾越 yúyuè		4 动	陆四 Cb
酉 yǒu		4 名	肆一 Ab		渝 Yú		3 名	叁五 Ae
黝黑 yǒuhēi		4 形	捌二 Ai		愉快 yúkuài		1 形	伍五 Aa
又 yòu		1 副	玖一 Fa		愉悦 yúyuè		3 形	伍五 Aa
右 yòu		1 名	肆二 Ad		愚笨 yúbèn		4 形	捌五 Td
幼儿 yòu'ér		2 名	壹一 Ca		愚不可及 yúbùkějí		4	捌五 Td
幼儿园 yòu'éryuán		1 名	叁八 Bd		愚蠢 yúchǔn		4 形	捌五 Td
幼小 yòuxiǎo		2 形	捌三 Ic		愚钝 yúdùn		4 形	捌五 Td
幼稚 yòuzhì		3 形	捌五 Yb		愚公移山 yúgōng-yíshān		4	柒三 Cd
诱导 yòudǎo		4 动	陆五 Ac		愚昧 yúmèi		4 形	捌五 Td
诱发 yòufā		3 动	柒六 Oe		舆论 yúlùn		4 名	叁八 Ed
诱惑 yòuhuò		3 动	柒六 Oe		与 yǔ		2 介	玖二 Da

词条	拼音				词条	拼音			
		2连	玖三	Aa	预备 yùbèi		2动	伍五	Wa
与虎谋皮 yǔhǔ-móupí		4	捌四	Fb	预测 yùcè		3动	伍五	Sc
与其 yǔqí		3连	玖三	Ea	预订 yùdìng		2动	陆二	Ba
与人为善 yǔrén-wéishàn		3	陆十	Cb	预定 yùdìng		2动	陆九	Ab
与日俱增 yǔrì-jùzēng		3	柒五	Aa	预防 yùfáng		2动	柒三	Ib
与世长辞 yǔshì-chángcí		3	伍四	Cb	预感 yùgǎn		3名	叁三	Ba
与世隔绝 yǔshì-géjué		3	柒二	Ff	预告 yùgào		2名	叁八	Ef
与众不同 yǔzhòng-bùtóng		2	捌四	Cb			2动	陆九	Fa
宇航员 yǔhángyuán		3名	壹一	Jd	预计 yùjì		3动	伍五	Sc
宇宙 yǔzhòu		2名	贰三	Aa	预见 yùjiàn		3名	叁三	Da
羽毛 yǔmáo		1名	壹五	Ba			3动	伍五	Sc
羽毛球 yǔmáoqiú		2名	贰八	Bb	预警 yùjǐng		4动	陆九	Fa
		2名	叁九	Da	预料 yùliào		3名	叁三	Da
雨 yǔ		1名	贰三	Cc			3动	伍五	Sc
雨点 yǔdiǎn		1名	贰三	Cc	预期 yùqī		3动	伍五	Sc
雨过天晴 yǔguò-tiānqíng		2	柒一	Ba	预示 yùshì		2动	柒六	Bf
雨后春笋 yǔhòu-chūnsǔn		3	捌三	Aa	预算 yùsuàn		4名	叁七	Eb
雨露 yǔlù		4名	叁一	Ee			4动	伍七	Hi
雨伞 yǔsǎn		1名	贰七	Bl	预先 yùxiān		2副	玖一	Ea
雨水 yǔshuǐ		1名	贰三	Da	预言 yùyán		3名	叁三	Da
		2名	肆一	Gc			3动	伍五	Sc
雨衣 yǔyī		2名	贰七	Cb	预约 yùyuē		2动	陆九	Ab
语调 yǔdiào		2名	叁八	Cd	预兆 yùzhào		4名	叁一	Fc
语法 yǔfǎ		2名	叁八	Cc	欲罢不能 yùbà-bùnéng		4	伍八	Bc
语句 yǔjù		2名	叁八	Cc	欲盖弥彰 yùgài-mízhāng		4	陆十一	Cd
语气 yǔqì		2名	叁八	Ga	欲壑难填 yùhè-nántián		4	捌五	La
语文 yǔwén		1名	叁八	Bb	欲擒故纵 yùqín-gùzòng		4	陆十一	Ha
语无伦次 yǔwúlúncì		3	捌四	Ce	欲望 yùwàng		4名	叁三	Ca
语焉不详 yǔyān-bùxiáng		4	捌四	Sb	遇见 yù//jiàn		2动	柒二	Gc
语言 yǔyán		1名	叁八	Cf	遇难 yù//nàn		3动	伍八	Jd
语音 yǔyīn		2名	叁八	Cd	遇险 yù//xiǎn		3动	伍八	Jd
语重心长 yǔzhòng-xīncháng					寓言 yùyán		2名	叁八	Db
		3	捌五	Ba	寓意 yùyì		3名	叁八	Ga
玉 yù		2名	贰四	Ea	愈合 yùhé		3动	伍四	Ja
玉米 yùmǐ		1名	壹三	Ea	愈加 yùjiā		4副	玖一	Ab
玉石俱焚 yùshí-jùfén		4	伍四	Cc	豫 Yù		3名	叁五	Ae
郁闷 yùmèn		3形	伍五	Bb					
郁郁葱葱 yùyùcōngcōng		3形	捌三	Dc	**yuan**				
郁郁寡欢 yùyù-guǎhuān		4	伍五	Bb	冤 yuān		3名	叁一	Ee
预报 yùbào		2动	陆九	Fa	冤仇 yuānchóu		4名	叁一	Ee

冤家路窄 yuānjiā-lùzhǎi		4	柒二 Gc		原则 yuánzé	2 名	叁二 Ea
冤屈 yuānqū	4	名	叁一 Ed		原汁原味 yuánzhī-yuánwèi	3	贰三 Kb
冤枉 yuān·wang	3	动	陆十一 Hg		原著 yuánzhù	4 名	叁八 Ea
渊博 yuānbó	3	形	捌五 Za		原子弹 yuánzǐdàn	3 名	贰五 Ff
渊源 yuānyuán	4	名	叁一 Bb		圆 yuán	1 名	叁二 Aa
元 Yuán	4	名	肆一 Ba			1 形	捌一 Nb
元 yuán	1	量	叁七 Ba		圆规 yuánguī	3 名	贰五 De
元旦 Yuándàn	1	名	肆一 Ha		圆滑 yuánhuá	3 形	捌五 Bf
元首 yuánshǒu	3	名	壹一 Ja		圆溜溜 yuánliūliū	2 形	捌一 Nb
元帅 yuánshuài	3	名	壹一 Jq		圆满 yuánmǎn	2 形	捌四 Gc
元素 yuánsù	3	名	叁二 Da		圆圈 yuánquān	2 名	叁二 Aa
元宵 yuánxiāo	2	名	贰九 Ac		圆润 yuánrùn	3 形	捌二 Ha
元宵节 Yuánxiāo Jié	2	名	肆一 Ha		援助 yuánzhù	3 动	陆十 Cc
园 yuán	1	名	贰六 Da		缘分 yuán·fèn	3 名	叁四 Bb
	1	名	贰六 Ga		缘故 yuángù	3 名	叁一 Bb
园地 yuándì	2	名	叁二 Ca		缘木求鱼 yuánmù-qiúyú	4	捌四 Fb
园丁 yuándīng	1	名	壹一 Jn		猿 yuán	3 名	壹二 Bf
园林 yuánlín	2	名	贰六 Ga		源流 yuánliú	3 名	叁一 Bb
员工 yuángōng	2	名	壹一 Jb		源泉 yuánquán	4 名	叁一 Bb
原 yuán	2	形	捌四 Ta		源头 yuántóu	3 名	叁一 Bb
原本 yuánběn	3	副	玖一 Dc			3 名	肆二 Ca
原封不动 yuánfēng-bùdòng					源源不断 yuányuán-bùduàn		
		3	捌六 La			3	玖一 Eg
原告 yuángào	4	名	壹一 Lf		源远流长 yuányuǎn-liúcháng		
原来 yuánlái	2	名	肆一 Dc			3	捌三 Qa
	2	副	玖一 Dc		远 yuǎn	1 形	捌三 Ra
原理 yuánlǐ	3	名	叁一 Ca			2 形	捌四 Rb
原谅 yuánliàng	2	动	伍五 Kc		远处 yuǎnchù	1 名	肆二 Bb
原料 yuánliào	3	名	贰二 Ba		远大 yuǎndà	2 形	捌四 Mb
原貌 yuánmào	3	名	叁二 Ac			2 形	捌四 Oc
原生态 yuánshēngtài	4	形	叁二 Ac		远方 yuǎnfāng	1 名	肆二 Bb
原始 yuánshǐ	3	形	捌四 Ta		远古 yuǎngǔ	3 名	肆一 Ba
原委 yuánwěi	4	名	叁一 Bb		远见卓识 yuǎnjiàn-zhuóshí	4	叁三 Da
原先 yuánxiān	3	名	肆一 Dc		远近 yuǎnjìn	2 名	肆二 Ah
原形 yuánxíng	3	名	叁二 Dc		远亲 yuǎnqīn	2 名	壹一 Da
原形毕露 yuánxíng-bìlù	4		伍八 De		远眺 yuǎntiào	4 动	伍二 Da
原型 yuánxíng	3	名	叁二 Aa		远走高飞 yuǎnzǒu-gāofēi	2	伍七 Ja
原野 yuányě	2	名	贰三 Bb		怨 yuàn	3 动	伍五 Hd
原意 yuányì	3	名	叁一 Cc		怨恨 yuànhèn	4 名	叁三 Bc
原因 yuányīn	2	名	叁一 Bb			4 动	伍五 Hd

怨声载道 yuànshēng-zàidào		4	伍五 Hb	岳父 yuèfù	2 名	壹一 Di
怨天尤人 yuàntiān-yóurén		4	伍五 Hb	岳母 yuèmǔ	2 名	壹一 Di
院 yuàn		1 名	贰六 Ab	阅读 yuèdú	2 动	陆五 Ca
院落 yuànluò		3 名	贰六 Ab	阅览室 yuèlǎnshì	2 名	贰六 Af
院士 yuànshì		4 名	叁四 Cb	阅历 yuèlì	4 名	叁一 Ea
院子 yuàn·zi		1 名	贰六 Ab	悦耳 yuè'ěr	2 形	捌二 Ha
愿 yuàn		2 动	伍五 Yb	跃跃欲试 yuèyuè-yùshì	3	伍七 Ea
		2 动	陆九 Hb	越 yuè	1 副	玖一 Ab
愿望 yuànwàng		2 名	叁三 Cc	越发 yuèfā	3 副	玖一 Ab
愿意 yuànyì		2 动	伍五 Ua	越位 yuèwèi	3 动	捌四 Ef
		2 动	伍五 Yb	粤 Yuè	3 名	叁五 Ae

yue

约 yuē		2 动	陆九 Ab	**yun**		
		2 动	陆九 Ab	晕 yūn	3 动	伍四 Ib
		2 副	玖一 Da	晕头转向 yūntóu-zhuànxiàng		
约定 yuēdìng		2 动	陆九 Ab		3	捌五 Te
约定俗成 yuēdìng-súchéng				云 yún	1 名	贰三 Cb
		3	伍五 Gd	云彩 yún·cai	2 名	贰三 Cb
约法三章 yuēfǎ-sānzhāng		2	陆九 Ca	云朵 yúnduǒ	2 名	贰三 Cb
约会 yuē·huì		3 动	伍七 La	云雀 yúnquè	3 名	壹二 Db
		2 动	陆九 Ag	云雾 yúnwù	2 名	贰三 Cd
约束 yuēshù		2 动	陆十一 Dd	云霞 yúnxiá	3 名	贰三 Cb
月 yuè		1 名	贰三 Ac	云消雾散 yúnxiāo-wùsàn	3	柒一 Ba
		1 名	肆一 Eb		3	柒三 Ga
月饼 yuè·bing		1 名	贰九 Ag	云霄 yúnxiāo	4 名	肆二 Ba
月份 yuèfèn		2 名	肆一 Eb	匀称 yún·chèn	3 形	捌一 Ia
月光 yuèguāng		1 名	贰三 Fa	允诺 yǔnnuò	4 动	陆九 Ah
月亮 yuè·liang		1 名	贰三 Ac	允许 yǔnxǔ	2 动	陆九 Ah
月球 yuèqiú		2 名	贰三 Ac	陨落 yǔnluò	4 动	柒二 Be
月色 yuèsè		2 名	贰三 Fa	陨石 yǔnshí	4 名	贰三 Ab
月牙儿 yuèyár		2 名	贰三 Ac	孕妇 yùnfù	3 名	壹一 Fc
月夜 yuèyè		2 名	肆一 Fb	孕育 yùnyù	3 动	伍四 Ad
乐 yuè		1 名	叁九 Aa	运 yùn	1 动	陆四 Da
乐队 yuèduì		2 名	叁九 Aa	运动 yùndòng	3 名	叁一 Ac
乐谱 yuèpǔ		3 名	叁八 Ch		2 名	叁四 Fa
乐器 yuèqì		2 名	贰八 Aa		2 名	叁九 Da
乐曲 yuèqǔ		2 名	叁九 Ac		2 动	柒二 Ma
乐章 yuèzhāng		3 名	叁九 Aa	运动场 yùndòngchǎng	1 名	叁九 Dc
				运动会 yùndònghuì	2 名	叁四 Fe
				运动鞋 yùndòngxié	2 名	贰七 Ce

运动员 yùndòngyuán	2 名	壹一 Ji		灾区 zāiqū	2 名	肆二 Ca
运河 yùnhé	3 名	贰三 Bg		栽 zāi	3 动	伍三 Db
运气 yùn·qi	2 名	叁一 Eb			2 动	陆三 Jc
运输 yùnshū	2 动	陆四 Da		栽培 zāipéi	3 动	陆三 Jc
运送 yùnsòng	2 动	陆四 Da			4 动	陆五 Aa
运行 yùnxíng	3 动	陆一 Aa		栽种 zāizhòng	2 动	陆三 Jc
运营 yùnyíng	4 动	陆一 Aa		宰 zǎi	3 动	陆三 Ma
运用 yùnyòng	2 动	伍七 Hh		宰杀 zǎishā	3 动	陆三 Ma
运载 yùnzài	3 动	陆四 Da		再 zài	1 副	玖一 Ab
运转 yùnzhuǎn	3 动	陆一 Aa			1 副	玖一 Fa
晕 yùn	4 名	贰三 Fb		再次 zàicì	1 副	玖一 Fa
酝酿 yùnniàng	4 动	伍五 Ra		再见 zàijiàn	1 动	陆九 Ja
愠色 yùnsè	4 名	叁二 Fc		再接再厉 zàijiē-zàilì	3	捌五 Fa
韵味 yùnwèi	4 名	叁三 Ec		再三 zàisān	2 副	玖一 Fa
韵致 yùnzhì	4 名	叁三 Ec		再生 zàishēng	3 动	柒四 Fa
蕴藏 yùncáng	3 动	伍七 Hd		再现 zàixiàn	3 动	柒三 Fa
蕴含 yùnhán	3 动	柒六 Ma		在 zài	1 动	柒六 Ka
熨 yùn	4 动	伍七 Bi			1 动	柒六 La
					1 副	玖一 Ea
					1 介	玖二 Ab
za				在场 zàichǎng	3 动	伍七 Ee
咂嘴 zā//zuǐ	4 动	伍二 Ca		在乎 zài·hu	2 动	伍五 Mc
扎 zā	2 动	伍一 Fb		在劫难逃 zàijié-nántáo	4	伍五 Be
杂 zá	2 动	柒二 Ic		在世 zàishì	2 动	伍四 Aa
杂草 zácǎo	2 名	壹三 Cc		在线 zàixiàn	2 动	伍七 Ee
杂技 zájì	2 名	叁九 Bb		在意 zài//yì	3 动	伍五 Mb
杂交 zájiāo	3 动	伍四 Ea		载歌载舞 zàigē-zàiwǔ	3	陆五 Fd
杂乱 záluàn	2 形	捌六 Hb		载体 zàitǐ	3 名	贰二 Ab
杂乱无章 záluàn-wúzhāng	3	捌六 Hb				
杂念 zániàn	3 名	叁三 Ad		**zan**		
杂色 zásè	3 名	贰三 Ja		咱 zán	1 代	壹一 Ab
杂芜 záwú	4 形	捌六 Hb		咱们 zán·men	1 代	壹一 Ab
杂志 zázhì	3 名	叁八 Fa		暂 zàn	2 形	捌三 Qb
杂志社 zázhìshè	3 名	叁八 Fb		暂且 zànqiě	4 副	玖一 Ea
砸 zá	2 动	伍一 Ab		暂时 zànshí	2 形	捌三 Qb
				暂停 zàntíng	3 动	柒三 Bg
zai				赞不绝口 zànbùjuékǒu	3	陆九 Ha
灾 zāi	2 名	叁一 Ec		赞成 zànchéng	2 动	伍五 Qb
灾害 zāihài	3 名	叁一 Ec		赞歌 zàngē	3 名	叁九 Ab
灾祸 zāihuò	3 名	叁一 Ec		赞美 zànměi	2 动	陆九 Ha
灾难 zāinàn	2 名	叁一 Ec				

赞赏	zànshǎng	3动	陆九 Ha		灶 zào	3名	贰七 Ba
赞颂	zànsòng	3动	陆九 Ha		造 zào	2动	伍七 Gd
赞叹	zàntàn	3动	陆九 Ha			2动	陆三 Aa
赞同	zàntóng	3动	伍五 Qb		造成 zàochéng	2动	柒六 Oe
赞许	zànxǔ	4动	陆九 Ha		造反 zào//fǎn	3动	陆六 Be
赞扬	zànyáng	3动	陆九 Ha		造访 zàofǎng	4动	陆九 Ac
赞誉	zànyù	4动	陆九 Ha		造福 zàofú	3动	柒六 Pa
赞助	zànzhù	3动	陆十 Cc		造化 zàohuà	4动	柒四 Fa
					造化 zào·hua	4名	叁一 Ec

zang

脏 zāng	1形	捌六 Gb
葬 zàng	3动	伍一 Ee
	3动	伍七 Mb
葬礼 zànglǐ	3名	叁四 Db
葬送 zàngsòng	4动	柒五 Ce
藏 Zàng	3名	叁五 Ae

造假 zàojiǎ	3动	伍七 Gd
造价 zàojià	4名	叁七 Ac
造就 zàojiù	3动	陆五 Aa
造孽 zào//niè	4动	伍七 Ga
造型 zàoxíng	3名	叁二 Aa
噪音 zàoyīn	3名	贰三 La
燥热 zàorè	3形	捌二 Nb

zao

遭际 zāojì	4名	叁一 Ea
遭受 zāoshòu	2动	伍八 Ja
遭遇 zāoyù	3名	叁一 Ea
	3动	伍八 Ja
糟 zāo	2形	捌四 Bb
糟糕 zāogāo	2形	捌四 Bb
糟践 zāo·jian	4动	陆十一 Ca
糟粕 zāopò	4名	叁一 Hb
糟蹋 zāo·tà	4动	陆十一 Hc
早 zǎo	1名	肆一 Fa
	1形	捌三 Oa
早操 zǎocāo	1名	叁九 Da
早晨 zǎo·chen	1名	肆一 Fa
早春 zǎochūn	2名	肆一 Ga
早点 zǎodiǎn	1名	贰九 Ag
早饭 zǎofàn	1名	叁一 Db
早年 zǎonián	3名	肆一 Dc
早上 zǎo·shang	1名	肆一 Fa
早晚 zǎowǎn	3名	肆一 Fb
	3副	玖一 Db
早已 zǎoyǐ	2副	玖一 Eb
枣 zǎo	2名	壹三 Fb

ze

则 zé	3连	玖三 Ha
责备 zébèi	2动	陆九 Gb
责怪 zéguài	2动	陆九 Gb
责任 zérèn	2名	叁五 Cb
责无旁贷 zéwúpángdài	4	捌四 Wb

zei

贼 zéi	2名	壹一 Gb
	3形	捌五 Bg
贼头贼脑 zéitóu-zéinǎo	3	捌四 Sd

zen

怎么 zěn·me	2代	贰二 Dc
怎么样 zěn·meyàng	2代	贰二 Dc
怎样 zěnyàng	2代	贰二 Dc

zeng

增光 zēngguāng	3动	伍八 Ic
增加 zēngjiā	2动	柒五 Aa
增强 zēngqiáng	2动	柒五 Ae
增收 zēngshōu	4动	陆二 Bc
增添 zēngtiān	3动	柒五 Aa
增长 zēngzhǎng	2动	柒五 Aa

zēng – zhàn

增值 zēngzhí	3 动	柒五 Aa
憎恨 zēnghèn	3 动	伍五 Hd
憎恶 zēngwù	4 动	伍五 Hd
锃亮 zèngliàng	4 形	捌二 Da
赠 zèng	2 动	陆十 Aa
赠送 zèngsòng	2 动	陆十 Aa

zha

扎 zhā	2 动	伍一 Jf
扎实 zhā·shi	3 形	捌四 Nc
渣 zhā	3 名	贰二 Cg
闸 zhá	3 名	贰五 Ab
	3 名	贰五 Dc
	3 名	贰六 Dc
炸 zhá	2 动	伍七 Cb
眨巴 zhǎ·ba	2 动	伍二 Ba
眨眼 zhǎ//yǎn	2 动	伍二 Ba
诈骗 zhàpiàn	3 动	陆七 Fd
栅栏 zhà·lan	3 名	贰六 Be
炸 zhà	2 动	陆六 Fb
炸弹 zhàdàn	2 名	贰五 Ff
炸药 zhàyào	2 名	贰五 Ff

zhai

斋 zhāi	4 名	贰六 Aa
摘 zhāi	1 动	伍一 Bc
窄 zhǎi	2 形	捌一 Cc
	3 形	捌四 Gb
窄小 zhǎixiǎo	2 形	捌一 Cc
债 zhài	3 名	叁七 Eb
债台高筑 zhàitái-gāozhù	3	陆二 Bd
债务 zhàiwù	3 名	叁七 Eb

zhan

沾 zhān	2 动	柒二 Ge
沾沾自喜 zhānzhān-zìxǐ	3	伍五 Ac
毡帽 zhānmào	4 名	贰七 Cd
粘 zhān	2 动	伍一 Fc
瞻前顾后 zhānqián-gùhòu	4	伍五 Oa
瞻仰 zhānyǎng	4 动	伍二 Da
斩 zhǎn	3 动	伍一 Jd
斩草除根 zhǎncǎo-chúgēn	3	柒五 Ca
斩钉截铁 zhǎndīng-jiétiě	3	捌五 Db
盏 zhǎn	4 量	叁十 Ca
展翅高飞 zhǎnchì-gāofēi	3	伍三 Ba
展出 zhǎnchū	2 动	柒二 Db
展开 zhǎn//kāi	2 动	柒二 Ca
	3 动	柒三 Ca
展览 zhǎnlǎn	2 动	柒二 Db
展览馆 zhǎnlǎnguǎn	3 名	叁七 Gb
展览会 zhǎnlǎnhuì	2 名	叁四 Fd
展示 zhǎnshì	2 动	柒六 Be
展望 zhǎnwàng	3 动	伍二 Da
	3 动	伍五 Sc
展现 zhǎnxiàn	2 动	柒三 Fd
崭露头角 zhǎnlù-tóujiǎo	4	柒三 Fa
崭新 zhǎnxīn	3 形	捌三 Ka
辗转 zhǎnzhuǎn	4 动	伍三 Da
	4 动	伍八 Bb
辗转反侧 zhǎnzhuǎn-fǎncè	4	伍三 Da
占 zhàn	2 动	陆一 Db
	2 动	柒六 Kc
占据 zhànjù	3 动	陆六 Ga
占领 zhànlǐng	2 动	陆六 Ga
占有 zhànyǒu	2 动	柒六 Kc
战备 zhànbèi	4 名	叁六 Bd
战场 zhànchǎng	2 名	肆二 Cf
战斗 zhàndòu	2 名	叁六 Bc
	2 动	陆六 Ca
战斗力 zhàndòulì	2 名	叁二 Ga
战国 Zhànguó	4 名	肆一 Ba
战火纷飞 zhànhuǒ-fēnfēi	3	捌六 Bb
战栗 zhànlì	4 动	伍三 Dc
战略 zhànlüè	4 名	叁三 Db
	4 名	叁六 Bb
战胜 zhànshèng	2 动	伍八 Ca
战士 zhànshì	2 名	壹一 Jq
战术 zhànshù	3 名	叁六 Bb
战无不胜 zhànwúbùshèng	3	捌四 Na
战役 zhànyì	3 名	叁六 Ba
战友 zhànyǒu	2 名	壹一 La

战战兢兢 zhànzhànjīngjīng	4 形	伍五 Ea		仗义 zhàngyì	3 形	伍五 Cb
战争 zhànzhēng	1 名	叁六 Ba		仗义疏财 zhàngyì-shūcái	4	陆十 Cd
站 zhàn	1 名	贰六 Cc		仗义执言 zhàngyì-zhíyán	4	陆九 Ef
	1 动	伍一 Nc		帐篷 zhàng·peng	3 名	贰六 Aa
站岗 zhàn//gǎng	2 动	陆六 Db		帐子 zhàng·zi	2 名	贰七 Bj
站立 zhànlì	2 动	伍一 Nc		账 zhàng	3 名	叁七 Ea
站台 zhàntái	2 名	贰六 Bh		账号 zhànghào	3 名	叁八 Ch
绽放 zhànfàng	3 动	伍四 Ab		账户 zhànghù	3 名	叁八 Ch
绽开 zhànkāi	4 动	伍四 Ab		账目 zhàngmù	4 名	叁七 Ea
湛蓝 zhànlán	4 形	捌二 Ac		胀 zhàng	3 形	伍四 Id
					3 动	柒五 Ac
				涨 zhàng	2 动	柒五 Ad
zhang				障碍 zhàng'ài	3 名	叁一 Ia
张 zhāng	1 量	叁十 Ca				
	2 动	柒二 Ca		**zhao**		
张灯结彩 zhāngdēng-jiécǎi	2	捌六 Da		招 zhāo	3 名	叁三 Db
张冠李戴 zhāngguān-lǐdài	3	伍七 Gf			3 名	叁三 Dc
张口结舌 zhāngkǒu-jiéshé	3	伍六 Bb			2 动	伍一 Hc
张罗 zhāng·luo	3 动	伍五 Wa			3 动	陆七 Ac
张贴 zhāngtiē	3 动	伍一 Fc			3 动	柒六 Of
张望 zhāngwàng	3 动	伍二 Da		招标 zhāo//biāo	4 动	陆二 Ba
张牙舞爪 zhāngyá-wǔzhǎo	2	捌五 Ab		招兵买马 zhāobīng-mǎimǎ	4	陆六 Aa
张扬 zhāngyáng	4 动	伍七 Gc		招待 zhāodài	2 动	陆九 Ae
	4 动	陆一 Oa		招呼 zhāo·hu	2 动	伍二 Hb
章 zhāng	2 名	贰八 Cg			2 动	陆九 Ja
	2 量	叁十 Ca		招徕 zhāolái	4 动	陆二 Ba
长 zhǎng	1 动	伍四 Ab		招揽 zhāolǎn	4 动	陆二 Ba
长辈 zhǎngbèi	2 名	壹一 Da		招募 zhāomù	4 动	陆一 Jd
长相 zhǎngxiàng	2 名	叁二 Fd		招牌 zhāo·pai	3 名	叁二 Ha
涨潮 zhǎng//cháo	3 动	柒二 Oi		招聘 zhāopìn	4 动	陆一 Jd
掌故 zhǎnggù	4 名	叁一 Dc		招惹 zhāorě	4 动	柒六 Oe
掌柜 zhǎngguì	3 名	壹一 Jo		招商 zhāoshāng	4 动	陆二 Ba
掌控 zhǎngkòng	4 动	陆一 Da		招收 zhāoshōu	3 动	陆一 Jd
掌声 zhǎngshēng	2 名	贰三 La		招手 zhāo//shǒu	2 动	伍一 Hc
掌握 zhǎngwò	2 动	伍五 Ta		招数 zhāoshù	3 名	叁三 Dc
	2 动	陆一 Da		招摇过市 zhāoyáo-guòshì	4	伍七 Gc
丈 zhàng	3 量	叁十 Cc		招摇撞骗 zhāoyáo-zhuàngpiàn		
丈夫 zhàngfū	2 名	壹一 Ba			4	陆十一 Cd
丈夫 zhàng·fu	2 名	壹一 Dc		招引 zhāoyǐn	3 动	柒六 Oe
丈量 zhàngliáng	4 动	伍七 Hi		昭然若揭 zhāorán-ruòjiē	4	捌四 Sa
仗势欺人 zhàngshì-qīrén	3	陆十一 Ca				

朝不保夕 zhāobùbǎoxī	3	捌六 Ab	照耀 zhàoyào	3 动	柒一 Ca
朝发夕至 zhāofā-xīzhì	4	捌三 Pa	照应 zhàoyìng	4 动	柒六 Ja
朝晖 zhāohuī	4 名	贰三 Fa	照应 zhào·ying	4 动	陆十 Da
朝令夕改 zhāolìng-xīgǎi	4	柒四 Aa	罩 zhào	3 名	贰七 Bj
朝气蓬勃 zhāoqì-péngbó	3	伍六 Ea		3 动	柒二 Bd
朝秦暮楚 zhāoqín-mùchǔ	4	伍五 Oa	肇事 zhàoshì	4 动	伍七 Ga
朝三暮四 zhāosān-mùsì	3	伍五 Oa			
朝夕相处 zhāoxī-xiāngchǔ	3	捌四 Ra		**zhe**	
朝霞 zhāoxiá	2 名	贰三 Cb	折腾 zhē·teng	3 动	伍七 Ea
朝阳 zhāoyáng	2 名	贰三 Ac		3 动	伍八 Bd
着 zháo	2 动	柒二 Gb	遮蔽 zhēbì	4 动	柒二 Bd
着火 zháo//huǒ	2 动	伍八 Jc	遮挡 zhēdǎng	4 名	叁一 Ia
着急 zháo//jí	2 形	伍五 Ec		3 动	柒二 Bd
着凉 zháo//liáng	2 动	伍四 Ic	遮盖 zhēgài	3 动	陆十一 Cd
着迷 zháo//mí	2 动	伍五 Ia		3 动	柒二 Bd
找 zhǎo	1 动	伍七 Jc	遮天蔽日 zhētiān-bìrì	4	捌三 Aa
找寻 zhǎoxún	3 动	伍七 Jc	遮掩 zhēyǎn	3 动	陆十一 Cd
沼泽 zhǎozé	3 名	贰三 Bb		3 动	柒二 Bd
召唤 zhàohuàn	3 动	陆一 Ob	折 zhé	2 名	叁八 Ca
召集 zhàojí	3 动	陆一 Ob		4 名	叁十 Bg
召开 zhàokāi	2 动	柒三 Cc	折叠 zhédié	3 动	伍一 Ea
照 zhào	2 动	陆五 Ga	折返 zhéfǎn	4 动	陆四 Cd
	2 动	柒一 Ca	折服 zhéfú	4 动	伍五 Qc
	2 介	玖二 Ea	折扣 zhékòu	3 名	叁十 Bg
照搬 zhàobān	3 动	伍七 Hh	折磨 zhé·mó	3 动	伍八 Bd
照办 zhào//bàn	3 动	陆一 Ba	折射 zhéshè	3 动	柒一 Ca
照本宣科 zhàoběn-xuānkē	4	伍七 Hh	折损 zhésǔn	4 动	伍八 Fa
照常 zhàocháng	3 副	玖一 Eg	哲理 zhélǐ	3 名	叁一 Cc
照顾 zhàogù	3 动	伍五 Ma	哲学 zhéxué	3 名	叁八 Bb
	2 动	陆十 Da	蛰伏 zhéfú	4 动	伍四 Fa
照旧 zhàojiù	3 副	玖一 Eg		4 动	伍七 Ab
照看 zhàokàn	2 动	陆十 Da	褶皱 zhězhòu	4 名	贰三 Ia
照例 zhàolì	4 副	玖一 Eg	这 zhè	1 代	贰二 Da
照料 zhàoliào	3 动	陆十 Da	这个 zhè·ge	1 代	贰二 Da
照猫画虎 zhàomāo-huàhǔ	3	柒六 Ed	这里 zhè·lǐ	1 代	肆二 Ah
照明 zhàomíng	2 动	柒一 Ca	这么 zhè·me	1 代	叁一 Ag
照片 zhàopiàn	1 名	叁九 Cc	这儿 zhèr	1 代	肆二 Ah
照射 zhàoshè	2 动	柒一 Ca	这些 zhèxiē	1 代	贰二 Db
照相 zhào//xiàng	2 动	陆五 Ga	这样 zhèyàng	1 代	叁一 Ag
照样 zhàoyàng	2 副	玖一 Eg	浙 Zhè	3 名	叁五 Ae

着 ·zhe		1 助	玖四 Ba		2 副	玖一 Db
zhen				真知灼见 zhēnzhī-zhuójiàn	4	叁三 Da
贞洁 zhēnjié		4 形	捌五 Ra	真挚 zhēnzhì	3 形	捌五 Ba
针 zhēn		2 名	贰七 Bi	斟 zhēn	4 动	伍一 Id
针对 zhēnduì		2 动	陆九 Ae	斟酌 zhēnzhuó	4 动	伍五 Ra
针锋相对 zhēnfēng-xiāngduì				诊断 zhěnduàn	3 动	陆五 Kb
		3	柒六 Ha	诊所 zhěnsuǒ	2 名	叁九 Ee
针灸 zhēnjiǔ		4 名	叁九 Ed	枕头 zhěn·tou	1 名	贰七 Bj
侦查 zhēnchá		3 动	陆一 Ia	阵 zhèn	1 量	叁十 Cb
侦察 zhēnchá		3 动	陆六 Cc	阵容 zhènróng	3 名	叁二 Ce
侦探 zhēntàn		3 名	壹一 Jf	阵势 zhèn·shì	4 名	叁一 Fa
		3 动	陆六 Cc	阵亡 zhènwáng	4 动	伍四 Cc
珍宝 zhēnbǎo		3 名	贰二 Ce	阵营 zhènyíng	4 名	叁四 Ad
珍藏 zhēncáng		3 动	伍七 Hd	振奋 zhènfèn	2 形	伍六 Ea
珍贵 zhēnguì		2 形	捌四 Qa	振奋人心 zhènfèn-rénxīn	2	捌四 Ja
珍奇 zhēnqí		3 形	捌四 Qa	振兴 zhènxīng	2 动	柒四 Fd
珍视 zhēnshì		3 动	伍五 Mc	振振有词 zhènzhèn-yǒucí	3	捌四 Ec
珍惜 zhēnxī		2 动	伍五 Ka	振作 zhènzuò	3 动	伍六 Ea
珍稀 zhēnxī		3 形	捌四 Qa	震 zhèn	2 动	柒二 Lb
珍异 zhēnyì		3 形	捌四 Qa	震颤 zhènchàn	4 动	伍三 Dc
珍重 zhēnzhòng		3 动	伍五 Ka	震荡 zhèndàng	3 动	柒二 Lb
		3 动	伍五 Mc	震动 zhèndòng	2 动	柒二 Lb
珍珠 zhēnzhū		2 名	贰四 Ea		2 动	柒六 Oc
真 zhēn		1 形	捌四 Aa	震耳欲聋 zhèn'ěr-yùlóng	3	捌二 Ga
		1 副	玖一 Db	震撼 zhènhàn	3 动	柒六 Oc
真才实学 zhēncái-shíxué		2	叁二 Ie	震惊 zhènjīng	3 动	伍五 Ea
真诚 zhēnchéng		2 形	捌五 Ba	震怒 zhènnù	4 动	伍五 Ca
真谛 zhēndì		4 名	叁一 Cc	震慑 zhènshè	4 动	陆十一 Hb
真空 zhēnkōng		4 名	肆二 Aa	镇 zhèn	2 名	叁五 Ae
真理 zhēnlǐ		3 名	叁一 Cc	镇定 zhèndìng	3 动	伍五 Fb
真凭实据 zhēnpíng-shíjù		3	叁一 Bb	镇静 zhènjìng	3 动	伍五 Fb
真切 zhēnqiè		3 形	捌二 Ea	镇守 zhènshǒu	4 动	陆六 Da
真情 zhēnqíng		3 名	叁一 Fb	镇压 zhènyā	3 动	陆六 Gb
		3 名	叁三 Ac			
真实 zhēnshí		2 形	捌四 Aa	**zheng**		
真相 zhēnxiàng		2 名	叁一 Fb	正月 zhēngyuè	2 名	肆一 Eb
真心 zhēnxīn		2 名	叁三 Ac	争 zhēng	2 动	陆十一 Ab
真心实意 zhēnxīn-shíyì		2	叁三 Ac		2 动	柒三 Be
真正 zhēnzhèng		2 形	捌四 Aa	争辩 zhēngbiàn	3 动	陆十一 Ab
				争吵 zhēngchǎo	2 动	陆十一 Ac

争端 zhēngduān	4 名	叁一 Bb
争夺 zhēngduó	2 动	柒三 Be
争分夺秒 zhēngfēn-duómiǎo	2	捌五 Va
争风吃醋 zhēngfēng-chīcù	4	伍五 Gb
争论 zhēnglùn	2 动	陆十一 Ab
争鸣 zhēngmíng	4 动	陆十一 Ab
争取 zhēngqǔ	2 动	柒三 Be
争权夺利 zhēngquán-duólì	3	陆六 Ba
争先 zhēngxiān	2 动	伍八 Mc
争先恐后 zhēngxiān-kǒnghòu	2	伍八 Mc
争相 zhēngxiāng	2 副	玖一 Dd
争议 zhēngyì	3 动	陆十一 Ab
争执 zhēngzhí	3 动	陆十一 Ab
征程 zhēngchéng	3 名	叁一 Bf
征服 zhēngfú	3 动	陆六 Gc
征集 zhēngjí	4 动	伍七 Hb
征求 zhēngqiú	3 动	陆九 Ka
征收 zhēngshōu	4 动	陆二 Da
征途 zhēngtú	3 名	叁一 Bf
征文 zhēngwén	3 名	叁八 Ec
挣扎 zhēngzhá	2 动	伍八 Db
狰狞 zhēngníng	4 形	捌五 Ab
睁 zhēng	2 动	伍二 Bb
蒸 zhēng	2 动	伍七 Cb
蒸发 zhēngfā	3 动	柒一 Ec
蒸蒸日上 zhēngzhēng-rìshàng	3	捌六 Ca
拯救 zhěngjiù	3 动	陆十 Ce
整 zhěng	2 动	伍七 Bg
	2 形	捌三 Bc
整顿 zhěngdùn	4 动	陆一 Ga
整合 zhěnghé	4 动	陆一 Ga
整洁 zhěngjié	2 形	捌六 Ga
整理 zhěnglǐ	2 动	伍七 Bg
整齐 zhěngqí	2 形	捌六 Ha
整容 zhěng//róng	3 动	伍七 Bf
整体 zhěngtǐ	2 名	贰二 Ab
整修 zhěngxiū	4 动	陆三 Ca
整整 zhěngzhěng	2 副	玖一 Bd
整治 zhěngzhì	3 动	陆一 Ga
整装待发 zhěngzhuāng-dàifā	4	陆六 Aa
正 zhèng	1 形	捌一 Ia
	1 副	玖一 Ea
	1 副	玖一 Ge
正版 zhèngbǎn	3 名	叁八 Gf
正本清源 zhèngběn-qīngyuán	4	伍七 Fb
正步 zhèngbù	3 名	叁二 Fb
正常 zhèngcháng	1 形	捌四 Cd
正大光明 zhèngdà-guāngmíng	2	捌五 Be
正当 zhèngdāng	2 动	柒六 Lc
正当 zhèngdàng	2 形	捌四 Ec
正方形 zhèngfāngxíng	2 名	叁二 Aa
正规 zhèngguī	2 形	捌四 Xa
正好 zhènghǎo	2 形	捌四 Ee
	2 副	玖一 Ge
正襟危坐 zhèngjīn-wēizuò	4	捌五 Ea
正经 zhèng·jing	3 形	捌五 Be
正面 zhèngmiàn	2 名	贰二 Fc
	3 名	叁二 Cb
	3 形	捌五 Oa
正派 zhèngpài	3 形	捌五 Be
正气 zhèngqì	3 名	叁二 Id
正巧 zhèngqiǎo	3 副	玖一 Ge
正确 zhèngquè	1 形	捌四 Ea
正人君子 zhèngrén-jūnzǐ	3	壹一 Ha
正色 zhèngsè	4 名	贰三 Ja
	4 副	玖一 Cf
正式 zhèngshì	2 形	捌四 Xa
正视 zhèngshì	4 动	伍二 Da
正是 zhèngshì	2 动	柒六 Aa
正统 zhèngtǒng	4 名	叁四 Ad
正午 zhèngwǔ	3 名	肆一 Fa
正义 zhèngyì	3 名	叁一 Cc
	3 形	捌五 Ja
正在 zhèngzài	1 副	玖一 Ea

正直 zhèngzhí	2 形	捌五 Be	
正职 zhèngzhí	4 名	叁四 Ca	
正中 zhèngzhōng	2 名	肆二 Ae	
正中下怀 zhèngzhòng-xiàhuái	4	伍五 Ab	
正宗 zhèngzōng	3 名	叁四 Ad	
	3 形	捌四 Xa	
证件 zhèngjiàn	2 名	贰八 Cd	
证据 zhèngjù	3 名	叁一 Bb	
证明 zhèngmíng	2 名	贰八 Cd	
	2 动	柒六 Bg	
证人 zhèng·rén	3 名	壹一 Lf	
证实 zhèngshí	3 动	柒六 Bg	
证书 zhèngshū	3 名	贰八 Cd	
郑重 zhèngzhòng	3 形	捌五 Ga	
怔 zhèng	4 动	伍六 Bb	
政策 zhèngcè	2 名	叁五 Bd	
政党 zhèngdǎng	3 名	叁五 Af	
政府 zhèngfǔ	3 名	叁五 Ac	
政权 zhèngquán	4 名	叁五 Ac	
	4 名	叁五 Ca	
政通人和 zhèngtōng-rénhé	4	捌六 Ba	
政协 zhèngxié	4 名	叁五 Ab	
政治 zhèngzhì	3 名	叁五 Ab	
挣 zhèng	2 动	陆二 Bc	
挣钱 zhèngqián	2 动	陆二 Bc	
挣脱 zhèngtuō	3 动	伍七 Ef	
症状 zhèngzhuàng	4 名	叁一 Fc	

zhi

之 zhī	2 代	贰二 Da	
	2 助	玖四 Aa	
之后 zhīhòu	2 名	肆一 De	
之间 zhījiān	2 名	肆一 Ca	
	2 名	肆二 Ae	
之前 zhīqián	2 名	肆一 Dc	
之所以 zhīsuǒyǐ	3 连	玖三 Gb	
支 zhī	1 量	叁十 Ca	
	2 动	伍一 Dc	
支撑 zhīchēng	3 动	伍一 Dc	
	3 动	柒六 Ke	
支持 zhīchí	2 动	陆十 Cc	
支出 zhīchū	3 动	柒五 Ba	
支付 zhīfù	2 动	陆二 Ec	
支离破碎 zhīlí-pòsuì	3	捌三 Bd	
支流 zhīliú	3 名	贰三 Bg	
支配 zhīpèi	3 动	陆一 Da	
支使 zhī·shi	4 动	陆一 Ha	
支吾 zhī·wu	4 动	陆九 Ec	
支援 zhīyuán	2 动	陆十 Cc	
支柱 zhīzhù	3 名	壹一 Ia	
	3 名	贰六 Bd	
	3 名	叁二 Dd	
只 zhī	1 量	叁十 Ca	
只身 zhīshēn	4 副	玖一 Ca	
只言片语 zhīyán-piànyǔ	3	叁八 Cg	
汁 zhī	1 名	贰三 Da	
汁液 zhīyè	2 名	贰三 Da	
芝麻 zhī·ma	2 名	壹三 Gb	
吱 zhī	4 拟声	玖六 Ca	
枝 zhī	1 名	壹五 Cc	
	1 量	叁十 Ca	
枝繁叶茂 zhīfán-yèmào	3	捌三 Dc	
枝条 zhītiáo	2 名	壹五 Cc	
枝丫 zhīyā	3 名	壹五 Cc	
枝叶 zhīyè	2 名	壹五 Cc	
	2 名	叁一 Aa	
知道 zhī·dào	1 动	伍五 Ta	
知恩图报 zhī'ēn-túbào	3	陆九 Ia	
知法犯法 zhīfǎ-fànfǎ	3	陆七 Fa	
知己 zhījǐ	3 名	壹一 La	
	3 形	捌四 Ra	
知己知彼 zhījǐ-zhībǐ	3	伍五 Tb	
知觉 zhījué	3 名	叁三 Ba	
知了 zhīliǎo	2 名	壹二 Fb	
知名 zhīmíng	3 形	捌四 Qe	
知难而进 zhīnán'érjìn	3	捌五 Db	
知难而退 zhīnán'értuì	3	伍七 Ic	
知趣 zhīqù	4 形	捌四 Ee	

知识 zhī·shi		1 名	叁八 Ab			2 动	柒六 Eb
知晓 zhīxiǎo		3 动	伍五 Ta			3 动	柒六 Lc
知心 zhīxīn		3 形	捌四 Ra	值班 zhí//bān		2 动	陆一 Qa
知音 zhīyīn		3 名	壹一 La	值得 zhí//·dé		2 动	伍五 Zc
知足 zhīzú		2 形	伍五 Ab	值钱 zhíqián		2 形	捌四 Qa
肢解 zhījiě		4 动	伍七 Hj	值勤 zhí//qín		3 动	陆一 Qa
		4 动	柒二 Ke	值日 zhírì		2 动	陆一 Qa
织 zhī		2 动	陆三 Ea	职工 zhígōng		2 名	壹一 Jb
		2 动	陆三 Ea	职能 zhínéng		4 名	叁一 Fd
织物 zhīwù		4 名	贰七 Ca	职权 zhíquán		4 名	叁五 Ca
脂肪 zhīfáng		2 名	壹五 Aj	职位 zhíwèi		3 名	叁四 Ca
脂粉 zhīfěn		4 名	贰七 Bm	职务 zhíwù		3 名	叁四 Ec
蜘蛛 zhīzhū		2 名	壹二 Fd	职业 zhíyè		2 名	叁四 Ec
执法 zhífǎ		3 动	陆一 Aa	职员 zhíyuán		2 名	壹一 Jb
执迷不悟 zhímí-bùwù		3	捌五 Ua	职责 zhízé		3 名	叁五 Cb
执拗 zhíniù		4 形	捌五 Ua	植被 zhíbèi		3 名	壹三 Aa
执行 zhíxíng		3 动	柒三 Cb	植树 zhíshù		2 动	陆三 Jc
执掌 zhízhǎng		4 动	陆一 Ca	植物 zhíwù		1 名	壹三 Aa
执照 zhízhào		4 名	贰八 Cd	植物园 zhíwùyuán		1 名	贰六 Ga
执政 zhí//zhèng		3 动	陆一 Eb	止 zhǐ		2 动	柒三 Bc
直 zhí		1 形	捌一 Ja	只 zhǐ		1 副	玖一 Ba
		3 形	捌五 Ce	只得 zhǐdé		2 副	玖一 Db
		1 副	玖一 Eg	只顾 zhǐgù		2 副	玖一 Dd
直播 zhíbō		4 动	陆三 Jc	只管 zhǐguǎn		2 副	玖一 Ba
直达 zhídá		3 动	陆四 Cc	只好 zhǐhǎo		1 副	玖一 Db
直接 zhíjiē		2 形	玖一 Cb	只是 zhǐshì		1 副	玖一 Ba
直截了当 zhíjié-liǎodàng		3	捌五 Ce			1 连	玖三 Da
直径 zhíjìng		3 名	叁二 Aa	只要 zhǐyào		1 连	玖三 Ea
直觉 zhíjué		3 名	叁三 Ba	只有 zhǐyǒu		1 连	玖三 Ea
直立 zhílì		3 动	伍一 Nc	纸 zhǐ		1 名	贰八 Ca
直率 zhíshuài		3 形	捌五 Ce	纸币 zhǐbì		2 名	叁七 Ba
直爽 zhíshuǎng		3 形	捌五 Ce	纸巾 zhǐjīn		1 名	贰七 Bc
直挺挺 zhítǐngtǐng		3 形	捌一 Ja	纸上谈兵 zhǐshàng-tánbīng			
直辖市 zhíxiáshì		3 名	叁五 Ae			3	陆九 Eg
直线 zhíxiàn		2 名	叁二 Aa	纸条 zhǐtiáo		2 名	贰八 Ca
直言不讳 zhíyán-bùhuì		4	捌五 Ce	纸张 zhǐzhāng		2 名	贰八 Ca
直至 zhízhì		3 动	陆四 Cc	纸醉金迷 zhǐzuì-jīnmí		4	捌五 Nb
侄女 zhí·nǚ		2 名	壹一 Dh	指 zhǐ		1 名	壹五 Af
侄子 zhí·zi		2 名	壹一 Dh			1 动	伍一 Hb
值 zhí		2 动	伍五 Zc			1 动	柒六 Aa

指标 zhǐbiāo	4	名	叁一 Ba	志向 zhìxiàng	3 名	叁三 Ea
指导 zhǐdǎo	2	动	陆五 Ab	志愿 zhìyuàn	3 名	叁三 Cc
指点 zhǐdiǎn	3	动	伍一 Hb	志愿者 zhìyuànzhě	3 名	壹一 Lf
	3	动	陆五 Ab	制 zhì	2 动	陆三 Ac
指定 zhǐdìng	3	动	陆一 Ha	制裁 zhìcái	4 动	陆一 Pb
指挥 zhǐhuī	2	名	壹一 Ja	制订 zhìdìng	3 动	陆一 Kb
	2	动	陆一 Ea	制定 zhìdìng	3 动	陆一 Kb
指甲 zhǐ·jia	1	名	壹五 Af	制度 zhìdù	2 名	叁五 Bd
指教 zhǐjiào	3	动	陆九 Kb	制服 zhì//fú	3 动	陆十一 Ec
指控 zhǐkòng	4	动	陆七 Ab	制服 zhìfú	2 名	贰七 Cb
指令 zhǐlìng	3	名	叁五 Bc	制约 zhìyuē	3 动	陆十一 Dd
	3	动	陆一 Fb	制造 zhìzào	2 动	陆三 Ac
指鹿为马 zhǐlùwéimǎ	4		伍七 Gf	制止 zhìzhǐ	2 动	陆十一 Dd
指南 zhǐnán	2	名	叁一 Fa	制作 zhìzuò	2 动	陆三 Ac
指南针 zhǐnánzhēn	2	名	贰五 Dd	质地 zhìdì	4 名	叁二 Ec
	3	名	叁一 Ba	质量 zhìliàng	2 名	叁二 Ec
指日可待 zhǐrì-kědài	4		捌三 Pa	质朴 zhìpǔ	3 形	捌三 Nb
指桑骂槐 zhǐsāng-màhuái	3		柒六 Bb	质朴无华 zhìpǔ-wúhuá	4	捌三 Nb
指示 zhǐshì	3	名	叁八 Cg	质问 zhìwèn	4 动	陆九 Fd
	3	动	陆一 Fb	质疑 zhìyí	4 动	陆九 Fd
指手画脚 zhǐshǒu-huàjiǎo	3		伍一 Hb	炙热 zhìrè	4 形	捌二 Nb
指头 zhǐ·tou	1	名	壹五 Af	治 zhì	3 动	陆一 Ab
指望 zhǐ·wàng	4	动	伍五 Ua		2 动	陆五 Ka
指引 zhǐyǐn	3	动	陆五 Ac		3 动	陆七 Da
指责 zhǐzé	3	动	陆九 Gb	治安 zhì'ān	3 名	叁一 Fb
指摘 zhǐzhāi	4	动	陆九 Gb	治病 zhìbìng	2 动	陆五 Ka
趾高气扬 zhǐgāo-qìyáng	3		捌五 Hb	治病救人 zhìbìng-jiùrén	3	伍七 Fa
至 zhì	2	动	伍七 Ia	治理 zhìlǐ	3 动	陆一 Ab
至高无上 zhìgāo-wúshàng	3		捌四 Cc	治疗 zhìliáo	3 动	陆五 Ka
至关重要 zhìguān-zhòngyào				治水 zhì//shuǐ	3 动	陆三 Ia
	3		捌四 La	治污 zhìwū	4 动	陆三 Ic
至今 zhìjīn	2	副	玖一 Ea	治愈 zhìyù	4 动	陆五 Ka
至理名言 zhìlǐ-míngyán	4		叁八 Cg	挚友 zhìyǒu	4 名	壹一 La
至亲 zhìqīn	3	名	壹一 Da	致 zhì	3 动	柒六 Ob
至少 zhìshǎo	2	副	玖一 Ba		3 动	柒六 Of
至死不渝 zhìsǐ-bùyú	4		捌五 Db	致辞 zhì//cí	4 动	陆九 Eb
至于 zhìyú	2	介	玖二 Dd	致富 zhìfù	3 动	伍八 Ea
志气 zhì·qì	3	名	叁三 Ea	致敬 zhìjìng	3 动	伍三 Ga
志趣 zhìqù	4	名	叁三 Eb	致力 zhìlì	3 动	伍七 Ac
志同道合 zhìtóng-dàohé	3		柒六 Gd	致命 zhìmìng	3 动	捌四 Ma

致歉 zhìqiàn		4 动	陆九	Ib
致使 zhìshǐ		4 动	柒六	Of
致谢 zhìxiè		3 动	陆九	Ia
致意 zhìyì		3 动	陆九	Ja
秩序 zhìxù		2 名	叁一	Fb
掷地有声 zhìdì-yǒushēng	4		捌四	Ba
窒息 zhìxī		4 动	伍四	Ib
智慧 zhìhuì		2 名	叁二	Ie
智力 zhìlì		2 名	叁二	Ie
智商 zhìshāng		3 名	叁二	Ie
智勇双全 zhìyǒng-shuāngquán				
		3	捌五	Dc
智障 zhìzhàng		3 名	壹一	Fb
痣 zhì		4 名	壹五	Ag
滞后 zhìhòu		4 动	伍八	Mb
滞留 zhìliú		4 动	伍七	Ab
置若罔闻 zhìruòwǎngwén	4		伍五	Nb
置之不理 zhìzhī-bùlǐ		3	伍五	Nb
置之度外 zhìzhī-dùwài		4	伍五	Nb
稚嫩 zhìnèn		4 形	捌五	Yb
稚气 zhìqì		4 名	叁二	Fa

zhong

中 zhōng		1 名	叁一	Bd
		1 名	肆二	Ae
		1 名	肆二	Af
		1 形	捌一	Hb
中餐 zhōngcān		2 名	贰九	Ad
中等 zhōngděng		2 形	捌四	Db
中断 zhōngduàn		2 动	柒三	Bg
中国 Zhōngguó		1 名	叁五	Ad
中华 Zhōnghuá		2 名	叁五	Ad
中华民族 Zhōnghuá Mínzú	2		叁四	Ac
中级 zhōngjí		2 形	捌四	Db
中间 zhōngjiān		1 名	叁一	Bd
		1 名	肆二	Ae
中介 zhōngjiè		4 名	壹一	Lf
		4 名	贰二	Ab
中流砥柱 zhōngliú-dǐzhù	4		壹一	Ia
中年 zhōngnián		2 名	肆一	Ia
		2 名	壹一	Cc
中秋 Zhōngqiū		2 名	肆一	Ha
中途 zhōngtú		3 名	叁一	Bd
		3 名	肆二	Cg
中外 zhōngwài		2 名	叁四	Ab
中文 Zhōngwén		2 名	叁八	Cf
中午 zhōngwǔ		1 名	肆一	Fa
中下游 zhōngxiàyóu		2 名	贰三	Bg
中心 zhōngxīn		2 名	叁二	Dd
		1 名	肆二	Ae
中型 zhōngxíng		3 形	捌一	Hb
中学 zhōngxué		2 名	叁八	Bd
中旬 zhōngxún		2 名	肆一	Eb
中央 zhōngyāng		3 名	叁五	Ac
		2 名	肆二	Ae
中药 zhōngyào		2 名	贰十	Aa
中医 zhōngyī		2 名	壹一	Jh
		2 名	叁八	Bb
中原 Zhōngyuán		2 名	肆二	Ca
中止 zhōngzhǐ		2 动	柒三	Bg
忠诚 zhōngchéng		3 形	捌五	Bb
忠厚 zhōnghòu		3 形	捌五	Ac
忠魂 zhōnghún		4 名	叁三	Ac
忠实 zhōngshí		3 形	捌四	Aa
		3 形	捌五	Bb
忠心耿耿 zhōngxīn-gěnggěng				
		3	捌五	Bb
忠言逆耳 zhōngyán-nì'ěr	4		陆九	Hc
忠于 zhōngyú		3 动	伍七	Ec
忠贞 zhōngzhēn		4 形	捌五	Bb
终归 zhōngguī		4 副	玖一	Df
		4 副	玖一	Eb
终结 zhōngjié		4 动	柒三	Ba
终究 zhōngjiū		3 副	玖一	Df
		3 副	玖一	Eb
终了 zhōngliǎo		3 动	柒三	Ba
终年 zhōngnián		3 副	玖一	Eg
终日 zhōngrì		3 副	玖一	Eg
终身 zhōngshēn		3 名	肆一	Ia
终生 zhōngshēng		3 名	肆一	Ia

词条	词性	编码
终于 zhōngyú	1 副	玖一 Eb
终止 zhōngzhǐ	3 动	柒三 Bc
钟 zhōng	2 名	贰七 Bh
	2 名	贰八 Da
钟点 zhōngdiǎn	2 名	肆一 Fc
钟声 zhōngshēng	1 名	贰三 La
衷心 zhōngxīn	3 动	捌五 Ba
肿 zhǒng	2 动	伍四 Id
肿瘤 zhǒngliú	3 名	叁九 Ea
种 zhǒng	1 名	壹五 Ce
	3 名	叁二 Cd
	1 量	叁十 Ca
种类 zhǒnglèi	2 名	叁二 Cd
种子 zhǒng·zi	1 名	壹五 Ce
种子选手 zhǒngzi xuǎnshǒu	3 名	壹一 Ji
种族 zhǒngzú	4 名	叁四 Ac
中毒 zhòng//dú	2 动	伍四 Ia
仲裁 zhòngcái	4 动	陆七 Cb
众多 zhòngduō	2 形	捌三 Aa
众目睽睽 zhòngmù-kuíkuí	4	伍二 Da
众人 zhòngrén	2 名	壹一 Aa
众所周知 zhòngsuǒzhōuzhī	3	捌四 Qe
众星拱月 zhòngxīng-gǒngyuè	3	捌四 Qe
众志成城 zhòngzhì-chéngchéng	3	伍八 Na
种 zhòng	1 动	陆三 Jc
种地 zhòng//dì	2 动	陆三 Jb
种田 zhòng//tián	2 动	陆三 Jb
种植 zhòngzhí	2 动	陆三 Jc
重 zhòng	1 名	叁十 Ai
	1 形	捌二 Lb
	2 形	捌四 Ka
重大 zhòngdà	2 形	捌四 La
重担 zhòngdàn	3 名	叁五 Cb
重点 zhòngdiǎn	2 名	叁二 Dd
重量 zhòngliàng	2 名	叁十 Ai
重视 zhòngshì	2 动	伍五 Mc
重心 zhòngxīn	3 名	叁二 Aa
	3 名	叁二 Dd
重要 zhòngyào	1 形	捌四 La
重于泰山 zhòngyútàishān	4	捌四 Oa

zhou

词条	词性	编码
州 zhōu	2 名	叁五 Ae
周 Zhōu	4 名	肆一 Ba
周 zhōu	2 量	叁十 Cb
	1 名	肆一 Ec
周到 zhōudào	2 形	捌四 Gc
周而复始 zhōu'érfùshǐ	2	柒三 Cf
周密 zhōumì	3 形	捌四 Gc
周末 zhōumò	1 名	肆一 Ec
周年 zhōunián	2 名	肆一 Ea
周期 zhōuqī	3 名	肆一 Bb
周全 zhōuquán	3 形	捌四 Gc
周围 zhōuwéi	1 名	肆二 Ag
周旋 zhōuxuán	4 动	陆九 Aa
周游 zhōuyóu	3 动	伍七 Kd
粥 zhōu	2 名	贰九 Ac
轴 zhóu	4 名	贰五 Ea
咒骂 zhòumà	4 动	陆十一 Ac
咒语 zhòuyǔ	4 名	叁八 Cg
昼夜 zhòuyè	3 名	肆一 Fb
皱 zhòu	3 名	贰三 Ia
	2 动	捌一 Kb
皱巴巴 zhòubābā	2 形	捌一 Kb
皱纹 zhòuwén	3 名	贰三 Ia
骤然 zhòurán	4 副	玖一 Ec

zhu

词条	词性	编码
珠宝 zhūbǎo	2 名	贰二 Ce
珠光宝气 zhūguāng-bǎoqì	3	捌三 Na
珠联璧合 zhūlián-bìhé	4	柒六 Gb
株 zhū	2 量	叁十 Ca
诸多 zhūduō	3 形	捌三 Aa
诸位 zhūwèi	3 代	壹一 Ac
猪 zhū	1 名	壹二 Cc
蛛丝马迹 zhūsī-mǎjì	4	叁一 Fc

竹竿	zhúgān	3	名	贰四 Ca	主演	zhǔyǎn	2 动	陆五 Fa
竹简	zhújiǎn	3	名	叁八 Eb	主要	zhǔyào	2 形	捌四 La
竹林	zhúlín	2	名	壹三 Bd	主义	zhǔyì	3 名	叁八 Ac
竹排	zhúpái	2	名	贰五 Eb	主意	zhǔ·yi	2 名	叁一 Cb
竹笋	zhúsǔn	2	名	壹三 Fa			2 名	叁三 Da
竹子	zhú·zi	1	名	壹三 Bc	主宰	zhǔzǎi	3 动	陆一 Da
逐步	zhúbù	2	副	玖一 Ed	主张	zhǔzhāng	2 名	叁三 Da
逐个	zhúgè	2	副	玖一 Cd			2 动	伍五 Vc
逐渐	zhújiàn	2	副	玖一 Ed	拄	zhǔ	4 动	伍一 Dc
逐年	zhúnián	3	副	玖一 Ed	煮	zhǔ	2 动	伍七 Cb
逐一	zhúyī	2	副	玖一 Cd	嘱咐	zhǔ·fù	3 动	陆九 Fb
烛光	zhúguāng	2	名	贰三 Fa	嘱托	zhǔtuō	4 动	陆九 Kd
主	zhǔ	1	名	壹一 Le	瞩目	zhǔmù	4 动	伍二 Da
主持	zhǔchí	3	动	伍五 Vc	伫立	zhùlì	4 动	伍一 Nc
		2	动	陆一 Cb	助词	zhùcí	4 名	叁八 Cb
主持人	zhǔchírén	2	名	壹一 Le	助理	zhùlǐ	3 名	壹一 Ld
主导	zhǔdǎo	4	名	叁二 Dd	助人为乐	zhùrén-wéilè	2	陆十 Cd
		4	动	陆五 Ac	助手	zhùshǒu	2 名	壹一 Ld
主动	zhǔdòng	2	形	捌五 Fa	助威	zhù//wēi	3 动	陆十 Cc
主妇	zhǔfù	2	名	壹一 Bb	助兴	zhù//xìng	3 动	陆十 Cc
主干	zhǔgàn	3	名	壹五 Cb	助学	zhùxué	3 动	陆十 Ca
		3	名	叁二 Dd	助纣为虐	zhùzhòu-wéinüè	4	陆十一 Fc
主顾	zhǔgù	4	名	壹一 Le	住	zhù	1 动	伍七 Ab
主观	zhǔguān	3	形	捌四 Gd			2 动	柒三 Bc
主管	zhǔguǎn	4	名	壹一 Ja	住处	zhùchù	2 名	贰六 Aa
		4	动	陆一 Cb	住房	zhùfáng	2 名	贰六 Aa
主角	zhǔjué	2	名	壹一 Ia	住宿	zhùsù	2 动	伍七 Ab
		2	名	壹一 Jl	住所	zhùsuǒ	3 名	贰六 Aa
主力	zhǔlì	3	名	叁二 Ga	住院	zhù//yuàn	2 动	陆五 Ka
主流	zhǔliú	3	名	贰三 Bg	住宅	zhùzhái	3 名	贰六 Aa
		3	名	叁一 Fa	住址	zhùzhǐ	2 名	肆二 Da
主权	zhǔquán	3	名	叁五 Ca	贮藏	zhùcáng	4 动	伍七 Hd
主人	zhǔ·rén	1	名	壹一 Le	注	zhù	3 名	叁八 Gd
		1	名	壹一 Le			3 动	陆五 Dc
主人公	zhǔréngōng	2	名	壹一 Jl	注册	zhù//cè	3 动	陆一 Lc
主任	zhǔrèn	2	名	壹一 Ja	注定	zhùdìng	3 动	柒三 Ha
主食	zhǔshí	3	名	贰九 Ac	注解	zhùjiě	3 名	叁八 Gd
主题	zhǔtí	2	名	叁八 Ge			3 动	陆五 Dc
主体	zhǔtǐ	3	名	叁二 Dd	注射	zhùshè	3 动	陆五 Kc
主席	zhǔxí	2	名	壹一 Ja	注视	zhùshì	2 动	伍二 Da

词条	拼音	词频	词性	等级
注销	zhùxiāo	4	动	陆一 Nb
注意	zhù//yì	1	动	伍五 Mb
注重	zhùzhòng	3	动	伍五 Mc
驻	zhù	3	动	陆六 Da
驻守	zhùshǒu	3	动	陆六 Da
驻扎	zhùzhā	3	动	陆六 Da
驻足	zhùzú	4	动	伍一 Ka
柱子	zhù·zi	1	名	贰六 Bd
祝	zhù	2	动	陆九 Hb
祝福	zhùfú	2	动	陆九 Hb
祝贺	zhùhè	2	动	陆九 Hb
祝愿	zhùyuàn	2	动	陆九 Hb
著称	zhùchēng	3	动	伍八 Gc
著名	zhùmíng	2	形	捌四 Qe
著作	zhùzuò	2	名	叁八 Ea
蛀	zhù	4	动	伍二 Eb
铸造	zhùzào	4	动	陆三 Ac
筑	zhù	3	动	陆三 Aa

zhua

词条	拼音	词频	词性	等级
抓	zhuā	1	动	伍一 Ca
		3	动	伍七 Ea
		1	动	陆七 Ba
抓耳挠腮	zhuā'ěr-náosāi	3		伍五 Ec
抓获	zhuāhuò	3	动	陆七 Ba
抓紧	zhuā//jǐn	2	动	柒五 Af
爪子	zhuǎ·zi	1	名	壹五 Bb

zhuai

词条	拼音	词频	词性	等级
拽	zhuài	4	动	伍一 Ba

zhuan

词条	拼音	词频	词性	等级
专	zhuān	2	形	捌四 Cb
专长	zhuāncháng	2	名	叁二 Ie
专程	zhuānchéng	3	副	玖一 De
专断	zhuānduàn	4	动	陆一 Eb
专辑	zhuānjí	4	名	叁八 Fa
专家	zhuānjiā	3	名	壹一 Ia
专栏	zhuānlán	4	名	叁八 Gg
专利	zhuānlì	4	名	叁五 Ca
专门	zhuānmén	2	形	捌四 Cb
		2	副	玖一 De
专心	zhuānxīn	1	形	伍五 Mb
专心致志	zhuānxīn-zhìzhì	2		伍五 Mb
专业	zhuānyè	3	名	叁八 Bb
		3	形	捌四 Xa
专一	zhuānyī	3	形	捌五 Bb
专政	zhuānzhèng	4	动	陆一 Eb
专制	zhuānzhì	4	动	陆一 Eb
专注	zhuānzhù	3	形	伍五 Mb
专著	zhuānzhù	4	名	叁八 Ea
砖	zhuān	2	名	贰二 Ea
		2	名	贰四 Cd
转	zhuǎn	1	动	柒四 Aa
转变	zhuǎnbiàn	2	动	柒四 Aa
转播	zhuǎnbō	3	动	柒三 Ka
转达	zhuǎndá	3	动	陆九 Fa
转动	zhuǎndòng	2	动	柒二 Na
转化	zhuǎnhuà	3	动	柒四 Ab
转换	zhuǎnhuàn	3	动	柒四 Ad
转机	zhuǎnjī	3	名	叁二 De
转交	zhuǎnjiāo	3	动	陆十 Bb
转念	zhuǎnniàn	3	动	伍五 Ra
转让	zhuǎnràng	4	动	陆二 Ba
转身	zhuǎn//shēn	2	动	伍三 Da
转瞬	zhuǎnshùn	4	动	捌三 Qb
转瞬即逝	zhuǎnshùn-jíshì	4		捌三 Qb
转弯抹角	zhuǎnwān-mòjiǎo	4		捌五 Cf
转危为安	zhuǎnwēi-wéi'ān	3		柒四 Fa
转向	zhuǎnxiàng	3	副	柒四 Ad
转学	zhuǎn//xué	2	动	陆五 Bb
转眼	zhuǎnyǎn	3	动	捌三 Qb
转移	zhuǎnyí	2	动	柒四 Aa
转载	zhuǎnzǎi	4	动	陆三 Fb
转折	zhuǎnzhé	3	名	叁二 De
		3	动	柒四 Ad
转折点	zhuǎnzhédiǎn	3	名	叁二 De
传记	zhuànjì	3	名	叁八 Dc
转	zhuàn	1	动	柒二 Na
赚	zhuàn	3	动	陆二 Bc

撰写 zhuànxiě	4动	陆五 Ea		

zhuang

庄稼 zhuāng·jia	2名	壹三 Ea	壮大 zhuàngdà	2动	柒五 Ac
庄严 zhuāngyán	2形	捌五 Eb		2形	捌四 Na
庄重 zhuāngzhòng	3形	捌五 Ge	壮观 zhuàngguān	3名	叁二 Ac
桩 zhuāng	3名	贰六 Bd		3形	捌四 Nb
	3量	叁十 Ca	壮举 zhuàngjǔ	3名	叁四 Fa
装 zhuāng	1动	伍一 Fa	壮阔 zhuàngkuò	3形	捌四 Nb
	2动	伍六 Ca	壮丽 zhuànglì	2形	捌三 La
	2动	陆三 Ab	壮烈 zhuàngliè	2形	捌五 Dc
	1动	陆四 Db	壮美 zhuàngměi	2形	捌四 Nb
装扮 zhuāngbàn	3动	伍六 Ca	壮年 zhuàngnián	3名	壹一 Cc
	3动	伍七 Be	壮实 zhuàng·shi	3形	捌三 Ja
	3动	陆五 Fb	壮士 zhuàngshì	3名	壹一 Ha
装备 zhuāngbèi	4名	贰二 Ca	壮硕 zhuàngshuò	4形	捌三 Ja
	4动	陆六 Aa	状况 zhuàngkuàng	3名	叁一 Fb
装点 zhuāngdiǎn	3动	柒六 Ge	状态 zhuàngtài	3名	叁一 Fb
装订 zhuāngdìng	3动	陆三 Fa	状元 zhuàng·yuan	3名	壹一 Ia
装疯卖傻 zhuāngfēng-màishǎ			撞 zhuàng	2动	柒二 Ga
	3	伍六 Ca	撞击 zhuàngjī	3动	柒二 Ga
装潢 zhuānghuáng	4名	叁二 Ab	撞见 zhuàngjiàn	2动	柒二 Gc
	4动	陆三 Ga	幢 zhuàng	4量	叁十 Ca
装聋作哑 zhuānglóng-zuòyǎ					
	3	伍六 Ca			

zhui

装模作样 zhuāngmú-zuòyàng			追 zhuī	1动	伍七 Jb
	2	伍六 Ca	追本溯源 zhuīběn-sùyuán	4	陆五 Da
装配 zhuāngpèi	3动	陆三 Ab	追捕 zhuībǔ	3动	陆七 Ba
装腔作势 zhuāngqiāng-zuòshì			追悼 zhuīdào	4动	伍五 Xb
	3	伍六 Ca	追赶 zhuīgǎn	2动	伍七 Jb
装神弄鬼 zhuāngshén-nòngguǐ				2动	伍八 Mc
	3	陆十一 Cd		2动	陆六 Ca
装饰 zhuāngshì	3名	贰七 Bk	追击 zhuījī	3动	陆六 Ca
	3动	陆三 Ga	追究 zhuījiū	3动	陆九 Fd
装束 zhuāngshù	4名	贰七 Cb	追求 zhuīqiú	3动	伍五 Uc
装卸 zhuāngxiè	4动	陆四 Db		3动	伍七 La
装修 zhuāngxiū	3动	陆三 Ga	追思 zhuīsī	3动	伍五 Xa
装载 zhuāngzài	3动	陆四 Db	追溯 zhuīsù	4动	陆五 Da
装置 zhuāngzhì	4名	贰二 Ca	追随 zhuīsuí	3动	伍七 Jb
	4动	陆三 Ab	追问 zhuīwèn	2动	陆九 Fd
			追寻 zhuīxún	3动	伍七 Jc
			追忆 zhuīyì	3动	伍五 Xa
			追逐 zhuīzhú	3动	伍五 Uc

追踪 zhuīzōng	3 动	伍七 Jb					
锥子 zhuī·zi	3 名	贰五 Ce					
坠落 zhuìluò	3 动	柒二 Be					

zhun

准 zhǔn	3 动	陆一 La
	2 形	捌四 Ea
	2 副	玖一 Db
准备 zhǔnbèi	1 动	伍五 Wa
准确 zhǔnquè	2 形	捌四 Ea
准绳 zhǔnshéng	4 名	叁二 Ea
准时 zhǔnshí	1 副	玖一 Ef
准许 zhǔnxǔ	3 动	陆一 La
准则 zhǔnzé	3 名	叁二 Ea

zhuo

拙劣 zhuōliè	4 形	捌四 Bb
捉 zhuō	1 动	伍一 Ca
	1 动	陆七 Ba
捉襟见肘 zhuōjīn-jiànzhǒu	4	捌三 Af
捉迷藏 zhuōmícáng	1	伍七 Kb
捉摸 zhuōmō	3 动	伍五 Sc
捉拿 zhuōná	4 动	陆七 Ba
捉弄 zhuōnòng	3 动	陆十一 Cb
桌子 zhuō·zi	1 名	贰七 Aa
灼热 zhuórè	4 形	捌二 Nb
茁壮 zhuózhuàng	2 形	捌三 Ja
卓尔不群 zhuó'ěr-bùqún	4	捌四 Cc
卓越 zhuóyuè	3 形	捌四 Cc
卓著 zhuózhù	4 形	捌四 Cc
酌情 zhuóqíng	4 动	伍五 Ra
啄 zhuó	3 动	伍二 Ea
啄食 zhuóshí	4 动	伍二 Ea
着力 zhuólì	3 动	伍七 Ac
着陆 zhuó//lù	3 动	陆四 Cc
着实 zhuóshí	3 副	玖一 Db
着手 zhuóshǒu	3 动	柒三 Aa
着眼 zhuóyǎn	3 动	伍五 Ra
着眼点 zhuóyǎndiǎn	3 名	叁二 Cb
琢磨 zhuómó	4 动	陆五 Ib

zi

孜孜不倦 zīzī-bùjuàn	4	捌五 Va
咨询 zīxún	3 动	陆九 Fd
姿容 zīróng	4 名	叁二 Fd
姿色 zīsè	4 名	叁二 Fd
姿势 zīshì	2 名	叁二 Fb
姿态 zītài	3 名	叁二 Fb
资本 zīběn	3 名	叁七 Db
资本主义 zīběn zhǔyì	3	叁五 Aa
资产 zīchǎn	3 名	叁七 Da
	4 名	叁七 Db
资格 zīgé	2 名	叁四 Ba
资金 zījīn	3 名	叁七 Db
资历 zīlì	4 名	叁一 Ea
资料 zīliào	2 名	叁八 Ef
资深 zīshēn	4 形	捌四 Qe
资源 zīyuán	2 名	贰二 Ba
资质 zīzhì	4 名	叁二 If
资助 zīzhù	3 动	陆十 Cd
滋补 zībǔ	4 动	伍七 Bd
滋扰 zīrǎo	4 动	陆十一 Db
滋润 zīrùn	3 动	柒四 Ea
	3 形	捌六 Ja
滋生 zīshēng	4 动	伍四 Ad
	4 动	柒六 Oe
滋味 zīwèi	3 名	贰三 Kb
	2 名	叁三 Ba
滋养 zīyǎng	4 动	伍七 Bd
滋长 zīzhǎng	4 动	柒三 Fb
锱铢必较 zīzhū-bìjiào	4	伍五 Wb
子 zǐ	4 名	肆一 Ab
子弹 zǐdàn	2 名	贰五 Ff
子弟兵 zǐdìbīng	3 名	叁六 Ab
子女 zǐnǚ	2 名	壹一 Dd
子孙 zǐsūn	1 名	壹一 Da
子虚乌有 zǐxū-wūyǒu	4	捌四 Ab
仔细 zǐxì	1 形	捌五 Ga
姊妹 zǐmèi	2 名	壹一 Dg
籽 zǐ	2 名	壹五 Ce

词条	拼音	义项	词性	分类
紫	zǐ	1	形	捌二 Af
紫红	zǐhóng	2	形	捌二 Aa
紫色	zǐsè	1	名	贰三 Jb
自	zì	3	副	玖一 Gb
		2	介	玖二 Aa
自暴自弃	zìbào-zìqì	3		捌五 Xd
自卑	zìbēi	3	形	捌五 Ha
自惭形秽	zìcán-xínghuì	4		捌五 Ha
自嘲	zìcháo	4	动	陆九 Gc
自称	zìchēng	2	动	柒六 Ad
自吹自擂	zìchuī-zìléi	3		陆九 Eg
自从	zìcóng	1	介	玖二 Aa
自动	zìdòng	2	形	捌四 Tb
		3	副	玖一 Ef
自费	zìfèi	3	动	伍七 Hc
自负	zìfù	3	形	捌五 Hb
自高自大	zìgāo-zìdà	2		捌五 Hb
自告奋勇	zìgào-fènyǒng	2		捌五 Fa
自古	zìgǔ	2	副	玖一 Ea
自顾不暇	zìgù-bùxiá	4		捌六 Ea
自豪	zìháo	2	形	捌五 Hb
自己	zìjǐ	1	代	壹一 Ab
自给自足	zìjǐ-zìzú	3		伍七 Ac
自觉	zìjué	3	动	伍五 Ja
		2	形	捌五 Fa
自理	zìlǐ	3	动	伍七 Ac
自力更生	zìlì-gēngshēng	2		伍七 Ac
自立	zìlì	2	动	伍七 Ac
自鸣得意	zìmíng-déyì	3		伍五 Ac
自欺欺人	zìqī-qīrén	2		陆十一 Cd
自强不息	zìqiáng-bùxī	3		伍七 Ac
自然	zìrán	2	名	贰三 Aa
		3	形	捌四 Ta
		3	副	玖一 Gb
自然而然	zìrán'érrán	3		捌四 Ec
自然界	zìránjiè	2	名	贰三 Aa
自如	zìrú	3	形	捌五 Ee
		3	形	捌五 Wa
自杀	zìshā	2	动	伍四 Cf
自上而下	zìshàng'érxià	3		玖一 Cd
自身	zìshēn	2	名	壹一 Ab
自食其果	zìshí-qíguǒ	3		伍八 Bf
自食其力	zìshí-qílì	3		伍七 Ac
自食其言	zìshí-qíyán	3		陆九 Ab
自始至终	zìshǐ-zhìzhōng	2		肆一 Ca
自首	zìshǒu	4	动	陆七 Ac
自私	zìsī	1	形	捌五 Kc
自私自利	zìsī-zìlì	2		捌五 Kc
自投罗网	zìtóu-luówǎng	3		伍八 Bf
自卫	zìwèi	3	动	陆十 Ea
自我	zìwǒ	3	代	壹一 Ab
自相残杀	zìxiāng-cánshā	3		陆六 Ba
自相矛盾	zìxiāng-máodùn	2		柒六 Hb
自信	zìxìn	2	名	叁三 Aa
		2	动	伍五 Pa
自行车	zìxíngchē	1	名	贰五 Ea
自诩	zìxǔ	4	动	陆九 Eg
自寻烦恼	zìxún-fánnǎo	3		伍八 Bf
自言自语	zìyán-zìyǔ	1		陆九 Ec
自以为是	zìyǐwéishì	2		捌五 Hb
自由	zìyóu	2	名	叁五 Ca
		2	形	捌五 Ee
自由自在	zìyóu-zìzài	2		捌五 Ee
自圆其说	zìyuán-qíshuō	3		捌四 Ec
自怨自艾	zìyuàn-zìyì	4		伍五 Jb
自愿	zìyuàn	2	动	伍五 Yb
自在	zì·zai	3	形	捌五 Ee
自责	zìzé	3	动	陆九 Gb
自知之明	zìzhīzhīmíng	3		叁二 Ie
自制	zìzhì	3	动	伍五 Lc
		3	动	陆三 Ac
自主	zìzhǔ	3	动	伍七 Ac
自助	zìzhù	2	动	伍七 Ac
自尊	zìzūn	2	动	伍五 Qd
自尊心	zìzūnxīn	2	名	叁三 Aa
自作聪明	zìzuò-cōngmíng	2		伍七 Gb
自作多情	zìzuò-duōqíng	3		捌五 Sa
自作自受	zìzuò-zìshòu	3		伍八 Bf
字	zì	3	名	叁二 Hb
		1	名	叁八 Ca

字典 zìdiǎn	1名	叁八 Eb		粽子 zòng·zi	2名	贰九 Ac	
字画 zìhuà	4名	叁九 Ca		**zou**			
字里行间 zìlǐ-hángjiān	3	叁八 Ga		走 zǒu	1动	伍一 Ka	
字母 zìmǔ	2名	叁八 Ca			2动	柒二 Ff	
字帖 zìtiè	2名	叁八 Eb		走动 zǒudòng	2动	伍一 Ka	
字眼 zìyǎn	2名	叁八 Cb			4动	陆九 Aa	
字斟句酌 zìzhēn-jùzhuó	4	陆五 Da		走街串巷 zǒujiē-chuànxiàng	3	伍七 Ac	
zong				走廊 zǒuláng	2名	贰六 Bg	
宗 zōng	4量	叁十 Ca		走漏 zǒulòu	3动	伍八 Dd	
宗教 zōngjiào	3名	叁三 Fa		走马观花 zǒumǎ-guānhuā	3	伍二 Da	
宗师 zōngshī	4名	壹一 Ia		走马上任 zǒumǎ-shàngrèn	4	陆一 Jf	
宗旨 zōngzhǐ	4名	叁一 Ba		走南闯北 zǒunán-chuǎngběi			
综合 zōnghé	2动	陆五 Db			2	伍七 Ac	
综上所述 zōngshàngsuǒshù				走私 zǒu//sī	3动	陆七 Fg	
	4	玖三 Ha		走投无路 zǒutóu-wúlù	3	伍八 Bc	
棕色 zōngsè	2名	贰三 Jb		走向 zǒuxiàng	3名	肆二 Aa	
踪迹 zōngjì	3名	叁一 Fc		走运 zǒu//yùn	3形	伍八 Aa	
踪影 zōngyǐng	3名	叁一 Fc		奏效 zòu//xiào	4动	柒三 Hb	
总共 zǒnggòng	2副	玖一 Bd		揍 zòu	4动	伍一 Ab	
总监 zǒngjiān	4名	壹一 Ja		**zu**			
总结 zǒngjié	2动	陆五 Db		租 zū	2动	陆二 Fc	
总理 zǒnglǐ	2名	壹一 Ja		租借 zūjiè	3动	陆二 Fc	
总是 zǒngshì	1副	玖一 Fb		租赁 zūlìn	4动	陆二 Fc	
总数 zǒngshù	2名	叁十 Bc		足 zú	1名	壹五 Af	
总算 zǒngsuàn	2副	玖一 Eb			2形	捌三 Ae	
总统 zǒngtǒng	2名	壹一 Ja		足不出户 zúbùchūhù	2	伍七 Ab	
总之 zǒngzhī	2连	玖三 Ha		足够 zúgòu	2动	陆二 Bd	
纵横 zònghéng	4动	伍一 Kb		足迹 zújì	3名	贰三 Ib	
	4动	柒二 Ia		足球 zúqiú	1名	贰八 Bb	
	4形	捌四 Ja			1名	叁九 Da	
纵横交错 zònghéng-jiāocuò				足以 zúyǐ	3动	伍五 Zd	
	4	柒二 Ia		足智多谋 zúzhì-duōmóu	3	捌五 Ta	
	4	捌四 Ib		族 zú	2名	叁四 Ac	
纵览 zònglǎn	4动	伍二 Da		族群 zúqún	4名	叁四 Ae	
纵情 zòngqíng	3副	玖一 Df		诅咒 zǔzhòu	4动	陆十一 Ac	
纵然 zòngrán	4连	玖三 Ca		阻碍 zǔ'ài	3名	叁一 Ia	
纵容 zòngróng	4动	陆十一 Fb			3动	陆十一 Dc	
纵使 zòngshǐ	4连	玖三 Ca					
纵向 zòngxiàng	3形	捌一 Ob					

阻挡 zǔdǎng	3 动	陆十一 Dc	最初 zuìchū	2 名	叁一 Bc
阻隔 zǔgé	3 动	柒二 Qa	最好 zuìhǎo	1 副	玖一 Ad
阻击 zǔjī	4 动	陆六 Ea	最后 zuìhòu	1 名	肆一 Cd
阻拦 zǔlán	3 动	陆十一 Dc	最近 zuìjìn	1 名	肆一 Dc
阻力 zǔlì	3 名	叁一 Ia	最终 zuìzhōng	2 名	肆一 Cd
阻挠 zǔnáo	4 动	陆十一 Dc	罪 zuì	2 名	叁一 Ed
阻塞 zǔsè	4 动	柒二 Qa		2 名	叁一 Gc
阻止 zǔzhǐ	2 动	陆十一 Dc	罪大恶极 zuìdà-èjí	3	捌五 Ab
组 zǔ	1 名	叁五 Ag	罪恶 zuì'è	4 名	叁五 Bf
组成 zǔchéng	1 动	柒二 Ha	罪犯 zuìfàn	2 名	壹一 Gb
组合 zǔhé	2 动	柒二 Ha	罪过 zuì·guo	3 名	叁一 Gc
组建 zǔjiàn	4 动	陆一 Ma	罪魁祸首 zuìkuí-huòshǒu	4	壹一 Gb
组织 zǔzhī	3 名	叁二 Cc	罪人 zuìrén	2 名	壹一 Gb
	2 名	叁四 Ad	罪行 zuìxíng	3 名	叁五 Bf
	3 动	陆一 Gb	罪有应得 zuìyǒuyīngdé	3	伍五 Za
	2 动	陆一 Ma	罪状 zuìzhuàng	4 名	叁五 Bf
组装 zǔzhuāng	3 动	陆三 Ab	醉 zuì	2 动	伍四 Fd
祖辈 zǔbèi	3 名	壹一 De		3 动	伍五 Ia
祖父 zǔfù	1 名	壹一 De	醉生梦死 zuìshēng-mèngsǐ		
祖国 zǔguó	1 名	叁五 Ad		4	捌五 Te
祖母 zǔmǔ	1 名	壹一 De	醉心 zuìxīn	4 动	伍五 Ia
祖先 zǔxiān	2 名	壹一 De	醉醺醺 zuìxūnxūn	4 形	伍四 Fd
祖宗 zǔ·zong	2 名	壹一 De			
祖祖辈辈 zǔzǔbèibèi	2 名	肆一 Ba	**zun**		
zuan			尊称 zūnchēng	3 名	叁二 Ha
				3 动	柒六 Ad
钻 zuān	2 动	伍一 Je	尊崇 zūnchóng	4 动	伍五 Mc
	2 动	伍三 Ac	尊贵 zūnguì	3 形	捌四 Qc
钻研 zuānyán	3 动	陆五 Da	尊敬 zūnjìng	2 动	伍五 Qd
钻 zuàn	2 名	贰四 Ea	尊严 zūnyán	3 名	叁四 Ca
	2 名	贰五 Ce		3 形	捌五 Eb
钻石 zuànshí	2 名	贰四 Ea	尊重 zūnzhòng	2 动	伍五 Mc
zui				2 动	伍五 Qd
			遵从 zūncóng	3 动	陆九 Cc
嘴 zuǐ	1 名	壹五 Ad	遵命 zūnmìng	2 动	陆九 Cc
	2 名	贰二 Fa	遵守 zūnshǒu	2 动	陆九 Cc
嘴巴 zuǐ·ba	1 名	壹五 Ad	遵循 zūnxún	4 动	陆九 Cc
嘴唇 zuǐchún	2 名	壹五 Ad	遵照 zūnzhào	3 动	陆九 Cc
嘴角 zuǐjiǎo	2 名	壹五 Ad	**zuo**		
最 zuì	1 副	玖一 Ad	昨天 zuótiān	1 名	肆一 Ed

琢磨	zuó·mo	3 动	伍五 Ra	作者	zuòzhě	2 名	壹一 Jk
左	zuǒ	1 名	肆二 Ad	坐	zuò	1 动	伍一 Na
左顾右盼	zuǒgù-yòupàn	3	伍二 Da			1 动	陆四 Bc
左邻右舍	zuǒlín-yòushè	3	壹一 Ka	坐而论道	zuò'érlùndào	4	陆九 Eg
左右	zuǒyòu	3 名	壹一 Lj	坐井观天	zuòjǐng-guāntiān	2	捌五 Zb
		2 名	叁十 Bg	坐立不安	zuòlì-bù'ān	2	伍五 Ea
		2 名	肆二 Ag	坐落	zuòluò	2 动	柒六 La
		4 动	陆一 Da	坐失良机	zuòshī-liángjī	3	伍八 Fa
左右逢源	zuǒyòu-féngyuán			坐收渔利	zuòshōu-yúlì	4	伍八 Ib
		4	捌五 Bf	坐享其成	zuòxiǎng-qíchéng		
左右开弓	zuǒyòu-kāigōng	3	捌五 Xa			3	伍八 Ib
作	zuò	1 动	柒六 Ab	坐以待毙	zuòyǐdàibì	4	伍五 Be
作弊	zuò//bì	3 动	陆五 Bc	座	zuò	1 量	叁十 Ca
作对	zuò//duì	2 动	陆十一 Cc			1 名	肆二 Ab
作废	zuòfèi	2 动	柒五 Cd	座谈	zuòtán	3 动	陆一 Ka
作风	zuòfēng	3 名	叁二 Ic	座位	zuò·wèi	1 名	肆二 Ab
作怪	zuòguài	2 动	伍七 Ga	座无虚席	zuòwúxūxí	3	捌三 Aa
作家	zuòjiā	3 名	壹一 Jk	座右铭	zuòyòumíng	3 名	叁八 Cc
作假	zuò//jiǎ	3 动	陆十一 Ce	做	zuò	1 动	伍七 Dd
作茧自缚	zuòjiǎn-zìfù	4	伍八 Bf			1 动	伍七 Ea
作品	zuòpǐn	2 名	叁八 Ea			2 动	伍七 Eb
作曲	zuòqǔ	3 动	陆五 Ea			1 动	陆三 Ac
作威作福	zuòwēi-zuòfú	4	捌五 Pb	做法	zuò·fǎ	2 名	叁一 Cb
作为	zuòwéi	3 名	叁四 Fa	做工	zuò//gōng	3 动	伍七 Db
		2 动	柒六 Ab	做工	zuògōng	3 名	叁二 Ie
作文	zuòwén	1 名	叁八 Ec	做客	zuò//kè	1 动	陆九 Ac
		1 动	陆五 Ea	做梦	zuò//mèng	1 动	伍四 Fa
作物	zuòwù	3 名	壹三 Ea			2 动	伍五 Rb
作业	zuòyè	1 名	叁八 Bc	做人	zuòrén	3 动	陆九 Aa
		3 动	伍七 Ea	做生意	zuò shēng·yi	2	伍七 Db
作揖	zuò//yī	4 动	伍三 Ga	做事	zuò//shì	1 动	陆一 Qa
作用	zuòyòng	2 名	叁一 Fd	做手脚	zuò shǒujiǎo	3	陆十一 Hc
		3 动	柒六 Of	做贼心虚	zuòzéi-xīnxū	2	伍五 Ee
作战	zuòzhàn	3 动	陆六 Ca	做证	zuò//zhèng	2 动	柒六 Bg

义 类 表

壹 生物

一、人

A 泛称

a 人 人们

人1、人口1、人类2、人士2、
人物2
人员2、人手3、劳动力3
个人2、私人2
家伙2
公民2、国民2、人民2
百姓2、大众2、平民2、群众2、
众人2、男女老少2、民众3、
生灵3、乌合之众4
人们1
遗民4
人群2、人流3
大家1、大伙儿1

b 我 我们

我1、俺2、本人3、鄙人4
咱1、我们1、咱们1
自己1、各自2、自身2、本身3、
本人3、自我3

c 你 你们

你1、您1、汝4
兄弟1
同志2

各位1、你们1、诸位3

d 他 他们

他1、她1、其2
他们1、她们1
别人1、人家1、某2、旁人2

e 前人

创始人3、鼻祖4
古人1、前人3、先辈3、
先驱4

f 后人

今人2、世人3
后代2、接班人2、传人3、
后辈3、后人3、后嗣4

B 男人 女人

a 男人

男人1、男子1、丈夫2、
男子汉2
先生1

b 女人

女人1、妇女2、女士3
阿姨1、太太2
主妇2
姑娘1、少女1、小姐1、
丫头2

C 少年 老人

a 婴幼儿

宝贝1、婴儿2、幼儿2
儿童1

孩子1、娃娃1、小孩儿1

b 少年

少年2
青年2、年轻人2、小伙子2

c 大人

大人1、中年2、壮年3

d 老人

老人1
爷爷1、老爷爷1、公公2、
老人家2
奶奶1、老奶奶1、老太太1

D 父母 子女

a 亲属统称

亲人1、亲戚2、亲属2、血亲3
至亲3、本家4
远亲2
家人1、家属2、家眷4
老人1、长辈2、前辈3
子孙1、儿孙2、后代2、后3、
后人3

b 父母

父女1、父子1、母女1、
母子1
大人1、父母1、家长1
爸爸1、父亲1、爹2
妈妈1、母亲1、娘2、慈母3

c 夫妻

夫妇2、夫妻2、结发夫妻3
新郎2、新娘2

爱人 2、配偶 3
丈夫 2
夫人 2、老婆 2、妻子 2、太太 2

d 子女

孩子 1、子女 2、儿女 2、骨肉 3
儿子 1、女儿 1
双胞胎 2

e 祖辈

祖先 2、祖宗 2、先祖 3、祖辈 3、先人 4
爷爷 1、祖父 1
奶奶 1、祖母 1
姥爷 1、外公 1、外祖父 1
姥姥 1、外婆 1、外祖母 1

f 父辈

伯伯 1、姑姑 1、叔叔 1
姨 1、舅舅 1

g 同辈

弟弟 1、哥哥 1、兄弟 1、弟兄 2
姐弟 1、兄妹 1
姐姐 1、姐妹 1、妹妹 1、姊妹 2

h 晚辈

侄女 2、侄子 2
外甥 2、外甥女 2
孙女 1、孙子 1

i 姻亲

公公 2、婆婆 2
岳父 2、岳母 2
女婿 3、媳妇 3

E 体貌

a 高个儿

巨人 2

b 胖子

胖子 2

c 美女

淑女 3、小家碧玉 3、金枝玉叶 4

F 病伤 残孕

a 病伤

病人 1、患者 3
伤员 2

b 残障

残疾人 2、残废 3
疯子 2、聋子 2、盲人 2、瞎子 2、哑巴 2、智障 3、跛子 4、瘸子 4

c 孕妇

孕妇 3

G 好人 坏人

a 好人

救星 2、福星 3、活菩萨 4

b 坏人

坏人 1、坏蛋 2、混蛋 2、畜生 3、害群之马 3、禽兽 4、衣冠禽兽 4
小人 2、小丑 3
骗子 2、歹徒 3、黑客 3、流氓 3、土匪 3、无赖 3、匪徒 4、豪强 4
恶魔 3、阎王 4、牛鬼蛇神 4、凶神恶煞 4
犯人 2、杀手 2、凶手 2、罪犯 2、罪人 2、囚犯 3、刽子手 4、罪魁祸首 4
贼 2、小偷儿 2、盗贼 2、海盗 3、强盗 3、江洋大盗 4、梁上君子 4

叛徒 3
特务 3

H 英雄 常人

a 英雄

英雄 1、好汉 2、豪杰 4
烈士 2
勇士 3、壮士 3
侠客 4
君子 2、正人君子 3、绅士 4
圣人 3、圣贤 4

b 常人

常人 2
网民 2
粉丝 2、球迷 2

I 天才 外行

a 天才 大师

人才 2、天才 2、千里马 3
大师 3、高手 3、能人 3、能手、强者 3、权威 3、能工巧匠 3、宗师 4、泰斗 4
状元 3
后起之秀 3
榜样 2、模范 2、标兵 3、表率 4
劳模 2
先进 2、先锋 3
冠军 2、季军 2、亚军 2
行家 3、内行 3
伯乐 3
主角 3、栋梁 3、骨干 3、精英 3、支柱 3、台柱子 3、脊梁 4、中流砥柱 4
科学家 2
先生 2
文人 3
专家 3、学者 3

b 外行 文盲

井底之蛙 2

笨蛋 1、傻瓜 2、傻子 2、
白痴 4

废物 3、行尸走肉 3、酒囊
饭袋 4

文盲 2

外行 3

新人 2

J 士农工商

a 领导

领导 2、领袖 2、首领 2、首脑 3、
元首 3、首长 3

大王 1

主席 2、总理 2、总统 2、
首相 3

干部 1、公仆 4

议员 4

大使 3

经理 3

主任 2、书记 3、主管 4

班长 1、船长 1、队长 1、
校长 1

指挥 2、领队 3

总监 4

b 职员

员工 2、职工 2、职员 2

白领 4

秘书 2、文书 4

随从 3

c 技术人员

设计师 2

会计 3

工程师 3

d 驾驶人员

司机 1

飞行员 2

航天员 3、宇航员 3

船员 2、水手 2

船夫 2、艄公 4

e 法官 律师

法官 2

律师 2

f 警察 侦探

警察 2、警官 3

民警 2、便衣 3

侦探 3

看守 3

g 教职人员

老师 1、家教 2、教师 2、
先生 2

教练 2

导师 3

教授 3

辅导员 2

h 医护人员

大夫 1、医生 1、中医 2、
郎中 3

护士 1、看护 2

i 运动员 裁判

选手 2、运动员 2、种子选手 3

骑手 2

裁判 2

j 编辑 记者

编辑 3

记者 2

k 作者

翻译 2

作者 2

作家 3、文豪 4

诗人 2

画家 1

l 演职人员

歌手 2、演员 2、艺人 3、
模特儿 3

明星 2、偶像 2

角色 2、主角 2、主人公 2

小丑 2、魔术师 2

编剧 3、导演 3

m 农牧民 渔猎者

农民 1、农夫 2

牧民 2

渔民 2

猎人 1

牧童 3

n 工匠

工人 1、蓝领 4

师傅 2、手艺人 2、工匠 3、
巧手 3

园丁 1、裁缝 3、木匠 3、
石匠 3

苦力 3、纤夫 4

民工 2、帮工 3

学徒 3

o 商企人员

商人 2、商贩 3、小贩 3

老板 2、掌柜 3、股东 4、
雇主 4

p 服务人员

服务员 1、伙计 2、售货员 2、
服务生 3

导游 2、向导 3

厨师 2、保安 2、清洁工 2

保姆 2、管家 3、用人 3

q 军人

军阀 4

军官 2、官兵 3

将 2、将领 3
将军 2、元帅 3、司令 3
军人 1
兵 2、士兵 2、战士 2
哨兵 3
卫士 2、警卫 3

r 学生

学生 1、学员 2
新生 2
小学生 1
留学生 3
研究生 4
考生 2
毕业生 3

K 本地人 外来人

a 本地人

居民 2、市民 2
同胞 3、侨胞 4
老乡 2、乡亲 3
邻居 1、街坊 3、近邻 3、左邻右舍 3

b 外来人

移民 3
外国人 2

L 人际关系

a 朋友 恩人

朋友 1、友人 2、知己 3、知音 3、挚友 4
熟人 2、故人 3
难兄难弟 2
良师益友 2、亲朋好友 2
狐朋狗友 2
战友 2、盟友 4
伴 1、伙伴 1、同伴 1、伙计 2、游伴 3、伴侣 3、搭档 4
恩人 2

b 外人 仇敌

路人 2、生人 2、外人 2、行人 2
敌人 1、仇人 2、对手 2、天敌 3、仇敌 3、对头 3

c 师生

师父 2、师傅 2
徒弟 2
弟子 2、门下 3、门生 4
同学 1

d 同事 成员

同事 3、同行 4
成员 1、队伍 2、分子 2、人马 3
队员 1、少先队员 1、团员 2、委员 2
上级 3、上面 3、高层 4
下级 3、手下 3
帮手 2、助手 2、助理 3、下手 3、副手 4
参谋 3
后台 4
代表 1、代理人 4
发言人 3、代言人 4

e 主人 客人

主人 1、东道主 4
客人 1、宾客 2
嘉宾 3、贵宾 3、贵客 3
不速之客 4
主 1、主人 1
顾客 2、客户 3、用户 3、主顾 4
游客 2、游人 2
读者 2、观众 2、听众 2
主持人 2
客人 2、乘客 2、旅客 2

f 关系人

证人 3
中介 4、媒介 4
被告 4、原告 4、当事人 4、嫌疑人 4
选民 3、人选 3
发起人 3
纳税人 4
志愿者 3、义工 4

g 恋人

恋人 3、牛郎织女 3、情侣 4、情人 4

h 名人 伟人 富人

名人 2
伟人 2、名流 3、巨头 4
财主 2、富翁 2、大款 3、富豪 3
绅士 4、乡绅 4

i 失意者 孤独者

过街老鼠 2、丧家之犬 3
穷人 1、乞丐 3、难民 4
奴隶 2、俘虏 3、人质 3
孤儿 2、单身汉 3、单身 4、寡妇 4

j 君主 贵族 官员

王 1、皇帝 2、君主 3、陛下 4
公主 1、皇后 2
贵族 3、权贵 4、显贵 4
官 2、官员 2、贪官污吏 3、官吏 4、官僚 4
大臣 2、功臣 3、钦差大臣 4
青天 4
门下 3、左右 3
使者 3、信使 3、使节 4

k 信仰者

信徒 3、善男信女 4
和尚 2、尼姑 2

二、动物

A 动物统称

a 动物统称

生物 3
动物 1、宠物 3

B 兽类

a 兽类统称

猛兽 2、野兽 2、禽兽 4

b 狮 虎 豹

狮子 1
虎 1、老虎 1
豹 2

c 熊

熊 2
熊猫 2

d 狼 狐

狼 1
狐狸 2

e 鹿

鹿 2

f 猿 猴

猴 1、猴子 1、猿 3

g 鼠 蛇

鼠 1、老鼠 1
松鼠 2
蛇 2、毒蛇 2

h 其他兽类

象 1、大象 1
恐龙 2
骆驼 2
刺猬 2
蝙蝠 2
斑马 2

C 家畜

a 家畜统称

畜生 2、牲口 2、家畜 3、
牲畜 3

b 马 牛 羊 驴 骡

马 1、高头大马 2、骏马 3
牛 1、奶牛 1
羊 1、绵羊 2
驴 2
骡 4

c 猪 狗 兔 猫

猪 1
狗 1、猎狗 2
兔 1、兔子 1
猫 1

D 禽类

a 禽类统称

鸟 1、候鸟 3、家禽 3

b 飞禽

鸽子 1、燕 2、鹰 2、大雁 2、
海鸥 2、麻雀 2、乌鸦 2、
喜鹊 2、猫头鹰 2、云雀 2、
杜鹃 2、鹦鹉 3

c 水禽

天鹅 2、白鹭 4

d 家禽

鸡 1、鸭 1、鹅 1

E 水生动物

a 鱼

鱼 1、金鱼 1、泥鳅 3

b 龟 鳖

龟 1、乌龟 1
甲鱼 2、鳖 4

c 虾 蟹

虾 2
螃蟹 2

d 软体动物

海参 2
牡蛎 4

e 鲸 海豚

鲸 2
海豚 2

f 蛙 蟾蜍

青蛙 1、蝌蚪 2、蟾蜍 4

F 虫类

a 虫类统称

虫 1、昆虫 1、害虫 2、甲虫 2、
益虫 2

b 知了 蟋蟀 萤火虫

蝉 2、知了 2
蟋蟀 3
萤火虫 2

c 蚯蚓 蜈蚣

蚯蚓 2
蜈蚣 3

d 蜂 蚕 蝶 蜻蜓 蛾 蜘蛛

蜜蜂 1

蚕 2、春蚕 3
蝴蝶 1
蜻蜓 2
蛾子 2
蜘蛛 2

e 蚊 蝇 蚁

蚊子 2
苍蝇 2
蚂蚁 2

f 蝗虫

蝗虫 2、蚂蚱 2

三、植物

A 植物统称

a 植物统称

果树 1、植物 1、草木 2、花木 2、植被 3

B 林木

a 林木统称

木 1、树 1、树木 1、灌木 3

b 树木

松树 1、柏树 2
柳树 1、垂柳 2、杨柳 2
梧桐 2

c 竹子

竹子 1、翠竹 2

d 树林

森林 1、树林 1
山林 1、丛林 2
花丛 1、树丛 2
竹林 2

C 花草

a 花草统称

草 1、花 1、花草 1、鲜花 2、花卉 3

b 花卉

荷花 1、菊花 1、梅花 1、桃花 1、桂花 2、兰花 2、莲花 2、玫瑰 2、牡丹 2、杜鹃 3

c 草

青草 1
野草 2、杂草 2、荒草 3
牧草 3、水草 3
薄荷 2、芦苇 3

D 藻 苔

a 藻

海藻 3、水藻 3

b 苔藓

青苔 3、苔藓 4

E 粮食作物

a 粮食作物

作物 3、农作物 3
庄稼 2、五谷 3
稻子 2、稻谷 2、水稻 2
麦子 1、小麦 1
玉米 1
谷子 2、粟 4
高粱 2

F 蔬菜 瓜果

a 蔬菜

菜 1、蔬菜 2、野菜 2
葱 2、蒜 2、生姜 2
萝卜 2
竹笋 2
西红柿 1、番茄 2
南瓜 1
黄瓜 1
葫芦 2
冬瓜 1
茄子 2
辣椒 2

b 瓜果

瓜 1、水果 1
梨 1、桃 1、苹果 1、葡萄 1、西瓜 1、枣 2、橘子 2、香蕉 2、柑橘 3、橄榄 3、草莓 3

G 经济作物

a 纤维作物

棉 1、棉花 1
麻 2

b 油料作物

花生 1、油菜 2、芝麻 2、向日葵 2

四、微生物

A 细菌 真菌

a 细菌

细菌 2

b 真菌

蘑菇 2、香菇 2

B 病毒

a 病毒

病毒 3
病菌 4

五、生物体

A 人体

a 身体

身体1、身子1、人体2、形体2、躯壳3、躯体3、身躯3、血肉之躯4
全身1、身上1、一身1、浑身2
尸体2、尸首3、遗体3

b 头

头1、脑袋2、头颅3
头顶1、额头2、脑门儿2、额角3
大脑、脑子2、脑髓3

c 脸

脸1、眉头1、面孔2、脸颊3、脸庞4、面颊4

d 五官

五官2
眼睛1、眼眶2、眼皮2、眼圈2、眼珠2、角膜3、眸子4、眼睑4、眼帘4
耳朵1
鼻孔1、鼻子1
口1、嘴1、舌头1、嘴巴1、口腔2、嘴唇2、嘴角2
咽2、喉咙2、嗓子2、咽喉3
牙1、牙齿1、牙关2

e 躯干

脖子1
肩膀2、肩头2
腋窝3
胸脯2、腔2、乳房3、胸膛3
背1、脊背3、脊梁3

肚皮1、肚子1、腹3
腰1
屁股2、臀部3

f 四肢

四肢2
胳膊1、手臂2、臂膀3
手1、手背1、手掌1、拳2、拳头2、巴掌2、手腕2、手心2
指1、手指1、指甲1、指头1、拇指2、食指2
腿1、膝盖2
脚1、足1、脚底2、脚跟2

g 皮肤 痣

皮肤1、肌肤2
痣4

h 毛发

眉毛1、头发1、胡须3、睫毛3、毫毛3
辫子3、发髻4

i 骨头 关节

骨头1、骨骼3
关节2
骨干3、骨髓3

j 肌肉 脂肪

肌肉2
脂肪2

k 器官

器官2
心1、肺2、气管2、心脏2
肝2、胆2、脾2、肾2、肝脏3
肠2、胃2、肠胃2

l 经络 血管

神经2、穴位2、血管2、筋3、动脉3、脉搏3、经络4、脉络4

m 腺 膜

腺4
膜3

n 细胞 基因

细胞2
基因3

o 卵 胚胎

卵2
胎3、胚胎3

p 血液

血1、血液2、鲜血2

q 分泌物

汗1、汗水1、汗珠2
口水1、唾沫3、唾液3
痰3
泪水1、眼泪1
鼻涕2
奶1、乳汁2

r 排泄物

屎1、粪2、粪便2
尿1

B 动物体

a 皮毛

毛1、皮1、羽毛1、绒毛2、斑点2

b 爪子

爪子1

c 壳 茧

甲2、壳2、蛋壳2、贝壳2、茧3

d 角

角1
触角2

e 尾巴 鳍

尾巴 1
鳍 4

f 翅膀

翅膀 2

C 植物体

a 芽 苗

苗 1、芽 2、禾苗 2

b 根 茎 藤

根 1、茎 2、根须 3、秆 4、
梗 4
稻草 2
藤 3
干 2、树干 2、主干 3
茬 4

c 枝 叶

枝 1、树枝 1、树梢 2、枝条 2、
枝叶 2、枝丫 3
绿叶 1、树叶 1、落叶 2
荷叶 1、桑叶 2
柳絮 3

d 花

花 1、花朵 1
花瓣 2、花苞 2、花粉 2、花蕾 3、
花蕊 3、花心 3

e 果实 种子

果子 1、果实 2
核 2
糠 4
豆荚 4
瓢 4
麦穗 3、稻穗 3
种 1、种子 1、籽 2

贰 具体事物

一、事物统称

A 事物统称

a 事物统称

事物 2

二、事物分称

A 物体

a 物体统称

东西 1、家伙 2
物体 2、物质 3
庞然大物 3、身外之物 4

b 物体

载体 3、中介 4
整体 2
固体 2、气体 2、液体 2
结晶 3
电源 3、能源 3、水源 3

B 物资

a 生产资料

资源 2、物资 3
料 2、材料 2、原料 3
燃料 3、养料 3

C 物品

a 日用品

品 1、用品 1、日用品 1、物品 2
陈设 3、瓷器 3
器材 2、器具 2、道具 3、
器械 3
设备 2、配备 3、设施 3、装备 4、
装置 4
行李 2、包袱 3、包裹 3、
行囊 4

b 商品

货 2、货物 2、商品 2

c 工业品

部件 3
产品 2、样品 2、成品 3、精品 3、
标本 4、样本 4

d 农产品

农产品 2、水产品 2
特产 2

e 宝物

宝 1、宝贝 2、宝物 2、国宝 2、
珠宝 2、无价之宝 2、珍宝 3、
奇珍异宝 3、瑰宝 4
宝库 2、宝藏 3
文物 3、藏品 3

f 礼品 奖名

礼物 1、礼 2、礼品 2
吉祥物 2、纪念品 2
奖品 2

g 废弃物

垃圾 1、废品 2、渣 3、废物 3

D 事物代称

a 单指

那 1、它 1、这 1、此 2、其 2、
他 2、之 2
那个 1、这个 1、后者 3、
前者 3

b 复指

那些1、它们1、这些1、其他2、
其余2

c 问指

哪1、谁1、啥1、哪个1、
什么1
怎么2、怎样2、如何2、
怎么样2

d 任指

任何2

E 物体状貌

a 块状

块1、砖2、疙瘩4

b 粉末状

粉1、面1、末2、碎末3

c 粒状

点1
粒1、颗粒3

d 堆状

堆1

e 柱状

棒1、棍2
管2、杆2、卷2、筒2

f 球状

球1

g 片状

片1

h 网状

网1

i 丝状

丝1

F 物体部分

a 端

尖1、头1、端2
嘴2
盖1、盖子1
底1、脚2
末2、屁股2、尾巴2

b 边

边1、沿2
角1

c 面

内外2
面1、面子3
壳2
正面2
反面2
侧2、侧面2
水面1
路面1

d 框架

架2、架子2
框3、框架3

e 柄

柄2、把手2

三、自然物

A 天体

a 宇宙

天地2、宇宙2、天体3、
乾坤4
大自然1、自然2、自然界2

b 星辰

星星1、星斗2、星球2
天河2、银河2、星辰4
北斗星1
流星2、陨石4
卫星2、恒星3、行星3
火星2

c 日月

日1、太阳1、烈日2、朝阳2
落日2、夕阳2、斜阳3、
残阳4
月1、月亮1、月球2、嫦娥3、
婵娟4
月牙儿2、皓月4

d 地球

地球1
寒带3、热带3、温带3、
亚热带3
北极2、南极2
赤道3
岩层4

B 地貌

a 山地

大陆2、陆地2
山1、山川2、山峰2、山脉3
青山1、荒山2、深山2
丘陵2、山岭2、山冈3、山峦3、
山丘3、崇山峻岭3、峰峦4
坡1、山坡1、山顶2、山脚2、
山头2、山腰2、半山腰2、
高峰3、山巅4
泰山2
火山2
雪山1、冰川2
沟1、山沟2、山谷2、峡谷3、
幽谷3、沟壑4
山崖3、悬崖3、悬崖峭壁3

b 平地

山野2、田野2、原野2、荒野3、

荒原3、旷野4

高原2

平地2、平原2

草地1、草原1、草坪2、草滩3

湿地3、沼泽3

c 沙漠 绿洲

沙漠2、戈壁2、荒漠3

绿洲2

d 岛屿 礁石

岛2、岛屿3

礁石4

e 滩 岸

海滩2、沙滩2

海岸2、河岸2

f 海洋 海峡

海1、海洋1

海峡2

g 江 河 溪

河1、江1、河流2、江河2、水流2

运河2

急流3、激流3

主流3、支流3

港2、湾2

河床3、河谷3

上游2、下流2、下游2、中下游2、流域3、上流3

溪2、溪流3、细流3、山涧4

h 湖 池

湖1、湖泊2

池1、水池1、塘2、池塘2、潭3、深渊3

i 泉 瀑

泉1、泉水1、山泉2

喷泉2

温泉2

瀑布2

j 田地

地1、田1、稻田1、田地1、土地1、耕地2、农田2、水田2

C 气象

a 风

风1、暴风2、狂风2

台风2

轻风2、微风2

寒风1、冷风1

旋风2、龙卷风2

北风1、春风1、秋风1、东风2

风雨2、狂风暴雨2、暴风骤雨3、凄风苦雨4

b 云 霞 彩虹

云1、云彩2、云朵2

乌云1、阴云2、浮云3

彩霞2、晚霞2、朝霞2、云霞3

彩虹2

c 雨 雪

雨1、雨点1、暴雨2、细雨2、阴雨2、暴风雨2、雷阵雨2、毛毛雨2、倾盆大雨2

冰1、雪1、小雪1、雪花1、冰雪2、积雪2

d 霜 露 雾

霜2、秋霜3

露2、露水2、露珠2、寒露3

雾2、云雾2、薄雾3、雾霭4

e 雷电

雷2、闷雷3、霹雳3

雷电2、闪电2

f 潮

潮水2、潮头3、春潮3、大潮3、高潮3、潮汛4

D 水 气

a 水

水土2

水1、水分2

流水2、水流2

洪水2、山洪3

积水2

雨水1

水珠1

汁1、汁液2

泡1、泡沫2

浪1、浪花1、海浪1、波浪2

波涛2、巨浪2、惊涛骇浪3、波澜4

碧波3、涟漪4

b 气

气1、气体2

寒气2、冷气2、寒流3

热气2、热浪3

空气1、大气3

氧气2

水蒸气2

E 火 烟

a 火

火1、火花2、火焰2、烈火2、炮火2、野火2、火种3、篝火4

灯火 2、焰火 3、火树银花 4

b 烟

烟 1、烟雾 2、炊烟 3、硝烟 4

F 光 影

a 光

光 1、光明 1、光芒 2、光线 2、亮光 2、光辉 3、光泽 3
阳光 1、晨光 2、霞光 2、晨曦 4、曙光 4、朝晖 4
月光 1、月色 2
灯光 1、火光 2、星光 2、烛光 2
闪光 2、激光 3

b 影

晕 4
影 2、影子 2、阴影 2
背影 2、身影 3
倒影 2

G 矿物 化学物

a 矿物

矿产 3、矿石 3、矿物 3、煤矿 3

b 化学物

钙 3、碳 3、硫 4
酒精 3
糖 1、淀粉 3、蛋白质 3
电子 4、分子 4

H 土 垢

a 土

土 1、泥土 1、沙土 2、土壤 3
灰 1、灰尘 1、尘土 2、烟尘 2、尘埃 3、风沙 3、灰烬 4

b 垢

污垢 3、污秽 4、污浊 4
锈 4

I 纹痕 印迹

a 纹

花纹 2、年轮 2、裂纹 3、纹理 3
皱 3、皱纹 3、褶皱 4

b 印迹

痕迹 3、化石 3、印迹 3、遗迹 4、雪泥鸿爪 4
脚印 2、足迹 3
血迹 2、血泊 3
伤疤 3、伤痕 3

J 颜色

a 颜色统称

色 1、彩色 1、颜色 1、色彩 2、色调 3、杂色 3、色泽 4、正色 4

b 颜色

黑色 1、灰色 1
褐色 2、棕色 2、咖啡色 2
白色 1、银色 2
红色 1、粉色 2
黄色 1、金色 1、橙色 2
蓝色 1
绿色 1、新绿 3
紫色 1

K 气味 味道

a 气味

气 1、气味 2、味道 2、气息 3
芬芳 2、清香 2、幽香 3
恶臭 2

b 味道

味道 2、滋味 3、原汁原味 3

L 声音

a 声音

声 1、声音 1、回音 2、声响 2、响声 2、音响 2、噪音 3、动静 3、回响 3、声浪 3、声波 4
口音 2
嗓子 2、嗓门儿 3、嗓音 3
铃声 1、钟声 1
呼噜 3、鼾声 4
掌声 2
口哨儿 2

四、材料

A 金属材料

a 金属统称

金属 2

b 金 银 铜

金 2、金子 2、黄金 2
银 2、银子 2
铜 2、青铜 3

c 钢铁

铁 1、钢 2、钢铁 2
钢筋 3
磁铁 2、吸铁石 2

d 其他金属

铅 3

B 能源材料

a 煤 炭 柴

煤 2、煤炭 3

炭 2、焦炭 3
柴 2、木柴 2、柴草 3

b 石油
汽油 2、石油 2

c 燃气
煤气 2、天然气 2

d 其他能源
核能 4
电能 3
太阳能 3

C 建筑材料

a 木 竹
木 1、木头 1、木材 2
木屑 3
竹竿 3

b 泥 沙 石
泥 1、沙 1、沙子 1、泥沙 2、泥浆 3、污泥 3、淤泥 4
石块 1、石头 1、石子儿 1、岩石 2、鹅卵石 2、大理石 3

c 水泥
石灰 2、水泥 2、混凝土 3

d 砖 瓦
砖 2、瓦 2

D 装修材料

a 板 管
板子 1、木板 1
管 2
水龙头 2

b 油漆
漆 3、油漆 3

E 工艺美术材料

a 珍珠 玉石
珍珠 2
玉 2、宝石 2
翡翠 3
钻 2、钻石 2
琥珀 4、玛瑙 4
珊瑚 3

b 塑料 海绵 橡胶
塑料 2
海绵 2
橡胶 3

c 陶瓷 玻璃
陶瓷 3
搪瓷 4
玻璃 2、琉璃 4

F 肥料

a 肥料
肥料 2、化肥 3

五、器具

A 机具

a 机器
工具 1
机器 2、机器人 2、机械 3
探头 3
水泵 4
锅炉 3

b 零件
零件 3、配件 3
钉子 2

弦 3
闸 3
机关 3

B 农具 渔具

a 农具
农具 2
锄头 3、耙 4、镰刀 4
犁 3
磨 2
碾子 4

b 渔具
鱼竿 2、鱼钩 2、渔具 2、渔网 2

C 工具

a 刀 剪 斧头
刀 1、刀子 1
剪 2、剪刀 2
斧头 2、斧子 2

b 锤子 镐 铲子
锤子 3、铁锤 3
镐 4
铲子 3、铁锹 3

c 刨子 锯 锉
刨子 4
锯 3、锯子 3
锉 4

d 钳子
钳子 3

e 钻 锥子
钻 2
锥子 3

f 模型
模板 3、模型 3

g 棍子 棒子 架子

棒子1、棍子2
扁担2
架子2
旗杆2

D 仪表 器械

a 电话

电话1、手机1
无线电3
耳机2
话筒2
喇叭2
充电器2

b 电线 天线

电线2
天线2

c 电池

闸3
电池2
插座2

d 仪表 仪器

表1、计2、温度计2、仪表2、仪器3
指南针2
雷达3

e 量具

尺子1
圆规3
秤2、天平2
斗2

f 医疗用品

纱布2
口罩2、防毒面具3
拐杖3、轮椅3、手杖3

E 交通工具

a 车

车1、车辆2
汽车1、机动车3
电车2、电动车2
轿车2、出租车2
摩托车2
卡车2
火车1、动车2、列车2、特快2
机车3
自行车1
快车2
公车1
班车1
方向盘2
轮2
轴4
胎2、轮胎2
车厢2

b 船

船1、船只2、帆船2、龙舟2、轮船2、竹排2、轻舟3、船舶4
帆2、船桨3、舵4、锚4、船桅4、桅杆4
甲板2、船舱2、船舷4

c 飞行器

飞机1
航班2
飞船2
舱3

F 军事装备

a 武器统称

武器2
核武器4

b 枪 炮

枪1、步枪2、猎枪2、手枪2
炮2、大炮2

c 军舰 潜艇

军舰3
潜艇3

d 坦克

坦克2

e 导弹 火箭

导弹3
火箭2

f 弹药

弹2、炮弹2、炸弹2、炸药2、子弹2、弹药3、手榴弹3
原子弹3

g 箭 剑

弓1、箭2
剑2、匕首3、刺刀3

h 锁链 镣铐

锁链3
镣铐4

i 马具

鞭子2、缰绳3、马鞍3

六、建筑物

A 房屋

a 房屋统称

建筑2
屋1、房子1、房屋1
住处2、住房2、住所3、住宅3、斋4
窑4

茅庐 4
宿舍 2
棚 3、帐篷 3

b 庭院

院 1、院子 1、院落 3、庭院 3
四合院 2
后院 2

c 别墅

别墅 4

d 礼堂

堂 2、礼堂 2

e 楼宇

楼 1、楼房 1
琼楼玉宇 4
大厦 2
顶楼 2、楼层 2

f 房间

间 1、屋子 1、室 2、房间 2
卧室 2
客厅 1、厅 2、大厅 2
餐厅 2
厨房 1
厕所 1、卫生间 1
书房 1
教室 1、课堂 1
窨 4
新房 2
病房 2
办公室 1、实验室 2、阅览室 2、前台 2
客房 2

B 建筑的部分

a 门窗

门窗 1
门 1、门户 4
城门 2

门槛 4
窗户 1
窗台 1
橱窗 3、舷窗 4

b 地面

地板 1、地面 1

c 天花板

屋顶 1、房顶 2、天花板 2

d 梁柱

房梁 3、屋脊 4
栋 3、雕梁画栋 4
柱子 1、支柱 3
桩 3

e 墙 篱

墙 1、墙壁 2、墙根 2、墙角 2、墙头 2、围墙 2
栅栏 3、篱笆 4

f 檐

屋檐 2

g 廊 阶 梯

走廊 2
台阶 1
电梯 1、楼梯 1
栏 2、栏杆 2

h 台子

舞台 2、后台 3、前台 3
讲台 2
站台 2
看台 2
柜台 2
阳台 1、平台 2

C 交通建筑

a 路 道 巷

道 2、道路 2

马路 1、街 2、大街 2、街道 2
人行道 1、斑马线 2
公路 1
地铁 1、高铁 2、铁路 2
河道 3
通道 2
隧道 3
胡同 2、大街小巷 2

b 桥

桥 1、桥梁 2
立交桥 2
拱桥 3
桥墩 4

c 车站 机场

站 1、车站 1
机场 1

d 港口 码头

港 2、港口 2
码头 2

D 农用建筑

a 园

园 1、菜园 1、果园 1
大棚 3、温室 4

b 圈栏

圈 2、栏 2、窝 2

c 水库 堤坝

水库 2
坝 2、堤 2、堤坝 3
闸 3

d 井 渠

井 1
沟 1、水渠 2、槽 3、渠道 3、沟渠 4

E 工用建筑

a 仓库
库 2、仓库 2

F 军用建筑

a 营寨
军营 3、堡垒 4、工事 4
长城 1

G 园林建筑

a 园林建筑统称
园 1、公园 1、花园 1、动物园 1、植物园 1、园林 2

b 亭台
楼 1、台 1、亭 1、亭子 1、阁 3、楼阁 3、亭台楼阁 4
塔 2
花坛 2、假山 2
绿地 2

c 宫殿
宫 2、宫殿 3、殿堂 3
故宫 2、天安门 2
城堡 3

H 礼祭建筑

a 墓碑
坟 2、墓 2、坟墓 2
碑 2、石碑 2、墓碑 3

b 家庙 祠堂
家庙 3、祠堂 4

c 寺庙 教堂
庙 2、寺 2、寺庙 3、寺院 3
教堂 2

I 废墟

a 废墟
废墟 3、瓦砾 4、残垣断壁 4

七、生活用品

A 家具 家电

a 桌椅
家具 1
课桌 1、书桌 1、桌子 1、餐桌 2、写字台 2
抽屉 2
椅子 1、板凳 1、凳子 1、沙发 2

b 橱柜
书柜 2、书架 2、书橱 3
衣柜 2

c 床炕
床 1、铺 2
摇篮 2
床头 2
炕 3

d 生活电器
电器 2、家电 2
冰箱 1、电视 1、空调 1、洗衣机 1、音响 2

B 日用品

a 厨具 炉灶
厨具 2
锅 1、电饭锅 2
炉子 2、火炉 2
灶 3

b 餐具
碗 1、碗筷 2、碗碟 3
勺子 1、筷子 2、漏勺 3
叉 2、叉子 2、刀叉 2、餐刀 2
瓢 3
杯子 1
盘 1、盘子 1、碟子 2

c 洗涤打扫用品
拖把 2、扫帚 2、笤帚 4
牙膏 2
毛巾 1
手绢 2、手帕 2
刷子 1、牙刷 1
钩 2、钩子 2
肥皂 1、香皂 1
纸巾 1

d 器皿
器皿 3
瓶 1、瓶子 1、花瓶 2
壶 2
盆 1、花盆 2
桶 1
罐 3、坛子 3、瓦罐 3
缸 2

e 箱 盒 篮 筐 包 袋 套
箱 1、箱子 1
信箱 2
盒 1、盒子 1、匣子 3
篮子 1
笼子 2、鸟笼 2
筐 3、箩筐 3
包 1、书包 1、背包 2、钱包 2、腰包 2
袋 2、口袋 2、塑料袋 2、兜 3
套、套子 2

f 电灯 火把 蜡烛
灯 1、电灯 1、台灯 1、油灯 2

灯笼 2、火把 2、火炬 2
火柴 2
蜡烛 2

g 镜

镜子 1
放大镜 2、望远镜 2、显微镜 3
明镜 3
眼镜 1

h 钟 表 日历

钟 2、闹钟 2
表 1、手表 1
日历 2

i 针线 纽扣

针 2
线 1、丝线 3
结 2、扣子 2、纽扣 2

j 床上用品

被子 1、被褥 3
垫子 2
毯子 2
枕头 1
床单 2
帐子 2
凉席 2
罩 3

k 装饰品

装饰 3
流苏 4
饰品 3、首饰 3
戒指 2
项链 2

l 伞 扇

伞 1、雨伞 1
扇 1、扇子 1

m 化妆用品

口红 2、香水 2、胭脂 3、
脂粉 4

n 小用品

绳子 2、绳索 3、缆绳 4
铁链 3、铁索 3
皮带 2
环 2、圈 2
书签 2
锁 2
钥匙 2

o 家纺

窗帘 2
幕 2
地毯 2

C 服装 鞋帽

a 面料

衣料 3、面料 4
棉 1、皮 1、纱 1、丝 1、布 1、
布匹 2、皮革 2、丝绸 2、
帆布 3、纤维 3、绸缎 4、
锦缎 4、丝绒 4
纺织品 3、织物 4

b 衣服

毛衣 1、棉衣 1、衣服 1、背心 2、
衬衫 2、穿戴 2、穿着 2、
服装 2、内衣 2、衣裳 2、
服饰 3、衣衫 3、衣着 4、
装束 4
大衣 1、外衣 1、外套 2
袍子 3
礼服 2、西服 2、西装 2
便衣 3、便装 3
铠甲 4
雨衣 2、蓑衣 4
制服 2
时装 3、奇装异服 3

裤子 1
裙子 2、连衣裙 2

c 衣服的部分

腰 1
口袋 1、衣袋 2、兜 3
袖子 2、衣袖 2
衣襟 3
领子 2、衣领 2

d 巾 帽

头巾 2、围巾 2
红领巾 1、领带 2、领结 2、
哈达 2
手套 1
帽子 1、斗笠 4、毡帽 4

e 鞋 袜

鞋 1、鞋子 1
拖鞋 2、皮鞋 2、凉鞋 2、
运动鞋 2、靴子 3
袜子 2

八、文化用品

A 文艺用品

a 乐器

乐器 2
笛 2、鼓 2、号 2、琴 2、钢琴 2、
古琴 2、号角 2、吉他 2、
喇叭 2、小提琴 2、锣 3、
琵琶 3、箫 4
弦 2、琴弦 2

b 背景 屏幕

背景 2、场景 3、布景 4
幕 2
屏幕 3、银幕 3

c 摄影摄像用品

相机 2

摄像机 3
镜头 3
胶卷 3

d 音像制品

片子 2
胶带 3、录音带 3
唱片 3、碟片 3

B 体育娱乐用品

a 杠铃 救生圈

杠铃 4
救生圈 2
降落伞 2

b 球

球 1
足球 1、乒乓球 1、篮球 2、排球 2、网球 2、羽毛球 2

c 棋 牌

棋 2
象棋 2、围棋 2
扑克 3

d 玩具

玩具 1
弹弓 2
风筝 2
木偶 2
跷跷板 2
皮球 1、气球 1
秋千 2
毽子 3

C 办公学习用品

a 文具

文具 1
笔 1、钢笔 1、铅笔 1
墨 2、墨水 2、油墨 3、砚 4

纸 1、信封 2、纸条 2、纸张 2、稿纸 3
本 1、本子 1、笔记本 2
橡皮 1、胶水 2、颜料 2、戒尺 3
粉笔 1、黑板 1

b 电脑及配件

电脑 1、笔记本 2、计算机 2
软件 3、硬件 3
按键 2、键盘 2、鼠标 2
光碟 3、光盘 3
菜单 2、显示器 2、芯片 4

c 名册 卡片

名单 2
册 1、册子 1、手册 2
卡 1、贺卡 2、卡片 2
名片 2、请柬 3、请帖 3

d 票券 卡证

票 1、门票 1、邮票 1、券 2、彩票 2
证件 2、证明 2、证书 2、文凭 4
身份证 2、驾照 3、牌照 4、执照 4
银行卡 2、磁卡 3、存折 3、信用卡 3

e 标牌

标志 2、标识 3、里程碑 3
牌 2、名牌 2

f 旗帜

旗帜 3
国旗 1、红旗 1、五星红旗 1

g 印章 徽

印 2、章 2、奖章 3、印章 3、勋章 4
国徽 2

D 其他用品

a 响器

铃 1、铃铛 2、门铃 2
钟 2
哨子 2

b 特殊场合用品

爆竹 2、鞭炮 2
香 1
棺材 3
花圈 2

九、食物

A 食物

a 粮食

干粮 2、粮食 2
米 1、糯米 3
面 1、面粉 1

b 饲料

料 2、饲料 2、食料 3
饵 3、鱼饵 3

c 食物

食品 1、食物 1
饭 1、饭菜 2、盒饭 2
罐头 2
零食 1、副食 3、主食 3
米饭 1、糊 2、粥 2
面 1、面包 1、面条儿 1
馒头 1、馍 3
饼 1、饼子 1
饺子 1、包子 1
汤圆 2、元宵 2、粽子 2

d 菜肴

菜 1、汤 1、料理 3、菜肴 3、羹 4
美食 2、美味 2、山珍海味 3、佳肴 4

西餐 2、中餐 2
小吃 2、火锅 2、烧烤 2
肉菜 2、荤菜 2
海鲜 2
素菜 2、素食 2
烤鸭 2

e 食材

馅儿 3
豆腐 2
粉丝 2
蛋 1、鸡蛋 1

f 调味品

调料 2
糖 1、醋 2、油 2、盐 2、酱油 2、酱 3

g 点心 甜品

点心 2、甜品 2
早点 1
蛋糕 2、糕点 2、年糕 2
饼干 1
月饼 1
雪糕 2、冰棍儿 2、冰激凌 2

h 糖果

糖 1、糖果 2
巧克力 1
口香糖 1
核桃 2
瓜子 1

i 饮品

冷饮 2、饮料 2
豆浆 2
汽水 1、果汁 1
奶粉 1、牛奶 1、酸奶 2
纯净水 2、矿泉水 2
茶 1、咖啡 2

j 酒

酒 2、酒水 3
白酒 3、啤酒 3、葡萄酒 3

十、药物

A 药物

a 药品

药 1、药材 3、药物 3、医药 3
西药 2、中药 2
汤 2、丸 2、胶囊 3、疫苗 3
灵丹妙药 3
抗生素 4
安眠药 3

B 补益物

a 营养合剂

维生素 2、钙片 3、鱼油 3

b 天然补剂

蜜 2、蜂蜜 2

十一、有毒物

A 有毒物

a 毒药

毒 2、毒药 2

b 毒品

毒品 3

c 农药 杀虫剂

农药 3
杀虫剂 3

d 香烟

烟 2、香烟 2

B 违禁物

a 违禁物

兴奋剂 4

叁 抽象事物

一、事情

A 事情

a 事情

事 1、事情 1、事务 3
存在 2、现实 2、事迹 3
国事 3、行政 4
军事 3
社交 3、外交 3
邮政 2
财政 4
家务 2、劳务 3、商务 3
家事 3、公事 3、公务 3
大事 2
当务之急 3
危险 2、风险 3
无米之炊 3
好事 1
坏事 1、勾当 4
喜事 2、喜庆 2、婚姻 3、天作之合 4
奥秘 2、秘密 2、隐私 3
机密 4
傻事 2、蠢事 4
新闻 2、时事 4
历史 2、往事 2、明日黄花 4
枝叶 2、细节 3

b 变故

风波 3、轩然大波 4
事件 2、事故 3、问题 3、故障 4
麻烦 2、纠纷 4
差错 2、例外 3、万一 3、意外、

三长两短3、好歹4
变动3、变故3、变化3、情况3、
风吹草动3、沧桑4
曲折3、一波三折3、波折4
晴天霹雳4

c 社会运动

风暴3、旋涡3、浪潮3、暴动4、
暴乱4、狂澜4、惊涛骇浪4、
狂风暴雨4、暴风骤雨4
运动3

d 事例

例子1、事例3
常规3、惯例4
案例4、个案4

e 案件

案件3、官司3

f 疑问

问题1、问号2、疑问2、疑点3、
悬念3、疑难3、疑心3、
疑惑4、疑虑4
谜2、嫌疑4

g 这样

这么1、这样1、如此2
那么1、那样1

B 过程

a 目标 路线 角度 立场

对象2、目标2、目的2
指标4
宗旨4
方针3、路线3、指南针3
依靠3、立场3、态度4
角度3、视角3
出发点3、全方位3

b 原因 依据 根源

原因2、故3、缘故3、动因4、

原委4
争端4
借口2、托词4
理由2、说法3
把柄4
根据2、依据3、证据3、筹码4、
凭证4
白纸黑字3、真凭实据3
论证4
根源3、起源3、渊源4
来源3、源流3、源头3、
源泉4

c 开端

开始1、开头1、初2、起初2、
起先2、最初2、萌芽3、
抬头3
前奏3、序幕3、先声4
开天辟地3、破天荒4

d 过程

过程2、阶段2、经过2、进程3、
进度3、历程4、始末4
航程3、旅程3、行程3
前因后果2、来龙去脉3
里1、内1、中1、中间1、其间2、
其中2
半路2、中途3

e 结果

结果1、产物2、结局2、结尾2、
归结3、归宿3、下场3、
下落3、究竟3、尾声4
后果2
胜负3

f 途径

途径3、渠道4
长征2、征程3、征途3
大道4、康庄大道4
歧途4、旁门左道4
余地3

台阶3

g 未来

未来2、出路3、出息3、前景3、
前途3、锦绣前程4

C 规律 方法 思路

a 规律

规律2、原理3、必然4、
法则4

b 方法

办法1、方法1、计2、点子2、
方式2、主意2、措施3、
艺术3
用法2、做法2
加法1、减法1、乘法、
除法2
疗法3
秘诀3、窍门3
步骤2、手续3

c 道理

理2、道理2、大道理3、
伦理4
真理3、真谛4
正义3、公道4
玄机4
情理3、大体4
哲理3、机制4、逻辑4
生理2
意思1、含义2、原意3、
深意4
定义2、概念3
意味4

d 思路

头脑3、线索3
脉络4
构思3、构想3、思路3

D 人生

a 生命

命 2、生命 2、性命 3
人生 2
生死 2、存亡 3、生老病死 3
寿命 3

b 生计 生活

生活 1、日子 2
生计 3、生涯 3
家常 3、家长里短 3
饮食 2
早饭 1、午饭 1、晚饭 1
便饭 2
快餐 2、套餐 2
年夜饭 2
觉 1、午觉 1、睡眠 2

c 消息

信 1、留言 2、消息 2、信息 2、福音 3
电话 1、热线 2、通讯 3
情报 3
喜讯 2、捷报 4
噩耗 4
传闻 3、传言 3、丑闻 3、风声 3
谣言 3、天方夜谭 4、无稽之谈 4
趣闻 3、掌故 4

d 经验

经验 2、体会 2、体验 2、觉悟 3、心得 3
代价 3、教训 3、前车之鉴 4
记忆 2、印象 2

E 遭际

a 经历

经历 2、身世 3、遭遇 3、阅历 4、遭际 4、资历 4
风浪 3、风雨 3、风霜 4
生离死别 3、酸甜苦辣 3、悲欢离合 4
凄风苦雨 4

b 命运

命 2、运气 2、命运 3
幸运 2
苦命 2、厄运 4

c 祸福

幸福 1、福 1、福气 2、福祉 4、造化 4
天伦之乐 3
难 2、不幸 2
灾 2、灾难 2、天灾 3、灾害 3、灾祸 3、天灾人祸 3、浩劫 4、祸福 4
外患 4、隐患 4、心腹之患 4
火灾 2、水灾 2、地震 2、洪水 3、海啸 3、旱灾 3、饥荒 3
车祸 2

d 苦难

苦难 2、苦衷 4
疾苦 3
罪 2、切肤之痛 4
失败 2、挫折 3、败绩 4
冤屈 4、不白之冤 4
困难 2、难点 2、难处 3、难度 3、难关 3、难题 3
磨难 3、千难万险 3、忧患 4

e 恩仇

恩情 3、人情 3、雨露 3、恩德 3、恩惠 4、恩泽 4
仇 2、冤 3、仇恨 3、深仇大恨 3、冤仇 4、血海深仇 4
冲突 2、矛盾 2、分歧 3、疙瘩 4、隔膜 4

F 情势

a 形势

局面 2、风云 3、局势 3、形势 3、格局 4、气候 4、事态 4、阵势 4
可能 1、方向 2、倾向 2、指南 2、导向 3、动向 3、趋势 3、势头 3
大局 4
优势 3
劣势 3
僵局 4
火候 4
潮流 3、大潮 4
高潮 3、热潮 3
低谷 3
主流 3

b 状况

场合 2、内容 2、情况 2、动静 3、情景 3、情形 3、状况 3、状态 3、性状 4
路况 3
事实 2、真相 2、实际 3、真情 3
背景 2、内幕 3、底细 4
现状 3
误会 2
来历 3
大概 2、概况 3、轮廓 4、写照 4
甘苦 4、光景 4、境遇 4
窘况 4
地步 3、田地 3、境地 4、处境 4
困境 3、窘境 4
风浪 3、危机 3、危难 4
地狱 3、炼狱 4
绝境 4、万丈深渊 4

家境 2
病情 3
国情 3
程度 2、境地 3、境界 3、极致 4
梦境 3
环境 2、生态 3
条理 2、秩序 2、治安 3
氛围 3、气氛 3
阴影 3、阴霾 4

c 现象

现象 2
哈欠 2
迹象 3、象征 3、蛛丝马迹 4
苗头 3
症状 4
天文 3、人文 4
前兆 4、预兆 4
行踪 3、踪迹 3、踪影 3
气候 2
天气 1、气象 2

d 用途 效应

用处 1、功能 2、用途 2、作用 2、功用 3、功效 3、效力 4、性能 4、职能 4
效果 2、意义 2、成效 3、效益 3、效应 4
反应 2、影响 2、反响 3
副作用 3
军用 3、民用 3

G 是非 功过 荣辱

a 是非

黑白 2、是非 3、大是大非 3、青红皂白 4

b 成就

成功 1、发明 1、成绩 2、创新 2、创造 2、成就 3、业绩 4

果实 2、收成 2、收获 2、成果 3、结晶 3、硕果 4
功 2、功劳 2、贡献 2、功德 2、功勋 4
奇迹 2、丰功伟绩 4、汗马功劳 4

c 过失

罪 2、罪过 3
毛病 2、过错 3、过失 3、失误 3
错 1、错误 1、差错 2
偏差 3、误差 4
漏洞 3、破绽 4

d 荣誉

骄傲 1、光荣 2、光彩 3、荣誉 3
桂冠 4
金牌 2

e 耻辱

耻辱 3、屈辱 3、奇耻大辱 4

H 精华 糟粕

a 精华

精华 3、精髓 4
宝物 2、遗产 3、瑰宝 4

b 糟粕

垃圾 3、糟粕 4

I 阻力 圈套

a 阻力

障碍 3、阻碍 3、阻力 3
屏障 4、遮挡 4

b 圈套

圈套 3、陷阱 3、牢笼 4
糖衣炮弹 4

二、属性

A 形状 状态 景象

a 形状

形状 1、形象 2、形态 3、造型 3
奇形怪状 2
地形 3、形势 3
三角形 2
长方形 2、正方形 2
圆 1、椭圆 2、圆圈 2
原型 3
点 1、焦点 3
心 1、重心 3
线 1、线条 2、直线 2
半径 3、直径 3
曲线 2、弧线 3
弧形 3、拱形 3
角 1
平面 2
立方 2、立体 3
球 1
公式 2
面积 3、体积 3

b 状态 样式

动态 3、静态 3
形式 2、样式 3、花样 3、款式 3
模式 3、格式 3
包装 2、装潢 4
口头 2、书面 2

c 景象

景 1、风景 1、风光 2、景色 2、景物 2、山水 3、景观 3、景致 3
春光 2、春色 2、秋色 2
夜景 2、夜色 2、暮色 4

场景2、景象2、场面3、光景、
面貌3、情景3、原貌3、
气象4、原生态4
美景2、奇观2、奇景2、
湖光山色2、青山绿水2、
壮观3、良辰美景4
幻影3、海市蜃楼4

B 性质 特征

a 性质

性质3
音色3
磁性3、弹性3、韧性3、惯性4
个性3、共性3
本能3
雌性2、性别2、雄性2、
异性2

b 特征

风味2、特点2、特色2、特征2、
典型3、特性3
差别2、差距2、差异2、区别3、
异样4、反差4
天壤之别3
高低2、上下2、三六九等4

c 利弊

得失4、利害4
长处2、优点2
不足2、短处2、毛病2、缺点2、
弱点2、缺失3、缺陷3、
瑕疵4
好处2、利益2、公益3、
实惠4
害2、坏处2、弊端4

C 范畴 方面

a 范围

范围2、规模3、范畴4

面2、层面3
天罗地网3
视线3、视野3
界2、园地2、领域3、圈子3、
世界3、天地3
文坛3
满眼2

b 方面

方面2、着眼点3
一边1、一头1
双方2、彼此3
对方2
官方3、民间3
反面3、正面3、对立面3

c 系统

网2、环节3、系列3、系统3、
体系3
结构2、构造3
组织3
编制4、机制4

d 类别

类别2、品种2、种类2、
类型2
血型2
奖项3、项目3
种3、科3、门3、属3、纲4、
目4
良种3、物种3
级别3
顶尖3

e 序列

次序2、排名2、顺序2、程序3、
序列4
层次3
航班2
夜班2
榜首3
历代3

日程2、议程4
流程3
队1、行1、排1、列2、行列3
队列2、阵容3

D 因素

a 要素

要素3、因素3、元素3
部分2、成分2
营养2、养分3

b 表象

表面2、外表2、皮毛3
假象3、伪装3、表象4

c 实质

精神2、本质2、实质3、本色4、
底蕴4、内涵4
面目3、原形3
根本2、基本3、基础3

d 关键

关键2、问题2、关头3、纽带3、
要害3、节点4、瓶颈4、
枢纽4
焦点3、热点3
中心2、重点2、核心3、支柱3、
重心3、主导4
主干3、主体3
心脏3

e 机会

机会1、生机3、时机3、火候4、
机遇4、契机4
转机3、转折3、转折点3

E 标准 界限

a 标准

标准2
规范2、原则2、基准4

条件 2、前提 3、门槛 4
规格 3、尺度 4、口径 4
准则 3、条令 4、准绳 4
榜样 2、典范 3、旗帜 3

b 界限

界限 2、边界 2、边际 3、
　境界 3
防线 3
地平线 2
底线 3
限度 3、权限 4
极限 3
高峰 3
大小 2、高低 2、深浅 3、尺寸 3、
　松紧 3、轻重缓急 4

c 质地

体质 2、质量 2、成色 4
程度 2、水平 2、档次 3、水准 3、
　品位 4、质地 4

F 气质 容貌

a 气质

仪表 3、仪态 3
风采 3、风度 3、风范 4、
　风韵 4
气质 3、气度 4
气派 4
台风 3
娇气 2、傲气 3、稚气 4

b 姿态

身材 2、个头儿 2、体形 3、
　身段 3、体型 4
体格 3、筋骨 4、体魄 4
姿势 2、体态 3、姿态 3、
　身姿 4
舞姿 3、雄姿 3
手势 2
脚步 1、步子 2、步伐 3、

步履 4
正步 3

c 神情

表情 2、神气 3、神情 3、
　神色 3
态度 2、神态 3
目光 1、眼光 2、眼色 2、
　眼神 2
脸色 2
笑脸 1、笑容 2、欢颜 4
愁容 3
冷眼 4、怒色 4、愠色 4
愧色 4、难色 4

d 容貌

模样 2、相貌 2、样子 2、长相 2、
　风貌 3、面貌 3、面容 3、
　容貌 3、形貌 4、姿色 4、
　姿容 4
容颜 3
面目 3
美貌 3
色相 4、尖嘴猴腮 4

G 力量 能量

a 力量

力 1、力气 1、力量 2、力度 3、
　气力 3
脑力 2、体力 2、体能 3
腿脚 3
功夫 3、人工 3、劳动力 3
精力 2、生命力 2、活力 3、
　生机 3、生气 3
视力 2、眼力 3
战斗力 2、暴力 3、武力 3
潜力 3、威力 3
实力 3、主力 3、生产力 3、
　软实力 4
魅力 4

b 自然力

风力 2
浮力 3、冲击力 3
引力 2
压力 2、血压 3
动力 2

c 能量

能量 3
热量 3

d 势力

势力 3、威武 3、权势 4
威风 3、下马威 3、威严 4
气势 3、士气 3、强势 3、
　弱势 3

H 名称 姓名

a 名称

称号 2、称呼 2、名称 2
俗称 3、通称 3、尊称 3、
　戏称 4
名目 3、名义 3
牌 2、品牌 2、商标 2、老字号 2、
　招牌 3
题 2、标题 2
简称 2、缩写 3

b 姓名

姓名 1、贵姓 3
姓 1、姓氏 2
名 1、名字 1
号 3、字 3
外号 2、绰号 3

I 德才

a 性格

脾气 2、性格 2、性情 3、
　秉性 4

个性3、天性3、生性4
耐性2、野性3

b 品行 名望

素质2、风貌3、品质3
品德2、人品2、品格3、品行3、
　人格3、人性3、情操4、
　素养4、修养4
节操4、气节4
高风亮节4
道德2、德行4
美德2
名气3、名声3、人气3
名誉3、信用3、声望3、声誉3、
　信誉4、名望4
虚名4
权威3、威望4、威信4
面子3、情面4

c 作风

作风3
校风2、学风2
场面3、排场4

d 气量 胆略

度量3、心胸3、胸怀3、
　心眼儿3
骨气2、正气3、魄力4、浩气4、
　气概4、气魄4
勇气1、胆子2、胆量3、
　义气4
匹夫之勇4

e 才艺

才2、才能2、才干3、才华3、
　才气4、才艺4、才智4
雄才大略4
口才2
笔墨3、文采4、神来之笔4
本领3、本事3、真才实学2、
　能耐4

智慧2、智力2、智商3
天才2、天赋3、禀赋4、天分4、
　天资4
灵性3、悟性3、理性4、
　理智4
先见之明3、自知之明3
技巧2、技术2、技能3
手工2、手艺2、工艺3、技艺3、
　做工3
特长2、专长2、三头六臂2、
　绝活儿3、拿手好戏3
雕虫小技4
演技3、武艺3、厨艺3、水性3、
　魔法3
科技3、高科技3

f 能力

能力2、力量2、资质4
眼光3、眼力3
功夫3
基本功3、功底4

三、意识

A 思想 心灵

a 思想

精神2、思想2、魂3、观念3、
　灵魂3、思维3、心理3、
　心态3、意识3、理念4、
　潜意识4
心血2、苦心3、思绪3、
　心思3
脑筋3、脑子3、头脑3
脑海2
信心2、自信2
自尊心2
戒心3
好奇心2、虚荣心3

感受2、感想2、感触3

b 内心

内心2、心肠3、心底3、心灵2、
　心头2、人心3、身心3、
　心地3、心目3、心田3、
　心扉4
心眼儿3

c 真心 好心

良心2、赤胆忠心3、忠魂4
诚心2、真心2、真心实意2、
　诚信3、热血3、真情3
爱心1、好心2、好意2、和气3、
　善意3
童心2

d 私心 恶意

私心3、杂念3
恶意3、黑心3、歹心4、
　歹意4

B 感觉 感情

a 感觉

感觉1、口味2、滋味2
触觉2、口感2、视觉2、听觉2、
　味觉2、嗅觉2
错觉3、幻觉3、知觉3、
　直觉3
共鸣3
灵感3、预感3
好感3、反感3、美感3
动感4

b 感情

情2、感情2、情感3、情义3、
　情意3、心意3、喜怒哀乐3
人情3、人情世故4
情结4
敬意2、热情2、深情2、热忱4、

厚爱 4
父爱 2、母爱 2、亲情 2
爱情 2、恋爱 2、柔情 3、温情 3、
　痴情 4、痴心 4
豪情 3、激情 3
民心 3、民意 3、人心 3
风情 4
歉意 3

c 心绪

心情 2、情怀 3、情绪 3、心境 3、
　心思 3、苦衷 4、心绪 4
心事 2、难言之隐 3
哀思 4、乡愁 4
顾虑 3、后顾之忧 4
怒火 3
怨恨 4

C 需求 愿望

a 欲念

欲望 4
食欲 2、野心 3

b 需求

要求 1、需要 2、需求 3、供求 3、
　内需 4

c 愿望

希望 1、意思 1、梦想 2、心愿 2、
　愿望 2、意愿 3、志愿 3
初衷 4
遗愿 3
奢望 4
企图 3、用意 3

d 幻想

幻想 2、妄想 4、痴心妄想 4
梦 1、梦幻 2、梦乡 2、睡梦 2、
　噩梦 3、黄粱美梦 4

D 想法 打算

a 见解

想法 2、念头 3、心思 3
动机 3
主意 2、主张 2
观点 2、看法 2、启示 2、意见 2、
　见解 3、眼光 3
远见卓识 4、真知灼见 4
预见 3、预料 3、预言 3
创意 3
共识 3
成见 3、偏见 3、一家之言 3、
　一孔之见 3、门户之见 4
异议 3
见识 3、见闻 3、眼界 3

b 计策

计 2、打算 2、计划 2、设计 2、
　规划 3、蓝图 3、意图 3、
　百年大计 3、方略 4、战略 4
招 3、策略 3、对策 3、机关 4
锦囊妙计 3
诡计 3、阴谋 3、恶作剧 3、
　明枪暗箭 3

c 手段

招 3、手段 3、手法 3、招数 3、
　手腕 4
绝招儿 4
花样 3、把戏 4、伎俩 4

E 志趣

a 志向

毅力 2、斗志 3、意志 3
理想 2、抱负 3、志气 3、志向 3、
　心胸 3、信念 3、豪情壮志 3、
　雄心壮志 3、信仰 4

b 兴趣

乐趣 2、趣味 2、兴趣 2、兴味 3、
　志趣 4
胃口 3、兴致 4
口味 3、气味 4
爱好 2
瘾 4

c 情趣

意思 1、情趣 3、情调 4、意味 4、
　闲情逸致 4
神韵 4、韵味 4、韵致 4

F 信仰

a 宗教

宗教 3
道教 4、佛教 4、基督教 4、
　伊斯兰教 4

b 神

神 2、神仙 2、仙女 2
老天爷 2
佛 3
罗汉 3
菩萨 3
上帝 3
天使 3

c 鬼怪 魂魄

鬼 2、魔鬼 2
怪物 2、精灵 3、妖怪 3、
　妖精 3
魂 3、灵魂 3、魂魄 4、幽灵 4

d 神物

凤 2、龙 2

e 天堂 地狱

天堂 2
地狱 2

四、社会

A 群体

a 人间
人间 2、世间 2、人世 3

b 世界
世界 2、天下 2、花花世界 3、
　大千世界 3
中外 2
社会 2

c 种族 民族
白人 2、黑人 2、黄种人 2
族 2、民族 2、部落 4、种族 4
汉族 2、中华民族 2、华侨 3、
　炎黄子孙 3、华裔 4

d 团体 组织
集体 2、团体 2、组织 2、集团 3、
　群体 3、社团 3、协会 3
阶层 3、阵营 4
单位 2、公司 2、企业 2
旅行社 2
团伙 3、派别 4、山头 4
正宗 3、正统 4
教会 3

e 家族 人家
家族 2、族群 4
家 1、家庭 2、家园 2、门户 4
人家 2
农家 2
家家户户 2、千家万户 2

B 身份

a 出身 辈分
国籍 2、户口 2
老家 2、籍贯 4

出身 2、身份 2、资格 2
辈 2、代 2
前辈 3、先辈 3

b 关系
关系 2、干涉 3
公关 3、应酬 4
血缘 2
缘分 3、不解之缘 3

c 友谊
友情 2、友谊 2、交情 4、
　情谊 4
深情厚谊 3

C 地位 等级

a 地位
地位 2、位置 3、尊严 3、
　近水楼台 4
上游 3、下游 3
岗位 3、职位 3
空缺 3、副职 4、正职 4

b 等级
等级 2、贵贱 3
上层 3、同类 3、基层 4
上品 3
头衔 4
军衔 4
院士 4

c 学位
学历 4、学位 4
博士 4、硕士 4、学士 4、
　本科 4

D 风俗 礼仪

a 风俗
风俗 2、民俗 3、习俗 3、
　风情 4

传统 2、世俗 3
习惯 2
风气 3、风尚 4
不正之风 3

b 礼仪
礼貌 1、礼节 2、礼仪 2
典礼 2、庆典 2、仪式 2
婚礼 3、葬礼 3
闭幕式 2、开幕式 2

E 事业 行业 职业

a 事业
事业 2
工程 3
水利 3

b 行业
行业 3
各行各业 3、三教九流 4
买卖 2、生意 2
商业 2、贸易 3、财经 4
金融 4、信贷 4
工业 2、农业 2、产业 3
航运 2、交通 2、客运 2、货运 3、
　物流 3
电信 2

c 职业
职业 2、职务 3
兼职 3
工作 1
后勤 3
劳动 1、劳作 3
家务 2、家政 3

F 活动

a 行为
表现 2、行为 2、作为 3、

所作所为 3
动作 1、举止 2、行动 2、运动 2、活动 3、举动 3、行径 4
创举 3、壮举 3

b 会议

会 1、大会 2、会议 2、集会 3、峰会 4
会谈 3、讲座 3、沙龙 3

c 宴会

宴会 3
筵席 4

d 展览会

展览会 2

e 文体活动

娱乐 2、文娱 3
夏令营 2
运动会 2
盛会 3
游戏 1

五、政治

A 行政

a 社会制度

社会主义 3、资本主义 3、共产主义 4、封建主义 4

b 政治

政治 3
体制 4
政协 4
议会 4

c 政府机构

政府 3、当局 4
政权 4
部门 4、机构 4、机关 4

局 4、部 4、科 4、厅 4
朝廷 4
使馆 3、领事馆 4
中央 3

d 国家 联盟

国 1、国家 1、祖国 1、江山 2、社稷 4
中国 1、中华 2、大江南北 2、五湖四海 2、举国上下 3
联盟 3
外国 2
国际 2
西方 2
王国 2
联邦 4
联合国 3

e 行政区划

省 2、直辖市 3
北京 1、上海 2、天津 2、重庆 2
川 3、甘 3、京 3、辽 3、宁 3、苏 3、吉 3、津 3、鲁 3、陕 3、湘 3、豫 3、浙 3、澳 3、滇 3、鄂 3、赣 3、港 3、贵 3、桂 3、黑 3、沪 3、冀 3、晋 3、蒙 3、闽 3、青 3、琼 3、台 3、皖 3、新 3、渝 3、粤 3、藏 3
首都 2、京城 3
市 1、城市 1
区 2
县 2、州 2、县城 2
镇 2
乡 2

f 阶级 党派

阶级 2
党 2、政党 3
共产党 2

g 事务部门

海关 3
组 1、小组 1
邮局 1

B 司法

a 法纪

法 2、法律 2、法规 3、法制 3、金科玉律 3
纪律 2
宪法 3
刑法 3

b 规约

规定 2、规矩 2、规则 3、规章 3、条文 3、规约 4、条例 4、条条框框 4
陈规陋习 4
清规戒律 4
禁忌 3
公约 3、条约 3、盟约 4、城下之盟 4
合同 3、协议 3、条款 4

c 命令

号令 2、命令 2、指令 3

d 制度

政策 2、决策 3
制度 2

e 刑罚 处罚

刑罚 4、酷刑 4
死刑 3
处分 2、处罚 3

f 罪行

罪行 3、罪恶 4、罪状 4

g 法庭 公安局

公安局 2

法庭 3

h 监狱

牢房 2、监狱 3、监牢 3、牢狱 4

C 权责

a 权利

民主 3、权利 3
权力 2
政权 4
职权 4
主权 3
专利 4
人权 3
自由 2
特权 4

b 责任

任务 2、义务 2、责任 2、使命 3、职责 3
负担 2、包袱 3、担子 3、重担 3

六、军事

A 军队

a 武装力量

部队 2、队伍 2、军队 2、兵力 3、人马 3、武力 3、武装 4

b 人民军队

红军 2、解放军 2、子弟兵 3

c 国防军

陆军 2、海军 2、空军 2

d 警察

警察 2

交警 1、民警 2、武警 3

B 战争

a 战争

战争 1、战役 3
干戈 4

b 战术

战术 3、战略 4

c 战斗

战斗 2
冷战 4
败仗 3、胜仗 3

d 战备

国防 4、战备 4

七、经济

A 价值 价格

a 经济

经济 2

b 价值

价值 2
产值 3
身价 4

c 价格

价格 2、价钱 2、物价 3
行情 4
定价 3
造价 4

B 货币

a 货币

货币 2
银币 3、铜钱 4

分 1、角 1、元 1
硬币 2、纸币 2、钞票 3
人民币 1、美元 2、外汇 4
现金 2、现钱 3

C 利 税

a 利润 利息

利 3、利润 3、盈利 3
利息 3

b 税

税 3、关税 4、苛捐杂税 4

D 资产

a 钱财

财富 2、财物 2、财产 3
物业 3、资产 3、遗产 3
钱 1、金钱 2、钱财 3
不义之财 3

b 资本

本钱 3、成本 3、资本 3、资金 3、资产 4
股份 4、股票 4

E 账目 款项

a 账目

账 3、账目 4

b 款项

收支 3、款项 4、预算 4
收入 2、收益 3
拨款 4
损失 2、亏空 4
债 3、债务 3
存款 2、储蓄 3、积蓄 3
公款 3
汇款 3

贷款 4
捐款 3

F 报酬 费用

a 报酬

工资 2
报酬 3、待遇 4、礼遇 4
补贴 3、津贴 4
福利 3
奖学金 2

b 费用

费 2、费用 2、花费 2、开销 3、开支 3
家用 2
话费 2
旅费 2、盘缠 4
房租 2
红包 2、压岁钱 2、小费 3、回扣 4
零钱 2、零花钱 2
经费 3

G 工厂 店铺

a 工厂

工厂 1
厂家 2、厂商 2
磨坊 3

b 店 铺 馆

店 1、商店 1、铺 2、店面 2、店铺 2、铺子 2
超市 2、商场 2
菜市场 2
市场 2
闹市 3
摊 3、摊点 3

书店 2
食堂 1、餐馆 2、餐厅 2
宾馆 2、公寓 2、酒店 2、旅店 2、旅馆 2
当铺 4
银行 2
图书馆 2、博物馆 3、展览馆 3
网吧 3

八、科教

A 文化 知识 学说

a 文化

文化 2、文明 2

b 知识

科学 2、艺术 2
知识 1、常识 2、学识 3、学问 3

c 学说

主义 3、理论 3、思想 3、学术 4、学说 4
道家 3、儒家 3

B 教育

a 教育

教育 2
家教 2

b 学科

学科 3、专业 3
科目 3
数学 1、语文 1、地理 3、历史 3、哲学 3、化学 4、物理 4
医学 2、西医 2、中医 2
内科 3、外科 3

c 课程 习题 考试

功课 1、课程 2、学业 3
答案 1、练习 1、题目 1、问题 1、作业 1、难题 2、试题 2
高考 2
科举 4

d 学校

学校 1、学堂 3、私塾 4
大学 2、系 3、学院 3
小学 1、幼儿园 1、初中 2、高中 2、中学 2
夜校 2
培训班 2
班 1、班级 1、年级 1

C 语言 文字

a 字

字 1、文字 2
汉字 1、方块字 2
繁体 2、繁体字 2、简体字 2
数字 2
错别字 1
字母 2
画 1、笔画 1、笔顺 1
点 2、钩 2、横 2、撇 2、竖 2、折 2、捺 2
旁 1、部首 2、偏旁 2
草书 3、楷书 3、隶书 3、行书 3
书法 3

b 词语

词 1、词汇 2、字眼 2
词句 2、词语 2
成语 2、俗语 3、谚语 3、农谚 3
动词 3、名词 3、代词 3、量词 3、数词 3、形容词 3、副词 4、

介词4、连词4、叹词4、
助词4、拟声词4

褒义3、贬义3

广义3、狭义3

c 语句

句子1、语句2

格言2、座右铭3

段落2

语法2

d 语音

语音2、音韵4

调2、调子2、语调2

腔3、腔调3

声调2

南腔北调3、哭腔4

e 修辞

修辞4

比喻2、夸张2、拟人3、
排比3

f 语言

语言1

汉语1、中文2、华语3

外语2

方言2

普通话1、国语3

口语2

书面语2

g 言辞

话1、讲话2、言语2、口舌3、
言辞4、话语4、唇舌4

三言两语2、只言片语3

至理名言4

豪言壮语3

一纸空文4

高调3

实话2、千言万语2、山盟
海誓3、肺腑之言4

悄悄话2

俗话2

诺言3

誓言4

咒语4

指示3

口碑3

玩笑2、笑话2

花言巧语2、甜言蜜语2

牢骚4

一面之词3

风言风语3、流言蜚语4、
闲言碎语4

谎言2、弥天大谎4

闲话3

废话2

絮语4

冷言冷语2

回音3

标语2、口号2

独白2

谜2、谜语2

h 符号

记号2、标记2、标志、
符号2

号码2、数码2

账号3、账户3

邮编2

页码2

乐谱3

音符3

暗号2、口令、信号2、
警报3

密码2

i 标点符号

顿号2、逗号2、分号2、句号2、
冒号2、问号2、引号2、
括号2、感叹号2、破折号2、
省略号2、书名号2

D 文学

a 文学

文学2、文艺2、阳春白雪4

b 小说 故事

小说2

故事1、童话1、传奇2、神话2、
寓言2

剧本2、本子4

c 散文

散文2

传记3

游记4

d 诗词

诗2、诗词2、诗歌2、诗句2、
诗文2、风花雪月4

歌谣3

词3、曲4

e 楹联

对联2、春联2、挽联4、
楹联4

f 报道

新闻2、报道3、通讯4、
消息4

E 文章

a 作品

创作2、著作2、作品2、原著4、
专著4

名著2、大作3、杰作3、
鸿篇巨制4

b 书籍

书1、书本2、书籍2、图书2、
读物2、藏书3

丛书2

汗青 4、史册 4
竹简 3
经典 3、经书 4
课本 1、教材 2、教科书 2、
　　讲义 4
字帖 2
连环画 2
字典 1、词典 1、辞典 2、
　　工具书 2、百科全书 3
地图 2

c 文章

稿子 2、文章 2
悼词 4、墓志铭 4
作文 1、论文 3
笔记 2
日记 2
课 1、课文 1
征文 3

d 评论

谈话 2、议论 2、评论 2、发言 3、
　　说法 3、言论 3、舆论 3
陈词滥调 4、老生常谈 4
建议 2、提议 3
断言 3、结论 3
决定 1、决议 3

e 信函

信、书信 2、信件 2、邮件 2、
　　信函 4、公函 4
短信 2、电邮 2
情书 3
快递 2
电报 2、贺电 3、传真 3

f 文书

通知 2、通报 4、通告 4
启事 3、预告 2
文书 4
公告 2、宣言 2、公示 3、布告 3、

告示 3、声明 3
广告 2、海报 2
报告 2
标签 3
药方 3、处方 3
说明 3
军令状 4
材料 2、文件 2、资料 2、
　　文献 3
档案 4
记录 2、纪录 2
检查 2、检讨 3
附件 3
简历 3
方案 3、草案 4
便条 2
契约 4
借条 2、欠条 2、收据 3
遗嘱 3

F 社会传媒

a 报刊

媒体 3、传媒 4
报纸 2、报刊 3
杂志 3、刊物 3
专辑 4

b 出版单位

出版社 3、杂志社 3

c 广播 电视

广播 1、电视 1
电台 2、电视台 2

d 网络

网 2、网络 2、互联网 3
多媒体 3
网页 2、网站 2、网址 2、
　　邮箱 2
博客 3

G 内容 体例

a 文意

内容 2、情节 3
细节 3、字里行间 3
诗意 3、文意 3、寓意 3、诗情
　　画意 3、意味 4
言外之意 3、弦外之音 4
口气 2、语气 2、口吻 3、
　　腔调 3
亮点 2、要点 2
纲领 4、纲要 4
简介 2、大意 3

b 目录

目录 2

c 序

序 3、题词 3

d 注解

注 3、标注 3、说明 3、注解 3、
　　批注 4

e 内容

题材 2
主题 2、话题 3、课题 4、命题 4、
　　议题 4
色彩 2、调子 4
风格 2
文笔 3
败笔 4

f 版本

版本 3、盗版 3、正版 3、
　　电子版 3

g 版面

封面 2
版面 4、篇幅 4
头条 3、专栏 4

H 图式

a 图

图纸 2
图 1、图案 2、图像 2

九、文体 医疗

A 音乐 舞蹈

a 音乐

乐 1、音乐 1、乐章 3
交响乐 2
节拍 2、节奏 2、旋律 3
乐队 2

b 歌

歌 1、曲 1、歌曲 1
号子 2
国歌 1
民歌 2、山歌 2
赞歌 3、凯歌 4

c 乐曲

曲子 2、乐曲 2

d 舞蹈

舞 2、舞蹈 2
芭蕾 3

B 影视 戏曲

a 影视

视频 3、影视 3
电影 2
动画片 2、卡通片 1
贺岁片 2
电视剧 2、连续剧 2
画面 2、镜头 3
节目 1、栏目 2

b 戏曲 曲艺

剧 2、戏 2、戏剧 2
戏曲 2
京剧 2
话剧 2
歌剧 2
悲剧 3、喜剧 3
小品 2
相声 2
魔术 2
杂技 2

c 影剧院

电影院 2、剧场 3、剧院 3

C 美术

a 书画

图 1、画儿 1、图画 1、绘画 2、
  美术 2
插图 2
国画 2
油画 2
动画 1、漫画 2、动漫 3
年画 2
彩绘 3
画卷 3、条幅 4
书画 4、字画 4

b 雕塑

雕刻 3、雕像 3、塑像 3、雕塑 4
木雕 3、浮雕 4

c 照片

照片 1、像 2
遗像 3
肖像 4
合影 2

D 体育

a 体育项目

体育 1、运动 2
早操 1、体操 2、健美操 2
足球 1、乒乓球 1、篮球 2、
  排球 2、羽毛球 2、高尔夫 4
举重 3
田径 3
滑冰 2
武术 2、功夫 2
太极拳 3

b 赛事

比赛 1、赛事 4
决赛 2、联赛 3

c 体育场馆

操场 1、运动场 1、体育馆 2、
  俱乐部 4
赛场 2
跑道 2

E 医疗

a 疾病

病 1、疾病 2、病魔 3、病症 4
后遗症 4
不治之症 3
传染病 2
抑郁症 4
艾滋病 4
高血压 2
感冒 2、流感 2
哮喘 4
瘫痪 4
癌 3、肿瘤 3

b 创伤

伤 1、伤口 2、创伤 3

c 皮肤病

皮癣 4
冻疮 3
包 1、疙瘩 4

d 卫生保健

卫生 1
手术 2、推拿 4、针灸 4
桑拿 3

e 医疗设施

医院 1、诊所 2
病床 2

十、数量

A 度量

a 速度

速度 2
时速 3

b 频度

频道 2、频率 3

c 密度

密度 3

d 浓度

浓度 3

e 湿度

湿度 3

f 长度

长短 2、尺寸 2、全长 2、
　长度 3
码 2
距离 2、间隔 3
路程 2
返程 3
来回 2、全程 2

g 宽度

宽 2、粗细 2、宽度 3
幅度 4

h 高度

高 1、高低 2、高度 2
海拔 3
深 1、深度 2、深浅 3
个子 1、身高 2

i 重量

重 1、重量 2、分量 3
负荷 4
体重 2

j 角度

角度 2
经度 4、纬度 4

k 温度

温度 2
气温 2、体温 2

l 单元

单元 2、单位 3

B 数量

a 数目

量 1、数 1、数量 2、数据 3
多少 2、数码 2、数目 2、
　数字 2
两 2、俩 3

b 分数

分数 3、分母 3、分子 3

c 得数

和 1、总数 2
乘积 2
平方 2
倒数 2
比分 2
学分 2
参数 4

d 数额

数额 3
金额 2
销量 4

篇幅 2
胃口 3
容量 3
含量 2
客流 3、流量 3
肺活量 4
名额 2
份额 3

e 基数

一 1、壹 4
二 1、贰 4
三 1、叁 4
四 1、肆 4
五 1、伍 4
六 1、陆 4
七 1、柒 4
八 1、捌 4
九 1、玖 4
十 1、拾 4
百 1、佰 4
千 1、仟 4
万 1
亿 2

f 序数

第一 1、首先 2
其次 2

g 概数　比率

半 1、一半 1
多半 2、多数 2、大多数 2
一点儿 1、少数 2
几 1、些 1、一些 1
上下 2、左右 2、前后 3
好多 1、若干 3
倍 2
折扣 3、折 4
概率 4、几率 4
汇率 4
利率 4

效率3、功率4

比例2、比重3

C 单位

a 物量单位

班1、帮1、队1、股2、群2、伙2、届3

行1、排1、列2、溜3

串1

堆1、团3

叠2

束1、缕4、盏4

包1、卷2、捆3

捧1

撮4

挑2

件1

对1、双1、副2

种1、类2

个1、名1、位2、只1

座1、栋2、所2、幢4

层1、级1

棵1、株2

间1、辆1、门1、台1、部2、驾2、架2

户2

块1、片1、枚3

页1、张1

口1、匹1、头1

滴1、朵1、颗1、粒1、丸2、剂2

幅1

艘2

根1、瓶1、条1、支1、枝1、杆2

本1、册1、集2、卷2

篇2、首2

餐1、顿2

席3

手1、项2、起2、码3、桩3、宗4

回合3

段1、节1、章2

段1、截3

丝2、线2

班1、趟2、番3

份1、套2

b 动量单位

遍1、次1、回1、道2、轮2、趟2、人次2、番3

圈2、周2

阵1

记3

c 度量衡单位

米2、分米2、毫米2、厘米2

公里2、千米2

里2、丈3、寸3

亩3、公顷3

平米2、平方米3

立方米3

升3、毫升3

吨2、克2、公斤2、千克2

斤2、两2

摄氏度2

肆 时空

一、时间

A 天文 历法

a 阴阳历

农历2、阳历2、阴历2

b 纪年

公元2

子4、丑4、寅4、卯4、辰4、巳4、午4、未4、申4、酉4、戌4、亥4

甲4、乙4、丙4、丁4、戊4、己4、庚4、辛4、壬4、癸4

B 时代 时期

a 时代 朝代

古今2

年代2、年月2、世世代代2、祖祖辈辈2、年岁3、时代3、朝代3、世代3、世纪3

古代1、远古3

当代3、近代3、现代3

夏4、商4、周4、先秦4、春秋4、战国4、秦4、汉4、魏晋4、南北朝4、隋4、唐4、宋4、元4、明4、清4、民国4

b 时期

长期2、时期2、一时2

期3、周期3

学期2

季2

日子1、时间1、工夫2、年月2、时光2、岁月2、光阴3、时日4

日子1、日期2

长期2、短期2

一会儿1、顷刻3、片刻3、少时3、瞬间3、一瞬间3、霎时4、须臾4、霎时间4

C 时段

a 时间段

年限3、期限3、限期3

之间2、期间3

前后 2、始终 2、自始至终 2
同时 2、共时 4、历时 4

b 前期
生前 3、事先 3

c 中期
课间 1

d 后期
年终 2
事后 3
最后 1、最终 2

D 时候

a 时候
时候 1、时分 2、时光 2、时刻 2、
时节 3

b 平时
平时 1、平常 2、平日 2、
平生 3
空闲 2、间隙 3、空隙 3、闲暇 4、
空暇 4
茶余饭后 3

c 过去
从前 1、过去 1、往常 2、往日 2、
生平 3、往年 3、以往 3、
早年 3、往昔 4、昔日 4
以前 1、原来 2、之前 2、先前 3、
原先 3、前代 4、前世 4
前夕 4
古往今来 2
后来 1
最近 1、近来 2、近期 3、
日前 3
刚才 1

d 现在
今天 1、现在 1、如今 2、当今 3、

现今 3
当前 2、目前 2、眼前 3、眼下 3、
当下 3、今朝 4、今日 4

e 将来
将来 1、明天 1、未来 2、
有朝一日 3
以后 1、过后 2、今后 2、日后 2、
以来 2、之后 2、往后 3
身后 3

E 年 月 星期 日

a 年
年 1、岁 1、年度 2
前年 1、去年 1、当年 2
今年 1
明年 1、后年 1、来年 2
学年 2
周年 2、期年 4

b 月
月 1、月份 2
正月 2、腊月 3
上旬 2、中旬 2、下旬 2

c 星期
周 1、星期 1、礼拜 2
星期日 1、星期天 1
周末 1

d 日
日 1、天 1
前天 1、昨天 1
今天 1
明天 1、后天 1、次日 3、
翌日 4
当天 2
末日 2
晴天 1
阴天 1、艳阳天 3

F 昼夜 时辰

a 白天
白天 1、白昼 4、青天白日 4
黎明 2、凌晨 2
早 1、清早 1、早晨 1、早上 1、
清晨 2、一早 2
上午 1
中午 1、正午 3、晌午 4
下午 1、午后 2

b 夜晚
傍晚 2、黄昏 2
晚 1、夜 1、晚上 1、夜晚 1、
夜间 2、黑夜 2、夜幕 3
深夜 2、半夜三更 2、深更
半夜 3
当晚 2
长夜 3
月夜 2
日夜 1、昼夜 3、早晚 3

c 时辰
时 1、小时 1、钟点 2、时辰 3
学时 3
分 1、秒 1、刻 2

d 这时 当时
此时 2、此刻 2
当时 1、当年 2、当初 3
何时 2

G 季节 节气

a 四季
季 1、季节 1、季度 2、四季 2
春天 1、春季 2、新春 2、
早春 2
夏天 1、夏季 2、酷暑 3、
盛夏 3
秋天 1、秋季 2、深秋 2

冬天1、冬季2、寒冬3、严冬3、
隆冬3

b 时节

时节3、时令3
淡季3、旺季3

c 节气

立春2、雨水2、惊蛰2、春分2、
清明2、谷雨2、立夏2、
小满2、芒种2、夏至2、
小暑2、大暑2、立秋2、
处暑2、白露2、秋分2、
寒露2、霜降2、立冬2、
小雪2、大雪2、冬至2、
小寒2、大寒2

H 节假日 纪念日

a 节假日

节1、节日1、佳节2
除夕1、春节1、国庆1、新年1、
元旦1、端午2、清明2、
中秋2、重阳2、七夕2、
元宵节2、节庆3、圣诞节4
假期2、假日2
寒假1、暑假1

b 纪念日

纪念日2
生日1、诞辰4
忌日4
佳期3、吉日4、黄道吉日4

I 年纪

a 一生

一生2、毕生3、平生3、生平3、
终身3、终生3
童年1、小时候1、儿时2
豆蔻年华4
青春2、青年2、少年2、晚年2、
中年2

b 年龄

年龄1、年纪2、年岁3
高龄3

二、空间

A 方位

a 方位

空间2、方位3、真空4
方向1
去向2、走向3
部位2、位置2

b 座位

座1、座位1、席2
首席4
床位2
卧铺2
车位2

c 东 南 西 北

四方2
南北1
东1、东方1
南1、南方1
西1、西方1
北1、北方1

d 上 下 左 右

上1、上面1
下1、底下1、地下1、下面1
海底1
脚下1
以下2
左1
右1

e 前 后 中

前1、先1、面前1、前面1、
上面1、眼前1、前方2

后1、后面1、背后1、背地2、
后方2、幕后3
间1、中1、中间1、中心1、
正中2、之间2、中央2
街心2

f 内 外

内外2
里1、内1、中1、里面1
深处2
田间2
外1、外面1、以外2
外界3
海外2
塞外3

g 旁近

两旁1、旁边1、一旁1、
边缘3
沿途3
当街3
两岸2
沿海3、海滨3
河畔3、河沿3
身边1、跟前2
耳际3
附近2、隔壁2、左右2、一带3、
邻近3
四周1、周围1、四面2、
方圆3
对面1

h 各处

四处1、八方2、各处2、四方2、
四海2、远近2、四面八方2、
江湖3、街头巷尾4
遍地2
这儿1、这里1
那儿1、那里1
别处2
哪里1

B 天地

a 天地

天1、天空1、上空2、苍天3、上苍3、上天3、苍穹4、天穹4

太空1、高空2、重霄3、云霄3、九霄云外4

碧空3、青天4

空中1、半空2

天边2、天际3

夜空1、长空3

地1、大地1

b 远方

远处1、远方1、天边2、天南海北2、天涯3、天涯海角3

不毛之地3、穷乡僻壤4

野外2

c 胜地

古迹2、名胜2、秘境3、胜地3、仙境3、名胜古迹3

乐园2、世外桃源3、洞天福地4

鱼米之乡2

d 险地

要塞3

天险4、险境4

穷山恶水3

龙潭虎穴4

C 地方

a 区域

地方2、地区2、地域3、区域3、地带3

一席之地3、立锥之地4

摇篮3、源头3

社区2

校园1

工地2、开发区3

海域3

灾区2

江南2、两岸2、中原2

b 场地

场1、广场1、场地2、场所2

现场2、场馆3、实地3

会场2、大庭广众3

牧场2、农场3

c 城乡

城乡3、城镇3

都市2、都会3

城2

郊外2、荒郊3

农村2、乡村2、乡间2、乡下2

村2、村庄2、山村2、村落3、山寨4

山区2、水乡2

d 本土 外地

当地2、本土3

故乡1、家乡1、故土2

外地2、异乡3、异国他乡3

e 领地

领土2、领域3、领地3

国土2、山河2、土地2

禁区2

边疆2、边境2、边陲4

f 战场 根据地

战场2、沙场3

前方2、前线3、前沿3

后方3

基地3、根据地3

g 道路 路线

路1、道路2、路径3、路途3

大道2

幽径4

要道3、咽喉4

路上1、半路2、旅途3、中途3

出路3、去路3

线2、路线2、线路2

轨道3

D 地点

a 地点

地点1、地方1

试点4

起点2

尽头2、目的地2

景点1、网点2

地址2、遗址2、住址2

空地2

b 角落

角落2、犄角4

拐弯2

c 口儿

出口2、进口2、入口2

隘口4

窗口1、门口1

d 洞穴 孔隙

洞1、孔2、漏洞3、窟窿4

山洞1、洞穴2、巢穴3

地道2

桥洞2

泉眼3

坑2、土坑2、陷阱3

缺口3

缝隙3、孔隙3、裂缝3

空隙3、空白4

伍　生物活动

一、肢体动作

A 触打摸压

a 触碰
动1、碰2、触动3、触摸3、碰撞3、磕4

b 打
打1、打击2、揍4
敲2、敲打2、敲击2、叩4
捣3、捶4
钉2
砸2、夯4
抽2
摔2、磕2
拍1、扑1、拍打2
鼓掌2

c 扣
扣2

d 摸
摸1、挠2、抚摸2、摩挲4
搔4

e 压挤
压1
挤1、挤压2、拥挤2

f 按捏
按1
掐3
捏2

g 磨碾
磨2
碾4、轧4

h 揉搓
揉3
搓4、捻4

i 拨
拨2
扒2
扳4

j 开关
开1、打开1、敞开3、开启3
关1、合1、闭2、关闭2、封闭2、封3、拢3
锁2

B 拉折采剥

a 拉推
拉1、扯2、绷4、揪4、拽4
牵2、牵引3
拔1、抽2
拖2
推1、推搡4

b 折掰
折2
掰3

c 采摘
采1、摘1、采摘2

d 剥撕
扒1、剥2、揭3
撕3、撕扯4、撕毁4、撕裂4

C 拿扶搂揭

a 拿取
拿1、持2、秉持4
握2
取2
抓1、捉1

提1、拎3
撮4
捡2、拾2

b 搀扶
挽3、挎4、携手4
扶1、搀4、搀扶4、扶持4

c 搂抱
抱1、搂2、拥抱2、搂抱3、揽4
合抱3、环抱3

d 揭掀
揭3、掀3、掀起3、撩4
撬4
卷2、挽3

e 递接
接1、递2、接送2

D 举捧抬撑

a 举捧
举2、托2、托举2、扬3
捧1、端2

b 抬挑
扛2
抬1
担1、挑1
背1

c 撑拄
支2、撑3、支撑3
拄4

E 放挂扔埋

a 放置
放1、摆放2、放置3、安放3
立1、竖立2
投2、下2

堆 1、码 3、堆放 3
叠 2、折叠 3

b 悬挂

挂 1、悬 3、悬挂 3

c 扔投

扔 1、抛 2
摔 2
丢 1、甩 2、撇 3
投 2、投射 3
解开 2、放飞 3、松绑 4
播 2、撒 2

d 盖铺

盖 1、捂 4
铺 2、摊 3

e 填埋葬

填 2
埋 1、埋藏 3
葬 3

f 塞插嵌

塞 2
插 1
嵌 4、镶嵌 4

F 包扎

a 包装

包 1、包装 2、裹 3、包裹 3
装 1、盛 2

b 捆绑

束 2、扎 2、包扎 2、捆 3、绑 3、勒 4、捆绑 4
拴 3
拧 3
绕 2、缠 3
扣 2、系 2

c 贴涂

糊 2、贴 2、粘 2、张贴 3

擦 1、抹 2、涂 2、涂抹 2
泥 2

G 穿脱

a 穿戴

穿 1、穿戴 2
披 1、套 2
别 1、戴 1

b 脱

脱 2

H 摆挥搬搅

a 弄揉

弄 1、摆弄 3、拨弄 3
揉 3、团 3

b 指点

指 1、点 1、比画 2、指点 3、指手画脚 3

c 翻摆抖挥招扭

倒 1、翻 2、翻箱倒柜 3
摇 1、摆 1、扇 1、摆动 1
抖 2、甩 2、抖动 2
挥 2、挥舞 2、舞动 2
招 2、招手 2
扭 2、扭动 2
耸肩 3

d 搬

搬 1、移 2、挪 3、挪移 4

e 搅

搅 3、拌 3、搅拌 3

I 洗擦浇捞

a 洗刷

洗 1、漂 2、漂洗 2、清洗 2
漱 4、洗漱 4

刷牙 1
洗澡 1、沐浴 4
刷 1、冲 1、冲刷 3

b 擦扫

擦 1、抹 2、揩 4、拂拭 4
扫 1、打扫 1、清扫 2、扫除 2

c 浇洒灌

浇 2、淋 2
洒 1、泼 2、洒落 2
灌 3

d 泡斟

泡 2
倒 1、斟 4

e 滤淘

滤 3、过滤 3
淘 2

f 捞掏

捞 3、打捞 3
掏 2、撅 3、舀 4

J 切削剪挖刺

a 切划

切 2、片 3
划 1、破 2、锯 3

b 削刮

削 2、铲 3
刮 2、刨 4

c 剪修

裁 2、剪 2
理 2、修 2、修剪 2、修理 2、剃 4

d 砍

砍 2、斩 3
砍伐 3、采伐 3

e 挖抠

挖1、掏2、钻2、出土3、发掘3、挖掘3、抠4、刨4、开凿4

f 刺戳

刺2、挑2、扎2、捅3、戳4、戳穿4

K 走跑

a 走

步1、走1、步行2、前行2、行动2、行走2、走动2、徒步3、行进3

驻足4

大摇大摆2、健步如飞3、大步流星4

散步1、漫步3、徜徉4、信马由缰4

踉跄4、趔趄4、蹒跚4、磕磕绊绊4

轻手轻脚2

徘徊4

b 跑

跑1、跑步1、奔2、奔跑2

飞跑2、飞奔2、狂奔3

奔驰2、奔腾3、飞驰3、疾驰3、驰骋4、纵横4

L 跳跨

a 跳

跳1、跳跃2、蹦3、飞跃3

撒欢儿3

b 跨

跨2、迈2

翻2、翻越2

M 踢踩跺

a 踢踩跺

踢1

踩1、踏2、蹬4、践踏4

跺4

N 坐蹲立

a 坐

坐1、席地而坐3

盘腿3

骑1

b 蹲

蹲2

c 立

立1、站1、立正1、站立2、直立3、肃立4、伫立4

二、头部动作

A 头动

a 抬头 探头

抬头1

探头2

b 低头

低头1、俯首4

c 点头

点头1

d 摇头

摇头1

e 回头

回头1、回首3

B 眼动

a 眨眼

闪动2、眨巴2、眨眼2、忽闪3

b 睁闭

睁2

闭1

C 嘴动

a 撇嘴 咂嘴

撇嘴4

咂嘴4

b 亲

亲1、吻2

D 看听嗅

a 看

看1、盼2、瞧2、望2、观看2、瞅3、观望3、探望3

注视2、目不转睛2、凝视3、凝望3、凝眸4、瞩目4、众目睽睽4

虎视眈眈3

端详4、审视4

遥望3、展望3、瞭望4、守望4、眺望4、远眺4

俯视3、居高临下3、尽收眼底3、俯瞰4、鸟瞰4

仰视3、仰望3、瞻仰4

东张西望2、张望3、环顾3、扫视3、左顾右盼3

回望3、回顾3

饱览3、放眼3、纵览4

正视4

瞪2

窥伺4、窥探4

白2

浏览3、走马观花3

见 1、看见 1、耳闻目睹 3、
先睹为快 3、目睹 4

b 听

听 1、听取 2
倾听 3、洗耳恭听 3、聆听 4
听说 1、据说 2、道听途说 4

c 嗅

闻 1、嗅 2

E 吃 喝

a 吃

吃 1、服 2、食用 2
大吃大喝 3
啄 3、啄食 4
狼吞虎咽 2
嚼 2、咀嚼 3
舔 3
吞 2、咽 2、吞食 3

b 咬

咬 1、啃 3、蛀 4
含 1、叼 3

c 喝

喝 1
吸 1、吮吸 4

F 心跳

a 心跳

心跳 1、心颤 4

G 呼吸

a 呼吸

呼吸 1
吹 1、吐 1、呼 2

吸 1

b 喘息

喘 3、气喘吁吁 3、喘息 4

H 叫喊

a 出声

发声 3、放声 3、失声 4
哼 2、呻吟 4

b 叫

喊 1、喊叫 2、呼喊 2、叫喊 2、
呐喊 4
嚷 2、吵嚷 3
呼号 3
尖叫 2、怒号 3
吆喝 3
喝彩 2、呼叫 2、欢呼 2
惊叫 2、惊呼 3
叫 1、呼唤 2、叫唤 2、招呼 2
叫 1、鸣 2、鸣叫 2、啼叫 2
吼 2、怒吼 3、咆哮 4
长啸 4
嚎叫 4
声嘶力竭 4
吠 4

三、全身动作

A 爬

a 爬

爬 1、爬行 2、匍匐 4

b 攀登

登 1、攀 3、攀登 3

c 钻

钻 2

d 蠕动

蠕动 4

B 飞

a 飞

飞 1、飞翔 2、飞腾 3、滑翔 3、
展翅高飞 3、腾云驾雾 3、
翱翔 4、俯冲 4
掠过 4

C 游

a 游

游 1

D 翻滚 颤抖

a 翻身

翻身 2、转身 2、翻来覆去 3、
辗转 4、辗转反侧 4

b 滚 摔

滚 2、打滚儿 2、翻滚 3
摔 2、摔倒 2、跌倒 2、栽 3、
摔跤 3

c 颤抖

抖 2、发抖 2、颤抖 3、哆嗦 4、
战栗 4、震颤 4
打寒噤 4

E 倚 躺 趴

a 倚 靠

侧 2、斜 2
靠 1、倚 2、倚靠 3、依偎 4

b 躺 卧

躺 2、卧 2

c 趴

扑1、伏2、趴2、伏案4

F 屈

a 弯腰

探身4
佝偻4

b 蜷缩

蜷缩4

c 俯 仰

俯2、仰2、前俯后仰3

G 行礼

a 行礼

敬礼1、行礼2、致敬3
握手2、鞠躬3、抱拳4、拱手4、作揖4
拜谢4

b 跪 拜

跪2、拜2、磕头3
朝拜4、顶礼膜拜4

四、生理活动

A 生长

a 活

活1、生存2、在世2、存活3
出生2、出世2、落地3、诞生3

b 生长

长1、成长1、生长1、发育2
寄生3
成人3、成年3
生根2
发芽1、萌发3、萌芽3

开1、开放1、开花1、盛开2、怒放3、绽放3、绽开4

c 成熟

熟2、成熟2

d 生育

生1、生育3、孕育3、传宗接代4
繁殖3
滋生4

B 枯萎 凋谢

a 枯萎 凋谢

干枯2、枯萎3、干瘪4
凋落3、凋零4、凋谢4、零落4

C 死亡

a 死

死1、死亡2

b 逝世

去世2、逝世3
病故3、寿终正寝4
安息3、与世长辞3、长眠4
升天4

c 牺牲

牺牲2、献身3、粉身碎骨3、肝脑涂地4、杀身成仁4、舍生取义4
殉职4、以身殉职4
同归于尽3、阵亡4、马革裹尸4、玉石俱焚4

d 咽气

咽气3、呜呼哀哉4

e 临死

半死不活2、奄奄一息4

临终3、濒危4、垂死4、垂危4、弥留4、回光返照4、命悬一线4

f 自杀

自杀2

D 代谢

a 消化

消化2

b 出汗

汗流浃背3、挥汗如雨3

c 排泄

大便2、小便2、排泄3

d 代谢

代谢3、新陈代谢3

E 性交 怀孕

a 交配

交配3、杂交3、性交4

b 怀孕

怀孕4

F 睡 醒 醉

a 入睡

入睡2、安眠3、安息3
沉睡3、酣睡4
做梦1
冬眠2、蛰伏4

b 瞌睡

困2、瞌睡3、打盹儿3

c 醒

醒1、苏醒2、清醒3
惊醒2
失眠2

d 醉

醉 2、醉醺醺 4

G 饱 饿 渴 馋

a 饱

饱 1

b 饿

饿 1、饥饿 2、饥渴 3

c 渴

渴 1、干渴 2、口干舌燥 3

d 馋

馋 2、垂涎欲滴 4

H 伤 残

a 受伤

伤亡 2
受伤 1
体无完肤 3、遍体鳞伤 4、
　皮开肉绽 4
扭 2、闪 2
骨折 2
皲裂 4
残 3、残废 3

b 哑 聋 瞎

哑 2
聋 2
瞎 2、失明 2

c 跛 瘫

拐 3、跛 4、瘸 4
瘫 4、瘫痪 4

I 生病

a 生病

病 1、生病 1、发病 2、患 3、

积劳成疾 4
中毒 2

b 昏 疯

昏 2、头重脚轻 2、晕 3、昏迷 3、
　天旋地转 3、不省人事 3
窒息 4
抽搐 4
疯 2、发疯 2、发狂 3

c 感冒 发烧 咳嗽

感冒 1、着凉 2
发烧 1、烧 2、发热 2
上火 2
咳 2、咳嗽 2

d 发炎 过敏 肿胀

发炎 2
过敏 2
肿 2、红肿 2、胀 3

e 痛 痒 酸 麻

疼 1、痛 1、酸痛 2、疼痛 2
头疼 1
痒 2
酸 2
麻 2、麻木 3

f 吐 泻

吐 1、恶心 2、呕吐 3
腹泻 3
便秘 3

J 康复

a 康复

康复 3、愈合 3、痊愈 4
免疫 4

b 复活

复活 3、起死回生 3

五、心理活动

A 高兴 满意

a 欣喜

乐 1、高兴 1、欢乐 1、欢喜 1、
开心 1、快乐 1、愉快 1、
欢快 2、快活 2、乐意 2、
喜悦 2、乐呵呵 2、美滋滋 2、
喜气洋洋 2、欢畅 3、欣然 3、
欣喜 3、愉悦 3、兴冲冲 3、
欢愉 4、庆幸 4

欢天喜地 2、兴高采烈 2、
手舞足蹈 2、满面春风 3、
眉飞色舞 3、喜出望外 3、
喜形于色 3、心花怒放 3、
欣喜若狂 3、大喜过望 4、
乐不可支 4

欢腾 3、欢跃 3
大快人心 3、拍手称快 3
惊喜 2、受宠若惊 4

b 满意

甘心 2、满意 2、心满意足 2、
如愿以偿 3、惬意 4、遂心 4、
不辱使命 4、差强人意 4、
正中下怀 4

满足 2、知足 2、过瘾 4

c 得意

美 1、骄傲 1、得意 2、得意
扬扬 2、不在话下 3、摇头
摆尾 3、摇头晃脑 3、沾沾
自喜 3、自鸣得意 3、踌躇
满志 4

d 舒畅

爽 2、痛快 2、清爽 3、舒畅 3、
爽快 3、赏心悦目 3、无忧

无虑3、扬眉吐气3、心旷神怡4、怡然自得4

B 悲伤 失望

a 悲痛

难过1、伤心1、悲伤2、可悲2、难受2、哀伤3、悲哀3、伤感3、忧伤3、悲怆4、凄迷4、悲壮4

痛苦2、哀痛3、悲痛3、沉痛3、痛心3、辛酸3、肝肠寸断3、心如刀割3、痛不欲生3、惨痛4、苦楚4、苦涩4、不堪回首4、痛定思痛4

兔死狐悲3

若有所失3、惆怅4、感伤4、惘然4

b 愁闷

愁2、发愁2、心事重重2、忧愁3、愁眉苦脸3、忧心如焚4

担心1、恐怕2、担忧3、顾虑3、焦虑3、胆战心惊3、心惊胆战3、顾忌3、忧虑4、庸人自扰4

闷闷不乐3、愁闷3、抑郁4、忧郁3、食不甘味4、郁郁寡欢4

烦2、闷2、烦恼2、苦恼2、堵3、沉闷3、烦闷3、烦躁3、苦闷3、郁闷3、憋屈4

c 灰心

灰心2、灰溜溜2、灰心丧气2、泄气3、心灰意冷3、垂头丧气3、凉4、沮丧4、气馁4

低沉3、消沉4

死气沉沉3、颓败4、颓废4、颓然4、颓丧4、颓唐4、苟延残喘4、萎靡不振4、一蹶不振4

d 失望

失望2、绝望3、大失所望3

扫兴3

不满2

e 无奈

无可奈何2、无奈3、迫不得已3、奈何4、不得已4

无能为力2、眼睁睁3、孤掌难鸣3、江郎才尽3、力不从心3、无计可施3、爱莫能助4、鞭长莫及4、黔驴技穷4、望洋兴叹4

听天由命3、束手待毙4、在劫难逃4、坐以待毙4

被迫3、逼上梁山4

f 难堪

难堪3

g 叹息

叹气2、唉声叹气2、叹息3、哀叹4、长吁短叹4

C 愤怒

a 气愤

气1、气愤2、气冲冲2、悲愤3、愤怒3、恼怒4、懊恼4、愤慨4、义愤填膺4

赌气3

生气1、发火2、发脾气2、发怒3、发作3、恼火3、动怒4、动气4

暴跳3、暴跳如雷3、勃然大怒3、火冒三丈3、暴怒4、盛怒4、震怒4、七窍生烟4、气急败坏4、恼羞成怒4、怒不可遏4、怒发冲冠4、气势汹汹4

b 不平

打抱不平2、不平3、仗义3、不平则鸣4

D 激动 感动

a 激动

激动2、兴奋2、冲动2、亢奋4、气盛4

沸腾3、兴致勃勃3、心潮澎湃4

b 感动

感动1、动容3、百感交集4

触景生情3、即景生情3

心血来潮2

感慨3、感叹3、慨叹4

E 害怕 惊恐 愧疚

a 害怕 敬畏

怕1、害怕1、生怕1、唯恐3、大惊失色3、面如土色3、提心吊胆3、闻风丧胆3、忌惮4、惧怕4、畏惧4、不寒而栗4、谈虎色变4、魂不附体4、魂飞魄散4、毛骨悚然4、望而却步4、望而生畏4、战战兢兢4

不安2、紧张2、七上八下2、坐立不安2、六神无主4、不可终日4、诚惶诚恐4、魂不守舍4、芒刺在背4、如坐针毡4

心惊肉跳2、惊恐3、震惊3、惊弓之鸟3、惊心动魄3、惶恐4、惊骇4、杯弓蛇影4、草木皆兵4、惊恐万状4

敬而远之3、敬畏4、畏首畏尾4

b 惊讶

惊2、吃惊2、惊奇2、惊讶2、奇怪2、大吃一惊2、大惊小怪2、惊异3、诧异4、愕然4、惊诧4、惊愕4

c 着急

急1、着急2、焦急3、焦躁3、抓耳挠腮3、焦灼4

如饥似渴2、急切3、迫切3、饥不择食3、急于求成3、迫不及待3、急功近利4、心急如焚4

d 慌张

慌2、慌忙2、慌乱2、慌张2、手忙脚乱2、惊慌3、恐慌3、不知所措3、惊慌失措3、心慌意乱3、惊惶4、失魂落魄4、手足无措4、无所适从4

e 愧疚

做贼心虚2、心虚3

惭愧2、难为情2、无地自容3、羞愧4

抱歉3、内疚3、愧疚4

F 安心 镇静 无愧

a 安心

宽慰4、欣慰4

放心2、安心2、踏实2、如释重负4

b 镇静

面不改色2、沉着3、镇定3、镇静3、按兵不动3、不动声色3、若无其事3、宠辱不惊4、泰然自若4、谈笑自若4、安之若素4

不慌不忙2、从容3、从容不迫3

平静2、坦然3、息怒3、心安理得3、心平气和3、淡定4、平心静气4

c 无愧

无愧3、问心无愧3、当之无愧4

G 喜欢 留恋

a 喜爱 宠爱

爱1、喜欢1、喜爱2、爱好2、好奇2、稀罕2、喜好2、喜闻乐见3、情有独钟3

热爱1、酷爱2、爱不释手2、爱屋及乌、热衷4

疼2、心疼2、爱抚2、疼爱3

惯2、偏爱2、宠3、宠爱3、娇惯3、娇生惯养3

动情2、动心3、一往情深3、爱慕4

b 羡慕 妒忌

羡慕2、惊羡4

眼红2、妒忌3、嫉妒3、争风吃醋4

c 留恋

依依不舍2、留恋3、依恋3、恋恋不舍3、流连忘返3、眷恋4

d 习惯

惯2、习惯2、约定俗成3

H 厌恶 痛恨

a 厌恶

恶心2、讨厌2、嫌3、嫌弃3、反感3、厌烦3、厌倦3、厌恶3

b 埋怨

怪1、抱怨3、埋怨3、天怒人怨4、怨声载道4、怨天尤人4

c 委屈

委屈2

d 痛恨

恨2、怨3、仇恨3、痛恨3、憎恨3、恨之入骨3、咬牙切齿3、怨恨4、憎恶4、疾恶如仇4、愤世嫉俗4、深恶痛绝4、痛心疾首4

I 沉迷 迷惑

a 沉迷

入迷2、着迷2、醉3、沉迷3、沉醉3、痴迷3、迷恋3、陶醉3、热衷4、上瘾4、醉心4、乐不思蜀4

b 迷惑

困惑3、迷惑3、疑惑3、纳闷儿3、茫然4、迷惘4

J 悔悟

a 醒悟

自觉3、觉悟3、清醒3、省悟3、

醒悟 3、恍然大悟 3、如梦初醒 3
懂事 2、开窍 4

b 后悔

后悔 2、反悔 3、懊悔 4、自怨自艾 4
悔恨 3、捶胸顿足 4
忏悔 4、悔悟 4

c 反省

反省 2、反思 3、闭门思过 3、改造 4、反躬自问 4

K 爱护 原谅

a 爱护

爱惜 1、珍惜 2、珍重 3、吝惜 4
爱 1、爱护 1、关心 1

b 心疼

舍不得 1、可惜 2、心疼 2、痛惜 3、遗憾 3、惋惜 4
可怜 1、同情 2、同病相怜 3、怜悯 4、怜惜 4、悲天悯人 4

c 原谅

体谅 3、将心比心 3、推己及人 4
原谅 2、谅解 3、情有可原 3、无可厚非 4
饶 3、包容 3、宽容 3、宽恕 4、饶恕 4

L 忍受 不禁

a 忍心

忍 2、忍心 2、不忍 3

b 忍受

忍 2、克服 2、忍受 2、容忍 3
耐 2、忍耐 2、逆来顺受 3、忍气吞声 3、委曲求全 4、忍辱负重 4
忍无可忍 2

c 克制

压 2、控制 2、克制 3、压抑 3、抑制 3、自制 3、憋 4、把持 4
节制 3、严于律己 4

d 不禁

不禁 2、不由得 2、禁不住 2、忍不住 2、不由自主 2、不惜 2、失控 3、情不自禁 3、身不由己 3、鬼使神差 4

M 关注

a 顾及 不顾

顾及 3、照顾 3
理 2、理会 3、理睬 4
不顾 2

b 注意 小心

注意 1、留心 2、关注 3、介意 3、留神 3、留意 3、在意 3
小心 1、当心 2、警觉 3、警醒 3、警钟长鸣 3、警惕 4、居安思危 4
专心 1、聚精会神 2、全神贯注 2、全心全意 2、一心一意 2、专心致志 2、定神 3、入神 3、专注 3、废寝忘食 3、潜心 4、凝神 4

c 重视

在乎 2、重视 2、尊重 2、讲究 3、珍视 3、珍重 3、注重 3、看重 3、刮目相看 3、垂青 4、器重 4、青睐 4、赏识 4、推崇 4、尊崇 4
相提并论 3、一视同仁 3、等量齐观 4
侧重 2、倾斜 3

N 忽视

a 忽视

忽略 2、忽视 2、疏忽 3
松散 3、松弛 4
分心 2、随便 2、不在乎 2、满不在乎 2、不经意 3、开玩笑 3、吊儿郎当 3、掉以轻心 3、漫不经心 3、心不在焉 3、心猿意马 4

b 漠视

不在乎 2、无所谓 2、满不在乎 2、不屑 3、冷落 3、麻木 3、麻木不仁 3
不闻不问 2、视而不见 2、闭门造车 3、充耳不闻 3、置之不理 3、闭目塞听 4、不置可否 4、熟视无睹 4、无动于衷 4、置若罔闻 4、置之度外 4
不了了之 3、搁置 4、束之高阁 4
看热闹 2、见死不救 2、落井下石 2、观望 3、冷眼旁观 3、幸灾乐祸 3、袖手旁观 3、隔岸观火 4

c 轻视

看不起 1、轻视 2、瞧不起 2、鄙视 3、轻蔑 3、蔑视 3、歧视 3、不屑一顾 3、鄙薄 4、鄙夷 4、藐视 4

O 犹豫 决意

a 犹豫

动摇 2、迟疑 3、犹豫 3、举棋不定 3、踌躇 4、徘徊 4、裹足不前 4、首鼠两端 4、

优柔寡断4、瞻前顾后4

三心二意2、花心3、朝三暮四3、见异思迁3、喜新厌旧3、朝秦暮楚4

b 决意

决心1、认定3、决计4、决意4

发愤3、奋发3、立志3、发愤图强3、奋发图强3、卧薪尝胆4

狠心2、咬紧牙关3

P 相信 怀疑

a 相信

信1、相信1、信任2、信赖3

坚信2、确信3、深信不疑3

认真1、当真1、信以为真3

自信2

迷信2

信奉4、信仰4

b 怀疑

怀疑2、疑神疑鬼3、疑心3、猜忌4、嘀咕4、涉嫌4、疑虑4

半信半疑2、将信将疑3

Q 反对 赞成 信服 尊敬

a 反对

反对1、不以为然3

b 赞成

赞成2、倾向3、认同3、赞同3、通过4

可以1、认可2、同意2、公认3

c 信服

认2、服3、服气3、信服4

佩服2、敬佩3、钦佩4、叹服4

倾倒3、五体投地3、心服口服3、甘拜下风3、折服4、心悦诚服4

d 尊敬

恭敬3、恭顺4、毕恭毕敬4

举案齐眉4、相敬如宾4

敬2、敬爱2、尊敬2、自尊2、孝敬2、尊重2、崇敬3、敬重3、敬仰3、仰慕3、仰望3、景仰3、肃然起敬4

崇拜2、崇尚3

e 拥护

拥护2、爱戴3、拥戴4

R 思考 想象

a 思考

想1、思考1、考虑2、沉思3、构思3、构想3、思索3、思维3、转念3、着眼3、若有所思3、思量4、酌情4

暗想3、发人深省3、深思熟虑3、思前想后3

绞尽脑汁3、呕心沥血3、挖空心思3、胸有成竹3、处心积虑4、冥思苦想4、煞费苦心4

设法2、打主意2、千方百计2、不择手段3、急中生智3、想方设法3、软硬兼施4

研究2、琢磨3、寻思3、揣摩4、掂量4、盘算4、酝酿4、斟酌4

b 想象

设想2、想象2、假设3

幻想2、做梦2、白日做梦3、胡思乱想3、想入非非3、异想天开3、痴人说梦4、浮想联翩4

联想2

S 估测

a 推测

想1、看来2、推测3、推断3、推理3、顾名思义3、推论4、审时度势4

b 估计

估2、算2、估计2、打量3、估量3、估算3

低估3、高估3

c 猜想

猜2、猜想2、怀疑2、猜测3、捉摸3

料3、意料3、预测3、预计3、预见3、预料3、预期3、预言3、展望3

始料不及3

未卜先知4

T 了解

a 知晓

懂1、会1、明白1、知道1、理解2、了解2、清楚2、晓得2、掌握2、透亮3、知晓3、融会贯通4

深知3

b 洞悉

一目了然2、看透3、识破3、了如指掌3、旁观者清3、知己知彼3、洞察4、洞悉4、洞若观火4、明察秋毫4

发现1、察觉3、发觉3、觉察3、意识3

得知3、获悉3、据悉4

熟悉2、熟识3、如数家珍3、熟稔4

善于2、拿手3、精通3、擅长3

c 认识

认识1、相识2、认得3、认知4

d 体会

感受2、体会2、体验2、回味3、咀嚼4

会心3、会意3、理会3、领会3、领悟3、心领神会3、领略4

豁然开朗4、茅塞顿开4

U 希望

a 希望

想1、希望1、盼2、望2、梦想2、盼望2、期待2、有意2、愿意2、图3、期盼3、期望3、祈求3、企盼4、指望4、奢望4

渴望2、眼巴巴2、恨不得2、渴求3、望眼欲穿3、梦寐以求4

向往2、憧憬3、心驰神往4

望子成龙2

b 要求

求1、要求1、苛求4

求全责备4

c 追求

探求2、寻求3、追求3、追逐3

力求3、谋求4

V 主张

a 感到

感到1、觉得1、感觉2

b 认为

以为1、看2、认为2

c 主张

主张2、主持3

坚持2、寸步不让3

先入为主2

W 计划

a 策划

计划2、设计2、规划3、策划4

张罗3、筹划4、筹备4、统筹4

企图3、试图3、阴谋3、深谋远虑4、图谋不轨4

准备3、打算2、预备2、计算3、盘算4

b 权衡

计较2、斤斤计较2、患得患失3、锱铢必较4

衡量3、权衡4

X 回忆 忘记

a 回忆

回忆2、回顾3、回首3

追思3、追忆3、饮水思源3、抚今追昔4

b 想念

想1、想念1、念2、怀念2、思念2、怀旧3、惦记4、感念4、缅怀4

纪念2、留念3

哀悼4、悼念4、追悼4

挂念3、牵挂3、牵肠挂肚3、惦念4

c 牢记

记1、记得1、记忆2

难忘1、牢记2、铭记3、记忆犹新3、刻骨铭心3、历历在目3、念念不忘3、铭刻4

d 忘记

忘1、忘记1、遗忘2、淡忘3、忘怀3、忘却4

Y 愿 敢

a 不甘

耿耿于怀3、死不瞑目4

b 甘愿

肯1、愿2、甘心2、乐意2、愿意2、自愿2、心甘情愿2、但愿3、情愿3

c 敢于

敢1、敢于2、勇于2、胆敢3

Z 应该 可以

a 应该

该1、应1、应该1、应当2、罪有应得3、理应4

b 必须

要1、须2、必须2、不得不2

c 值得

值2、值得2、划算3、合算3

d 可以

可1、可以1、足以3

会1、能1、能够1

六、表情

A 笑 哭

a 笑

笑1、欢笑1

哄堂大笑2、开怀大笑2

微笑1、苦笑2、冷笑3、狞笑4、嬉笑4

发笑2、含笑3、逗笑儿3、破涕为笑3、忍俊不禁4

笑眯眯2、笑嘻嘻2、笑盈盈3

眉开眼笑2、喜笑颜开3、笑逐颜开3

b 哭

哭1

痛哭2、鬼哭狼嚎2、哀鸣4、痛哭流涕4

哭泣2、抽泣4、抽噎4、啜泣4、哽咽4、呜咽4

泣不成声3、声泪俱下3、泪如泉涌3、夺眶而出3、热泪盈眶3

B 沉默

a 沉默

不声不响2、无话可说2、沉默3、默不作声3、无言以对3、哑口无言3、静默4、缄默4、三缄其口4

b 发呆

发呆2、愣3、发愣3、出神3、呆若木鸡3、目瞪口呆3、张口结舌3、怔4、发怔4

C 假装

a 假装

装2、假装2、伪装3、装扮3、装模作样2、逢场作戏3、装疯卖傻3、装聋作哑3、装腔作势3、矫揉造作4、煞有介事4

D 传情

a 传情

传情3、眉来眼去3、含情脉脉3

b 撒娇

撒娇2

c 害羞

害羞2、害臊3、羞涩3、难为情3、腼腆4、忸怩4、羞怯4

脸红1、面红耳赤2

E 激奋

a 振奋

振奋2、饱满3、高涨3、起劲3、神气3、振作3、欢欣鼓舞3、容光焕发3、生机勃勃3、生气勃勃3、朝气蓬勃3、抖擞4、气宇轩昂4、神采奕奕4

b 激昂

高昂3、激昂3、慷慨4、慷慨激昂4、意气风发4

F 疲乏

a 疲劳

困2、疲劳2、无力2、乏力3、困乏3、困倦3、劳累3、疲乏3、疲倦3、没劲儿3、筋疲力尽3、倦怠4、疲惫4、瘫软4、精疲力竭4、疲于奔命4

风尘仆仆3、人困马乏3

b 慵懒

懒洋洋2、无精打采2、有气无力2、懒散4、慵懒4

七、生活

A 生活

a 营生

生活1、过日子1、安身立命4

创业3、谋生3

b 居住

住1、居住2

过夜2、住宿2

安家2、安家落户2、定居3

足不出户2、隐居3、蛰伏4、深居简出4、离群索居4

避暑3、赋闲4

野营2、露宿4

停1、留2、停留2、逗留3、两栖3、落脚3、栖息3、滞留4

c 涉世

过1、度2、度过2、欢度2

打发2、熬3、消磨4

经历2、历尽3、历经3、身临其境4、感同身受4

过年1、过冬1

当家2、独立2、自立2、自助2、自力更生2、自理3、自主3、

自给自足 3、自食其力 3
跑 3、奔波 3、奔走 3
走南闯北 2、走街串巷 3
累 1、操劳 3
加油 1、用力 1、拼 2、尽力 2、拼搏 2、使劲 2、力所能及 2、闻鸡起舞 2、奋斗 2、致力 2、着力 3、奋起直追 3、竭尽全力 3、埋头苦干 3、全力以赴 3、自强不息 3、不遗余力 4、力挽狂澜 4、励精图治 4
荒 3、荒废 3
抽空 2、忙里偷闲 3
没事 2、无所事事 4
偷懒 2
人浮于事 4
人云亦云 3、随波逐流 4
依附 3、投奔 4、寄人篱下 4
任人宰割 3

d 继承
继承 2

e 迁徙
迁 2、移居 2、搬迁 3、拆迁 3、迁移 3、移民 3、迁徙 4
流浪 2、逃亡 2、无家可归 2、流落 3、乞讨 3、漂泊 4、飘零 4、颠沛流离 4、流离失所 4

B 起居

a 就寝
睡 1、睡觉 1、就寝 4

b 起床
起 1、起床 1、起来 1、起身 2

c 休息
休息 1、歇 2、喘气 2、歇脚 3、喘息 4、小憩 4、歇息 4、休憩 4
乘凉 2、凉快 2、纳凉 3

d 疗养
养 1、养病 2、疗养 3
保健 3、保养 3、休养 3、调养 4
补 2、滋补 4、滋养 4

e 打扮
化妆 2、打扮 2、装扮 3、乔装 4
梳 2、梳洗 3、修饰 3、梳妆 4
涂脂抹粉 4

f 美容
美容 3、整容 3

g 整理
收拾 1、理 2、整 2、整理 2、梳理 4

h 缝 补 绣
缝 2、缝制 3
补 2
绣 2

i 晒 熨
晾 2、晒 2、晾晒 3
烫 3、熨 4

j 加热 取暖
生火 1
点燃 2、燃放 2
热 2、暖 2、暖和 2、加热 2、烫 3
烘烤 4
保暖 2、取暖 2

k 熄灭
熄火 3、熄灭 3

C 饮食

a 觅食
捕食 2、觅食 3

b 烹饪
烹调 3、烹饪 4
炒 1、烤 2、烧 2、炸 2、蒸 2、煮 2、熬 3、煎 3、烙 3、卤 4、涮 4、熏 4

c 吃饭 品尝
吃饭 1、就餐 2、开饭 2
忌口 3
尝 2、品尝 2、品味 3
充饥 3

d 喂食
喂 2、喂食 2
哺乳 4

e 宴请
请客 1、宴请 3
点 1
敬 2、回敬 3

D 就业

a 就业
应聘 4
就业 3

b 务工
工作 1、打工 2、忙活 2、务工 3、做工 3
上班 1、上岗 3
返工 3
劳动 1、劳作 3
突击 3
怠工 4
熬夜 3、开夜车 3
帮工 3
做生意 2

卖艺 3

c 参军

参军 2、从军 3、投笔从戎 4

d 任职

做 1、任 3、充当 3、出任 3、担任 3、出山 4、出道 4

任职 3、连任 3、现任 3、兼任 3、兼职 3

e 离职

辞 3、辞职 3、离职 3

隐退 4、叶落归根 4、解甲归田 4

退休 2、退役 3

f 失业

失业 2、下岗 3

E 参加 脱离

a 做

干 1、做 1、搞 2、弄 2、动手 2、闹 3、抓 3、实施 3、下手 3、折腾 3、作业 3、营造 4

施展 3、大显身手 3、各显神通 3、学以致用 4

试 1、尝试 2、实验 2、试验 2、碰 3、摸索 3、试探 3、试行 3、调试 3、跃跃欲试 3、试点 4、牛刀小试 4

分工 2、合作 2、联手 2、配合 2、协作 3、搭档 3、磨合 4、携手 4、兴师动众 4

b 从事

做 2、从事 3、从业 4

c 效劳

服务 2、出力 2、忠于 3、效力 4、效劳 4

敬业 3

d 担负

负 2、承担 2、承受 2、负担 2、负责 2、承载 3、担当 3、担负 3、独当一面 3、负荷 4、肩负 4

承包 3、揽 4、包揽 4

保证 2、保险 3、确保 3、担保 4

保修 3

e 参加

参加 1、加入 1、入 2、加盟 3

参赛 2

出席 2、在场 3

各就各位 2

参与 2、介入 3

上网 2、在线 2

f 脱离

甩 3、摆脱 3、解脱 3、脱离 3、脱身 3、挣脱 3

脱贫 4

缺席 2

F 补救

a 补救

亡羊补牢 2、补救 3、弥补 3

改 1、改正 1、纠正 2、痛改前非 3、治病救人 3

改邪归正 3、回头是岸 3、弃旧图新 4、拨乱反正 4、洗心革面 4、悬崖勒马 4、弃暗投明 4、脱胎换骨 4

b 澄清

澄清 4、正本清源 4

G 惹事

a 惹事

胡闹 2、作怪 2、无理取闹 2、呼风唤雨 3、无事生非 3、无所不为 3、兴风作浪 3、造孽 4、为非作歹 4

蠢蠢欲动 4

挑衅 4、肇事 4

b 逞能

逞能 4

自作聪明 2

意气用事 4

c 炫耀

表现 2、出风头 2、夸耀 3、卖弄 3、炫耀 3、班门弄斧 3、张扬 4、招摇过市 4

倚老卖老 4

虚张声势 4

d 假冒

造 2、编造 3、无中生有 3、捏造 4、空穴来风 4

冒 3、假冒 3、冒充 3、充数 3、伪造 3、造假 3、冒名顶替 3、偷工减料 3、鱼目混珠 3、粗制滥造 4、滥竽充数 4

借口 2

歪曲 2、扭曲 3、添油加醋 3

e 玷污

污辱 3、玷污 4

f 混淆

模糊 2、混淆 3、张冠李戴 3、混为一谈 4、指鹿为马 4

反客为主 3、喧宾夺主 3、颠倒黑白 3、颠倒是非 3、轻重倒置 4

g 犯错

失误 3、阴差阳错 3、将错就错 4

误会 2、错怪 3、误解 3

失职 3
犯规 2、违章 2、违规 3、明知故犯 3

h 留后患

放虎归山 3、养虎为患 4

i 冒险

冒险 2、探险 3、虎口拔牙 3、孤注一掷 4

H 使用

a 挑选

选 1、挑 1、选择 2、拣 3、挑拣 3、挑选 3、挑肥拣瘦 3、挑三拣四 3、抉择 4、筛选 4、拈轻怕重 4
看中 2
百里挑一 2、优胜劣汰 3
取长补短 2

b 收集

采集 2、收集 2、搜集 3
集邮 2
筹集 4、募集 4、募捐 4、征集 4

c 出钱

公费 3、自费 3

d 储存

收藏 2、储藏 3、蕴藏 3、珍藏 3、贮藏 4
储存 2、储备 3、存储 3
保存 2、保管 3
存 2、存款 2、储蓄 3
下载 2

e 观察

观察 1、察看 2、观测 3、考察 3、察言观色 3
参观 1、观摩 3

围观 2

f 对比

比 1、比较 1、对比 1、对照 2、相比 2、比拟 3

g 判断

分 2、分别 2、区别 2、区分 2
辨别 3、辨认 3、分辨 3、鉴别 3、识别 3
定 1、判断 2、确定 2、定位 3、断定 3、断言 3、判定 3、武断 4、臆断 4
盖棺论定 4
假定 3、假设 3

h 使用

用 1、使用 1、采取 2、采用 2、利用 2、应用 2、运用 2、采纳 3、动用 4、挪用 4
享受 2、享用 2、消受 4
分享 3、共享 3
试用 2、滥用 4
照搬 3、生搬硬套 3、生吞活剥 4、照本宣科 4
借鉴 3、古为今用 3、引以为戒 3

i 计算

数 1、算 1、计 2、计算 2、统计 2、倒计时 2、累计 3
测算 3、推算 3、预算 4
称 1、掂 4
丈量 4

j 划分

分 1、划分 2、瓜分 3
分割 3、分解 3、肢解 4
拆 2、拆散 3
相间 3、岔 4
平均 2、人均 2
分担 2、摊 3、分摊 3

I 走动

a 来去

来回 2、过往 3、来往 3、往返 3、往来 3、南来北往 3、穿梭 4
来 1、过来 1、至 2、到来 2、来临 2、前来 2、纷至沓来 4
光临 2、降临 2、光顾 3
去 1、往 1、过去 1、奔赴 4、赶赴 4

b 上下

上下 2
上 1、上来 1、上去 1
下 1、下来 1、下去 1

c 进退

进 1、上前 1、前进 2、迈进 3、推进 3
乘风破浪 4
退 1、后退 1、退缩 3、知难而退 3、退却 4、退避三舍 4

d 出入

出入 2
出 1、出去 1、挺身而出 3
进 1、入 1、进来 1、进去 1、进入 1
投入 2、纳入 3
鱼贯而入 4

e 外出

出门 1、外出 2
出走 3

f 携带

带 1、携带 3、捎 4

J 躲找

a 逃匿

跑 2、逃 2、溜 2、奔 2、逃跑 2、

逃走 2、逃脱 3
远走高飞 2、望风而逃 3、金蝉脱壳 3、临阵脱逃 3、落荒而逃 3、逃之夭夭 4
窜 4、逃窜 4、抱头鼠窜 4
逃命 2、逃生 2
逃荒 3、逃难 3
躲 1、藏 2、隐藏 2、躲藏 3、潜伏 3、掩藏 3、隐蔽 4、隐匿 4、逃匿 4、龟缩 4
藏龙卧虎 4、韬光养晦 4
躲 2、避 2、闪 2、躲避 3、躲闪 3

b 跟随

随 2、跟随 3、紧跟 3、随从 3、追随 3、马首是瞻 4
跟踪 2、追踪 3
追 1、追赶 2

c 查找

找 1、寻 2、查找 2、寻找 2、摸索 3、探寻 3、找寻 3、追寻 3、上溯 4、溯源 4、物色 4、寻觅 4
搜 2、搜索 3、搜寻 3、检索 4、按图索骥 4

K 娱乐

a 消遣

发泄 3、排遣 4、消遣 4
寻欢作乐 3、声色犬马 4、寻花问柳 4
赌 3、赌博 3

b 游戏

游戏 1、游玩 2、娱乐 2
玩 1、耍 2、玩耍 2
嬉戏 4
狂欢 3
捉迷藏 1
抽签 3

c 闲逛

游 1、逛 3、闲逛 3、游荡 3、游逛 4
赶集 2

d 游览

观光 2、旅游 2、漫游 3、游览 3、周游 3、游历 4、遨游 4、畅游 4、登临 4
春游 2、郊游 2

e 欣赏

观赏 2、欣赏 2、赏 3、鉴赏 3、审美 3、雅俗共赏 3、玩赏 4

L 婚恋

a 恋爱

恋爱 2
一见钟情 3
追求 3
约会 3

b 未婚

未婚 3、单身 4、独身 4

c 订婚

求婚 3、订婚 3

d 婚嫁

嫁 2、娶 2、安家 2、结婚 2、结亲 3、许配 4

e 离婚

离 2、离婚 2、离异 4

f 丧偶

守寡 4、丧偶 4

M 丧葬

a 治丧

奔丧 4、吊唁 4

b 安葬

葬 3、埋葬 3、安葬 4

c 祭扫

扫墓 2、祭奠 4、祭祀 4

八、境遇

A 走运

a 走运

幸运 2、侥幸 3、有幸 3、走运 3、塞翁失马 4

b 吉利

吉祥 2、吉祥如意 2、吉利 3、龙凤呈祥 3、吉人天相 4

c 顺利

顺 2、顺利 2、一帆风顺 2、如愿 3、顺畅 3、顺手 3、风调雨顺 3、如履平地 4

B 不顺

a 倒霉

不幸 2、倒霉 2
大难临头 3、多灾多难 3、祸不单行 3、雪上加霜 3、凶多吉少 3

b 不顺

曲折 2、好事多磨 3、事与愿违 3、辗转 4、节外生枝 4

c 窘困

进退两难 2、尴尬 3、狼狈 3、啼笑皆非 3、窘迫 4、进退维谷 4、骑虎难下 4、内外交困 4、欲罢不能 4

狗急跳墙3、焦头烂额3、
山穷水尽3、束手无策3、
走投无路3、穷途末路4、
弹尽粮绝4、一筹莫展4、
腹背受敌4、困兽犹斗4、
四面楚歌4

d 折磨
折腾3、折磨3、度日如年3、
煎熬4

e 遇祸
出事3

f 自作自受
引火烧身3、玩火自焚3、
自食其果3、自投罗网3、
自寻烦恼3、自作自受3、
作茧自缚4、请君入瓮4
适得其反3、抱薪救火4、
弄巧成拙4

C 成功

a 成功
成功1、马到成功2、得逞4
胜2、赢2、胜利2、战胜2、
水滴石穿2、出奇制胜3、
旗开得胜3、人定胜天3、
哀兵必胜4
凯旋3

b 命中
命中3

D 失败

a 失败
打败2、失败2、挫折3、失利3、
丢盔弃甲3、溃不成军3、
落花流水3、前功尽弃3、
一败涂地3、两败俱伤3、
挫败4、溃败4、名落孙山4
负2、输2、灭亡2、出局3、
倒闭3、倒台3、破产3、
垮4、崩溃4、解体4、
沦陷4、瓦解4、陷落4、
马失前蹄4

b 挣扎
挣扎2

c 落空
落空3、鸡飞蛋打3、付诸东
流4、南柯一梦4

d 泄露
泄露3、走漏3

e 暴露
暴露3、露馅儿4、原形毕露4
水落石出2
东窗事发4

E 收益

a 发财
发财3、致富3

b 丰收
丰收1

c 事半功倍
事半功倍2、一举两得2、
一箭双雕3

F 失去

a 丧失
失去1、丧失2
损失2、流失3、缺失3、残缺3、
遗漏3
亏2、吃亏2、赔3、折4、
折损4
坐失良机3

b 受骗
上当2、受骗2、上钩3

c 得不偿失
事倍功半2、得不偿失3、
劳民伤财3、杀鸡取卵3、
舍本逐末3、舍近求远3、
因噎废食4

G 得志

a 得志
得志4
春风得意3、飞黄腾达4、
衣锦还乡4

b 晋升
升级2、升职3、晋升4
一步登天2、扶摇直上4、
鸡犬升天4、平步青云4、
青云直上4

c 成名
出名2、闻名2、驰名3、成名3、
著称3、不朽3、永垂不朽3、
功成名就3、一鸣惊人3、
流芳百世4、名垂青史4

H 失意

a 失意
失落3、怀才不遇3、失意4

b 出丑
出丑2、丢脸2、丢人2、丢人
现眼3
臭名远扬3、身败名裂3、
声名狼藉4

I 获益

a 享福
享福3、享乐3

大饱眼福 3

b 获益

受益 3、受益匪浅 3
不劳而获 2、无功受禄 3、坐享其成 3、坐收渔利 4

c 增光

发扬 2、发扬光大 2、增光 3、伸张 4

J 遭灾

a 吃苦

受 1、经受 2、消受 4
挨 2、面临 2、遭受 2、遭遇 3、濒临 4
吃苦 2、受苦 2、受累 3、受难 3

b 蒙冤

蒙冤 4

c 受灾

着火 2、水火无情 2
污染 3

d 受害

受害 2、遇难 3、遇险 3

K 迷失

a 迷路

迷路 2、迷失 3

b 失踪

失踪 2、下落不明 3

c 遗失

掉 1、丢 1、丢掉 2、丢失 2、不翼而飞 2、遗失 3

L 得救

a 得救

得救 2、获救 2

b 脱险

九死一生 3、虎口余生 3、死里逃生 4、劫后余生 4

M 进 退

a 进步

发展 1、进步 1、上进 2、进取 3、升华 4
风雨无阻 2、勇往直前 2、昂首阔步 3、高歌猛进 3、突飞猛进 3、一往无前 3、义无反顾 3、披荆斩棘 4
登堂入室 3、循序渐进 3

b 退步

倒退 2、后退 2、落后 2、退步 2、落伍 3、退化 3、一落千丈 3、滞后 4、江河日下 4、每况愈下 4
落水 3、失足 3、堕落 4、腐化 4、腐朽 4

c 争先

优先 2、一马当先 3
带头 2、领先 2、牵头 3
抢 1、争先 2、争先恐后 2、抢先 3、先发制人 4、捷足先登 4、先声夺人 4
追赶 2

N 聚 散

a 团结

团结 1、一心 2、齐心协力 2、万众一心 2、众志成城 3、同仇敌忾 4、群策群力 4
同甘共苦 2、风雨同舟 3、患难与共 3、同舟共济 3

b 团聚

集 2、聚 2、欢聚 2、聚会 2、团聚 2、团圆 2、相聚 2
成群结队 2、三三两两 2、三五成群 2

c 离别

分别 2、分离 2、分手 2、离别 2
背井离乡 3
永别 2、惜别 3、诀别 4、阔别 4

陆 社会活动

一、管理

A 管理 治理

a 管理

管 1、管理 2、管事 3、监管 4、管制 4
执法 3
接收 3、接管 4
运行 3、运转 3、运营 4

b 治理

治 3、法治 3、治理 3

B 办理 处理

a 办理

办 1、办理 2、承办 3、筹划 3、筹办 4、筹建 4
照办 3

b 处理

操心 2、处理 2、处置 3、料理 3

破格 3
清理 2、销毁 3

C 执掌 主持

a 执掌

握 3、执掌 4
管辖 4

b 主持

主持 2、主管 4

D 控制 把持

a 控制

把握 2、控制 2、调节 2、掌握 2、操控 3、操纵 3、调控 3、调整 3、支配 3、主宰 3、驾驭 4、调剂 4、左右 4、掌控 4
遥控 3

b 把持

占 2、霸占 2、垄断 3、把持 4

E 指挥 统治

a 指挥

指挥 2
带领 2、领导 2、率领 2、领队 3、统率 3

b 统治

统治 2、执政 3、专断 4、专政 4、专制 4、独裁 4、廉政 4
垂帘听政 4

F 宣布 命令

a 公布

发表 2、公布 2、公告 2、宣布 2、宣读 3、宣告 3、发布 3、公示 3、通告 3、颁布 4、颁发 4、出台 4
揭示 3、揭晓 4

b 下令

令 2、命 2、命令 2、下令 2、授权 3、下达 3、指令 3、指示 3、发号施令 3、三令五申 4

G 部署 安置

a 部署 安置

配备 3、配置 3、布局 3、部署 4
调度 4、整合 4
整治 3、整顿 4

b 安置

安排 2、安置 3、组织 3、安顿 4

H 调遣 分配

a 调遣

调 3、调动 3
调遣 4、调虎离山 4
叫 1、派 2、出动 3、调集 3、派遣 4
分 1、发 1、发放 2、分发 2、分配 2、调配 4
拨 4、拨款 4
使唤 3、支使 4
指定 3、定点 3

I 调查 考评

a 查核

查 2、调查 2、查明 2、侦查 3、核 3、审 3、核对 3、查询 3、核实 3、审查 3、审核 4
审阅 3、审批 4
把关 3、评审 3
查 1、检查 1、查看 2、考察 3、考验 3、检察 4、视察 4
验 2、安检 2、检测 3、检验 3、验收 4
清 3、清点 3、盘 4
点名 2

b 监督

监督 3、监察 4
督促 3、鞭策 4
监视 2、监测 3、监控 3

c 考评

评 2、考核 2、评比 2、判 3、评判 3、测评 3、鉴定 3、考评 3、评估 4、评议 4
评价 2、评论 2、品 3、褒贬 4

J 任 免

a 选举

选 2、当选 2、选举 2、推选 3
竞选 2、评选 2、大选 3
投票 2
选拔 3、遴选 4

b 提拔

提升 3、提拔 4

c 任用

任 3、任命 3、任用 3、封 4、委任 4
任人唯亲 4、任人唯贤 4

d 录用

录取 3、录用 4
选用 2
招收 3、聘 4、聘请 4、聘用 4、招募 4、招聘 4

雇 3、雇佣 3

e 撤职

免 3、撤职 3、下台 3、罢黜 4、罢免 4

辞退 4、解聘 4

f 就职

就任 3、上任 3、就职 4、走马上任 4

登台 3、上台 3、粉墨登场 4

g 接替

接 3、接手 3、接替 3、代理 3

交代 3、交接 3

K 议决

a 建议

建议 2、提议 3

开会 1、讨论 2、座谈 3、研讨 4

b 决定

决定 2、表决 3、拍板 3、决策 4、裁决 4、定夺 4、当机立断 4、一锤定音 4

规定 2、确定 2

肯定 2、认可 2、确认 3

否决 3、推翻 3

制订 3、制定 3、编制 4

L 批准 登记

a 批准

准 3、批准 3、许可 3、准许 3

批阅 4、批示 4

b 签

签证 3

签 2、签名 2、署名 3、签署 4

c 登记 报告

登记 2、挂号 2、注册 3、登录 3

报到 1

报考 2、报名 2

报告 2、反映 2、汇报 2、申请 2、反馈 3、上报 3、申报 3

报警 2

先斩后奏 3

M 建立 开创

a 建立

建 2、建立 2、成立 2、建设 2、确立 2、树立 2、组织 2、立 3、树 3、构造 3、构建 4、组建 4

安家立业 3、成家立业 3

白手起家 3、另起炉灶 4

立功 3、建功立业 4

b 创设

开 2、设 2、举办 2、设立 2、立 3、开办 3、开设 3、设置 3、申办 3、创设 4

开发 2、开辟 3、开拓 3、开拓进取 3

发明 1、创 2、创立 2、创造 2、开创 2、创办 3、创建 3、缔造 4

奠定 4、奠基 4

创始 3、首创 3

c 命名

取名 2、命名 3

N 禁止 撤销

a 禁止

禁止 2、严禁 2、取缔 4

下不为例 2

b 撤销

回收 2、取消 2、销 4、撤销 4、吊销 4、注销 4

解散 2、解除 3、遣散 4、一笔勾销 4

O 宣传 提倡

a 宣传

宣传 2、弘扬 3、宣扬 3、张扬 4

炒作 3

科普 2、推广 2、普及 3

动员 2、发动 3、鼓动 3、掀起 3、煽动 4

b 提倡

提倡 2、倡导 3、倡议 3、发起 3

号召 2、呼唤 3、召唤 3、召集 3

P 奖 惩

a 奖赏

表扬 1、表彰 4

奖励 2、赏 3、奖赏 3

颁奖 3、授予 3

悬赏 4

b 惩处

罚 2、处分 2、处罚 3、制裁 4

开除 2

Q 值班 放假

a 值班

做事 1、办事 2、办公 2

值班 2、值日 2、值勤 3

b 放假 请假

放假 1、度假 2、休假 2

请假 1

c 出差
出差 2

R 改革 保守

a 改革
改革 2、开放 3、改造 4、革新 4

b 闭关自守
保守 3、守旧 3、闭关锁国 4、闭关自守 4

二、经贸

A 贸易

a 经营
经营 3
出口 3
进口 3

B 买卖

a 买卖
买 1、购 2、购买 2、交易 2、买卖 2、采购 3
收购 4、收买 4
预订 2、订购 3
出售 3、待价而沽 4
卖 1、叫卖 2、倒卖 3、拍卖 3、变卖 4
销 3、推销 3、销售 3
促销 3、倾销 4
畅销 3
批发 3
零售 3
让 4、转让 4、出手 4

开业 2、开张 2、营业 2
招标 4、招徕 4、招揽 4、招商 4
成交 3
赎 3、赎买 3

b 要价
定价 2、估价 4
要价 3、讨价还价 3、漫天要价 4
打折 2

c 赢利
挣 2、挣钱 2、赚 3、营利 3、赢利 3
增收 4
分红 4

d 盈亏
够 1、足够 2
平衡 3
剩余 2、结余 3、富余 3、过剩 3
透支 3、亏空 4
亏损 3、倒贴 4
少 2、供不应求 3、短缺 4、奇缺 4
欠 2、拖欠 3、债台高筑 3

C 投资

a 投资
理财 4、投资 4
合资 4、集资 4

D 征收 缴纳

a 征收
征收 4
收费 2

b 缴纳
交 1、缴 3、交纳 3、缴纳 3

缴费 3

E 出纳

a 报销
报销 4

b 兑换
换 2、兑换 3

c 支付
花 1、付 2、支付 2、结账 2、开销 3、开支 3

F 借 租 赔

a 借贷
贷款 4、借贷 4

b 典押
典当 4、典押 4、抵押 4
偿还 4

c 租赁
租 2、出租 2、租借 3、租赁 4

d 赔偿
赔 3、赔偿 3

G 积累

a 积累
积累 2、日积月累 2、积聚 3、累积 3、积蓄 3、积少成多 3、积攒 4、聚沙成塔 4、厚积薄发 4

H 节约 浪费

a 节约
省 2、节省 2、节约 2
节能 3

b 浪费

浪费 1

三、生产

A 建造 制造

a 修建

建 2、造 2、建筑 2、筑 3、
建造 3、兴建 3、搭建 3
修 2、修建 2、修筑 3
大兴土木 4
盖 1
奠基 4
施工 3、改造 3
架 2、铺设 3

b 装配

安 2、装 2、配 2、安装 2、
组装 3、设置 3、装配 3、
装置 4

c 制造

做 1、制 2、制造 2、制作 2、
特制 3、自制 3
塑造 3、打造 4、铸造 4
酿造 3
复制 2、仿造 3、克隆 3

d 出产

产 2、出 2、出产 2、生产 2

B 加工 操作

a 加工

加工 2
发酵 4

b 切削

割 2、切割 3、切削 3

c 操作

开 1、操作 2、操控 3

d 镀

镀 4

C 维修 养护

a 修理

修 2、修理 2、修复 3、维修 3、
整修 4

b 养护

护 2、养护 3

D 冶炼 提纯

a 冶炼

炼 3、冶炼 4

b 熔化

熔化 3、熔解 3

c 提纯

炼 3、提炼 3、提取 4

E 纺织 漂染

a 纺织

织 2、纺织 2
编 2、结 2、织 2、编织 3

b 漂染

漂 2、漂白 3
染 3、漂染 4

F 印刷 出版

a 印刷 装订

印 2、印刷 3
打印 2、复印 2、扫描 3
订 2、装订 3

b 出版 发行

出版 2、问世 3
发行 3、刊行 3
刊登 4、刊载 4、转载 4

G 装修 粉刷

a 装修

装饰 3、装修 3、装潢 4

b 粉刷

刷 3、粉刷 3
漆 3、油漆 3

H 勘测 开采

a 勘测

探测 3、勘测 4、勘察 4、
勘探 4
测 3、测量 3、定位 3、测定 4

b 开采

开采 3

I 治水 治污

a 治水

治水 3
疏通 3、疏导 4

b 排污

排放 3、排污 4

c 治污

治污 4

J 耕作 种植

a 开垦

开发 3、开垦 3、垦荒 3

b 耕作

耕 2、耕地 2、种地 2、种田 2、
锄 3、犁 3、耕种 3、耕作 3、
耙 4、耕耘 4、刀耕火种 4、
精耕细作 4

c 种植

种 1、栽 2、栽种 2、种植 2、
植树 2、培植 3、栽培 3
播种 2、直播 4
插秧 4
移植 3、嫁接 4

d 灌溉

灌溉 3、浇灌 3

e 收获

收割 2

K 打猎 捕捞

a 打猎

打猎 2、狩猎 4

b 捕捞

网 3、捕捞 3、垂钓 3

L 养殖

a 养殖

放 1、放牧 2
喂 2、饲养 2、喂养 2、哺育 4
培养 2、孵化 3、培育 3、养殖 3、
繁育 4

M 宰杀

a 宰杀

杀 2、宰 3、宰杀 3

四、交通

A 驾驶 航行

a 驾驶

驾 2、驾驶 2、驾驭 4
开 2、开车 2、行车 3、行驶 3
超车 2、倒车 2

b 航行

起飞 1、启航 2、航行 2
飞行 1、航天 2
出海 2、航海 2
划 1、泛舟 4

B 出行 搭乘

a 出行

旅行 2、出行 2、同行 3
长征 2、翻山越岭 3、跋涉 4、
跋山涉水 4
赶路 2、日夜兼程 3
绕道 3、绕行 3

b 带路

带路 2、引路 2
带领 2、导游 2、向导 3、
导引 4
导航 3

c 搭乘

坐 1、乘 2、搭 2、乘坐 2、
搭乘 3
登机 2

C 出发 到达

a 启程

出发 1、动身 2、上路 2、启程 3、
起身 3

b 经过

过 1、路过 1、经 2、经过 2、
通过 2、由 3
通关 4
跳 1、超 2、跨 2、穿行 2、
穿越 3、跨越 3、逾越 4
渡 2
拐 2、拐弯 2

c 到达

到 1、到达 2、直达 3、直至 3、
抵达 3
靠 1、停 1、停靠 2、停泊 3、
着陆 3

d 返回

回 1、回来 1、归 2、返回 2、
归来 2、重返 3、回归 4、
折返 4

D 运送 搬运

a 运送

运 1、输 2、运输 2、运送 2、
托运 3、输送 3、运载 3
海运 3

b 搬运 装卸

搬 1、搬运 2
装 1、装载 3
装卸 4

五、文 体 医

A 教育 启发

a 教育

教育 2、培养 2、教导 3、培育 3、
调教 3、造就 3、感化 4、
教化 4、教诲 4、栽培 4、

耳提面命4、海人不倦4、循循善诱4、春风化雨4、有教无类4

传授3、函授4、传承4、灌输4

示范2、为人师表3、以身作则3、言传身教3、身先士卒4

b 上课

教1、上课1、讲解2、讲课2、教书2、教学2、讲授3、教授3

辅导2、指导2、指点3、点拨4

c 启发

启迪2、启发2、启示2

唤醒2、提醒2、启蒙3

引2、引导2、开导3、引领3、指引3、诱导4、主导4、抛砖引玉4、因势利导4

误导3

d 考试

考1、考试1、补考2、测试2、测验2

笔试2、口试2、面试3

B 学习 练习

a 学习

学1、学习1、读书1、念书2
上学1、求学2、就读3
充电3、攻4、修2、攻读4、深造4
复习1、温习2
补习2
实习3、见习4
勤工俭学3
上课1、听讲2
必修3、选修3

b 转学

转学2

c 违规

旷课2、逃学2、抄袭3、作弊3

d 留学

留学3

e 练习

练1、练习1
教练2、培训2、训练2
操练3、演习4、演练4
集训3
千锤百炼2、磨炼3、锤炼4、砥砺4、锻炼4

C 阅读 诵读

a 阅读

读1、看1、阅读2
翻阅2、浏览3、涉猎4
默念3、研读3
查1、翻2、查看2

b 诵读

念1、朗读1、诵读2
朗诵2、吟唱3、吟诵4、吟咏4
唱和4、酬唱4
背诵2

D 研究 分析

a 研究

研究2、钻研3、攻关4
切磋4、研讨4
研制3、调研4、科研4、研发4
探索2、探究3、探讨3
顺藤摸瓜3、刨根问底3、追溯4、追根溯源4
咬文嚼字3、推敲4、锤炼4、字斟句酌4
去伪存真4
考究4、考证4

b 分析 概括

分门别类3
分析2、剖析3、解剖4、梳理4、条分缕析4
类推3、举一反三3、演绎4、触类旁通4
概括2、归结3、归纳3
综合2、总结2

c 解释

介绍2、解释2、解说2、说明2、定义3、分解3、破解3、诠释4
解答2、解读3、阐释4
注3、注解3
引用2、引经据典3、旁征博引4

d 讲评

评2、点评3、讲评3

e 参考

参考2、参照3

E 写作 编校

a 写作 创作

写1、作文1、写作2、报道3、撰写4、笔耕4
编2、编写3、创作3、编剧3、改编3
起草3
虚拟4、虚构4
堆砌4、舞文弄墨4
作曲3、谱写4
译3、翻译3

b 书写

写 1、书写 1、拼写 2
填 2、填写 2
抄 2、录 2、抄写 2、誊写 4
描红 2、临摹 3、描摹 4
画 1、划 1
记 1、记录 2、记载 3、笔记 4

c 编校

编写 2、编辑 3、校对 3、编纂 4

d 修改

改 1、修改 2、修订 2、修正 3
画龙点睛 2
删 2、删除 2、删繁就简 4
修饰 3

F 演出 演奏

a 演出

演 2、表演 2、演出 3、上演 3
出场 2、上场 2、登场 3、登台 3、亮相 4
下台 2
排练 2
扮 2、主演 2、扮演 3

b 化装

扮 2、化装 2、装扮 3

c 唱歌

唱 1、唱歌 2、歌唱 2、演唱 2、欢唱 3、歌咏 3、引吭高歌 3、放歌 4
哼 2、低吟 3
独唱 2、合唱 2

d 跳舞

跳舞 2、起舞 2、翩翩起舞 3
歌舞 1、能歌善舞 2、载歌载舞 3、轻歌曼舞 4

e 演奏

拉 2、弹 2、吹奏 2、弹奏 2、演奏 2
伴奏 3、合奏 3

G 拍摄 放映

a 拍摄 录制

拍 2、照 2、照相 2、拍照 2、合影 2、摄影 3、拍摄 3、摄像 3
洗 3、冲洗 3、曝光 4
录音 2、录制 4

b 放映

放映 3、上映 3

H 运动 健身

a 运动

拔河 1、赛跑 1、游泳 1、滑冰 2、跳高 2、跳伞 2、跳远 2

b 健身

锻炼 2、健身 2

I 绘画 雕刻

a 绘画

画 1、绘画 2、绘制 3、描绘 3

b 雕刻

刻 2、雕 3、雕刻 3、雕塑 4、雕琢 4、镌刻 4、琢磨 4

J 比赛

a 比赛

比 1、比赛 1、赛 2、竞赛 2、竞争 2

冲刺 3、较劲 3、较量 3、竞技 3、角逐 4
夺冠 3、夺魁 4

K 医治

a 医治

看病 1、就医 3、就诊 3
门诊 2、急诊 2、住院 2
治 2、治病 2、医疗 3、医治 3、治疗 3、治愈 4

b 诊断

化验 2、诊断 3、确诊 3、望闻问切 4

c 治疗

按摩 3
打针 2、注射 3
麻醉 3
手术 3
消毒 3
输血 2
急救 2、救护 2、救治 3、救死扶伤 3

d 用药

服药 2、服用 3

e 防治

体检 2、防治 3
防疫 4、检疫 4

六、斗争

A 备战

a 备战

备战 3、摩拳擦掌 3、厉兵秣马 4、招兵买马 4、披坚

执锐 4、严阵以待 4、整装待发 4

武装 3、装备 4

b 检阅

检阅 3

B 斗争 抗议

a 斗争

斗 2、斗争 2、抗争 3
明争暗斗 2、较劲 3、龙争虎斗 3、争权夺利 3
自相残杀 3、同室操戈 4

b 革命

革命 2、变革 3
起义 3、揭竿而起 4
除暴安良 4
打倒 2、推翻 3

c 抗议

抗议 3、示威 3、游行 3
罢工 3

d 篡夺

夺取 2、篡夺 4
颠覆 4、倾覆 4

e 谋反

反 2、反叛 3、谋反 3、叛乱 3、造反 3
动乱 4、骚动 4、骚乱 4

C 进攻 掩护

a 进攻

攻 2、打击 2、攻打 2、攻击 2、进攻 2
进军 3、行军 3
围攻 3、迂回 4
冲锋 3、冲锋陷阵 3
突击 3、长驱直入 4

追赶 2、追击 3
打仗 2、战斗 2、作战 3、短兵相接 4、大动干戈 4
应战 3、后发制人 4
激战 3、鏖战 4
决战 2、决斗 4
背水一战 3、决一死战 3
出征 3、南征北战 3、讨伐 4
包围 2、困 3、围困 3、围魏救赵 4
游击 2
穷兵黩武 4
偷袭 3、袭击 3、防不胜防 3、声东击西 3、侵袭 4、乘虚而入 4、攻其不备 4
阻击 4
埋伏 2、蹲伏 3
轰炸 3、狂轰滥炸 4

b 掩护

掩护 3
接应 3、里应外合 4

c 侦察

侦察 3、侦探 3

D 守卫 站岗

a 守卫

守 2、防守 2、防卫 2、防御 3、守护 2、守卫 2、坚守 3、看守 3、驻守 3、镇守 4
保卫 3、捍卫 3
警卫 3、警戒 4
驻 3、驻扎 3、安营扎寨 3、宿营 4

b 站岗

放哨 2、站岗 2、巡逻 3、巡弋 4

E 抵抗 反击

a 抵抗

抵挡 3、抵抗 3、抵御 4、阻击 4
对抗 2、抗击 2、抗拒 3
顽抗 4、负隅顽抗 4
反恐 3

b 反击

反击 2、反抗 2、反攻 3、回击 3
突破 2、突围 3

F 射击 爆炸

a 射击

发射 2、射击 2
瞄准 3

b 爆炸

炸 2、爆炸 2、爆破 4

G 夺取 击败

a 夺取

夺取 2、占领 2、攻克 3、攻陷 4
占据 3、盘踞 4
侵略 2、侵入 2、入侵 2、进犯 3
侵占 2、兼并 4、吞噬 4

b 平定

平定 3、平息 3
扫荡 3
镇压 3
收复 3

c 击败

破 3、征服 3、克敌制胜 4
粉碎 3、摧毁 4、击溃 4
退 2、撤 3、撤退 3

消灭 3、解决 4、围剿 4、歼灭 4、
摧毁 4

d 擒敌

俘获 3、俘虏 3、擒获 4
缴获 4、收缴 4

e 解放

解放 2、翻身 3

H 投降 叛变

a 投降

投降 2、束手就擒 4

b 叛变

背叛 3、叛变 3、叛逃 3、叛离 3、
叛逆 4
出卖 3、吃里爬外 4
认贼作父 4

七、司法

A 起诉 控告

a 起诉

打官司 3、诉讼 4
起诉 4、上诉 4
败诉 4

b 控告

告密 3、揭发 3、举报 3
告 2、控告 4、指控 4
投诉 4、申诉 4

c 自首 招供

招 3、坦白 3、供认 4、自首 4、
屈打成招 4

B 逮捕 搜查

a 逮捕

抓 1、捉 1、捕捉 2、逮捕 3、
追捕 3、缉拿 4、捉拿 4
捕获 3、破案 3、抓获 3、一
网打尽 3、查获 4、破获 4

b 搜查

搜 2、搜查 2

C 审 判

a 审

审 4、审理 4、审问 4、审讯 4、
讯问 4

b 判

判 3、审判 3、判处 3、判决 3、
断案 4
裁判 4、仲裁 4
宣判 3、定罪 3

D 惩治 关押

a 惩治

治 3、惩罚 3、惩治 3、处置 3、
查处 4、惩处 4、发落 4
惩前毖后 4、杀一儆百 4、
严惩不贷 4

b 没收

没收 2
封 3
剥夺 4

c 流放

放逐 4、流放 4

d 关押

看 3、押 4、扣 4、关押 4、
拘留 4、扣押 4、押解 4
禁闭 3、禁锢 4、囚禁 4、
软禁 4

e 施刑

枪毙 3
凌迟 4

E 赦免

a 赦免

释放 4、豁免 4、赦免 4

F 违法

a 违法

违法 2、犯罪 2、违法乱纪 2、
知法犯法 3、以身试法 4、
徇私舞弊 4

b 劫持

绑架 4、劫持 4

c 杀害

杀 2、杀害 2
虐杀 4
暗杀 3
屠杀 3、杀戮 4

d 诈骗

诈骗 3
敲诈 4
拐 3、拐卖 3

e 贪污 侵吞

贪污 3、损公肥私 4、假公济
私 4、营私舞弊 4
侵吞 3、侵占 3、吞没 3、
巧取豪夺 4、鹊巢鸠占 4

f 行贿 受贿

贿赂 4、行贿 4
受贿 4

g 走私 投机

走私 3
投机 4、投机倒把 4

h 盗 抢

偷 2、盗 3、盗窃 3、偷窃 3、
顺手牵羊 3、扒窃 4、行窃 4

抢1、夺2、抢夺2、劫3、
掠夺3、抢劫3、洗劫3、
攫取4、掳掠4
浑水摸鱼3、趁火打劫4、
打家劫舍4、杀人越货4

八、信仰

A 礼拜 供奉

a 礼拜
祈祷3、祷告4、礼拜4、
朝拜4

b 供奉
供奉4

B 修行

a 修行
出家3、修行4

C 布施

a 布施
布施4

D 保佑

a 保佑
保佑3

九、交往

A 交往 对待

a 交往
交际2、社交3、打交道3、
应酬4、周旋4
交往2、来往3、联络3、往来3、

走动4
建交3、结交3、结识3
为人3、做人3、处世4、为人
处世4
相处2

b 邀约 违约
定1、约2、相约2、预定2、
预约2、约定2、有言在先3
请1、邀2、约2、邀请2、
邀约4
赴约3、应邀3
说一不二2、一言为定2、
算数3、一诺千金3
违约2、失信3、自食其言3、
背信弃义4

c 访问
访问2、拜访3、拜会4、
造访4
做客1
出访3、出使4、寻访4
来访3
采访2、访谈3
拜见3、拜谒4
看望3、探3、探亲3、探访4、
探望4

d 等候
等1、待2、等待2、等候2、
守候3、拭目以待3、待命4、
虚位以待4

e 对待
招待2、接待3、款待4
对1、面对1、待2、对待2、
看待2、针对2
善待3、优待3、厚待4、
礼贤下士4、三顾茅庐4
虐待4
辜负3
留2、收留3、挽留3

赶1、轰2、驱赶3、驱散3、
驱逐3、撵4、扫地出门4

f 应付
对付3、应付3、凑合3、应急3、
将就4
敷衍4、敷衍了事4、敷衍
塞责4、得过且过4

g 会见
接1、欢迎1、迎2、迎接2
见面1、会见3、会面3、聚会3、
会晤4
约会2、接见3
陪1、陪伴2、相伴2、伴随3、
陪同3、不离不弃3、奉陪4

h 推辞 答应
推2、推托4
不许2、不得2、拒绝2、
回绝4
推辞3、推却4
谢绝3、婉拒4
答应2、许3、应3、承诺3、
许诺3、应允4、允诺4
让1、同意2、允许2、许3、
容许4、半推半就4

i 接受
受2、接受2、接纳4、领教4、
受理4

j 送别 辞别
送1、送别2、欢送2、送行3
告别2、道别2、辞3、告辞3、
不辞而别3、辞别4、辞行4、
告退4

B 介绍 推荐

a 介绍
介绍3、穿针引线3、引见4

b 推荐

提名3、推荐3、推举4、引荐4、举荐4
毛遂自荐3、请缨4

c 引入

引入2、引进3、引狼入室3

C 商量 调解

a 商量

商量2、议3、商谈3、商讨3、商议3、协商3、协议4、磋商4、洽谈4
和谈3、会谈3、交涉4、谈判4
订立2、约法三章2、签订3、签约3

b 调解

劝说2、调和3、调解3、协调3、疏通4
哄3、解围4、息事宁人4
和好2、和解3、言归于好3、握手言和4、求同存异4

c 遵从

守2、遵守2、信守4
遵从3、遵照3、遵循4
遵命2、奉命3、唯命是从4
听1、顺2、服从2、依3、依照3、顺从3、听从3、孝顺4

D 通讯 邮寄

a 通讯

通信2、通讯3
拨打2

b 邮寄

投2、寄2、投递3、邮寄3

快递2
汇款3

E 说话 交谈

a 说话

说话1、发言2、开口2、讲话2、谈话3、谈论3
讲1、说1、谈1、提1、举2、念叨4
不可名状4

b 演讲

演讲2、讲演3、演说3
致辞4

c 低语

耳语2、交头接耳2、低语3、低声细语3、窃窃私语3
自言自语1、念念有词3、沉吟4
嘀咕4、嘟囔4、嘟哝4、咕哝4
吞吞吐吐2、支吾4

d 唠叨

废话2、唠叨3、啰唆3、絮语4

e 胡说

胡说八道2、信口开河3、胡诌4、信口雌黄4

f 诉说

和盘托出4、仗义执言4
倾诉3、倾吐4
诉说2、哭诉3、控诉4
叫苦2、诉苦3、叫苦连天3
脱口而出2

g 巧言

花言巧语2、能说会道2、哗众取宠4

高谈阔论3、夸夸其谈3
空口无凭3、纸上谈兵3、坐而论道4
夸大2、夸张2、天花乱坠3、渲染4、夸大其词4、言过其实4
吹牛2、吹嘘4、大言不惭4
自吹自擂3、标榜4、自诩4
美化3、吹捧3
对答如流2、口若悬河2、健谈3、伶牙俐齿3、能言善辩3、滔滔不绝3、侃侃而谈4
出口成章2、过目成诵3
狡辩3、诡辩4、巧舌如簧4

h 交谈

对话2、互动2、交流2、交谈2、攀谈3
寒暄4
畅谈3、畅所欲言3、各抒己见3、津津乐道4
插话2、插嘴2、打断2、多嘴2

i 聊天儿

聊2、闲谈2、聊天儿2、谈天说地3、一言难尽3
说笑2、欢声笑语2、谈笑风生3

j 说闲话

说长道短3、说三道四3
冷言冷语3

F 告诉 表达

a 告诉

告诉1、告知3、奔走相告4
传达3、转达3
预报2、预告2、预警4
报时2

通知2、通报3
打招呼2、通风报信2
提示3、提醒3、暗示4

b 嘱咐 催促

留言2、叮嘱3、吩咐3、交代3、
嘱咐3、叮咛4
催2、千呼万唤2、催促3、
敦促4

c 打探 干涉

问路1、打听2、了解2、询问2、
明知故问2、打探3、探听3、
叩问4、探询4
探3、试探3
出面2、干涉3、干预3、过问3

d 问答

问1、提问1、追问2、追究3、
发问3、盘问3、查询3、
咨询3、质问4、质疑4
请示3
答1、回1、回答1、回复2、
答复3
回应3、应对3

e 表达

表示2、沟通2、示意3
表达2、抒情3
强调3、重申4
表态3、示弱3
表明3
露3、表露3、透露4、披露4
声称3、声明3、宣称4

f 承认 否认

承认2
认错2、检讨3
服输3、认输3
否定2、否认2
宣誓3、盟誓4
赖3、耍赖3

g 论述

阐明4、阐述4、论述4
讲述2、述说2、叙述2、
陈述3
慷慨陈词4
长话短说2
平铺直叙3

h 描写

形容2、描述3、描写3、刻画3、
描绘3、勾勒4、塑造4、
写照4

G 批评 嘲讽

a 批驳

批评2、批判3、批驳4

b 斥责

骂2、责备2、责怪2、数落3、
呵斥3、训斥3、指责3、
斥责4、指摘4、狗血喷头4
自责3
声讨4、谴责4、口诛笔伐4、
兴师问罪4

c 嘲讽 诽谤

笑2、嘲笑2、笑话2、讥笑3、
取笑3、耻笑4
贻笑大方4
贬低3、讽刺3、讥讽3、挖苦3、
反唇相讥3、冷嘲热讽3、
嘲讽4、讽喻4、诋毁4、
贬损4、奚落4、自嘲4
血口喷人3、诽谤4、谤议4、
污蔑4、诬蔑4

d 管教

训2、训导3、教训3、训诫4
警告2、警示3、当头棒喝4、
以儆效尤4
管2、管教4、管束4

H 赞赏 鼓励

a 赞赏

夸1、夸奖2、夸赞2、赞美2、
称赞3、赞赏3、赞颂3、
赞叹3、惊叹3、赞扬3、
赞不绝口3、称颂4、赞许4、
赞誉4
传颂2、歌唱2、歌颂2、
歌功颂德4、树碑立传4
叫好2、拍案叫绝4、叹为
观止4
有口皆碑3
过奖3

b 祝贺

愿2、祝2、恭喜2、庆祝2、
祝福2、祝贺2、拜年2、
祝愿2、庆贺3
欢庆2、普天同庆3

c 鼓励 劝告

鼓励2、鼓舞3、砥砺4、
勉励4
激发3、挑战3、激励4
劝2、劝告3、劝阻3、苦口
婆心3、告诫4、劝勉4、
劝诱4、进言4、劝谏4、
游说4
良药苦口4、忠言逆耳4

d 安慰

安慰2、安抚3、抚慰3、劝慰4、
慰藉4、温存4
劝解3、疏导3
慰问3、抚恤4、慰劳4

I 感谢 道歉

a 答谢

谢1、感谢1、谢谢1
道谢3、致谢3、酬谢4、答谢4、

拜谢 4
报答 3、回报 3
感激 3、感恩戴德 4、感激涕零 4
感恩 2、知恩图报 3

b 道歉

道歉 2、致歉 4
怠慢 4、轻慢 4、失礼 4
打扰 2、打搅 3
辛苦 2、难为 3
对不起 1、抱歉 3
赎罪 4
负荆请罪 4

J 问候 寒暄

a 问候

此致 2、问候 2、招呼 2、致意 3、寒暄 4
晚安 1
再见 1、后会有期 2
久仰 4

K 请求 委托

a 请求

请 1、求 1、要 1、请求 2、恳求 3、求情 3
呼吁 3、征求 3

b 请教

请问 1
请教 2、指教 3、赐教 4

c 求助 求饶

求救 2、求助 2、呼救 3、告急 4、诉诸 4
求饶 3
哀求 3、乞求 3、央求 3

d 委托

托 3、寄托 3、委托 3、托付 4、嘱托 4
拜托 4

十、予 取

A 赠送 捐献

a 赠 送 赏

送 1、赠 2、赠送 2、捐赠 3、馈赠 4、回馈 4
借花献佛 4
赏 3、赐 4、恩赐 4、赏赐 4
礼尚往来 2、投桃报李 4

b 捐

捐 3、捐款 3、捐献 3

c 献

献 2、奉献 2、贡献 2

d 供给

提供 2、供给 3、供应 3

B 换 取

a 调换

换 2、交换 3、调换 3、换位 4
移花接木 4

b 交 送

交 1、交付 3、移交 3
递 3、传递 3、提交 3、递交 3、转交 3
传送 2、传达 3、输送 3

c 领取

领 2、领取 2、提 3、提取 3、认领 3
要 1、讨 2、索取 3、索赔 4

d 借 还 退

借 1、借阅 2
还 1、返还 2、归还 2、完璧归赵 4
退 1、退还 2

C 帮助 支持

a 帮助

帮 1、帮助 1、帮忙 2、帮扶 4
互助 2、互补 3、相濡以沫 4
辅助 3、协助 3
助学 3
参谋 3、出谋划策 3

b 行善

与人为善 3
行善积德 4
成人之美 4

c 支持

支持 2、帮腔 4
助威 3、助兴 3、捧场 4、呐喊助威 4、摇旗呐喊 4
响应 3、一呼百应 3
支援 2、援助 3、赞助 3、声援 4
扶 4、扶持 4、提携 4

d 救助

救助 2、助人为乐 2、救济 3、施舍 3、雪中送炭 3、扶危济困 4、急公好义 4、慷慨解囊 4、仗义疏财 4
补助 2、捐助 3、资助 3

e 解救

救 1、解救 2、救命 2、抢救 2、搜救 2、搭救 3、救援 3、挽救 3、营救 3、拯救 3

f 救灾

救灾 2、消防 2、抢险 3

D 照顾 侍候

a 照顾
关心1、关爱2、关怀2、关切3、
照顾2、照看2、关照3、呵护3、
照料3、眷顾4、赡养4、
照应4、扶老携幼4
体贴3、善解人意3

b 侍候
服侍3、伺候4、侍奉4、
侍候4

c 看护
看2、看家2、看管3、养护3、
看护2、守候3、护理3、监护3

E 保护

a 保护
护1、保护1、维护2、保障3、
护送3、掩护3
自卫3

F 养育

a 养育
养1、抚养2、养活3、养育2、
收养3、供养4

十一、争斗

A 辩论 吵闹

a 议论
议论2、议论纷纷2、平心而
论3、就事论事4

b 辩论 争论
辩、辩论2、答辩3、唇枪
舌剑3、争鸣4
讲理2、理论3、据理力争3
辩护3、辩说3、分辩3、反驳3、
辩解4、狡辩4、诡辩4
争2、争论2、争辩3、争议3、
争执3

c 吵 闹 骂
吵1、闹1、争吵2、吵架2
闹2、嚷2、吵闹2、打闹2、
起哄3、叫嚣4、寻死觅活4
骂2、辱骂3、谩骂4
咒骂4、诅咒4

d 说服
说服2

B 违抗 冒犯

a 违背
违反2、违背3
撕毁4

b 违抗
抵制3、违抗3

c 冒犯
犯2、得罪2、触动3、冒犯3、
触犯4
亵渎4、唐突4
激怒3

C 欺瞒 作假

a 欺压 欺辱
欺负2、欺软怕硬2、欺侮3、
欺压3、狐假虎威3、狗仗
人势3、仗势欺人3、欺凌4、
弱肉强食4
欺辱3、污辱3、侮辱3、糟践4

b 戏弄 挑逗
耍2、捉弄3、嘲弄4、调侃4、
调戏4、戏弄4
开玩笑2、恶作剧3、戏谑4
逗趣4
撩4、挑逗4

c 刁难
作对2、难为3、为难3、刁难4
挑刺儿3、挑剔4、吹毛求疵4

d 瞒骗
瞒4、隐瞒4
掩盖3、掩饰3、遮盖3、遮掩3、
掩人耳目3、讳莫如深4
粉饰4、涂脂抹粉4、文过
饰非4、欲盖弥彰4
隐姓埋名3
撒谎2、说谎2
糊弄3、迷惑3
骗2、骗人2、欺骗2、骗取3、
欺诈3、装神弄鬼3、故弄
玄虚4、尔虞我诈4、招摇
撞骗4
兵不厌诈4
欺上瞒下3、瞒天过海4、
欺世盗名4
偷梁换柱3、偷天换日3
自欺欺人2、掩耳盗铃3

e 作假
作假3、弄虚作假3
投机4、巧立名目4、投机
取巧4

D 干扰 限制

a 纠缠
纠缠4、不依不饶4、死皮
赖脸4

b 惊扰
打扰2、捣乱3、干扰3、困扰3、
扰乱3、骚扰4、滋扰4

惊动 3、惊扰 3、打草惊蛇 3
烦 2

c 阻碍

拦 2、阻止 2、拖后腿 2、挡 3、
妨碍 3、阻碍 3、阻挡 3、
阻拦 3、阻挠 4
封锁 3
牵绊 4、牵制 4、羁绊 4、
束缚 4

d 限制

约束 2、拘束 3、收敛 4
限制 2、限定 3、限于 3、局限 3、
画地为牢 3、框 4
制止 2、压制 3、抑制 3、制约 3、
遏制 4、相生相克 4
压倒 3、扼杀 4

E 制服 屈服

a 殴打

殴打 3
动手 2、动手动脚 2、动武 3

b 打架

打架 2
搏斗 2、拼命 2、搏击 3、
格斗 4

c 制服

制服 3、驯服 4、驯化 4

d 屈服

让步 2、降 3、屈服 3、妥协 3、
让 1、忍让 3、退让 3、谦让 4

F 串通 结伙

a 迎合 拉拢

附和 3、一唱一和 3、夫唱妇
随 3、随声附和 3
讨好 2、巴结 3、点头哈腰 3、

谄媚 4、奉承 4、恭维 4、
迎合 4、曲意逢迎 4
收买 3、拉拢 4、笼络 4
攀龙附凤 4、趋炎附势 4、
摇尾乞怜 4

b 袒护 纵容

袒护 4、偏袒 4
任凭 3、听之任之 4
放纵 3、纵容 4、藏污纳垢 4、
姑息养奸 4

c 串通

勾结 3、串通 3
臭味相投 3、串通一气 3、
同流合污 3、结党营私 4、
狼狈为奸 4
助纣为虐 4

d 结伙

结伴 3、结伙 3、结盟 4

G 排挤 挑拨

a 排挤

排斥 3、排挤 3
倾轧 4、党同伐异 4

b 挑拨

挑 3、挑拨 3、搬弄是非 3、
煽风点火 3、挑拨离间 3、
飞短流长 4

c 决裂

决裂 3、一刀两断 3

d 报仇

报仇 2、报复 3、复仇 3

H 破坏 侵害

a 引诱

勾引 3、引诱 3、怂恿 4、利诱 4、

欲擒故纵 4

b 恐吓 威慑

吓 1、恐吓 3、吓唬 3、恫吓 4
要挟 4
威慑 4、震慑 4

c 破坏

破坏 2、做手脚 3
糟蹋 4

d 侵害

犯 2、害 2、侵犯 3、侵害 3
麻醉 4
腐蚀 4、侵蚀 4
迫害 3、践踏 4、奴役 4、蹂躏 4、
烧杀抢掠 4

e 剥削

剥削 3、压榨 4

f 逼迫

逼 2、强迫 2、压迫 2、勉强 3、
迫使 3、威胁 3、乘人之危 3、
逼迫 4、强制 4、驱使 4、
施压 4、强人所难 4

g 陷害

坑 3、暗算 3、谋害 3、陷害 3、
冤枉 3、诬陷 4

柒 运动与变化

一、自然现象变化

A 天亮 天黑

a 天亮

亮 1、天亮 1、天明 3

b 天黑
天黑 1

B 天气变化

a 晴
晴 1、晴朗 2、春光明媚 3
秋高气爽 2、风和日丽 3
雨过天晴 2、放晴 3、云消雾散 3

b 阴
阴 1

c 刮风
刮风 1
扑面而来 2、吹拂 3
飞沙走石 3

d 下雨 下雪
下 1、下雨 1、风雪交加 3

e 打雷 闪电
打雷 2、闪电 2、雷鸣 3

f 凉
凉 1、降温 2、冷却 4

C 照射 发光

a 照射
照 2、照明 2、照射 2、普照 3、映照 3、照耀 3、交相辉映 4
射 2、反射 3、放射 3、辐射 3、折射 3、倒映 3、投射 4

b 发光
发光 2、发亮 2、闪光 3、闪亮 3、闪烁 2、闪耀 2、忽闪 3、回光返照 4

D 凝固 融化

a 凝固
凝固 3、凝结 3
冻 1、冰 1、冰冻 3、冻结 3、冷冻 3

b 溶解 融化
溶解 3
化 2、融化 2、消融 4
解冻 3

E 燃烧 沸腾

a 燃烧
燃烧 2、焚烧 3、烧毁 3、焚毁 4、付之一炬 4

b 沸腾
滚 2、沸腾 3

c 蒸发
蒸发 3

F 轰鸣

a 轰鸣
响 1、轰鸣 3、轰响 3、呼啸 4

二、位置改变

A 突起

a 翘
翘 3
仰 2

b 突起
突出 2、拱 3、突起 3、崛起 4

c 耸立
挺立 2、矗立 3、高耸 3、凌空 3、参天 3、耸立 3、拔地而起 3、屹立 4、林立 4

B 垂 陷 沉 塌

a 垂
垂 2、耷拉 4

b 陷
陷 2、凹陷 4、陷落 4

c 沉
沉 2、下沉 2、没 3、沉没 4

d 遮盖
扣 2、蒙 2、罩 3、覆盖 3、笼罩 3、掩盖 3
挡 2、遮挡 3、遮盖 3、遮掩 3、遮蔽 4

e 落
掉 1、落 1、跌 2
脱落 3、坠落 3、剥落 4、陨落 4

f 塌
垮 3、塌 3、崩塌 3、倒塌 3、倾倒 3、山崩地裂 3、塌陷 4、坍塌 4

C 伸 缩

a 伸
伸 1、探 2、延 2、延长 2、蔓延 3、伸缩 3、延伸 3、引申 3
张 2、伸展 2、展开 2、舒展 3
挺 2

b 缩
缩 2、缩短 2、缩小 2、收缩 2、紧缩 3、浓缩 3、缩略 4

D 陈列 布置

a 停放
放1、放置2、停放2
存2、存放2

b 陈列
陈列2、展出2、展览2
排1、列2、并排2、排队2、排列2

c 布置
摆2、布置2、陈设3
分布2、密布3、遍布3、散布3

d 悬挂
吊2、悬挂3、悬空3

e 倒挂
倒挂3、倒悬4、倒置4、颠倒4

E 堆积 淤积

a 堆积
堆2、堆积2

b 淤积
沉淀3
淤积4

F 靠近 分隔

a 交界
交界2、紧邻3

b 靠近
接近2、靠近2、亲近2、贴近3、邻近3、临近3
近1、拢3、凑近3、靠拢3
临2、濒临4

挨2、附3

c 逼近
逼近3

d 距离
离1、距2、距离2、偏3、去3

e 连绵
绵延3、连绵3

f 相隔
隔2、分隔2、相隔2
隔离3、隔断3、隔绝3、与世隔绝3
离开1、走2、撤离3
错过2、失之交臂4

g 围绕
围1、环2、圈2、环绕2、围绕2
簇拥4、前呼后拥4

h 朝向
面2、迎2

G 接触 附着

a 冲撞
冲1、扑1、闯2、撞2、横冲直撞2、冲击2、撞击3、磕4

b 接触
着2、接触2、触摸3

c 相遇
遇见2、碰见2、相遇2、相见恨晚3
狭路相逢3、冤家路窄3
撞见2、逢3、不期而遇3、邂逅4、萍水相逢4

d 摩擦
摩擦2、磨损3

e 附着
沾2、附着3

H 结合 连通

a 结合
联系1、组成1、构成2、结合2、联合2、组合2、联结3
统一3、合成3、融合3、融汇4

b 合并
拼2、合并2、合二为一2、合拢3

c 连接
接1、连1、通1、连接1、搭2、相连2、连锁3、交接3、拼接3、衔接4
藕断丝连4

d 连通
沟通3、连通3
接轨3、联网3

I 交错 混杂

a 交错
交叉2、交错3、纵横4、犬牙交错4、纵横交错4

b 缠绕
绕2、缠3、缠绕3、纠缠3
不可开交3

c 混杂
杂2、混合2、夹杂3、交织3、拼凑3、混杂3、掺杂4
泥沙俱下3、鱼龙混杂3、

良莠不齐 4

J 集合 聚集

a 集合

会合 2、集合 2、齐集 3、集结 4

b 聚集

聚 2、聚集 3、凝聚 3、汇聚 4、物以类聚 4

聚拢 4

集中 2、凑 3、汇集 3

K 分裂 分散

a 分裂

裂 2、分化 3、分裂 3

貌合神离 3、同床异梦 3、各行其是 4、离心离德 4

b 割裂

断 1、断绝 3、割裂 3

c 分散

分散 2、扩散 3、疏散 3

各奔东西 3、各奔前程 3、天各一方 3、劳燕分飞 4

d 散落

洒 1、撒 2、散落 3

e 崩裂

分裂 3、破裂 3、四分五裂 3、迸裂 4

崩溃 4、肢解 4、分崩离析 4、土崩瓦解 4

L 颤动 震动

a 颤动

抖动 2、颤动 3

b 震动

震 2、震动 2、震荡 3、颠簸 4

M 移动 晃动

a 移动

动 1、动作 1、活动 2、移动 2、运动 2、挪 3、动弹 3

滑 2、溜 2、滑行 2

b 反弹

反弹 4

c 跳动

跳动 2、扑腾 3

d 晃动

摇摆 2、摇动 2、摇晃 3、摇曳 4

晃 3、晃荡 3、晃动 3、颤悠 4、颤巍巍 4

e 飘动

飘 2、飘动 2、飘扬 2、飘荡 3、飘摇 3、飘浮 3、飘拂 4

飘落 2、飘洒 3

N 转动 滚动

a 转动

转 1、转动 2、旋转 2、打转 3

盘旋 2、飞舞 2、飞旋 3、回旋 3

b 缭绕

回荡 3、不绝于耳 3、缭绕 4、袅袅 4、萦绕 4

c 滚动

滚 2、滚动 2

d 掉转

扭 2、掉头 3、掉转 3

e 弯转

曲 1、弯 1、弯转 3

O 流动

a 流泻

流 1、流动 2、淌 3、流淌 3、流通 3

泄 3、泻 3、倾泻 3

倾注 3、灌注 4

b 溅 喷

溅 3、飞溅 3

喷 2、射 2、喷射 3

迸发 4、迸溅 4、迸射 4

c 漫溢

涌 2、漫 3、溢 3、泛滥 3、漫溢 3、喷涌 3

d 滴漏

滴 1、透 2、漏 3、渗 3、渗透 3

e 泡 淹

泡 2、淹 2、淹没 2、浸 3、浸泡 3、溺 4、浸没 4、溺水 4

f 漂浮

漂 2、浮 2、浮动 3、漂浮 3

漂流 3、漂移 3

g 翻腾

滚滚 2、翻滚 3、翻腾 4

h 荡漾

荡漾 3、激荡 3

i 汹涌

汹涌 3、澎湃 4

涨潮 3、退潮 3

P 畅通

a 畅通

通2、通行2、四通八达2、畅通3、通畅3、畅通无阻3

Q 堵塞

a 堵塞

堵2、堵塞3、闭塞3、阻隔3、阻塞4
堵车2

b 卡

卡2

三、事态变化

A 开始

a 开始

开始1、开头1
入手3、着手3
开工2、动工3、上马3
开学1
起步2、启动3
开场2、开幕2

b 萌发

萌动3、萌发3、涌动3

B 结束 完成

a 结束

结束1、尽3、终结4
了3、了结3、一了百了3
完毕3、终了3
截止2、为止2、迄今4

b 终了

散2、闭幕2、散场2、落幕3

毕业2
下班1
放学1、下课1

c 停止

停止1、终止3
平息3、停息3、停滞4、凝滞4
下马3
停1、止2、住2、静止2、歇4
熄灭3

d 完成

完2、完成2、成就3
大功告成3、水到渠成3、一鼓作气3、一气呵成3、瓜熟蒂落4
完工3、竣工4
达到2
贯彻3、落实3
实现2、达标3、到位3、兑现4
过关2、合格2、及格2、通过3

e 取得

得1、得到1、获得2、荣获2、取得2、获取3
收1、收获2、到手2、满载而归3
夺2、争2、争夺2、争取2、力争3
换取2、接收2、吸取2、吸收2、摄取3、博采众长3、汲取4、吸纳4

f 流逝

流逝4
寒来暑往3、时过境迁3、斗转星移4

g 中断

中断2、中止2、断断续续2、有始无终2、间断3、停顿3、暂停3、半途而废3、虎头蛇尾3、搁浅4

C 进行 继续

a 进行

促进2、促成3、促使3、推动3、推波助澜4
刺激3、激荡3、激发3、激活4
进行1、开展2、进展3、展开3
齐头并进3、双管齐下3

b 实行

实践2、实行2、推行3、执行3、量力而行3、奉行4、践行4、践约4、履行4、行使4

c 举行

开1、举行2、召开2

d 继续

不止2、继续2、连续2、接力2、有始有终2、持续3、后续3、延续3
持之以恒3、善始善终3、承前启后4、继往开来4、愚公移山4

e 重复

重1、反复1、重复2
翻来覆去3
重叠2、层叠3、叠床架屋4

f 循环

从早到晚2、周而复始2、循环3

D 加快 提前

a 加快
加快 2、加速 2、快马加鞭 2、加紧 3、提速 3

b 提前
提前 2、提早 2、超前 2

c 来得及
来得及 2

E 推迟 拖延

a 放慢
减速 2

b 推迟
推 2、延 2、推迟 2、延期 2、延迟 3、延缓 3、推延 4

c 耽误
误 3、耽误 3、延误 3、耽搁 4

d 拖延
拖 2、拖延 3

F 出现 发生

a 显现
出现 1、冒 2、形成 2、出没 3、浮现 3、闪现 3、显现 3、再现 3
涌现 3、层出不穷 3
脱颖而出 3、崭露头角 4
露面 3、出头露面 3、抛头露面 4

b 发生
发生 1、生 2、产生 2、分泌 3、滋长 4
发 1、发出 1、发送 2、散发 2、释放 3
爆发 2、发作 3、突发 3、从天而降 3、突如其来 3

c 显露
透 2、显 2、显露 2、现 3、流露 3、凸显 4、溢于言表 4
一丝不挂 2、赤裸 4、裸露 4、袒露 4、赤膊 4

d 呈现
呈现 3
发挥 2、展现 2

e 揭穿
揭 3、揭穿 3、揭露 3、捅 4、戳穿 4

G 消失 恢复

a 消失
消失 2、消退 3、消逝 4、灰飞烟灭 4
消亡 2、灭绝 3、绝迹 4、毁于一旦 4
毁灭 2、破灭 3
石沉大海 2、无影无踪 2、烟消云散 3、一去不返 3、云消雾散 3、荡然无存 4、化为乌有 4、销声匿迹 4

b 恢复
恢复 2、还原 3、回升 3
东山再起 3、卷土重来 3
回心转意 2、破镜重圆 3
休闲 2、休养 3、养精蓄锐 3、重振旗鼓 4、休养生息 4、以逸待劳 4
返璞归真 4

H 已然 生效

a 已然
注定 3、已然 4

覆水难收 4、木已成舟 4

b 生效
有效 2、见效 3、立竿见影 3、生效 4、奏效 4

I 防止 避免

a 相持
僵持 3、三足鼎立 3、分庭抗礼 4

b 防止
防 2、防备 2、防护 2、防止 2、提防 3、防盗 3、防范 3、戒备 3
预防 2、有备无患 3、防患未然 4、防微杜渐 4

c 避免
免 2、避免 2
避让 3、回避 3、逃避 3、避重就轻 3、扬长避短 3
省 2、省略 2
避讳 4、忌讳 4、讳疾忌医 4

d 失效
失效 2、瘫痪 4

J 到期 过期

a 到期
到期 3

b 过期
迟到 2
过期 3

K 传播 流行

a 传播
广播 1、播放 2、播音 2、散布 3、转播 3
传 2、传说 2、流传 2、传播 3、

泛滥3、扩散3、相传3、以讹传讹4
遗传2、传承4

b 传导

传2、传送2、传输3

c 流行

流行2、盛行3、时兴4、蔚然成风4、不胫而走4

四、事物变化

A 变化 转化

a 变化

变1、变化1、转变2、浮动3、演变3、变迁4、变异4、进化4
反1、转1、转移2、扭转3、一反常态3
千变万化2、变幻3、变化多端3、变幻莫测3、大起大落3、风云变幻3、瞬息万变3、夜长梦多3
出尔反尔4、翻云覆雨4、朝令夕改4
今非昔比3、日新月异3、沧海桑田4、事过境迁4
急转直下3、面目全非3、剧变4

b 转化

变1、成1、成为1、转化3
简化3、净化3、老化3、弱化3、现代化3

c 改变

变1、改1、改变1、换2、变动2、变色2、更改2、变更3、褪色3

d 改换

变换3、调换3、更换3、更替3、转换3
过渡3、转向3、转折3、言归正传3
交替2、替换2、轮换3、轮流3
改天换地3、移风易俗4
改弦更张4、改弦易辙4
改朝换代3

B 毁坏 断裂

a 毁坏

坏1、毁2、坏事2、毁坏2、损坏2、机毁人亡3、肆虐4

b 断裂

断2、折2、断裂3

C 腐烂 霉变

a 腐烂

烂2、变质3、腐败3、腐烂3、腐臭4、腐化4、腐蚀4、腐朽4、溃烂4

b 霉变

坏3、发霉3、霉变4

c 生锈

锈3、生锈3、锈蚀4

D 晾晒 浸润

a 晾晒

晒2、晾晒3
风干3、烘干3

b 浸润

湿2、浸润3、浸透3、浸淫4

E 滋润 润滑

a 滋润

滋润3、润泽4

b 润滑

润滑3

F 改善 改进

a 改善

改善2、好转3
苦尽甘来2、时来运转3、造化4、否极泰来4
重见天日3、转危为安3、化险为夷4、柳暗花明4
复苏3、复兴3、再生3、返青4、枯木逢春4

b 改进

改进3、改良3、锦上添花3、精益求精3、改观4

c 更新

创新2、更新3
耳目一新3、更新换代3、焕然一新3
新陈代谢3、革故鼎新4、吐故纳新4、推陈出新4、兴利除弊4

d 兴起

起2、起来2、兴起2、突起3、风起云涌3、异军突起3、星火燎原4
振兴2、百废待兴4

G 恶化 衰落

a 恶化

恶化3

b 衰落

衰落3、衰退3、零落4、衰竭4、缩水3、萎缩4、破败3、衰败3

c 复旧

复旧3、死灰复燃3、重蹈覆辙4、故态复萌4、借尸还魂4

五、数量变化

A 增加 扩大

a 增加

加1、添2、附加2、加倍2、增加2、增长2、平添3、增添3、增值3、添砖加瓦3、与日俱增3、多多益善4
繁衍3
丰富1、充实3

b 补充

补充2、续3、补偿3、补给3、填补3、抵偿4、添补4
充电2

c 扩大

扩大2、壮大2
扩展2、扩张3、拓宽3、拓展3
胀3、膨胀3

d 上升

升1、冒2、上升2、提高2、攀升3、升值3
涨2、高涨3、上涨3、水涨船高3

e 增强

加强2、增强2、如虎添翼3
巩固2、加深2、深化3
加重2、加剧3、强化3、变本加厉3、激化4

f 抓紧

趁早2、抓紧2、趁热打铁3

B 减少 下降

a 减少

减1、减少1、减轻2、扣除2、压缩2、减免3、免费3
精简3、淘汰3、削减3、裁员4、精兵简政4
花费2、消费2、耗3、支出3、开支3、消耗3、耗费4

b 下降

落2、跌2、降2、退2、降低2、降落2、下降2、下落2、回落3、下跌3、贬值4

c 削弱

减弱2、衰减3、削弱3
淡化3

d 放松

松2、放松2、松动2、松懈4
缓2、缓和3、缓解3

C 消灭 消除

a 消灭

灭2、消灭2、扑灭2
根除3、扫除3、斩草除根3、一扫而空3、铲除4、杜绝4、除恶务尽4

b 消除

去2、排除2、清除2、拆除2、打消3、化解3、免除3、消除3、掐头去尾3
除2、解2、破2、脱2、消2、解渴2、解乏3、解恨3、解疑3、解禁4、解密4、解忧4、排忧解难4

驱除4、祛除4

c 戒除

断1、戒3、戒除3

d 抛弃

抛2、丢掉2、放弃2、抛弃2、割舍3、遗弃3
废除2、作废2、报废3

e 葬送

埋没4、葬送4

f 解决

解决2、破解3、迎刃而解3

g 克服

克服2、过关斩将3

六、从属

A 是

a 是

是1、就是1、为2、正是2
指1

b 当作

作1、当作2、看作2、作为2

c 比作

比方2、比喻2、比作2、好比2

d 叫作

称1、叫1、叫作1、称呼2、称为2、堪称3
号称3、尊称3
通称3
自称2
戏称4

e 所谓

所谓3

B 显示

a 表示
表示2、象征3
代表1、代替2、替代2、取代3

b 影射
指桑骂槐3、借题发挥3、含沙射影4

c 体现
表现2、反映2、体现2

d 标志
标2、标记2、标志2、标注3

e 显示
公开2、显得2、显示2、展示2、晒3、演示3

f 预示
预示2

g 证明
说明2、证明2、做证2、认证3、验证3、证实3、公证4、见证4、论证4、印证4

C 起源

a 起源
来源3、起源3
来自1
事出有因3

D 归于 属于

a 归于
归2、归于2

b 属于
属于2、归属3

附属3、依附3

c 并非
并非3

E 相同 相似

a 相同
同1、相同1、一样1、平等2、同样2、不约而同2、一模一样2、异口同声2、雷同2、同等3、一致3、不谋而合3、如出一辙3、异曲同工3、毫无二致4、殊途同归4
同步2、同行3

b 相等
等于2、并列2、相等2、相当3
齐2、值2
不相上下2、半斤八两2、平分秋色3、平起平坐3、旗鼓相当3、势均力敌3、抗衡4、媲美4、并驾齐驱4、并行不悖4

c 差不多
差不多2、大同小异3

d 相似
如1、像1、好像1、如同2、相似2、一般2、好似3、宛如3、犹如3、宛若4
接近2、类似2、将近3、酷似3、恰似3
学1、仿2、模仿2、仿照3、模拟3、仿效4、仿真4
照猫画虎3、牙牙学语3、步人后尘4、东施效颦4、如法炮制4、上行下效4、拾人牙慧4、亦步亦趋4、鹦鹉学舌4

e 例如
如1、像1、比如1、例如1、举例2、如下2、列举3、譬如3

F 相差 相反

a 相差
各有千秋3、见仁见智4、莫衷一是4
相差2、截然不同3、悬殊4、大相径庭4

b 相反
相反2、背道而驰4、南辕北辙4

c 超过
不止2、超过2、何止3
超速2、超标3、超常3
乐极生悲3、过犹不及4、矫枉过正4、物极必反4

d 胜出
胜2、压2、赛3、胜出3、后来居上3、后生可畏3

e 不及
寡不敌众4
不如2、望尘莫及3、黯然失色4

G 匹配 符合

a 适应
适应2
顺应3、顺水推舟4

b 匹配
匹配3、郎才女貌3、门当户对3、珠联璧合4
搭配2、配套3
相辅相成3、相得益彰4

c 符合

合 2、符合 2、适合 2、巧合 3、
吻合 3、契合 4
成立 2
对症下药 3、量体裁衣 4、
因材施教 4、因地制宜 4、
有的放矢 4

d 相投

一见如故 2、一拍即合 2、对
劲 3、对付 3、情投意合 3、
志同道合 3、默契 4、投机 4

e 衬托

配 2、衬托 3、陪衬 3、映衬 3、
烘托 4、掩映 4
点缀 3、装点 3

H 对立 矛盾

a 对立

对立 2、相对 2、针锋相对 3、
对峙 4

b 矛盾

矛盾 2、自相矛盾 2、抵触 3、
格格不入 3、抵牾 4

I 需要 缺少

a 需要

要 1、用 1、需 2、必需 2、
需要 2

b 缺少

差 2、欠 2、缺 2、缺乏 2、
缺少 2、欠缺 3

J 呼应 连贯

a 呼应

对应 2、呼应 3、相应 3、照应 4

b 连贯

连贯 2、贯穿 3、
横贯 3、横跨 3
承上启下 2、起承转合 4

K 有 无

a 存在

在 1、存在 2

b 所有

有 1、所有 1、拥有 2、私有 3
具备 2、具有 2、富有 3
特有 2
有的是 2

c 占有

占 2、占有 2

d 遗留

留 2、剩 2、保留 2、残留 3、
遗留 3、残存 4、残余 4

e 保持

保持 2、维持 3
支撑 3

f 没有

没 1、无 1、没有 1
一干二净 2

L 处于 陷于

a 处于

在 1、位于 1、处于 2、居于 2、
坐落 2
沉浸 3、浸没 4、沐浴 4

b 陷于

陷入 2、陷于 2

c 正当

正当 2、值 3

M 包含 容纳

a 包含

含 1、包含 2、蕴含 3、意味着 3、
包蕴 4

b 容纳

盛 2、包容 3、容纳 3、涵盖 4、
兼容 4、兼收并蓄 4

c 包括

包括 2、兼顾 3、席卷 3、
囊括 4

d 充满

满 2、布满 2、充满 2、无处
不在 2、无孔不入 2、无所
不在 2、弥漫 3、洋溢 3、
充溢 4

e 满怀

饱含 3、满怀 3、满腔 4
怀抱 2、胸怀 3
存 3

N 相关 无关

a 相关

相关 2、有关 2、关联 3、
相干 3
靠 1、凭 2、根据 2、借助 2、
通过 2、依靠 2、凭借 3、
依据 3、依赖 3、依托 3、
依傍 4

b 无关

无关 2、无缘 3

c 牵连

牵扯 3、牵连 3、牵涉 3、波及 3、
拖累 3

d 涉及

涉及 3、涉嫌 4

O 影响 导致

a 影响

传染 2、染 3、感染 3
影响 2、渗透 3、潜移默化 3、陶冶 4、熏陶 4、耳濡目染 4

b 给予

给 1、致 3
给予 3、加以 3、赐予 4、赋予 4

c 触动

打动 2、触动 3
震动 2、轰动 3、震撼 3、惊天动地 3、惊世骇俗 4

d 带动

带 2、带动 3

e 引起

逗 2、引 2、引起 2、造成 2、反应 2、引发 3、诱发 3、招惹 4、滋生 4
吸引 2、诱惑 3、招引 3

f 导致

使 1、令 2、招 3、致 3、导致 3、作用 3、致使 4

P 造福

a 造福

造福 3

Q 损害

a 损害

伤 2、损 2、伤害 2、损害 2、损伤 2、危害 2、残害 3、侵害 3、危及 3、摧残 4、祸国殃民 4

捌 性质与状态

一、形貌

A 长短

a 长

长 1、细长 2、狭长 3

b 短

短 1

B 高矮

a 高

高 1、高大 2、突兀 4
顶天立地 3、魁梧 4、伟岸 4
巍峨 4、巍然 4

b 矮

矮 1、低 1、矮小 2、低矮 2

C 宽窄

a 广阔

广 1、阔 2、宽广 2、广阔 2、辽阔 2、广袤 4
宽阔 2、宽敞 3、开阔 3、空旷 3、空阔 4
茫茫 2、苍茫 3、浩荡 3、浩渺 4、莽莽 4
无边无际 2、一望无际 2、漫天 3、无垠 4

b 宽松

宽 1、宽松 2

c 窄小

细 1、瘦 2、窄 2、狭小 2、窄小 2、狭窄 3、局促 4、狭隘 4

D 深浅

a 深

深 1、深不可测 3
幽深 3、深邃 4、深幽 4、幽邃 4

b 浅

浅 1

E 厚薄

a 厚

厚 1、丰厚 3、厚实 3、宽厚 3

b 薄

薄 2、扁 2

F 粗细

a 粗

粗 1、粗大 2、粗壮 2、肥大 2

b 细

细 1、尖细 2、苗条 2、纤细 3、修长 3、亭亭玉立 3、颀长 4

G 胖瘦

a 胖

肥 1、胖 1、胖乎乎 1、肥胖 2、大腹便便 3、心广体胖 3、肥硕 4、臃肿 4、脑满肠肥 4
丰满 3、丰润 3、丰腴 4

b 瘦

瘦1、瘦小2、清瘦3、消瘦3、瘦削4
枯瘦3、骨瘦如柴3、干瘪4、瘦骨嶙峋4

H 大中小

a 大

大1、巨大1、庞大2、宏大3、硕大3、浩大3、恢宏4、偌大4
大型3、巨幅3

b 中

中1、中型3

c 小

细1、小1
细微3、微乎其微3
小型3、袖珍3

I 正歪

a 正

正1、端正2
对称2、匀称3

b 歪

偏2、歪2、斜2、东倒西歪2、倾斜3、歪斜3

J 直曲

a 直

直1、笔直2、僵直2
直挺挺3
竖2、垂直2

b 曲

弯1、曲2、曲折2、弯曲3
盘曲2、峰回路转3、蜿蜒4、

逶迤4

K 挺皱

a 挺

挺2、笔挺3

b 皱

皱2、皱巴巴2

L 凹凸

a 凹

凹2

b 凸

鼓2、凸4

M 平陡

a 平

平1、平坦2、平缓3、平整3、一马平川3

b 陡

坎坷4、泥泞4、崎岖4
陡3、陡峭3、陡直3、险要3、高峻4、峻峭4、险峻4

N 方圆

a 方

方1

b 圆

圆1、团2、圆溜溜2、滚圆3、浑圆4

O 横纵

a 横

横向3

b 纵

纵向3

二、感觉

A 颜色

a 红

红1、大红1、鲜红2、血红2、绯红4、猩红4

粉红1、暗红2、紫红2、殷红4

火红1、通红2、红润3、红艳艳3、红彤彤3

b 黄

黄1、金黄2、黄灿灿2、黄澄澄4
鹅黄2、杏黄2、枯黄3

c 蓝

蓝1、碧蓝2、蔚蓝3、湛蓝4

d 青

青2、铁青4

e 绿

绿1、碧绿2、翠绿2、墨绿2、嫩绿2、葱绿3、橄榄绿4
苍翠3、青翠3
绿油油1、绿茵茵2、绿茸茸3

f 紫

紫1、绛紫4

g 白

白1、白净2、白皙4
雪白1、白茫茫1、洁白2、银白2、乳白2、银装素裹4
花白1、斑白2、灰白2
苍白2、惨白3、煞白4

h 灰

灰1、灰暗2、银灰2

i 黑

黑1、乌黑2、漆黑3、黧黑4、黝黑4
黑乎乎2、黑黝黝4

B 浓 淡

a 浓

深1、浓1

b 淡

淡1

C 艳 素

a 鲜艳

鲜艳1、鲜丽3
五颜六色1、万紫千红2、色彩缤纷3、五彩缤纷3、绚丽多彩3、眼花缭乱3、流光溢彩4、异彩纷呈4
花1、花花绿绿1、斑驳4、斑驳陆离4

b 素净

素净4
淡雅4、素雅4

D 明 暗

a 明

亮1、明1、明亮1、光亮2、雪亮2、油亮2、光洁3、亮堂3、明朗3、通亮3、通明3、鲜亮3、明晃晃3、敞亮4、锃亮4
灿烂2、辉煌2、耀眼2、金灿灿2、夺目3、璀璨4、炫目4
皎洁3

b 暗

暗1、昏暗2、阴暗2、阴森森2、天昏地暗2、阴沉3、幽暗3、阴晦4
灰暗2、昏黄2、朦胧2、暗淡3、黯淡4
黑暗2、昏黑3

E 清晰 模糊

a 清晰

清楚1、清晰2、真切3、明晰4

b 模糊

朦胧2、模糊2、蒙蒙3、迷茫3、迷蒙4、渺茫4
隐约3、隐隐3、若明若暗3、若隐若现3、隐隐约约3、缥缈4、依稀4
恍惚4、迷离4、惺忪4

F 清澈 浑浊

a 清澈

清1、纯净2、明净3、清澈3、清澈见底3、澄澈4、明澈4
透明2、晶莹3、清亮3、透亮3、晶莹剔透3

b 浑浊

浑浊3、混浊3

G 响亮 低沉

a 响亮

亮1、响1、响亮1、洪亮2、亮堂3、嘹亮3、清亮3、高亢3、激越4
声如洪钟3、震耳欲聋3、响彻云霄4

b 细小

细1、细小2、低微3
悄然3、不绝如缕4

c 低沉

闷2、低沉3
哑2、沙哑3、干涩4、嘶哑4

H 悦耳 刺耳

a 悦耳

动听1、好听1、清脆2、悦耳2
鸟语花香2、柔和3、悠扬3、圆润3、婉转4、高山流水4、抑扬顿挫4、余音绕梁4

b 刺耳

难听1、刺耳2
尖1、尖细2、凄厉4

I 香 臭

a 香

香1、芳香2、芬芳2、香喷喷2、香气扑鼻2、馨香4、沁人心脾4
馥郁4、浓郁4

b 臭

臭1、腥臭3

J 滋味

a 酸 甜 苦 辣 咸

酸1、酸甜2、酸溜溜2、酸涩4
甜1、甘甜2、香甜2、甜丝丝2
苦1、苦涩4

辣1、辛辣3
咸1

b 淡 浓

淡1、清淡3
可口2
鲜2、鲜美2
浓2、浓厚3、醇厚4、浓郁4
醇美4、醇香4
油腻3

K 软 硬 脆

a 软

烂2、软2、柔软2、软绵绵2、绵软3、松软3、柔韧4、细软4

b 硬

硬1、坚硬2、坚挺4
僵3、僵硬3

c 脆

脆2、松脆3、酥脆4

L 轻 重

a 轻

轻1、轻飘3、轻飘飘3

b 重

沉1、重1、沉重2、沉甸甸2

c 轻巧

小巧2、轻巧3
翩翩3、轻快3、轻盈3

d 笨重

笨1、笨重2、粗重3、厚重4

M 利 钝

a 利

尖1、快2、利2、锋利3、

尖锐3、锐利3、尖利4

b 钝

钝3

N 冷 暖

a 冷

冷1、寒冷2、严寒2、阴冷2
冰冷2、冰凉2、冷冰冰2
冰天雪地2、滴水成冰2、天寒地冻2、刺骨3、凛冽4、冷飕飕4、春寒料峭4

b 热

热1、热乎乎1
烫2、热腾腾2、滚烫3
火热、炎热2、火辣辣2、热辣辣2、酷热3、燥热3、炽热4、炙热4、灼热4
闷热1、闷2、湿热3

c 凉

凉1、凉快2、阴凉2
清凉2、凉爽3、清爽3、清冽3
凉飕飕4

d 暖

温暖1、暖2、暖和2、春暖花开2、温和3、和煦4
暖洋洋2、暖烘烘3、暖融融3

O 干 湿

a 干

干1、干燥2
干枯2、干涩4、枯槁4、枯朽4
旱2、干旱3、枯竭3、干涸4

b 湿

湿1、潮2、潮湿2、湿润2
湿淋淋3、湿漉漉4
涝4

P 光滑 粗糙

a 光滑

光1、滑2、光滑2、光溜溜2、平滑3、润滑3、细腻4、温润4

b 粗糙

毛2、粗糙3、毛糙4

三、性状

A 多 少

a 多

多1、许多1、好些2、众多2、诸多3、良多4
大量2、大批2、大规模3
万千2、成千上万2、千千万万2、高额3、巨额3、亿万3
星罗棋布3、汗牛充栋4、浩如烟海4
一系列2、铺天盖地3、雨后春笋3、遮天蔽日4
漫山遍野3、比比皆是3、目不暇接3、不一而足4
无数1、数不胜数2、不计其数3、车载斗量4
双1、双重2、双边3、双向3、无独有偶4
高朋满座3、座无虚席3

b 少

少1、寥落4、寥寥无几4
有限2、些许3、屈指可数3、聊胜于无4
一丝一毫2、丝毫3
个别2、独家4
单向3

c 繁多

多种多样 2、丰富多彩 2、多姿多彩 2、各式各样 2、各种各样 2、五光十色 2、五花八门 2、应有尽有 2、缤纷 3、繁多 3、千姿百态 3、形形色色 3、浩瀚 4、琳琅满目 4

d 稀少 简洁

难得 2、少见 2、稀少 2、罕见 3、稀有 3、千载难逢 3、铁树开花 3、鲜为人知 3、凤毛麟角 4、寥若晨星 4

简短 2、简洁 3、精练 3、洗练 3、言简意赅 4、要言不烦 4

e 丰富

丰富 1、丰盛 2、丰满 3、丰美 3、丰硕 3

富 2、富饶 3、富足 3、富庶 4

足 2、充分 2、充足 2、充沛 2、充实 3、充裕 3、饱和 4

地大物博 2

f 贫乏

不足 2、先天不足 2、贫乏 3、紧缺 3、紧张 4

枯竭 3、青黄不接 3、紧俏 4、匮乏 4、捉襟见肘 4

B 完整 残缺

a 全部

遍 1、一 1、满 2、漫 3

全部 1、所有 1、一切 1

全体 2

b 部分

有的 1、有些 1、部分 2、局部 2、片段 2

c 完整

齐 1、全 1、齐全 2、完全 2、齐备 3、完备 3

整 2、完整 2、完好 3、浑然一体 3、完好无损 3

d 残缺

残 3、残缺 3

碎 2、残破 3、支离破碎 3

七零八落 2、鸡零狗碎 4

e 破烂

烂 2、破 2、破旧 2、破烂 2、破败 3、破碎 3、破损 3

衣冠不整 3、褴褛 4

C 稠密 稀疏

a 稠密

密 1、稠 2、密密麻麻 2、密集 3、浓密 3、稠密 4、繁密 4、鳞次栉比 4

b 稀疏

疏散 3、零落 4、稀疏 4、疏落 4

D 肥沃 贫瘠

a 满

满 1、饱满 3

b 空

空 1、空心 3、糠 4

c 茂盛

盛 2、茂密 2、茂盛 2、旺盛 2、繁茂 3、枝繁叶茂 3

毛茸茸 2、莽莽 4

葱翠 3、郁郁葱葱 3、苍郁 4、葱茏 4、葱郁 4

d 肥沃 贫瘠

肥 2、肥沃 2、肥美 3

荒 2、寸草不生 2、秃 3、荒芜 4、贫瘠 4

E 紧 松

a 紧

紧 2、严 2、严实 3

b 松

松 2、蓬松 3、酥 4

散 2、一盘散沙 2、疏松 3、松散 3、稀松 3、松弛 4

F 稠 稀

a 稠

稠 2、黏稠 4

b 稀

淡 1、稀 2、稀薄 3、淡薄 4

G 生 熟

a 生

生 1

嫩 1、柔嫩 3

b 熟

熟 2

老 1、焦 2

H 雄 雌

a 雄

公 1、雄 2

男 1

b 雌

母 2、雌 2

女 1

I 老 幼

a 年迈

老1、苍老2、年长2、衰老2、高龄3、年迈3、老迈4、老气横秋4、老态龙钟4、年逾古稀4、行将就木4

长寿2、延年益寿3

b 年轻

年轻2、年少2、少壮3、年富力强3、风华正茂4、血气方刚4

c 幼小

年幼2、幼小2

J 健壮 瘦弱

a 健壮

健康1、健美2

健壮2、结实2、强壮2、茁壮2、虎背熊腰2、虎头虎脑2、身强力壮2、强健2、壮实3、壮硕4

返老还童3、老当益壮3、矍铄4、硬朗4、鹤发童颜4

b 瘦弱

瘦弱2、虚3、单薄3、孱弱3、羸弱4

面黄肌瘦3、枯槁4、憔悴4

软绵绵2、绵软3、软弱3、酥软4

娇嫩2、娇小2、柔弱2、纤弱3、弱不禁风3、楚楚动人4

K 新旧洋土

a 新

新1、全新2、新型3、新式3、新生3、崭新3

鲜1、新鲜1、细嫩3、鲜活3、鲜嫩3

b 老旧

旧1、老1、陈旧2、过时2、二手2、老式3、老旧3

c 时髦

时尚3、现代3、现行3、时髦4

酷2、别致3、新奇3、新颖3、前卫4

洋2

d 土气

古老1、古2、古朴3、古色古香3

土2、土气2

L 美 丑

a 美丽

美1、好看1、美丽1、漂亮1、美观2、优美2、顺眼3

秀丽1、清秀2、秀美2、秀气2、灵秀3、明丽3、清丽3、俏丽4

壮丽2、华丽2、华美2、奇丽3、瑰丽4

娇美2、柔美2、亮丽2、艳丽2、美艳3、明艳3、浓艳3、光鲜4

烂漫3、绚丽3、光彩夺目3、绮丽4、绚烂4、繁花似锦4、花团锦簇4、落英缤纷4、姹紫嫣红4

娇艳3、明媚3、娇滴滴3、娇媚4、冷艳4、婆娑4、妩媚4、妖娆4

美不胜收2、山清水秀2

典雅3、高雅3、优雅3、古典4、雅致4、幽雅4

可爱1、迷人2、诱人2

花容月貌3、秀色可餐3、沉鱼落雁4、国色天香4、秀外慧中4

帅2、帅气2、英俊2、俊美2、精神2、眉清目秀2、俊俏3、俊秀3、仪表堂堂3、标致4、俊逸4

窈窕4、风姿绰约4

花枝招展3、妖艳4

b 丑陋

丑1、难看1、丑陋3

其貌不扬3

M 精美 粗陋

a 精巧

精2、精良3、精巧3、精致3、精密3、精细3、细密4

玲珑2、秀气2、奇巧3、玲珑剔透4

精美2、讲究3、精妙3、图文并茂3、考究4

b 粗陋

粗3、粗糙3、简陋3、简易3、粗陋4、粗疏4、因陋就简4

N 豪华 朴素

a 豪华

豪华3

金碧辉煌3、富丽堂皇4、美轮美奂4

珠光宝气3、阔绰4、排场4、气派4

b 朴素

朴素2、简朴3、平实3、朴实3、质朴3、质朴无华4

O 早 晚

a 早

早 1、初 2、新 2
初步 3

b 晚

晚 1、迟 2

P 快 慢

a 快

快 1
飞快 1、飞速 2、高速 2、快速 2、特快 2、迅速 2、火速 3、全速 3、疾步 3、疾速 4、迅疾 4
急 2、急促 3、急速 3、急性 3、急剧 4、急骤 4、迅猛 4
一泻千里 3、湍急 4
一目十行 1、麻利 2、快捷 3、灵通 3、敏捷 3、不假思索 3、干净利落 3、轻捷 4
光阴似箭 3、白驹过隙 4、日月如梭 4
指日可待 4、朝发夕至 4

b 慢

慢 1、缓 2、缓慢 2、慢性 3、迟缓 4
缓缓 2、徐徐 3、悠悠 4
慢吞吞 2、慢条斯理 4
磨蹭 3
拖拉 3、拖泥带水 3、拖沓 4

Q 久 暂

a 长久

久 1、好久 1、长久 2、久远 2、悠久 2、持久 3、长远 3、良久 3、许久 3、来日方长 4

漫长 2、遥远 2、漫漫 3、悠长 3、悠远 4
长期 2
日久天长 2、天长地久 2、源远流长 3、旷日持久 4
长年累月 3、成年累月 3、穷年累月 3
一天到晚 2、通宵达旦 4
永恒 2、永久 2、千古 4、万古长青 4

b 短促

短期 2、短促 3、短暂 3、急促 3
不久 1
转眼 3、转瞬 4、稍纵即逝 4、转瞬即逝 4
暂 2、临时 2、暂时 2

R 远 近

a 远

远 1、遥远 2、天南海北 2、万水千山 2、千里迢迢 3、天涯海角 3、悠远 4
边远 2、偏远 2、偏僻 3、僻远 4
长途 2

b 近

近 1、附近 2、就近 3
一衣带水 3、近在咫尺 4
短途 2

四、性质

A 实 虚

a 实

真 1、真实 2、真正 2、忠实 3
实际 3、现实 3

十足 2、地道 3、不折不扣 3、彻头彻尾 4
货真价实 3、名不虚传 3、名副其实 3
确实 3、确凿 4
可信 2、无疑 2、千真万确 2、可靠 3、属实 3、不容置疑 3、无可非议 3

b 虚

假 1、虚 2、虚假 2、浮夸 3
名誉 3
虚拟 3
名不副实 3、名存实亡 3、徒有虚名 3、叶公好龙 3、有名无实 3、道貌岸然 4、外强中干 4
想当然 2、捕风捉影 4、空中楼阁 4、子虚乌有 4
冠冕堂皇 4、堂而皇之 4

B 好 坏

a 好

棒 1、好 1、美 1、强 1、优 1、高 2、精 2、良 2、妙 2
完美 2、十全十美 2、完美无缺 2、无瑕 4、尽善尽美 4
良好 1、优良 1、优秀 1、成功 2、出色 2、精彩 2、优异 2、优质 2、品学兼优 2、顶尖 3、理想 3、漂亮 3、可观 4
美好 2、美妙 2、巧妙 2、绝妙 3、妙不可言 3、巧夺天工 3、天造地设 4
高超 3、过硬 3、精湛 4、出神入化 4、鬼斧神工 4、炉火纯青 4
优惠 3、优越 3、优厚 4、得天独厚 4

一字千金 2、妙笔生花 4、
掷地有声 4

b 坏

坏 1、差 1、鬼 2、糟 2、糟糕 2、次 3、赖 3、逊色 4

不良 2

失败 2、蹩脚 4、劣质 4

不成体统 4、不堪设想 4

恶劣 3、低劣 4、拙劣 4

恶 2、丑恶 2、邪 3

可怕 1、惊人 2、吓人 2、血淋淋 2、恐怖 3、恐惧 3、触目惊心 3、耸人听闻 3、骇人听闻 4、危言耸听 4

可恶 2、可鄙 4、可憎 4、令人作呕 4

该死 2、讨厌 2

C 普通 特别

a 普通

普通 1、常见 2、平凡 2、通常 2、一般 2、平常 3、寻常 3、平庸 4

日常 1、常规 3

不足为奇 3、平淡无奇 3、习以为常 3、司空见惯 4、屡见不鲜 4

马马虎虎 2

不错 1、像样 2

美中不足 2

b 特别

非常 3、异常 3、异样 3

特 2、独特 2、特别 2、特殊 2、特异 3

出奇 3、奇特 3、奇异 3

与众不同 2、别具一格 2、独树一帜 3、标新立异 3、别出心裁 4、别开生面 4、不拘一格 4、独具匠心 4、独辟蹊径 4

专 2、专门 2、特定 3

唯一 2、独一无二 2、绝无仅有 4

c 杰出

出众 2、杰出 2、突出 2、典型 3

辉煌 3、卓越 3、卓著 4

数一数二 1、拔尖儿 3、劳苦功高 3、名列前茅 3、首屈一指 3、至高无上 3、出类拔萃 4、出人头地 4、登峰造极 4、独占鳌头 4、功德无量 4、鹤立鸡群 4、卓尔不群 4

厉害 2、了不起 2、不凡 3、非凡 3、不同凡响 3

空前 3、空前绝后 3、前所未有 3、前无古人 3、史无前例 3、闻所未闻 3

举世无双 2、无与伦比 3

d 正常

正常 1、健康 2

e 反常

反常 2、失常 3

邪 3

颠三倒四 3、语无伦次 3、歇斯底里 4

奇怪 1、奇妙 2、千奇百怪 2、莫名其妙 3、离奇 4、石破天惊 4

稀奇 2、稀罕 3

怪 1、古怪 2、荒唐 3、不近人情 3、怪模怪样 3、喜怒无常 3、阴阳怪气 3、孤僻 4、怪僻 4、怪诞 4、怪异 4、荒诞 4、畸形 4

神奇 3、奇幻 3、光怪陆离 4、不伦不类 3

不可思议 2、难以置信 3、匪夷所思 4

可疑 2、蹊跷 4

突然 1、偶然 2、意外 3、出乎意料 3、出其不意 3、措手不及 3、突兀 4

D 上等 中等 下等

a 上等

上等 2

头号 3、一流 3

超级 2、特等 3

高等 2、高级 2、高层 3、高档 3、高度 3、尖端 4

b 中等

中等 2

中级 2

c 下等

下等 2

初级 2、低级 2

E 正确 错误

a 正确

对 1、是 1、正确 1、颠扑不破 4

准 2、准确 2、一字不差 2、精确 3、精准 3、确切 3

标准 2、规范 2、科学 2、纯正 3

百发百中 2、百步穿杨 4

b 错误

错 1、错误 1、歪 2、一无是处 3、似是而非 3

荒谬 4

c 有理

合法 2、合理 2、有理 2、正当 2、

合情合理 2、入情入理 2、
理所当然 3、顺理成章 3、
自然而然 3、自圆其说 3、
理性 4

理直气壮 3、振振有词 3、
名正言顺 4、天经地义 4

d 无理

不像话 2、岂有此理 3、理屈
词穷 4

师出无名 3、无缘无故 3

e 恰当

恰当 2、适当 2

方便 1、适宜 3、相宜 4

合适 2、正好 2、相称 3、称职 3、
胜任 4

妥帖 4

得体 3、知趣 4、不卑不亢 4

适度 2、适可而止 3

如鱼得水 2、恰如其分 3、
各得其所 4

和谐 3、调和 3、协调 3、和睦
相处 3

及时 2、适时 3

合身 2、贴身 3

稳 3、安稳 3、妥当 3、四平
八稳 3、停当 4、妥善 4、
稳妥 4

保险 3、可靠 3

万无一失 2、十拿九稳 3、
稳操胜券 4

一针见血 2、纲举目张 4、
提纲挈领 4、一语破的 4

f 失当

不宜 3、不足为训 4

答非所问 2、文不对题 2

大材小用 2

硬 3、别扭 3、生硬 3、干涩 4

望文生义 3、穿凿附会 4、

牵强附会 4

勉强 3、应付 3、削足适履 4

过火 4、过激 4、极端 4、
偏激 4

过度 2、过分 2、过头 3、越位 3

小题大做 3

F 有用 无用

a 有用

有用 1、适用 2、管用 2

可取 3

灵 2、高效 3、实惠 3、行之
有效 3、屡试不爽 4

有利 2、有益 2

b 无用

无效 2

无济于事 3、于事无补 3、
杯水车薪 4

华而不实 3、大而无当 4

白 2、空 2、白费 2、对牛弹琴 2、
画饼充饥 2、望梅止渴 2、
一事无成 2、一无所获 2、
隔靴搔痒 3、海底捞月 3、
水中捞月 3、徒劳 4、枉然 4、
火中取栗 4、为人作嫁 4、
扬汤止沸 4、与虎谋皮 4、
缘木求鱼 4

c 方便

方便 1、便利 3

简便 2、便捷 3、轻便 3

d 不便

难 1、不便 2、麻烦 2、为难 3

碍事 3、碍手碍脚 3

G 全面 片面

a 广泛

广 1、广大 1、广泛 2、宽广 2、

普遍 2、开阔 3

宏观 4

无穷 2、无限 2、无穷无尽 2

海阔天空 2

b 狭隘

窄 3、狭窄 3、狭隘 4

微观 4

c 全面

客观 3、一分为二 3

全面 2、周到 2、周全 3

圆满 2、两全其美 2

健全 3、完善 3

无微不至 2、包罗万象 3、
面面俱到 3、一应俱全 3

严密 3、周密 3、滴水不漏 3、
天衣无缝 3、严谨 4、无懈
可击 4

紧密 2、紧 3、紧凑 4

连环 2、丝丝入扣 3

d 片面

片面 2、盲人摸象 2、武断 3、
主观 3、挂一漏万 4

断章取义 4、管中窥豹 4

H 详细 简略

a 详细

详细 2、详尽 3、翔实 4

b 简略

简单 1、粗略 3、简略 3、
粗疏 4

概括 2、简要 2、简练 3

c 切实

切实 3

具体 2、形象 2、实际 3、具象 4

d 空泛

空洞 2、空乏 3、空泛 3、空虚 3、

不着边际 3
虚幻 3、抽象 4

I 简单 复杂

a 简单

单纯 2、简单 2
纯净 3、纯粹 4、纯正 4

b 复杂

复杂 1、千丝万缕 3、盘根错节 4、扑朔迷离 4、犬牙交错 4、纵横交错 4
细碎 3、烦琐 4、琐碎 4
不胜其烦 4

J 有趣 无趣

a 生动

精神 2、生动 2、有声有色 2、有血有肉 2、逼真 3、传神 3、活泼 3、飘洒 3、鲜活 3、绘声绘色 3、活灵活现 3、声情并茂 3、空灵 4、惟妙惟肖 4
感人 1、动人 2、引人入胜 2、振奋人心 2、催人泪下 3、动人心弦 3、可歌可泣 3、扣人心弦 3、令人神往 3、如泣如诉 3、荡气回肠 4、回肠荡气 4
龙飞凤舞 2、天马行空 3、行云流水 3、纵横 3

b 有趣

有趣 1、有意思 1、幽默 2、风趣 3、妙趣横生 3、诙谐 4
有劲 3
津津有味 3
好笑 1、逗 2、可笑 3、滑稽 4

c 死板

死 2、呆板 2、死板 2、机械 3、僵硬 3、生硬 3、呆滞 4

d 无趣

单调 2、无趣 2、没意思 2、乏味 3、枯燥 3、没劲 3、平淡 3、无聊 3、千篇一律 3、干瘪 4、百无聊赖 4、索然无味 4、味同嚼蜡 4

K 难 易 深 浅

a 难

难 1、难以 2、不便 2、困难 2、好不容易 2
寸步难行 2、大海捞针 2、逆水行舟 3、积重难返 4
吃力 2、费力 2、费劲 3、困窘 4
重 2、艰巨 2、繁重 3、任重道远 3
险 2、艰险 3

b 易

容易 1、轻松 2、举手之劳 2、简易 3、轻巧 3、轻易 3、俯拾即是 3、轻而易举 3、易如反掌 3、探囊取物 4、唾手可得 4、信手拈来 4、一蹴而就 4

c 深

深 2、深奥 2、高深 3、疑难 3、精微 4、深邃 4、曲高和寡 4
奥妙 2、神秘 2、微妙 3、高深莫测 3、神秘莫测 3、玄妙 4
费解 3、晦涩 4、艰涩 4、隐晦 4

d 浅

浅 2、浅近 3、浅显 3

通俗 2、平易 3、深入浅出 3
通 2、流畅 2、通顺 2、通畅 3、洋洋洒洒 3
流利 2、明快 3

L 主要 次要

a 主要

基本 2、起码 3
重要 1、紧要 3、要紧 3
第一 1、首要 1、主要 2、首当其冲 3、首席 4
根本 2、关键 2、重大 2
举足轻重 3、至关重要 3、生死攸关 4

b 次要

副 2、次要 2、辅助 3
鸡毛蒜皮 3、微不足道 3、无关紧要 3、无足轻重 3、不足挂齿 4、无伤大雅 4
没关系 1

c 必要

必要 2

d 多余

多余 2、画蛇添足 2、多此一举 3、节外生枝 3、冗长 4、累赘 4

M 强烈 深刻 表浅 柔和

a 强烈

激烈 2、强烈 2、热烈 2、剧烈 3、猛烈 3、浓烈 3、炽烈 4、急剧 4、凌厉 4
厉害 2、凶猛 2、狂暴 4、来势汹汹 4
狠 2、急 2、猛 2、凶 2、冲 3
严重 2、致命 3、要命 3、不可

收拾3、惨重4、深重4、
严峻4、无可救药4

殊死4

不得了2、了不得2

轰轰烈烈2

翻天覆地2、排山倒海3、
天翻地覆3、雷霆万钧4

风卷残云3、锐不可当3、
势不可挡3、劈头盖脸4、
势如破竹4

b 深刻

深刻2、深入2、尖锐3、深切3、
犀利4

透3、彻底3、精辟4、透彻4、
入木三分4、鞭辟入里4、
高屋建瓴4、力透纸背4、
淋漓尽致4

远大2、高远3、深远3

耐人寻味3、意味深长3

c 深厚

深1、厚2、浓厚3、深厚3、
浓重4

天高地厚3、恩重如山4、
情深似海4

d 深沉

深沉3

e 表浅

表2、浅2、表浅3

轻描淡写3、蜻蜓点水3、
浮光掠影4

轻2、轻微2、微薄4

f 柔和

平和3、平缓3、柔和3

软2、轻柔2

N 强大 雄壮 稳固 弱小

a 强大

强1、强大2、强盛2、富强2、
壮大2、百战百胜2、强硬3、
有力3、兵强马壮3、攻无
不克3、所向无敌3、战无
不胜3、强劲4、兵不血刃4、
孔武有力4、所向披靡4、
无坚不摧4、无往不胜4

b 雄壮

威风2、威武3、英武4

威风凛凛4、英姿飒爽4

雄伟3、雄健3、雄壮3、磅礴4、
雄浑4

壮美2、宏伟3、壮观3、壮阔3、
雄奇4

千军万马2、大张旗鼓3、
浩浩荡荡3、气吞山河3、
气壮山河3、雄心勃勃3、
豪迈4、浩然4、波澜壮阔4、
翻江倒海4、气冲霄汉4、
气贯长虹4、汹涌澎湃4

挺拔2、刚劲3、浑厚3、矫健3、
苍劲4、遒劲4

c 稳固

巩固2、坚固2、结实2、铁3、
坚韧3、坚实3、牢固3、
稳固3、扎实3、牢不可破3、
铜墙铁壁3、稳如泰山3、
根深蒂固4、固若金汤4、
坚不可摧4

d 弱小

弱2、弱小2、虚弱3、薄弱3、
软弱3、懦弱4

微弱2、衰弱3、衰微4

单薄3

赤手空拳3、手无寸铁3

O 荣 辱

a 光荣

光荣2、光彩3、体面3、荣幸4、
荣耀4、光宗耀祖4

死得其所4、重于泰山4

b 可耻

可耻3、无耻3、羞耻4

寡廉鲜耻4、恬不知耻4

臭名昭著4

c 伟大

伟大1、高大2、远大2、
光辉3

d 渺小

渺小3、轻于鸿毛4

沧海一粟3、九牛一毛3

P 光明 黑暗

a 光明

光明1、鹏程万里3

b 黑暗

黑暗1、暗无天日3、乌烟
瘴气4

腐败3、腐烂4、腐朽4

Q 贵 贱

a 珍贵

贵1、心爱1、宝贵2、珍贵2、
值钱2、昂贵3、贵重3、
名贵3、华贵4

可贵2、难得2、价值连城3、
难能可贵3

珍奇3、珍稀3、珍异3

b 便宜

低1、便宜1、贱3、经济3、廉价3、实惠3、物美价廉3、低廉4

c 尊贵

贵2、高高在上2、高贵3、尊贵3、可敬3、高不可攀3、出将入相4

d 卑微

低2、低下2、低三下四2、低声下气2、贱3、卑微4、低贱4、低微4、下贱4、卑躬屈膝4、唯唯诺诺4

e 有名

有名1、著名2、知名2、权威3、显赫4、资深4
举世闻名2、驰名中外3、家喻户晓3、举世瞩目3、众所周知3、众星拱月3、大名鼎鼎3、妇孺皆知4、尽人皆知4、如雷贯耳4、声名鹊起4
德高望重4
红2、热3、热门3

f 无名

无名2、无声无息2、不见经传3、默默无闻3
冷门3

R 亲密 疏远

a 亲密

熟2
亲1、亲爱1、亲密2、密切3、亲昵4
近2、亲近2、贴近2、亲热3、火热3、贴身3
相依为命2、寸步不离3、如影随形3、水乳交融3、心心相印3、形影不离3、朝夕相处3、默契4、如胶似漆4
唇齿相依4、唇亡齿寒4
知己3、知心3、情同手足3
白头偕老4
两小无猜3、青梅竹马3、卿卿我我4

b 疏远

陌生2、素不相识3、素昧平生4
远2、生疏4、疏远4、若即若离4

c 和睦

和睦3、融洽3
和好2、要好2、友好2、友善2

d 不和

不和2、别扭3
敌对2、势不两立3、不共戴天4

S 明显 隐蔽

a 明显

显2、明显2、显然3、显著3、显而易见3、有目共睹3、赫然4、豁然4、昭然若揭4
强烈2、鲜明2
显眼2、引人注目2、抢眼3、醒目3
明白1、分明3、明朗3、明确3
不言而喻3

b 含糊

含糊3、含混3、笼统3
语焉不详4

c 公开

公开2
光天化日4

d 隐蔽

秘密2、机密4、绝密4
不可告人2、潜在3、隐蔽3、隐秘3
偷鸡摸狗2、偷偷摸摸2、鸡鸣狗盗3、鬼鬼祟祟3、贼头贼脑3
不声不响2、悄然3、不动声色3、不露声色3、秘而不宣3
神秘2、神出鬼没3
黑1、地下2、私下2、非法2

T 天然 人造

a 天然

野2、天然2、天生2、野生2、原始3、自然3
旧1、原2、本来2、内在3
先天3

b 人造

人工2、人造2、人为3
自动2、机动3
后天2

U 外来 本土

a 外来

洋2、外来2

b 本土

本土2、固有2

V 公 私

a 公
公 1、公共 1
公立 3、国有 3

b 私
私 2、私人 2、私立 3、私有 3

W 额外 分内

a 额外
额外 2、另外 2、分外 3

b 分内
分内 3、义不容辞 3、当仁不让 4、责无旁贷 4

X 正规 业余

a 正规
正规 2、正式 2、正宗 3、专业 3

b 业余
业余 3

Y 亲 表 堂

a 亲
亲 2、亲生 2
嫡 4

b 表 堂
表 2
堂 2

五、才品

A 善 恶

a 善
善 2、善良 2、贤惠 4、乐善好施 4、仁至义尽 4
慈祥 2、慈爱 3、慈善 3、仁爱 3、仁慈 3、心慈手软 3、慈悲 4、慈眉善目 4

b 恶
恶 2、凶 2、凶恶 2、凶狠 2、恶狠狠 2、邪恶 3、凶暴 3、强暴 4、凶悍 4、狰狞 4
张牙舞爪 2、横眉怒目 3、怒目圆睁 4、穷凶极恶 4、凶相毕露 4
狠 2、心狠手辣 2、毒 3、恶毒 3、狠毒 3、歹毒 4、刻毒 4、狼子野心 4
狠心 2、铁石心肠 2、黑心 3
惨无人道 3、赶尽杀绝 3、狼心狗肺 3、人面兽心 4、丧心病狂 3、伤天害理 3
无恶不作 3、罪大恶极 3、恶贯满盈 4、令人发指 4、十恶不赦 4、死有余辜 4
残酷 3、残忍 3、凶残 3、暴虐 4、残暴 4、草菅人命 4
借刀杀人 2、笑里藏刀 2、阴 3、阴险 3、险恶 3、绵里藏针 3、口蜜腹剑 3
别有用心 2、两面三刀 3、居心叵测 4

c 厚道
浑厚 3、宽厚 3、忠厚 3、敦厚 4、憨厚 4、厚道 4、仁厚 4、温厚 4
纯朴 3、朴实 3、淳朴 4
以德报怨 4
隐恶扬善 4

d 刻薄
尖刻 3、尖酸 4、苛刻 4、刻薄 4

B 诚实 虚伪

a 真诚
纯真 2、真诚 2、诚恳 3、坦诚 3、真挚 3、诚挚 4、恳切 4、虔诚 4、率真 4
诚心 2、热切 3、衷心 3、由衷 4
语重心长 3、肝胆相照 4、开诚布公 4、推心置腹 4
诚实 1、老实 2、实在 3、诚信 3、表里如一 3
实话实说 2、坦白 3、实事求是 3、坦率 4

b 忠诚
忠诚 3、忠实 3、专一 3、赤胆忠心 3、忠心耿耿 3、精忠 4、忠贞 4、披肝沥胆 4

c 虚伪 虚荣
假 3、虚伪 3、表里不一 3、假仁假义 3、口是心非 3、巧言令色 4、信誓旦旦 4、言不由衷 4、阳奉阴违 4
虚荣 3、好大喜功 4

d 叛逆
叛逆 4、大逆不道 4、离经叛道 4

e 正直 正派
正直 2、刚正 3、刚正不阿 4
光明正大 2、正大光明 2、正经 3、正派 3、光明磊落 3、堂堂正正 3

f 圆滑
滑 3、油 3、圆滑 3、世故 4、左右逢源 4
油腔滑调 3、油嘴滑舌 3

g 奸诈

刁 4、刁滑 4、刁钻 4

狡猾 2、贼 3、狡兔三窟 3、狡黠 4、老奸巨猾 4

诡诈 4、奸诈 4、狡诈 4、诡计多端 4

C 暴躁 温和 直率 委婉

a 暴躁

暴躁 3、粗暴 3、暴烈 4、狂暴 4

b 温柔 温和

温柔 2、温和 2、温润 3、柔媚 4、温存 4

和蔼 2、可亲 2、亲切 2、和蔼可亲 2、平易近人 2、和气 3、和风细雨 3、和善 4、随和 4、祥和 4、和颜悦色 4

c 倔强

倔 3、倔强 3

d 温顺

柔顺 3、温顺 3、温驯 4、驯服 4、驯良 4

乖 1、听话 1、言听计从 3、俯首帖耳 4

e 直率

直 3、爽快 3、直率 3、直爽 3、豪爽 3、快人快语 3、心直口快 3、憨直 4

干脆 3、痛快 3、开门见山 3、直截了当 3、单刀直入 4、开宗明义 4、直言不讳 4

赤裸裸 4

f 委婉

含蓄 3、委婉 3、婉约 4、婉转 4

拐弯抹角 3、旁敲侧击 3、转弯抹角 4

意在言外 4

D 坚强 脆弱

a 坚强

坚强 2、硬 3、刚强 3、刚烈 3、顽强 3

坚毅 3、刚毅 4

百炼成钢 3、宁死不屈 3、百折不挠 4、不屈不挠 4、坚贞不屈 4、大义凛然 4

刚柔相济 3

b 坚定 果断

坚定 2、坚决 2、不懈 4、坚忍 4、坚贞 4、坚韧不拔 4

海枯石烂 3、坚定不移 3、知难而进 3、精卫填海 4、岿然不动 4、破釜沉舟 4、矢志不移 4、至死不渝 4

果断 3、泼辣 3、大刀阔斧 3、雷厉风行 3、果敢 4

斩钉截铁 3

c 勇敢

勇敢 1、奋勇 2、英勇 2、壮烈 2、见义勇为 2、神勇 3、勇猛 3、无畏 4、勇武 4

剽悍 4、强悍 4

大胆 1、大无畏 4

奋不顾身 3、前赴后继 3、视死如归 3、出生入死 4、赴汤蹈火 4、临危不惧 4

智勇双全 3

d 脆弱 敏感

娇气 2、脆弱 3

敏感 3、多愁善感 3

e 胆怯

胆小 1、心虚 3、胆怯 4、怯懦 4

胆小如鼠 2、贪生怕死 2

E 严肃 活泼

a 严肃

严肃 2、冷峻 4、凛然 4、严峻 4、声色俱厉 4

一本正经 2、不苟言笑 4、正襟危坐 4

b 庄严

庄严 2、尊严 3、肃穆 4、威严 4、俨然 4、严正 4

c 活泼 调皮

活泼 2、活跃 2、活蹦乱跳 2、生龙活虎 2、龙腾虎跃 3

皮 1、调皮 1、淘气 2、顽皮 2、俏皮 3

d 内向 老实

缩手缩脚 2、拘束 3、内向 3、矜持 4、拘谨 4、局促 4

规矩 2、老实 2、安分 3、本分 3、安分守己 3、奉公守法 4

e 潇洒

浪漫 2、翩翩 3、潇洒 3、不拘小节 3、不修边幅 3、落落大方 3、风度翩翩 3、风流 4、飘逸 4、洒脱 4

自由 2、自由自在 2、豪放 3、奔放 3、自在 3、自如 3、无拘无束 3、粗犷 4、不羁 4、悠然自得 4

过眼云烟 3、洁身自好 3、淡然 3、淡泊 4、恬淡 4、安贫乐道 4、随遇而安 4

f 放肆

狂2、疯狂3、放纵3、猖獗4、猖狂4、放肆4、骄横4、狂妄4

胆大包天2、无法无天2、胡作非为3、明目张胆3、随心所欲3、为所欲为3、嚣张4、百无禁忌4、胆大妄为4、倒行逆施4、肆无忌惮4、有恃无恐4

放荡4、玩世不恭4

任性3、率性4

F 乐观 悲观

a 乐观

开朗2、明快3、爽朗4

乐观3、外向3

主动2、自觉2、自告奋勇2、踊跃3

积极2、肯干2、再接再厉3

b 悲观

悲观3、万念俱灰3

被动2、消极2、负面3

G 认真 马虎

a 认真 细心

认真1、负责2、郑重3、一丝不苟3、身体力行4、事必躬亲4

细心1、仔细1、精心2、细致3、细密4、细腻4

踏实2、脚踏实地2、务实3

耐心2、不厌其烦2、耐烦3

b 马虎 粗心

马虎2、丢三落四2

粗心2、粗心大意2、大意3、粗枝大叶3、粗疏4

c 小心 谨慎

小心1、小心翼翼2、守口如瓶2、谨慎3、慎重3、审慎4、严谨4、步步为营4、谨小慎微4、如履薄冰4

d 冒失 轻浮

冲动3、冒失3、鲁莽4、莽撞4、冒昧4、轻率4、唐突4、轻举妄动4

漂浮3、嬉皮笑脸3、轻浮4、轻薄4

e 稳重 端庄

冷静2、沉稳3、稳重3、稳健4

安详3、端庄3、庄重3、凝重4

f 浮躁

浮躁3、急躁3、狂躁3、毛躁3、性急3、操之过急3、眼高手低3、好高骛远4

g 文雅

文静2、文明2、斯文3、文雅3、彬彬有礼3、风雅4、儒雅4、绅士4、娴静4、温文尔雅4、文质彬彬4

h 粗鲁

无礼2、野3、粗鲁3、粗野3、野蛮3

H 谦虚 骄傲

a 谦虚

谦虚2、虚心2、谦卑3、谦和3、低调4、谦恭4、谦逊4、不敢当4

不耻下问4、闻过则喜4、虚怀若谷4、从善如流4

自卑3、妄自菲薄4、自惭形秽4

b 骄傲

骄傲1、傲2、傲慢3

高傲2、傲气3、清高3、孤芳自赏3、冷傲4、傲然4

自豪2、自负3

目中无人2、自高自大2、自以为是2、不自量力3、好为人师3、目空一切3、我行我素3、夜郎自大3、不可一世4、妄自尊大4、恃才傲物4

盛气凌人3、咄咄逼人4、锋芒毕露4

大模大样2、高调3、神气3、得意忘形3、神气活现3、耀武扬威3、趾高气扬3、忘乎所以4

I 热情 冷漠

a 热情

客气2、殷勤4

热心1、好客2、热情2、有求必应2、狂热3、宾至如归4、古道热肠4

b 冷漠

冷2、冰冷2、冷冰冰2、冷淡、冷酷3、冷漠3、漠不关心3、世态炎凉3、淡漠4

J 公正 不公

a 公正

公平2、公正2、正义3、赏罚分明3、公道4、公允4、

不偏不倚4、激浊扬清4、铁面无私2、天网恢恢3、严明4、明镜高悬4、信赏必罚4

b 不公

偏2、偏心2、不公3、不平3、偏颇4、厚此薄彼4、厚古薄今4

K 无私 自私

a 无私

无私2、忘我3、大公无私3、大义灭亲4

舍己为人2、克己奉公4、天下为公4

义务2、无偿3

b 廉洁

两袖清风3、一尘不染3、廉洁4、廉正4、清廉4、清明4

独善其身4

c 自私

自私1、损人利己2、自私自利2、见利忘义4、明哲保身4

L 贪婪 小气

a 贪婪

贪2、贪心2、得寸进尺3、野心勃勃3、贪婪4、得陇望蜀4、利令智昏4、利欲熏心4、唯利是图4、欲壑难填4

b 小气

小气1、一毛不拔2、爱财如命2、吝啬4

M 严格 宽松

a 严格

狠2、严2、严格2、严厉2、严酷3

令行禁止4

b 宽松

宽1、宽大2、宽松2、宽宏大量2

c 大方

大方1、大气3、豁达4、慷慨4、旷达4、坦荡4

N 节俭 奢侈

a 节俭

节俭2、省吃俭用2、俭朴3、朴素2、节衣缩食3、精打细算3、刻苦4、开源节流4、克勤克俭4、量入为出4

b 奢侈

大手大脚2、大吃大喝3、灯红酒绿3、花天酒地3、挥金如土3、奢侈4、奢华4、暴殄天物4、骄奢淫逸4、穷奢极欲4、纸醉金迷4

O 进步 落后

a 进步 革命

超前2、进步2、先进2、进取3、正面3

好强3、好胜3、要强3

革命2、红色2

b 落后 反动

落后2、反面3

反动3

P 开放 保守

a 民主 开放

民主3、集思广益3、广开言路4

讲理2、开放3、通情达理3、深明大义4

b 保守 专横

传统3、封建3、顽固3、按部就班3、墨守成规3、保守4、抱残守缺4、闭关自守4、陈陈相因4、循规蹈矩4、因循守旧4

一手遮天3、生杀予夺4、作威作福4

霸道2、横行2、野蛮2、强词夺理2、横3、蛮横3、无赖3、不可理喻3、横行霸道3、不由分说4、横行无忌4

Q 高尚 低俗

a 高尚

高尚2、神圣2、崇高3、高贵3

特立独行4

b 低俗

俗3、低俗3、俗气3、无聊3、粗俗4、粗鄙4、庸俗4、俗不可耐4

不三不四3

肮脏3、卑鄙3、下流3、卑贱4、卑劣4、龌龊4、蝇营狗苟4

R 纯洁 轻佻

a 纯洁

纯洁2、天真2、清白3、清纯3、

无邪 3、无辜 3、冰清玉洁 3、
高洁 4、圣洁 4、贞洁 4

b 轻佻

癫狂 4、风流 4、风骚 4
伤风败俗 3、轻佻 4、水性杨花 4、搔首弄姿 4

S 多情 无情

a 多情

多情 2、自作多情 3、痴情 4、痴心 4

b 无情

无情 2、冷酷无情 3
六亲不认 2、过河拆桥 3、忘恩负义 3、恩将仇报 4、鸟尽弓藏 4、兔死狗烹 4、卸磨杀驴 4、以怨报德 4

T 聪明 愚笨

a 聪明

聪明 1、聪慧 3、耳聪目明 3、足智多谋 3、聪颖 4、内秀 4、大智若愚 4、老谋深算 4、神机妙算 4、秀外慧中 4
火眼金睛 2、神 3、明智 3、英明 3、理智 4、睿智 4、见微知著 4

b 机智

机灵 2、机智 2、灵活 2、机警 2、机敏 3、伶俐 3、灵敏 3、敏感 3、随机应变 3、敏锐 4

c 灵巧

灵 2、巧 2、灵巧 2、玲珑 2、心灵手巧 2、乖巧 3、利落 4、利索 3、眼疾手快 3

d 愚笨

笨 1、呆 2、木 2、傻 2、呆头呆脑 2、笨手笨脚 2、笨拙 3、迟钝 3、蠢 4、痴呆 4、愚笨 4、愚蠢 4、愚钝 4、愚昧 4、愚不可及 4

e 糊涂

糊涂 2、糊里糊涂 2、盲目 3、鬼迷心窍 3、昏头昏脑 3、晕头转向 3、醉生梦死 4
昏聩 4、昏庸 4、蒙昧 4、懵懂 4

U 固执 变通

a 固执

固执 3、顽固 3、屡教不改 3、死心塌地 3、一意孤行 3、执迷不悟 3、顽劣 4、执拗 4

b 刻板

刻舟求剑 2、守株待兔 2、刻板 3、按图索骥 4、食古不化 4

c 变通

变通 3、回旋 3、通融 4、迂回 4

V 勤奋 懒惰

a 勤奋

努力 1、勤奋 1、勤劳 1、刻苦 2、勤快 2、辛勤 2、下功夫 2、吃苦耐劳 2、勤恳 3、勤勉 3、卖力 3、笨鸟先飞 3、任劳任怨 3、兢兢业业 4、业精于勤 4、孜孜不倦 4
分秒必争 2、见缝插针 2、争分夺秒 2、披星戴月 3、起早贪黑 3、夜以继日 3
用心 1、好学 2、用功 2、勤学苦练 2、手不释卷 4、学而不厌 4

b 懒惰

懒 2、懒惰 3、好吃懒做 3、游手好闲 3、懒怠 4、好逸恶劳 4

W 熟练 生疏

a 熟练

熟 2、熟练 2、熟能生巧 2、纯熟 4、娴熟 4
倒背如流 3、滚瓜烂熟 3、耳熟能详 4
内行 3、自如 3、得心应手 3、驾轻就熟 4、老马识途 4、轻车熟路 4

b 生疏

外行 3、半路出家 3、生疏 4

X 能干 无能

a 能干

行 1、能 2、能干 2、得力 3、高明 3、精干 3、精明 3、才华横溢 3、精明强干 3、神通广大 3、干练 4、贤明 4、长袖善舞 4、游刃有余 4
多才多艺 1、全能 3、左右开弓 3、出将入相 4
妙手回春 3

b 无能

无能 2、尸位素餐 4

c 有为

大有作为 3、有为 4、大器晚成 4

d 无为

不可救药 3、玩物丧志 3、无所作为 3、自暴自弃 3、无为 4、庸碌 4、碌碌无为 4

Y 成熟 幼稚

a 成熟

成熟 2、老练 3、饱经沧桑 3、久经沙场 3、少年老成 3、身经百战 3、练达 4、世故 4、老成持重 4

b 幼稚

天真 2、烂漫 3、幼稚 3、稚嫩 4
初出茅庐 4、少不更事 4

Z 博学 浅陋

a 博学

见多识广 2、无所不知 2、博学 3、渊博 3、广博 3、博览群书 3、博大精深 4、博古通今 4、博闻强记 4、学富五车 4
高瞻远瞩 4、目光如炬 4

b 浅陋

肤浅 3、浅薄 4、浅陋 4、不求甚解 4、才疏学浅 4、浅尝辄止 4
少见多怪 2、孤陋寡闻 4
无知 2、目不识丁 3、一窍不通 3、混沌 3、不学无术 4、浑浑噩噩 4、胸无点墨 4

一知半解 2、坐井观天 2、短视 3、目光短浅 3、鼠目寸光 3、饮鸩止渴 4

六、情状

A 安全 危险

a 安全

安全 1、平安 1、安好 3、安康 3、高枕无忧 3、安然无恙 4

b 危险

危险 1、惊险 2、危急 3、险恶 3、凶险 3、千钧一发 3、枪林弹雨 3、生死存亡 3、危在旦夕 3、摇摇欲坠 3、朝不保夕 3、悬 4、不绝如缕 4、刀光剑影 4、岌岌可危 4、危如累卵 4

B 安定 动荡

a 安定

太平 2、长治久安 3、国泰民安 3、拾金不昧 3、夜不闭户 3、道不拾遗 4、莺歌燕舞 4、政通人和 4
安乐 2、和平 2、风平浪静 2、安定 3、安宁 3、平静 3、平稳 3、安居乐业 3、相安无事 3

b 动荡

兵荒马乱 3、风雨飘摇 3、战火纷飞 3、动荡 4、鸡犬不宁 4
乱 2、乱哄哄 2、混乱 3、各自为政 3、群龙无首 3

C 繁荣 萧条

a 繁荣

盛 2、发达 2、繁华 2、繁荣 2、兴盛 2、百花齐放 2、热火朝天 2、万马奔腾 2、旺 3、昌盛 3、繁盛 3、红火 3、蓬勃 3、兴隆 3、兴旺 3、百家争鸣 3、繁荣昌盛 3、气象万千 3、欣欣向荣 3、蒸蒸日上 3、鼎盛 4、春意盎然 4、方兴未艾 4、根深叶茂 4、如日中天 4、生机盎然 4
隆重 2、盛大 2

b 萧条

冷淡 3、低迷 4、萧条 4
日薄西山 3、残败 4、凋敝 4、颓败 4、强弩之末 4

D 热闹 安静

a 热闹 拥挤

热闹 1、张灯结彩 2、热气腾腾 3
人山人海 1、人来人往 2、车水马龙 3、川流不息 3、门庭若市 4、万人空巷 4、熙来攘往 4、络绎不绝 4
吵 1、闹 1、吵闹 2、七嘴八舌 2、喧哗 3、喧闹 3、人声鼎沸 3、嘈杂 4、聒噪 4、喧嚣 4
挤 1、拥挤 2、蜂拥而至 3、水泄不通 3、摩肩接踵 4

b 安静

静 1、安静 1、静悄悄 1、沉静 2、冷静 2、宁静 2、鸦雀无声 2、夜深人静 2、寂静 3、僻静 3、

清静3、肃静3、幽静3、悄无声息3、无声无息3、沉寂4、寂寥4、静寂4、静谧4、清幽4、死寂4、恬静4、万籁俱寂4

c 荒凉 冷清

荒凉3、地广人稀3、荒无人烟3、荒僻4、人迹罕至4
苍凉3、凄凉3、凄迷4、肃杀4、萧瑟4
冷清3、清冷3、寥落4、门可罗雀4

d 孤单

孤单2、孤独2、寂寞2、孤零零2、孤寂4、落寞4
无依无靠2、孤立3、举目无亲3、伶仃4、孤苦伶仃4、顾影自怜4
单枪匹马3、形单影只4、形影相吊4

E 忙 闲

a 忙

忙1、繁忙2、马不停蹄2、忙碌3、日理万机3、应接不暇4、自顾不暇4
匆匆2、匆忙2、急匆匆2、仓皇4、仓促4

b 闲

空2、闲2、空闲2、安闲3、清闲3、闲庭信步4
悠闲3、闲散4、闲适4

F 舒缓 紧急

a 舒缓

轻松2、缓和3、舒缓3

b 紧急

紧张3、箭在弦上3、紧锣密鼓3、一触即发3、剑拔弩张4
急迫3、紧急3、紧迫3、兵临城下3、火烧眉毛3、燃眉之急3、急如星火4、间不容发4、刻不容缓4、迫在眉睫4、时不我待4、机不可失4、时不再来4

G 干净 肮脏

a 干净

干净1、卫生1、净2、洁净2、清洁2、清新2、整洁2、一尘不染2、光洁2、清爽3
环保2

b 肮脏

脏1、肮脏3、龌龊4、污秽4、污浊4
灰头土脸2、邋遢4、蓬头垢面4

H 整齐 杂乱

a 整齐

齐1、工整2、整齐2、利落3、齐整3、严整4、俨然4、衣冠楚楚4
有序2、井井有条2、错落有致3、井然有序3、头头是道3、有板有眼3、有条不紊3
均匀2、平均2
平衡2、均衡3

b 杂乱

乱2、杂乱2、横七竖八2、乱七八糟2、杂乱无章3、驳杂4、狼藉4、杂芜4、紊乱4、杯盘狼藉4
纷乱2、凌乱3、零乱3、散乱3、乱蓬蓬3、披头散发3、参差4、蓬乱4、参差不齐4
忙乱2、一窝蜂2、混乱3、顾此失彼3、一塌糊涂3

I 幸福 悲惨

a 幸福

甜1、幸福1、美满2、甜美2、甜蜜2、甜丝丝2、温馨3、花好月圆3
喜庆2

b 悲惨

可怜1、惨2、悲惨2、家破人亡2、死去活来2、凄凉3、悲凉3、惨不忍睹3、民不聊生3、倾家荡产3、水深火热3、惨淡4、惨烈4、凄惨4、凄苦4、满目疮痍4、千疮百孔4、生灵涂炭4、腥风血雨4

J 安逸 辛苦

a 安逸

舒服1、安适3、舒适3、舒坦3、舒展3、滋润3、安逸4、惬意4、养尊处优4、一劳永逸4

b 辛苦

苦1、辛苦1、艰苦2、艰辛2、风吹雨打2、千辛万苦2、劳苦3、辛劳3、艰苦卓绝3、日晒雨淋3、劳顿4、劳碌4、

风餐露宿4、含辛茹苦4、举步维艰4

K 贫穷 富裕

a 贫穷

穷1、贫苦2、贫困2、贫穷2、穷苦2、一穷二白3、贫寒3、清苦3、清贫3、穷困3、寒酸4、穷困潦倒4

艰苦2、艰难2、困难3、困苦3

孤苦3、窘迫4、困顿4、困窘4

紧3、拮据4、入不敷出4

一无所有2、精光3、身无分文3、一贫如洗3、家徒四壁4、囊空如洗4

饥寒交迫3

b 富裕

富1、富有2、富裕2、丰厚3、厚实3、雄厚3、丰衣足食3、荣华富贵3、优裕4、财大气粗4、腰缠万贯4

松3、宽松3、绰绰有余3、宽裕4

温饱3、小康3

L 稳定 灵活

a 稳定

固定2、定点3、定期3

稳2、稳定2

雷打不动2、纹丝不动3、一如既往3、原封不动3

改头换面3

b 灵活

活2、活动2、灵活2、机动3、

随机3

玖 辅助词

一、副词

A 程度

a 稍微

稍2、稍稍2、稍微2

微微2、略微3

有些1、有点儿1、多少2

b 比较

比较1、较2

更1、更加1

越1、再1、加倍2、越发3、愈加4

尤其2、进一步2、尤为3

c 非常

多么1、非常1、十分1、格外2、苦苦2、特别2、万分2、分外3、异常3

无比2、何等3

多1、好1、很1、酷2、深2、挺2、蛮3、良4、颇4、相当3、死3

d 完全

全1、纯2、完全2、一心2、绝对3、纯粹4、简直4

穷3

极1、最1、最好1、尽2、特2、极其2、拼命2、极为3、极度3、极端3

e 太

太1、过2、过于2

f 几乎

几乎1、差点儿2、险3、险些3

B 范围

a 仅

才1、光1、就1、只1、独2、仅2、仅仅2、单3、但3、唯独3、唯有3

只是1、无非3

至少2、只管2

b 但凡

凡2、凡是2、但凡4

c 大都

半1

多1、大半2、大都2、大多2、多半2、基本上2、大抵4

d 都

都1、共1、处处1、一共1、净2、统统2、无不2、一律2、整整2、总共2、皆3、到处3、满心3、概莫能外4

e 不止

另2、不仅2、不止2、另外2、不只2、岂止4

C 方式

a 共同 单独

共1、同1、共同1、一齐1、一起1、一块儿1、齐2、联合2、一道2、一路2、一同2、并肩3、一致3

互相1、相互1

分头1、分别2

单独1、独2、独自2、一手3、独身3、只身4

亲手1、亲眼1、亲自1、亲身2

b 直接 间接

直接2、径直3、径自4

当面2、迎面2、当众3

从中2

间接2

c 顺便 胡乱

顺便2

趁机2、乘机3

随口2、随身2、随手3、顺手3、随机3

乱2、瞎2、胡乱2

d 相继

接连3、相继3

顺序2、先后2、挨家挨户2、依次3、由内而外3、自上而下3

各1、每1、各个2、逐个2、逐一2

改日3、改天3

一边1、一会儿1

e 大肆

公然3、强行3、大肆4、肆意4

f 毅然

毅然3、断然4、决然4、正色4

g 慨然

慨然4

h 悄悄

偷偷1、悄悄2、默默2、暗自3、暗中3

D 情态

a 或许 不料

好像1、可能1、也许1、仿佛2、或许2、恐怕2、似乎2、或3、或者3、兴许4、宛然4、俨然4

约2、大概2、大约2、将近2、大体3、大致3、想必3

说不定2、何尝3、未必3、没准儿3、不见得3

不觉3、无从3

b 必定 实在

必1、必定2、必然2、无论如何2、必将2、千万3、势必3

定1、一定1、准2、必须2、迟早2、肯定2、反正2、务必3、早晚3、好歹4

真1、的确2、实在2、真正2、确实3、着实3、不愧3

果然2、果真3

只好1、只得2

c 本来 反正

本来2、原来2、原本3

从来1、一向2、历来3、向来3

如实3

d 尽量 尽快

尽2、尽量2、只顾2

全力2、争相2、奋力2、大力3、极力3、竭力3、悉心3

快1、赶快1、急忙1、连忙1、赶紧2、赶忙2、尽快2、趁早2、及早3

E 时间

e 特意 无意

特别2、专门2、专程3、特地3、特意3

故意2、有意2、明明3

不知不觉2、无意3

f 随便 索性

尽情2、任意2、纵情3

私自2、擅自4

随2、随便2、轻易2、随意3

干脆3、索性3

毕竟3、究竟3、终究3、终归4

无故2、无端4、凭空4

E 时间

a 首先 才 且

从头1、从小2、首先2、率先3

就1、接着1、从此2、随后2、而后3

至今2、自古2、生来3

在1、正1、正在1

才1、刚1、新1、刚刚1、乃4、方4、方才4

且3、姑且4、权且4、暂且4

先1、预先2

b 已经 终究

都1、已1、已经1、曾经2、早已2、既3

终于1、总算2、终究3、终归4

c 忽然

忽然1、猛然3、猝然4、陡然4、蓦地4、倏忽4、骤然4

有时1、偶然2、一时2、偶尔3、时而3、间或4

临时2、现3

一阵风2、一溜烟3

d 逐渐

慢慢2、渐渐2、逐步2、逐渐2、日益3、逐年3

e 立刻 即将

顿时2、立即2、立刻2、当场3、即刻3、随即3、当即4

便1、就1、马上1、一下子1、及时2、即3、一旦3

快1、将要1、将2、即将3

f 准时

按时1、准时1、如期3、自动3、届时4

g 一直 连续 仍旧

老1、直1、一直1、永远1、时刻2、时时2、始终2、随时2、无时无刻2

不断1、连连1、久久2、一连串2、接二连三2、经久不息3、源源不断3

连1、一连2、一口气2、接连3、陆续3

连夜2、彻夜4、通宵4

长年2、常年2、终年3、终日3

还1、还是1、仍1、仍然2、依然2、照样2、仍旧3、依旧3、照常3、照旧3、照例4

h 尚未

不曾3、尚未4、未曾4

F 频度

a 再

重1、更1、再1、重新1、

再次1、一再2、再三2、频频4

纷纷2、连声3、屡次3、频繁3

又1、反复1、口口声声2、三番五次3

b 经常

常1、常常1、经常1、总是1、不时2、老是2、时常2、通常2、往往2、动不动2、每每2

G 语气

a 不妨 宁可

不妨3、何妨4

何尝3、宁可3、宁愿3、情愿3

b 当然 难怪

当然1、自3、自然3、可想而知3

难怪2、怪不得2

c 竟然

诚然3、固然3

竟2、竟然2、不至于2、居然3

d 难免 反而

其实1

不免2、难免2、未免3

反1、反而2、反倒3、倒是3

e 幸亏 恰好

多亏2、幸好2、幸亏2、幸而4

正1、刚好1、恰好2、恰恰2、正好2、凑巧3、碰巧3、恰巧3、正巧3

f 却

却2、倒2

偏偏2、偏3

g 难道

难道2、岂3、莫非4、岂非4、莫不是4

到底2、究竟3

h 如何

是否2、何苦3

i 何必

为什么1、何必2、何不2、为何2、何以4

j 按理 按说

按理3、按说3

H 否定

a 不

不1、非2、未2

从不2、毫不2

不再1、不必2、无须3

没1、没有1、并未3

无法3

b 别

别1、休想3、勿4

二、介词

A 时空

a 从

从1、打1、自从1、自2

b 在

在1、于2

B 方向

a 向

朝1、对1、给1、往1、向1、临2、于2

C 处置

a 把

把1、拿1、将2、以3

b 被

被1、让1、于2

D 对象

a 由 同

由1
和1、同1、跟2、与2、随着2、会同3
为1、替2
比1、较2
趁2、乘2

b 用

用1

c 为

为1、为了1

d 关于

对于1、关于1、有关2、至于2

e 除了

除了2

E 工具

a 按照

按1、以1、按照1、随2、照2、据3、依3、依照3

根据2、依据3、基于4

b 沿

顺2、沿2、挨3

c 因 凭

因1、凭2

三、连词

A 并列

a 和 并且

和1、同1、跟2、及2、与2、以及2、连同3
而1、而且1、并2、并且2、同时2、且3
也1、亦4

b 或者

还是1、或2、或是2、或者2、要么2

B 递进

a 不但

不但2、不仅2、不只2、非但3
何况3、况且3、甚至3

C 让步

a 虽然

虽1、虽然1、尽管2
即使2、就是2、哪怕2、即便3、纵然4、纵使4
既然2

D 转折

a 但是

但1、而1、可1、不过1、

但是1、可是1、然而2
只是1
不料2
相反2

E 条件

a 除非

只要1、只有1、除非2、与其3

b 不论

不管1、不论2、随便2、无论2、任凭3

c 要不是

要不是2

d 此外

此外2、另外2

F 假设

a 如果

如1、要1、如果1、要是1、若2、假如2、万一2、假若3、假使4、倘若4、倘使4
那1、那么1
否则2、要不2

G 因果

a 因为

因1、因为1、由于2、以4、鉴于4

b 所以

所以1、故2、因此2、因而2、从而3、之所以3

H 顺承

a 于是

于是1、然后2、可见2、即3、则3、继而3、以免3、免得3、以便3、以致3、以至于3、乃4
总之2、综上所述4

四、助词

A 结构

a 的

地1、的1、得1、之2

b 所

所2

c 似的

似的1

B 时态

a 时态

过1、了1、着1

C 语气

a 语气

哩1、嘛1、呢1
啊1、吧1、啦1、哇1、呀1

吗1
了1
也好2

五、叹词

A 呼应

a 呼应

嘿2、喂2
哦1

B 感叹

a 感叹

啊1、呀1、哎2、哟2
嘿2

六、拟声词

A 拟人声

a 拟人声

哈哈1
哄2
呵呵2
嗷嗷3
哇1、哇啦2、叽叽喳喳2、叽里咕噜3
呼噜3
吁吁3

B 拟动物声

a 拟动物声

嘎嘎2
咯咯2
呱呱2
唧唧2
喵2
汪2
嗡2、嗡嗡2
萧萧4

C 拟物声

a 拟物声

簌簌4
萧萧4
滴答2
哗啦2
咕噜3
哗2
呜2
呼2
叮咚2、咕咚2、咕叽2、扑通2、扑腾3
轰隆2、轰隆隆2
叮咚2、铛3
嘀2、嗖3
啪2
吱4
咚3、叭3、砰3

义类表索引

壹 生物

一、人

A 泛称 229
B 男人 女人 229
C 少年 老人 229
D 父母 子女 229
E 体貌 230
F 病伤 残孕 230
G 好人 坏人 230
H 英雄 常人 230
I 天才 外行 230
J 士农工学商 231
K 本地人 外来人 232
L 人际关系 232

二、动物

A 动物统称 233
B 兽类 233
C 家畜 233
D 禽类 233
E 水生动物 233
F 虫类 233

三、植物

A 植物统称 234
B 林木 234
C 花草 234
D 藻 苔 234
E 粮食作物 234
F 蔬菜 瓜果 234
G 经济作物 234

四、微生物

A 细菌 真菌 234

B 病毒 234

五、生物体

A 人体 235
B 动物体 235
C 植物体 236

贰 具体事物

一、事物统称

A 事物统称 236

二、事物分称

A 物体 236
B 物资 236
C 物品 236
D 事物代称 236
E 物体状貌 237
F 物体部分 237

三、自然物

A 天体 237
B 地貌 237
C 气象 238
D 水 气 238
E 火 烟 238
F 光 影 239
G 矿物 化学物 239
H 土 垢 239
I 纹痕 印迹 239
J 颜色 239
K 气味 味道 239
L 声音 239

四、材料

A 金属材料 239

B 能源材料 239
C 建筑材料 240
D 装修材料 240
E 工艺美术材料 240
F 肥料 240

五、器具

A 机具 240
B 农具 渔具 240
C 工具 240
D 仪表 器械 241
E 交通工具 241
F 军事装备 241

六、建筑物

A 房屋 241
B 建筑的部分 242
C 交通建筑 242
D 农用建筑 242
E 工用建筑 243
F 军用建筑 243
G 园林建筑 243
H 礼祭建筑 243
I 废墟 243

七、生活用品

A 家具 家电 243
B 日用品 243
C 服装 鞋帽 244

八、文化用品

A 文艺用品 244
B 体育娱乐用品 245
C 办公学习用品 245
D 其他用品 245

义类表索引

九、食物
A 食物　　　　　　　245

十、药物
A 药物　　　　　　　246
B 补益物　　　　　　246

十一、有毒物
A 有毒物　　　　　　246
B 违禁物　　　　　　246

叁 抽象事物

一、事情
A 事情　　　　　　　246
B 过程　　　　　　　247
C 规律 方法 思路　　247
D 人生　　　　　　　248
E 遭际　　　　　　　248
F 情势　　　　　　　248
G 是非 功过 荣辱　　249
H 精华 糟粕　　　　249
I 阻力 圈套　　　　249

二、属性
A 形状 状态 景象　　249
B 性质 特征　　　　250
C 范畴 方面　　　　250
D 因素　　　　　　　250
E 标准 界限　　　　250
F 气质 容貌　　　　251
G 力量 能量　　　　251
H 名称 姓名　　　　251
I 德才　　　　　　　251

三、意识
A 思想 心灵　　　　252
B 感觉 感情　　　　252
C 需求 愿望　　　　253
D 想法 打算　　　　253
E 志趣　　　　　　　253
F 信仰　　　　　　　253

四、社会
A 群体　　　　　　　254
B 身份　　　　　　　254
C 地位 等级　　　　254
D 风俗 礼仪　　　　254
E 事业 行业 职业　　254
F 活动　　　　　　　254

五、政治
A 行政　　　　　　　255
B 司法　　　　　　　255
C 权责　　　　　　　256

六、军事
A 军队　　　　　　　256
B 战争　　　　　　　256

七、经济
A 价值 价格　　　　256
B 货币　　　　　　　256
C 利 税　　　　　　256
D 资产　　　　　　　256
E 账目 款项　　　　256
F 报酬 费用　　　　257
G 工厂 店铺　　　　257

八、科教
A 文化 知识 学说　　257
B 教育　　　　　　　257
C 语言 文字　　　　257
D 文学　　　　　　　258
E 文章　　　　　　　258
F 社会传媒　　　　　259
G 内容 体例　　　　259
H 图式　　　　　　　260

九、文体 医疗
A 音乐 舞蹈　　　　260
B 影视 戏曲　　　　260
C 美术　　　　　　　260
D 体育　　　　　　　260
E 医疗　　　　　　　260

十、数量
A 度量　　　　　　　261
B 数量　　　　　　　261
C 单位　　　　　　　262

肆 时空

一、时间
A 天文 历法　　　　262
B 时代 时期　　　　262
C 时段　　　　　　　262
D 时候　　　　　　　263
E 年 月 星期 日　　263
F 昼夜 时辰　　　　263
G 季节 节气　　　　263
H 节假日 纪念日　　264
I 年纪　　　　　　　264

二、空间
A 方位　　　　　　　264
B 天地　　　　　　　265
C 地方　　　　　　　265
D 地点　　　　　　　265

伍 生物活动

一、肢体动作
A 触打 摸压　　　　266
B 拉折 采剥　　　　266
C 拿扶 搂揭　　　　266
D 举捧 抬撑　　　　266
E 放挂 扔埋　　　　266
F 包扎　　　　　　　267
G 穿脱　　　　　　　267
H 摆挥 搬搅　　　　267
I 洗擦 浇捞　　　　267
J 切削 剪挖 刺　　267
K 走 跑　　　　　　268
L 跳 跨　　　　　　268
M 踢 踩 踏　　　　268
N 坐 蹲 立　　　　268

二、头部动作

A 头动 268
B 眼动 268
C 嘴动 268
D 看 听 嗅 268
E 吃 喝 269
F 心跳 269
G 呼吸 269
H 叫喊 269

三、全身动作

A 爬 269
B 飞 269
C 游 269
D 翻滚 颤抖 269
E 倚 躺 趴 269
F 屈 270
G 行礼 270

四、生理活动

A 生长 270
B 枯萎 凋谢 270
C 死亡 270
D 代谢 270
E 性交 怀孕 270
F 睡 醒 醉 270
G 饱 饿 渴 馋 271
H 伤残 271
I 生病 271
J 康复 271

五、心理活动

A 高兴 满意 271
B 悲伤 失望 272
C 愤怒 272
D 激动 感动 272
E 害怕 惊恐 愧疚 272
F 安心 镇静 无愧 273
G 喜欢 留恋 273
H 厌恶 痛恨 273
I 沉迷 迷惑 273

J 悔悟 273
K 爱护 原谅 274
L 忍受 不禁 274
M 关注 274
N 忽视 274
O 犹豫 决意 274
P 相信 怀疑 275
Q 反对 赞成 信服 尊敬 275
R 思考 想象 275
S 估测 275
T 了解 275
U 希望 276
V 主张 276
W 计划 276
X 回忆 忘记 276
Y 愿 敢 276
Z 应该 可以 276

六、表情

A 笑 哭 277
B 沉默 277
C 假装 277
D 传情 277
E 激奋 277
F 疲乏 277

七、生活

A 生活 277
B 起居 278
C 饮食 278
D 就业 278
E 参加 脱离 279
F 补救 279
G 惹事 279
H 使用 280
I 走动 280
J 躲 找 280
K 娱乐 281
L 婚恋 281
M 丧葬 281

八、境遇

A 走运 281
B 不顺 281
C 成功 282
D 失败 282
E 收益 282
F 失去 282
G 得志 282
H 失意 282
I 获益 282
J 遭灾 283
K 迷失 283
L 得救 283
M 进 退 283
N 聚 散 283

陆 社会活动

一、管理

A 管理 治理 283
B 办理 处理 283
C 执掌 主持 284
D 控制 把持 284
E 指挥 统治 284
F 宣布 命令 284
G 部署 安置 284
H 调遣 分配 284
I 调查 考评 284
J 任免 284
K 议决 285
L 批准 登记 285
M 建立 开创 285
N 禁止 撤销 285
O 宣传 提倡 285
P 奖惩 285
Q 值班 放假 285
R 改革 保守 286

二、经贸

A 贸易 286
B 买卖 286

义类表索引　335

C 投资　286
D 征收　缴纳　286
E 出 纳　286
F 借 租 赔　286
G 积累　286
H 节约　浪费　286

三、生产

A 建造　制造　287
B 加工　操作　287
C 维修　养护　287
D 冶炼　提纯　287
E 纺织　漂染　287
F 印刷　出版　287
G 装修　粉刷　287
H 勘测　开采　287
I 治水　治污　287
J 耕作　种植　287
K 打猎　捕捞　288
L 养殖　288
M 宰杀　288

四、交通

A 驾驶　航行　288
B 出行　搭乘　288
C 出发　到达　288
D 运送　搬运　288

五、文体医

A 教育　启发　288
B 学习　练习　289
C 阅读　诵读　289
D 研究　分析　289
E 写作　编校　289
F 演出　演奏　290
G 拍摄　放映　290
H 运动　健身　290
I 绘画　雕刻　290
J 比赛　290
K 医治　290

六、斗争

A 备战　290
B 斗争　抗议　291
C 进攻　掩护　291
D 守卫　站岗　291
E 抵抗　反击　291
F 射击　爆炸　291
G 夺取　击败　291
H 投降　叛变　292

七、司法

A 起诉　控告　292
B 逮捕　搜查　292
C 审判　292
D 惩治　关押　292
E 赦免　292
F 违法　292

八、信仰

A 礼拜　供奉　293
B 修行　293
C 布施　293
D 保佑　293

九、交往

A 交往　对待　293
B 介绍　推荐　293
C 商量　调解　294
D 通讯　邮寄　294
E 说话　交谈　294
F 告诉　表达　294
G 批评　嘲讽　295
H 赞赏　鼓励　295
I 感谢　道歉　295
J 问候　寒暄　296
K 请求　委托　296

十、予取

A 赠送　捐献　296
B 换　取　296
C 帮助　支持　296

D 照顾　侍候　297
E 保护　297
F 养育　297

十一、争斗

A 辩论　吵闹　297
B 违抗　冒犯　297
C 欺瞒　作假　297
D 干扰　限制　297
E 制服　屈服　298
F 串通　结伙　298
G 排挤　挑拨　298
H 破坏　侵害　298

柒　运动与变化

一、自然现象变化

A 天亮　天黑　298
B 天气变化　299
C 照射　发光　299
D 凝固　融化　299
E 燃烧　沸腾　299
F 轰鸣　299

二、位置改变

A 突起　299
B 垂陷　沉塌　299
C 伸缩　299
D 陈列　布置　300
E 堆积　淤积　300
F 靠近　分隔　300
G 接触　附着　300
H 结合　连通　300
I 交错　混杂　300
J 集合　聚集　301
K 分裂　分散　301
L 颤动　震动　301
M 移动　晃动　301
N 转动　滚动　301
O 流动　301
P 畅通　302
Q 堵塞　302

三、事态变化

A 开始 302
B 结束 完成 302
C 进行 继续 302
D 加快 提前 303
E 推迟 拖延 303
F 出现 发生 303
G 消失 恢复 303
H 已然 生效 303
I 防止 避免 303
J 到期 过期 303
K 传播 流行 303

四、事物变化

A 变化 转化 304
B 毁坏 断裂 304
C 腐烂 霉变 304
D 晾晒 浸润 304
E 滋润 润滑 304
F 改善 改进 304
G 恶化 衰落 304

五、数量变化

A 增加 扩大 305
B 减少 下降 305
C 消灭 消除 305

六、从属

A 是 305
B 显示 306
C 起源 306
D 归于 属于 306
E 相同 相似 306
F 相差 相反 306
G 匹配 符合 306
H 对立 矛盾 307
I 需要 缺少 307
J 呼应 连贯 307
K 有 无 307
L 处于 陷于 307
M 包含 容纳 307

N 相关 无关 307
O 影响 导致 308
P 造福 308
Q 损害 308

捌 性质与状态

一、形貌

A 长 短 308
B 高 矮 308
C 宽 窄 308
D 深 浅 308
E 厚 薄 308
F 粗 细 308
G 胖 瘦 308
H 大 中 小 309
I 正 歪 309
J 直 曲 309
K 挺 皱 309
L 凹 凸 309
M 平 陡 309
N 方 圆 309
O 横 纵 309

二、感觉

A 颜色 309
B 浓 淡 310
C 艳 素 310
D 明 暗 310
E 清晰 模糊 310
F 清澈 浑浊 310
G 响亮 低沉 310
H 悦耳 刺耳 310
I 香 臭 310
J 滋味 310
K 软 硬 脆 311
L 轻 重 311
M 利 钝 311
N 冷 暖 311
O 干 湿 311
P 光滑 粗糙 311

三、性状

A 多 少 311
B 完整 残缺 312
C 稠密 稀疏 312
D 肥沃 贫瘠 312
E 紧 松 312
F 稠 稀 312
G 生 熟 312
H 雄 雌 312
I 老 幼 313
J 健壮 瘦弱 313
K 新 旧 洋 土 313
L 美 丑 313
M 精美 粗陋 313
N 豪华 朴素 313
O 早 晚 314
P 快 慢 314
Q 久 暂 314
R 远 近 314

四、性质

A 实 虚 314
B 好 坏 314
C 普通 特别 315
D 上等 中等 下等 315
E 正确 错误 315
F 有用 无用 316
G 全面 片面 316
H 详细 简略 316
I 简单 复杂 317
J 有趣 无趣 317
K 难 易 深浅 317
L 主要 次要 317
M 强烈 深刻 表浅 柔和 317
N 强大 雄壮 稳固 弱小 318
O 荣 辱 318
P 光明 黑暗 318
Q 贵 贱 318
R 亲密 疏远 319
S 明显 隐蔽 319

T 天然 人造	319
U 外来 本土	319
V 公 私	320
W 额外 分内	320
X 正规 业余	320
Y 亲 表 堂	320

五、才品

A 善 恶	320
B 诚实 虚伪	320
C 暴躁 温和 直率 委婉	321
D 坚强 脆弱	321
E 严肃 活泼	321
F 乐观 悲观	322
G 认真 马虎	322
H 谦虚 骄傲	322
I 热情 冷漠	322
J 公正 不公	322
K 无私 自私	323
L 贪婪 小气	323
M 严格 宽松	323
N 节俭 奢侈	323
O 进步 落后	323
P 开放 保守	323
Q 高尚 低俗	323
R 纯洁 轻佻	323
S 多情 无情	324
T 聪明 愚笨	324
U 固执 变通	324
V 勤奋 懒惰	324
W 熟练 生疏	324
X 能干 无能	324
Y 成熟 幼稚	325
Z 博学 浅陋	325

六、情状

A 安全 危险	325
B 安定 动荡	325
C 繁荣 萧条	325
D 热闹 安静	325
E 忙 闲	326
F 舒缓 紧急	326
G 干净 肮脏	326
H 整齐 杂乱	326
I 幸福 悲惨	326
J 安逸 辛苦	326
K 贫穷 富裕	327
L 稳定 灵活	327

玖 辅助词

一、副词

A 程度	327
B 范围	327
C 方式	327
D 情态	328
E 时间	328
F 频度	329
G 语气	329
H 否定	329

二、介词

A 时空	329
B 方向	330
C 处置	330
D 对象	330
E 工具	330

三、连词

A 并列	330
B 递进	330
C 让步	330
D 转折	330
E 条件	330
F 假设	330
G 因果	330
H 顺承	331

四、助词

A 结构	331
B 时态	331
C 语气	331

五、叹词

A 呼应	331
B 感叹	331

六、拟声词

A 拟人声	331
B 拟动物声	331
C 拟物声	331

《义务教育常用词表（草案）》研制报告

《义务教育常用词表（草案）》服务于我国中小学校义务教育阶段的语文教学，以提高语文教学的科学性和学习效果。由教育部语言文字信息管理司组编，厦门大学国家语言资源监测与研究教育教材中心承担研制，苏新春教授主编。下面就研制背景与过程、词表内容、收词标准、研制方法、词表性质与功能等问题做简要说明。

一　研制背景与过程

（一）研制背景

《义务教育语文课程标准（2011年版）》对小学和初中的语文教学中词汇的学习和使用有明确要求。现行各种教材也设有名称不同而功能相同的"识字组词""字词积累""读一读，写一写""词语比较"等词汇学习栏目，但对词汇学习的数量一直没有明确要求。不同教材之间的词汇状况差异很大，调查报告显示不同教材之间的共有词只有40%，生词的共用部分比例更低[1]。长期以来，中小学语文教学界对常用词表的出台表示出了很高的期盼，叶圣陶、吕叔湘、张志公等前辈学者以及一线教师，都表达了对学习性词表研制的期待[2]。语文教学界也曾有过研制学习性词表的尝试，但因各种原因或是没有公布，或是没有进入中小学实际教学中。从20世纪中期起，有关政府部门、相关单位陆续研制、公布的汉语词表有20多种[3]。这些词表主要分为三类：一是对外汉语教学用词表，二是中文信息处理用词表，三是面向社会一般应用的通用词表。由于义务教育学习性词表有其独特的性质与功能，决定了它不可能照搬面向社会大众的一般应用的通用性词表。

为了加强义务教育阶段语文教学的科学性与针对性，提高中小学语文教学水平，为我国语文应用及有关语文教育政策的制定提供科学依据，促进汉语规范化和普通话推广，推行汉语国际教育，服务中文信息处理及辞书编纂等工作，国家语委决定开展基础教育常用词表的研制，并先后设立了两个课题："基础教育学习性词表的研制"（编号YB125-29，2011年）、"基础教育学习性词表的分级、验证及推广"（编号HQ135-1，2016年），均由厦门大学国家语言资源监测与研究教育教材中心承担，主持人为苏新春教授。

（二）研制过程

词表研制工作经历了两个阶段。第一阶段为2011年10月至2016年3月。所做的工作主要有：一、确定中小学生学习性词表的性质与特点；二、探索基础教育语文与其他学科教材的语言状况、特点及规律，包括当前使用的新课标语文教材，历史、地理、数学、物理、化学等学科教材，之前使用的义务教育语文教材，以及香港、台湾地区的语文教材；三、比较不同词表的研制方法，分析各自的价值、作用、特点及对词表的影响；四、比较儿童阅读与词汇应用、中小学校词汇教学与测试等方面的数据。第二阶段为2016年3月至2017年8月。所做的工作主要有：一、词目的调整；二、词语的分级；三、到中小学进行学生识读测试。

二　词表内容

（一）词表内容

《义务教育常用词表（草案）》共有音序词目15 114个，义类词目17 092个。多义词的不同义项如有明显难易差别的则标为不同的词级。词级分为四级，分别对应第一学段（小学1—2年级）、第二学段（小学3—4年级）、第三学段（小学5—6年级）、第四学段（初中1—3年级）。一级词目有2001条，二级词5503条，三级词5975条，四级词3613条。按词长统计，单字词目1651条，双字词目10 498条，三字词目387条，四字词目2578条。

《义务教育常用词表（草案）》包括"音序表"与"义类表"。

"音序表"为主表。所有词条按音序排列。每个词条后带有5个信息：（1）词语，（2）拼音，（3）词级，（4）词性，（5）义类码。义类码由数目字和字母组成，据此可以查询到它在"义类表"中的语义类属。多义词则对各个义项分别标注读音、词性与义类。多义词的多个义项如读音相同，则列于同一个词目之下。拼音依据《汉语拼音正词法基本规则》[④]，具体参考了《现代汉语词典》（第7版）。《现代汉语词典》未收的词语，也依照《现代汉语词典》的注音原则标注了拼音。

"义类表"为辅表。参照的语义分类系统为《现代汉语分类词典》[⑤]。《现代汉语分类词典》按五级语义层划分，收录现代汉语通用词83 000余条。《义务教育常用词表（草案）》的词语在其中能关联到的词条有18 200多个，经人工干预甄别，排除了不太适合中小学生学习的难僻义项，另增加了若干常用义项。词语后的数字表示词级。同一个五级类中的词语按词级排序，词级低的排前，词级高的排后；词级相同的，按词语的音节数的多少排序。"义类表"的作用在于将词条按语义的相同相近或相关就近排列，"以类显义"，"就近关联"，以方便词汇的教学、掌握与拓展。

（二）词表分级

所有词语共分四级，分别对应义务教育阶段的四个学段，以体现词汇学习中的易难、浅深、先后的要求。词级划分的依据主要有：

1. 词汇的认知规律。一级词以基本词、基本语义类为主，词级增长在扩大语义类范围的同时，以深化、细化、详化同一语义类的传情表意能力。后一级词比前一级词的变化主要表现在词语数量的增加，新增语义类的并不多。如"危险"语义类，所收词语在不同的词级分布情况如下：一级词："危险"；二级词："惊险"；三级词："危急、险恶、凶险、千钧一发、枪林弹雨、生死存亡、危在旦夕、摇摇欲坠、朝不保夕"；四级词："悬、不绝如缕、刀光剑影、岌岌可危、危如累卵"。

2. 长期以来语文教学与语文教材使用的经验。如本词表研制中使用位序法得到的前 100 个词是："我们、座、要、对、说、着、间、住、家、红、鸟、的、摘、成、梅花、鱼、好看、祖国、星星、头、落、望、山、朵、说话、放、跳、快、找、种、就、船、滴、春风、前、秋天、三、旁边、漂亮、当、蓝天、世界、树、圆、一定、紫、还、床、盖、树木、黑、哪里、瞧、画、这么、跟、爬、颜色、多少、满、许多、能、还是、有趣、只、吗、高兴、一、雪白、阳光、写、有、岁、喝、回来、流、数、了、四、人、收、外、东、下面、嘴、西、给、大家、走、有的、早晨、老、冬天、更、爷爷、玩、送、蓝、办法、啊"。这些词语完全符合小学生的使用习惯。称其为位序法，是着眼于词在教材中出现的先后顺序；又可称为经验法，是着眼于在位序背后显示的语义习惯；还可称为认知法，是显示这种形式能反映出中小学生的词汇认知习惯。

3. 频率高低的排列顺序。频率高的词，往往词义明白浅近，贴近日常生活，简单易学。频率高、较为常用的词排在前面，频率低、不太常用的词排在后面。如"强烈"义类的"激烈 2、强烈 2、热烈 2、剧烈 3、猛烈 3、浓烈 3、炽烈 4、急剧 4、凌厉 4"就体现了这样的等级差异。

4.《义务教育语文课程常用字表》。本词表努力做到与《义务教育语文课程常用字表》相衔接，以体现汉字与词汇的繁衍关系，并依据"以字带词""词不越字""以词促字"的原则加以调整。具体表现为：

（1）收录能独立成词的字。本词表从《义务教育语文课程常用字表》3500 常用字中选用了 1556 个能完整表意、可以独立使用的汉字。

（2）"以字带词"。《义务教育语文课程标准（2011 年版）》列有"300 个基本字"。"这些字构形简单，重现率高，其中的大多数能成为其他字的结构成分……这些字应作为第一学段教科书识字、写字教学的重要内容"。300 个基本字在本词表的一级词表中作为单音词出现的有 246 个，另外 54 个汉字出现在复合词中。在研制的初稿中一级词中没有"军""卫""业""舌"四个字。为了与"300 基本字"相对接，将含有这四个字的"军人""作业""舌头""卫生"安排在了一级词中。

（3）"词不越字"。对《义务教育语文课程常用字表》中要求初中才学的二级常用字，一般不会出现在小学阶段的一、二、三级词语中。如"蠢"属二级常用字，故"蠢事、蠢笨"就没出现在小学阶段的词表中。对《义务教育语文课程常用字表》以外的，也即《通用规范汉字表》3500 个一级常用字以外的字所构成的词一般也不予收录。如"窠、裒、涓、遐"不在这 3500 常用字中，故不收"不落窠臼、集腋成裘、涓涓细流、遐迩闻名"。这样便于与字表形成对接，形成有效的字词序列，保持字词教学的层次关系。

（4）"以词促字"。"以词促字"是对"词不越字"的灵活运用。有一些使用了二级常用字的日常生活常用词，出现得太晚也不合常理，对字表的运用有生硬套用之嫌，也不利于今后对字表在结合表意、认知特点做进一步的完善。如一级词有2103个词，使用了汉字1033个，这些汉字中有"饺、姥、馒、乒、乓、屎、柿、宵、澡"等9个属二级常用字。如严格参照汉字分级的要求，就会导致"饺子、姥姥、馒头、乒乓球、西红柿、元宵、洗澡"这些很常用的词要到初中才出现，这显然不合适。考虑字级，但又不拘泥于字级，这样才能更好地发挥字词学习的特点与长处。如："旷"是二级字，"旷野"为四级词，但"旷课"为二级词；"诵"属二级字，"吟诵"为四级词，"诵读"为二级词；"澡"是二级字，"洗澡"为一级词。这是因为"旷课、诵读、洗澡"已是小学生学习与生活中不可或缺的常用词。提前学习既满足了日常生活的需要，又能起到"以词促字"的作用。"以字带词""词不越字""以词促字"，使得中小学的词汇学习与汉字学习能做到有机结合、互相促进。

（三）词表规模

本词表在确定收词规模时主要考虑了以下几方面的因素：

1. 义务教育阶段语文学习任务所应掌握的语义表达范畴。本表选词时主要参考的是语义类而不是具体词语。一个语义域可以用很多词来表示；词语是语义域的表达形式，表达同一语义域的词形稍有不同，就可以成为不同的词。词表选词的关键是同义词的选择。对同义词是严选还是宽选，会直接影响词表的收词数量。《现代汉语分类词典》反映了整个现代汉语词汇语义系统。本词表收词量虽然只有《现代汉语分类词典》词量的18%，但语义类却覆盖了所有的一级类和二级类，以及三、四级类的90%以上，基本上反映了现代汉语语义的大概面貌。而在以等义词、同义词为主的五级类中覆盖率为56%左右。

2. 现有语文教材及长期教学经验中总结出的词汇教学量。对学生词汇学习及词汇能力的认知在长期的教学实践中已经积累了一定的经验。在所调查的样本教材中，各教材的词语总数在2.3万～2.9万条之间，除去各类专名及搭配结构外，稳定的通用语文词占各教材词语总数的40%左右，约1万～1.5万条。各教材选用的生词，数量在2000～4000条不等。本词表收录的不是生词，而是在词汇学习"知""晓""用"三个层次中"晓"与"用"的程度。要掌握这个程度上的词语，并不是都要通过专门的教学环节来实现，而是可以通过"由字及词""对称类推""语境联想"等方式来实现。

3. 教材词汇的常用频率。本词表所收词语在用来调查的样本教材中，大都处于常用与较常用的范围。在词语总数比例只占28%的情况下，使用频率占到教材总语料的81.9%。在96亿字的现代汉语通用语料中，在词语总数比例只占6.8%的情况下，使用频率占到96亿字总语料的76.9%。

三　收词标准

　　本词表所收应是普通话中的通用词，它们应具有通用性、常用性、基础性、语文性、规范性等特点。具体的收词原则如下：

　　（一）收录普通话的通用词。普通话词具有通用、普遍、稳定的特点。如：收了"爸爸、父亲"，不收带方言色彩的"阿爸、爹爹、老子"；收了"手腕"，不收"腕子、手腕子"；收了"拇指"，不收"大拇哥、拇哥、大指"；收了"富裕、富庶"，不收"肥实、裕如、活络"；收了"发火、发怒、发脾气"，不收"光火、来火、来气"；收了"讨厌、嫌弃、厌倦"，不收"腻烦、腻味、厌恨、嫌恶"；收了"北斗星"，不收"天罡"；收了"随从"，不收"随扈、侍从、随员"；收了"宣誓、盟誓"，不收"歃血"；收了"满意、惬意、遂心"，不收"可心"。

　　（二）主要收语文词，一般不收专名。语文词具有很好的通用性、常用性、普遍性。对指物类名词则从中选取部分高频、有代表性的词，以起到以名概类、示范类推的作用，并不追求全面收录。如《现代汉语分类词典》中的"虫类"词有252个，本词表只收了"虫、昆虫、害虫、甲虫、益虫、蝉、知了、蟋蟀、萤火虫、蚯蚓、蜈蚣、蜜蜂、蚕、春蚕、蝴蝶、蜻蜓、蛾子、蜘蛛、蚊子、苍蝇、蚂蚁、蝗虫、蚂蚱"等23个。又如在一级词中收录了若干表示我国政权、政党象征或代表的词语，如"中国、五星红旗、北京"，二级词中有"共产党、解放军、天安门"等，但作为学习性词表，重点还是收录"国家、国旗、国歌、首都"类语文词。

　　（三）注重收录词的原形，不收重叠、无别意作用的儿化词、变换语素等变形词。如收"摇头、点头、看"，不收"摇摇头、点点头、看看"；收"船"，不收"船儿"；收"胸有成竹、别出心裁"，不收"成竹在胸、独出心裁"。

　　（四）一般不收组合叠加词，如"口渴、心想、长大、白兔、浇水、你好、瓶口、小熊、水桶、小刀、葡萄架、清香袅袅、色彩明丽、受用不尽、思潮起伏、物产丰富、消磨时光、雪花飞舞"等。

　　（五）适当收录当代产生、稳定性强、已进入普通话的词，如"硬件、软件、数码、摄像、驾照、互动、高铁、峰会、多媒体、盗版、研发、网址、网吧、发言人"。

　　（六）收录单音词的词义，不收不成词语素义。如"克"只收量词义，不收"能""克服"义；"离"只收"相距""离婚"义，而不收"离去"义。由于汉字与汉语词的独特关系，还会遇到单字词与复音词的问题。如"爸"与"爸爸"、"妈"与"妈妈"、"筷"与"筷子"、"窗"与"窗户"、"厕"与"厕所"，二者之间基本意义相同，但在风格的庄谐、语义的广狭、语气的轻重等有所不同。在来自真实语料的描写性词表中，二者并收是正常的。但本词表为保证在有限的规模中能使每个词都能起到专门的语义表达作用，更好地与字表保持互补作用，故收录的是更接近当今语言使用习惯、符合书面语特点的双音词。

　　（七）适当收录有较强表现力、较高稳定性、较广使用范围的成语。成语是汉语词汇中富于表现力的成分，是中小学生词汇学习的重点。对少数含有3500常用字以外的字且常用度高的成语如"韬光养晦、吹毛求疵、神采奕奕、东施效颦、虎视眈眈"等，也适当收录，以体现"以词促字"的作用。词表没有收录谚语和歇后语，这是因为这类语的数量大，独立性强，地域性和文化性鲜明，意义内涵和语用功能丰富灵活，对语境依赖性高，不宜作为中小学生词汇学习的重点。

（八）有多种词形的，只收规定的词形。收录《第一批异形词整理表（草案）》[6]以及《264组异形词整理表（草案）》[7]等国家试行规范标准及行业规范标准中已做出判断的推荐词。如收"一塌糊涂、黏稠"，不收"一蹋糊涂、粘稠"。上述规范没有规定的，则参考权威辞书选择推荐词形。如收"做证、啰唆"，不收"作证、啰嗦"。

四　研制方法

本词表研制采用了频率、语境分布、语义分布、相对词频、位序等多种方法。

（一）频率统计法调查词语在一定语料范围中出现次数的多少。频率法用于了解词的常用程度。词频主要来自三种语料：中小学语文教材、现代汉语通用语料库、国家语言资源库。词表的收词应在常用与次常用词的范围。

（二）语境分布统计法调查词语在语料中分布范围的大小。语境分布法通过了解词在文本中的分布数量来认识词的普遍性和通用性。语境分布主要使用了篇章和领域两种计算单位。在单一语料范围内以篇章为单位，在多种语料中以领域为单位。词表所收词语应具有通用、普遍的特点。

（三）语义分布统计法调查词语的意义分布范围的广狭。本词表的语义分布借助的是《现代汉语分类词典》的语义分类系统。本词表的收词量虽然不大，但具有较广的语义分布范围。本词表的收词占《现代汉语分类词典》比例最高的前20个四级类中，有10个属一级类"辅助词"，7个属一级类"性质与状态"，2个属一级类"运动与变化"，有1个属一级类"具体物"（概称事物/代称/单指）。这样的语义类分布特点，与词表的性质与功能是相吻合的，即注重收录语文词、描写词、修饰词、关联词，以达到增强语言表达准确、周全、细腻的效果。

（四）相对词频比较法调查同一个语义类中所有词语在使用频率中表现出的相对高频与低频。相对词频比较法可以保证在一个语义类中遴选出有代表性的词语。比较法是本词表研制中很注重的一个方法。除了词频比较外，在同一个语义类中还可以比较词的语义状况、语义特征、语用特征，以选取相对较高者优先入表与定级。比较法比较的范围较小，参照系明显，甄别力强，能够避免单纯靠大语料统计中的绝对词频来定取舍的"只顾一点，不及其余"的缺憾。如"藏 躲"类收了10个词，也综合了多种因素将"躲"归入一级词；"藏、隐藏"归为二级词；"躲藏、潜伏、掩藏"归入三级词；"隐蔽、隐匿、逃匿、龟缩"归入四级词。

（五）位序统计法调查词语在教材中首次出现的状况。根据首次出现的册次、一册中的课文的先后顺序、一篇课文中的先后词序，来统计出一个词的首现位置。位序统计法是教材语言分布状况的经验式体现。位序一定程度上能反映出词语的难易差别及认知顺序。与个人的经验判断相比，位序法能反映长期以来的教材编纂经验与教材语言的使用习惯。位序法虽然容易受到语料的主题与具体文意的影响，但调查的教材数量愈多，常态的、规律性的东西会表现得愈稳定。

五　词表的性质与功能

（一）词表性质

本词表具有以下几项属性：

1. 是词表而非词集。词表的容量有限，对收词有仔细考量，有内在的序列结构，并根据不同的需要进行等级划分。而词集只是对调查语料内所有词的汇集，排列时往往是按无理据性的音序、笔画顺序，或是单一的频序来排列。

2. 是学习性词表而非通用性词表。学习性词表反映了对学习内容与教学标准的要求，要在一定条件下通过一定教学手段以达到预定的教学目的，其收词及分级要符合词表使用者的认知需求和认知特点。而通用性词表，反映的是社会普通成员在一般言语交际活动中使用的通用性词语。它一般是按使用状况来排列，如频率、分布率或综合二者而成的使用度。

3. 是面向母语学习者的基础教育词表。仅就"学习性"来看，《义务教育常用词表（草案）》与《汉语水平词汇与汉字等级大纲》⑧《汉语国际教育用音节汉字词汇等级划分》⑨是相同的。但从学习者的身份、特点及学习目的来看，二者有着巨大差异。"对外汉语""汉语国际教育"面向的是第二语言学习者，他们已经具备了一定的母语能力，而基础教育面向的是正在进行母语学习的学习者。前者已经完成了第一语言能力和"第一认知世界"的塑形，这时需要完成的是第二语言能力和"第二认知世界"的学习，功能目标明确；而后者要完成的是第一语言和"第一认知世界"的塑形，语言学习与语言能力、逻辑能力、对世界的认知是紧密联系在一起的。

（二）词表功能

1. 书面语词汇系统的学习功能。进入小学接受启蒙学习的儿童，已经具有了较好的口语能力，语言思维、语言表达、语言交际的能力都已不弱。进入学校还要长时间地学习语文，从识字、组词、造句，到修辞、炼句、作文，再到谋篇布局，学习内容已经由口语扩展到了书面语，从口头的话进到了书面的文，从口语的短词短句进到了书面的长句完篇。因此，书面语成为学生在校语文学习的主要内容。表现在词汇上，要学习的就应是书面语词汇而非口语词汇，是承载着思想观念、历史现实、政治经济、文化社会等的通用性规范性词汇，而非"捉蜘蜘儿玩家家""拿筲箕淘米，拿火钳夹炭"这样的生活俚语俗词。

2. 对母语社会的认知功能。母语学习者学习语言的过程就是认知世界的过程。他们通过语言学习来认识整个世界。他们生存于其中的自然环境、社会环境和文化环境,都是通过语言来承载和传递的。一个人的文化身份、文化认知、文化认同正是在长期的语言浸润中才获得的。义务教育阶段需要学习的正是能体现中小学生认知需求与认知特点的词,能反映中小学生生于斯长于斯的生活、学习的社会存在环境,有利于进一步掌握语言文字知识的必需储备。这与仅仅把汉语作为交际工具的"汉语国际教学"的二语学习有很大的不同。如对外汉语教材中的"麻婆豆腐"位于中国饮食文化类词的首位,这是经特意挑选而获得了极为显著的文化代表义;在义务教育语文教材中却无一例,因为中小学生从小由"豆"到"豆浆""豆腐",再到"麻婆豆腐",是一种自然生活积累所得。同样是"语言学习",同样是"文化获得",二语学习者是"定向""任务"式,母语学习者是"熟视无睹""潜移默化""润物无声"式。小学生一进校就要学习"五星红旗",要学习"天安门",这里体现的是国家意识的教育。这并非始于当代中国,如民国的小学国语教材里就有不少课文充盈着"民生""民权""民族"的思想,也有直接介绍政体、政治人物的课文[10]。又如二十四节气,在中国传统文化的生产、生活、知识,甚至文学创作中都有重要位置,词表将它们收进来,就是在词的背后建立起了完整的节气文化语境。

3. 体现词汇的习得规律。词汇的学习有"知""晓""用"三个层次。"知"为知道,指听过、见过这个词,但还不能准确理解它的意义,一般不会用到它;"晓"是懂得、理解,它比"知"进了一层,不仅知道还能较为准确地说出它的意思,有了特定语境或许会使用到;"用"是运用,即不仅知晓理解,还会在个人的话语与写作中熟练自如地使用。"知""晓""用"三个层次就是"知道""懂得""使用"的差别。《义务教育常用词表(草案)》的分层分级是与通用性词表很大的一个不同点。前者要体现出学习与认知的难易与学习的阶段性,后者主要考虑使用频次的多少、分布范围的广狭。对一个语义类中多个词的掌握,前者呈圆圈式扩大,即先掌握表示核心义基本义的词,再逐渐以表意丰满、深入、细腻的方式来扩大词量;后者则在掌握通用词达到一定数量的时候,主要以扩大话题、领域、板块的方式来增加词量。如"害怕"类,本词表从一至四级的收词分别是:"怕、害怕";"生怕";"唯恐、大惊失色、面如土色、提心吊胆、闻风丧胆";"忌惮、惧怕、畏惧、不寒而栗、谈虎色变、魂不附体、魂飞魄散、毛骨悚然、望而却步、望而生畏、战战兢兢"。语义由浅至深,语体由口语至书语,表义由指称至描绘。该语义类没收入词表的词还有不少,如"惧怯、畏惮、畏怯、畏难、可怖、疑惧、骇惧、骇怕、怵头、忌惮、狼顾、惶惑、失容、戒惧、心悸、震悚、打怵、犯怵、发怵、悚然、丧魂落魄、魄散魂飞、惊魂未定、心胆俱裂、视为畏途"等,这些词可归入"知"的范围甚至更远。本词表大体按"晓"的程度来设定词汇的收录范围。

六　研制单位与人员

组编:教育部语言文字信息管理司

研制单位：福建省人文社会科学研究基地"两岸语言应用与叙事文化研究中心"
　　　　　厦门大学国家语言资源监测与研究教育教材中心

主编：苏新春

第一阶段研制人员：顾之川、卢丹丹、郑泽芝、李磊、杨书松、王玉刚、侯瑞芬、张永伟、李安、杜晶晶、周美玲、郑维宇

第二阶段研制人员：李行健、孙园园、张永伟、侯瑞芬、白冰、吴格明、龙东华、吕峡、田静、周东杰、银晴

本词表在研制过程中，始终得到国家语委与教育部语言文字信息管理司的大力支持。傅永和、李行健、陆俭明、田立新、李宇明、申继亮、张浩明、易军、王奇、李进忠、王立军、吴格明、顾之川、王铁琨、王岱、郭曙纶、赖华强等领导和专家给予了持续的关注和指导，王立军、吴格明精心审读了全稿。厦门大学语言学及应用语言学专业的研究生们参加了词表的校对、核查、订正工作，参与较多的有徐铂、孙浩峰、赵树元、徐晗、陈芳、陈昌旭、彭怡玲、张远洋、孟瑞森、黄世友、陈光辉、伍秀玉、赵冰雪、周迪、肖悦、蔡汶桦、洪若富、陈倩雯、赵晨晔等。给予帮助的还有陈贤登、陈丽萍、陈越等。在此一并表示感谢。

词表的研制涉及问题众多，词量的多少，词级的判定，义类的归属，都需要做深入的研究。特别是按义类编排，更是一个新的尝试。词语多义，分立取舍，词义复杂，交叉牵扯，往往牵一发而动全身。斟酌踌躇，旷日持久，不期有功，惟愿试焉。语义问题，见仁见智，不当之处，还望方家及读者指正。

苏新春
2019年1月

---

① 苏新春《基础教育新课标语文教材语言状况调查》，《中国语言生活状况报告（2007）》，商务印书馆，2008年。
② 赖华强《语文词汇定量研究 —一项不能再耽搁的工程》，《语文建设》，2006年第7期。
③ 苏新春《词汇计量及实现》，商务印书馆，2010年。
④ 教育部语言文字信息管理司组编《汉语拼音正词法基本规则》，语文出版社，2013年。
⑤ 苏新春《现代汉语分类词典》，商务印书馆，2013年。
⑥ 中华人民共和国教育部、国家语言文字工作委员会《第一批异形词整理表（草案）》，语文出版社，2001年。
⑦ 国家语委异形词研究课题组《264组异形词整理表（草案）》，《咬文嚼字》，2003年第11期。
⑧ 国家对外汉语教学领导小组办公室汉语水平考试部《汉语水平词汇与汉字等级大纲》，北京语言学院出版社，1992年。
⑨ 中华人民共和国教育部、国家语言文字工作委员会《汉语国际教育用音节汉字词汇等级划分》，北京语言大学出版社，2010年。
⑩ 苏新春《民国时期基础教育语文教材语言研究》，广东教育出版社，2018年。

图书在版编目(CIP)数据

义务教育常用词表：草案 / 教育部语言文字信息管理司组编；苏新春主编. — 北京：商务印书馆，2019
（语言生活皮书）
ISBN 978-7-100-17179-3

Ⅰ.①义… Ⅱ.①教…②苏… Ⅲ.①汉语—词语—中小学—教学参考资料 Ⅳ.①G634.303

中国版本图书馆CIP数据核字（2019）第043527号

权利保留，侵权必究。

YIWU JIAOYU CHANGYONGCIBIAO
义务教育常用词表
（草案）

教育部语言文字信息管理司　组编
苏新春　主编

商　务　印　书　馆　出　版
（北京王府井大街36号 邮政编码100710）
商　务　印　书　馆　发　行
北京艺辉伊航图文有限公司印刷
ISBN 978-7-100-17179-3

2019年5月第1版　　　开本 787×1092 1/16
2019年5月北京第1次印刷　印张 22½
定价：69.00元